중국의 정원

● 동북아시아 정원 [3]

중국의

정원

-14세기부터 19세기까지의 조경구조물을 중심으로-

책임저자 | 박경자

학연문화사

머 리 말

　본 연구는 동북아3국 전통조경 특성 비교연구(부제 : 14세기부터 19세기까지 조경구조물을 중심으로)의 한 부분인 조경구조물을 중심으로 중국 전통조경 특성을 연구한 결과물이다.

　한국과 일본의 14세기부터 19세기까지의 조경구조물을 중심으로 한 조경 특성 연구 결과물이 올 6월과 8월에 이미 출판되었고, 본 연구물의 출판에 이어서 동북아3국 전통조경 특성 비교연구 부분도 발표할 예정이다

　한국·중국·일본은 인접한 지정학적 관계를 기초로 오랜 기간 문화적으로 상호간에 영향을 미쳐왔으며, 그 전통원림 문화 역시 상호간에 밀접한 관계를 형성하였을 것으로 짐작된다. 예를 들어 세 나라의 원림은 공통적으로 자연에 대한 숭상을 주지(主旨)로 삼아 자연경관 가운데 약간의 건축을 더하여 자연환경과 인공환경이 서로 교류하고 융화하는 분위기를 조성하였다. 그러나 한편 이 세 나라의 전통원림은 역사와 문화의 차이로 인하여 각자만의 독특한 특징을 갖고 있기도 하다. 예를 들어 한국의 자연환경은 산천이 웅위하고 수려하면서 아름다운 식물들이 무성하기 때문에, 그 원림은 주로 과도한 장식을 배제하고 기존의 자연환경 속에 약간의 꾸밈을 더하여 질박하고 순진한 분위기를 갖는다. 반면 중국은 지역이 광대하기 때문에 원림의 품격이 풍부하고 다양하다. 북방 황가원림(皇家園林)은 거대한 진산진수(眞山眞水)를 경관으로 삼고 궁전과 누각을 보태어 이천축지(移天縮地)의 기개와 화려하고 웅장하고 화려한 분위기를 뽐내는 반면, 남방의 사가원림(私家園林)은 주로 문인사대부들의 개인 원림으로서 연못 하나, 나무 한 그루, 돌 하나, 다리 하나까지 모두 일일이 섬세하게 처리하니, 검은 기와를 얹은 흰색 담장, 흐르는 물 위로 놓인 작은 다리, 굽어서 깊고 그윽하게 이

어지는 작은 길 가운데 담박한 서권(書卷)의 멋과 탈속하고 자유분방한 호쾌한 멋을 자아낸다. 반면 일본의 원림은 수려한 산림과 담백한 연못을 배경으로 돌, 작은 다리, 띠집 등으로 점철(點綴)하고 고요하면서도 깊고 그윽한 선종(禪宗)의 느낌을 준다. 이렇듯 이들 세 나라의 전통원림은 공통적으로 자연에 대한 모방을 기본적인 조원이념으로 하지만, 조원기법과 풍격에 있어서 각 민족의 독특한 문화적 내함(內涵)을 드러낸다.

한국 및 일본 측 연구와 발맞추기 위해, 중국 측 연구진 역시 전체 중국 원림사 중에서 15세기에서 19세기 사이의 기간에 중점을 두고 연구를 진행하였다. 중국 역사에 있어서 이 시기는 대략적으로 명(明) 및 청(淸) 왕조에 해당하는데 오늘날까지 원림 실례와 관련 문헌이 풍부하게 남아 있다. 중국원림에 대한 전체적인 이해를 도모하기 위해 먼저 15세기 이전 중국원림의 역사를 간략히 소개하였고, 이어서 15세기 이후 명청시기 원림에 대해서는 먼저 그 역사를 정리하고, 나아가 조원이념, 조원수법, 조원재료, 조원기술, 경관용어, 건축명칭 등을 심도 있게 분석하였다. 특히 조원수법과 상징이념에 있어서 문헌과 실례를 결합하여 새로운 각도에서 분석을 시도해 보았다.

본 연구의 목적은 중국 전통원림에 관한 기존 연구성과들을 토대로 독자적인 현장조사와 문헌조사를 실시하여 새로운 각도에서 중국원림의 역사와 특징을 종합적으로 관찰하고 묘사하는 데 있다. 이를 위해 자료출처, 관찰각도, 서술방식, 분석방법에 있어서 기존의 중국 전통원림 연구들과 차별화를 시도하였는데, 이는 한·중·일 세 나라의 독자들에게 보다 의미 있는 연구성과를 선사하기 위해 비록 완벽할 수는 없으나 새로움을 추구해 본 것이다.

한·중·일 전통원림에 대한 협력연구 과정에서 한국과 일본의 전통원림이 각각 독립된 체계를 형성하였음을 이해할 수 있었고 그 구체적인 역사, 예술, 특징을 학습할 수 있었다. 마찬가지로 중국 측에서 제시한 새로운 논술구조, 새로운 자료내용, 새로운 분석 각도가 동북아시아 삼국의 전통원림 애호가들과 문화 애호가들에게 보다 심도 있게 중국 전통원림을 이해하는 데 도움이 되기를 희망한다.

본서는 한국연구재단의 지원을 받아서 2008년 7월부터 2010년 6월까지의 총 2개년에 걸친 연구 수행과정 중에서 1차년도(2008 7월~2009년 6월) 중국 전통정원 연구기간 중에 수행한 연구결과물이다

본 연구의 수행은 연세대학교의 박경자 교수가 총괄했고, 본 연구는 청화대학(淸華大學)의 왕귀상(王貴祥) 교수와 박사과정의 백소훈 군, 단지군(段智君) 군이 참여하였다. 특히 한국 유학생인 백소훈 군은 연구 및 집필 외에도 다량의 중국 고문을 포함한 방대한 번역작업을 담당하였다. 또한 중국 고문번역 교열 작업에는 고려대학교 한문학과 박사생인 송호빈 군과 권진옥 군이 수고해 주었다. 그분들의 노고에 깊은 감사를 드린다. 또한 본서를 출판하게 되기까지 노고를 아끼지 않았던 학연문화사 권혁재 사장님께도 깊은 감사를 드린다.

2010년 8월

박경자

王貴祥

차 례

01

중국 고대 원림사

중국 고대 원림사(園林史)는 크게 다섯 단계로 그 시기를 나눌 수 있다. 첫째는 선진(先秦)시기로 중국 고대 원림의 배양기이다. 둘째는 진한(秦漢)시기로 황가(皇家) 원림의 초창기이자 사가(私家)원림의 태동기이다. 셋째는 진당(晉唐)시기로 자연과 관련된 철학과 사상의 비약적으로 발전으로 원림 관련 사상 및 이론의 기초를 다진 시기이다. 넷째는 송원(宋元)시기로 황가원림뿐만 아니라 사가원림 또한 큰 발전을 이루었으며, 뒤이은 명청(明淸)시기 원림의 융성에 기초가 되었다. 다섯째는 명청시기로 원림 조성에 관한 사상을 비롯하여 예술, 기교, 방법 등이 체계적으로 성숙하고 발전한 시기이다. 명청시기의 고전원림들은 역대 원림 발전의 결정체로서 예술적, 기술적으로 모두 매우 높은 수준에 도달해 있다. 우리가 알고 있는 중국 고전원림 실례의 대다수가 바로 이 시기의 작품들이다.

향후 한국 및 일본과의 원활한 비교연구를 위하여, 우리는 중국 고대 원림사를 15세기를 기준으로 앞과 뒤로 구분하였다. 15세기 이전, 즉 원대(元代) 이전의 시기는 그 역사가 매우 길고 원림 예술을 직접 판단할 수 있는 형상자료가 부족하기 때문에 고대 문헌기록 위주로 살펴보았다. 본 연구의 중점이 되는 15세기 이후에서 20세기 초, 즉 원·명·청(元·明·淸)시기의 중국 원림은 실증을 위해 현존하는 실례를 위주로 살펴보았다.

제1절 15세기 이전의 중국원림사

세계사에서 15세기는 하나의 역사적 전환점이다. 서양의 경우 문화와 예술의 발전은 15세기부터 급격한 발전을 겪게 되는데, 고대와 중세를 포함하는 15세기 이전은 오랜 역사가 지속된 시기였으며 15세기에 이르러 중세에서 벗어나 르네상스를 맞이하게 된다. 이탈리아에서 시작된 르네상스는 이후 유럽 각지에 전파되어 서양 문명 발전의 촉진제가 되었다.

마찬가지로 15세기를 기준으로 중국의 역사와 문화를 살펴보면, 중국의 경우 비록 서양 중세 암흑시대에 일어났던 여러 사건들은 없었지만, 15세기 이전에는 강렬한 중고(中古)[1] 및 상고(上古)[2]시대의 색채를 띠었고 주기적으로 사회적 동요와 왕조의 교체를 반복하였으며, 특히 10~14세기의 중국사회는 극심한 문화적 동요와 전쟁 그리고 사회 재통합 과정을 겪었다. 15세기에 이르러 명청대의 안정된 봉건왕조시기에 접어들면서 국가가 통일되고 사회가 안정되자, 문화와 경제가 융성해졌고, 다시 이를 바탕으로 건축과 원림을 포함한 예술의 눈부신 발전이 이루어졌다. 그러므로 14세기 말과 15세기 초의 원말명초(元末明初)를 기준으로 중국 고전 원림사를 서술하는 것은 고대 원림 발전의 역사적 사실과도 부합하는 것이다.

---

1 위진남북조(魏晉南北朝)에서 당(唐)까지의 시기.
2 상주진한(商周秦漢)시기.

一. 기원전 2세기 이전 선진(先秦)시기의 중국원림

　　중국 최초의 원림은 전설의 황제 헌원씨(黃帝軒轅氏)로 거슬러 올라간다. 『죽서기년 · 황제헌원씨(竹書紀年 · 黃帝軒轅氏)』에는 "황제가 궁중에서 의복을 가지런히 하고 현호와 낙수 가에 앉으니, 모여든 봉황이 살아 있는 벌레를 먹지 않고 살아 있는 풀을 밟지 아니하고 혹은 황제의 동원(東園)에 머무르고 혹은 아각(阿閣)에 둥지를 틀고 혹은 정원에서 울며 그 수컷은 스스로 노래하고 그 암컷은 스스로 춤을 춘다. 기린은 유(囿)에 있고 신조는 의(儀)에 왔다(帝黃服齋于宮中, 坐于玄扈, 洛水之上. 有鳳凰集, 不食生蟲, 不履生草, 或止帝之東園, 或巢于阿閣, 或鳴於庭, 其雄自歌, 其雌自舞. 麒麟在囿, 神鳥來儀.)"[3]라고 전하는데, 여기에서 "동원", "아각", "유"는 모두 인공적으로 조성된 원림시설로 추정된다. 또한 은상(殷商) 이전의 시대에도 지유(池囿)를 건설했던 사실이 있는데, 예를 들면 『일주서(逸周書)』에는 "예전에 낙 씨의 궁실이 있는데 남달랐다. 지유가 크고 공사가 나날이 이어졌는데 뒤로 갈수록 심해져서 백성이 쉬지 못하고 굶주려 먹지 못하니 성상(成商)이 군대를 일으켜 낙 씨를 토벌하니 멸망하였다(昔者有洛氏宮室無常, 池囿大, 工功日進, 以後更前, 民不得休, 饑饉無食, 成商伐之, 有洛以亡.)"[4]라고 전한다. 여기서 "성상"은 상 왕조를 연 성탕(成湯)을 가리키며 시기는 대략 기원전 16세기 정도이다.

　　하대(夏代) 말의 걸(桀)과 상대(商代) 말의 주(紂)는 일찍부터 원림 조성에 애착을 가지고 있었다. 역사기록에 의하면 "걸과 주가 서실(璿室), 요대(瑤台), 상랑(象廊), 옥상(玉床)을 만들었다. 주는 육포와 주지를 위해 천하의 재물을 소진하니 만민의 운명을 고달프게 했다. ……백성의 힘을 모조리 착취하여 귀와 눈의 욕망을 받들며

---

3 『竹書紀年』, 卷上, "黃帝軒轅氏".
4 [戰國] 孔晁注, 『逸周書』, 卷七, "史記解第六十一 · 宮室破國".

도 1-1. 송(宋) 마화지(馬和之)의 《소아지당풍도(小雅之唐風圖)》

오로지 궁실(宮室), 대사(台榭), 파지(陂池), 원유(苑囿)만을 만들었다.(桀紂爲璿室, 瑤台, 象廊, 玉床. 紂爲肉脯, 酒池, 燎焚天下之財, 罷苦萬民之命. ……竭百姓之力以奉耳目之欲, 專在於宮室, 台榭, 陂池, 苑囿.)"[5] 흥미롭게도, 성군으로 추앙받는 주문왕(周文王) 역시 원림과 원유를 적지 않게 건설하였으나 역사가들은 그의 도덕적인 면만을 부각시켜 기술하였다. 『시경 · 대아(詩經 · 大雅)』에는 주문왕의 조원활동에 대해 다음과 같이 기록하고 있다. "영대(靈台)를 짓기 시작했는데 왕은 경영하고 백성들은 일하니 얼마 안 있어 완성되었다. 만들기를 처음부터 재촉하지 않았으나 백성들이 자식처럼 왔다. 왕이 영유에 있으니 노루와 사슴이 엎드리네. 노루와 사슴이 살이 찌고, 흰 새는 희고 정결하네. 왕이 영소(靈沼)에 있으니 살찐 물고기가 뛰어 오르네. (經始靈台, 經之營之, 庶民攻之, 不日成之. 經始勿亟, 庶民子來. 王在靈囿, 麀鹿攸伏. 麀鹿濯濯, 白鳥鶴鶴. 王在靈沼, 於牣魚躍.)"[6] 이를 통하여 우리는 덕을 갖춘 천자가 백성과 함께 원지원유를 건설하는 생생한 장면을 상상해 볼 수 있다.

주(周)나라는 후대에 대대로 칭송받는 상고 시기 왕조로서, 주문왕은 영대, 영소,

---

5 [明] 梅鷟, 『尙書考異』, 卷四, "泰誓上".
6 『詩經 · 大雅』, "文王之什 · 靈台".

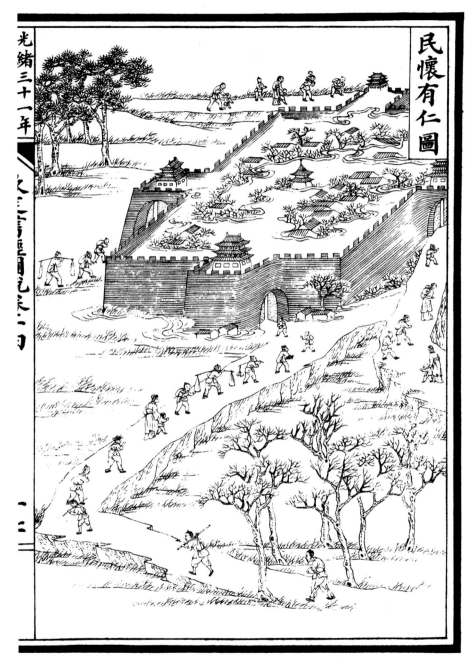

도 1-2. 《흠정서경도설(欽定書經圖說)》 중의 〈민회유인도(民懷有仁圖)〉

도 1-3. 《흠정서경도설(欽定書經圖說)》중의 〈조정물설완도(造庭勿褻玩圖)〉

도 1-4. 《흠정서경도설(欽定書經圖說)》 중의 〈내역유추도(乃亦有秋圖)〉

도 1-5. 《흠정서경도설(欽定書經圖說)》 중의 〈황야도(荒野圖)〉

영유(靈囿)의 건설을 통해 주대 원유 건설의 시작을 열었다. 이후 주무왕(周武王)에 이어 주성왕(周成王)이 왕위에 올랐을 때에 다음과 같은 길조가 나타났다. "기린이 원(苑)에서 노닐고 봉황은 정(庭)에서 날개짓 하니, 성왕이 금을 타며 노래하며 이르되 '봉황이 자정(紫庭)에서 노니나니 내 무슨 덕이 있어 신령을 감동시켰는가, 선왕의 은혜 덕분에 연못이 모이니 백성들이 즐거워하며 안녕하구나.(麒麟游苑, 鳳凰翔庭, 成王援琴而歌曰'鳳凰翔兮於紫庭, 余何德以感靈, 賴先王兮恩澤臻, 于胥樂兮民以寧.')"[7] 여기서 "원"은 바로 주대 천자의 원유를 가리키는 것이다.

춘추전국(春秋戰國)시대에는 각 제후국들 또한 원유를 건설하였다. 『국어·진어(國語·晉語)』에 의하면 진헌공(晉獻公)의 부인 여희(驪姬)에 관해 우시(優施)라는 사람이 춤추며 노래하기를 "한가하게 홀로 있음은 까마귀만 못하네. 사람들은 원(苑)에 모여 있는데 나만 홀로 마른나무에 모여 있구나(暇豫之吾吾, 不如鳥烏. 人皆集于苑, 己獨集於枯.)"[8]라 하니, 제후국인 진(晉)나라에도 "원"이 있었음을 알 수 있다.

전국시기 남부지방을 살펴보면, 오왕(吳王) 부차(夫差)가 꿈속에서 "물이 세차게 흘러 내궁전의 담을 넘는 것을 보고, 전원(前園)을 가로지르는 밧줄에 오동나무가 자라는 것을 보았다.(見流水湯湯越吾宮牆, 見前園橫索生樹桐)"[9] 이에 태재(太宰)로 하여금 점을 치게 한 일이 있었다. 비록 꿈은 믿을 만하지 못하지만 오왕의 궁전에는 "전원"이 있었음을 알 수 있다. 또 오나라의 "상리(桑裏)"라는 곳 동쪽에는 "옛 오왕이 소, 양, 돼지, 닭을 기르는 곳이라. 우궁이라 불렀다. 지금은 원(園)이 되었다(故吳所畜牛羊豕雞也, 名爲牛宮, 今以爲園.)"[10]라 하니, 여기에서 "우궁(牛宮)"은 오왕의 유(囿)가 있던 곳으로 추측된다.

---

7 『竹書紀年·卷下』
8 [戰國] 『國語』, 卷八, "晉語二".
9 [東漢] 袁康, 『越絶書』, 卷十, "越絶外傳記吳王占夢第十二."
10 同上, 卷二, "越絶外傳記吳地傳第三".

도 1-6. 《흠정서경도설(欽定書經圖說)》중의 〈적산흥왕도(適山興王圖)〉

도 1-7. 《흠정서경도설(欽定書經圖說)》 중의 〈사해앙덕도(四海仰德圖)〉

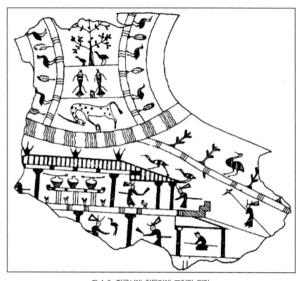
도 1-8. 전국시대 청동기에 표현된 원림.

전국시기의 파촉(巴蜀)[11]지역은 기후가 온화하고 습도가 높아서 일찍부터 원유를 건설했다. 『화양국지(華陽國志)』에는 파촉지역의 특산품에 관해 "그 과실의 진귀한 것으로 나무에는 여기가 있고, 덩굴에는 구장이 있으며, 원(園)에는 방약, 향명, 급객귤, 아욱이 있다(其果實之珍者, 樹有荔芰, 蔓有辛蒟, 園有芳蒻, 香茗, 給客橙, 葵.)"[12]라고 설명하고 있는데, 여기서 "원"은 관상과 유람을 위한 전문시설이 아닌 과수원일 가능성이 높으나 일정한 관상적 기능을 갖는 초기 원림의 일종임에는 틀림없다. 파촉의 과수원에서는 이미 수종을 분류하여 재배하였는데, 당시 파(巴)지역의 강주현(江州縣)은 "여기 원이 있는데 익었다(有荔芰園, 至熟.)"[13]라는 기록이 있다. 또한 파촉지방 사람들이 얼마나 인자하였던지 "집집마다 죽원(竹園)을 가꾸었는데 도둑이 죽순을 훔치는 것을 우연히 지나다 보게 되면 도둑이 놀라서 대나무 사이를 지나다 손발을 다칠까봐 신발을 집어 들고 조용히 걸어서 돌아갔다(隨家養竹園, 人盜其筍. 隨偶行見之, 恐盜者覺怖, 走竹中, 傷其手足, 擊履徐步而歸.)"[14]라고 하였는데, 여기에서 죽원은 일반 백성들이 사가원(私家園)을 소유하였음을 보여준다. 촉

---

11 중국 사천성 및 중경 일대.
12 [晉] 常璩, 『華陽國志』, 卷一, "巴志".
13 [晉] 常璩, 『華陽國志』, 卷一, "巴志".
14 同上, 卷十一, "後賢志".

(蜀)지역은 남국(南國)에 위치하므로 "그 산림 연못의 물고기와 원유(園囿)의 오이와 과일이 사계절에 번갈아 익으니 모두 갖추어 있다.(其山林澤漁, 園囿瓜果, 四節代熟, 靡不有焉.)"[15] 촉의 우두머리 두우(杜宇)는 "스스로 공덕이 왕보다 높다 여겨 포야를 앞문으로 삼고, 웅이와 영관을 뒷문으로 삼고, 옥루와 아미를 성곽으로 삼고, 강·잠·금·낙을 연못으로 삼고, 문산으로 목축장으로 하고, 남중을 원원(園苑)으로 삼았다.(自以功德高諸王, 乃以襃斜爲前門, 熊耳, 靈關爲後戶, 玉壘, 峨嵋爲城郭, 江, 潛, 綿, 洛爲池澤, 以汶山爲畜牧, 南中爲園苑.)"[16] 여기에서는 촉지역의 형세에 대하여 설명하였는데, 특히 한 지역을 "원원"으로 만든 것으로 보아 이 시기 파촉지역의 원림은 단순히 기존 자연환경을 그대로 이용하는 것이 아니라 적극적인 인공적 창작 과정을 거쳤음을 짐작 할 수 있다.

전국시기 말 주난왕(周赧王) 때의 촉지역은 이미 진(秦)나라의 속지였다. 주난왕 4년 곧 진혜왕(秦惠王) 27년(기원전 311년)에는 촉지역에 성도성(成都城)이 건설된다. "성 안의 방리와 방리의 문을 바르게 만들고 시장을 열어 가게들을 늘어놓으니 함양과 같은 제도이다. 그 성을 쌓을 때 흙을 취한 곳이 성에서 십 리 떨어져 있는데 여기서 물고기를 기르니 오늘날의 만세지이다. 성북에는 용패지가 있고 성 동쪽에는 천추지가 있으며 성 남쪽에는 유지가 있고 서북쪽에는 천정지가 있어 물이 흘러 동쪽으로 이어지니 여름에도 마르지 않아서 그곳에 원유를 만들었다.(修整裏閈,[17] 市張列肆, 與咸陽同制. 其築城取土, 去城十裏, 因以養魚, 今萬歲池是也. 城北又有龍堧池, 城東有千秋池, 城西有柳池, 西北有天井池, 津流徑通東, 夏不竭, 其園囿因之.)"[18] 이것은 아마 전국시기에 도성을 건설할 때에 파내었던 구덩이가 저수지가 되어 성 둘레의 수계

---

15 同上, 卷三, "蜀志".

16 同上.

17 리(裏) : 고대 성시의 내부를 분할한 단위구역. 궤(閈) : 리를 관리하는 출입문.

18 [晉] 常璩, 『華陽國志』, 卷三, "蜀志".

를 관통한 것으로 보이는데, 이는 원유 건설의 좋은 증거가 된다.

전국시기에 각 제후국들은 앞 다투어 궁실원유를 건설하였는데 이는 아마도 당시의 풍조였을 것이다. 전국시기의 소진(蘇秦)은 제혼왕(齊湣王)에게 호소하기를 "장례를 후하게 하시어 효를 밝히시고, 궁실을 높이 짓고 원유를 크게 만들어 하늘의 뜻을 얻으셨음을 밝히소서(厚葬以明孝, 高宮室, 大苑囿以明得意.)"[19]라고 간언하였다. 또 진(秦)나라 장의(張儀)는 한왕(韓王)에게 위협하기를, "대왕께서 진을 섬기지 않으니 진이 군대를 파견해 이양을 점거하고 한나라 위의 땅을 끊고 동으로는 성고와 용양을 취하면 홍대의 궁과 상림의 원은 왕이 것이 아니게 됩니다(大王不事秦, 秦下甲據宜陽, 斷韓之上地, 東取成皐, 滎陽, 則鴻台之宮, 桑林之苑, 非王之有也.)"[20]라고 하였다. 여기에서 "상림지원(桑林之苑)"은 바로 한왕의 원유를 가리킨다.

선진(先秦)시기는 중국문명의 배양기이자 동시에 중국원림의 배양기이다. 역사문헌을 통하여 알 수 있듯이, 선진시기의 원림은 비록 자연지형이나 성시건설로 인하여 형성된 웅덩이 등을 이용하는 수준이었으나, 명확한 조성의도를 갖고 계획적으로 만들어졌다. 이 점은 주문왕의 영대, 영소, 영유 건설에서도 관찰할 수 있을 뿐만 아니라 『논어(論語)』에서도 나타난다. "비유컨대, 산을 만드는데 한 삼태기 흙이 부족한 상태에서 그만두면 그것은 내가 그만둔 것이다.(譬如爲山, 爲成一簣, 止, 吾止也.)"[21] 이 구절은 후대 사람들에 의해 "아홉 길 높이의 산을 쌓는데 한 삼태기의 흙이 모자라 다 쌓지 못하다(九仞之山, 功虧一簣.)"[22]라는 고사성어가 되었다. 여기에서 보듯이, 늦어도 춘추시대에는 인공적으로 쌓은 가산(假山)이 있는 원림 건설이 시작되었다. 또한 인공으로 물길을 판 예도 고고발굴을 통해 검증되었다. 언사상성

---

19 [漢] 司馬遷, 『史記』, 卷六十九, "蘇秦列傳第九".
20 同上, 卷七十, "張儀列傳第十".
21 『論語·子罕第九』.
22 [淸] 閻若璩, 『尙書古文疏證·序』, 第七十六.

(偃師商城)과 정주상성(鄭州商城)의 발굴과정에서 장방형의 연못 흔적을 발견하였는데, 언사상성의 연못은 동서 약 200m, 남북 약 20m의 장방형이고, 정주상성의 연못은 동서 약 100m, 남북 약 20m의 장방형이다.[23] 이들 연못은 궁전의 후면에 있었고 궁전을 두르고 있는 궁벽의 후벽에 인접하고 있는데, 이는 아마도 중국 고대 궁전 건축에서 앞에는 조침전당(朝寢殿堂)을 놓고 뒤에는 원지원대(園池苑台)를 놓는 기본 배치를 실현한 최초의 형식으로 판단된다. 여기서 흥미로운 점은, 두

도 1-9. 언사(偃師) 상(商)대 성지의 수로

연못의 평면이 모두 장방형이라는 점으로, 이는 후대에 자연곡선을 추구하는 원지(園池)의 평면형태와 현저한 차이를 보인다.

23 杜金鵬, 『試論商代早期王宮池苑考古發現』, 『夏商周考古學研究』, p. 449~463, 科學出版社.

二. 기원전 2세기~기원후 2세기 진한(秦漢)시기의 황가원유(皇家苑囿)와 사가 원림(私家園林)

1. 황가원유와 원지

진(秦)나라는 천하를 통일하기 이전부터 이미 원유를 조성하였다. 진효문왕(秦孝文王) 원년(기원전 250년)에 진왕은 자신의 덕을 드러내기 위하여 "죄인을 사면하고 선왕의 공신을 기리고 친척을 두텁게 대하고 원유 만드는 일을 늦추었다.(赦罪人, 修先王功臣, 襃厚親戚, 弛苑囿.)"[24] 여기에서의 "弛苑囿"는 원유의 조성을 늦추거나 원유의 금고(禁錮)를 해제하는 것으로 해석이 가능한데, 여기서 진시황의 중국통일 이전부터 진나라는 이미 원유를 건설하였음을 알 수 있다. 한편, 진시황은 어린 시절 국사를 신하들에게 맡겼는데, 그 중 권신 노애(嫪毒)를 장신후(長信侯)에 봉하고 산양(山陽) 땅을 봉지(封地)로 내리니 "노애를 그곳에 살게 하고 궁실, 거마, 의복, 원유, 사냥을 마음대로 하게 하고 크고 작은 일 모두를 노애가 결정하였다.(令毒居之, 宮室車馬衣服苑囿馳獵恣毒, 事無大小皆取決於毒.)"[25] 이는 노애가 자신의 봉지 내에 원유를 조성하였거나 혹은 국왕의 원유에서 치렵(馳獵)을 마음대로 하도록 허가받았음을 암시한다.

진의 중국통일(기원전 221년) 이후를 살펴보면, 먼저 진시황은 대규모의 도성, 궁전, 원유 건설에 착수하였다. 진시황 35년(기원전 212년)에 함양(咸陽)의 인구가 지나치게 많고 궁정이 작다는 이유로 "이에 위수 남쪽 상림원(上林苑) 가운데에 조정과 궁전을 지었다.(乃營作朝宮渭南上林苑中)"[26] 여기서 "상림원"은 함양 교외의 황가원유였다. 상림원 외에 다른 원유도 있었는데, 진말 진이세(秦二世) 장례 때에 "의춘원(宜

---

24 [漢] 司馬遷, 『史記』, 卷五, "秦本紀第五".
25 同上, 卷六, "秦始皇本紀第六".
26 同上.

春苑)"이 만들어졌고, 한선제(漢宣帝) 신작(神爵) 3년(기원전 59년)에 "낙유원(樂游苑)"이 지어졌다.[27] 한무제(漢武帝) 정화(征和) 2년(기원전 91년)에는 "위에는 태자를 위해 박망원(博望苑)을 세워서 빈객들과 교류하게 하였다.(上爲太子立博望苑, 使通賓客.)"[28] 하지만 한성제(漢成帝) 건시(建始) 2년(기원전 31년)에 태자를 위한 박망원 건설은 중단되었다.[29] 이로써 한대의 태자도 빈객을 맞이하는 자신만의 원유가 있었음을 알 수 있다. 이 밖에 한대의 역사기록에는 "의춘하원(宜春下苑)", "안정호지원(安定呼池苑)"[30] 등도 기록되었다.

진에 이어 한(漢)나라를 세운 유방(劉邦)은 관중(關中)에 들어온 이후, 한고조(漢高祖) 2년(기원전 205년)에 다음과 같은 조치를 단행한다. "모든 옛 진나라의 원유와 원지를 명하여 백성들의 밭으로 삼았다.(諸故秦苑囿園池, 皆令人得田之.)"[31] 이는 진대 원유원지가 면적이 매우 광활하였음을 드러낸다. 이러한 사실은 또한 진시황이 상림원의 확장을 논의했던 기록으로도 알 수 있다. "진시황이 원유를 넓히고자 의논하니 동으로는 함곡관에 이르고 서쪽으로는 옹과 진창에 이르렀다. 우전이 이르길 '좋도다! 그 속에서 금수를 많이 풀어두면 도둑들이 동쪽에서 오더라도 부릴 수 있는 사슴들로 하여금 그들을 잡는 것이 가능하겠구나!' 하니 이에 진시황이 그만두었다.(始皇嘗議欲大苑囿, 東至函谷關, 西至雍, 陳倉. 優旃曰 '善, 多縱禽獸於其中, 寇從東方來, 令麋鹿觸之足矣.' 始皇以故輟止.)"[32] 이를 통해 일개 황가원유를 위해 수백 리나 되는 관중대지를 모두 차지하려고 하는 진시황의 의중을 엿볼 수 있다. 하지만 아쉽게도 이 계획은 신하의 재치 있는 말 한마디로 인하여 취소되었다.

27 [東漢] 班固, 『漢書』, 卷八, "宣帝紀第八".
28 [宋] 司馬光, 『資治通鑑』, 卷二十二, "漢紀十四 · 世宗孝武皇帝下之下".
29 [東漢] 班固, 『漢書』, 卷十, "成帝紀第十", 並 卷六十三, "武五子傳第三十三".
30 同上, 卷十二, "平帝紀第十二".
31 [漢] 司馬遷, 『史記』, 卷八, "高祖本紀第八".
32 同上, 卷一百二十六, "滑稽列傳第六十六".

하지만 한나라는 천하를 얻은 후에도 원유 건설을 축소하지 않고 오히려 더욱 확장하였다. 『삼보황도(三輔黃圖)』에 "한나라의 상림원은 곧 진나라의 옛 원이다. 『한서(漢書)』에 이르기를 '무제 건원 3년에 상림원을 여니, 동남으로는 남전·이춘·정호·어숙·곤오에 이르고, 남산을 곁으로 하여 서쪽에는 장양·오작에 이르고 북으로는 황산이 둘러싸고 위수에 둘레 길이가 300리이다'라 하였다(漢上林苑, 卽秦之舊苑也. 漢書雲 '武帝建元三年開上林苑, 東南至藍田, 宜春, 鼎湖, 禦宿, 昆吾, 旁南山而西, 至長楊, 五柞, 北繞黃山, 瀕渭水而東. 周袤三百里.')"[33]라고 전한다. 이러한 거대한 황가원유는 한대 문인 사마상여(司馬相如)의 부사(賦辭)에도 잘 나타나 있다.

더욱이 제나라와 초나라의 일 또한 어찌 잘못이다 말할 수 있겠는가? 그대는 대저 크고 화려한 것을 보지 못하였구려, 어찌 혼자 천자의 상림원에 대해 들어보지 못하였는가? 왼쪽에는 창오가 있고, 오른쪽에는 서극이 있고, 남쪽으로 더 가면 단수가 있고, 그 북쪽에는 자연이 지나며, 파산을 처음과 끝으로 하고 위수로 출입하니 ……출렁이는 여덟 하천으로 나누어 흐르는데 서로 등진 모습을 달리한다. 동서남북으로 치달려 오가며 ……이에 숭산이 우뚝하고, 숲이 깊고 나무가 거대하며, 깎여진 암석이 들쭉날쭉하며 ……이에 이궁과 별관이 있고, 아름다운 산에 계곡이 지나고, 높은 회랑이 사방으로 뻗어 있고, 굽은 누각이 층층이 놓여 있으며, 화려한 서까래에는 옥풍경이 달려 있으며 ……평평한 산에는 당을 짓고, 누대를 쌓아 더하였고 ……여기에는 노귤이 여름에 익어가고, 황감과 등주가 있으니 ……후궁과 북원에 늘어 있도다.(且夫齊楚之事又焉足道邪! 君未睹夫巨麗也, 獨不聞天子之上林乎? 左蒼梧, 右西極, 丹水更其南, 紫淵徑其北. 終始灞滻, 出入涇渭. ……蕩蕩兮八川分流, 相背而異態. 東西南北, 馳騖往來, ……於是乎崇山龍嵸, 深林鉅木, 崣岩參差, ……於是乎離宮別館, 彌山跨谷, 高廊四注, 重坐曲閣, 華榱璧璫, ……夷嶮築堂, 累台增成, ……於是乎盧橘夏孰, 黃甘橙楱, ……羅乎後宮, 列乎北園.)[34]

---

33 『三輔黃圖』, 卷四, "苑囿".

사마상여의 글에 묘사된 상림원의 규모는 실로 웅대하다. 물론 문학적인 과장도 있지만 그의 서술을 통해 우리는 대략적인 황가원유의 모습을 파악할 수 있다. 진한시기 대형 황가원유는 산과 계곡을 포함하는 웅장한 규모를 자랑하며 원유 가운데에 산, 물, 꽃, 나무, 조수(鳥獸), 이궁별관(離宮別館)도 있다. 이러한 큰 규모의 원림은 결코 간단한 유상(遊賞)을 위한 것에 그치지 않고 제왕의 사냥터로서의 중요한 기능을 담당하였다. 한고조 11년(기원전 196년)에 회남왕(淮南王)은 일찍이 "황상을 따라 원유에 들어가 사냥하면서 황상과 함께 수레에 탔다.(從上入苑囿獵, 與上同車.)"[35] 이는 황제가 수레 위에서 사냥한다는 것을 설명하고 있다.

한대 천자의 원유에서 백록(白鹿)을 기르기도 했으니, "천자 원유의 백록은 그 가죽을 화폐로 사용하였다(天子苑有白鹿, 以其皮爲幣.)"[36]라는 기록이 있다. 원에는 또한 "원마(苑馬)"라는 것이 있었는데 정확하게 무엇인지 알 수 없으나 "더욱이 원마를 만들어 널리 사용하니, 궁실열관이 원마를 더불어 더욱 증축되었다(益造苑馬以廣用, 而宮室列觀與馬益增修矣.)"[37]라는 구절에서 보건데 일종의 인공구조물로 원 안에서 중간에 휴식용으로 쓰였거나 사람을 싣고 유람하는 용도로 쓰였지 않나 추측된다. 이 밖에도 상림원 및 기타 천자원유에서 개, 말, 금수 등을 대량으로 길렀는데 한무제 때에는 몰수한 노비를 원에 머물게 하여 가축을 기르도록 하였으니, 문헌에는 "그 노비를 몰수하여 뭇 원으로 나누어 개와 말과 금수를 기르게 하였다(其沒入奴婢, 分諸苑養狗馬禽獸.)"[38]라고 기록하고 있다.

---

34 [漢] 司馬遷, 『史記』, 卷一百一十七, "司馬相如列傳第五十七".
35 [漢] 司馬遷, 『史記』, 卷一百一十八, "淮南衡山列傳第五十八".
36 同上, 卷十二, "孝武本紀第十二".
37 同上, 卷三十, "平准書第八."
38 同上.

상림원은 광활한 면적에도 불구하고 울타리를 두르고 전문적으로 관리하고 수비하는 문전(門殿)을 설치하여 일반 백성들이 출입할 수 없는 금원(禁苑)으로 운영되었다. 한무제 시기에 대장군 위청(衛靑)의 수하 선(宣)이 사람을 파견하여 신(信)이란 자를 체포하려 하자 "신이 도망하여 상림원에 숨으니 선이 미로 하여금 명하여 신을 때려죽이라 하였는데, 병졸들이 신을 쫓는 과정에 쏜 화살이 상림원 문에 맞았다. 선이 수하들을 꾸짖었으나 대역죄로 여겨 가문을 위해 자진하였다(信亡藏上林中, 宣使郿令格殺信, 吏卒格信時, 射中上林苑門, 宣下吏詆罪, 以爲大逆, 當族, 自殺.)"**39**라는 기록에서 문이 있었음을 알 수 있으며, 문이 있으면 자연스럽게 울타리도 있었음을 추측할 수 있다.

한대 원유의 형식은 역사기록을 통해서는 명확하게 파악할 수 없지만, 『한서』의 "상림을 만들어 이궁으로 꾸미고, 노리갯감을 모아 쌓아 놓고, 우리를 만들어 금수를 가두어 두었으나 장주의 원에는 미치니 못하며, 곡대를 노닐고 상로에 임하여도 조석의 연못에는 미치지 못한다(修治上林, 雜以離宮, 積聚玩好, 圈守禽獸, 不如長洲之苑. 游曲台, 臨上路, 不如朝夕之池.)"**40**라는 구절과 "오늘날 경계를 그려 원으로 삼으니 웅덩이와 연못의 이로움이 끊겼다. ……가시가 무성한 수풀에는 사슴이 잘 자라고, 여우와 토끼가 있는 원은 넓고 큰 호랑이와 이리의 우리이다. ……물리쳐 원을 영건하니 동서로 말을 달리고 남북으로 수레를 달리며 또 깊고 큰 물길이 있었다(今規以爲苑, 絶陂池水澤之利. ……且盛荊棘之林, 而長養麋鹿, 廣狐兔之苑, 大虎狼之虛. ……斥而營之, 垣而囿之, 騎馳東西, 車鶩南北, 又有深溝大渠.)"**41**라는 구절을 통해, 상림원에 이궁(離宮)을 배치하고 날짐승을 가두어 기르며, 곡대수지(曲台水池)를 설치하고 담장으로 주위를 둘러싸며, 도랑이 여기저기 흐르고 심지어는 호랑이와 이리도 출몰

---

39 同上, 卷一百二十二, "酷吏列傳第六十二".
40 [東漢] 班固, 『漢書』, 卷五十一, "賈鄒枚路傳第二十一".
41 同上, 卷六十五, "東方朔傳第三十五".

하였음을 알 수 있다. 상림원은 최초의 제왕원유로서 일정한 형식을 갖추었지만 오늘날 우리가 알고 있는 청대 황가원림의 엄밀하게 정돈된 모습과는 달리 상당히 자연상태에 가까웠다.

이와는 달리 건장궁(建章宮)의 태액지(太液池)는 많은 인공처리를 하였다. 『삼보황도』에 이르기를 "태액지는 옛 장안성 서쪽, 건장궁 북쪽, 미앙궁 서남쪽에 있다(太液池, 在長安故城西, 建章宮北, 未央宮西南.)"라 하고, 또 『관보기(關輔記)』를 인용하여 "건장궁 북쪽에 큰 못이 있는데 이름은 태액지이고, 가운데 세 개의 산이 있는데 영주·봉래·방장을 닮았다. 금석을 깎아 어룡·기금·이헌 따위를 만들었다(建章宮北治大池, 名曰太液池, 中起三山, 以象瀛洲, 蓬萊, 方丈, 刻金石爲魚龍, 奇禽, 異獻之屬.)"[42]라고 하였는데, 여기서 태액지가 중국 고대 황가원림에서 최초로 "일지삼산(一池三山)"의 원림형식을 사용하였음을 알 수 있다. "일지삼산"이란 하나의 호수 가운데 한대신화에 나오는 삼신산(三神山)의 경관을 인위적으로 창조한 것이다. 그 밖에도 인공의 흔적이 뚜렷하게 보이는 한대 원지로 곤명지(昆明池)가 있다. 『삼보황도』에는 "곤명지의 땅은 332경이고 가운데 과선이 각 수십이고 누선이 백여 척이 있다. ……연못 가운데에는 예장대 및 석경이 있으니 길이가 3장이다(昆明池地三百三十二頃, 中有戈船各數十, 樓船百艘, ……池中有豫章台及石鯨, 長三丈.)"[43]라고 하였는데, 곤명지 가운데 설치된 누선(樓船)은 수병을 훈련하여 출정시키는 기능을 하였던 것으로, 이 역시 고대 황가원유의 원지 중에서 매우 특수한 현상이다.

2. 한대 봉번(封藩)의 원유와 사가원림

한대(漢代)에는 분봉제(分封制)를 실행하였다. 따라서 상림원, 의춘원 등과 같이

---

42 『三輔黃圖』, 卷四, "池沼".
43 同上. 과선(戈船) : 창을 단 배. 누선(樓船) : 위에 지붕달린 구조물을 올린 배.

도성에 건설된 천자의 원유 외에 각지에 분포한 봉건왕국의 봉지 내에도 각 왕들을 위한 원유가 조성되었다. 예를 들어 노왕(魯王)은 자신만의 원유가 있었으니, 『사기(史記)』에 기록하기를 노왕이 "궁실, 원유, 개, 말을 만들거나 기르기를 좋아했다(好治宮室苑囿狗馬.)"[44]라고 전하며 또한 "노왕이 사냥을 좋아하니 상이 항상 따라서 원에 들어갔다. 왕의 수레가 쉬면 상은 관사가 있지만 나와서 항상 원 밖 노천에서 기다렸다. 왕이 부리는 사람을 세고 상을 청하여 쉬라 하나 끝내 쉬지 않으며 말하길 '우리 왕께서 원에서 노천에 계신데 나 홀로 어찌 집에 들겠는가!'라 하니 왕이 이러한 연고로 크게 나가 놀지 않았다(魯王好獵, 相常從入苑中, 王輒休相就館舍, 相出, 常暴坐待苑外. 王數使人請相休, 終不休, '我王暴露苑中, 我獨何爲就舍!' 魯王以故不大出遊.)"[45]라고 하였다. 이는 노왕의 원유에 관사가 있었던 것을 암시하지만, 관사가 원유 내에 있었는지 밖에 있었는지는 명확하지 않다.

한대 봉건왕국의 원유 가운데 가장 유명한 것으로는 한문제(漢文帝)의 아들 양효왕(梁孝王)의 동원(東苑)을 들 수 있다. 이에 대해 『사기』와 『한서』에는 "효왕은 보태후의 막내아들이라. 사랑하니 상 주고 하사함이 무척 많았다. 이에 효왕이 동원을 지으니 너비가 삼백여 리에 이르렀다. 너비는 수양성이 칠십 리이다. 크게 궁실을 짓고 복도[46]를 만들고 궁에서 평대까지 연속하여 삼십여 리더라(孝王, 竇太后少子也, 愛之, 賞賜不可勝道. 於是孝王築東苑, 方三百餘裏. 廣睢陽城七十裏. 大治宮室, 爲複道, 自宮連屬於平臺三十餘裏.)",[47] "효왕이 교만하고 사치스러우니 원을 일으키니 한 변이 삼백 리이고, 궁관이 각도로 서로 연결되니 삼십여 리이다(孝王驕奢, 起苑方三百里, 宮館閣道相連三十餘裏.)"[48]라고 기록되어 있다.

---

44 [漢] 司馬遷, 『史記』, 卷五十九, "五宗世家第二十九".
45 同上, 卷一百四, "田叔列傳第四十四".
46 복도(複道) : 누각과 누각을 잇는 공중에 떠 있는 통로. 각도(閣道)와 동일.
47 同上, 卷五十八, "梁孝王世家第二十八".

결론적으로, 진한시대는 제왕에게 권력이 집중되었기 때문에 대규모의 원유 건설이 가능했고 이렇게 지어진 황가원유의 규모는 매우 거대하였다. 진한시대는 자연주의(自然主義)의 시대로 이 시기의 황가원유는 대형의 진산진수(眞山眞水)를 황가금지(皇家禁地) 내에 수용하여 그 안에 이궁별관(離宮別館)을 배치하고 사슴과 날짐승을 길렀으며 호랑이와 이리와 같은 맹수를 기르기도 하였다. 또한 수레와 말을 위한 도로를 사방으로 내어 제왕이 사냥할 때에 사용하였으며, 식물을 길러서 궁정 생활의 필요한 물품을 보급하기도 하였다. 한대의 봉건왕국 중에는 간혹 봉지 내에 대규모의 원유를 건설하기도 하였는데 이는 당시의 정치현실을 반영한 것이다.

한편 한대에는 이미 사인(私人)이 원지를 조성하기 시작하였다. 『삼보황도』에는 "무릉 부자 원광한은 거금을 모으니 가동이 팔구백 명이었다. 북망산 아래 원을 만드니 동서로 4리요, 남북으로 5리였다. 물길을 끌어서 그 속에 붓고 돌을 엮어서 산을 만드니 높이가 십여 장이고 수리에 이어졌다. 흰 앵무, 자색 원앙, 야크, 푸른 외뿔소 등의 진귀한 짐승들을 기르고 그 가운데 여물을 쌓았다. 모래를 쌓아 섬을 만들고 물을 부어 파도를 만드니 강 갈매기와 바다 학이 새끼를 배고 알을 낳는 것이 숲과 연못에 이어지며 흩어져 있고, 기이한 나무와 과일과 풀이 심지 않은 것이 없더라. 집은 모두 오가면서 이어지고 높은 각에는 회랑을 만드니 한참을 다녀도 모두 이를 수 없었다(茂陵富民袁廣漢, 藏鏹巨萬, 家僮八九百人. 於北邙山下築園, 東西四裏, 南北五裏, 激流水注其中. 構石爲山, 高十余丈, 連延數裏. 養白鸚鵡, 紫鴛鴦, 犛牛, 青兕, 奇獸珍禽, 委積其間. 積沙爲洲嶼, 激水爲波濤, 致江鷗海鶴孕雛産卵, 延漫林池, 奇樹異草, 靡不培植. 屋皆徘徊連屬, 重閣修廊, 行之移晷不能遍也.)"[49]라고 전하는데, 이는 분명한 인공 원지이다. 원 가운데는 인공적으로 파낸 연못과 석산이 있고 겹겹으로 회랑과

---

48 [東漢] 班固, 『漢書』, 卷二十七下之上, "五行志第七下之上".
49 『三輔黄圖』, 卷四, "苑囿".

누각을 지은 모습은 산, 물, 건축, 식물로 구성된 후세 원림의 경관과 유사하다. 이를 통하여, 산을 쌓고 물을 다스리고 나무를 심고 꽃을 가꾸며 회랑을 구성하고 누각과 정자를 배치하는 중국의 조원전통은 한대에 이미 시작단계에 들어섰음을 알 수 있다.

三. 3~6세기 위진남북조(魏晉南北朝)시기의 원림(園林)과 원림사상

1. 위진시기의 원림

한말 삼국시기에 천하는 혼란에 빠졌으나 원원의 건설은 여전히 계속되었다. 이 시기의 위(魏), 촉(蜀), 오(吳)는 모두 원유를 조성하다. 예를 들면 오나라는 '서원(西苑)'이라는 원유가 있었다. 오나라 말 손호(孫皓) 때에 "서원에 봉황이 모인다고 하여 다음해를 원년으로 고쳤다(西苑言鳳凰集, 明年改元.)"[50]라는 기록이 있는데, 손호의 연호 '봉황(鳳凰)'[51]은 바로 원유에서 일어난 상서로운 일로 인한 것이었다.

뒤이은 위진남북조 시기는 전란과 분열의 시기였지만 문화사적 측면으로 볼 때는 사상적으로 매우 활발한 시기였다. 중국 고대 자연철학 역시 이 시기에 급속하게 발달하여 후세에 지속적으로 영향을 미치는 원림사상이 출현하게 되었다.

먼저 위진남북조 시기에 이르러, 각종 원원에 대한 체계적인 유형분류와 정의가 이루어졌다. 예를 들어『진서(晉書)』에서는 하늘의 별자리 가운데 '중궁이십팔사(中宮二十八舍)'와 지상의 궁전원유를 대응시켜 "천원(天苑) 16성은 묘필 남쪽에 있는데 천자의 원유로 짐승을 기르는 곳이다. 원(苑) 남쪽 13성은 천원(天園)이라 하며 과일과 채소를 심은 곳이다(天苑十六星, 在昴畢南, 天子之苑囿, 養獸之所也. 苑南十三星曰天

---

50 [晉] 陳壽,『三國志』, 卷四十八, "吳書三".

51 봉황 원년은 서기272년.

園, 植果菜之所也.)"**52**라고 묘사하였다. 이 분류에 의하면 천자의 원유는 호랑이, 곰, 사슴 등의 동물을 기르는 곳이고, 천자의 원자(園子)는 나무, 과일, 채소를 기르는 곳을 의미한다. 또한 진(晉)나라 장협(張協)이 지은 부사(辭賦) 『칠명(七命)』에는 "원(苑)에는 구미호가 놀고, 유(囿)에는 삼족조가 거하며, 봉황이 숲(林)에서 울고, 황제의 원(園)에 모여 있네(苑戲九尾之禽, 囿棲三足之鳥, 鳴鳳在林, 夥于黃帝之園.)"**53**라고 전하는데, 여기에서 '원(苑)', '유(囿)', '림(林)', '원(園)' 등의 개념이 구분되어 있으며, 그 중에서 원(苑)과 유(囿)는 진기한 짐승을 수집하고 기르는 기능을 함을 알 수 있다.

한편 진귀한 동식물을 수집하여 기르는 것 외에 위진시기의 원원은 후세 원림에서 볼 수 있는 유상(遊賞)의 기능도 갖고 있었다. 예를 들어 『진서』에는 진혜제(晉惠帝)의 장자 민회태자(愍懷太子)의 일을 기록하고 있는데, 그는 "간사한 자를 믿고 혹하며 바른 선비를 멀리하고 배척하고 도살하며 술파는 천한 일을 좋아하고 원유에서 편하게 노는 것을 탐하니 가히 '만사에 시작이 있으나 능히 끝나는 것은 적다'라 말할 수 있다(信惑奸邪, 疏斥正士, 好屠沽之賤役, 耽苑囿之佚遊, 可謂靡不有初, 鮮克有終者也.)"**54**라 하였는데, 여기서 "원유에서 편하게 노는 것을 탐하니(耽苑囿之佚遊)"라는 구절은 민회태자가 원유에서 노니는 일에 지나치게 탐닉했음을 지적한 것이다. 이 외에도 원유는 제왕 신분의 고귀함을 널리 드러내는 기능도 하였다. 예를 들어 진목제(晉穆帝) 때의 시인 강유(江逌)는 "목제가 장차 뒷연못(後池)을 만들고 각도(閣道)를 세우고자 하니, 강유가 상소하여 이르기를 '신이 듣건데 왕은 만승의 극에 있어서 큰 복을 누리니 반드시 제도를 밝게 드러내어 숭고함을 드러내고, 그 문물을 흥성하게 하여 귀함과 천함을 구분해야 한다고 합니다. 영대(靈臺)를 짓고 벽옹(辟雍)을 파고 궁관(宮館)을 세우고 원유를 설치하는 일은 황제의 존엄을 널리 하고 아래

---

52 [唐] 房玄齡, 『晉書』, 卷十一, "志第一·天文上".
53 同上, 卷五十五, "列傳第二十五."
54 同上, 卷五十三, "列傳第二十三".

도 1-10. 동진(東晉) 고개지(顧愷之)의 《여사잠도(女史箴圖)》

를 다스리는 뜻을 두드러지게 한다고 합니다'라 하였다(穆帝將修後池, 起閣道, 迪上疏
曰 '臣聞王者處萬乘之極, 享富有之大, 必顯明制度以表崇高, 盛其文物以殊貴賤. 建靈台, 浚
辟雍, 立宮館, 設苑囿, 所以弘於皇之尊, 彰臨下之義.')"⁵⁵라고 하였다. 여기서 주의할 점
은 이 시기의 문헌기록에서부터 '원림'과 '원유'가 처음으로 구분되기 시작한다는 점
이다.

동진(東晉)이 남쪽으로 천도한 이후에 북방 후조(後趙)의 석륵(石勒)은 "먼저 양국
에 상재원을 세웠다.(先立桑梓苑于襄國.)"⁵⁶ 또한 그의 아들 석이룡(石季龍)은 업성(鄴
城)에 화림원(華林苑)을 건설하였는데, "가까운 군에서 남녀 육십만 명과 수레 십만
승을 뽑아 흙을 이어 화림원을 짓고 업성 북쪽에 긴 담을 쌓으니 둘레가 십 리였
다.(發近郡男女十六萬, 車十萬乘, 運土築華林苑及長牆於鄴北, 廣長數十裏.)"⁵⁷ 화림원의

---

55 同上, 卷八十三, "列傳第五十三".
56 同上, 卷一百五, "載記第五·石勒下".
57 同上, 卷一百七, "載記第七·石季龍下".

규모는 겨우 "둘레가 수십 리(廣長數十裏)"에 불과하여 진한시기 황가원유의 규모와는 큰 차이를 보였고 심지어 한대(漢代) 양효왕(梁孝王)의 동원(東苑)보다도 훨씬 작았다. 업성의 북쪽에 건설된 화림원은 서진(西晉) 낙양(洛陽)의 화림원을 모방한 것으로 보이며 따라서 그 이름도 화림원으로 지은 것으로 보인다. 화림원을 건설한 후에 "3관과 4문을 세우니, 3문은 장수로 통했는데 모두 철문을 달았다. ……양주에서 황학 새끼 다섯을 보내니 목의 길이가 일장이고 소리가 십 리까지 들리며 현무지를 떠다녔다. 군국들이 앞뒤로 창린 열여섯 마리와 백록 일곱 마리를 보냈다. ……북성에 구덩이를 파고 화림원에 물을 끌어 넣었다(起三觀四門, 三門通漳水, 皆爲鐵扉. ……揚州送黃鵠雛五, 頸長一丈, 聲聞十餘裏, 泛之于玄武池. 郡國前後送蒼麟十六白鹿七. ……鑿北城, 引水于華林園.)"[58]라 하였으니, 화림원이 성 북쪽에 위치하였기 때문에 가운데 연못을 '현무(玄武)'라고 이름 하였으며 그 안에는 진기한 새와 짐승을 많이 길렀음을 알 수 있다.

북방 후연(後燕)의 모용희(慕容熙)는 일찍이 "용등원은 크게 지으니 둘레가 십여 리이고 이만 명을 부렸다. 원안에는 경운산을 세우니 터의 너비가 오백 보이고 봉우리 높이가 십칠 장이었다. 또 소요궁, 감로전을 세우니 이어진 방이 수백이고 관각이 서로 교차하였다. 천하거를 파고 물을 끌어 궁 안에 넣었다. 또 그 소의 부 씨를 위해 곡광해와 청량지를 팠다(大築龍騰苑, 廣袤十餘裏, 役徒二萬人. 起景雲山于苑內, 基廣五百步, 峰高十七丈. 又起逍遙宮, 甘露殿, 連房數百, 觀閣相交. 鑿天河渠, 引水入宮. 又爲其昭儀苻氏鑿曲光海, 淸涼池.)"[59] 용등원(龍騰苑)의 규모는 화림원보다도 더욱 작아서 "둘레가 십여 리(廣袤十餘裏)"에 불과했다. 용등원에는 인공적으로 높게 쌓아 올린 가산(假山)과 건물을 연속하여 이은 궁전이 있었고 못을 파서 물을 끌어들였는

---

58 [唐] 房玄齡, 『晉書』, 卷一百七, "載記第七 · 石季龍下".
59 同上, 卷一百二十四, "載記第二十四 · 慕容熙".

도 1-11. 동진(東晉) 고개지(顧愷之) 《낙신부도(洛神賦圖)》의 송대 모본

데, 이는 규모 및 경관에 있어서 후세 황가원림에 매우 근접한 것이다.

　서진(西晉)과 동진(東晉)의 역사문헌에서 '원(園)'과 '원(苑)'이 구분되어 있는 것은 진나라 사람들이 이 둘을 의식적으로 구분하여 사용하였음을 보여준다. 동진의 도성 건업(建鄴)[60]에는 동원(東苑)과 서원(西苑) 이외에 화림원(華林園)을 건설하였는데, 이 화림원은 서진 시기 혜제(惠帝)가 노닐기 좋아하였던 낙양의 화림원을 전신으로 한 것이다. 문헌에 의하면 서진 영가(永嘉) 5년(311년)에 석륵(石勒)의 난으로 회제(懷帝)가 피난할 때에, "황제가 서액문을 걸어 나가 동탁가를 지나다가 도적에게 노략

---

60 후에 '건강(建康)'으로 이름이 바뀜.

질 당해 나가지 못하고 돌아왔다. ……황제가 화림원 문을 열고 하음우지를 나와서 장안으로 행차하고자 했다(帝步出西掖門. 之銅駝街, 爲盜所掠, 不得進而還. ……帝開華林園門, 出河陰藕池, 欲幸長安.)"**61**라는 기록이 있는데 여기서 화림원과 궁성이 서로 인접하였음을 알 수 있다. 동진은 남쪽으로 천도한 후에 서진의 낙양을 모방하여 건업성에 화림원을 세웠는데, 그 위치로 보아 화림원은 도성 안의 북쪽 성벽에 붙어 있었으며 궁성과도 긴밀하게 연결되었을 것으로 보인다. 예를 들면, 동진 효무제(孝武帝) 시기(373~393년)에 "제왕이 궁뒤에 청서전을 세우고 북상합을 열고 화림원에 나가 미인 장 씨와 같이 놀면서 머물렀다(帝起淸暑殿于後宮, 開北上閣, 出華林園, 與美人張氏同遊止.)"**62**라는 기록이 있다.

2. 화림원(華林園)과 남북조의 원원

남조(南朝)에 속하는 송(宋), 제(齊), 양(梁), 진(陳)나라의 역사문헌에는 건강(建康)의 화림원(華林園)에 관한 기록이 자주 보인다. 이 시기의 화림원은 그 기능이 매우 특별하다. 먼저 동진의 효무제(孝武帝)는 화림원에서 술로 밤을 새거나 연회를 열고 사냥을 하며 시를 지었다.**63** 또한 신하들로 하여금 "화림원에서 연회 시중을 들게 했다.(侍宴華林園.)"**64** 이상으로써 이 시기의 화림원은 진한시기 사냥 위주의 원유와는 달리 연회와 유상(遊賞)의 기능을 갖추었고 원림과 제왕궁전이 인접하였으며 원림이 제왕의 일상생활의 공간으로 변하였음을 알 수 있다.

남조 송나라 때에 화림원은 소송(訴訟) 장소로 사용되기도 하였다. 송 영초(永初) 2년(421년) 4월에 무제(武帝)가 두 번이나 "화림원에서 송사를 들었으며(于華林園

---

61 [唐] 房玄齡, 『晉書』, 卷五, "帝紀第五·孝懷帝".
62 同上, 卷八十三, "列傳第五十三".
63 [唐] 房玄齡, 『晉書』, 卷九十二, "列傳第六十二".
64 同上, 卷五十七, "列傳第二十七".

聽訟)", 같은 해 6월과 8월에도 "수레를 타고 화림원에서 송사를 들었다.(車駕又于華
林園聽訟)"**65** 이러한 사건은 송효무제(宋孝武帝) 효건(孝建) 3년(456년)과 대명(大明)
원년에서 4년(457~460년) 사이에도 계속되었다.**66** 또 한 가지 흥미로운 기록으로 송
소제(宋少帝) 경평(景平) 2년(423년)에는 "이때에 황제가 화림원에서 점포를 벌여서
친히 술을 팔았다(時帝于華林園爲列肆, 親自酤賣.)"**67**라는 구절이 있는데, 이는 청나라
건륭(乾隆)황제가 청의원(淸漪園) 뒤에 소주가(蘇州街) 점포를 짓고 내정환관들로 하
여금 술을 팔게 한 일보다 1,400여 년이나 앞선 것이다. 그 밖에도 화림원에는 강
당(講堂)이 있었는데, 태예(泰豫) 원년(472년)에 송명제(宋明帝)는 선비를 청하여 "화
림원 함방당에서 주역을 강의하게 하고 친히 자주 임하여 경청했다.(于華林園含芳堂
講周易, 常自臨聽.)"**68** 또한 대명(大明) 6년(462年)에는 "화림원 모당(茅堂)에서 주역을
강의했다(上于華林園茅堂講周易.)"**69**라고 하는데, 여기에서 "모당"은 상고시대 요제(堯
帝)가 "흙계단을 세 칸 쌓고 풀집은 다듬지 않았다(土階三等, 茅茨不剪.)"라는 고사를
따라 만든 것으로 보인다. 한편 양나라 때 화림원은 문인들이 칙명(勅命)을 기록하
는 장소로 사용되기도 하였다. 예를 들어 양무제(梁武帝) 때의 유묘(劉杳)는 일찍이
주사(周舍)를 도와 국사를 저술하였는데, "첨사 서면이 유묘 및 고협 등 다섯 명을
뽑아 화림원에 들어가 『편략』을 엮었다(詹事徐勉擧杳及顧協等五人入華林撰遍略.)"**70**라
는 기록이 있다. 이러한 기록들은 화림원에 문화사적 의의를 더한다.

　　앞에서 언급한 함방당(含芳堂)과 모당과 같이 화림원은 경관배치에 있어서 제왕
이 연회를 베풀고 송사와 강의를 듣는데 사용했던 청당(廳堂) 건축을 많이 두었으

65 [南朝梁] 沈約, 『宋書』, 卷三, "本紀第三·武帝下".
66 同上, 卷六, "本紀第六·孝武帝".
67 同上, 卷五, "本紀第四·少帝".
68 [南朝梁] 沈約, 『宋書』, 卷八, "本紀第八·明帝".
69 同上, 卷八十九, "列傳第四十九·袁粲".
70 [唐] 姚思廉, 『梁書』, 卷五十, "列傳第四十四·劉杳".

며, "태원 19년 정월 정해에 화림원 정현당 서북쪽에 배나무를 줄지어 심었다. ……
대명 4년 3월 정해에 화림원 요영전 북쪽에 목련리[71]가 자라났다. 대명 4년 4월 임
자에 목련리가 화림원 일관대 북쪽에 자랐다(太元十九年正月丁亥, 華林園延賢堂西北李
樹連理. ……大明四年三月丁亥, 木連理生華林園曜靈殿北. 大明四年四月壬子, 木連理生華
林園日觀臺北.)"[72] 등의 문헌기록에서 보건데, 이 외에 화림동각(華林東閣), 연현당(延
賢堂), 요령전(曜靈殿), 일관대(日觀台)[73] 등의 건축이 있었다. 또한 남제(南齊)의 역사
기록 중에는 화림원의 예천당(醴泉堂), 경운루(景雲樓), 화림각(華林閣), 팔관재(八關
齋), 화림봉장문(華林鳳莊門) 등의 건축에 대한 언급이 있다. 예를 들면 건원(建元) 3
년(481년) "화림원 예천당 동쪽에 홀연히 상서로운 구름이 일어나니 주위가 십여 장
이고 높낮이가 경운루와 평행하며 오색이 조밀하고 광채가 산을 비추며 조금 오랫
동안 오가다가 돌아서 남쪽으로 가서 장선을 건너 화지로 들어갔다(華林園醴泉堂東
忽有瑞雲, 周圓十許丈, 高下與景雲樓平, 五色藻密, 光彩映山, 徘徊良久, 行轉南行, 過長船
入華池.)"[74]라는 기록이 있는데, 이는 화지(華池) 가운데 장선(長船)이 떠 있고 그 주
변에 여러 건축들이 어우러져 있는 5세기의 중국 황가원림의 그림과 같은 경관을
묘사하고 있다.

한편 장선과 화지가 있다는 것은 곧 화림원 안에 연못을 팠음을 의미하며, 인공
으로 연못을 팠다는 것은 그 주변에 파낸 흙을 쌓아 만든 가산이 있었음을 의미한
다. 화림원의 연못과 가산에 대해 살펴보면, 송문제(宋文帝) 원가(元嘉) 23년(446년)
에 일찍이 "북쪽 제방을 쌓고 현무호를 세웠으며 화림원에 경양산을 쌓았다.(築北堤,
立玄武湖, 築景陽山于華林園.)"[75] 화림원에는 경양산(景陽山) 외에 인공 호수도 있었는

---

71 서로 다른 뿌리의 나무가 위에서 하나로 이어진 것. 상서롭고 길한 징조로 여겨짐.
72 [南朝梁] 沈約, 『宋書』, 卷二十九, "志第十九·符瑞下".
73 후에 망현문(望賢門)으로 개명.
74 [南朝梁] 蕭子顯, 『南齊書』, 卷十八, "志第十·祥瑞".

데, 『송서(宋書)』에는 "화림지의 한 쌍의 연꽃은 같은 줄기에서 나왔다(華林池雙蓮同幹.)", "화림 천연지에 부용은 꽃은 다르지만 꽃받침은 같다(華林天淵池芙蓉異花同蒂.)", "화림 천연지 부용은 꽃은 둘이지만 꽃받침은 하나이다(華林天淵池芙蓉二花一蒂.)"[76]라는 기록이 전한다. 위에서 화림지(華林池), 화림천연지(華林天淵池) 그리고 앞서 말한 화지(華池)가 동일한 호수인지는 명확하지 않다.

남조 건강성(建康城)에는 화림원 외에도 여러 원유가 있었다. 송대명(宋大明) 3년(459년)에 "현무호 북쪽에 상림원을 세웠다.(於玄武湖北立上林苑.)"[77] 또한 건강성 북교는 원래 제단이 있던 곳으로 "북교는 진성제 때에 처음 세웠는데, 원래는 복주산 남쪽에 있었다. 송태조가 그 땅을 낙유원으로 삼으니 산의 서북쪽으로 옮겼다.(北郊, 晉成帝世始立, 本在覆舟山南. 宋太祖以其地爲樂游苑, 移於山西北.)"[78] 왕조가 멸망한 후에도 낙유원(樂游苑)은 여전히 다음 왕조에 의해 계승되어 황제가 머물며 대신들을 모아 잔치를 여는 장소로 쓰였다. 낙유원의 뒤에는 용주산(龍舟山)이 있었다. 진선제(陳宣帝) 태건(太建) 7년(575년) 9월에 "수레를 몰아 낙유원에 행차하여 감로를 따고 군신들과 잔치를 열며 명하여 원의 용주산에 감로정을 세웠다.(輿駕幸樂游苑, 采甘露, 宴群臣, 詔于苑龍舟山立甘露亭.)"[79] 이 외에도 남조 건강성 밖에는 서원(西苑)과 남원(南苑)이 있었는데, 남제(南齊) 영명(永明) 5년(487년) 겨울에 "신림원을 처음 세웠다.(初起新林苑.)"[80] 그러나 영태(永泰) 원년(498년)에 제명제(齊明帝)가 "세조가 세운 신림원을 파하여 땅을 백성에게 돌려줬다.(罷世祖所起新林苑, 以地還百姓.)"[81] 남제

---

75 [南朝梁] 沈約, 『宋書』, 卷五, "本紀第五·文帝".
76 同上, 卷二十九, "志第十九·符瑞下".
77 同上, 卷六, "本紀第六·孝武帝".
78 [南朝梁] 沈約, 『宋書』, 卷十四, "志第四·禮一".
79 [唐] 姚思廉, 『陳書』, 卷五, 本紀第五·宣帝.
80 [南朝梁] 蕭子顯, 『南齊書』, 卷三, "本紀第三·武帝".
81 同上, 卷六, "本紀第六·明帝".

말 제동혼후(齊東昏侯) 소보권(蕭寶卷)은 사치하고 무절제한 인물이었는데 제영원(齊永元) 3년(501년) 여름에 다음과 같은 일이 있었다.

열무당에 방락원을 세웠다. 산석을 모두 다섯 가지 색으로 칠하고, 연못을 가로질러 자각과 뭇 누각을 세우며, 벽에는 남녀의 음란한 모습을 그렸다. 좋은 나무와 아름다운 대나무를 심었는데 이때는 매우 더운 계절이라 며칠 지나지 않아서 시들어 버렸다. 이에 민가를 뒤져서 나무만 보이면 취하니 담장과 집을 허물어 옮겨와서 아침에 심고 저녁에 뽑았다. 도로가 서로 이어지듯 꽃과 약초와 잡초가 역시 반복하여 그러다. 또 원 안에 시장을 열어 대관들이 매일 아침에 술과 고기와 잡다한 안주를 내오고 궁인들로 하여금 가축을 잡고 술을 담그게 했다.(于閱武堂起芳樂苑. 山石皆塗以五采, 跨池水立紫閣諸樓觀, 壁上畫男女私褻之像. 種好樹美竹, 天時盛暑, 未及經日, 便就萎枯. 於是徵求民家, 望樹便取, 毀撤牆屋以移致之, 朝栽暮拔, 道路相繼, 花藥雜草, 亦複皆然. 又于苑中立市, 大官每旦進酒肉雜肴, 使宮人屠酤)[82]

위의 내용으로 보아, 방락원(芳樂苑)은 그 규모는 크지 않지만 산석(山石), 연못, 누대관각(樓臺觀閣), 인공적으로 심은 화초와 수목이 있어 화림원과 그 성격이 매우 비슷함을 알 수 있다. 진나라 사람들은 원(苑)과 원(園)을 구분하고 있지만 그 기준이 엄격하지 않았으며, 여기의 방락원은 사냥이나 생산을 위한 원유가 아니라 유상향락(遊賞享樂)을 위한 원지에 더욱 가깝다. 이 외에도 남조 천감(天監) 4년(505년)에 말릉건흥(秣陵建興)에 건흥원(建興苑)을 지었다.[83]

남제(南齊)의 문혜태자(文惠太子)도 궁전과 원지를 꾸미는 것을 즐겼다. 그는 "풍체가 부드럽고 매우 온화하나 성정은 매우 사치스러워서 궁 안의 전당은 모두 정교

---

82 同上, 卷七, "本紀第七·東昏侯".
83 [唐] 李延壽, 『南史』, 卷六, "梁本紀上第六".

하게 조각 장식하니 상궁을 넘었다. 현포원(玄圃園)을 넓히니 대성의 북참과 같고 그 안에는 누관과 탑우를 만들고 기석을 많이 모으고 산수를 매우 교묘하게 만들었다.(風韻甚和而性頗奢麗, 宮內殿堂, 皆雕飾精綺, 過於上宮. 開拓玄圃園, 與台城北塹等, 其中樓觀塔宇, 多聚奇石, 妙極山水.)"[84] 여기서 문혜태자의 현포원은 누관탑우(樓觀塔宇) 등의 건축물과 기석, 산수 등을 이미 원림의 주요 경관요소로 사용하였음을 알 수 있다.

남조의 화림원과 방락원에서 남제 문혜태자의 원지에 이르는 과정을 통해 우리는 중국 황가원원(皇家園苑)에 미묘한 변화들이 나타나기 시작하였음을 알 수 있다. 즉 진한시기의 황가원림은 둘레가 수백 리에 이를 정도로 규모가 웅장하여 산골짜기에 둘러싸여 있었으며 안에는 자연의 산수경관을 포함하고 있었으며 진기한 새나 짐승 혹은 호랑이, 표범, 곰 등과 같은 맹수를 길러 제왕의 사냥터로 사용되었다. 반면에 남북조의 황가원림은 규모가 적절히 축소되었고 원림의 경관내용 중에서 건축, 연못, 가산, 기석(奇石) 등의 인공적인 요소가 더해졌다.

남북조시기 북조의 원림건설 또한 남조에 비해 손색이 없었다. 예를 들어, 북위(北魏) 천흥(天興) 2년(399년) 평성(平城)에 도성을 정하고 고거(高車)를 물리친 후에, "고거의 무리가 세운 녹원(鹿苑)을 얻으니 남쪽에는 대음에서 비롯되고 북쪽에는 장성에 떨어져 있고 동쪽에는 백등을 감싸고 서산에 닿으니 둘레가 수십 리이다. 하천을 파고 무천의 물을 끌어서 원 안에 붓고 세 개의 물길을 파서 성 안팎에 나누어 흐르게 하고 또 홍안지를 팠다.(以所獲高車衆起鹿苑, 南因台陰, 北距長城, 東包白登, 屬之西山, 廣輪數十裏. 鑿渠引武川水注之苑中, 疏爲三溝, 分流城內外. 又穿鴻雁池.)"[85] 천흥 4년(401년)에 "자극전, 현무루, 양풍관, 석지, 녹원대(紫極殿, 玄武樓, 涼風觀, 石池,

---

84 [南朝梁] 蕭子顯, 『南齊書』, 卷二十一 , "列傳第二 · 文惠太子".
85 [北齊] 魏收, 『魏書』, 卷二, "帝紀第二 · 太祖紀".

鹿苑台)"[86] 등의 건축을 더하였는데, 그 중에 녹원대(鹿苑台)와 석지(石池) 등은 녹원 안에 지은 것들이다. 영흥(永興) 5년(413년)에는 또 "어지를 북원에 팠다.(穿魚池于北苑.)" 4년 후인 태상(泰常) 원년(416년)에는 "봉대를 북원에 지었다.(築蓬台于北苑.)"[87] 이상의 역사 기록을 통해 알 수 있듯이 북위의 평성의 사방에는 녹원, 북원(北苑), 서원(西苑), 동원(東苑) 등이 만들어졌는데, 이같이 도성의 사방에 황가원유를 배치하는 수법은 동시대 동진 건강성의 경우와 흡사하다. 평성의 원유들 중에는 전각누대(殿閣樓台)와 인공으로 판 호수가 있는 원유도 있었는데, 태화(太和) 원년(477년)에 "북원에 영락유관전을 세우고 신연지를 팠다(起永樂游觀殿于北苑, 穿神淵池.)"[88]라는 기록이 있다. 이 밖에도 북원에는 숭광궁(崇光宮), 서산(西山), 그리고 서산 위의 암방선당(岩房禪堂) 등도 있었다.[89]

북제(北齊) 무평(武平) 4년(573년)에 업도(鄴都)에서는 다음과 같은 일들이 있었다. "선도원(仙都苑)에 토목일을 크게 일으켰고(大興土木之功于仙都苑)",[90] "선도원에 연못을 파고 산을 쌓았으며 누대와 전각을 그 사이에 세웠는데 매우 아름다웠다.(于仙都苑穿池築山, 樓殿間起, 窮華極麗.)"[91] 또한 "후주가 원(苑) 안에 빈아촌을 지어 친히 남루한 옷을 입고 그 사이를 지나며 구걸하니 한 사람이 웃으며 기뻐하였다.(後主于苑內作貧兒村, 親衣襤褸之服而行乞其間, 一位笑樂. 多令人服鳥衣, 以相執縛.)"[92]

---

86 同上.
87 同上, 卷三, "帝紀第三·太宗紀".
88 同上, 卷七上, "帝紀第七·高祖紀上".
89 [北齊] 魏收, 『魏書』, 卷一百一十四, "志第二十·釋老十"에 이르기를 "高祖踐位, 顯祖移禦北苑崇光宮, 覽習玄籍. 建鹿野浮圖于苑中之西山, 去崇光右十裏, 岩房禪堂, 禪僧居其中焉"이라 하였다.
90 [唐] 魏徵等, 『隋書』, 卷二十二, "志第十七·五行上".
91 同上, 卷二十三, "志第十八·五行下".
92 同上, 卷二十二, "志第十七·五行上".

3. 남북조시기의 원림사상

위진남북조 시기는 고대 중국인의 심미의식이 형성되고 발전한 중요한 시기였다. 이 시기 극심한 사회 동요과 빈번한 전쟁에 지친 지식인들은 현실과 동떨어진 공론을 일삼고 음주를 즐기며 현실도피적인 현학(玄學)에 몰두하고 속세를 떠나 산림에 은거하고자 하였다. 유명한 '죽림칠현(竹林七賢)'이 바로 대표적 사례이다. 이러한 현실도피와 산림은둔은 중국 지식계층의 심미의식에 큰 변화를 가져왔다. 예술적 관조 대상이 자연으로 옮겨감에 따라 지식인들은 기산괴석(奇山怪石), 죽림모사(竹林茅舍), 잔잔하게 흐르는 계곡[潺潺山溪], 졸졸 흐르는 물[淙淙流水], 한가로운 구름과 들판의 학[閑雲野鶴], 노는 물고기와 달리는 사슴[魚戲鹿逐] 등의 경관에 심취하였다.

남북조시기의 사람들은 '복지와 궁벽한 곳의 어울림(福地奧區之湊)'이라는 의미의 '방림원(芳林園)'식 원림공간을 창조하기 시작하였다. 예를 들면 남제(南齊) 왕융(王融)의 사(辭) 중에는 "방림원이라는 것은 복지와 오구가 모인 것으로, ……나는 듯한 누관은 신이 만들었고 허한 처마는 구름으로 엮었다. 이방을 조금씩 짓고 층루를 간간히 세웠다. 아침 햇살을 등지고 대전을 마주하며 영소를 넘으면 덧없는 영화라(芳林園者, 福地奧區之湊, ……飛觀神行, 虛簷雲構. 離房乍設, 層樓間起. 負朝陽而抗殿, 跨靈沼而浮榮.)"[93]라는 구절이 있는데, 여기서 '복지오구지주(福地奧區之湊)'의 개념은 중국 고대 원림의 혁신적 변신을 보여준다. 이전의 조원(造園)이 자연을 이용하여 약간의 인공적 가미를 한 정도에 지나지 않은 반면, 이 시기 부터 '복지(福地)'라고 일컬을 수 있는 좋은 터를 찾아 인공적으로 '깊고 그윽한 구역[奧區]'을 만들어 조화로운 공간을 만드는 적극적인 창조과정으로 전환된 것이다. 중국 고대 원림은 당송(唐宋)시기 이후부터 점차 조원의 인공화, 경관의 곡절화, 공간의 은폐(陰奧)화, 수법

---

93 『全齊文』, 卷十三, "王融·三月三日曲水詩序".

의 다양화 추세로 접어들었는데 아마도 왕융의 '복지오구지주' 사상에서 전후 변화의 흔적을 찾을 수 있을지도 모른다. 이를 기점으로 중국 고전원림은 심오한 사상과 자유로운 창의를 바탕으로 자연을 모방하여 경관을 빚어내는 새로운 창작의 길로 들어서게 되었으니 '복지오구지주'의 사상은 후세 중국 고전원림 조원사상의 기초를 다졌다고 할 수 있다.

위진시기 지식인들은 자연을 아끼고 사랑하며 세상만물의 심오한 이치에 대한 특수한 심미적 의식을 갖게 되었다. 이들은 자연 자체의 아름다움에 도취하였을 뿐 아니라 끝없는 상상을 통해 자연에 다양한 의미를 부여하였다. 이러한 자연에 대한 다양한 상상은 바로 고대 중국인의 심미적 의식의 중요 구성요소로 작용하였으며 이는 당나라 이래로 일어난 선종불교의 미학사상, 문인화, 문인시 등의 뿌리가 되었다.

위진시기 지식인들이 자연에 갖고 있었던 심미적 상상에 대한 유명한 실례로 "호복간상(濠濮間想)"의 구절을 들 수 있다. 동진(東晉) 간문제(簡文帝)는 문학적 재능이 뛰어나 2년(371~372년)이라는 짧은 재위기간 동안에도 많은 미담을 남겼는데, 『세설신어(世說心語)』에는 "간문제가 화림원에 들어서서 좌우를 돌아보며 말하기를, 마음에 맞는 곳은 멀리 있을 필요가 없으니 숲과 물이 있으면 절로 복이 깃든(濠濮) 사이에 있는 듯한 생각이 든다(簡文入華林園, 顧謂左右曰, 會心處不必在遠, 翳然林水, 自有濠濮間想也.)"[94]라는 구절이 전해진다. 여기서 간문제가 말한 "호복간상"은 전국시기에 장자(莊子)와 혜자(惠子)의 대화 중에서 유래한 것으로 "장자와 혜자가 호량 위에서 노닐었다. 장자가 말하기를 '피라미가 조용히 노니니 이는 물고기의 즐거움이다'라 하니, 혜자가 대답하기를 '그대는 물고기가 아닌데 어찌 물고기의 즐거움을 아는가?' 장자가 말하기를 '그대는 내가 아닌데 어찌 내가 물고기의 즐거움을 모르는 줄 아는가?'라고 하였다(莊子與惠子游于濠梁之上. 莊子曰 '鯈魚出遊從容, 是魚之樂也.'

---

94 [宋] 劉義慶, 『世說新語』, 卷上之上, "言語第二十一".

惠子曰 '子非魚, 安知魚之樂乎? ' 莊子曰 '子非我, 安知我不知魚之樂? ')"[95]라는 고사에서 유래된 것으로, 여기서 간문제는 장자의 고사를 빌어 자연에 대한 예술적 심미의식을 제시하였고 이는 후대 중국 예술에 지대한 영향을 미치게 된다.

四. 7~9세기 수당(隋唐)시기 황가원유와 성시주택원림(城市住宅園林)

1. 수나라의 황가원유

수당(隋唐)시기의 가장 중요한 건축적 성취는 두 경성의 궁원(宮苑) 건설, 즉 수 대흥성[大興城, 즉 당 장안성(長安城)]과 낙양성(洛陽城)의 궁원을 건설한 일이다.

수나라는 위진남북조 시기 북주(北周)의 후신으로, 북주는 무유원(武遊園)이 있었는데 천화(天和) 2년(567년)에 북주 무제(武帝)가 "무유원을 바꿔 도회원을 만들었다. (改武遊園爲道會苑.)"[96] 도회원(道會苑) 안에는 "상선전(上善殿)"과 "사궁(射宮)" 등의 건축물이 있었으며, 황제는 그 안에서 병사를 조련하고 대초회(大醮會) 등의 의식을 거행하며 신하들의 하례를 받았다. 또한 도회원은 유희의 장소이기도 했는데 대상(大象)년간(579~580년) 북주 정제(靜帝)는 "유희가 항상함이 없고 출입이 절도가 없으며 우의를 걸치고 시위를 거느리고 아침에 나가서 저녁에 들어왔다. 혹은 천흥궁에 행차하고 도회원에 노니 따르는 관리들이 모두 매우 힘들어 했다. 산악, 잡희, 어룡 등의 현란한 기예를 항상 눈앞에 두었다(遊戲無恒, 出入不節, 羽儀伏衛, 晨出夜還. 或幸天興宮, 或游道會苑, 陪侍之官, 皆不堪命. 散樂雜戲魚龍爛漫之伎, 常在目前.)"[97]라 하였는데 이는 도회원이 중요한 황가원유임과 동시에 북주의 궁성과 거리가 멀지 않았음을 보여준다.

---

95 [戰國] 莊周, 『莊子』, "外篇·至樂第十八".
96 [唐] 令狐德棻 等, 『周書』, 卷五, "帝紀第五·武帝上".
97 [唐] 令狐德棻 等, 『周書』, 卷七, "帝紀第七·宣帝".

수나라 건국 후 수문제(隋文帝) 때까지는 원유를 신축하지 않고 북주시대의 북원 (北苑)을 그대로 사용하였으나, 대업(大業) 원년(605년)에 수양제(隋煬帝)가 등극하자 대규모의 도시와 궁원 건설에 착수하였다. 수양제는 대장 우문개(宇文愷)에게 동경 인 낙양성을 건설하도록 명하고 "또 조간에 현인궁을 만들고 해내의 진귀한 금수와 화초 따위를 모아서 원원을 채웠다(又于皂澗營顯仁宮, 采海內奇禽異獸草木之類, 以實園 苑)"[98]라고 하는데, 여기서 현인궁(顯仁宮)은 바로 하나의 원원이었다. 수양제는 일 찍이 남진(南陳) 정복전쟁 과정에서 강남의 원림과 건축에 깊은 인상을 받았는데, 이 또한 그가 궁성과 원원 건설을 크게 일으키는 데 일조하였다. "황제가 예전에 번 한에 머물며 친히 강좌를 평정하고 양나라와 진나라의 굽고 꺾임을 합쳐 규모를 갖 추었다. 이에 꿩이 망산을 넘으니 다리를 띄어 낙수를 건너고, 금문과 상궐은 함께 비관을 공경하고, 독암과 새천은 구름비단을 구성하고, 산 나무를 옮겨 숲을 만들 고, 망산을 감싸서 원유로 만들었다.(帝昔居藩翰, 親平江左, 兼以梁陳曲折, 以就規摹. 曾 雉逾芒, 浮橋跨洛, 金門象闕, 鹹竦飛觀, 頹岩塞川, 構成雲綺, 移嶺樹以爲林藪, 包芒山以爲 苑囿.)"[99] 한편 수양제 시기의 원유는 진한시기 대형 원유의 특징을 되살렸는데, "또 조간에 현인궁을 만들고 원유를 이었는데, 북으로는 신안에 이르고 남으로는 비산 에 미치며 서로는 민지에 이르니 둘레가 수백 리였다. 천하의 뭇 주에 명하여 기이 한 풀과 나무와 꽃과 금수를 바치게 하니 그 안에 물길을 열고 곡과 낙수를 끌어들 여 원의 서쪽에서 들어와서 동쪽으로 낙수로 흘러들었다. 또 판제에서 강을 끌어들 여 준해에 이르니 이를 어하라고 하였다. 어하의 옆에는 어도를 만들고 버드나무를 심었다(又于皂澗營顯仁宮, 苑囿連接, 北至新安, 南及飛山, 西至澠池, 周圍數百里. 課天下諸 州, 各貢草木花果奇禽異獸於其中, 開渠, 引谷, 洛水, 自苑西入, 而東注於洛. 又自板渚引河,

---

98 [唐] 魏徵等, 『隋書』, 卷三, "帝紀第三·煬帝上".
99 同上

達于淮海, 謂之禦河. 河畔築禦道, 樹以柳.)"**100**라 하였다.

또한 대업 원년 5월에 "서원을 쌓으니 둘레가 이백 리이다. 그 안에는 바다를 만들었는데 둘레가 십여 리이다. 방장, 봉래, 영주의 뭇 산을 만드니 높이가 물위로 수백여 척 올라왔다. 대관과 궁전이 산 위를 덮어쌓는데 방향이 신과 같았다. 북에는 용린거가 있어 바다 안으로 돌아 들어온다. 물길을 따라 열여섯 원을 만들었는데 문이 모두 물길을 면해 있고 각 원은 출품부인으로 주관하게 했다. 당전과 누관이 지극히 장려하였다. 궁의 나무는 가을과 겨울에 시들어 떨어지면 비단을 오려서 꽃과 잎을 만들어 가지에 붙여 두었다가 색이 변하면 새것과 바꾸니 항상 봄과 같다. 연못 안에는 역시 비단을 오려서 연꽃과 마름을 만들어 가마를 타고 노닐었으니 이르면 얼음을 걷어내고 깔던 것이다. 열여섯 원은 정밀하고 화려한 것을 섞어서 서로 높음을 경쟁하며 은총을 구하니 상께서는 달뜬 밤에 궁녀를 따라 수천 기가 서원을 노닐며 『청야유곡』을 지어 말 위에서 연주했다.(築西苑, 週二百里. 其內爲海, 周十餘裏. 爲方丈, 蓬萊, 瀛洲諸山, 高出水百餘尺, 台觀宮殿, 羅絡山上, 向背如神. 北有龍鱗渠, 縈紆注海內. 緣渠作十六院, 門皆臨渠, 每院以出品夫人主之, 堂殿樓觀, 窮極壯麗. 宮樹秋冬凋落, 則剪綵爲華葉, 綴於枝條, 色渝則易以新者, 常如陽春. 沼內亦剪綵爲荷芰菱芡, 乘輿遊幸, 則去冰而布之. 十六院競以淆羞精麗相高, 求市恩寵, 上要以月夜從宮女數千騎遊西苑, 作淸夜遊曲, 於馬上奏之.)"**101**이 수나라 동경 서원(西苑)은 한무제 장안 태액지(太液池)의 일지삼산(一池三山)의 수법을 계승하면서, 한편으로는 최초로 건축물과 수체를 교차시켜서 경관을 구성하였다. 또한 인위적으로 사시사철 식물경관을 조성하는 수법은 수양제의 사치와 허세를 드러낸다.

수양제는 원림 안에 기이하고 생동감 넘치는 경관을 만들어 황제 자신과 다른 감

---

100 同上.
101 [宋] 司馬光, 『資治通鑑』, 卷一百八十, "隋紀下 · 煬皇帝上之上".

도 1-12. 수(隋)대 《전자건유춘도(展子虔游春圖)》

상자들의 눈을 현란하게 하는 것을 좋아했다. 예를 들어 대업 2년(606년)에 수양제는 근견(觀見)하기 위해 입조한 오랑캐의 칸에게 뽐내기 위해 "이에 전국의 산악을 동경에 크게 모으고 방화원의 적취지 옆에서 사열하였다. 사리수가 먼저 도약하여 물을 때리면, 거리 가득 자라와 악어, 원타, 귀별, 수인, 충어가 땅에 곳곳을 덮었다. 또 고래가 뿜으니 안개가 해를 가리고 어느덧 황룡으로 변하니 길이가 칠팔 정이다. 또 두 사람이 막대를 들고 위에는 춤추는 사람이 있어 홀연히 뛰어 넘으며 좌우로 처한 곳을 바꿨다. 또 신오의 등에는 환인이 불을 뿜고 천변만화하였다. 광대들은 모두 비단에 색칠한 옷을 입었고 무희는 울리는 고리를 차고 화모로 장식했다. 경조와 하남에 명하여 그 옷을 만드니 양경의 채색 비단을 다 써버렸다.(於是四方散樂, 大集東京, 閱之于芳華苑積翠池側. 有舍利獸先來跳躍激水, 滿衢罝罤, 龜鱉, 水人, 蟲魚, 遍覆於地. 又有鯨魚噴霧翳日, 倏忽化成黃龍, 長七, 八丈. 又二人戴竿, 上有舞者, 欻然騰過, 左右易處. 又有神鼇負上, 幻人吐火, 千變萬化. 伎人皆衣錦繡繒彩, 舞者鳴環佩, 綴花毦. 課京兆, 河南制其衣, 兩京錦彩爲之空竭.)"[102] 이렇게 현대의 디즈니 공원처럼 기이한 것들을 끌어 모아 원림경관을 가득 채우는 취향은 수양제의 극심한 사치욕을 드러낸다.

대업 12년(616년)에 이르러 수나라는 이미 그 종말을 향해 치닫고 있었다. 조정이 어지러운 가운데 수양제는 사방의 반군들을 진압하면서도 한편으로는 원유 조성과 향락적인 생활은 멈추지 않았다. 그는 주필(駐蹕)[103]의 장소로서 "군의 동쪽에 궁원을 세우니 주위가 십이 리이고, 안에는 열여섯의 이궁이 있는데 대체로 동도 서원의 제도를 따랐으나 화려함을 그것을 넘었다. ……임오에 황제가 경화궁에서 반딧불이를 잡아서 수 두만큼을 얻으니, 밤에 산에 놀러가서 놓아주니 빛이 계곡에 가득했다.(郡東南起宮苑, 周圍十二裏, 內爲十六離宮, 大抵仿東都西苑之制, 而奇麗過之. ……壬午, 帝于景華宮徵求螢火, 得數斛, 夜出遊山, 放之, 光遍岩谷.)"[104]

한편, 당(唐)대 번종사(樊宗師)의 『강수거원지기(絳守居園池記)』에는 수당시기 한 관아의 원지에 대해 기술하였다. 이 글에는 "지유어양(池由於煬)"이라는 문구가 있는데, 이에 대해 원(元)대 조인거(趙仁擧)는 "원지의 공사가 수양제 때에 비롯되었음을 말한다(言園池修建始於隋煬帝時.)"[105]라고 주해하여 이 원지가 수대의 것임을 알 수 있다. 그렇다면 건설되기 시작한 시기가 605년에서 618년 사이여야 하는데 이 책에서는 이를 당 장경(長慶) 3년(823년)에 엮어 놓았다. 이 책의 기록은 그 문장이 괴이하여 해석이 쉽지 않은데 대략 그 뜻을 살펴보면 이 원지는 "태수가 주택을 나누니 북쪽이 있어 갑신년부터 큰 연못이 생겨 협(硤) 고을 옆을 가로질렀다. 연못 안 계차(次) 방위에는 나무가 비어있어 폭포가 삼장인데 옥 같은 물거품으로 이어진다. 자오(子午) 방위에 다리가 정자를 관통하니 이르러 회련(徊漣)이라 한다. ……동남쪽에는 정자가 있으니 이르러 신(新)이라 하고, 앞에 있는 함(含)을 이르러 괴(槐)라 하니 괴나무가 있어 힘써 지키고 있다. ……도랑이 연못 서쪽으로 끊어질 듯 이어지니 남쪽으로 와서 무(廡)를 꺾어 흐르니 연회를 할 수도 있고 관아 일을 할 수도 있

---

102 同上.
103 임금이 나들이 도중 거가를 잠시 멈추고 묵는 일.
104 [宋] 司馬光, 『資治通鑒』, 卷一百八十三, "隋紀七·隋煬帝下".
105 [淸] 『欽定四庫全書·集部·別集類·漢至五代·絳守居園池記』.

다. ……당의 동쪽으로 도랑을 건너면 정자가 있으니 이름 하여 망월(望月)이라, 지금의 사망정(四望亭)이다. ……사철 재주 높은 선비들이 모여 구름과 바람과 서리와 이슬과 비와 눈을 바라보니 흥이 돌아 부, 가, 시를 거두어 모으니, 정동은 이르러 창당(蒼塘)이라 하고 ……서북은 이르러 오(鼇)라 하고 ……정서는 이르러 백빈(白濱)이라 하고 ……크고 작은 정자가 연못과 도랑 사이에 늘어 있다.(守居割有北, 自甲辛苞太池泓, 橫硤旁, 潭中次, 木腔瀑三丈餘, 涎玉沫珠. 子午梁貫亭曰徊漣 ……東南有亭曰新, 前含曰槐, 有槐扈護 ……渠決決緣池西, 直南折厓赴, 可宴可衙 ……堂東過渠有亭曰望月, 今爲四望亭 ……可四時合奇士, 觀雲風霜露雨雪, 所爲發生收斂賦歌詩, 正東曰蒼塘 ……正北曰風堤 ……西北曰鼇 ……正西曰白濱 ……大小亭餖池渠間.)"[106] 이는 산서성 강현(絳縣) 태수관청 북쪽에 위치한 원지로서 연못, 제방, 도랑, 폭포, 다리, 당(堂) 등이 있고 여러 채의 정자가 있다. 이 관아 원지는 태수가 지인들을 모아 연회를 열거나 공무를 보는 곳으로 쓰였다. 오늘날 산서성 강현에는 수당시대 원지로 추정되는 흔적이 조금 남아 있다.

2. 당나라 양경금원(兩京禁苑)과 사가원지

당(唐)대 황가원유의 건설은 당나라의 양경(兩京), 즉 서경 장안성(長安城)과 동경 낙양성(洛陽城)을 중심으로 전개되었다. 먼저 서경 장안성을 살펴보면, 가장 중요한 황가원유는 장안성 북쪽에 조성된 금원(禁苑)이다. "금원은 황성의 북쪽에 있는데 원성은 동서로 이십칠 리이고, 남북으로 삼십 리이며, 동쪽으로는 패수에 이르고, 서로는 옛 장안성에 이어지며, 남으로는 경성에 이어지고, 북으로는 위수를 벤다. 원 안에는 이궁, 정, 관이 스물네 곳이다. 한나라 때의 옛 장안성이 동서 삼십 리로 역시 원 안에 있다. 원에는 서남감 및 총감을 설치하여 나무 심는 일을 담당했다.

---

106 [淸] 董誥等,『全唐文』, 卷七百三十, 樊宗師,『絳守居園池記』.

(禁苑在皇城之北, 苑城東西二十七裏, 南北三十裏, 東至灞水, 西連故長安城, 南連京城, 北枕渭水. 苑內離宮, 亭, 觀二十四所. 漢長安故城東西十三裏, 亦隸于苑中. 苑置西南監及總監, 以掌種植.)"**107** 당 장안성의 금원의 규모는 상당히 크다. 전체 810평방리(平方裏) 안에 24개소의 이궁별관이 있고 전문적으로 관리하고 나무를 심는 사람이 있었다. 장안 금원이 "동서로 27리 남북으로 23리이다(東西二十七裏, 南北二十三裏.)"**108**라는 기록도 있다.

장안 금원에서 가장 유명한 장소는 이원(梨園)으로 『구당서(舊唐書)』에 의하면"현종이 또 정사를 돌보는 틈에 태상악공 자제 308명에게 사죽의 희를 가르치니, 음향이 함께 발하는데 한 소리라도 틀리면 현종이 반드시 알아차리고 고치도록 했다. 황제의 제자라 이름 하고 또 이원의 제자라 이르기도 하니 원(院)을 금원의 이원(梨園)에 가까이 설치했다.(玄宗又於聽政之暇, 教太常樂工子弟三百人爲絲竹之戲, 音響齊發, 有一聲誤, 玄宗必覺而正之. 號爲皇帝弟子, 又雲梨園弟子, 以置院近于禁苑之梨園.)"**109** 이는 금원 내 이원 근처에 예인들을 배양하는 기구가 설치되어 있었음을 의미한다. 이외에도 장안 금원 안에는 포도원(蒲萄園)과 사죽원(司竹園) 등이 있었다.

당 장안성의 또 다른 중요한 황가원유로 장안성 동남쪽에 자리한 부용원(芙蓉園)을 들 수 있다. 부용원은 곡강부용원(曲江芙蓉園)이라고도 불린다. 일설에는 곡강과 부용원이 각기 다른 원지이나 서로 연결되어 있다고 한다. 『당양경성방고(唐兩京城坊考)』에서 『경룡문관기(景龍文館記)』를 인용하여 이르기를 "부용원은 경사나 성의 동남쪽 모서리에 있다. 원래는 수나라 때 이궁이었다. 푸른 숲이 겹겹이 되풀이되고 푸른 물이 아름답게 찰랑이니 황제의 성에서 빼어난 경관이었다(芙蓉園在京師羅城東南隅, 本隋世之離宮也, 青林重複, 綠水彌漫, 帝城勝景也.)"**110**라 하였다. 또 다른 일

---

107 [後晉] 劉昫, 『舊唐書』, 卷三十八, "志第十八 · 地理一".
108 [淸] 徐松, 『唐兩京城坊考』, 卷一, "西京 · 三苑".
109 [後晉] 劉昫, 『舊唐書』, 卷二十八, "志第八 · 音樂一".

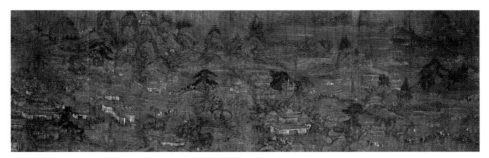

도 1-13. 당(唐)대 《궁원도(宮苑圖)》

설에는 부용원이 진(秦)나라 의춘원(宜春園)의 터 위에 세운 것이라 한다. 당 개원
(開元) 20년(732년)에 "협성을 세우니, 부용원에 들어갈 때는 대명궁에서 동쪽 나성의
두 겹의 길을 끼고 통화문을 거쳐 이궁에 다다른다. 여기는 춘명과 연흥문을 거쳐
곡각 부용원에 이른다(築夾城. 入芙蓉園, 自大明宮夾東羅城複道, 經通化門以達此宮. 此
經春明, 延興門至曲江芙蓉園.)"[111]라 하였고, 당대의 한 시에서는 "꽃핀 협성은 어기를
통하고 부용 핀 소원은 변경의 수심을 들이네(花萼夾城通禦氣, 芙蓉小苑入邊愁.)"[112]라
고 그 경치를 묘사하였다.

그 밖에 장안성 내에는 서내원(西內苑)과 동내원(東內苑)이 있었는데 이들은 궁원
에 부속된 원림으로 보인다. 문헌에 의하면 "서내원은 서내의 북쪽에 있다. 도한북
원이라고도 부른다(西內苑在西內之北, 亦曰北苑.)"라 하고, "동내원은 동내의 동남쪽
모서리에 있다. 남북으로 2리이고 동서로는 방(坊) 하나의 땅에 이른다(東內苑在東內
之東南隅, 南北二裏, 東西盡一坊之地.)"라 하였다. 또한 장안성 북쪽에 살짝 동쪽으로
치우쳐 건설된 대명궁(大明宮) 내에는 태액지(太液池)가 자리하였다. 문헌에 의하면
"자신전의 뒤를 이르러 봉래전이라 한다. 서청휘각이 있고, 그 북쪽은 태액지가 있

110 [淸] 徐松, 『唐兩京城坊考』, 卷三, "西京".
111 同上, 卷一, "西京·興慶宮".
112 [淸] 錢謙益, 『初學集』, 卷一百八, "讀杜小箋下".

다. 연못에는 정자가 있다(紫宸之後曰蓬萊殿. 西淸暉閣, 其北太液池, 池有亭.)"라 하였으며, 태액지 안에는 봉래산이 있어 봉래지(蓬萊池)라고도 불렀다 한다. 장안성의 남쪽의 흥경궁(興慶宮) 내에도 원지가 설치되었는데, 주 건물은 흥경전(興慶殿)으로 뒤편에 용지(龍池)가 있다. 이 궁전의 연못은 "수 경(頃)을 가득 채우고 깊이는 수 장(丈)에 이르니 항상 구름 기운이 있었다.(彌漫數頃, 深至數丈, 常有雲氣.)" 용지는 흥경지(興慶池)라고도 하는데, 원대의 기록에 의하면 "흥경지는 너비가 5에서 7리 정도이고 연꽃과 마름이 무성하고 물가에는 오래된 버드나무가 매우 많았다. 이는 원나라때 남아 있던 옛 터이다(興慶池廣袤五, 七餘裏, 荷菱藻芡, 岸傍古垂楊甚多. 是元時尙有舊址.)"라 하였다. 흥경궁 원지는 장안성 내 황가원유 중에서 규모가 가장 작았음에도 불구하고 내부 연못의 너비와 길이가 각각 5리와 7리에 이를 정도였다. 이를 통해 당대 장안성의 원유가 차지하는 비중이 상당히 컸다고 볼 수 있다.

한편 당나라의 동경 낙양에서는 수나라 시절 서원(西苑)의 터를 이용하여 황가원유를 건설하였는데, 측천무후 때에는 이를 신도원(神都苑) 또는 금원(禁苑)이라 불렀다. 문헌에 의하면 "금원은 도성의 서쪽에 있는데, 동으로 궁성에 이르고 서로 구곡에 임하며 북으로 망산 언덕을 등지고 남으로는 비선에 달했다. 원성은 동서로 십칠 리이고 남면이 삼십구 리이고 서면이 십오 리이며 북면이 이십 리였다. 원 내부에는 이궁(離宮)과 정(亭)과 관(觀)이 14곳 있었다.(禁苑, 在都城之西. 東抵宮城, 西臨九曲, 北背邙阜, 南距飛仙. 苑城東面十七裏, 南面三十九裏, 西面五十裏, 北面二十裏. 苑內離宮, 亭, 觀一十四所.)"[113] 여기에서 보듯이 수나라 서원의 십육 원(十六院)과 일지삼산(一池三山)의 배치는 전쟁으로 인하여 거의 소실되었고 당나라 고종과 측천무후 시기에 재건되어 동경의 금원으로 변모하였다. 이후 이 금원과 연결하여 이궁인 상양궁(上陽宮)이 건설되었다. "상양궁은 궁성의 서남쪽 모서리에 있다. 남으로는 낙수

---

113 [後晉] 劉昫, 『舊唐書』, 卷三十八, "志第十八 · 地理一".

를 임하고 서로는 곡수에 마주하고 동쪽 궁성을 접하고 북으로는 금원에 이어진다. 궁 안에는 정문과 정전이 모두 동향이고, 정문은 제상이라 부르고, 정전은 관풍이라 부르며, 그 안에는 별전과 정과 관이 아홉 군데였다. 상양군의 서쪽에는 곡수를 격하여 서상양궁이 있는데 무지개다리가 계곡에 걸쳐 있어 어가가 오갔다.(上陽宮, 在宮城之西南隅. 南臨洛水, 西拒谷水, 東卽宮城, 北連禁苑. 宮內正門, 正殿皆東向, 正門曰提象, 正殿曰觀風, 其內別殿, 亭, 觀九所. 上陽之西, 隔谷水有西上陽宮, 虹梁跨穀, 行幸往來.)"**114** 상양궁은 동서향으로 배치되어 동경 금원과 낙양성 사이를 연결하는 역할을 하였고 황제가 평상시 정무를 보거나 여름에 피서와 휴식을 취하는 장소로 사용되었다. 이는 후대 황가원림 건설에 있어서 피서를 위해 하궁(夏宮)을 만드는 전통의 시초가되었다.

당대에는 사가원지(私家園池)도 비약적인 발전을 하였다. 예를 들어 장안성을 바둑판 모양으로 구획한 이방(里坊) 가운데에는 '산지원(山池院)'이나 '산정원(山亭院)'이라 불리는 사가원지가 다수 건설되었다. 예를 들어 당대 장안 관사 왕홍(王鉷) 주택에는 자우정(自雨亭)이 있었는데,『봉씨문견기(封氏聞見記)』에 이르기를 "왕공이 죄가 있어 사형이 내려졌다. 현관이 태평방의 주택을 장부에 적는데 며칠이 지나도 다 돌아볼 수 없었다. 주택 안에는 자우정이 있는데 지붕 위로부터 나는 물줄기가 사방으로 쏟아지니, 여름에 거하는 곳으로 썼는데 가을처럼 서늘하더라(王鉷有罪賜死, 縣官簿錄太平坊宅, 數日不能遍. 宅內有自雨亭, 從簷上飛流四注, 當夏處之, 凜若高秋.)"**115**라 하였다. 왕홍은 당 현종시기 약 8세기 초반의 인물로 보이는데, 그의 주택에 있던 자우정은 중국 고대원림에 있어서 떨어지는 물을 이용하여 경관을 조성한 매우 흥미로운 예이다.

---

114 同上.
115 [唐] 封演,『封氏聞見記』, 卷五, "第宅".

당 목종(穆宗)과 경종(敬宗) 시기의 인물인 배도(裴度)는 낙양 집현리(集賢裏)에서 지냈는데 "산을 쌓고 연못을 파고, 대나무와 나무들을 심고, 풍정(風亭)과 수사(水榭)를 만들고, 계단과 다리와 누각을 만들고, 섬이 두르고 감싸고 있으니 도성에서 지극히 빼어났다. 또 오교(午橋創)에 별서를 여니 화목이 만 그루이고 가운데에는 양대(涼臺)와 서관(暑館)을 세우니 이름 하여 녹야당(綠野堂)이라 하였다. 감수를 끌어 그 가운데를 관통시켰는데 여러 갈래로 나누어 끌어들이니 그림자가 좌우에 드리웠다.(築山穿池, 竹木叢竿, 有風亭水榭, 梯橋架閣, 島嶼回環, 極都城之勝槪. 又於午橋創別墅, 花木萬株. 中起涼臺暑館, 名曰綠野堂. 引甘水貫其中, 釃引脈分, 映帶左右.)"[116]

당 목종과 문종(文宗) 시기의 인물인 이덕유(李德裕)는 상당(上黨)을 평정하고 흘(鶻)을 격파하는 데 공을 세운 인물로 낙양에 평천장(平泉莊)이라는 집이 있었는데 "평천장은 낙양성 30리에 있는데 화목과 누대와 나무가 매우 아름다웠다. 빈 함(檻)으로 샘물을 끌어들여서 둘러서 돌리고 연못을 파니 마치 파협 동정호의 열두 봉우리 산맥을 닮았다. 연못 문에 이르면 커다란 물고기 협골(脅骨)이 하나 있는데 길이가 2장 5척이고 그 위에는 '회창 이년에 해주에서 보내온 것이다. ……평천장 주위는 십여 리이고 누대와 사가 백여 군데이며 사방에 기화이초가 소나무와 돌들과 더불어 있으니 모두 그 뒤에 설치되어 있다'라고 새겨 있다.(平泉莊在洛城三十裏, 卉木台榭甚佳. 有虛檻, 引泉水, 縈回穿鑿, 像巴峽洞庭十二峰九派. 迄於海門, 有巨魚脅骨一條, 長二丈五尺, 其上刻雲 "會昌二年, 海州送到 ……平泉莊周圍十餘裏, 台榭百余所, 四方奇花異草與松石, 靡不置其後.')"[117]

당대 사가원지는 낙양성에 집중되었는데 이는 낙수가 낙양성을 관통하면서 낙양성 내부 이방들 사이사이로 수계(水系)가 잘 이어졌기 때문이다. 송대 이격비(李

116 [淸] 趙吉士, 『寄園寄所寄』, 卷四, "撚須寄・寄園十二月".
117 『舊唐書・卷一百七十』, 『唐語林』.

格非)가 쓴 『낙양명원기(洛陽名園記)』에는 "낙양의 원지는 다수가 수당의 옛것이다(洛陽園池, 多因隋唐之舊)"[118]라 하였고 "낙양의 유명한 원지는 무릇 열아홉 곳이다(洛陽名園, 凡十有九處)"[119]라 하였으니, 이는 송대에 낙양성 내에 적어도 19곳의 사가원림이 있었는데 이들 중 다수가 수당시대의 것을 연용한 것으로 이로써 낙양성 내에 사가원지를 건설하는 풍조가 일찍이 수당시기에 형성되었음을 추측할 수 있다. 수당시기 낙양성의 사가원지 중에서 특히 주목할 만한 것은 당대 시인 백거이(白居易)의 주택이다. "동도의 풍토와 수목의 빼어난 곳은 동남쪽에 있으며, 동남쪽에서 빼어난 곳은 복도리에 있으며, 북도리에서 빼어난 곳은 서북쪽 모서리에 있다. 서쪽 이문 북쪽 담 첫 번째 저택, 즉 백 씨가 한가함을 찾아 은퇴한 곳이다. 땅은 70무인데, 방실은 삼분의 일이고, 물이 오분의 일이고, 대나무가 구분의 일이고, 섬과 수목과 다리와 길이 그 사이에 있더라(東都風土水木之勝在東南偏, 東南之勝在履道裏, 裏之勝在西北隅, 西閈北垣第一第, 卽白氏叟樂天退老之地. 地方十七畝, 屋室三之一, 水五之一, 竹九之一, 而島樹橋道間之.)"[120]라 하니, 백거이 저택원지를 통해 당대 양경의 사가원지의 일반적인 모습을 엿볼 수 있다.

결론적으로 중국 원림사에서 수당시기는 전대의 전통을 계승하면서 한편으로는 새로운 원림 전통을 창조해낸 시기이다. 먼저 황가원유에 있어서 대규모 자연산림을 금원 안으로 끌어들이는 진한대의 수법을 계승하였고, 동식물을 기르고 수렵과 채집을 하는 진한대 황가원유의 고유한 기능을 유지하였다. 하지만 다른 한편으로 인공적으로 산수경관을 창조하는 사례가 많아졌고 원림과 궁전을 밀접하게 결합시키는 새로운 계획방식이 시도되었다. 또한 이러한 황가원유의 발달은 사가원지의 발달을 촉진하였으며 조원 사상과 수법이 한층 더 발전되어 후대 원림발전을 위한

---

118 [宋] 李格非, 『洛陽名園記』.
119 同上.
120 [後晉] 劉昫, 『舊唐書』, 卷一百六十六, "列傳第一百十六·白居易".

기초를 다지게 되었다.

五. 10~14세기 송(宋)·요(遼)·금(金)·원(元) 시기의 원유와 원지

1. 오대(五代)의 원원

송대의 궁전은 오대(五代)의 것을 기초로 하였기 때문에 그 원유와 원지 역시 오대와 밀접한 관련이 있으리라 추측된다. 따라서 송대 원유와 원지에 대해 논하기에 앞서 그 이전인 오대의 것들을 대략적으로 짚고 넘어갈 필요가 있다. 당나라 말기와 오대는 전란의 시대로 907년 당이 멸망하고부터 960년 송나라가 세워지기까지 50여 년의 세월 동안 중원지역은 양(梁), 당(唐), 진(晉), 한(漢), 주(周) 등의 5대 왕조와 남당(南唐), 오월(吳越), 민(閩), 초(楚), 전촉(前蜀), 후촉(後蜀), 남한(南漢), 북한(北漢), 남평(南平) 등 10개 소국으로 분열되었는데, 이를 이르러 오대십국(五代十國)이라 한다.

오대 초기에는 새로운 원유의 건설이 없었고 낙양 당나라의 옛 서원(西苑)을 연용하다가 점차 원유를 신설하기 시작하였다. 전촉의 제후 왕연(王衍)이 925년에 촉땅에 "선화원(宣華苑)"을 세우니, 『신오대사(新五代史)』의 "선화원을 세우니 중광, 태청, 연창, 회진의 전이 있고, 청화, 영선의 궁이 있으며, 강진, 봉래, 단하의 정이 있고, 비란의 각과 서수의 문이 있으며, 또 이신정을 만들었다(起宣華苑, 有重光, 太淸, 延昌, 會眞之殿, 淸和, 迎仙之宮, 降眞, 蓬萊, 丹霞之亭, 飛鸞之閣, 瑞獸之門. 又作怡神亭.)"[121]라는 구절에서 보듯이, 건축을 주요 경관으로 하고 도교적 색채가 짙은 원지였다. 후당(923~936년)에는 "회절(會節)"이라는 이름의 원유가 있어 제후가 연회를 열고 경관을 즐겼으며, 후당 장함 4년(933년)에는 궁전 서측에 원림을 신축하고 "수방원(永芳園)"

---

[121] 『新五代史』, 卷六十三, "前蜀世家第三".

이라 이름 하였다.

이 시기는 정치적으로 혼
란하고 전쟁이 빈번하여 일부
통치계층은 세상사에 염증을
느끼고 향락을 탐닉하거나 혹
은 은거를 갈구하였는데, 이
또한 원림 건설에 영향을 미
쳤다. 문헌에 의하면 당시 통
치계층은 "모두 집을 화려하
게 장식하고 원지를 꾸미는
것을 숭상하여 기이한 꽃과
과일나무를 심고 번갈아 서로
자랑하는 것이 풍습이었다(皆
雕靡第舍, 崇飾園池, 植奇花異
木, 遞相誇尙.)"[122]라고 한다.
예를 들어 후진(後晉)의 절도
사 두위(杜威)는 자신의 원지
에 제후를 초청하여 연회를
열었다고 하고, 후당의 이경
의(李敬義)는 벼슬에 뜻을 잃
고 낙양 유수(留守) 시절에
"은퇴하고자 하는 뜻이 있어

도 1-14. 오대(五代) 《청만소사도(晴巒蕭寺圖)》

---

122 『舊五代史』, 卷五十四, "唐書·列傳六".

평천에 별서를 짓고 천하의 기이한 꽃과 대나무, 진귀한 나무와 괴이한 돌을 모아 원지를 만들어 노니, 스스로 가문 계율의 서록을 만들어 그 초목을 모아 놓은 곳에 써놓으니 돌에 새겨 이르기를 '나의 돌 한 조각을 옮기거나 나뭇가지 하나라도 꺾으면 내 자손이 아니다(有終焉之志, 于平泉置別墅, 采天下奇花異竹, 珍木怪石, 爲園池之玩. 自爲家戒序錄, 志其草木之得處, 刊于石雲移吾片石, 折樹一枝, 非子孫也.)'"[123]라 하였고, 은퇴 후에 이 원지에서 은거하고 조정에서 불러도 나서지 않았다고 한다. 두위가 자신의 원지의 화려함을 왕에게 보이려 한 일과 이경의가 원지를 만들어 은거한 일은 모두 당시의 사회적 상황에 의한 것으로 당시 사대부계층이 원림에 대해 갖고 있던 상반된 심리를 반영한다.

후주(後周)는 변주(汴州)로 천도 후 현덕 5년(957년)과 6년에 세종이 수차례 "영춘원(迎春苑)"에 들렀다는 기록이 있고 현덕 5년에는 "옥진원(玉津園)"에서 대신들을 모아 연회를 열었다는 기록이 있어 영춘원과 옥진원이 모두 후주가 변주에 건조한 원원임을 알 수 있다. 이후 송나라 건국 초기 변량(汴梁)[124]의 황가원원은 후주의 것들을 연용하였다. 예를 들어 건륭 2년(961년), 건륭 3년, 건덕 2년(964년), 건덕 3년, 건덕 4년, 개보 7년(982년)에 송 태조가 여러 차례 영춘원에 가서 연사(宴射)의 예를 행하였다고 기록되어 있는 것으로 보아, 송 건국 초기 영춘원이 송 태조의 중요한 임행(臨幸)[125]의 장소로 쓰였음을 알 수 있다. 또 송 태조가 자주 임행하고 연사했던 곳으로 후주시기에 이미 건조되었던 옥진원이 있다. 송 태조는 자주 옥진원에 가서 보리를 베고 벼를 심는 장면을 보았다고 기록되어 있는데, 이는 옥진원에 논과 밭이 있었음을 보여준다. 이때부터 북송의 황제가 옥진원에 임행하여 연사의 예를 행하고 연회를 여는 것이 일종의 관례가 되었다. 한편 『대송선화유사(大宋宣和遺事)』

---

123 同上, 卷六十, "唐書 · 列傳十二".
124 오늘날 하남성 개봉(開封).
125 황제가 황궁을 나와 밖에 머무는 것.

에는 송 휘종 때에 "옥 수레가 남훈문을 나와 옥진원에 이르렀다(玉輅出南薰門, 至玉津園.)"[126]라고 하였고, 『청파잡지(淸波雜誌)』에는 "폐하께서 옥 수레를 타시고 태묘에서 남훈문을 나와 옥진원에 이르셨다(陛下禦玉輅, 自太廟出南薰門, 至玉津園.)"[127]라는 기록이 있는데, 이는 옥진원이 당시 변량성곽 밖에 있었음을 보여준다.

2. 북송 변경(汴京)의 원원

『송사(宋史)』의 기록에 의하면 북송 말 정화 6년(1116년)까지 송대 황가원유는 총 네 곳이 있었다. "원원은 넷이니 옥진(玉津), 서성(瑞聖), 의춘(宜春), 경림원(瓊林苑)으로, 나무와 채소를 심는 일을 관장하여 올리기를 기다렸다. 정우(亭宇)를 만들어 유신(遊幸)[128]과 연사(宴射)[129]를 대비했다.(園苑四, 玉津, 瑞聖, 宜春, 瓊林苑, 掌種植蔬蒔以待供進, 修飭亭宇以備遊幸宴射.)"[130] 『문헌통고(文獻通考)』에도 이 네 원림에 대해 언급하고 있는데 "송나라의 네 원원은 관원을 뽑아 파견하니 상근직이 없다. …… 동쪽은 의춘이라 하고, 남쪽은 옥진이라 하며, 서쪽은 경림이라 하고, 북쪽은 서성이라 했다. ……네 원원은 사농(司農)에 속했다.(宋四園苑提擧官, 無常員. ……東曰宜春, 南曰玉津, 西曰瓊林, 北曰瑞聖. ……四園苑屬司農.)"[131] 이 중 옥진원은 후주 시대의 것을 계승한 것이다. 『석림연어(石林燕語)』에는 변량의 네 원림에 대해 다음과 같이 언급하고 있다.

경림원, 금영지, 의춘원, 옥진원을 이르러 사원이라 한다. 경림원은 건덕 중에 설치하였다. 태

---

126 『大宋宣和遺事』, "元集".
127 『淸波雜誌』, 卷十一, "郊壇瑞應".
128 황제의 나들이.
129 고대 사례(射禮)의 하나. 모여 술을 마시며 활쏘기를 연습함.
130 [元] 脫脫 等, 『宋史』, 卷一百六十五, "職官五 · 司農寺".
131 [元] 馬端臨, 『文獻通考』, 卷五十六, "職官考十 · 司農卿".

평흥국 중에는 원의 북쪽에 금명지를 다시 파고 금수하를 이끌어 채우니 신위호익수군을 가르쳐 배 노젓기를 연습하니 수희[132] 때문이다. 의춘원은 본래 진나라 도왕의 원이었는데 황성의 옛 이춘원이 부국창으로 바뀌어 여기로 옮겨왔다. 옥진원은 오대의 옛것이다. 오늘날 오직 경림원과 금명지만이 가장 빼어나니, 비록 이월에 여나 뭇 백성들로 관람하게 하니 이르러 개지라 하였다. ……옥진원은 반에 보리를 심었는데 매 중하에 어가가 머물며 보리 베는 것을 보았다. ……의춘원은 속인들이 거리낌 없이 서인원이라 하였는데 진왕의 옛 원이다. 황폐하여 위태로워지니 다시 보수하지 않았다. 조종께서 원지를 보는 것을 숭상하지 않아 전대에는 있지 않았다.(瓊林苑, 金明池, 宜春苑, 玉津, 謂之四園. 瓊林苑, 乾德中置. 太平興國中, 複鑿金明池于苑北, 導金水河注之, 以敎神衛虎翼水軍習舟楫, 因爲水戲. 宜春園本秦悼王園, 因以皇城宜春舊苑爲富國倉, 遂遷於此. 玉津園, 則五代之舊也. 今惟瓊林, 金明最盛. 雖以二月開, 命士庶縱觀, 謂之開池. ……玉津, 半以種麥, 每仲夏, 駕幸觀刈麥. ……宜春, 俗但稱庶人園, 以秦王故也, 荒廢殆不復治. 祖宗不崇園池之觀, 前代未有也.)[133]

이 기록에서 보듯이 오대에서 북송 말까지 변경에서는 원지의 건설과 폐기가 여러 차례 반복되었다. 후주의 영춘원(迎春園)은 송나라 초기에 송 태조의 총애를 받았다고 하나 마지막에는 어떠했는지 알지 못한다. 여기서 언급한 송 태종시기 진왕(秦王)의 정미지원(廷美之園), 즉 의춘원(宜春園)은 영춘원과 같은 시기에 존재했던 원림이다. 『송사』의 기록에 의하면 태조의 어가가 건륭 원년(960년)에는 의춘원에 머물렀고, 건륭 2년에는 영춘원에 머물렀다고 하는데 이는 이 두 원지가 별개의 장소임을 보여준다. 하지만 북송 말에 이르러 영춘원은 이미 황가의 관할범위에 있지 않았으며 의춘원은 역시 이미 "황폐해지고 위태로워서 다시 보수하지 않았다(廢殆不

---

132 수상 유희.
133 [宋] 葉夢得, 『石林燕語』, 卷一.

復治.)"는 상태에 처해 있었다. 한편 후주 및 송나라 초 제왕들이 즐겨 찾았던 옥진원 역시 북송 말기에 이르러서는 점차 쇠락하였고, 오직 송 태종시기에 만들어진 경림원과 그 북쪽 금명지만이 마지막까지 궁정과 관환 및 백성의 높은 관심 속에서 지속적으로 관리되었다.

여기서 한 가지 주의할 것은 『송사』에서 언급한 변량4원과 『석림연어』에서 언급한 변량4원이 다르다는 점이다. 즉 옥진, 의춘, 경림의 3원은 동일하나 『송사』에서는 서성원을 언급하고 금명지에 대해 언급하지 않은 반면 『석림연어』에서는 오직 금명지만을 언급하고 서성원에 대해서는 기록하지 않았다. 그 이유를 고증해보자. 『송사』를 보면 서성원은 변경성의 북쪽에 있으며 황제가 제사하는 지지단(地祇壇)의 제궁(齋宮)과 관련이 있다. 소성 3년(1096년)에 철종(哲宗)이 "서성원에 북교 제궁을 세웠다. (立北郊齋宮於瑞聖園.)" 또 원보 원년(1098년)에는 "어가가 서성원에 들렀는데 북교제궁에 머물렀다(幸瑞聖園, 觀北郊齋宮.)"[134]라 하였다. 또 다른 기록에 의하면 "서성원에서 황지지단(皇地祇壇)의 동단(東壇)까지 556보로 서로 멀리 떨어져 있지 않았다(自瑞聖園至皇地祇壇之東壇五百五十六步, 相去不遠.)"[135]라 하고, 서성원에서 여름에 곡식을 수확하고 뭇 관리를 청하여 연회를 열고 연사(燕射)의 예를 거하였다. 이로부터 판단하건데 북송 왕조의 공식적인 관리체계에서 변경4원은 각각 변경 네 교외에 위치한 의춘(동), 옥진(남), 경림(서), 서성(북)의 네 원지를 가리키고, 변경성 서쪽에 있는 금명지는 경림원의 관할범위에 속해 있었을 것이다. 『석림연어』에서 금명지를 언급한 것은 일반백성이 보기에는 경림원과 금명지가 별개의 원지로 여겨졌기 때문일 것이다.

북송시기 변경의 교외에는 여러 곳의 인공 호수가 있었다. 건덕 원년(963년)에 남방에 군대를 파견할 일이 있어서 송 태조가 "내고에서 돈을 내어 뭇 군의 자제를

---

134 [元] 脫脫 等, 『宋史』, 卷十八, "本紀第十八·哲宗二".
135 同上, 卷一百, "志第五十三·禮三·北郊".

도 1-15. 《금명지쟁표도(金明池爭標圖)》

모아 연못을 파고 전투를 연습했다(出內錢募諸軍子弟鑿習戰池.)"[136]라는 기록이 있으며 또한 건덕 2년(964년)에는 "어가를 이끌어 연못에서 배를 운용하는 것을 가르쳤다.(幸敎船池.)"[137] 이후 송 태조는 여러 차례 어가를 이끌어 "연못에서 배를 운용하

136 同上, 卷一, "本紀第一・太祖一".
137 同上.

는 것을 가르쳤다(教船池.)"고 하는데, 이 "교선지(教船池)"의 장소는 아마도 동일한 호수였을 것이다. 한편 개보 7년(974년)에는 송 태조가 "어가를 이끌어 연못에서 강무하고 친히 수전을 연습했다(幸講武池, 觀習水戰.)"[138]라고 하고 그 후에도 수차례 어가를 이끌고 연못에서 강무했다고 하는데, 강무지(講武池)는 옥진원에서 가깝다는 기록과 연계해 보면 강무지 역시 변경성의 남쪽에 있었을 것으로 추정된다. 확실한 것은 수군훈련에 쓰였던 이들 호수는 원유의 범위에 포함되지 않았다는 점이다.

금명지는 태종 흥국 3년(978년)에 병경성 서쪽 경림원의 북쪽에 판 것이다. 이 해 2월에 태종이 "명하여 금명지를 팠다(詔鑿金明池.)"[139]라고 하였고, 태평흥국 8년(983년)과 옹희 원년(984년)에 송 태종이 금명지에서 "수전 연습을 관람했다(觀習水戰.)"[140]라고 하였으며, 옹희 4년(987년)에 태종이 "금명지에 이르러 수희를 보고 이어서 경림원에서 활쏘기를 연습했다(幸金明池觀水戲, 遂習射瓊林苑.)"[141] 하고 서공 원년(988년)에 "금명지에 이르러 용주를 타고 이어서 경림원에서 연사의 예를 행했다.(幸金明池, 禦龍舟, 遂幸瓊林苑宴射.)"[142] 또 태종 순화 3년(992년)에도 "금명지에 이르러 수희를 보니 경성의 사람들이 따라서 관람했다(幸金明池觀水戲, 從京城觀者.)"[143]라는 기록이 있다. 이후 진종(眞宗), 신종(神宗), 철종(哲宗) 등의 황제도 모두 금명지에서 수희를 관람했다는 기록이 있는데, 이들 기록은 금명지가 처음에는 "수전 연습을 관람(觀習水戰)"하는 장소였다가 점차 수희를 관람하는 장소로서 변하였고 동시에 변경의 백성들에게 개방되었음을 알 수 있다. 마침 『동경몽화록(東京夢華錄)』에는 당시 변경사람들이 금명지와 경림원을 관람했던 이야기가 상세하게 기록되어 있다.

---

[138] 同上, 卷三, "本紀第三・太祖三".
[139] 同上, 卷四, "本紀第四・太宗一".
[140] 同上.
[141] 同上, 卷五, "本紀第五・太宗二".
[142] 同上.
[143] 同上.

금명지는 순천문(順天門) 외가의 북쪽에 있다. 둘레는 약 90리 30보이다. 연못 서쪽은 지름이 7리 정도이다. 금명지의 입구를 들어가면 남안이니 서쪽으로 백여 보 가면 북쪽을 향해 임수전 (臨水殿)이 있다. ……다시 서쪽으로 수백 보 가면 선교(仙橋)가 나오는데 남북으로 약 백 보 이다. ……무지개 모양을 닮았다. 다리가 끝나는 곳에는 오전(五殿)이 연못 중심에 있다. …… 관람객은 들어가지 못하는데, 전의 위와 아래 회랑은 모두 내기판, 전물, 음식, 기예인들의 공 연장들이고 가게들이 좌우에 늘어 있다. ……다리 남쪽에는 영성문(欞星門)이 서 있고 문 안에 는 채루(彩樓)가 마주 서 있다. ……문 맞은편 거리의 남쪽에는 벽돌로 만든 높은 대(臺) 위에 누관(樓觀)이 서는데 너비가 백 장 정도로 보진루(寶津樓)라 불렀다. 앞의 금명지 문은 너비가 백여 장이고 아래로 선교와 수전을 굽어보며 어가가 도달하여 이 연못의 동안에서 마사와 갖가 지 연극(戲)을 관람하였다.(池在順天門外街北, 周圍約九裏三十步, 池西直徑七裏許. 入池 門內南岸, 西去百余步, 有面北臨水殿, ……又西去數百步, 乃仙橋, 南北約百步, ……若飛 虹之狀. 橋盡處, 五殿正在池之中心, ……不禁遊人, 殿上下回廊皆關撲[144] 錢物飲食伎藝 人作場, 勾肆羅列左右. ……橋之南立欞星門, 門裏對立彩樓. ……門相對街南有磚石駝砌 高臺, 上有樓觀, 廣百丈許, 曰寶津樓, 前之池門, 闊百餘丈, 下闞仙橋水殿, 車駕臨幸, 觀 騎射百戲于此池之東岸.)[145]

〈금명탈표도(金明奪標圖)〉라는 송대 그림이 금명지의 모습을 생생하게 전달하고 있는데, 주요 건축인 보진루, 연못 가운데의 오전, 오전과 연못가를 연결하는 비홍 선교 등이 자세하게 묘사되어 있을 뿐만 아니라 원지에서 즐겁게 놀고 있는 사람들 의 생생한 모습도 눈으로 확인할 수 있다. 이 그림에 묘사된 11~12세기 중국인들의

---

144 관박(關撲)은 고대 도박의 일종이다.
145 [宋] 孟元老,『東京夢華錄』, 卷七, "三月一日開金明池瓊林苑".

유원(遊園) 생활의 모습은 세계 최초의 공원의 모습이기고 하다.

그 밖에 북송시기 유명한 황가원지로 송 휘종이 만든 간악(艮嶽)을 들 수 있다. 선화 4년(1122년)에 송 휘종이 쓴 『간악기(艮嶽記)』를 보면 "나라의 간(艮)방에 산을 만드니 고로 간악이라 이름 하였다(以爲山在國之艮, 故名艮嶽.)"[146]라는 구절이 있는 데 여기서 간악이 이때에 만들어졌음을 알 수 있다. 『송사』에 의하면 간악은 변경성 안쪽 북동쪽 모서리에 있었고, 그 규모와 구성은 다음과 같았다.

산은 주위가 십여 리이고 그 가장 높은 봉우리는 90보이며 위에는 정자가 있으니 개(介)라고 이름 하니 동쪽과 서쪽의 두 고개를 나눈다. 산의 동쪽에는 악화당(萼花堂)이 있고, 서관(書館), 팔선관(八仙館), 자석암(紫石岩), 서진등(棲眞嶝), 남수헌(覽秀軒), 용금당(龍吟堂)이 있다. 산의 남쪽에는 수산(壽山)의 두 봉우리가 마주보고 있고 안지(雁池), 웅웅정(嗺嗺亭)이 있으며, 북쪽으로 곧바로 가면 강소루(絳霄樓)가 있다. 산의 서쪽에는 약료(藥寮)가 있고, 서장(西莊)이 있고, 소운정(巢雲亭)이 있고, 백룡반(白龍沜), 탁룡협(濯龍峽), 반수정(蟠秀亭), 연광정(練光亭), 과운정(跨雲亭), 나한암(羅漢岩)이 있다. 다시 서쪽에는 만송령(萬松嶺)이 있고, 산 중간에는 누가 있으니 이름 하여 기취(倚翠)라 하고 위아래에 두 관(關)이 있고, 관 아래에 평지가 있어 대방지(大方沼)를 파고 가운데 두 개의 주(洲)를 만들었는데 동쪽은 노저(蘆渚)이고 정자가 있어 부양(浮陽)이라 하며, 서쪽은 매저(梅渚)이고 정자가 있어 설랑(雪浪)이라 한다.(山周十餘裏, 其最高一峰九十步, 上有亭曰介, 分東西二嶺, 直接南山. 山之東有萼花堂, 有書館, 八仙館, 紫石岩, 棲眞嶝, 覽秀軒, 龍吟堂. 山之南則壽山兩峰並峙, 有雁池, 嗺嗺亭, 北直絳霄樓. 山之西有藥寮, 有西莊, 有巢雲亭, 有白龍沜, 濯龍峽, 蟠秀, 練光, 跨雲亭, 羅漢岩. 又西有萬松嶺, 半嶺有樓曰倚翠, 上下設兩關, 關下有平地, 鑿大方沼, 中作兩洲. 東爲蘆渚, 亭曰浮陽. 西爲梅渚, 亭曰雪浪.)[147]

---

146 『宋史』, 卷五十八, "志第三十八 · 地理一 · 京城".

이에서 보듯이 간악은 금명지와는 별도의 원지로서 금명지가 수경을 주제로 하였다면, 간악은 산경을 주제로 하고 사이에 안지 및 대방지(大方沼) 등의 작은 수경을 삽입한 것이다. 이 중 대방지는 이름에서 보듯 아마도 사각형 평면이었을 것으로 추정되는데 이는 고대 중국원림에서 흔치 않은 수체 형식이어서 주목해 볼 만하다.

3. 송대 사가원지(私家園池)

북송시대에는 사가의 조원활동 역시 풍부하게 전개되었다. 이격비의 『낙양명원기』에는 송대 낙양의 19개 사가원지에 대해 기록하고 있는데, 이들은 모두 송나라 사람들이 당나라의 것을 계승하여 경영한 원지이다. 낙양 이외에 동경성 안에도 역시 수많은 사가원지가 있었다. 그 기록을 살펴보면 다음과 같다.

앞서 『낙양명원기』가 씌어졌듯이 변주의 원포 역시 오늘날 이름을 날리니 이에 부족하나마 기록하고자 한다. 변주의 남쪽에는 옥진원(玉津園)이니 서쪽으로 가면 일장불원자(一丈佛園子), 왕태위원(王太尉園), 경초원(景初園)이 있다. 진주문 밖에는 원관이 가장 많은데 뛰어난 것으로 봉영원(奉靈園), 영희원(靈嬉園)이 있다. 동송문 밖에는 맥가원(麥家園), 홍교왕가원(虹橋王家園)이 있다. 변주의 북쪽에는 이부마원(李駙馬園)이 있고, 서쪽 정문 밖에는 하송원(下松園), 왕태재원(王太宰園), 채태사원(蔡太師園)이 있고 서수문 밖에 양종원(養種園)이 있다. 변주의 서북쪽에는 서인원(庶人園)이 있다. 성안에는 방림원(芳林園), 동락원(同樂園), 마계간원(馬季艮園)이 있다. 기타 유명하지 않은 것이 약 백십이라 모두 기록할 수 없음이라.(先正有洛陽名園記, 汴中園圃亦以名勝當時, 聊記於此. 州南則玉津園, 西去一丈佛園子, 王太尉園, 景初園. 陳州門外園館最多, 著稱者, 奉靈園, 靈嬉園. 州東宋門外麥家園, 虹橋王家

---

147 同上.

園. 州北李駙馬園. 西鄭門外下松園, 王太宰園, 蔡太師園. 西水門外養種園. 州西北有庶
人園. 城內有芳林園, 同樂園, 馬季艮園. 其他不以名著約百十, 不能悉記也.)[148]

즉 북송 변량성 안팎에는 중요한 사가원림이 적어도 십여 곳 있었고, 보통의 사
가원지는 그 수가 백여 개를 넘었으니, 이는 송나라 사람들이 원거생활을 좋아하였
음을 보여준다.

이 외에 송대 오흥(吳興) 일대 역시 사가원지가 흥성하였다. 송대 주밀(周密)의 『오
흥원림기(吳興園林記)』에는 오흥지방의 사가원지들에 대한 기록들이 있는데, 남심상서
원(南沈尙書園), 북심상서원(北沈尙書園), 장참정가림원(章參政嘉林園), 모단명원(牟端明
園), 조부북원(趙府北園), 정씨원(丁氏園), 조씨국파원(趙氏菊坡園), 정씨원(程氏園), 섭씨
원(葉氏園), 조씨청화원(趙氏淸華園), 조씨소은원(趙氏小隱園), 아씨옥호원(倪氏玉湖園),
섭씨석림(葉氏石林), 영롱산(玲瓏山), 황룡동(黃龍洞) 등의 원림이 기록되어 있다.

이들 사가원지들은 규모가 천차만별이고 각각 특색이 있었다. 예를 들어 남심상
서원은 면적이 "백여 무(畝)에 가깝고 과수가 매우 많고 숲에 능금나무가 특히 무성
하였다. 안에는 취지당(聚芝堂)과 장서당(藏書堂)이 있고, 앞에는 큰 연못을 파니 기
십 무(畝)에 이르며 가운데에는 작은 산이 있어 봉래지(蓬萊池)라 불렀다. 남쪽에는
세 개의 큰 돌을 세워 놓았는데 각각 높이가 수 장(丈)에 이르고 수려한 계곡과 기
이한 절벽이 있어서 당시에 유명하였다.(近百餘畝, 果樹甚多, 林檎尤盛. 內有聚芝堂, 藏
書堂, 前鑿大池幾十畝. 中有小山, 謂之蓬萊池. 南豎三大石, 各高數丈, 秀潤奇峭, 有名於
時.)"[149] 이 사가원지는 건축, 연못, 섬, 돌로 구성된 수경원(水景園)의 모습을 보여준
다. 또한 송대 사가원지 중에서 물 가운데 배 모양의 건축을 설치하는 수법이 이미

148 [宋] 百歲寓翁, 『楓窗小牘』, 卷下.
149 [宋] 周密, 『吳興園林記』.

존재하였다. 모단명원(牟端明園)은 "원림 안에 석과헌(碩果軒), 큰 배나무 한 그루, 원우학당(元祐學堂), 방비이정(芳菲二亭), 도비쌍행정(荼蘼雙杏亭), 부방재(浮舫齋), 민아일모궁(岷峨一畝宮)이 있고 주택 앞에는 커다란 시냇물이 드러누워 있으니 이르러 남의소은(南漪小隱)이라 했다.(園中有碩果軒, 大梨一株, 元祐學堂, 芳菲二亭, 荼蘼雙杏亭, 浮舫齋, 岷峨一畝宮, 宅前枕大溪, 曰南漪小隱.)"[150] 여기서 "부방재(浮舫齋)"는 바로 물 가운데 있는 배 모양의 건축을 의미한다. 한편 시냇물의 이름에 들어간 "소은(小隱)"이라는 단어는 의심할 나위 없이 송대 문인의 귀은(歸隱)의 소망을 나타내고 있다. 조씨소은원 역시 그 명칭에서 볼 때, 귀은의 의미를 포함한다. 또한 유씨원(兪氏園)은 유씨 일가가 사대에 걸쳐 "모두 은퇴를 하지 않고 모두 장수를 누렸고 만년에 원지의 즐거움이 있으니 우리 마을에서 모두 부러워하였다. 가산의 기이함은 천하의 으뜸이라(皆未及年告老, 各享高壽. 晩年有園池之樂. 蓋吾鄕衣冠之盛事[151]也. 假山之奇甲於天下.)"[152]라고 하였다. 이러한 기록들은 송대 문인사대부들이 조원활동에 열광했던 배경에 "퇴은귀로(退隱歸老)"의 정서가 있었음을 보여주며, 이러한 정서적 배경에서 문인원(文人園)이 태동되었음을 짐작하게 해준다. 오흥의 사가원지 중에는 산, 물, 식물과 같은 자연경관이 빼어난 것 외에 건축경관이 빼어난 것도 있었다. 맹씨원(孟氏園)은 "지극히 높은 누각과 정자가 있으니 모두 십여 곳이다(有極高明樓亭宇, 凡十餘所.)"[153]라 하였는데, 이는 건축물을 주요 경관 요소로 삼는 중국 고전원림의 전통이 이미 송대에 형성되어 있었음을 보여준다.

송대에는 조원기술에 있어서 다양한 새로운 탐색을 시도하였다. 예를 들어 송 휘종은 기석 수집에 심취하여 천하의 기석을 한 곳에 모아 산경원(山景園)에 속하는

---

150 [宋] 周密, 『吳興園林記』.
151 의관지성사(衣冠之盛事) : 벼슬아치의 집을 가리켜 부러워함.
152 同上.
153 同上.

간악을 만들었다. 그런데 기석은 "크고 구멍이 있는 것은 멀리 보내면 반드시 훼손될 우려가 있다. 주변에 탐문하니 변경의 한 백성이 이르기를 '그 방법은 먼저 구멍을 풀로 메우고 바깥을 삼줄로 두른 다음 진흙을 발라 넣어 둥글둥글하게 만든 다음 햇볕에 말리면 매우 튼튼해집니다. 처음에는 대목으로 수레를 만들어 배에 옮겨 싣고 직접 경성에 이른 다음 물에 담가 풀과 진흙을 제거하면 인력도 줄이고 다른 걱정도 없습니다'라 하니 그 방법이 매우 기묘하여 전에 듣지 못하였다(其大而穿透者, 致遠必有損折之慮. 近聞汴京父老雲'其法乃先以膠泥實填衆竅, 其外複以麻筋, 雜泥固濟之, 令圓混. 日曬, 極堅實, 始用大木爲車, 致放舟中. 直俟抵京, 然後浸之水中, 旋去泥土, 則省人力而無他慮.'此法奇甚, 前所未聞也.)"[154]라는 기록이 있다. 또한 원림경관을 더욱 신비롭게 하기 위해 갖가지 방법을 고안해 냈는데, 예를 들어 간악의 만세산에 안개가 자욱한 심산유곡의 모습을 만들고 동시에 곤충이나 뱀이 서식하는 것을 막기 위해 산의 수십 개 구멍에 웅황(雄黃)과 노감석(盧甘石)을 쌓았으니, 문헌에는 "웅황은 뱀을 막고 노감석은 하늘이 흐리면 운무를 만드니 푸른 기운이 울창하여 심산유곡 같다(雄黃則辟蛇虺, 盧甘石則天陰能致雲霧, 翁郁如深山窮穀.)"[155]라고 기록하고 있다.

송나라 사람들은 가산을 쌓는 것을 좋아해서 첩석(疊石) 기술이 상당한 발전을 이루었다. 황제가 간악에 천하의 기이한 돌을 모아 쌓은 것뿐만 아니라 일반 사대부계층도 산 쌓기를 좋아했기 때문에 당시에는 오홍 출신의 첩석 장인들이 등장하여 이들을 이르러 "산장(山匠)"이라 하였다. 문헌에는 "오홍 북쪽 동정호에는 아름다운 돌이 많이 나지만 변산에서 나는 것들도 역시 기이하고 수려하다. 고로 주변에서 산을 만들 때 모두 여기서 채취한다. 절우지방의 가산 중에서 가장 큰 것도 위청숙의 오홍원림만 못하니 하나의 산이 20무를 늘어섰고 위에는 40여 채의 정자를

---

154 [宋] 周密, 『癸辛雜識』, "前集·艮嶽".
155 同上.

세웠으니 그 거대함을 알 수 있으리라(蓋吳興北連洞庭, 多産花石, 而卞山所出, 類亦奇秀, 故四方之爲山者, 皆於此中取之. 浙右假山最大者, 莫如衛淸叔吳中之園, 一山連亘二十畝, 位置四十餘亭, 其大可知矣.)"**156** 라는 기록이 있는데, 돌을 포개어 20무 면적의 가산을 만들고 그 위에 40여 개의 정자를 놓을 수 있는 규모는 확실히 원림 첩석기술의 일대 기적이 아닐 수 없다.

4. 남송 임안(臨安)의 원원

금나라에 의해 강남으로 쫓겨 온 남송정권은 이미 대규모의 궁원을 영건할 여력이 없었다. 하지만 그럼에도 불구하고 새 수도인 임안(臨安)에 변경의 제도를 따라 옥진원(玉津園)을 열고 북송의 황제들이 그러했던 것처럼 해마다 들러서 연음(宴飮)과 연사(燕射)의 행사를 열었다. 송대 시에 이르기를 "산 밖에 푸른 산이 있고 누각 밖에 누각이 있네. 서호의 가무는 언제 쉬는가. 따뜻한 바람이 불어와 노니는 사람들을 취하게 하니 직접 항주를 변주로 만드네(山外靑山樓外樓, 西湖歌舞幾時休, 暖風熏得遊人醉, 直把杭州作汴州.)"**157** 라 하여 항주, 즉 임안의 경관이 옛 수도 변경의 경관과 연관이 있음을 짐작케 한다. 그 밖에 임안에는 취경원(聚景園)과 동원(東園)이 있어서 태상황과 황태후들이 즐겨 찾았다. 『몽량록(夢梁錄)』에 의하면 취경원은 임안 이곽성(倚郭城) 북교도 청파문(淸波門) 밖에 있었는데 기록에는 "취경원의 앞은 취경교라 이른다(聚景園前曰聚景橋.)"**158** 라고 하였고 "취경원은 옛 이름이 서원으로 송 효종이 상황을 모시고 놀러와 머문 곳이라. 부도의 집 아홉을 열어 더하였다(聚景園, 舊名西園. 宋孝宗奉上皇遊幸, 斥浮屠之廬九, 以附益之.)"**159** 라고 하니, 즉 "송 효종이 만들어 상황을 모

---

156 同上, "前集 · 假山".
157 [宋] 林升, 『題臨安邸』, 『欽定四庫全書 · 集部 · 詩文評類 · 宋詩紀事』, 卷五十六
158 [宋] 吳自牧, 『夢梁錄』, 卷七, "倚郭城北橋道".
159 [淸] 翟灝, 翟瀚 輯, 『湖山便覽』, 卷七, "南山路 · 淸波門".

시고 놀러와 머물렀던(宋孝宗築以奉上皇遊幸者)"[160] 곳에 약간의 불교건축을 더하여 형성한 원림으로 그 규모는 그다지 크지 않았을 것이다. 그런데 이후 취경원은 진기한 과일과 먹을거리를 모아 놓은 곳으로 변한 듯하다. "취경원의 연꽃과 연뿌리, 밀통과 감과, 초핵과 씨와 비파, 자릉, 벽검, 밀 능금나무, 금도, 밀지창원매, 목과두아, 수려지고, 금귤, 수단, 마음개랄, 백료량수, 빙설상구 등(聚景園之秀蓮新藕, 蜜筒甛瓜, 椒核枇杷, 紫菱, 碧芡, 林檎, 金桃, 蜜漬昌元梅, 木瓜豆兒, 水荔枝膏, 金橘, 水團, 麻飮芥辣, 白醪涼水, 冰雪爽口之物.)"[161]이라는 기록에서 보듯 취경원은 이미 시장과 같은 장소로 변화였다. 취경원에는 원문이 있었는데 남송 영종(甯宗, 1195~1224년)이 "일찍이 취경원에 머물다가 늦게 돌아가니 도성 사람들 중에 보고자 하는 사람들이 다투어 문에 들어서다 밟혀서 사람이 죽기도 했다.(嘗幸聚景園, 晚歸, 都人觀者爭入門, 蹂踐有死者.)"[162] 또 다른 사료에 의하면 취경원은 이후 회교도들의 묘지가 되었고 심지어 원의 주인이 회교도로 바뀌기도 했다. 『계신잡식(癸辛雜識)』의 "회회송종(回回送終)"에 기록하길 "그 관이 날이 이르면 바로 나가 취경원에 묻으니 원 또한 회회가 주인이다. 뭇 땅을 빌리는데 정해진 가격이 있고 쓰이는 전회장은 원 주인이 모두 갖추고 있고 특별히 지전을 팔았다(其棺卽日便出瘞之聚景園, 園亦回回主之. 凡賃地有常價, 所用磚灰匠者, 園主皆有之, 特以鈔市之.)"[163]라 하니 이는 12~13세기 임안의 원림이 그 기능에서 얼마만큼 다양화되었는지를 보여주며 여기서 보이는 당시 사회의 개방 정도는 정말 놀라울 따름이다.

국력의 쇠퇴로 남송 황제들은 원지 건설에 그다지 뜻을 두지는 않았으나 그 궁 안의 후원(後苑)만큼은 전당강(錢塘江)의 경관을 활용하여 정교하고 아름답게 꾸몄다. 임안의 궁원은 오대 오월(吳越) 궁원의 터를 활용했는데 황성의 둘레는 약 9리이고,

---

160 『讀史方輿紀要』, 卷九十, "浙江二·杭州府".
161 [宋] 周密, 『武林舊事』, 卷三, "都人避暑".
162 [宋] 羅大經, 『鶴林玉露』, "甲編·卷三".
163 [宋] 周密, 『癸辛雜識』, "續集上·回回送終".

주전인 수공전(垂拱殿)은 정면이 겨우 5칸이며, 그 앞에는 좌우 20칸의 회랑과 정면 3칸의 전문(殿門)이 있으니 그 규모는 대략 하나의 주부(州府)[164] 정도에 지나지 않았다. 그런데 그 후원에는 "매화가 천 그루이니 이르러 매강정(梅崗亭)이라 하고, 이르기를 빙화정(冰花亭)이라 한다. 소서호를 향한 것을 수월경계(水月境界)라 하고, 등벽(澄碧)이라 한다. ……당을 본지백세(本支百世)라 하고, 우성사(祐聖祠)를 경화(慶和)라 하고, ……벽림당(碧林堂)이 가까웠다. 최위(崔嵬)라는 산이 있어 관당(觀堂)을 만들어 향을 피워 하늘에 축복을 비는 곳으로 삼았다. 산 뒤에는 부용각(芙蓉閣)이다. ……산 아래에는 용대(縈帶)라는 계류가 있어 소서호로 통하고 정자가 있으니 청련(淸漣)이라 한다. 괴석들이 끼워져 늘어 있으니 헌괴(獻瑰)가 빼어나며 삼산과 오호에 동혈은 깊고 아득하니 넓고 평랑한 가운데 처마 끝 공포가 나는 듯 뻗어 있다.(梅花千樹, 曰梅崗亭, 曰冰花亭. 枕小西湖曰水月境界, 曰澄碧. ……堂曰本支百世, 祐聖祠曰慶和, ……茅亭曰昭儉, 木香曰架雪, 竹曰賞靜, 松亭曰天陵偃蓋. 以日本國松木爲翠寒堂, ……碧林堂近之. 一山崔嵬, 作觀堂, 爲上焚香祝天之所. 山背芙蓉閣, ……山下一溪縈帶, 通小西湖, 亭曰淸漣. 怪石夾列, 獻瑰逞秀, 三山五湖, 洞冗深杳, 豁然平朗, 翬飛翼拱.)"[165] 여기서 묘사되고 있는 후원의 경관은 산과 호수, 청당과 정자, 깊고 그윽한 공간과 넓고 밝은 공간이 조화를 이루고 있다. 크지는 않지만 공간이 굽어져 꺾여 있으며 경관을 정교하게 꾸며서 완만하게 이어져 나가니 북방 궁원의 원지와는 사뭇 다른 강남원림의 특색을 보여준다.

남송 임안 원림의 가장 위대한 성과는 바로 서호(西湖) 경관의 경영에 있다. 서호의 경관은 이미 북송과 남송시기에 천하에 이름을 떨쳤다. 『무림구사(武林舊事)』에 의하면 "서호는 천하의 절경이라. 아침이건 저녁이건, 개이건 비가 오건, 사계절 모두 좋다. 항주사람들 역시 노닐지 않는 때가 없으나 봄나들이가 특히 성하다.(西

---

164 주를 관할하는 관아.
165 [元] 陶宗儀, 『南村輟耕錄』, 卷十八, "記宋宮殿".

湖天下景, 朝昏晴雨, 四序總宜. 杭人亦無時而不遊, 而春遊特盛焉.)"[166] 서호는 중고시대(中古時代)[167] 중국인들이 창조한 대형 도시수상공원이었다. 그 "호숫가의 원포(園圃)들, 예를 들어 전당옥호, 풍예어장, 청파취경, 장교경락, 대불, 뇌봉탑 아래의 소호재궁, 감원, 남산, 남병이 모두 누대와 정사와 누각, 화목과 기석이고 호수에는 산의 그림자가 드리워 있다. 더하여 귀족과 관환의 집들, 제방에 늘어선 정자와 관사, 사찰과 도관이 호수와 산에 전각 덮고 있으니 주위의 빼어난 경관을 다 말할 수가 없구나. 소동파의 시에 이르기를 '만약 서호를 서자에 비한다면 옅은 단장과 짙은 화장이 모두 서로 좋다'라 하였으니 정말로 그러하다.(湖邊園圃, 如錢塘玉壺, 豐豫魚莊, 清波聚景, 長橋慶樂, 大佛. 雷峰塔下小湖齋宮, 甘園, 南山, 南屏, 皆台榭亭閣, 花木奇石, 影映湖山, 兼之貴宅宦舍, 列亭館于水堤. 梵刹琳宮, 布殿閣於湖山, 周圍勝景, 言之難盡. 東坡詩雲若把西湖比西子,[168] 淡妝濃抹總相宜.'正謂是也.)"[169]

한편 요(遼)나라는 원유를 거의 조성하지 않았다. 금(金)나라는 북송을 멸망시킨 후 변성에서 진귀한 돌을 가져와 중도(中都)[170]를 장식하였고 전쟁이 끝난 후에는 북송이 변경에 남긴 원지들을 계승하였으니, 금 남경(南京, 즉 汴京)의 광락원(廣樂園), 희춘원(熙春園), 동락원(同樂園), 서원(西園), 동원(東園) 등이 모두 송대의 옛 원지를 기초로 한 것이다.

5. 원나라 대도(大都)의 해자(海子), 비방박(飛放泊), 융복궁서내원(隆福宮西內苑)

원나라를 세운 몽고족은 오랜 세월 광활한 초원에서 풀과 물을 좇아 유목생활을

---

166 [宋] 周密, 『武林舊事』, 卷三, "西湖遊幸".
167 대략 위진남북조시대부터 수·당·송·원대를 가리킴.
168 중국 고대 사대미인 중에 하나인 서설(西施).
169 [宋] 吳自牧, 『夢梁錄』, 卷十二, "西湖".
170 오늘의 북경.

하였기 때문에 천성이 쾌활하고 대범하여 중원을 차지한 이후에도 특별히 꽃이나 달 따위를 구경하기 위한 원지의 경영에는 관심을 기울이지 않았다. 대신 대도(大都)의 남동쪽 교외에 "비방박(飛放泊)"이라는 광활한 사냥터를 만들어 사냥개를 풀어 사냥을 즐겼다. 비방박 안에는 "방응대(放鷹台)"가 있었다. 이는 "양응대(晾鷹台)" 혹은 "호응대(呼鷹台)"라고도 불렸으며 명칭에서 볼 때 매를 풀어 사냥을 하던 곳임을 알 수 있다. 비방박은 원나라 궁정에서 사냥을 오락 삼아 즐기는 일종의 황가원유로 볼 수 있다. 이 지역은 원래 곽현(漷縣)에 속하였는데, 곽현이란 지명은 서쪽에 흐르는 곽하(漷河)라는 강의 이름에서 비롯된 것이다. 명나라 때는 순천부(順天府)에 속하였다가 청나라 때는 통주(通州)에 속하였다. 사료에 의하면 일찍이 요나라 때 이곳에 제왕의 사냥터가 있었다고 전해진다. "곽현의 서쪽에는 정방전(延芳澱)이라는 물이 있는데 크기가 수 경(頃)이다. 가운데에는 연꽃과 마름이 둘러 있고 그 가운데 물새들이 모여 있다. 요나라 때 봄마다 반드시 여기에 와서 사냥을 하니 북을 쳐서 하늘을 놀래면 거위가 날아오르니 해동청을 부려서 잡는데 거위 한 마리를 잡으면 좌우에서 모두 만세를 외쳤다.(漷縣西有延芳澱大數頃, 中饒荷芰, 水鳥群集其中. 遼時每季春必來此弋獵, 打鼓驚天鵝飛起, 縱海東青擒之, 得一頭鵝, 左右皆呼萬歲.)"[171] 원나라 사람들은 요나라 사람들의 이러한 습속을 계승하여 "지대 원년 7월에 곽주의 연못 안에 호응대를 만드니 군사 천오백 명을 보내서 그 역을 돕게 했다. ……오늘날 곽현 서쪽 4리에 방응대라는 옛 터가 있으니 높이가 1장이요 둘레가 2장이다. 혹시 호응대의 옛 흔적이 아닌가 한다(至大元年七月, 築呼鷹台於漷州澤中, 發軍千五百人助其役. ……今漷縣西四裏有放鷹台故址, 高一丈, 周二丈, 或亦呼鷹台之舊跡歟.)"[172] 하니 청나라 사람들은 이미 원대의 이 사냥터가 어떠했는지 자세히 알지 못하였음을 알 수 있다.

---

171 『日下舊聞考』, 卷一百十, "京畿·通州三".
172 同上.

원나라의 가장 중요한 황가원지는 궁전인 대내(大內) 서쪽의 해자라고 할 수 있다. 문헌에 이르기를 "해자는 일명 적수담이라 한다. 서북의 못 샘물을 모아 도성으로 흘러들어 여기서 모이게 하니 넓음이 바다와 같아서 도성 사람들이 해자라 이름하였다(海子, 一名積水潭, 聚西北諸泉之水流行入都城而匯于此, 汪洋如海, 都人因名焉.)"[173]라 하였다. 해자의 규모와 구성은 다음과 같았다.

해자는 너비가 5, 6리이고 물 가운데 비교를 만들고 영주전(瀛洲殿)을 세우고 뒤에는 장교를 따라 만세산(萬歲山)에 오르니 산의 높이는 수십 장에 달한다. 동쪽에는 태액지(太液池)를 임하고 있고, 서북쪽은 모두 해자를 내려다본다. 아래에는 옛 전지가 있는데 여전히 금나라 황제가 바둑을 두던 석판이 남아 있다. 산의 허리에는 방호전(方壺殿)이 있고 또 여공동(呂公洞)이 있고, 위로 수십 보 올라가면 금로전(金露殿)이다. 동에서 위로 오르면 옥홍전(玉虹殿)이다. 전의 앞에는 집 모양의 바위가 있어 층층 난간을 돌아 광한전(廣寒殿)에 오른다. 안에는 24영(楹)이 늘어서 있고 누대를 내어 백석난간을 둘렀다. ……산 아래에는 버드나무 숲 속에 욕실이 있고, 앞에는 작은 전이 있어 구멍이 뚫려 있으며 가운데는 쌍룡을 받치고 있는데 머리를 들어 함께 하나의 구슬을 뱉어 내며 위에서 온천물을 주입한다. 영주(瀛洲) 외성의 서쪽에서 비선교(飛仙橋)를 건너 명인전(明仁殿)에 들어서면 절반쯤 깊은 물길에 임하여 있다. 물줄기는 영주에서 서쪽으로 나 있는데 땅을 따라 나와 연화각(延華閣)을 돌아 홍성궁(興聖宮)에 도달하였다가 다시 서쪽으로 독락사(禿樂斯) 후노궁(後老宮)을 꺾어 나와서 전원(前苑)을 둘러싸니 동쪽으로 해자로 내려가는데 약 3, 4리 거리이다.(海子廣可五六裏, 架飛橋於海中, 起瀛洲之殿, 後引長橋上萬歲山. 山高可數十丈. 東臨太液池. 西北皆俯瞰海子. 下有故殿基, 尙存金主圍棋石盤. 山半有方壺殿, 又爲呂公洞, 上數十步爲金露殿, 由東而上爲玉虹殿. 殿前有石岩如屋, 繞層闌登廣寒殿. 內列二十四楹, 出爲露臺, 繞以白石闌道, ……山下萬

---

173 [明] 宋濂 等, 『元史』, 卷六十四, "河渠一·海子岸".

柳中有浴室, 前有小殿爲穴, 中盤雙龍, 昂首共吐一丸, 於上注以溫泉. 自瀛洲外城西, 度飛仙橋上, 入明仁殿, 半臨邃河, 河流引自瀛洲西, 邃地而出繞延華閣, 達於興聖宮, 複西折禿樂斯後老宮而出, 抱前苑, 東下於海子, 約遠三四裏.)[174]

원 대도의 해자는 오늘날 북경 자금성 옆의 북해(北海)와 중해(中海)이며, 해자 안의 만세산은 오늘날의 경화도(瓊華島)이다. 여기에는 원래 금나라의 이궁(離宮)이 있었는데, 원나라가 대도에서 궁전과 결합되어 궁원과 연결된 황가원지로 변모하였다. 본문에서 원대 어원인 해자에 대해 너무 자세하게 묘사할 필요는 없는데 이는 오늘날 북경 북해와 중해의 경관에서 원대 원지의 규모와 척도 그리고 산수경관을 짐작

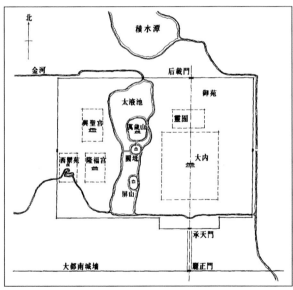

도 1-16. 원(元) 대도(大都) 황성 평면도(출처: 《중국건축예술전집(中國建筑藝術全集)》)

해 볼 수 있기 때문이다. 원대에 비해 크게 달라진 것은 산 위와 연못 주변의 건축물들인데, 원대 만수산 광한전은 "산 정상에 있는데, 7칸, 동서 120척, 깊이 62척, 높이 15척이며, 겹지붕과 조정이 있고 무늬 돌로 바닥을 꾸몄다.(在山頂, 七間, 東西一百二十尺, 深六十二尺, 高五十尺, 重阿藻井,[175] 文石甃地.)"[176]고 하는데 오늘

---

174 [淸] 孫夢澤, 『春明夢餘錄』, 卷六, "宮闕".
175 重阿 : 이중 지붕. 藻井 : 대전의 장식 천장. 한국 전통건축의 소란반자와는 다르다. 重阿藻井은 중국 고대건축에서 상당히 높은 등급의 건축에만 쓰였다.
176 『日下舊聞考』, 卷三十二, "宮室".

날 경화도의 정상에는 이 대신 흰색 라마탑(喇嘛塔)이 서 있다

원 대내(大內)의 궁원(宮苑)에는 전각 건축군과 직접 이어진 내원(內苑)이 있었다. 융복궁(隆福宮) 서내원(西內苑)이 바로 그 예이다. 융복궁은 처음에는 태자가 머물던 곳이었다가 후에 태후의 거처로 바뀌었다.

융복궁 서쪽에 있는데, 전후로 비(妃)들이 많이 거주했다. 향전(香殿)은 석가산(石假山) 위에 있고 3칸이며 양옆에 2칸을 끼고 있다. 주랑(柱廊)은 3칸이고 귀두옥(龜頭屋)이 3칸이며 기둥을 붉게 칠하고 창문을 조각 장식했다. 사이에는 금으로 조정과 단청을 칠하고, 옥석으로 기초를 만들고, 유리기와를 올린 전이다. 뒤에는 석대가 있고 산 뒤에는 홍문을 열었는데 문 밖에는 시녀실이 두 곳 있는데 모두 남향으로 나란히 있다. 다시 북쪽으로 곧바로 가면 홍문(紅門)이 있는데 홍문 셋을 나란히 세웠다. 세 문 밖에는 태자의 악이다하엽전(鄂爾多荷葉殿)이 둘 있는데 향전의 좌우에 있고 각 3칸이다. 원전(圓殿)은 산 앞에 있는데 둥근 지붕위에 금칠한 보주를 설치하였고 지붕이 두 겹이다. 뒤에는 유배지(流杯池)가 있고 유배지 동서쪽에는 유수원정(流水圓亭)이 두개이다. 원전에는 무(廡)가 연결되었다. 헐산전(歇山殿)은 원전 앞에 있는데 5칸이고 주랑이 2개 있고 각 3칸이며 동서에 정자가 둘이며 헐산 뒤에는 있으며, 좌우 십자척(十字脊)이고 동서에는 수심정(水心亭)이 있다. 헐산전 연못 가운데 동서 정자의 남쪽에 아홉 기둥에 겹지붕을 올린 정자가 있다. 뒤에는 시녀방 세 곳이 있다. 3칸으로 만들어졌고, 동방은 서향이고 서방은 동향이다. 앞에는 홍문을 셋, 열고 안에는 돌을 세워 밖을 병풍처럼 가렸다. 밖에는 네 담을 쌓아 둘렀고, 연못은 금수(金水)를 끌어들여 주입한 것이다. 종모전(棕毛殿)은 가산의 동편에 있는데 3칸이고 뒤에는 녹정전(盝頂殿) 3칸을 설치하였고 앞에는 홍문과 담을 세워 구분하였다.(在隆福宮西, 先後妃多居焉. 香殿在石假山上, 三間, 兩夾二間, 柱廊三間, 龜頭屋三間,丹楹瑣窗, 間金藻繪玉石礎琉璃瓦殿. 後有石台. 山后辟紅門, 門外有侍女之室二所, 皆南向並列. 又後直紅門, 並立紅門三, 三門之外有太子鄂爾多**177**荷葉殿二, 在香殿左右, 各三間. 圓殿在山前, 圓頂上置塗金寶珠, 重簷. 後有流杯池, 池東西流水圓亭二. 圓殿有廡, 以連之. 歇山殿**178**在圓殿前, 五間, 柱廊二, 各三間, 東西亭二, 在歇山后, 左右十字脊, 東

西水心亭, 在歇山殿池中, 直東西亭之南, 九柱重簷亭, 之後各有侍女房三所, 所爲三間, 東

房西向, 西房東向, 前辟紅門三, 內立石, 以屛內外. 外築四垣以周之, 池引金水注焉. 棕毛

殿[179]在假山東偏, 三間, 後置盝頂殿[180]三間, 前啓紅門, 立垣, 以區分之.)[181]

　　이상에서 보듯이 융복궁 서어원은 규모가 그다지 크지 않은 원지로서, 안의 석
가산은 그 위에 향전이 있었다는 기록으로 봐서 규모가 매우 컸음을 짐작할 수 있
다. 원 안에는 또한 유배지(流杯池)와 헐산전지(歇山殿池) 등의 연못이 있었는데 규
모는 그다지 크지 않았다. 한편 윗글을 자세히 살펴보면 융복궁 서어원의 배치가
좌우대칭이었음을 알 수 있다. 주요 건축들은 앞뒤로 하나의 축선 위에 위치하여
있고, 부속건축들은 주로 좌우대칭으로 배치되어 있다. 그 밖에 융복궁 서어원에는
몇 가지 신기한 건축양식이 사용되었다. 예를 들어 향전은 귀두옥(龜頭屋)[182]과 협방
(夾房)이 붙어 있으며, 원전은 두겹의 원형모임 지붕을 올렸고, 그 밖에 녹정전, 종
모전, 한이타전(翰爾朶殿, 악이다하엽전) 등도 모두 원대 특유의 건축형식이다. 그 밖
에 아홉 개의 지붕에 겹지붕을 가진 정자 역시 다른 시기의 원림건축에서는 찾아보
기 힘들다. 9개의 기둥을 쓴다면 원형의 배치가 아니고서는 다변형 평면을 구성하
는 것이 사실상 어려운데 여기에는 이미 따로 원전이 있기 때문에 원형의 정자로는
보이지 않는다. 아마도 팔각형의 정자로 가운데 하나의 중심주를 박아 넣은 것일
수도 있으나 확신할 수는 없다.

---

177 鄂爾多는 관리의 장막이나 궁전을 의미하는 몽고어 翰爾朶의 복수형이다.
178 헐산(歇山) : 팔작지붕에 해당한다.
179 종모전(棕毛殿) : 대나무로 결구를 짜고 위에 종려나무 섬유로 지붕을 짜 올린 건물.
180 녹정(盝頂) : 꼭대기가 평평한 모임지붕.
181 [元] 陶宗儀, 『輟耕錄』, 卷二十一, "宮闕制度" 및 [淸] 顧炎武, 『歷代帝王宅京記』, 卷十九, "幽
州 · 元".
182 건물의 입면 가운데에서 밖으로 튀어나온 작은 건축.

원대에도 사가원림의 건설은 계속되었다. 예를 들어 대도 서남쪽에 만류원(萬柳園)이 있었는데 "만류원은 원나라 염희헌의 별서이다. 성 남서쪽에 있으며 가장 빼어난 곳이다(萬柳園, 元廉希憲別墅, 在城西南爲最勝之地.)"[183]라고 하였다. 또한 원대의 시에 이르기를 "만류당 앞에 수모의 연못이 있으니 비단 같은 구름을 평평하게 펴서 잔물결을 덮네(萬柳堂前數畝池, 平鋪雲錦蓋漣漪.)"[184]라 하였는데, 여기에서 만류원이 수경원(水景園)이었음을 알 수 있다. 그 밖에 완방정(玩芳亭), 속초당(邃初堂) 등의 사가원림이 있었다. 문헌에는 "완방정은 원나라 이원사의 별서이다. 정자에는 화목이 많으니 문인소객들이 와서 노닐고 감상하니 제와 용이 많다. ……속초당은 원 첨사 장사의 별서이다. 당을 둘러싸고 있는 꽃과 대나무 그리고 물과 돌의 빼어남이 도성에서 으뜸이다(玩芳亭, 元栗院使別墅. 亭多花木, 一是文人騷客來遊賞者, 多有題詠. ……邃初堂, 元詹事張思別業. 繞堂花竹水石之勝甲於都城.)"[185]와 같은 사가원림에 대한 간단한 기록이 전해진다.

원나라는 비록 역사가 짧지만 대초원문화의 특색이 농후한 가운데 부분적으로 서역과 유럽문화를 융합하고 다시 중원의 문화를 융합하여 독특한 건축과 원림 문화를 형성하였다. 원대의 궁전은 중국 궁전의 전조후침(前朝後寢) 제도에 기초하였으나 여기에 구속되지는 않고 중원지역의 기존 궁전과는 여러 면에서 달랐다. 또한 원유에 있어서도 이전 왕조들의 제왕들이 산과 숲을 포함하는 넓은 면적의 땅을 원유로 삼아 몰이사냥이나 연사 등에 사용한 것과는 달리, 대초원에서 형성된 호방한 성격에 걸맞게 광활한 초원에 방응대를 세워 매사냥을 즐겼다. 그리고 궁전의 내원(內苑) 역시 중원지역의 궁전건축과는 다른 형식을 많이 사용하였으며 원림배치에 있어서 흥미롭게도 대칭배치를 채택하였다.

---

183 『天府廣記』, 卷三十七, "名跡".
184 同上.
185 同上.

제2절 15~19세기 중국원림사

13~14세기는 중국문화가 대초원 문화와 서역문화, 심지어는 유럽문화와 교류하면서 충돌하고 융합하는 시기였다. 이 시기의 중국 건축과 원림에는 기존 중원문화에 사뭇 다른 특징이 출현했다. 원 대도 융복사 서어원은 대칭배치를 채용하였으며 종모전, 한이타전, 녹정전 및 백색 유리와 지붕의 전각(殿閣) 등 기존 중원의 건축형식과 구별되는 건축형식이 등장하였다. 그 밖에 현존하는 북경 묘응사(妙應寺)에는 백탑(白塔)과 같은 전형적 라마탑도 등장했다. 그런데 14세기 후반에 원나라가 역사의 무대 뒤로 사라지면서 중국문화는 급격히 전형적인 중원문화의 특색을 지닌 당송(唐宋) 문화로 회귀하기 시작한다. 이러한 움직임은 각종 예의제도(禮儀制度)에서뿐만 아니라 성시, 건축, 원림의 형식과 풍격에 있어서도 예외 없이 진행되었다.

명나라 때 일어난 당송문화로의 회귀는 사실상 새로운 재창조 과정이었다. 즉 당송시대의 전형적 문화특징을 복원하면서 동시에 원대에 도입된 새로운 문화를 흡수하여 발전한 것이다. 한편 명을 이어 건립된 청 왕조는 문화에 있어서 만주족의 전통을 보존하려고 노력했지만 성시, 건축, 원림 분야에 있어서는 기본적으로 당송 및 원명 시기의 성과를 계승하였으며, 특히 원림분야에 있어서 발전과 심화를 거듭하여 황가원림과 사가원림 모두를 높은 수준으로 끌어올렸다.

一. 15~ 17세기 명대 원유와 원림

1. 명대 북경의 남원(南苑)과 서내원(西內苑)

명대에는 임호(臨濠), 건강(建康), 북평(北平)에 궁원(宮苑)을 건설하였다. 홍무 2년(1369년)에 태조 주원장은 고향인 임호에 중도성(中都城)을 세우려 했으나 부역과 재정의 조달이 어려워 중간에 취소하였으니 원유도 만들어지지 못했다. 이후 주원장은 남경에 도성을 정하고 홍무 25년(1392년)에 성 남쪽에 상림원(上林院)을 계획하였다. "상림원을 만들기를 논의하였다. 성 남쪽에서 터를 정하니 우수산에서 방산까지 이어지고 서쪽으로는 강가를 포함하였다. 지도 위에서 견주어 보고 태조가 이르길 백성의 생업을 방해하면 중지하라 하였다.(議開上林院. 度地城南, 自牛首山接方山, 西並河涯. 比圖上, 太祖謂有妨民業, 遂止.)"[186] 하지만 사실상 명태조가 죽을 때까지 남경성에는 황가원유가 건설되지 못했다. 이는 아마도 남경이 인구가 많고 땅이 좁아 농지가 귀하기 때문일 것이다. 일설에 의하면 태조는 처음에 계획한 원유터에 거주하는 백성들을 강북지역으로 이주시키고 같은 면적의 토지를 제공하여 보상하고자 했지만 백성들의 반대에 부딪혀 결국에는 포기하고 말았다고 한다. 따라서 명초 남경에는 아직 대규모 원유를 경영할 수 있는 여건이 확보되지 못했음을 알 수 있다. 남경의 유일한 황가원림은 남경궁전 안에 있는 "내화원(內花園)"[187]이었는데 궁성 안에서의 위치와 기능은 후대의 북경 자금성 어화원(禦花園)과 같았다.

하지만 성조 주체(成祖朱棣)의 시기에 이르러서 상황이 변하였다. 명 영락제(永樂帝)는 북경으로 천도하고, "영락 5년 상원감을 설치하고, 양목, 축육, 가소, 임형, 천형, 병감 및 전안 좌우전후 16하부 부서를 설치하였다. 홍연황제 때는 번육과 가소의 두 부서를 합하였다. 헌덕4년에는 처음으로 4서를 정하였다.(永樂五年, 始置上林苑監, 設良牧, 蕃育, 嘉蔬, 林衡, 川衡, 冰鑒及典案左右前後十屬署. 洪熙中, 並爲蕃育, 嘉蔬二署. 宣德四年, 始定四署)"[188] 그러면 명대 관제에서 원유를 주관하는 관서는 무엇이었을까? 그리고 그 각 관서는 어떤 일을 했을까? 『명사(明史)』에는 이와 관련하여 다음과 같이 기록되어 있다.

---

186 [淸] 張廷玉 等, 『明史』, 卷七十四, "志第五十·職官三".
187 同上, 卷二十九, "志第五·五星二·火災"에 "홍치원년 3월 경인일에 남경 내화원에 불이 났다(弘治元年三月庚寅, 南京內花園火.)"라는 기록이 있다.
188 同上, 卷七十四, "志第五十·職官三".

감정(監正)은 원유와 원지의 목축과 수목을 담당한다. 뭇 금수, 초목, 채소, 과일은 소속 부서인 양호(養戶)와 재호(栽戶)를 이끌어 시기에 따라 그 가축을 키우는 양지와 식물을 심는 재지에서 기르고 심어서 제사, 빈객, 궁부의 음식재료를 제공한다. 무릇 원지는 동으로는 백하에 이르고 서로는 서산에 이르며 남으로는 무청에 이르고 북으로는 거용관에 이르며 서남으로는 훈하에 이르고 또한 사냥을 금한다. 양목(良牧)은 소, 양, 돼지를 기르고, 번육(蕃育)은 학, 거위, 닭을 기르며 그 암컷과 수컷의 수를 기록하고 그 새끼와 알의 수를 관리한다. 임형(林衡)은 과실, 화목, 가소를 관장하고, 오이와 나무를 심고 가꾸는 일을 하는데 모두 밭과 심은 나무의 수를 셈하여 때에 맞게 싸서 올린다.(監正掌苑囿, 園池. 牧畜, 樹種之事. 凡禽獸. 草木, 蔬果, 率其屬督其養戶, 栽戶, 以時經理其養地, 栽地而畜植之, 以供祭祀, 賓客, 宮府之膳羞. 凡苑地, 東至白河, 西至西山, 南至武淸, 北至居庸關, 西南至渾河, 並禁圍獵. 良牧, 牧牛羊豕. 蕃育, 育鵝鴨鷄, 皆籍其牝牡之數, 而課蓻卵焉. 林衡, 典果實, 花木, 嘉蔬, 典蒔藝瓜茱, 皆計其町畦, 樹植之數, 而以時苞進焉.)[189]

위에서 보면 명대 북경성의 원유는 기존의 황가원유에 비해 개념상 변화가 있었다. 원유의 범위는 북경성 주위의 광활한 토지를 차지하고 있어 이미 담장으로 두를 수 있는 범위를 넘어섰으며, 큰 지형지물을 지표로 경계를 삼아 원지로 정하고 그 안에 가축, 채소 ,과일을 길러서 황실의 행사와 일상생활용으로 공급하였다. 한나라와 당나라의 원유가 울타리를 둘러 금지로 정하고 생산과 사냥을 위주로 운영했던 것과는 달리, 명대 북경 상림원은 울타리를 두르지 않고 생산기능에 집중 하였다. 북경에서 제왕들의 사냥과 오락을 위한 황가원유는 다른 곳에 별도로 마련되었다. 『일하구문고(日下舊聞考)』에 의하면,

---

189 同上.

남해자(南海子)는 곧 남원(南苑)으로 영정문(永定門) 밖에 있다. 원나라 때 비방박이라 하였고 명 영락 때 그 땅을 넓히고 주위 20여리에 담을 둘렀다. 청이 들어서고 여기에 1,600호를 설치하고 사람마다 24무의 땅을 주었다. 춘유(春蒐)와 동수(冬狩)의 사냥행사를 열어 계절에 따라 무예를 단련하고 대열(大閱) 행사 때는 여기서 열병을 했다.(南海子, 卽南苑, 在永定門外. 元時爲飛放泊, 明永樂時複增廣其地, 周垣百二十裏. 我朝因之, 設海戶一千六百, 人各給地二十四畝. 春蒐冬狩, 以時講武. 恭遇大閱, 則肅陳兵旅於此.)[190]

즉 원대의 비방박이 명 영락제 때 담을 두르고 남원(南苑)으로 개조되었다. 이곳은 "남해자(南海子)"라 불리기도 했으며 청대에는 명대 남원의 명칭을 이어서 썼다. 명대의 남원의 상세한 상황은 자세한 기록이 없어서 고증하기 어렵지만, 청대 건륭 어제『해자행(海子行)』에 의하면 "원대와 명대 이래의 남해자는 주위가 160리이다. 원대와 명대 뭇 사람들의 기록에 의하면 해자의 둘레가 160리라고 하나 오늘날 담의 옛터를 따라 그리니 실제로 놓은 것은 120리를 넘지 않는다(元明以來南海子, 周環一百六十裏. 元明諸家記載並稱海子周圍一百六十裏, 今繚垣故址劃, 然實按之不過百二十裏.)"라 하였으니 남원의 담장은 명대에 만들어진 것으로 그 규모는 실제로는 120리 정도였다. 명대에 남원은 4개의 문이 있었는데 청대는 9개로 늘렸다. "남원은 담을 두르고 문을 만드니 뭇 아홉은 동남을 회성문이라 하고, 서남을 황촌문이라 하고, 정북을 대홍문이라 하고, 약간 동쪽을 소홍문이라 하고, 정동을 동홍문이라 하고, 동북을 쌍교문이라 하고, 정서를 홍서문이라 하고, 서북을 진국사문이라 하였다.(南苑繚垣爲門凡九, 正南曰南紅門, 東南曰回城門, 西南曰黃村門, 正北曰大紅門, 稍東曰小紅門, 正東曰東紅門, 東北曰雙橋門, 正西曰西紅門, 西北曰鎮國寺門.)"[191]

---

190 [淸] 朱彝尊, 於敏中, 『日下舊聞考』, 卷七十四, "國朝苑囿·南苑一".
191 同上.

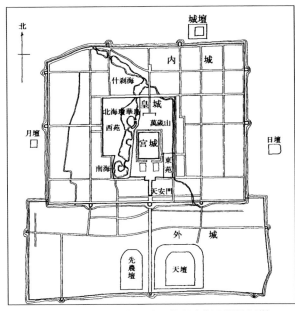

도 1-17. 명(明) 북경성 평면도(출처 : 《중국건축예술전집(中國建築藝術全集)》)

한편 『천부광기(天府廣記)』에 기록된 남원과 관련된 "남호곡(海戶曲)"에는 "방림별관에 백화가 만발하니 24개의 원 가운데 찬란하게 보인다. 남해자는 24개의 원이 있는데 명대의 제도를 이은 것이다(芳林別館百花殘, 廿四園中爛漫看. 南海子有二十四園, 系明時制.)"라는 구절이 있어 명대 남원은 24개의 소원으로 구획되었고 "방림별관(芳林別館)"이라는 건축이 있었음을 알 수 있다.

명대 남원 역시 궁정에서 소요되는 가축과 식물을 제공하였는데, 명나라 경태(景泰) 년간에는 "상림원과 남원에서 계절에 따라 신선한 과일을 들일 때마다 사관에 나누어주니 많은 것은 대여섯 광주리다. 내각원로들에게 베풀어 함께 예를 다하고 황가의 봉인을 열어 품급을 나누어 돌려줬다(每遇上林, 南苑進時新果品, 輒頒賜館中, 多至五六筐. 旋報閣老, 同行禮畢, 乃啓黃封, 品分以歸.)"[192]는 기록이 있는데 이는 앞서 언급한 감정(監正)에 관한 제도에 부합한다.

『명사』를 살펴보면 명대 황제들이 가장 많이 머물렀던 어원은 바로 대내 서측에 위치한 서원(西苑)이었다. 서원은 원나라 해자를 기초로 명대에 건조한 금원으로 명대 기록에 의하면 "원은 궁원 서쪽에 있다. 안에 태액지가 있는데 둘레는 십 수 리이

---

192 [明] 尹直, 『謇齋瑣綴錄』, 卷一, "翰林故事".

며 연못에는 교량을 설치하여 오갈 수 있다. 다리 동쪽에는 둥근 누대가 있고 누대 위에는 둥근 대전이 있으며, 대전 앞에는 오래된 소나무가 몇 그루 있고 그 북쪽은 바로 만세산이다. 산은 모두 태호석을 쌓아 만들었고, 그 위에는 대전과 정자가 67개 소 있어 가장 높은 곳은 광한전(廣寒殿)이다. 연못의 서남 측에도 산이 있는데 만세산 과 같고, 가장 높은 곳에는 경전(鏡殿)이 있는데 이는 금나라와 원나라 때 만든 것이 고 나머지 대전과 정자는 모두 오늘날 만든 것이다. 서쪽 편에서 약간 남쪽에는 남대 (南台)가 있는데 선종(宣廟)께서 항상 머물던 곳이다.(苑在宮苑西, 中有太液池, 周十數裏, 池中架橋梁, 以通往來. 橋東爲圓臺, 臺上有圓殿, 殿前有古松數株, 其北卽萬歲山, 山皆太湖石 疊成, 上有殿亭六七所, 最高處乃廣寒殿也. 池西南又有一山如之, 最高處爲鏡殿, 此皆金元時作, 其餘殿亭, 皆今制. 而西稍南曰南台, 則宣廟常幸處也.)"**193** 여기서 언급된 만세산과 광한전 은 의심의 여지없이 오늘날 북해공원의 경화도를 가리키며, 다리 서측의 둥근 누대는 오늘날까지 남아 있는 북해원성(北海團城)을 가리키지만 기록 속의 원형 대전은 오늘 날 남아 있지 않다. 가장 이해하기 힘든 것은 연못 서남쪽에 있었다는 경전(鏡殿)이 위치한 작은 산이다. 『황명전고기문(皇明典故紀聞)』에도 이 작은 산을 언급하고 있는 데 "서원에는 예전에 태액지가 있고, 그 위에 봉래산이 있어 산 능선에 광한전이 있 으니 금나라 때 만든 것이다. 서남쪽에 작은 산이 있고 역시 그 위에 대전을 만들었 는데 만듦이 정교하고 원나라 때 만든 것이다(西苑舊有太液池, 池上有蓬萊山, 山巔有廣 寒殿, 金所築也. 西南有小山, 亦建殿於其上, 規制尤巧, 元所築也.)"**194**라 하여 경화도의 만 세산을 봉래산(蓬萊山)**195**이라 부르고 그 서남쪽에 산이 있다고 했는데 오늘날 그 흔

---

193 [明] 彭時, 『彭文憲公筆記』, 卷上,

194 『皇明典故紀聞』, 卷十三.

195 명나라 사람들은 자금성 뒤의 매산(煤山), 즉 경산(景山)을 만세산(萬歲山)이라 불렀다. 『廣志繹』, 卷二에 이르기를 "원의 동쪽 만세산에서 똑바로 궁문 뒤로 가면 숨은 성궐를 마주하는데 또한 금원 중 빼어난 경관이라. 하지만 감히 오르지 못하니 그 산은 매토를 포개었다(苑東萬歲山, 正直宮門 後, 隱映城闕, 亦禁中勝景也, 然不敢登, 其麓以煤土疊之.)"라 하였다.

적을 찾을 수가 없다. 그 외 명대 서원의 건축물은 오늘날 남아 있는 것과는 큰 차별을 보인다. "영종께서 명하시어 태액지 동성에 행궁 세 곳을 만들었다. 연못 동쪽에 위치하여 서향한 것을 응화(凝和)라 하고, 연못 서쪽에 위치하여 동쪽으로 봉래산을 마주하는 것을 영취(迎翠)라 하며, 연못 서쪽에 위치하여 서향을 향한 것은 풀로만들고 흰 흙으로 칠하였는데 태소(太素)라 하였다. 그 문은 대전의 이름과 같다. 정자가 6개 있으니 비향(飛香), 옹취(擁翠), 등파(澄波), 세한(歲寒), 회경(會景), 영휘(映暉)라 하고, 헌이 하나 있으니 원취(遠趣)라 하며, 관이 하나 있으니 보화(保和)라 하였다. 때에 따라 어가가 머물며 문무대신을 불러 즐기셨다.(英宗命卽太液池東西作行殿三. 池東向西者, 曰凝和. 池西向東對蓬萊山者, 曰迎翠. 池西南向以草繕之, 而飾以堊, 曰太素. 其門如殿名. 有亭六, 曰飛香, 擁翠, 澄波, 歲寒, 會景, 映暉. 軒一曰遠趣, 館一曰保和. 時或遊幸, 召文武大臣游賞.)"[196] 명대의 태액지 동쪽과 서쪽에서 서로 마주보게 배치되었던 행전(行殿) 역시 오늘날 그 흔적을 찾아볼 수 없다.

　　명대 서원은 원나라의 해자를 남쪽으로 확장하여 삼해(三海)를 형성하였다. 즉 "다리 북쪽은 북해이고, 다리 남쪽은 중해이며, 근정전의 붉은 담을 지나면 남해이다.(橋北爲北海, 橋南爲中海, 過勤政殿紅牆爲南海.)"[197] 동시에 서원은 궁전의 기능을 겸비하였는데, 가정(嘉靖)황제는 심지어 수십 년간 서원에 머물면서 자금성에 돌아가지 않기도 하였다. 『만력야획록(萬曆野獲錄)』에 의하면 서원 안에는 궁전이 "새롭게 지음이 그치지 않았다(創造不輟)"라고 하니, 이들을 시간 순으로 열거하면 만수궁(萬壽宮), 혜희전(惠熙殿), 승화전(承華殿), 보월정(寶月亭), 원도전(元都殿), 태극전(太極殿), 자황전(紫皇殿), 만법보전(萬法寶殿), 진경전(眞慶殿), 수청궁(壽淸宮), 건광전(乾光殿), 자신궁(紫宸宮), 상봉루(翔鳳樓) 등이 만들어졌다.[198] 결코 크지 않은 원지 안

---

196 『皇明典故紀聞』, 卷十三.
197 [淸] 朱尊彝, 於敏中, 『日下舊聞考』, 卷二十一, "國朝宮室・西苑一".
198 [明] 沈德符, 『萬曆野獲錄』, 卷二, "列朝".

에 이토록 많은 전각이 들어섰으니 실질적으로 원원과 궁전(宮殿)이 하나로 합해진 형식이었다.

2. 명대 사가원림

원림의 범위를 마당의 개념까지 확장한다면, 사가원림은 주택의 일부로서 역사적으로 끊임없이 건설되었다고 할 수 있다. 고대 중국인들의 이상적 주거는 맹자가 말한 "5무의 주택에 뽕나무를 심는다(五畝之宅, 樹之以桑.)"라는 개념을 기초로 하여 점차 강화되어 갔으며, 고대 중국인들은 자신의 주택환경을 흔히 "원택(園宅)"이라고 불렀다. 송대에는 관리나 환관의 주택 중 일부가 "방림원택(芳林園宅)"이라고 불렸는데 이는 원택 안에 좋은 향기가 나는 숲, 즉 "방림(芳林)"의 요소가 포함되어 있는 것으로 일반 백성들이 자신의 원택 안에 채소나 과일 등을 심고 가축을 기르는 수준을 넘어선 것이다. 한편 북위에서 당에 이르는 수백 년간 중국에서는 토지 균전제를 실시하였는데, 이는 국가가 각 농가에 토지를 분배하는 제도로서 이렇게 분배된 토지는 농경을 위한 "구분지(口分地)"와 주택을 위한 "원택지(園宅地)"로 나뉘었다. 이 중 원택지는 국가가 다시 회수하지 않았으며 원택의 면적은 엄격한 제도에 근거하여 결정되었다. 예들 들어 당대 수전제도(授田制度)에 의하면 원택지는 3구인(三口人)에 1무(宅)를, 5구인에 2무, 7구인에 3무, 9구인에 5무를 제공하고 여기에 잔구 5구인이 추가될 때마다 별도로 1무를 더 주었다. 진나라와 당나라 때는 관환과 귀족의 주택은 그 규모가 매우 컸는데 큰 것은 경(頃, 100畝)을 단위로 기록되어 있다. 당대 장안성의 고관과 귀족의 주택은 심지어 수백 무에 이르기도 했고 보통 관리는 한 채에 10~30무 규모의 주택을 소유하는 경우도 매우 흔했다. 이러한 결과로 고대 중국인의 주택과 원림은 밀접한 관계를 갖게 되었다. 집집마다 모두 자신의 택원(宅院)을 소유하고 있고 그 원락 안에 과일나무와 뽕나무를 심고 가축을 길렀다. 북위 때에는 심지어 매 집마다 원택에 반드시 약간의 과일나무와 뽕나무를 심도록 법으로 강제하여 위반 시 처벌을 가하기도 했다.[199] 이러한 토지제도로 인해

광의로서의 "택원(宅園)"이 보편화된 상황에서 중국의 문인사대부들은 넉넉한 원택 내부의 땅을 활용하여 자신만의 원지를 꾸미기 시작했다. 예를 들어 당대 낙양성과 장안성에 유행하였던 "산지원(山池院)"과 "산정원(山亭院)"이 바로 그러하다.

그러나 엄격한 의미에서의 사가원림은 의식적인 예술적 경영을 통해 만들어진 것으로 한정해야 하며, 집안에 나무와 채소를 심고 가축을 키우는 원시적인 형태는 마땅히 제외해야 한다. 약간의 산석을 조각하여 꾸민 정원식(庭院式) 소형 원림도 사가원림에 포함시킬 수 있지만 원림은 반드시 일정 수준 이상의 규모를 갖추고 예술적인 사고를 거쳐 계획되며 유상(遊賞), 음연(飮宴), 회객(會客), 대혁(對弈),[200] 음시(吟詩), 작화(作畫) 등의 기능을 하는 공간으로 봐야 한다. 이러한 사가원림은 귀족 관환 및 상인계층의 대형주택 후화원(後花園)과 문인사대부의 택원(宅園)으로 나눌 수 있는데 후자는 풍격에 있어서 소위 "문인원"에 가깝다. 하지만 여러 이유로 인해 이 두 원림의 유형을 명확하게 구분하기는 매우 어렵다. 원래 시와 회화의 서정과 의미로 충만했던 문인원이 주인이 바뀌면서 각종 진귀한 요소들을 채워 넣은 아기 자기한 흥미로 충만한 상인원(商人園)으로 변하기도 하였으며, 또한 귀족과 부상 주 택의 후화원(後花園)이라 할지라도 설계에 조원가, 시인, 화가 등이 참여하였기 때문에 화려함 속에 문인원의 고아함을 내포하기도 했다. 따라서 이 두 가지 유형의 원림을 억지로 나눌 필요는 없다.

명대 강남일대는 경제와 문화가 발달하여 사가원림의 영건에 매우 적합한 환경이 마련되었다. 특히 원림 영건에 가장 유리하였던 계층은 부유한 상인들이었다. 예를 들어 명대 소주 오현사람 심만산(沈萬山)은 빈곤한 집안 출신이나 기이한 돌을 팔아서 부자가 되었다. "심만산이 부자가 되니 의복과 기구가 왕에 비견되었다. 후

<hr />

199 王貴祥 等 著, 『中國古代建築基址規模研究』, 中國建築工業出版社, 2008年, 北京.
200 바둑.

원에 담장을 두르니 주위가 720보이고 담은 세 겹을 세우니 외층은 높이가 6척이요, 중층은 6척이 높고 내층은 다시 3척이 높고 너비는 합해서 6척이었으며, 겨울이면 향란과 금잔이 피고 매 계절에 꽃이 피니 멀리서 보면 비단 같아 수원(繡垣)이라 불렀다. 담에는 10보마다 정자를 세우니 정자는 아름다운 돌과 향기 나는 나무로 만들고 꽃이 피면 채색비단을 두르고 진주를 달았다. ……낮은 담 안에서 높은 담을 바라보면 안쪽 담

도1-18. 명(明) 두경(杜瓊)의 《남별서도권(南別墅圖卷)》

위로 올라와 있고 분을 바르고 진귀한 금수의 모양을 그리고 꽃 속에 숨어 있다. 담장의 안에는 사면에 돌을 쌓아 산을 만들고 안에는 연못과 산을 만들고 때에 따라 화훼를 심고 금어를 길렀다. 연못 안에는 사통팔달한 누각을 만들어 산을 마주 보고 물고기를 내려다보며 사면에는 돌을 깎아 다리를 만드니 푸른 물결 위를 날아 녹색으로 물드는 구나 마치 선계와 같은 빼어난 경관이라. 부드러운 곡선을 그리며 뻗어 오른 지붕은 처마를 서로 맞대고 있고 그 만듦새가 지극히 정교하다. 누각의 안에는 다시 하나의 누각이 있는데 보해라 이르고 갖은 진기하고 기이한 것이 있었다.(山旣富, 衣服器具擬于王者. 後園築垣, 周回七百二十步, 垣上起三層, 外層高六尺, 中層高三尺, 內層再高三尺, 闊並六尺, 冬則香蘭, 金盞, 每及時花開, 遠望之如錦, 號曰繡垣. 垣十步一亭, 亭以美石香木爲之, 花開則飾以彩帛, 懸以珍珠. ……垣內其看牆高出裏垣之上, 以粉

塗之, 繪珍禽奇獸之狀, 雜隱於花間. 牆之裏四面累石爲山, 內爲池山, 時花卉養金魚, 池內起四通八達之樓, 面山瞰魚, 四面削石爲橋, 飛靑染綠, 儼若仙區勝境. 矮形飛簷接翼, 制極精巧. 樓之內又一樓居中, 號曰寶海, 諸珍異在焉.)"**201** 여기서 묘사하고 있는 심만산의 원지는 전형적인 상인원으로서 각종 진귀한 것들을 모아 늘어놓고 욕심대로 꾸며 상인원의 사치스러움과 용속한 특징을 보여준다.

또한 상열(常熟) 출신의 전화(錢曄)라는 사람이 있어서 그 부가 그 지방의 으뜸이 었는데 "원지의 빼어남이 강남에서 으뜸이었다. 연못 가운데 정자를 만들어 여름이면 손님을 초청하여 오르니 손님이 모이면 다리를 거두어 버려 흩어지지 못하게 하였다. 정자는 사면이 비어 있는데 햇빛이 뜨겁게 비추는 것이 싫어서 큰 배에 흙을 채우고 그 위에 각종 꽃을 심어서 높은 병풍처럼 만들어 햇볕이 정자에 이르면 끌어다가 햇살을 막았다.(園池之勝, 蓋爲江南甲冠. 嘗于池中築一亭. 夏月宴客則登焉. 客旣集, 則去橋, 不得輒去. 亭皆四空, 嫌日色蒸照, 則取大方舟實以土, 上種名花作高屏, 視日所至, 牽而障焉.)"**202** 전화의 원림은 물을 중심으로 한 수경원(水景園)으로서 부를 과시하기 위해 사용한 몇 가지 수법들은 강렬한 상인원의 느낌을 준다.

명대에 관리와 환관들이 원지 영조에 열을 올리는 것은 매우 보편적이었다. 예를 들어 명대 상해에는 "농창에서 서쪽으로 건너면 모두 대대로 내려오는 백성들의 작은 집들이다. 문진공이 동쪽에 저택을 지은 이래로 ……원지와 수목의 경관이 증가하니 ……학탄의 왼쪽은 곧 주어사의 옛 집이다. ……위정공이 모두 사들여 앞뒤로 두 저택을 만드니 ……안에는 빼어난 정사와 꽃과 돌이 많고 ……작은 호수가 있으니 육유(陸瑜)가 서호에 남긴 흔적을 담아 만든 것이다. 태상공 석중의 아들 원보가 거하니 원보는 옛 저택을 문루로 개조하고 평격당을 만들고 뒤에 원을 확장했

---

201 [明] 孔邇述, 『云蕉館紀談』.
202 [明] 楊循吉, 『吳中故語』, "錢曄陷楊貢".

다. 동쪽에는 호두나무를 심고 돌다리를 만들어 아름다운 수경을 담았다.(濟農倉以西, 皆細民傳舍. 自文貞公列第於東, ……亦增池園竹木之勝焉. ……放鶴灘左, 卽周禦史舊宅, ……馮廷尉公羅致之, 列爲前後二第, ……內多亭榭花石之勝. ……小湖, 卽志所載陸氏西湖遺跡也. 太常公析仲子元普居之, 元普改舊第爲門樓, 建平格堂. 於後擴園, 以東爲姚林, 起石橋, 納巽水之勝.)"[203] 한편 은퇴한 관환들 역시 원림 생활이 주는 즐거움에 푹 빠졌다. 예를 들어 상천(湘川)의 관리인 나공감(羅公鑒)은 "은퇴하여 버드나무 들에 집을 지으니 연못을 파고 정자를 만들어 고락(顧樂)이라 이름 하였다. 낮에는 그 안에서 거하며 시를 지으니 '정자에서의 즐거움을 누구에게 전할 것인가? 관직에 매였던 몸이 한가하게 세월을 보내니 내년에는 배를 저어 소식의 뒤를 따르고, 북쪽 창은 높아 복희의 앞에 눕네. 숲과 샘과 음식의 빈한함을 수치스러워 하지 않고 화목을 기르는 조용함을 견준다. 집의 쓸쓸하나 속된 근심이 없으니 마치 이 몸이 놓인 세상이 호천(壺天)인 듯하다'라 하였다.(退居柳坪之上, 鑿池架亭, 名曰顧樂, 日處其間, 爲詩雲 '亭中樂事與誰傳? 朱紫[204]身閑更大年. 明年泛遊蘇軾後, 北窗高臥伏羲前. 林泉茹飲貧無辱, 花木栽培靜有權. 以室蕭然無俗慮, 卻疑身世是壺天.')"[205] 여기서 "호천"[206]은 은일함을 추구하는 문인의 원림생활의 정서가 집약된 상징이다. 또한 몇몇 소형 원림은 형제간의 우애를 중시하는 유가적 효제(孝悌)관념을 반영하였다. 그 예로 문헌에 "진강 언덕에 정자가 있어 마주하니 왼편은 소나무요 오른편은 대나무다 앞에는 매화요 뒤에는 측백나무라. 허 씨 사형제가 집을 짓고 '사우(四友)'라고 편액을 달았다(鎮江之

---

203 [明] 範濂, 『雲間據目抄』, 卷五, "記土木".
204 붉은색과 자주색. 관리의 복장을 의미함.
205 『蓬窓日錄』, 卷八, "詩談二".
206 선경(仙境)을 상징. 『후한서(后漢書)·방술전하(方術傳下)·비장방(費長房)』에 의하면 동한 때 비장방(費長房)이라는 사람이 있어 시전(市掾) 벼슬을 하는데 시장에 한 노인이 가게에 주전자(壺)를 걸어 놓고 약을 팔다가 시장이 파하면 주전자 속으로 뛰어 들어가니 비장방이 누 위에서 이를 보고 비범한 인물임을 알아 다음날 노인을 불러 함께 주전자 속으로 들어가니 화려한 건물들이 가득하고 미주가효를 즐긴 다음 나왔다고 한다.

墟有亭峙焉, 左松右竹, 前梅後柏, 許氏四兄弟居之, 區曰四友.)"[207]라는 사례가 있다.

아래의 "적원(適園)"이라는 원림에 대한 기록은 우리들로 하여금 명대 문인사대부들이 어떤 방식으로 원림을 경영하고 그 안에서 어떻게 생활하였는지를 엿볼 수 있게 해준다.

> 성의 터를 돌아 조금 남쪽으로 백보쯤 가면 버려진 땅이 있다. 더럽게 쌓인 것들을 치우고 그 아래에 연못을 만들었다. 연못 위에는 정자를 만들고 그 앞은 돌을 쌓아 막았다. 정자의 왼쪽으로 꺾어지면 누이다. 누는 사면으로 원경을 바라볼 수 있고 그 사이에는 나무와 대나무가 있다. 장식된 당은 원래 있던 것으로 빈객을 맞이하고 그 옆에 옥을 세워서 차실로 사용하였다. 이 모두를 일러 적원(適園)이라 했다.(循城之址, 稍南百步, 得棄地焉, 疏抉叢穢, 就其下者爲池. 亭于池之上, 累石以當其前. 亭之左, 折爲樓. 樓四達以望遠, 樹竹木其間. 飾堂之舊者, 以待賓客. 屋於其旁者, 爲茶寮. 總之曰適園.)[208]

명대 북방 경기지역의 관신(官紳) 계층 역시 사가원림에 심취하였다. 예를 들어 명나라 초기 대흥(大興) 사람 양선(楊善)은 "집은 도성에 있고 곽(郭) 밖에 저택을 지었는데 원정(園亭)과 화목 따위가 있었다. 뭇 공들이 쉴 때에 들려서 연상(宴賞)을 여니 곧 좋은 집에 귀은한 듯 보였다.(既家都城, 治居第郭外, 有園亭花木之屬. 諸公休沐, 有所宴賞, 則視善家若歸.)"[209] 여기에서 곽 밖은 북경 내성의 밖을 의미하는 것으로 이 원택은 아마 오늘날 북경 남성(南城)의 어딘가에 위치해 있었을 것이다. 또한 완평(宛平) 사람 미만종(米萬鍾)은 만력년간에 진사(進士)하여 절강과 강서 등지를 다스리다가 후에 조용히 은퇴하여 이리저리 떠돌았는데, "미만종은 일생 돌을 좋아하

---

207 『堯山堂外紀』, 卷九十二, "國朝".
208 [明] 範濂, 『雲間據目抄』, 卷五, "附適園記".
209 『天府廣記』, 卷三十四, "人物二·明".

여 모은 기석이 무척 많았기 때문에 사람들은 우석선생(友石先生)이라 불렀다. 이척원(李戚畹)이 북경성 서쪽 해전(海澱)에 원림을 만드니 매우 웅위하고 사치스러웠는데, 그 옆에 선생이 원림을 세우니 수풀과 건축과 교량을 조금 더하였는데 서로 빼어남을 다투었다. 선생의 집에는 고운산방(古雲山房)이 있는데 안에는 명석 세 개가 놓여 있어서 손님이 이르러 술을 마시고 시를 읊으면 스스로 소장한 작은 돌들을 꺼내와 손님을 즐겁게 하니 수십 번을 왔다 갔다 해도 질리지 않았다.(萬鍾生平好石, 所蓄奇石甚富, 人稱爲友石先生. 李戚畹爲園於城西之海澱, 極其宏侈. 公作園其旁, 林屋橋樑略加點綴, 遂與爭勝. 公家有古雲山房, 中貯名石三, 客至壺觴嘯詠, 自取所藏小石娛客, 數十往回不倦.)"[210] 일부 경기지역의 선비들은 여러 채의 원림을 소유하기도 했다. 예를 들어 이척원은 북경성 선무문(宣武門) 밖에 또 하나의 원림을 갖고 있었다. 선무문 밖 서남방향에는 물고기와 수초가 우거진 연못이 있었는데 "명나라 말기에 정사(亭榭)가 지극히 성하니 ……연못 동쪽은 이척원의 십경원(十景園)이다. 다시 동쪽은 이방백(李方伯)의 본위원(本緯園)인데 안에는 곳곳에 작은 길이 나있고 건물들이 굽이굽이 이어져 있어서 매우 그윽하고 고아했다.(明末亭榭極盛. ……池之東爲李戚畹十景園, 又東爲李方伯本緯園, 中有三三徑, 曲曲房, 極爲幽雅.)"[211] 뿐만 아니라 조어대(釣魚臺)에는 "샘이 있어서 땅에서 뿜어 오르니 금나라 사람 왕울이 이곳에서 은거하여 대를 만들고 낚시를 하였고, 원나라 사람 정 씨는 옥연정(玉淵亭)을 만들었고, 마문우는 음산(飮山)을 쌓아 여러 정자를 자연스럽게 늘어놓았다. 후에 이척원의 별업이 되었다(有泉自地湧出, 金人王鬱隱居與此, 築台垂釣. 元人丁氏建玉淵亭, 馬文友又築飮山, 婆娑諸亭. 後爲李戚畹別業.)"[212]라는 기록도 있다.

이척원이 해전에 만든 원림은 성 밖에 위치하여 규모가 매우 컸다. "해전 이척

---

210 『天府廣記』, 卷三十四, "人物二 · 明".
211 同上, 卷三十六, "漕渠".
212 『天府廣記』, 卷三十七, "名跡".

원의 원림은 너비가 십여 리이다. 안에는 파해당(挹海堂)이 있고 당 북쪽에는 정자가 있는데 ……정자에서 바라보면 일망무제의 목련에 돌과 작약이 사이사이에 있고, 물가에는 다리가 놓여 있고 다리 아래에는 금붕어가 있는데 긴 것은 5척에 달했다. 물가에서 북으로 바라보면 한가득 연꽃이나 그 끝에는 산이 있는데 구불구불하고 기복이 있어 위태함이 진짜 산과 같다. 산의 가장자리에는 누각이 있고 누각 위에는 누대가 있어서 서산의 아름다운 경치가 손을 뻗으면 잡힐 듯하다. 원안에는 물의 길이가 수십 리에 달하고 섬과 돌이 백여 개인데 영벽석(靈璧)과 태호석(太湖石)이다. 금천(錦川)이 백여 개이며 교목은 천여 개이고 대나무는 만여 개이며 꽃은 억만 개이다.(海澱李戚畹園, 方廣十餘裏, 中建挹海堂, 堂北有亭, ……亭一望盡牡丹, 石間之, 芍藥間之, 瀕於水則已飛橋而汀, 橋下金鯽長者五尺, 汀而北一望皆荷, 望盡而山, 宛轉起伏, 殆如眞山. 山畔有樓, 樓上有台, 西山秀色, 出手可挹. 園中水程十數裏, 嶼石百座, 靈璧, 太湖. 錦川百計, 喬木千計, 竹萬計, 花億萬計.)"[213] 명대에 이렇게 거대한 규모의 사가원림이 있었다니 실로 상상하기 어렵다. 그런데 북경에서 이는 결코 유일한 대형 사가원림이 아니었다. 이원척의 원림 옆에는 작원(勺園)이 있었는데 "해전 미태복의 작원은 원림은 겨우 백 무이나 일망무제의 물이 펼쳐 있고 긴 제방과 큰 다리가 있고 정사가 깊고 그윽하며 길이 끝나면 배를 타고 배가 멈추면 다시 회랑이 있으며 높은 버드나무가 가리고 있으니 시선이 닿는 모든 곳이 아름답다. 옆에 이척원의 원림은 매우 거대하고 화려하나 원림을 노닐어 본 사람들은 반드시 미태복의 원림을 꼽는다.(海澱米太僕勺園, 園僅百畝, 一望盡水, 長堤大橋, 幽亭曲榭, 路窮則舟, 舟窮則廊, 高柳掩之, 一望彌際. 旁爲李戚畹園, 鉅麗之甚, 然遊者必稱米園焉.)"[214] 심지어 당시 사람들은 종종 이 두 원림을 함께 묶어 "이척원의 원림은 초라하지 않고 미만종의 원

---

213 同上.
214 同上.

림은 속하지 않다(李園不酸, 米園不俗.)"²¹⁵라고 하였는데 당시 이 두 사가원림의 명성과 영향력이 어떠하였는지 짐작할 수 있다.

명대 경사의 사가원림은 위에서 나열한 몇 개의 예에 국한되지 않는다. 예를 들어 "낙원(樂園)은 경성 밖 서남쪽 폐성 옆에 있는데 양수하를 끌어 들이고 정사와 화목이 매우 빼어났다.(樂園在京城外之西南廢城邊, 引凉水河入其中, 亭榭花木極一是之盛.)"²¹⁶ 이 외에 승도원지(僧道園池), 즉 불교 및 도교의 사관원림(寺觀園林)도 있었는데, 예를 들어 "월하범원(月河梵苑)은 승도의 심별원이다 연못과 정자가 그윽하고 고아하니 도읍에서 최고에 속했다.(月河梵苑, 僧道深別院, 池亭幽雅, 甲於都邑.)"²¹⁷

월하범원은 조양관 남쪽 목숙원의 서쪽에 있다. 원의 연못과 정자는 도성의 최고라. 원의 뒤에는 헌이 하나 있는데 ……헌의 앞에는 거석이 서 있고 서쪽에는 작은 문을 닫아 두었는데 문은 꽃과 돌의 뒤에 숨어 있다. 북쪽에는 취성정(聚星亭)이 있는데 정자의 사면에는 난간을 만들어 사람들이 쉴 수 있게 하였다. ……정자의 앞과 뒤는 모두 분석(盆石)이다. ……정자에서 약간 서쪽에는 석교가 있고 석교 서쪽에는 우화대(雨花臺)가 있으며 그 위에는 돌 북이 세 개 놓여 있다. 대 북쪽에는 초가집이 한 채 있는데 희고(希古)라 이름 하였다. ……초가집의 동쪽에는 돌을 모아 가산을 만들었다. ……아래는 석지(石池)인데 대나무를 이어 샘물이 흐르게 하니 샘물이 산꼭대기에서 아래로 졸졸 흘러내린다. ……대의 남쪽은 석방지(石方池)인데 물을 모아 연꽃을 키운다. 연못 남쪽에 작은 문을 들어서면 괴실이고 가죽나무 한 그루가 서 있다. …… 괴실(槐室) 남쪽에는 작은 정자가 있고 가운데에는 앵무석이 놓여 있다. ……뭇 건물과 연못의 둘레에는 모두 대나무를 엮어 울타리를 만들었는데 굽어서 서로 통한다. 꽃나무로는 벽오, 만년송, 해당, 석류 등이 많다. ……작은 석탑이 있고 석탑 동쪽을 돌아 비탈을 올라 모두 십여

---

215 同上.
216 同上.
217 同上.

번을 굽어 돌면 회퇴산(灰堆山)이 나온다. 산위에는 취경정(聚景亭)이 있어 북산과 궁궐이 바라다 보여 하나하나 가리킬 수 있다. 정자의 동쪽 자투리땅에는 대나무 몇 그루를 심어 죽오(竹塢)라 부르고 산을 내려가 약간 남쪽에 문이 있어 간청(看淸)이라 이르고 들어서면 소나무를 엮어 만든 정자가 있다. 소나무 정자와 짝하고 있는 것은 관란처(觀瀾處)이다. 취경정에서 남으로 가면 지세가 큰 제방처럼 꺾여 솟아오르는데 멀리 월하(月河)의 물이 성북 쪽에서 굽이쳐 오는 것이 보인다. ……동쪽은 북산 만취루(晩翠樓)이고 누 위에는 산 북쪽에 바라다 보이는데 보면 갖가지 경관이 모여 있어 특히 빼어나다.(月河梵苑在朝陽關南首蓿園之西. 苑之池亭景爲都城最. 苑後爲一栗軒, ……軒前峙以巨石, 西關小門, 門隱花石屛, 北爲聚星亭, 亭四面爲欄檻以息遊者. ……亭之前後皆盆石, ……亭少西爲石橋, 橋西爲雨花臺, 上建石鼓三. 臺北爲草舍一楹, 曰希古, ……草舍東聚石爲假山, ……下爲石池, 接竹以溜泉, 泉水涓涓自峰頂下,……台南爲石方池, 貯水養蓮. 池南入小牖爲槐室, 古樗一株, ……槐室南爲小亭, 中庋鸚鵡石, ……凡亭屋台池四圍皆編竹爲藩, 詰曲相通, 花樹多碧梧, 萬年松及海棠, 石榴之類. ……爲小石浮圖, 浮圖東循坡陀而上, 凡十餘弓, 爲灰堆山. 山上有聚景亭, 上望北山及宮闕, 歷歷可指. 亭東隙地植竹數挺, 曰竹塢, 下山少南門曰看淸, 入看結松爲亭, 遇松亭爲觀瀾處. 自聚景而南, 地勢轉鬥如大堤, 遠望月河之水, 自城北逶迤而來, ……東爲北山晩翠樓, 樓上望山北, 視聚景尤勝.)[218]

이 운치 있는 승도원지(僧道園池)의 조원수법은 부도를 제외하고는 기본적으로 일반 사가원림과 큰 차이가 없다. 원림의 세부적인 경관구성을 충실하게 서술하고 있는 이 문장은 우리로 하여금 명대 북방사가원림의 개략적인 모습을 머릿속에 그려볼 수 있게 한다. 특히 글을 살펴보면 인도(導引), 엄영(掩映), 장경(障景), 차경(借景) 등 중국 고전원림의 조원수법이 매우 능숙하게 운용되고 있음을 알 수 있다.

---

218 『天府廣記』, 卷三十七, "名跡".

오늘날 남아 있는 명대 원림 중에 유명한 것은 주로 소주에 집중되어 있다. 졸정원(拙政園)은 명 중엽에 조영되기 시작하였고, 유원(留園)은 명 가정 때 태복사 서태시(徐泰時)가 만들었다는 동원(東園)과 서원(西園) 중에서 동원을 그 전신으로 한다. 소주에는 이보다 더욱 일찍 시건된 원림도 있는데 바로 원대에 시건된 사자림(獅子林)과 송대에 시건된 창랑정(滄浪亭)이다. 하지만 이들 원림은 후대에 여러 차례의 중측과 개축을 거쳐 시건 당시의 모습을 찾아보기 어렵지만 그럼에도 불구하고 우리는 졸정원과 유원에서 여전히 명대 강남 문인원의 모습을 엿볼 수 있다.

졸정원은 원래 사원(寺院)이 있었는데, 명 정덕년간에 어사 왕헌신(王獻臣)에 의해 사가원림으로 바뀌었고 후에 다시 관아로 사용되기도 하였다. 지세가 낮아 자연스럽게 웅덩이를 이루기 때문에 수경관을 위주로 하며 명대 화가 문징명(文徵明)이 『왕씨졸정원기(王氏拙政園記)』와 『졸정원도(拙政園圖)』를 남기기도 하였다. 『왕씨졸정원기』에 의하면 명대 졸정원에는 건축물이 드물게 배치되어 있었고 원림 중에 언덕과 계곡 역시 형성되어 있지 않았으며 경관은 넓고 멀고 밝고 깨끗해서 천연의 색채가 짙었다. 현재의 졸정원은 곳곳에 건물이 있고 회랑이 굽이치고 산과 계곡이 있는데 이는 청나라 초기 때부터 하나하나 완성된 것이다.

유원은 처음부터 건축이 빼어나기로 유명했는데 원래 명칭은 한벽장(寒碧莊)이었고 안에는 넓은 물이 있었다. 원안에는 오래된 나무가 울창하다. 현존하는 경관은 주로 청대 광서(光緒)년간 중건한 것이다.

3. 명대 원림저술(園林著述)

명대에는 사가원림 영조이론에 있어서 괄목할 만한 발전이 있었다. 오늘날 전해져 내려오는 원림기예와 원림예술사상 분야의 주요 저술들은 대부분 이 시기에 탄생하였다.

사실 명대 이전에 이미 일부 원예와 화초감별 및 배식에 관한 저작이 있었다. 초기의 것으로는 진(晉)나라 육기(陸機)의 『모시초목조수충어소(毛詩草木鳥獸蟲魚疏)』,

진나라 혜함(嵇含)의 『남방초목장(南方草木狀)』, 남조 송나라 대개지(戴凱之)의 『죽보(竹譜)』 등이 있다. 송대에는 원예 서적이 뚜렷이 증가하였는데 왕귀학(王貴學)의 『왕씨난보(王氏蘭譜)』, 조시경(趙時庚)의 『금장난보(金漳蘭譜)』, 구양수(歐陽修)의 『낙양목단기(洛陽牡丹記)』 등이 선보였고, 그 밖에 두관(杜綰)의 『운림석보(雲林石譜)』가 원림기석(奇石) 감상과 첩석재료 선별에 관해 다루었다.

모두 알다시피 원림예술의 창작이론을 체계적으로 총결한 저작은 명대 계성(計成)의 『원야(園冶)』와 명대 문진형(文震亨)의 『장물지(長物志)』이다. 『장물지』는 건축, 화목, 수체, 산석 등 원림의 주요 경관요소에서 금어(禽魚), 서화의 배치, 가구의 진열, 의복, 배, 수레, 채소, 과일, 차에 이르기까지 논하고 있으며 크게는 원림의 경영에서 작게는 원림생활의 작은 모습까지 다루고 있어서 명대 사람들의 원림생활을 담은 생생한 한 폭의 그림이라고 평가된다. 그 중 원림의 공간경영과 원림예술의 감상은 약간은 번잡하지만 미묘하게 설명되어 있다. 예를 들어 연못 중에 "광지(廣池)"에 관한 설명을 보면 "연못을 파는데 면적은 무에서 경에 이른다. 넓을수록 좋은데 가장 넓은 것은 가운데 사(榭) 등을 설치할 수 있다. 혹은 긴 제방으로 나누어 부평초나 갈대를 심으면 일망무제이니 거침(巨浸)이라고도 부른다(鑿池自畝以及頃, 愈廣愈勝. 最廣者, 中可置榭之屬. 或長堤橫隔, 汀蒲坼葦, 雜植其中, 一望無際, 乃稱巨浸.)"[219]라 하였다. 또한 "소지(小池)"에 관한 설명을 보면 "계단 앞에 돌을 파서 소지를 만드는데 반드시 호석(湖石)을 둘러야 하며 샘물은 맑아 바닥이 보여야 한다. 가운데에는 붉은 물고기와 푸른 마름을 키우니 헤엄치는 모습이 재미있다. 주위에는 등나무와 가는 대나무를 심는다. 땅을 조금 깊게 파서 샘을 끌어들이면 더욱 좋은데 사각형, 원형, 팔각형 등의 못 식은 피한다(階前石畔鑿一小池, 必須湖石四圍, 泉淸可見底, 中畜朱魚翠藻, 游泳可玩, 四周樹野藤細竹. 能掘地稍深, 引泉脈者更佳, 忌方圓八角

---

219 [明] 文震亨, 『長物志』, 卷三, "廣池".

諸式.)"**220** 여기서 "사각형, 원형, 팔각형 등의 뭇 식은 피한다(忌方圓八角諸式.)"라는 원림예술 경영과 감상에 있어서 "각진 것을 피하고 둥근 것을 따르는(離方遁圓)" 심미적 원칙을 드러낸 것이다.

『장물지』의 "위치(位置)"편에서 문진형은 원림 실내공간 예술에 대해 자신의 견해를 피력하였다. 예를 들어 침실을 논하면서 "지병(地屛)과 천화판(天花板)은 비록 속하지만 침실을 건조하게 유지해주니 사용해도 무방하다. 단 채색 그림이나 유칠을 하면 안 된다. 남면에는 침상을 하나 놓고 뒤에는 따로 반실을 남겨 사람이 이르지 못하게 한다. ……실 안은 정결하고 소박하고 고아해야 하나 일단 화려하게 꾸미면 규각(閨閣) 안에 있는 듯 그윽하지 않아 사람이 깊게 잠들기에는 이롭지 않다.(地屛, 天花板, 雖俗, 然臥室取乾燥, 用之亦可, 第不可彩畫及油漆耳. 面南設臥榻一榻, 後別留半室, 人所不至, ……室中精潔雅素, 一涉絢麗, 便如閨閣中, 非幽人眠雲夢月所宜矣.)"**221** 또한 정사(亭榭)에 관해서는 "반드시 오래돼 보이게 칠한다. 면은 단정하고 다리는 굵으며 질박하고 자연스러워야 한다.(須得舊漆, 方面粗足, 古樸自然者.)" 한편 지나치게 세밀한 재료는 사용하지 말 것을 권하면서 "속한 것은 내구성이 없다(俗者不可耐.)"라 하였다.**222** 이 책에는 또한 첩석(疊石)과 가산(假山)을 논하고 있는데 예를 들어 "태호석(太湖石)"에 관해서는 "돌은 물속의 것을 귀하게 여긴다. 세월이 지나 물결에 이리저리 부딪히면 모두 구멍이 나있는 돌이 되니 모든 면이 영롱하다. 산에 있는 것은 한석(旱石)이라 하는데, 말라있고 윤기가 나지 않는다. 거짓으로 튀어나온 곳과 들어간 곳을 만들어 세월이 오래되어 도끼 자국이 사라지면 역시 고아하다(石在水中者爲貴, 歲久爲波濤衝擊, 皆成空石, 面面玲瓏. 在山上者, 名旱石, 枯而不潤, 贋作彈窩, 若歷年歲久, 斧痕已盡, 亦爲雅觀.)"**223**라 하여 태호석을 수중석과 산상석으로 나누었으며 호석의 감

---

220 同上, 卷三, "小池".
221 同上, 卷三, "臥室".
222 同上, 卷三, "亭榭".

상법에 대해 약간의 견해를 밝혔다.

명대 이어(李漁)의 『한정우기(閒情偶寄)』의 "거실부(居室部)" 역시 상당 부분을 할애하여 원림에 관해 논하고 있다. 이 책의 앞부분에는 주택의 거실(居室)에 대해 논하고 있는데 창(窓)을 논하는 부분에 와서는 이미 "산수도창(山水圖窓)"이나 "매창(梅窓)" 등 원림 중의 누창(漏窓)의 광경(框景)을 주제로 다루고 있다. 또한 계장(界牆), 청벽(廳壁), 연편(聯匾) 등을 거쳐 이어서 산석(山石)에 이르러 "대산(大山)", "소산(小山)", "석벽(石壁)", "석동(石洞)" 등에 대해 논하는 부분은 엄밀하게 말해서 이미 원림경관에 관한 주제로 옮겨왔다고 볼 수 있다. 이 책에는 원림예술의 경영이론도 적지 않게 언급되어 있는데, 예를 들어 "기완부(器玩部)"에는 기물의 배치에 대해 논하면서 "기물을 놓을 때는 반드시 종횡이 적당해야 한다. ……그것이 만약 네모난 가운데 둥글고 굽은 가운데 곧으며[方圓曲直], 가지런한 가운데 적당히 들어가고 나옴이 있다면[齊整參差] 모두 위치의 장점을 취하여 놓고[就地立局] 시기에 맞게 이롭게 다스리는[因時制宜] 방법이 있어서, 능히 이로써 그 재략을 펼쳐 보여 그 집에 들어와 당에 오른 사람으로 하여금 기물이 하나하나 구차하지 않게 설치되어 있고 일들이 모두 깊은 멋을 갖고 있음을 발견하게 한다.(安器置物者, 務在縱橫得當. ……他如方圓曲直, 齊整參差, 皆有就地立局之方, 因時制宜之法. 能于此等處展其才略, 使人入其戶, 登其堂, 見物物皆非苟設, 事事具有深情.)"[224] 이는 비록 실내의 기물배치에 관한 내용이지만 문장에는 원림예술의 경영에 관한 견해가 반영되어 있다.

이들 중국 고전 원림저술의 조원이념과 조원기술에 관해서는 별도의 장을 마련하여 체계적이고 상세하게 논할 예정이다.

---

223 同上, 卷三, "太湖石".
224 『閒情偶寄』, "器玩部・位置第二".

二. 17~19세기 청대의 원유와 원림

　　원림은 건축과 다르다. 원림은 비록 산석, 수체, 건축, 식물로 구성되어 있지만 원림 그 자체도 인간의 생활과 깊은 연관을 맺으며 한 부분으로서 일상생활을 구성한다. 건축과 산수, 첩석을 제외하고 원림은 수목, 채소, 과일, 화초, 벌레, 물고기 등 살아 숨 쉬는 생명체들로 구성되기 때문에 주인의 끊임없는 경영과 관리가 필요하다. 또한 원림은 일종의 예술이기 때문에 주인의 예술품위 및 감상취향과 밀접한 관련을 맺는다. 사묘, 궁전, 주택과 같은 건축은 오랜 시간이 흘러도 치명적 파괴나 대규모 중축을 피한다면 처음 모습을 상당 부분 보존할 수 있다. 이와 달리 원림은 시종 끊임없이 변화한다. 시대의 변화, 주인의 교체, 기후의 변화, 화목배식 기술의 진보에 따라 원림은 끊임없이 변화를 겪게 된다. 또한 자연재해, 전쟁 등 사람의 생활에 천지번복의 변화를 가져오는 사건들은 원림에도 근본적인 변화를 가져오게 된다. 따라서 원림은 하나의 살아 있는 역사이자 생명이 있는 예술이라고 할 수 있다. 만약 사람의 참여와 관리가 없다면 화목은 시들고 호수는 마르고 산석은 무너지고 건물은 파손될 것이다. 어떠한 형태의 큰 변고도 원림에 흥성과 훼멸을 가져올 수 있다. 이러한 의미에서 청대 원림은 그 전대 원림문화유산의 계승과 연속인 동시에 하나의 재창조 과정이기도 하다.

　　현존하는 모든 원림은 황가원림이던 사가원림이던 모두 청대의 유물이다. 그 중 일부는 청대 이전에 이미 존재하기도 했다. 예를 들어 소주 창랑정(滄浪亭)은 문헌에 의하면 송대에 시건되었고 명대에도 많은 부분이 첨가 되었다. 그러나 청나라 수백 년간 수대에 걸친 경영, 개조, 확장, 축소, 증설, 폐기를 거치면서 처음의 모습은 거의 사라졌다. 그 누가 오늘날 북경 조어대(釣魚臺)에 서서 과거 그곳에 은거하였던 금나라 사람 왕울(王鬱)의 "축대수조(築台垂釣)"의 모습을 볼 수 있을 것인가? 명대 이척원이 해잔에 만들었다는 둘레 십여 리에 이르는 거대한 원림도 이미 청대 황실의 삼산오원(三山五園) 중에 녹아들어 이제는 그 흔적조차 찾을 수 없다. 만약 하나의 원림에서 어느 것이 명대의 것이고 어느 것이 원대의 것이며 어느 것이 송대의 것인지 찾아내려 한다면 목조구조나 석조건축 따위를 감정하는 것이 논리가 분명할 것이다. 현존하는 원림들은 근현대에 이르러 과학적 보존의식과 원형보전의 법규 등으로 인해 일상적 식물관리와 건축물 보수 외에 개축이나 증축 등이 금지되었기 때문에 기본적으로 모두 청대의 범주 안에 놓고 보아도 큰 무리는 없다.

1. 명대의 원(苑)과 청대의 원(園)

청대 황가원림(皇家園林)에 대해 논하기에 앞서, 먼저 우리를 곤혹스럽게 만들기 쉬운 문제 한 가지를 짚고 넘어가자. 그것은 바로 청나라 이전 역대의 황가원림, 특히 역대 궁전에 부속되었던 금원(禁苑)들은 대다수가 "원(苑)"이라 불렸는데 청대 북경 교외지역의 황가원림들은 왜 모두 "원(園)"이라 불렸는가 하는 것이다. 북경 서쪽 교외지역의 삼산오원에 속하는 창춘원(暢春園), 원명원(圓明園), 청의원(淸漪園), 정명원(靜明園), 정의원(靜宜園), 장춘원(長春園), 만춘원(萬春園), 이화원(頤和園)은 모두 한결같이 명칭에 "원(園)"을 썼고, 승덕에 경영되었던 황가원림 역시 "피서산장(避暑山莊)"이라 하여 "원(苑)"을 쓰지 않았다. 그러면 청대에는 들어서 그 이전에 존재했던 원유에 해당하는 것은 없어진 것일까? 그렇지 않다. 청대에는 명대 남원(南苑)에서 수렵과 말타기 등의 행사를 열었던 전통을 계승하였고 이름 역시 그대로 "남원(南苑)"이라 불렀다. 또한 청 황실 스스로도 진한진당(秦漢晉唐) 시기 제왕들이 사냥하고 말을 달렸던 그런 곳을 만들었는데 이름을 "목란위장(木蘭圍場)"이라 했다. 이들 사이의 구분은 매우 명확하다. 청대 제왕의 원(園)은 기거, 휴식, 피서, 휴가 혹은 정무를 보는 장소로서 그 기능은 당 고종(高宗)과 측천무후 시기 낙양 서원(西苑) 동쪽에 만들었던 상양궁(上陽宮)과 비슷하다.

오늘날 상식으로 통용되는 하나의 개념이 있는데 이는 바로 중국 고대원림을 크게 황가원림과 사가원림의 두 부류로 나눌 수 있다는 것이다. 또한 흔히들 황가원림을 "원유"의 범주에 넣기도 한다. 어떤 학자들은 나아가 이 두 가지 개념에 근거하여 역대 모든 황가원림을 "원유"의 범주에 넣고, 사가원림을 "원지"나 "원림"의 범주에 넣기도 한다. 실제로 역사문헌에 기재된 역대 왕조의 교외원림은 거의 모두 "원유"의 형식으로 출현하긴 하였다. 예를 들어 진한(秦漢)의 상림원(上林苑), 감천원(甘泉苑), 낙유원(樂游苑), 수형금원(水衡禁囿), 의춘하원(宜春下苑), 박망원(博望苑), 북위(北魏) 평성경(平城京)의 녹원(鹿苑), 수당(隋唐) 장안성(長安城)의 금원(禁苑)과 낙양성의 서원(西苑), 송대 변량성(汴梁城)의 의춘원(宜春苑), 영춘원(迎春苑), 경림원(瓊林苑) 등은 모두 "원(苑)"이라 이름 하였고, 특히 이 중에서 한당(漢唐) 시기의 황가원유는 그 둘레가 백여 리 혹은 수백 리에 이르고 안에 대규모의 진산진수(眞山眞水)를 포함하고 있었다.

그러면 원유와 원림은 어떻게 다른가? 제일 뚜렷한 차이점은 원유의 경우 주로 황실의 일상생활과 각종 행사에 필요한 각종 생산품을 공급한다는 데 있다. 이 점은 옛사람들이 원유를 항상 도읍의 동쪽에 설치한 데서 찾아볼 수 있다. "『백호통』에 이르길 원유가 동방에 있는 이유는 무엇인가? 원유는 만물을 기르는 곳이니 동방에 두어 번성하게 하는 것이다.(白虎通云苑囿, 所以在東方, 何? 苑囿, 養萬物者也. 東方所以生也.)"[225] 그러면 "만물을 기른다(養萬物)"는 무슨 뜻인가? 이는 바로 궁정에 공급하는 각종 진수(珍饈)[226]와 과목(果木)을 기르는 것이다. 예를 들어 『풍속통』에 이르길 유(囿)라는 것은 물고기와 자라를 기르는 곳이니, 유(囿)는 유(有)와 같다. 『설문』에 이르기를 유원(囿苑)은 담[垣]이 있는[有] 것이다. 일설에는 금수를 기르기에 유(囿)라 이른다 하였다.(風俗云, 囿者, 畜魚鱉之處也. 囿猶有也. 說文云, 囿苑, 有垣也. 一曰所以養禽獸曰囿.)"[227] 이른바 "물고기와 자라를 기르는 곳(畜魚鱉之處)"과 "금수를 기르는 곳을 유라 한다(所以養禽獸曰囿)"라는 구절은 이들이 궁정의 식재료를 공급하는 곳임을

---

225 『欽定四庫全書・經部・詩類・六家詩名物疏』, 卷47.
226 진귀한 음식.
227 『欽定四庫全書・經部・詩類・六家詩名物疏』, 卷47.

의미한다. 궁정의 일상생활에 소요되는 음식 이외에 궁정의 제사활동에 쓰이는 희생 역시 여기서 공급하였다. "『회남자』에 이르길 탕 때 처음 유(囿)를 만들어 종묘에 받치는 교선을 갖췄다.(淮南子云, 湯始作囿, 以奉宗廟犧鮮[228]之具.)"[229]라 하니, 즉 원유는 종묘제사에 필요한 희생을 생산·공급하는 곳이기도 하다. 이 외에 원유는 궁정에 필요한 물, 건축 목재, 곡물 등의 농부산품(農副産品)[230]을 제공하는 곳이기도 했다. 앞에서 설명한 바 있는 명대 원유를 관장하는 관서를 상기해 보면 "영락 5년에 상림감을 처음 설치하고 양목, 번육, 가소, 임형, 천형, 병감을 설치하고 좌우전후 16속서를 전찰했다. 홍희년에는 번육과 가소의 두 부서를 합했다(永樂五年, 始置上林苑監, 設良牧, 蕃育, 嘉蔬, 林衡, 川衡, 冰鑒及典察左右前後十屬署. 洪熙中, 並爲蕃育, 嘉蔬二署)"[231]라는 구절이 있는데, 이는 명대 원유가 명대 궁정에 육류, 과실, 채소, 목재, 얼음, 물 등 생활에 필요한 물자를 공급하는 생산기지였음을 분명하게 보여준다. 이는 명대 원유가 역대 궁정 원유의 전통적 기능을 그대로 계승하였음을 보여준다. 좀 더 확실하게 하기 위해 다른 측면에서 생각해보면, 명대 북경 교외지역에는 청대처럼 제왕이 휴식하면서 정무를 같이 처리할 수 있는 황가원림을 설치하지 않았는데, 그 이유 중의 하나는 명대에는 역대의 전통에 근거하여 원(苑)을 황실의 필요한 물품을 공급하고 가끔 황제가 사냥을 하고 말을 타는 곳으로 보았기 때문이다.

명대의 서원(西苑)은 흥미로운 사례이다. 서원은 원래 명대 황성 안에 있는 원대 태액지(太液池, 海子라고도 함)를 확장한 것으로 비교적 원림화된 원유이다. 또한 명대 황제들은 서원에서 생활을 하면서 정무를 처리하기도 하였다. 때문에 서원은 청대 교외 황가원림의 성격에 가장 근접한 황가원유이다. 하지만 명대 황제들은 면적

---

228 고선(犧鮮) : 마른고기와 생선.
229 『欽定四庫全書·經部·詩類·六家詩名物疏』, 卷47.
230 농업생산 과정에서 부수적으로 생산되는 물품.
231 『明史』, 卷74, "志第五十·職官三".

이 넓은 남원(南苑)에만 황실 물품공급의 역할을 부여한 것이 아니라 면적이 협소하고 일정한 유상(遊賞)의 기능을 갖춘 서원과 성 남쪽 선농단(先農壇)의 적전(藉田)에도 황실 물품생산 기능을 부여하였다. 가정 10년(1531년)에 "예부에서 교묘(郊廟)의 자성의 지출과 공급의 수목을 올려 말하되 '남교(南郊)의 적전(籍田)은 황상께서 스스로 세 번 가시고 공경들이 각각 그 힘을 베푼 곳이니 서원(西苑)에 비해 더욱 중요합니다. 서원은 비록 농관(農官)이 안을 감독하니 황상께서 때때로 밭 갈기와 수확을 살피시는 적전에 비하면 수고롭습니다. 청컨데 적전의 소출을 남교의 원름신창(圓廩神倉)에 보관하여 원구(圜丘), 기곡(祈穀), 선농(先農), 신저단(神祇壇), 장릉(長陵) 등의 능, 역대제왕과 백신의 사(祀)에 바치시고, 서원의 소출은 항유창(恒裕倉)에 보관하여 방택(方澤), 조일(朝日), 석월(夕月), 태묘(太廟), 세묘(太廟), 태사직(太社稷), 제사직(帝社稷), 체패(禘禬), 선잠(先蠶) 및 선사 공자(孔子)의 사(祀)에 바치소서' 하니 이를 따랐다(禮部上郊廟粢盛[232]支給之數, 因言'南郊籍田, 皇上三推, 公卿各宣其力, 較西苑爲重. 西苑雖農官督裏, 皇上時省耕斂, 較籍田爲勤. 請以籍田所出, 藏南郊圓廩神倉, 以供圜丘, 祈穀, 先農, 神祇壇, 長陵等陵, 歷代帝王及百神之祀. 西苑所出, 藏恒裕倉, 以供方澤, 朝日, 夕月, 太廟, 世廟, 太社稷, 帝社稷, 禘禬, 先蠶及先師孔子之祀.'從之.)"[233]라는 기록이 있다. 이 사료에서 알 수 있듯이 명대의 서원은 "농관(農官)"에서 감독하였고 그 생산품은 지단(地壇), 일단(日壇), 월단(月壇), 태묘, 사직단(社稷壇), 선잠단(先蠶壇), 공묘(孔廟) 등의 제사에 쓰였다. 이는 기존 황가원유의 생산기능을 완전히 벗어나지 못한 것이다. 명대 북경 서원은 대내궁전에 인접하여서 황제의 기거, 정무, 휴식, 유상의 장소로 쓰였지만 여전히 역대 황가원유의 성격을 상당 부분 유지하고 있었던 것이다. 『명사』 순천 4년(1460년)에는 "겨울 시월 갑자일에 경영의 장수들이 서

---

232 나라의 큰 제사에 쓰는 기장과 피.
233 『明史』, 卷49, "志第二十五·禮三".

원에서 말 타고 활 쏘는 것을 열병했다. 무진일에는 어가가 남해자에 머물렀다. 십일월 정유일에 열병하고 이어서 무신들을 이끌고 서원에서 말 타며 사냥했다(冬十月甲子, 閱京營將領騎射於西苑. 戊辰, 幸南海子. 十一月丁酉, 閱隨操武臣騎射於西苑)"[234]라 하였고, 정덕 16년(1521년)에는 "을미일에 내원에 금수를 늘어놓으니 명하여 천하에 바치지 않은 것이 없게 하였다.(乙未, 縱內苑禽獸, 令天下毋得進獻)"[235] 또한 가정 10년(1531년)에는 "뒤에 또한 명하여 서원의 자투리땅을 개간하여 밭으로 만들라 하였다. 대전을 만드니 무일(無逸)이라 이름하고 정자는 유풍(豳風)이라 하고 또 성경(省耕)이라 하고 성겸(省斂)이라 하였으며 창은 항유(恒裕)라 하였다.(後又命墾西苑隙地爲田. 建殿曰無逸, 亭曰豳風, 又曰省耕, 曰省斂, 倉曰恒裕)"[236] 서원에는 이렇게 많은 건축들이 있었지만 단 그 명칭은 여전히 밭 갈고[耕], 거두어들이고[斂], 넉넉한[裕] 경제방면의 사무와 관련되어 있었으니 황가 생활용품 공급기능이 여전히 강하게 유지되었음을 짐작할 수 있다. 이는 전통적인 황가"원유"가 청대의 황가"원림"으로 넘어가는 과도형식으로 볼 수도 있다.

상대적으로 청대 교외지역의 황가원림은 한대에서 명대까지 유지 되었던 전통적인 황가원유의 형식에서 완전히 벗어났다. 그들은 더 이상 넓은 산림과 소택을 포괄하고 있는 황실 사냥터가 아니었고 황실의 물품공급 기지도 아니었다. 이들은 유상(遊賞)을 위주로 하는 사가원림과 큰 차이가 없게 되었다. 이들의 건조는 국가가 한 번에 경계를 정하고 울타리를 둘러 금지로 만든 형식이 아니라, 역대 황제들이 기존의 사가원림이나 황자시절 하사 받았던 원림을 조금씩 확장하여 완성해 나간 것이다.

예를 들어 창춘원은 "성조인황제께서 만세의 한가한 때에 이곳에 이르러 샘을

---

234 『明史』, 卷12, "本紀第十二·英宗後紀".
235 『明史』, 卷16, "本紀第十六·武宗".
236 『明史』, 卷49, "志第二十五·禮三".

떠드시니 달더라. 명대 무청후 이위의 옛 원에 조금 더하고 제도를 규획하니 둘레가 한 변이 10여리에 금궁과 어원을 설치하고 이름을 하사여 창춘원이라 하였다. 때로 노장문황후와 효혜장황후를 모시고 여기에 머무셨다. 정사의 몇 가지 업무를 그 가운데서 주결하셨다. 또 밭이랑을 두루 둘러보시고 주위에 농사를 물으시니 어제 창춘원기가 있어 그 빼어남을 기록하고 있다.(聖祖仁皇帝萬幾之暇, 駐蹕於此, 酌泉而甘. 因明武清侯李偉故園, 少加規度. 周方十餘裏, 禁宮設饌. 賜名暢春園. 時奉孝莊文皇后, 孝惠章皇后宴憩于此. 政事幾務卽奏決其中. 且以遍覽田疇, 周咨稼穡, 有禦制暢春園記, 以志其勝.)"²³⁷

창춘원은 청대 북경 교외지역에 초기에 영건된 황가원림이었지만 신축 대신 기존의 사가원림을 연용하는 방식을 택하였고, 기능에 있어서도 황제가 머물며 정무를 돌보고 황후와 함께 유상을 하는 등 주거와 정무를 위주로 하였다. 비록 "밭이랑을 두루 둘러보시고 주위에 농사를 물으셨다(遍覽田疇, 周咨稼穡.)"고 하지만 이는 창춘원 밖 주변의 상황을 묘사한 것이거나 혹은 원림 안에 부분적으로 있던 밭에서 일어난 일로 볼 수 있다. 하지만 설령 안에 실제로 밭이 있었다고 해도 이는 명대의 원유에서 청대의 원림으로 변하는 마지막 과도적 모습으로 볼 수 있다. 다음으로 원명원을 살펴보자. "원명원은 창춘원의 북쪽에 있으니 세종황제께서 잠저(潛邸) 때에 하사받은 원이다. 즉위 후 조금 증축하고 손을 봐서 조정의 규모를 갖추었다. 문을 이르러 '출입현량'이라 하고 가운데는 '정대광명'이라 하고 전의 동쪽을 이르러 '근정전'이라 하여 상시 정무를 보는 곳으로 삼았다. 어제기문이 있다. 황상이 즉위하신 후 매년 봄에 이곳에 어가를 머무시고 몇 가지 업무를 물어 처리하시며 신하들을 불러 대하시니 일과가 평상시와 같았다.(圓明園, 在暢春園北. 世宗皇帝潛邸²³⁸時賜園也. 禦極

---

237 『大淸一統志』, 卷1.
238 태자가 아닌 신분으로 황위를 계승하는 황제가 등극 전에 머무는 장소.

後稍加修葺, 具朝署之規. 門曰'出入賢良', 中曰'正大光明', 殿東曰'勤政殿', 爲常時聽政之所. 有禦制記文. 皇上禦極後, 每歲初春卽駐蹕於此, 咨度幾務, 引對臣工, 日以爲常.)"[239]

이들 청대 황가의 교원(郊園)의 또 다른 한 가지 특징은 규모가 상대적으로 작다는 것이다. 창춘원의 "주위 한 변 십여 리(周方十餘裏)"의 규모는 대략적으로 청대 황가교원의 규모로 볼 수 있는데. 이 기거하고 노니는데 적합한 규모의 원림은 그 안에 여전히 진산과 진수가 있고 대략적으로 산과 호수를 포함하는 자연경관구역을 형성하였지만, 그 주요 경관은 거의 사람의 손을 거쳐 창조된 것으로, 산수경관과 건축경관 모두 인공적으로 계획 시공된 것들이었다. 따라서 이들 청대 황가교원은 이미 고도의 예술적 처리를 거친 전형적 원림에 속하였고 이러한 이유로 그 규모는 백 리에서 수백 리에 달했던 한당시기 황가원유의 규모에 한참 못 미칠 수밖에 없었다.

청대 황가원림와 명대의 경교원유의 또 다른 한 가지 차이점은 관리하는 직관(職官)이 달랐다는 데 있다. 명대 원유를 관장하는 직관은 "농관(農官)"에 속하였고 그 직무는 주로 황실에 제사용 희생과 곡식을 공급하는 것이었다. 반면 청대 황가원림은 "원명원 팔기(圓明園八旗)" 휘하에서 관장되었다. 『청사고(淸史稿)』117권 "직관사(職官四)"에 의하면 원명원의 관리는 무관의 통령하에 있었다. "원명원 팔기와 내무부 삼기는 호군영 장인통령 대신 1인이다. ……총통은 원명원익위정령을 관장하니, 어가가 출입하면 경계하고, 원을 돌면서 검문하고, 수위를 감독한다. 영통 이하는 영의 무리를 나누어 밤과 낮 순찰을 관장한다. 옹정 2년 원명원호군영을 설치하고 팔기영총 8인을 설치하였다.(圓明園八旗, 內務府三旗, 護軍營掌印總統大臣一人, ……總統掌圓明園翊衛政令, 駕出入則警蹕. 環園門汛, 督攝守衛. 營總以下掌轄營衆警夜巡晝. 雍正二年, 設圓明園護軍營, 置八旗營總八人.)"[240] 이 시기의 원명원은 이미 하나의

239 『大淸一統志』, 卷1.

궁전 금지로서 팔기군의 관할 범위에 포함되었고 "내무부 삼기(內務府三旗)"가 공동으로 수비를 담당하였다. 이는 청대 황가원림과 명대 황가원유의 차이를 보여주는 근거의 하나로 참조할 가치가 있다.

2. 청대 황가원림

청나라 초기 황가원림의 조영활동은 대체로 명 황실이 남긴 원림을 계승·연용하여 약간의 손질을 가하고 부분적으로 개조하는 수준에 국한되었다. 그 예로 명나라 때 조성된 궁성의 어화원(御花園) 및 서원(西苑)을 들 수 있다. 그 중 서원의 경우 청 황실은 명대의 규모를 유지하고 부분적으로 건축과 경관을 조정하여 거의 그대로 사용하였다. 구체적으로 순치(順治)년간에 북해(北海)의 경화 산 위 옛 광한전 터에 라마탑을 짓고 그 앞에 영안사(永安寺)를 건설하였으며, 경화도 산 뒤에 도가 신선사상을 반영한 경관을 조성하여, 경화도에 '전불후도(前佛後道)'의 주제경관을 부여하였다. 또한 청 황실은 명대에 확장된 남해 주변에는 궁전 건축을 지었는데, 호수 중심부에는 도교적 의미의 영대(瀛台)를 만들고 정원식(庭院式) 건축인 풍택원(豊澤園)을 영건하여 황제의 휴식과 정무공간으로 활용하였다.

또한 명나라 때 조성된 남원(南苑)은 청나라 초기부터 황제의 출행 장소로 지정되어 대대로 황제가 머물며 사냥을 하거나 군대를 사열하였고 이를 위해 군대가 주둔하였다. 재미있는 점은 남원과 그 밖의 황실 사냥터는 휴식과 오락의 장소로서 뿐만 아니라 황실 제사에 필요한 희생을 마련하는 장소였다는 점이다. "예전에 황제가 남원이나 다른 곳에서 노루와 사슴을 쏘아 잡으면, 꼬리가 온전하고 배가 더럽지 않은 것은 비록 작더라도 그 상처를 깨끗케 하여 제물로 마련하였고 상처가 많거나 사지가 온전치 못한 것은 버렸다. 각 계절에 제물을 들일 때가 이르면 계절

---

240 『淸史稿』, 卷117, 志九十二, "職官四(武職藩部土司各官)".

에 따라 봄에는 어린 닭 두 마리, 여름에는 거위 한 마리, 가을에는 물고기 한 마리, 겨울에는 꿩 두 마리를 바쳤는데 살찌고 윤택이 도는 것을 골라 성의를 다하였다(故事, 帝獵南苑或他所, 射得麕, 鹿, 如尾沍腑髒無傷者, 雖小創必整潔之, 備供獻, 傷多體缺者舍之. 至四時進獻, 按時以奉, 春雛雞二, 夏子鵝一, 秋魚一, 冬雉二, 選肥且澤者以將誠焉.)"[241]라고 전해진다. 이 외에 남원에는 황실 내정(內廷)에서 일상생활에 필요한 공품(貢品)과 부품(賦品)을 생산하기도 하였는데 전해지는 바에 따르면 "남원은 각 관리가 남원의 땅에서 나는 부(賦)를 관장하고 원정사무를 다스렸다.(南苑各官掌征南苑地賦, 並治園庭事務.)"[242] 청대 건륭년간에 남원에 다시 단하행궁(團河行宮)을 건설하여 황제가 행위(行圍)와 출유(出遊) 때에 머무는 장소로 삼았다. 하지만 이는 행궁으로 사용하는 원유(苑囿)에 지나지 않았기 때문에 건축물의 수량은 많지 않았다. 건륭 45년(1780년)의 어제 『단하행궁작(團河行宮作』이라는 시에는 "단하는 원래 봉하의 수원으로 물길을 파서 옆에 관헌을 지었다(團河本是鳳河源, 疏浚於旁築館軒.)"[243]라 하였으며, 또 일설에는 "동소는 대궁문 3영, 동서배전 각 3영, 9칸방 9영, 강 가운데 창옥 3영, 평대 3영, 석판방 3영, 석정 1, 수주방 1, 하정 3영, 원정 1이다(東所大宮門三楹, 東西配殿各三楹, 九間房九楹, 河中敞宇三楹", 平臺三楹, 石板房三楹, 石亭一, 水柱房一, 河亭三楹, 圓亭一.)"[244]라 하였으며 여기에 추가로 육방정(六方亭), 용왕묘(龍王廟), 반산방(半山房), 서임하방(西臨河房) 등의 건축이 있었다. 결론적으로 남원의 건축은 수량과 체적에 있어서 북경 서쪽교외의 삼산오원에 비견할 수 있는 수준은 아니었고 그저 여분으로 준비해 놓은 시설 정도의 수준이었다.

청 황실은 '백산흑수(白山黑水)' 사이에서 기원하여 대대로 말을 타는 것을 중히

241 同上, 卷85, 志六十, "禮四 · 吉禮四".
242 同上, 卷一百十八, 志九十三, "職官五(內務府)".
243 [淸] 朱彝尊, 於敏中, 『日下舊聞考』, 卷七十五, "國朝苑囿 · 南苑二".
244 同上.

여겼고, 이를 위해 기존의 북경 남원 외에 별도로 목란위장을 건설하였다. "목란위장은 총관 1인이다. 강희 계년에 방위 8인 및 만족과 몽고족 병사 백여 명을 설치하였다. 건륭 중년에 이르러 좌우익장 2인, 효기교 8인, 주병 총 808명을 늘렸다. ……목란위장의 땅은 주위로 나무 울타리를 둘러 경계를 삼고 영방을 8곳, 잡윤[245] 40곳을 설치하여 팔기가 각 5개씩의 잡윤을 나누어 각각 기병으로 지켰다.(木蘭圍場總管一人. 康熙季年, 設有防禦八及滿, 蒙兵百餘. 迨乾隆中年, 增左右翼長二, 驍騎校八, 駐兵共八百人. ……木蘭之地, 周遭樹柵爲界, 設營房八, 卡倫四十, 八旗各分五卡倫, 各以旗兵守之.)"[246] 여기서 목란위장과 진한시기 사냥용의 원유들을 비교해 보면 기능뿐만 아니라 주위에 목책을 둘러서 하나의 폐쇄된 금원(禁苑)으로 만든 것도 같다.

또한 청대에는 명대의 서원(西苑)을 연용하고 이름도 그대로 썼다. 내부의 건축물과 경관에 대해서는 약간의 증개축을 실시하였는데, 예를 들어 명대 서원의 서부에 있던 원대 흥경궁(興慶宮)과 융복궁(隆福宮) 등의 터는 대부분 민가가 되었으며, 북해 경화도 정상에 있던 명대 광한전 터에는 라마탑을 건설함으로써 서원 3해와 북경성의 스카이라인을 변경하였다. 또한 산의 남쪽 비탈에 용안사를 짓고 건륭년간에는 산의 북쪽, 서쪽, 동쪽 비탈에 도가적 상징의미를 갖는 선인승로판(仙人承露盤)과 인공동굴을 만들어서 전반적으로 불교와 도교가 어우러진 '전불후도(前佛後道)'의 건축경관을 완성하였다. 또한 섬의 북쪽 비탈에 기란당(漪瀾堂)과 도녕재(道寧齋) 등의 건축을 짓고 그 바깥에 호변을 따라 연루장랑(延樓長廊)과 한백옥 난간을 더하여 맞은편인 오룡정(五龍亭)에서 바라보았을 때 경화도가 마치 한 줄기 치맛자락을 두른 듯하게 보이거나 섬이 받침대 위에 놓인 분경처럼 보이게 하였다.

---

245 경계 초소.
246 『淸史稿』, 卷一百三十, "志一百五·兵一".

서원은 서화문의 서쪽에 있다. 문은 셋인데 동향에는 서화문이라 방 붙어 있고 문을 들어서면 곧 태액지이다. 수원은 서산의 옥천을 끌어들인 것으로 덕승문 수관에서 후호까지 이르며 원으로 들어와 모여서 거대한 못이 되니 주위 너비는 수 리에 이르니 위에는 창교를 걸쳐 수백 보로 만들고 방설(坊楔)을 두 개 세우니 동쪽은 옥동이라 하고 서쪽은 금오라 일렀다. 다리 북쪽은 북해이고 남쪽은 중해이며 다시 남쪽은 남해고 곧 영대금지이니 이 액지의 명승이다. 원문에서 호수 동안을 돌아 판교를 넘어 서쪽으로 꺾으면 호숫가에 북쪽을 향한 문 3영이 있으니 덕창문이라 방 붙어 있고 좌우에는 조방이 각 3영이 있다. 문안에는 북쪽을 향해 정전 5영이 있는데 성조인황제의 어필로 근정이라 일렀다.(西苑在西華門西, 門三, 東向. 榜曰"西苑門". 入門卽太液池. 源引西山玉泉, 從德勝門水關達後湖, 入苑匯爲巨池, 周廣數裏, 上跨廠橋, 修數百步, 樹坊楔二, 東曰"玉蝀", 西曰"金鼇". 橋北爲北海, 南爲中海, 又南爲南海, 卽瀛台禁地, 此液池之勝槪也. 由苑門循池東岸渡板橋, 折而西, 臨池面北門三楹, 榜曰"德昌門", 左右朝房各三楹. 門內北向正殿五楹, 聖祖仁皇帝御筆扁曰"勤政".)[247]

그 밖에 몇 가지 부분 경관과 건축이 더 있지만 이상으로 청대 서원에 대한 설명을 마무리하겠다. 청나라가 사회, 정치, 경제적으로 안정되면서 황실은 명대의 원원과 원유를 연용한 것 외에 스스로 금궁(禁宮), 행궁(行宮), 이궁(離宮) 등을 경영하기 시작하여 황가원림을 절정으로 이끌었다. 청대의 황가어원은 주로 북경 서쪽 교외에 집중되었는데 이곳은 금, 원, 명 세 왕조 때에 이미 원림들이 경영되었던 지역이다. 예를 들어 건륭의 청의원(오늘의 이화원)은 원대 옹산호산원(甕山好山園)의 터에 만들어졌고, 창춘원은 명대 무청후 이척원의 청화원(淸華園)을 계승하여 개조하였다. 청화원은 "둘레는 십 리고 원 안에는 갖가지 모란이 심어 있어 푸른 나비들과 어우러지니 꽃이 피면 꽃의 바다라고 불릴 만했다. 북서쪽의 수면에는 높은 누각이

---

247 『國朝宮史續編』, 卷六十二, "宮殿十二 · 西苑一".

5영 서 있고, 누각 위에는 다시 대를 올려서 옥천의 뭇 산을 내려다보았다(廣十裏, 園中牡丹多異種, 以綠蝴蝶爲最, 開時足稱花海. 西北水中起高樓五楹, 樓上複起一台, 俯瞰玉泉諸山.)"[248]라고 전해지며, 이와 이웃하여 명대 미 씨의 작원(勺園)이 있었다. 명대에 이 두 원림은 수려한 경관으로 유명했다. "대전 앞의 물은 감상일작이라. 경성사람 미중조가 파고 작원을 지었다. 이에 이 씨가 상류에 원림을 만드니 정성스럽게 만들고 이르러 청화라 이름 하였다. 처음에는 모옥 몇 칸만이 보이고 문을 통해 들어가면 경역이 넓어지기 시작한다. 호수에는 금린이 있어 길이가 5척이다. 별원은 두 곳인데 모두 지극히 아름다웠다. 백 척짜리 누각을 만드니 산을 뒤로하고 호수를 바라보며 제방의 버드나무는 20리에 걸쳐 늘어져 있고 정자가 있으니 화집이라 이르고 연꽃들이 두르고 있어서 오뉴월에는 꽃만이 보이고 잎사귀는 보이지 않을 정도였다. 연못 동쪽으로 백 보 떨어진 곳에는 단석을 놓았는데 돌의 무늬가 오색이고 좁아서 마치 발 같고 그 소리는 폭포와 같았다. 새와 물고기의 많음은 남중에서 이를 넘을 곳이 없더라(澱之水, 濫觴一勺, 都人米仲詔浚之, 築爲勺園. 李乃構園於上流, 而工制有加米, 顔之曰淸華. 初至見茅屋數間, 入重門, 境始大. 池中金鱗長至五尺. 別院二, 邃麗各極其致. 爲樓百尺, 對山瞰湖, 堤柳長二十裏, 亭曰化聚, 芙蕖繞亭, 五六月見花不見葉也. 池東百步置斷石, 石紋五色, 狹者如簾, 其聲如瀑. 禽魚花木之盛, 南中無以過也.)"[249]라는 구절은 명대에 이곳이 원림경관으로서 이미 상당히 좋은 기초를 이루었음을 보여준다.

건조 시기에 따라 설명하자면 청나라 초 순치 시기에는 오직 명대의 남원에 대해 "증축과 보수를 하여 사냥을 위해 마련하였을 뿐이고 창춘원은 성조가 창건하시고 원명원은 세종께서 여셨다.(肇加修葺, 用備蒐狩. 而暢春園創自聖祖, 圓明園啓自世

---

248 [淸] 朱彝尊, 於敏中, 『日下舊聞考』, 卷七十九, "國朝苑囿 · 泉宗廟".
249 同上.

宗)"²⁵⁰ 다시 말해 순치황제 때에는 서쪽 교외지역에 아직 원림을 경영하지 않았으며 강희 때에 이르러 명대 청화원 터에 창춘원을 만들었고 옹정 때에 원명원을 만들었다. 여기에 다시 "그 옆에는 원거인 청의(淸漪), 정명(靜明), 정의(靜宜) 등의 원림이 있어 만듦이 약간 소박하니 때때로 관람하기 위해 마련된 것이다(其旁近園居若淸漪, 靜明, 靜宜諸園, 規制樸略, 以備歲時觀省.)"²⁵¹라는 기록이 있어 청의원, 즉 오늘날의 이화원(頤和園)은 건륭 때 만들어졌음을 알 수 있다. 결론적으로 청나라 황가원림의 건설은 처음 강희 때부터 시작하였으며 옹정을 거쳐 건륭까지의 삼대에 점차 절정에 이르렀다. 이 세 황제는 북경 교외지역에 총 다섯 곳의 대규모 황가원림을 조성하였는데, 각각 옥천산(玉泉山) 정명원(靜明園), 향산(香山) 정의원(靜宜園), 만수산(萬壽山) 청의원(淸漪園), 창춘원(暢春園), 원명원(圓明園)으로 후대에 이들을 하나로 묶어 북경 교외의 "삼산오원"이라 칭하였다. 이들 북경 교외지역의 황가원림 경영은 청말 자희태후(慈禧統治) 시기까지 지속되었다.

① 창춘원(暢春園)

창춘원은 청대 북경 교외지역에서 가장 먼저 만들어진 황가원림임이 확실하나 정확한 건축년도는 불분명하다. 『일하구문고』에 실린 건륭 23년(1758년) 어제시 『남원사하륭극포노특탑십한회인등관연화등사(南苑賜哈薩克布魯特塔什罕回人等觀煙火燈詞)』에는 "등화성남육십춘(燈火城南六十春)"이라는 구절이 있는데 여기에는 "강희 23년 원소절에 모두 남원에 등불놀이를 하였고 후에 창춘원을 만들어 거기서 거느려 원소절을 지내니 여기서 등불놀이를 보지 못한 지가 어언 60여 년이라(康熙二三十年間, 元宵蓋曾在南苑陳煙火, 後以建暢春園, 率於彼度節, 不復在此觀燈者六十餘年矣.)"²⁵²라

---

250 同上, 卷七十四, "國朝苑囿·南苑一".
251 同上.
252 同上.

는 소가 달렸다. 즉 건륭 23년에 60년을 빼면 바로 강희 38년(1699년)이니 창춘원은 강희 38년보다 약간 앞서서 만들어진 것이다. 오늘날 관련 연구에 따르면 창춘원은 강희 23년(1684년)[253]에 지어진 것으로 짐작된다.

앞서 말했듯이 창춘원은 북경 교외 명대 무청후 이 씨의 청화원 터에 만들어졌다. 원림의 둘레에는 울타리를 둘렀다. 문헌에는 "담장을 1,060장을 이으니 기이하다(繚垣一千六十丈有奇.)"[254]라 하였는데, 오늘날 추산에 의하면 면적이 60ha에 달한 것으로 보인다. 강희황제의 어제『창춘원기(暢春園記)』에는 창춘원의 정경을 다음과 같이 묘사하고 있다.

폐허가 남아 있고 버려진 터의 둘레가 10리이다. ……짐이 내사에게 명하여 규모를 조금 더하고 높은 곳은 언덕을 삼고 낮은 것은 연못을 만드니 자연지형을 따르고 돌과 기와의 고유함을 취함이라. 평범함을 도모하고 쏠쏠이를 견주며 백성을 부역시키지 않았다. 궁관과 원의 아름다움이 족히 마음을 편안하고 기쁘게 할 만한 장소이다. 영원히 검덕만을 생각하여 웅장함과 장식을 버렸다. 옛 정, 대, 언덕, 계곡, 임목, 샘, 돌의 빼어남을 살피고 그 둘레를 헤아리니 열에 오직 저 예닐곱만이 남아 있다. 오직 시야 가득 물결이 잔잔하니 물의 기세가 더욱 귀에 왕성함을 더한다. 맞은편에는 겹겹의 산줄기와 끝없는 물이요, 아침과 저녁에는 물안개가 피고, 꽃들이 사방에 피고, 진귀한 새들이 백족에 떠든다. 심은 벼들이 풍성하게 여물어 가며, 들판 가득히 방초가 펼쳐 있다. 건물의 경관은 모남이 없고 마음을 모아 먼 듯하다. ……시원한 기단에서는 정사를 돌보고 굽이굽이 깊은 방에서는 책들을 쌓아두며 모옥의 벽과 지붕에는 번잡한 꾸밈을 전혀 하지 않았다. 어느새 교량이 있고 배를 저어 물을 건너며 사이사이에 울타리를 치고 둘레에는 긴 담장을 두르니 이러할 뿐이다. 완성되자 창춘원이라 이름 한 것은 봄에 특히

253 孫大章 主編『中國古代建築史』, 第五卷, p. 89, 中國建築工業出版社, 2002年.
254 [淸] 朱彝尊, 於敏中.『日下舊聞考』, 卷七十六, "國朝苑囿 · 暢春園".

아름답기 때문은 아니다.(圮廢之餘, 遺址周環十裏. ……爰召內司, 少加規度, 依高爲阜, 卽卑成池. 相體勢之自然, 取石甓夫固有. 計庸畀値, 不役一夫. 宮館苑漵, 足爲寧神怡性之所. 永惟儉德, 捐泰去雕. 視昔亭台丘壑林木泉石之勝, 絜其廣袤, 十僅存夫六七. 惟彌望漣漪, 水勢加盛耳. 當夫重巒極浦, 朝煙夕霏, 芳葶發於四序, 珍禽喧於百族. 禾稼豐稔, 滿野鋪芳. 宇景無方, 會心斯遠. ……其軒墀爽塏以聽政事, 曲房邃宇以貯簡編, 茅屋塗茨, 略無藻飾. 於焉架以橋樑, 濟以舟楫, 間以籬落, 周以繚垣, 如是焉而已矣. 卽成而以暢春爲名, 非必其特宜於春日也.)²⁵⁵

주의할 것은 창춘원은 주도면밀하게 계획·설계된 원림이라는 점이다. 설계자의 이름은 섭도(葉陶)라고 한다. 『청사고』에는 "섭도는 자는 금성이고 강남 청포 사람이며 본적은 신안이다. 산수화에 능하였다. 강희 때에 내정에서 일하며 어명을 받들어 창춘원의 설계도를 제작하여 바치니 곧 좌감에 명하여 만들게 하였다. 원림이 완성되니 금을 하사하시고 어가를 이끌어 머무셨다(葉陶, 字金城, 江南靑浦人, 本籍新安, 善畫山水. 康熙中, 祗候內廷. 奉敕作暢春園圖本, 稱旨, 卽命佐監造, 園成, 賜金, 馳驛歸.)"²⁵⁶라는 기록이 있다. 다른 기록에서 그의 이름을 섭도(葉洮)라 하기도 하는데 이는 오자로 보이며 동일인물을 가리킨다. 그 내용을 보면 "섭도는 자는 금성이고 청포사람이다. 가슴속에 언덕과 계곡이 있으니, 창춘원은 나무 한그루와 돌 하나 모두 그가 배치한 것이다(葉洮, 字金城, 靑浦人. 胸有丘壑, 暢春園一樹一石, 皆其佈置.)"²⁵⁷라 하였다. 이로써 우리는 청나라 최초의 황가원림 작품이 다음의 두 가지 영향을 받았음을 추측할 수 있다. 첫째 강남출신의 조원가의 손에서 비롯되었기 때문에 강남원림의 영향을 받았을 것이다. 둘째 그 설계자는 강남 문인이자 회화에 능한 자로 그에 의해

---

255 [淸] 朱彝尊, 於敏中. 『日下舊聞考』, 卷七十六, "國朝苑囿·暢春園".
256 趙爾巽 等. 『淸史稿』, 卷五百五, "列傳二百九十二·藝術四".
257 [淸] 陳康祺, 『郎潛紀聞初筆』, 卷十二.

만들어진 원림의 풍격은 자연스럽게 송대와 명대에 걸쳐 발전해온 문인화와 문인원의 영향을 받았을 것이다.

창춘원은 현재는 남아 있지 않기 때문에 우리는 오직 문헌을 통해 그 건축과 경관의 상황을 대략적으로 정리해 볼 수밖에 없다. 창춘원에는 5칸의 궁문이 있고, 문 앞 좌우에는 동서 조방(朝房)이 각각 5칸씩 있고, 문 양쪽에는 각문(角門)이 있고, 동서에 수장문(隨牆門)이 각각 1씩 있으며, 문 앞에는 작은 개울이 굽이쳐 흐른다. 문의 안쪽에는 구경삼사전(九經三事殿)이 있고, 전의 뒤에는 동서 내조방(內朝房)이 각각 5칸씩 있었다. 원의 안에는 또한 두 번째 궁문이 있는데 역시 5칸이다. 문 안에는 5칸짜리 당이 있는데 이름은 춘휘당(春暉堂)이고, 당의 뒤에는 수화문(垂花門)을 사용하여 내전으로 통한다. 내전은 역시 5칸이고 전의 앞에는 동서에 배전이 각각 5칸씩이고, 전의 양쪽 옆에는 동서 이전(耳殿)이 각각 3칸씩이다. 내전의 뒤에는 15칸의 후소전(後照殿)이 있고 후소전 뒤에는 도좌전(倒座殿) 3칸 및 양측의 각문(角門)이 있다. 정리하면 창춘원의 핵심 궁전구역은 앞뒤로 6개의 원락이 연결된 6진원(進院)의 건축배치였다.

또한 원 안에는 동쪽과 서쪽에 각각 수백보 길이의 제방이 있는데, 동쪽은 정향제(丁香堤), 서쪽은 난지제(蘭芝堤)라 불렀고 서측제방 바깥에는 다시 도화제(桃花堤)라는 제방을 쌓았다. 제방의 밖에는 수십 줄기의 물길이 있어 창춘원을 돌아 흘러나와 다시 원명원으로 들어갔다. 그 밖에 적방정(積芳亭), 서경헌(瑞景軒), 관련소(觀蓮所), 식고재(式古齋), 기사(綺榭), 연상루(延爽樓), 운애관(雲涯館), 검산(劍山), 창연정(蒼然亭), 청원정(淸遠亭), 담녕당(澹寧堂), 연감재(淵鑒齋), 난조재(蘭藻齋), 장휘각(藏輝閣), 청뢰정(淸籟亭), 패문재(佩文齋), 양우당(養愚堂), 장졸재(藏拙齋), 청계서옥(淸溪書屋) 등의 경관이 있었다. 또한 그밖에 시장거리, 부두, 무이재(無逸齋) 및 수십 무(畝) 면적의 채소밭과 수 경(頃) 면적의 논이 있어 전원의 한가한 시적 경관을 재현하였다.

그 밖에 원림 안에는 옹정이 건립한 은우사(恩佑寺)라는 사찰이 있었다. 이 사찰은 원림 동쪽 담장 안에 위치하였는데, 옹정이 선친 강희를 위해 만들었다고 전해진다. 그 배치를 보면 사찰의 문은 동향으로 나있고 문 안에는 돌다리가 있으며 전후로 5칸짜리 전당이 3채가 있고 3칸의 배전이 있다. 산문(山門)은 하나였다는 설과 둘이었다는 설이 있다. 사찰의 정전에는 삼세불을 모셨는데 좌측에는 약사불 우측에는 아미타불을 모셨다. 은우사 옆에는 건륭이 모친을 위해 만든 은모사(恩慕寺)가 있었는데, 그 제도는 은우사와 같으나 불상의 배치는 달라 정전에는 약사불, 남쪽 배전에는 미륵불, 북쪽 배전에는 관음을 모셨다. 강희 이후 창춘원은 주로 황태후의 휴식처로 사용되었다.

② 옥천산 정명원(玉泉山 靜明園)

정명원은 역시 강희 때 만들어졌다. 원은 "옥천산 남쪽에 있다. 서쪽 산세가 깊어 영기가 드러나고 기이함이 특출해서 옥천산이라 하였다. 산록에는 예전에 금나라 장종의 부용전이 있었다고 하나 고증되지 않았다. 오로지 화엄동과 여공동 등의 뭇 동굴만이 남아 있을 뿐이다. 강희년간에 이 원림을 창건하였으나 황제께서 몇 번 와서 쉬면서 약간의 증축과 보수를 했다. 원 안에 경관은 총 16가지가 있다.(在玉泉山之陽. 園西山勢窈深, 靈源浚發, 奇征鈞突, 是爲玉泉. 山麓舊傳有金章宗芙蓉殿, 址無考, 惟華嚴, 呂公諸洞尚存. 康熙年間創建是園, 我皇上幾餘臨憩, 略加修葺. 園內景凡十六.)"²⁵⁸ 정명원에는 남향으로 5칸의 궁문이 나 있고, 궁문 밖 동서쪽에 각 3칸의 조방(朝房)이 있고, 좌우에 각 1개씩 조문(罩門)이 있었다. 원림에 총 6개의 문이 있었는데 남향의 궁문을 제외하고 "동쪽에는 동궁문과 소남문이 있고, 다시 동쪽에는 소동문이 있으며, 원의 북서쪽에는 상장문이 있고, 약간 남쪽에는 서궁문이 있었다.(東爲東宮門, 爲小南門, 又東爲小東門, 園之西北爲夾牆門, 稍南爲西宮門.)"²⁵⁹ 남문 안에는 "곽연대공(廓然大公)"이라

---

258 [淸] 朱彝尊, 於敏中, 『日下舊聞考』, 卷八十五, "國朝苑囿 · 靜明園".

는 이름의 7칸짜리 정전이 있고, 그 앞의 좌우에는 각각 5칸의 배전(配殿)이 있었다. 정전은 뒤로 후호(後湖)를 바라보는데 호수 가운데에는 낙경각(樂景閣)이 있었다. 이곳에 관해 전해내려 오기를 금나라 장종의 부용전 유적이라 하여 정명원 16경의 하나인 "부용청조(芙蓉晴照)"라 불렸다. 호수의 서쪽에는 허애당(虛受堂)이 있고 당의 서쪽에는 산허리에 샘이 있는데 16경 중의 "옥천표돌(玉泉趵突)"이다. 그 위는 용왕묘(龍王廟)이다. 16경 중 이미 앞서 언급한 "곽연대공", "부용청조", "옥천표돌" 외에 또한 "죽로산방(竹爐山房)", "성인종회(聖因綜繪)", "복지유거(福地幽居)", "수벽시태(繡壁詩態)", "계전과경(溪田課耕)", "청량선굴(淸涼禪窟)", "채향운경(采香雲徑)", "협설금음(峽雪琴音)", "옥천탑영(玉泉塔影)", "풍황청청(風篁淸聽)", "경영함허(鏡影涵虛)", "열백호광(裂帛湖光)", "운외경성(雲外鐘聲)" 등이 있다.

정명원은 수려한 산과 숲을 배경으로 약간의 건축을 가미한 산경원(山景園)으로 소규모의 정제된 황가원림이다. 건륭 어제『옥천산잡용 16수서(玉泉山雜詠十六首序)』에는 "옥천산은 영기가 덮인 곳이다. 정자와 누대를 점철하였으나 때에 따라 어두웠다 밝으며 산수를 토납하고 아침과 저녁에 아지랑이가 이니 천지와 함께 비롯되고 맺는다. 문득 깨닫는 바가 있어 앞과 뒤가 전혀 다르고 한 걸음만 옮겨도 방향이 확변하여 내가 이에 능히 16경으로 아우른다(玉泉山蓋靈境也, 雖亭台點綴, 時有晦明, 而山水吐納, 嵐靄朝暮, 與造物相始終. 故一時之會, 前後迥異, 一步之移, 方向頓殊. 吾安能以十六景槪之.)"[260]라 하였으니 여기에서 우리는 건륭황제가 깊고 신비로운 경치의 이 작은 원림을 매우 아꼈다는 사실과 이 원림이 매우 세밀하고 정치한 멋을 강조하고 있었음을 알 수 있다. 이러한 멋은 우리가 잘 알고 있는 원명원이나 이화원의 웅장하고 화려한 멋과는 뚜렷이 다르다.

---

259 同上.
260 [淸] 朱彝尊, 於敏中,『日下舊聞考』, 卷八十五, "國朝苑囿·靜明園".

③ 원명삼원(圓明三園)

원명원은 강희 48년(1709년)에 만들기 시작하여 시간상 창춘원보다 조금 늦다. 원명원은 원래 옹정황제가 번왕시절 하사받은 '번저사원(藩邸賜園)'이었다. 옹정 어제『원명원기(圓明園記)』에 이러한 건설과정이 다음과 같이 기록되어 있다.

> 원명원은 창춘원 북쪽에 있다. 짐이 먼저에 하사받은 원림이었다. 선황께서 성조인황제를 본받아 정무 중에 여가를 이용해 단릉편에서 휴식을 취하시고 단 샘물을 마셨다. 이에 집들이 폐허가 됨을 걱정하시어 그 터를 줄이고 창춘원을 만드셨다. 봄과 여름 좋은 날에 때때로 머무셨다. 짐은 어가를 따라가서 한 구역을 하사 받았다. 숲과 언덕은 청숙하고 물결이 이는 얕은 물은 아지랑이가 그윽하며 지세의 높고 깊음에 따라 산을 옆으로 하고 물에 기대어 땅의 이로움을 살피고 조절하여 정사를 만드니 천연의 멋을 취하여 공사의 번거로움을 줄였다. 난간의 꽃과 제방의 버드나무는 물을 주지 않아도 무성하며 새와 물고기가 즐거이 날고 헤엄치며 스스로 모인다. 그 지형은 시원하고 높고 토양은 풍부하고 물들이 만나 쉽게 번창하니 집이 좋은 곳에 자리 잡아 평안하고 길상하였다. 원림이 완성되자 사랑과 은혜를 입음을 바라며 원액을 내리니 원명이라 하였다.(圓明園在暢春園之北, 朕藩邸所居賜園也. 在昔皇考聖祖仁皇帝聽政餘暇, 遊憩於丹棱沜之涘, 飲泉水而甘. 爰就明戚廢墅, 節縮其址, 築暢春園. 熙春盛暑, 時臨幸焉. 朕以扈蹕, 拜賜一區. 林皋淸淑, 波澱禋泓, 因高就深, 傍山依水, 相度地宜, 構結亭榭, 取天然之趣, 省工役之煩. 檻花堤樹, 不灌溉而滋榮. 巢鳥池魚, 樂飛潛而自集. 蓋以其地形爽塏, 土壤豐嘉, 百匯易以蕃昌, 宅居於茲, 安吉也. 園旣成, 仰荷慈恩, 錫以園額曰圓明.)[261]

위 옹정의 글에서 보듯이 청나라 황제의 마음속에 담긴 교외의 원원은 "택거어

---

261 同上, 卷八十, "國朝苑囿·圓明園一".

자(宅居於玆)", 즉 아름다운 기운이 넘치는 곳에 집을 만들어 거하는 것으로, 이는 역대 제왕들이 가끔 들러서 사냥, 승마, 활쏘기 등을 즐기던 기존의 원원과는 확연히 다르다. 황가원원에 대한 이러한 혁신적인 개념 변화는 옹정 어제『원명원기』에서 다음과 같이 더욱 발전되어 드러난다.

그런데 풍토가 깨끗하고 아름다우며 오직 원거만이 빼어나다. 처음에 명하여 조금 보수하니 정저와 누대 그리고 산과 계곡이 옛 경관을 다하였다. 오직 넓은 기단을 건설하여 조정의 관서들을 나누어 늘어놓고 시비들과 신하들이 일을 보는 장소로 삼고 원의 남쪽에 대전을 만들고 친히 정사를 돌본다. 새벽 햇살이 아름답게 비치기 시작하고 여름 햇살이 점차 자라나니, 신하들을 불러 정사를 논함이 종종 한낮까지 계속되니 신하들과 만나는 시간이 많다. 원림에는 농막집을 짓고 혹은 채소밭을 가꾸니 평원에 바람이 일면 아름다운 이삭이 넉넉하다. 우연히 한 번 바라보면 문득 생각이 들어 여름은 평년 같고 가을에는 풍년이 들지 구분해 본다. 여름을 구분하여 생각하고 축복이 있어 가을이 있음을 생각한다. 난간에 기대 농작물을 바라보고 임하여 구름을 점쳐보며 좋은 비를 기다리고 새싹이 피기를 기원하니 농부처럼 수확의 어려움을 근심한다. 그러한 경상이 문득 원유 안에 있다.(而風土清佳, 惟園居爲勝. 始命所司酌量修葺, 亭臺丘壑, 悉仍舊觀. 惟建設軒墀, 分列朝署, 俾侍值諸臣有視事之所. 構殿于園之南, 禦以聽政. 晨曦初麗, 夏晷方長, 召對諮詢, 頻移晝漏, 與諸臣相接見之時爲多. 園之中或辟田廬, 或營蔬圃, 平原飆飆, 嘉穎穰穰. 偶一眺覽, 則遐思, 區夏普祝有秋, 至若憑欄觀稼, 臨陌占雲, 望好雨之知時, 冀良苗之應候. 若農夫勤瘁, 稼事艱難, 其景象又恍然在苑囿間也.)[262]

여기서 이미 확연하게 드러나 있듯이 옹정은 원명원을 "원거(園居)"의 장소, 즉

---

262 同上.

전원에 거하는 장소로 보았으며 원림 경관의 변화를 통해 계절에 따른 경물의 변화를 생각해 보기도 하고 농사의 어려움을 연상하기도 하다 문득 자신이 농작물을 바라보고 사냥도 할 수 있는 원유 속에 있음을 깨닫는다. 다시 말해 옹정에게 있어서 원유와 원림의 차이는 매우 명확하다. 그의 마음속의 원명원은 정사를 돌보면서 전원생활을 맛보는 주거 장소로서, 일반 성시 속에서 문인들이 일상생활 속에서 여유와 멋을 즐기기 위해 자신의 집 안에 가꾸는 원림과 개념상 별반 차이가 없다. 도리어 중국 역대 황가원유의 전통적 모습 즉 기화이초와 금수를 모아 기르고 때로는 말을 달리며 사냥을 하는 원유의 모습과는 확연히 다르다.

오늘날 우리가 흔히 말하는 원명원은 실제로는 원명원과 이웃한 장춘원과 기춘원(綺春園)을 포괄한 영역을 가리키기 때문에 보다 엄격한 구분을 위해 원명삼원이라 부르기도 한다. 이 원명삼원의 전체 면적은 350ha로서, 옹정과 건륭의 수십 년간의 경영과정을 거쳐 청대 북경 교외지역 황가원림 중에서 면적이 가장 크고 경관이 가장 풍부하며 역대 청나라 황제들에게 가장 총애 받는 사원이 되었다.

장춘원은 원명원의 동쪽에 위치하였는데, 원명원을 외부로 확장하여 만든 것이다. 여기는 원래 옹정이 강희에게 하사한 "장춘선관(長春仙館)"이라는 교외별서가 있었는데, 건륭 16년(1751년)에 건륭황제가 확장하여 원으로 만들었다. 건륭이 장춘원을 확장하기로 결심한 이유는, 건륭 자신의 말에 의하면 자신이 즉위 60년이 되어 황위를 아들에게 물려주고 나서 "우유지지(優遊之地)", 즉 우유자적 할 수 있는 장소가 필요하기 때문이었다.[263] 장춘원의 남쪽에 위치한 기춘원은 언제 확장된 것인지 명확하지 않다. 『청사고·식관지(淸史稿·職官志)』의 "원명원 총관사무대신(圓明園總管事務大臣)"조목 아래에는 "16년에 장춘원 7품, 8품 각 1명을 더했다. 24년에 원부

---

263 據『日下舊聞考』, 卷八十三, "國朝苑囿·長春園", 乾隆禦制『長春園題句』: "予有夙願, 若至乾隆六十年, 壽登八十五, 彼時亦應歸政, 故鄰圓明園之東預修此園, 爲他日優遊之地."

로 바꿨다. 39년에 기춘원 7품 1인을 더했다(十六年增長春園七品, 八品各一人. 二十四年改苑副. 三十九年增綺春園七品一人)"[264]라는 기록이 있는데, 건륭 16년에 장춘원의 관원을 늘린 것이 장춘원의 건조된 연대와 일치한다는 점에서 추측하건데 기춘원은 건륭 39년(1774년)에 지어진 것으로 보인다.

원명원

원명원은 청대 황제들이 매주 좋아했던 이궁별원(離宮別苑)이다. 『일하구문고』에는 『병부책(兵部册)』을 인용하여 "원명원은 성상의 어가가 매년 머무는 곳으로 순부영의 으뜸이 된다(圓明園爲聖駕每年駐蹕之處, 列爲巡捕營之首.)"[265]라는 기록이 있는데, 이는 바로 원명원이 청나라의 궁원 중에서 중심적 지위를 차지하였음을 보여준다. 건륭 어제 『원명원후기(圓明園後記)』를 통해 건륭황제 본인이 원명원을 어떻게 묘사하고 있는지 살펴보자.

예전에 부황께서 황조께서 하사하신 원을 보수하여 만드시고 조정의 관서의 규제를 대략 갖추어 때에 따라 명을 내렸다. 한편 청당과 정사 그리고 솟은 산과 우묵한 연못을 뒤에 늘어놓았는데 화려함을 숭상하지 않고 소박함을 숭상하며 부려함을 높이 사지 않고 그윽함을 높이 샀다. 원예를 좋아하니 나무와 꽃을 심고 화가 나면 웃음으로 마주한다. 농사를 체험하기 위해 농막집과 밭과 과수원을 만들고 기상을 관측한다. 송풍수월이 옷깃 안 가슴으로 들어오니 묘한 도리가 스스로 생긴다. 가는 배와 넓은 건물로 때로는 선비들을 접대하며 경사를 연구하여 마음을 깨끗이 한다. 혹은 여기에 기뻐하며 여기에 시를 읊으며 여기에 쉬니 부황께서 닦으신 선우후락은 한결같이 황조의 선우후락으로 만물에 두루 하여 모두 원만히 밝은 것이다. 원명의

---

264 『淸史稿』, 卷一百十八, "志九十三·職官五(內務府)".
265 [淸] 朱彝尊, 於敏中, 『日下舊聞考』, 卷七十三, "官署".

뜻은 대개 군자의 시중이다. 황조께서 이 이름으로 부황에 하사하셨고 부황께서는 경건하게 받으셔서 심신으로 힘쓰며 편액에 이를 새기셨다. ……그런데 규모는 크게 모여 넓고 산과 계곡은 깊고 그윽하며 풍토초목은 깨끗하고 아름다우며 높은 누각과 깊은 방실의 갖춤이 또한 관지라 부를 만하다. 실로 하늘의 귀하고 땅이 영험한 곳과 제왕이 편안히 노닐 땅으로 이를 넘는 곳이 없다.(昔我皇考因皇祖之賜園修而葺之, 略具朝署之規, 以乘時行令. 而軒墀亭樹, 凸山凹池之紛列於後者, 不尙其華尙其樸, 不稱其富稱其幽. 樂蓄植則有灌木叢花, 怒生笑迎也；驗農桑則有田廬蔬圃, 量雨較晴也；松風水月, 入襟懷而妙道自生也. 細旃廣廈, 時接儒臣, 硏經史以淑情也. 或怡悅於斯, 或歌詠於斯, 或惕息於斯, 我皇考之先憂後樂, 一皇祖之先憂後樂, 周宇物而圓明也. 圓明之義, 蓋君子之時中也. 皇祖以是名賜皇考, 皇考敬受之而身心以勖, 戶牖以銘也. ……然規模之巨集敞, 丘壑之幽深, 風土草木之淸佳, 高樓邃室之具備亦可稱觀止. 實天寶地靈之區, 帝王豫遊之地, 無以逾此.)[266]

건륭황제는 원림에 상당한 식견을 갖추고 있었다. 그는 한 사람의 조원가이면서 동시에 수준 높은 원림예술 감상가였으며 일생에 걸쳐 원림과 자연풍광에 관한 수많은 문학작품을 남겼다. 여기『원명원후기』중에 표현된 일련의 사상은 우리로 하여금 원명원 창건 시기 조원예술의 요지(要旨)를 엿볼 수 있게 한다. 원명원은 "조정의 부서의 제도를 대략 갖춘(略具朝署之規)" 정사를 돌보는 장소이자 "청당과 정사 그리고 솟은 산과 우묵한 연못(軒墀亭樹, 凸山凹池)", "높은 나무와 꽃무리(灌木叢花)", "농막집과 채소밭과 과수원(田廬蔬圃)"을 포함하고 있는 자연원원(自然園苑)으로서, 여기서 황제는 소나무 소리를 듣고, 달을 감상하며, 자연의 미묘한 도를 체험하고, 학자와 선비들을 모아 경문과 역사를 연구 하였다. 그 경관은 때로는 광활하고 때로는 깊으며 때로는 깨끗하고 아름다워서, 노닐 수 있고 바라볼 수 있고 휴식할 수

---

266 同上, 卷八十, "國朝苑囿·圓明園一".

있으며 또한 노래를 부르고 시를 읊고 마음과 몸을 기쁘게 하니, 진정 하늘의 복과 땅의 영험이 모인 명승이었다. 위 건륭의 문장은 청대 황가원림예술을 요약한 총결이자 개괄이다.

원림배치를 살펴보면, 원명원은 18개의 원문이 있었는데, 정문은 남쪽의 대궁문(大宮門)이고, 대궁문 양측은 좌우문이고 다시 바깥 양측은 동서 협도문(夾道門)과 동서 여의문(如意門) 등 등급이 낮은 원문들이다. 그 외에 건원문(福園門), 서남문(西南門), 수갑문(水閘門), 조원문(藻園門) 등이 있다. 원의 동측에는 동루문(東樓門), 철문(鐵門), 명춘문(明春門), 수장문(隨牆門), 예주궁문(蕊珠宮門)이 있고, 원의 서측에는 서장문(隨牆門)이 있으며, 원의 정북쪽에는 북루문(北樓門)이 있다. 기타 3개의 수류를 조절하는 수갑(水閘)이 있다.

대궁문 안은 궁전 부분이다. 궁문은 5칸이고 앞의 좌우에는 각각 5칸인 좌우 조방(朝房)이 있다. 궁문 안 동측에는 종인부(宗人府), 내각(內閣), 이부(吏部), 예부(禮部), 병부(兵部), 도찰원(都察院), 이번원(理藩院), 한림원(翰林院), 첨사부(詹事府), 국자감(國子監), 난의아(鑾儀衛), 동서기(東四旗) 등 아문의 직방(值房)이 있다. 궁문 안 서측에는 호부(戶部), 형부(刑部), 공부(工部), 흠천감(欽天監), 내무부(內務府), 광록사(光祿寺), 통정사(通政司), 대리사(大理寺), 홍려사(鴻臚寺), 태상사(太常寺), 태복사(太僕寺), 어화처(禦書處), 상사원(上駟院), 무비원(武備院), 서사기(西四旗) 각 아문의 직방(值房)이 있다. 이 외에 대궁문 안에는 은고(銀庫), 남서방(南書房), 당안방(檔案房), 조판처(造辦處), 약방(藥房) 등이 있다. 이상에서 보듯 대궁문 안에는 중앙정부의 각 기구들이 밀집되어 있다.

대궁문 안에는 다시 이궁문(二宮門)이 있는데 이름은 "출입현량문(出入賢良門)"이라 한다. 그 좌우에는 직방과 동서 조문(罩門)이 있고, 문 앞에는 달 모양의 수면이 있으며 물 위에는 3개의 석교가 있다. 출입현량문 안에는 원명원 궁전구역의 정전인 정대광명전(正大光明殿)으로 정면 7칸이며 앞에는 동서 배전(西配)이 각 5칸씩이고 정전의 뒤에는 수산전(壽山殿)이 있다. 정대광명전의 동쪽에는 5칸짜리 근정친현

전(勤政親賢殿)이 있다.

원명원 궁전구역의 정아(正衙)인 정대광면전은 "조각하지 않고 단청하지 않아서 송헌모전(松軒茅殿)의 의미를 취하였다. 건물 뒤에는 석벽을 세웠는데 옥순이 솟아 있다. 건물 앞 정원은 비어 있고 탁 트여 사방으로 담장 밖이 바라다 보이는데 숲이 깊고 여러 색의 꽃이 우거져 층차를 이루며 끝없이 펼쳐 있다.(不雕不繪, 得松軒茅殿意. 屋後峭石壁立, 玉筍嶙峋, 前庭虛敞, 四望牆外, 林木陰湛, 花時霏紅疊紫, 層映無際.)" 이상에서 보듯이 원명원 궁전구역의 정전인 정대광명전은 건축이 단정하고 고아하며 사방이 울창한 가운데 그윽한 원림건축 경관을 형성한다.[267]

원명원에는 황제가 선정한 마흔 가지 경관[御題四十景]이 있다. 그 중 14곳은 옹정황제가 정하였고 나머지 26곳은 건륭황제가 정하였다. 40경 중에서 근정친현(勤政親賢), 구주청연(九州淸宴), 누월개운(鏤月開雲), 천연도화(天然圖畵), 벽동서원(碧桐書院), 자운보획(慈雲普護), 관음불장(歡喜佛場), 행화춘관(杏花春館), 만방안화(萬方安和), 어약연비(魚躍鳶飛), 서봉수색(西峰秀色), 사의서옥(四宜書屋), 평호추월(平湖秋月), 접수산방(接秀山房) 등 14곳의 경관건축 편액(匾額)은 옹정황제가 지었다. 그 외 상하천광(上下天光), 단단탕탕(坦坦蕩蕩), 여고함금(茹古涵今), 장춘선관(長春仙館), 무릉춘색(武陵春色), 산고수장(山高水長), 월지운거(月地雲居), 홍자영호(鴻慈永祜), 회방서원(匯芳書院), 일천림우(日天琳宇), 담막영정(澹泊寧靜), 영수난향(映水蘭香), 수목명슬(水木明瑟), 염계낙처(濂溪樂處), 다가여운(多稼如雲), 북원산촌(北遠山村), 방호승경(方壺勝境), 조신욕덕(澡身浴德), 봉도요대(蓬島瑤台), 별유동천(別有洞天), 협경명금(夾鏡鳴琴), 함허낭감(涵虛朗鑒), 곽연대공(廓然大公), 좌석임류(坐石臨流), 국원풍하(麴院風荷), 동천심처(洞天深處) 등 26경의 편액은 건륭황제가 쓴 것이다. 이상 40경은 원명원 원림경관을 구성하는 단위 경관구역이었다.

---

267 [淸] 朱彝尊, 於敏中, 『日下舊聞考』, 卷八十, "國朝苑囿 · 圓明園一".

원명원에서 가장 큰 경관은 원 안 동쪽에 치우친 복해(福海) 경관구역으로, 이곳은 물결이 일렁이는 대형 호수로서 그 평면은 정사각형에 가깝다. 달리 동해라고도 불리는 이 호수는 둘레가 수 경(頃)에 달했다. 가운데에는 세 개의 섬이 있어 청대 화가인 이사훈(李思訓)의 화의(畵意)를 따라 구성하였다. "신선누각의 형상으로 만들었는데 높고 우뚝 서 있어서 바라보면 마치 금당 5곳이고 옥루 12곳인 듯하다. 또렷함과 어그러짐이 일어나고 큼과 작음이 일어나니 이것이 곧 삼호방장임을 알 수 있으며 반 되의 솥 안에 강과 산을 삶을 수 있다.(爲仙山樓閣之狀, 岌岌亭亭, 望之若金堂五所, 玉樓十二也. 眞妄一如, 小大一如, 能知此是三壺方丈, 便可半升鐺內煮江山.)"[268] 봉도요대라는 이름은 전설 속 동해의 삼신산(三神山)에서 따온 것으로, 고대 황가원림에서 자주 쓰였던 일지삼산(一池三山)의 선경(仙景)을 주제로 한 것이다. 또한 중국 고대 조원(造園) 중의 "겨자가 수미를 담는다(芥子納須彌.)"는 원림 경관의경(景觀意境)을 계승하였다.

장춘원

장춘원의 장춘선관(長春仙館)은 원명원 40경 가운데 하나로서 이는 장춘원 역시 원명원의 큰 범위 안에 속함을 의미하기도 하지만 다른 한편으로 자신만의 독특한 경관특징을 지닌 원(園)이기도 하다. 장춘원에는 5칸의 궁문이 있고, 문 앞에는 동서 조방이 있는데 각 5칸이다. 문안에는 정전인 담회당(澹懷堂)이 있고, 당의 뒤에는 중락(衆樂)이라는 이름의 정자가 있다. 이 정자의 뒤에는 한 줄기 수면이 펼쳐져 있고, 물의 북쪽에는 탁 트인 헌(軒)이 한 채 있는데 이름은 운용수태(雲容水態)라 한다. 운용수태에서 북서쪽으로 산길을 돌아 들어가면 다시 하나의 궁문이 나오는데, 문의 안쪽에는 7칸의 함경당(含經堂)이 있고, 당의 뒤에는 순화헌(淳化軒)이 있

---

268 同上, 卷八十二, "國朝苑囿·圓明園二".

고, 그 뒤에는 온진재(蘊眞齋)가 있다. 함경당의 서쪽에는 범향루(梵香樓)와 함광실(涵光室)이 있고, 함경당 동쪽에는 하옹루(霞蓊樓)와 연영재(淵映齋)가 있다. 이에서 보듯 함경당과 그 주변의 건축들은 하나의 대형 건축군을 형상한다.

또한 장춘원 안에는 천원(蒨園), 사용재(思永齋), 득전각(得全閣), 보운루(寶雲樓), 원풍루(遠風樓), 해악개금(海嶽開襟), 유향저(流香渚), 험화계(罨畵溪), 사자림(獅子林), 옥령농관(玉玲瓏館) 등의 경관구역이 있다. 그런데 장춘원에서 가장 인상 깊은 곳은 북단에 위치한 서양루(西洋樓) 경관구역이다.

서양루 경관구역은 길이 1,800m, 너비 70m의 좁고 긴 지대에 위치하여 있는데, 이 경관구역은 장춘원 및 원명원의 기타 경관구역과 격리되어 있다. 서양루의 설계와 건조는 대략 건륭 10년(1745년)에 시작 되었는데 Michael Benoist(프랑스 선교사), Joseph Castiglione(이탈리아인), Jean Denis Attiret(프랑스인), Ignace Sichelbarth(보스니아인) 등이 설계를 담당하였고, 설계내용에는 수법(水法), 건축, 정원(庭園)이 포함되었다. 서양루 경관구역은 해기취(諧奇趣), 축수루(蓄水樓), 방외관(方外觀), 해안당(海晏堂), 원영관(遠瀛觀), 양작농(養雀籠) 등의 6채의 건축물과 선법산(線法山), 선법장(線法牆), 선법교(線法橋), 대수법(大水法), 만화진(萬花陣) 등 서양 스타일의 경관으로 구성되었다. 건축은 유럽 18세기 파로크 양식을 기본으로 일부 중국 전통 장식 기법을 사용한 동·서방 문화가 혼합된 모습으로, 해안당(海晏堂) 수법(水法) 설계에서 중국 전통의 12지상을 사용한 것이 그 하나의 예이다.

기춘원

기춘원은 원명삼원에서 규모와 면적이 가장 작다. 원 안에는 원의 동남쪽 모서리에는 궁전구역이 있는데 안에는 영휘전(迎暉殿), 중화당(中和堂), 부춘당(敷春堂), 후전(後殿) 등의 건축이 있고, 궁전 구역 밖에는 사의서옥(四宜書屋), 춘택재(春澤齋), 청하당(淸夏堂), 등심당(澄心堂), 창화당(暢和堂), 녹만헌(綠滿軒) 등 건축물로 제목을 붙인 경관구역과 경관지점이 있었다. 그 중에 사의서옥은 원명원 40경의 하나로 포함되었다. 기춘원의 궁문 서쪽에는 또 다른 건축군이 있는데 이는 정각사(正覺寺)라는 이름의 사찰이었다.

기춘원 역시 수경을 위주로 하였다. 구불구불한 수면이 전체 원을 몇몇 산림과 섬으로 분할하고 있으며, 수체(水體)는 굽고 꺾여서 부드럽게 돌아나가고 산의 형세는 둘러싸 감싸 안으며 건축물은 산과 섬의 곳곳을 점철(點綴)하고 있다. 그 경관구역의 조직은 원명원과 장춘원처럼 주차(主次)가 분명하지 않고 수계(水系) 역시 분산되어 있다. 하지만 바로 이런 이유로 대형 수면과 대형 건축군 위주로 구성된 원명원과 장춘원의 경관이 주는 아쉬움을 보충해주는 역할을 한다. 풍부하고 불규칙적인 변화는 경관을 한 눈에 파악하기 더욱 어렵게 만들기 때문에 "만원의 원(萬園之園)"이라는 별명을 가진 원명삼원에 끝을 알 수 없는 깊고 그윽한 공간감과 복잡해서 재미있고 풍부한 경관을 더한다.

④ 향산 정의원(香山 靜宜園)

또 하나 청나라 역대 황제들의 총애를 받았던 황가 교원(郊園)으로 건륭년간에 영조된 향산 정의원이 있다. 이곳은 원래 강희황제가 찾아와 머물렀던 풍경이 청수한 곳으로 건륭 10년(1745년)에 "처음에 향산에 외성을 확장하려는데, 목련과 개암나무가 우거진 곳에 기와조각들이 튀어나와 있으니 곧 옛 행궁의 터라. 담을 쌓고 실을 만드니 불전과 전당이 엇갈려 서로 바라본다. 봉우리와 고개가 무릇 산천의 빼어남을 차지하니 그 기이함을 모아 엮은 것이다. 정, 헌, 려, 광, 방실, 와요를 만드니 기둥이 4개인 것에서 수 영까지 이르고 약간의 구역을 더하였다. 명년 병인 춘삼월을 넘어 원유가 완성되니 창조한 것이 아니라 순응하여 놓은 것이다(始廓香山之郭, 薙榛莽, 剔瓦礫, 卽舊行宮之基, 葺垣築室. 佛殿琳宮, 參錯相望. 而峰頭嶺腹凡可以占山川之秀, 拱攬結之奇者, 爲亭, 爲軒, 爲廬, 爲廣, 爲舫室, 爲蝸寮, 自四柱以至數楹, 添置若干區. 越明年丙寅春三月而園成, 非創也, 蓋因也.)"[269]라고 하였다. 정의원은 궁문이 있고, 문안에는 5칸의 근정전(勤政殿)이 있으며, 그 앞 좌우에는 5칸씩의 좌우 배전(配殿)

이 있고, 근정전 앞에는 월하(月河)가 있어서 정원의 입구를 형성하였다. 정의원은 전형적인 산경원(山景園)으로서, 전각(殿閣)과 정헌(亭軒)이 하나의 작은 원(團)을 형성하며 산림 사이사이에 흩어져 있다. 비록 큰 정원과 큰 산수는 보이지 않으나 산세가 완만하게 변화하고 수풀이 짙게 우거져 있었다. 그 전성시기에는 원에 총 28경이 있었는데, 그 중 근정전(勤政殿), 여촉루(麗矚樓), 연운방(綠雲舫), 허랑재(虛朗齋), 영락암(瓔珞岩), 취미정(翠微亭), 청미료(青未了), 순록파(馴鹿坡), 섬여봉(蟾蜍峰), 서운루(棲雲樓), 지락호(知樂濠), 향산사(香山寺), 청법송(聽法松), 내청헌(來青軒), 여상고(唳霜皋), 향암실(香岩室), 하표등(霞標磴), 옥류천(玉乳泉), 현추림(絢秋林), 우향관(雨香館) 등 20경은 건축, 수목, 계곡물 등을 경관의 주제로 하였고, 희양아(晞陽阿), 부용평(芙蓉坪), 향무굴(香霧窟), 서월애(棲月崖), 중취엄(重翠崦), 옥화수(玉華岫), 삼옥홀(森玉笏), 격운종(隔雲鐘) 등 8경은 천연풍광을 경관의 주제로 삼았다.

정의원은 내원(內垣), 외원(外垣), 별원(別垣) 등의 경관구역으로 나뉜다. 내원구역은 건축경관이 위주이고, 외원구역은 자연산경이 위주이다. 외원에서 북쪽으로 돌면 별원이 나오는데 여기에는 소묘(昭廟)라는 라마사원이 지어졌다. 이 사원은 건륭 17년(1782년)에 티베트 반첸라마의 "원래복리지성(遠來祝厘之誠)"[270]을 위해 만들었고 반첸라마가 여기 머물렀다고 전해진다.[271]

현재 정의원 안에는 그 규모는 작지만 교묘하고 영롱한 원 안의 원(園)이 남아 있으니 견심재(見心齋)라 부른다. 그 위치는 소묘(昭廟)의 북쪽으로 여기는 원래 명대에 사가원림의 터로서 청대에 이를 보수하여 정응당(正凝堂)을 만들었다. 원 안에는 산석, 연못, 원형의 회랑이 있고 정각(亭閣)과 폭포가 있어 그 자체로 하나의 완성된 경관을 형성하였다. 견심재라는 명칭은 후에 가경황제 때 바꾼 것으로 건륭시

269 [淸] 朱彝尊, 於敏中, 『日下舊聞考』, 卷八十六, "國朝苑囿 · 靜宜園一".
270 멀리서 와서 축복을 비는 성의.
271 [淸] 朱彝尊, 於敏中, 『日下舊聞考』, 卷八十七, "國朝苑囿 · 靜宜園二".

기 28경 가운데에서는 찾아 볼 수 없다. 이곳은 색다른 멋을 지닌 경관구역이다.

⑤ **만수산 청의원**(萬壽山 淸漪園)

청의원은 원대 옹상호산원(甕山好山園)의 터에 만들어졌다. 명대에 여기에는 원정사(圓靜寺)라는 절이 있었다. 건륭 15년(1750년)에 모친의 60세 생일 축하하기 위해 건륭은 이곳에 대보은연수사(大報恩延壽寺)를 짓고 산의 이름을 만수산이라 바꿨다. 또한 옥천(玉泉)의 뭇 물줄기를 끌어들여 산 앞의 호수에 모이게 하고 호수의 이름을 곤명호(昆明湖)라 하고 한나라 무제(武帝)가 장안의 교외에 곤명지를 만들고 전선을 훈련시켰다는 고사를 모방하여 이곳에 전선을 만들고 복건과 광동의 순양(巡洋)의 제도로 매해 하복(夏伏)의 날에 향산 건예영(健銳營)의 사병으로 하여금 이곳에서 해전을 연습하게 하였다. 곤명호의 물은 또한 수의교(繡漪橋)를 거쳐 남쪽으로 장하(長河)로 이어져 북경성 안으로 흘러 들어가 자금성을 돌아 통혜하(通惠河)로 모여 북경성 교외의 논밭 관개용으로도 쓰였다.

이렇듯 청의원은 실용적 목적을 위한 치수공사를 병행하여 건조한 원림이다. 원대에는 백부(白浮)와 옹산(甕山)의 지류들을 끌어들여 서호(西湖)를 형성하여 이 수계(水系)에 대해 초보적인 경영을 시행한 적이 있는데 여기에 건륭 때에 "명을 받들어 옹산 앞에 이르니 풀만 무성하였다. 모래와 진흙으로 막힌 곳을 파내고 서호의 물을 모아 모두 하나의 구역이 되게 하였다.(因命就甕山前, 芰葦菱之叢雜, 浚沙泥之隘塞, 匯西湖之水, 都爲一區.)"[272]

서호의 수계를 준설하여 곤명호를 만든 완공한 시기는 건륭 14년(1749년), 즉 건륭이 모친을 위해 대보은연사를 완성하기 1년 전이고 청의원의 완공은 건륭 26년(1761년)에 이루어졌으니 총 12년간의 역사를 거친 셈이다. 건륭은 어제『만수산 청

---

272 [淸] 朱彝尊, 於敏中, 『日下舊聞考』, 卷八十四, "國朝苑囿 · 淸漪園".

의원기(萬壽山淸漪園記)』에서 그 과정에 대해 말하였는데 "호수를 이루어 치수를 하고 산의 형상이 호수를 바라보고 있으니 바로 호수와 산을 갖춘 경관이라 어찌 정자와 누대를 꾸미지 않을 수 있겠는가? 일에는 서로 말미암음이 있어 문채로움은 질박함에서 일어나니 금고에서 내어 품삯을 주고 소박함을 돈독히 하고 번잡한 장식을 버려 원명원의 옛 법과 같이하여 감히 넘어섬이 없다(湖之成以治水, 山之名以臨湖, 旣具湖山之勝槪, 能無亭台之點綴? 事有相因, 文緣質起, 而出內帑, 給雇直, 敦樸素, 祛藻飾, 一如圓明園舊制, 無敢或逾焉.)"[273]라 하였다.

건륭은 조부가 창춘원을 건설하고 부친이 원명원을 건설한 상황에서 자신이 또다시 새 원림역사를 일으키는 데 대해 매우 불안해했고, 특히 세인들의 비판을 두려워했다. 그래서 그는 골몰한 끝에 자신의 행위에 대해 다음과 같은 해명을 하였다. "비록 그렇지만 (선부께서) 원명원후기에 이르시길 감히 이 외에 또다시 백성의 힘을 쏟아 원유를 만들 수 없다고 하셨는데, 오늘날 청의원을 만드는 것은 또다시 원유를 만드는 것이 아닌가? 이는 식언이 아닌가? 호수를 바라보며 산의 형태를 바꾸고 가까운 산으로 원유를 만들었으니 비록 치수라 말하였으나 누가 믿을꼬? 그러나 창춘원으로 동조를 받들고 원명원에서 정사를 돌보는데 청의원과 정명원은 하나의 물길로 통하니 (정명원에서) 정사를 보다가 잠시 틈을 내어 휴식을 취하는 장소로 하면 되겠으니 소하의 이른바 후세로 하여금 더할 것이 없다는 뜻이 여기에 있구나, 뜻이 여기에 있어! 사마광의 말을 기억하면 시원스럽게 스스로 사라질 터이니, 청의원이 완성되어도 신시가 넘어서 갔다가 오시가 되기 전에 돌아와 밤을 보내지 않으면 선조의 뜻에도 부합하고 또한 스스로 납득할 수도 있다.(雖然, 圓明園後記有雲, 不肯舍此重費民力建園囿矣, 今之淸漪園非重建乎? 非食言乎? 以臨湖而易山名, 以近山而創園囿, 雖雲治水, 誰其信之? 然而暢春以奉東朝, 圓明以恒蒞政, 淸漪靜明, 一水可通, 以爲

---

273 同上.

도 1-19. 이화원(頤和園) 만수산(萬壽山)

敕幾清暇散志澄懷之所, 蕭何所謂無令後世有以加者, 意在斯乎, 意在斯乎! 及憶司馬光之言, 則有爽然自失. 園雖成, 過辰而往, 逮午而返, 未嘗度宵, 猶初志也, 或亦有以諒予也.)"**274** 이는 아마도 스스로를 위안하고자 하는 것이나 적어도 여기서 건륭황제가 청의원 건설에 상당한 정신적 압력을 짊어지고 있었음을 엿볼 수 있다. 아마도 이러한 이유로 인해 건륭은 자신의 조부와 부친이 원림을 만든 다음 그 중 몇몇 경관을 선별하여 주제를 부여하였던 방식을 따르지 않았던 것 같다. 청의원에는 정명원 16경이나 정의원 28경, 원명원 40경 같은 것이 없는데 여기에서 보듯 건륭황제는 자신이 만든 청의원에 매우 조심스러워했다

---

274 [淸] 朱彝尊, 於敏中, 『日下舊聞考』, 卷八十四, "國朝苑囿·淸漪園".

⑥ **승덕 피서산장**(承德 避暑山莊)

　지역 온천으로 인해 열하행궁(熱河行宮)이라고도 불리는 승덕 피서산장(避暑山莊)은 북경 이외 지역에 건설된 청 황실의 대형 원림이다. 이 대형원림은 주위 성벽의 길이가 10km에 달하고 면적은 560ha에 달하는데 이는 북경의 원명삼원과 비슷한 수준이다.[275] 피서산장의 건설은 강희 42년(1703년)에 시작되었고 강희 52년(1713년) 성벽을 둘러서 원림의 전체 경역을 확정하였다. 이 지역에 청 황실은 일찍이 목란위장을 만들어 가을에 북방민족 지도자들을 초청해 사냥행사를 열었는데 피서산장은 이때 이들이 머물던 장소였다. 건륭년간에는 이곳에 정식으로 행궁을 설치하고 피서산장의 총관으로 하여금 목란위장의 일까지 총괄하게 하였다. 이러한 이유로 승덕 피서산장의 건설을 건륭의 업적으로 두기도 하는데 청나라 때 쓰인 『소문록(所聞錄)』에는 "청 건륭은 만년에 놀기를 좋아해서 열하에 특별히 피서산장을 지으니 수십 리의 땅을 둘러싸고 넓게 목란위장을 만들었다. 계절에 맞는 꽃을 곳곳에 심고 정과 사를 나누어 배치했다. 그 안에서 노닐다 보면 홀연히 푸른 가지가 우거져 있고 홀연히 대나무 울타리와 모옥이 나온다. 연못을 파고 물을 끌어들이며 높은 전각에 올라 기대어 바라보면 실로 천하의 일대장관이라(淸乾隆晩歲, 極事縱遊, 於熱河特建避暑山莊, 圈地數十裏, 廣築圍場, 雜植時花, 分置亭榭. 遊其地者, 忽而靑枝翁鬱, 忽而竹籬茅舍, 鑿池引水, 傑閣高憑, 實天下一大觀也)"[276]라는 구절이 있는데, 작가는 피서산장에 가보지 못하였기 때문에 피서산장과 목란위장을 혼동하고 있고 피서산장을 건륭이 만년에 만들었다는 말도 역시 믿을 수 없다. 다만 이로부터 청나라 말기 일반인들이 피서산장을 어떻게 보았는지를 엿볼 수 있다.

　피서산장의 건설은 주로 청대 강희와 건륭 두 황제 때 이루어졌다. 피서산장에

---

275 孫大章, 『中國古代建築史』, 第五卷, p. 113.
276 [淸] 汪詩儂, 『所聞錄』, "可兒".

는 강희가 정한 36경과 건륭이 정한 36경을 합해 총 72경이 있다. 그 중 강희 36경은 강희 50년(1711년)에 기본적으로 완성되었는데, 연훈산장(延薰山館), 수방암수(水芳岩秀), 운범월방(雲帆月舫), 등파첩취(澄波疊翠), 지경운제(芝徑雲堤), 장홍음련(長虹飲練), 난류선파(暖溜渲波), 쌍호협경(雙湖夾鏡), 만학송풍(萬壑松風), 곡수하향(曲水荷香), 서령신하(西嶺晨霞), 추봉낙조(錘峰落照), 방저임류(芳渚臨流), 남산적설(南山積雪), 금련영일(金蓮映日), 이화반월(梨花伴月), 앵전교목(鶯囀喬木), 석기관어(石磯觀魚), 포전총월(莆田叢樾), 연파치상(煙波致爽), 무서청량(無暑淸涼), 송학청월(松鶴淸樾), 풍천청청(風泉淸聽), 사면운산(四面雲山), 북침쌍봉(北枕雙峰), 운산승지(雲山勝地), 천우함창(天宇鹹暢), 경수운잠(鏡水雲岑), 천원석벽(泉源石壁), 청봉녹서(靑峰綠嶼), 원근천성(遠近泉聲), 운용수태(雲容水態), 등천효석(澄泉繞石), 수류운재(水流雲在), 호복간상(濠濮間想), 향원익청(香遠益淸) 등이 포함되며, 그 명칭이 모두 4자로 구성되어 있는 것이 특징이다.[277]

　건륭년간에는 피서산장에 다시 다수의 경관구역과 경관지점이 추가되었다. 건륭 6년(1741년)에서 건륭 55년(1790년)까지 전후 50년에 걸쳐 내부 궁전건축구역과 다수 경관건축군에 대해 이루어진 대규모 증개축으로 피서산장은 건축과 경관 모두에 있어서 정점에 이르게 되었다. 건륭이 증건한 건축과 경관지점은 주로 3자로 편액명을 정했는데 이들을 열거하면, 수심사(水心榭), 이지당(頤志堂), 창원대(暢遠台), 정호당(靜好堂), 관연소(觀蓮所), 청휘정(淸暉亭), 반약상(般若相), 창랑서(滄浪嶼), 일편운(一片雲), 빈향반(蘋香沜), 취운암(翠雲岩), 임방서(臨芳墅), 용취암(湧翠岩), 소상재(素尙齋), 영념거(永恬居), 여의호(如意湖), 채연도(採蓮渡), 등관재(澄觀齋), 능태허(淩太虛), 영정재(寧靜齋), 옥금헌(玉琴軒), 낙성각(樂成閣), 숙운첨(宿雲簷), 천척설(千尺雪), 지어기(知魚磯), 창득재(創得齋), 산근헌(山近軒), 벽정당(碧靜堂), 수기당(秀起堂), 식자

277　孫大章,『中國古代建築史』, 第五卷, p. 113.

도 1-20. 피서산장(避暑山莊) 연우루(煙雨樓)

거(食蔗居), 의조재(宜照齋), 함청재(含靑齋), 상청재(敞晴齋), 진의헌(眞意軒), 계득당(戒得堂), 연우루(煙雨樓), 문진각(文津閣) 등이다. 실제로는 건륭이 더한 경관지점의 갯수는 36개를 넘는데, 감히 조부가 정한 경관지점의 개수를 넘을 수가 없기 때문에 36개만을 골라 뽑아서 강희 36경과 대응시킨 것이다.[278]

경관저점의 명칭에서 볼 수 있듯이 강희 36경은 자연경관을 위주로 하고 건축물을 관경지점과 자연경관을 떠받치는 소재로 보았다. 따라서 건축의 크기가 작고 형식이 간단하며 장식이 담백하고 고아하다. 반면 건륭 36경은 다수가 규제가 완정한 건축군이다. 그 원인은 강희 시기에는 청나라 초의 국력회복기에 속하여 국력이 대규모 토목공사를 일으키기에 부족하였지만 건륭 시기에 이르러 근 백년간에 걸친

<hr />

[278] 孫大章, 『中國古代建築史』, 第五卷, p. 154, 注35 및 注36.

현정으로 국력이 충분히 축적되었기 때문에 원림건설의 규모와 척도가 현격하게 증가한 것이다.

강희와 건륭 이후 승덕 피서산장은 추가적인 건설 없이 정체되었다. 함풍 원년에 대신 서계시(徐繼畬)가 올린 상소에는 건륭 이후 피서산장의 상황이 잘 나타나 있다.

국가가 검박함을 숭상하니 대내의 궁전은 줄곧 명나라의 옛것이었습니다. 오직 원명원이 봄, 여름, 겨울에 정무를 돌보는 곳으로서, 피서산장이 가을사냥 시 어가가 머무는 곳으로서 두 곳의 규모는 건륭년간에 이르러 마련되었습니다. 선종황제께서 잠시 가을사냥을 중지하시니 열하의 공정이 모두 멈추고, 오직 정월과 시월까지 내내 원명원에서 거하셨습니다. 그런데 30년 동안 담장 하나, 서까래 하나 더하지 않았고 뭇 시설에 어가가 미치지 않으니 혹 보수를 청하여도 내고와 외고 사이에서 갖가지 이유로 항상 명이 내려 취소되니, 수 년 이래 원림의 건축들은 오랫동안 텅 비어 있었습니다. 어떤 이들은 선조에 만든 건물이 망가져 가도록 좌시해서는 안 된다고 합니다. 장래에 두 일이 완성되면 내고에서 약간 보충하고, 추가적인 영선을 하자고 주장하는 사람이 없도록 유지하나니 엎드려 바라옵건데 황상께서는 굳게 지키시고 진실로 부득이한 공정이 아니면 모두 멈춰야 합니다. 장식과 진열에 대해서는 진귀한 물건들은 줄일 수 있으면 줄여서 늘어놓지 않는다면 이 토목은 점차 지키기 이로울 것입니다.(國家崇尙簡樸, 大內宮殿, 一仍明舊. 惟圓明園爲三時聽政之地, 避暑山莊爲秋獮駐蹕之地, 兩處規模, 至乾隆間而備. 宣宗皇帝暫停秋獮, 熱河工程一切報罷, 惟自正月至十月恒駐圓明園. 然三十年中, 未嘗增一堵一椽, 遊觀不及諸坐落, 或報應修, 輒令撤去, 以故內帑發出外庫前後凡千數百萬. 數年以來, 園亭久曠, 或謂先朝堂構, 不應坐聽凋殘. 將來兩事告蔵, 內庫稍充, 保無以營繕之說嘗試者, 伏望皇上堅持, 苟非萬不得已之工程, 一切停罷. 至於裝修陳設, 珍奇玩好, 可省則省, 無取鋪張, 此土木之漸宜防也.)[279]

---

279 『淸史稿』, 卷四百二十二, "列傳二百九·徐繼畬傳".

이는 황제에게 토목을 삼가도록 권하는 상소이지만 한편으로 도광 및 함풍년간에 피서산장의 사용 및 보존상태를 대략적으로 보여주고 있다. 이 글에서 보듯이 피서산장의 건설 활동은 건륭년간에 정점을 이루어 원림과 건축이 모두 완비되었다가 도광 이후 목란위장 가을사냥 행사를 중지함에 따라 피서산장의 사용빈도가 급격하게 낮아지면서 증개축이 모두 멈추게 되었고 심지어 "원림과 정자가 오랫동안 텅 비어(園亭久曠)" 점차 황폐해져 갔다.

피서산장의 바깥에는 8곳의 티베트불교 사원이 있는데 하나로 묶어 외팔묘(外八廟)라고도 부른다. 청 왕조는 티베트불교를 중시하여 건국 초기 달라이라마가 순치황제를 입근(入覲)[280]하였고, 건륭 36년(1771년)에는 몽고 토이호특(土爾扈特)부족이 러시아에서 청나라로 귀순하여 열하에서 건륭황제를 입근하자 티베트사원인 보제종승지묘(普提宗乘之廟)를 지어서 족장인 오파석(烏巴錫)을 접대했다. 건륭 45년(1780년)에는 6대 반첸라마 판단이십(巴丹伊什)이 건륭제의 생일을 축하하기 위해 입근하니 명을 내려 승덕에 찰십윤포사(紮什倫布寺)[281]의 양식을 모방하여 수미복수지묘(須彌福壽之廟)를 건설하여 모시고, 열하행궁의 담백경성전(澹泊敬誠殿)에서 접견하였다. 산장의 주변에는 그 밖에 영우사(永佑寺), 보녕사(普寧寺), 보락사(普樂寺), 안원묘(安遠廟) 등의 사원이 있는데 이들은 피서산장을 중심으로 서로 마주보면서 전체적으로 하나의 웅대하고 완정한 고대 건축경관을 형성한다.

대략적으로 정리하자면, 청 황실은 수천 년간 누적된 중국 조원예술의 정화와 국가적 역량을 동원해서 중국 역사상 규모가 가장 크고, 경관이 가장 복잡하고, 경

---

280 (황제를) 뵘.
281 티베트 Shigatse지역 최대 규모의 티벳불교사원. 4세 반첸라마 이후 역대 반첸라마가 머문 장소.

관의 함의가 가장 심오한 황가"원림"을 만들었다. 특히 황가원유와 원림을 명확히 구분했는데, 원유에 속하는 것은 남원(南園)과 목란위장 등으로 이들은 역대 제왕원유와 마찬가지로 기사(騎射)와 위렵(圍獵)을 위한 장소로 사용되었으며 그 형식도 큰 변화가 없었다. 그에 반해 이들이 남긴 황가원림은 기존의 것들과는 현격하게 달랐다. 이들은 천하 뭇 원림의 정화를 모으고 의도적으로 문인의경(文人意境)과 시정화의(詩情畫意)를 원림경관에 부여하였다. 이들이 남긴 북경 삼산오원과 승덕 피서산장은 역대 중국원림의 사상과 수법이 응집된 정화로써, 중국 고전조원 사상과 예술의 정점에 다다랐다. 아쉽게도 청말 영불연합군과 팔국연합국의 약탈과 근 백여 년에 이른 전쟁으로 대부분의 경관구역과 경관지점이 파괴되어 유적만이 남아서 현대인들로 하여금 아쉬움을 금치 못하게 한다. 오직 청말 중수를 거친 이화원만이 청대 황가원림의 웅위한 기세를 보존하고 있어 우리들로 하여금 석년의 원명삼원과 피서산장 등의 전성시기의 모습을 상상해볼 수 있도록 돕고 있다.

3. 청대 북경 사가원림

청대 북방사가원림의 전형적 사례는 북경성 교외지역과 성 내부의 왕부원림과 주택원림 가운데서 찾을 수 있다. 가군(賈珺)의 『청대 북경 부택원림의 점지규모, 배치모식 및 공간척도 초탐(淸代北京府宅園林占地規模, 佈局模式與空間尺度初探)』[282]에는 청대 북경지역의 사가원림을 서쪽교외 지역의 사원(賜園),[283] 내성[284]의 왕공부원(王公府園), 내성의 사가택원(私家宅園)의 세 가지 유형으로 나누었다. 세 가지 유형

---

282 賈珺, 『淸代北京府宅園林占地規模, 佈局模式與空間尺度初探』, 王貴祥 等, 『中國古代建築基址規模研究』, p. 371~379, 中國建築工業出版社, 2008年.
283 황제가 하사한 원림.
284 청대 북경성은 삼중의 성벽을 둘렀다. 가장 밖이 외성이고 그 안에 내성이 있으며 그 안에 다시 궁성, 즉 자금성이 있었다. 이 중 내성에는 주로 왕공귀족과 관료, 부상들이 거주하였다.

의 사가원림 중에서 서쪽교외 지역의 사원(賜園)의 규모가 가장 크고, 내성 왕공부원이 그 다음이며, 내성 사가택원이 가장 작았으며 동일 유형의 원림 간에도 규모 차이가 있었다. 예를 들어 서교 사원(賜園) 중 가장 규모가 큰 편에 속했던 숙춘원[淑春園, 십홀원(十笏園)]은 "전체 원림 안에 방옥이 1,003칸, 유랑과 누정 등이 317칸 있었다.(全園房屋一千零三間, 遊廊樓亭三百五十七間.)"[285] 또 원림의 면적은 522무에 달하였다. 한편 규모가 가장 작은 서교 사원(賜園)은 면적이 겨우 40무 정도였다. 내성 왕공부원 역시 10여 무에서 40여 무로 다양하였고 가장 작은 것은 겨우 몇 무에 지나지 않았다. 내성 사가택원은 수 무에서 십여 무 정도였다.

청대 소련(昭槤)의 『소정잡록·경사원정(嘯亭雜錄·京師園亭)』에는 몇몇 북경 사가원지에 대해 다음과 같이 언급하고 있다.

경사 북서쪽 해전에 가까운 곳에 작원(勺園)이 있는데 명대 미만종이 만들었다. 결구가 우아하니 지금은 집현원으로 바뀌어 육조 경의 직무장소가 되었다. 기타 뭇 왕공에 의해 지어진 것으로 화상십홀원(和相十笏園)이 최고인데 근래에 저택이 되었다. 또 우안문 밖에 오척장(尺五莊)이 있는데 조씨의 원정이었다가 근래에는 모 관부에 팔렸다. 넓고 푸른 연못, 소박한 건물 약간, 수목은 맑고 시원하며, 땅은 매우 고아하고 깨끗하니 또한 작지만 이름이 알려져 봄과 여름이면 많은 사람들이 연회를 열고 감상하였다. 그 남쪽은 왕씨원정(王氏園亭)으로 조향이 매우 시원하고 상쾌하고 많은 연못, 건물, 임목으로 유명하다. 가경 신유년에 물에 쓸려 무너진 것을 후에 명나라 태수가 사서 힘을 기울여 보수하였으나 수선을 끝맺지 못하고 태수가 죽었다. 때문에 지금 연못과 건물이 아직 완성되지 못하고 반쯤 황망한 아지랑이와 무성한 풀 속에 웅크리고 있어 참으로 아쉽다.(京師西北隅近海澱有勺園, 爲明米萬鐘所造, 結構幽雅, 今改集賢院, 爲六曹卿寓直之所. 其他所諸王公所築, 以和相十笏園爲最, 近爲成邸所居. 又右

---

285 侯仁之, 『燕園史話』, p. 27.

安門外有尺五莊, 爲祖氏園亭, 近爲某部曹所售. 一弘淸池, 茅簷數椽, 水木明瑟, 地頗雅潔, 又名小有餘芳, 春夏間多爲遊人宴賞. 其南王氏園亭, 向頗爽塏, 多池館林木之盛. 嘉慶辛酉爲水所沖圮, 後明太守保售之, 力爲構葺, 修繕未終而太守遽卒. 故今池館尙未黝畫, 半委於荒煙蔓草之中, 殊可惜也.)[286]

이 중 작원의 상황은『일하구문고』에 약간의 언급이 있는데 명대 이위(李偉)의 청화원(淸華園)과 이웃하고 있었던 것 같다. 청화원은 명대에 관환(官宦)의 대규모 사가교원(私家郊園)이었다.

해전 청화원은 척원 이후의 별업으로 도성 문에서 북서로 십리 떨어져 있다. 호수는 서산에서 어구로 흘러들어 오니 사람들 중에 노닐지 않은 사람이 없다. 해전의 물은 그 시작이 매우 얕았는데 도성사람 미중소[287]가 준설하여 작원을 지었다. 이에 이후가 상류에 원림을 만듦에 공을 들여 이름 하기를 청화라 하였다. 처음에는 모옥 몇 칸에 이르러 중문을 들어서면 공간이 커지기 시작한다. 연못의 금린은 길이가 5척에 달한다. 별원은 두 개인데, 깊고 아름다움이 각각 지극하다. 백 척의 누각를 만들어 산을 마주하고 호수를 내려다보니 제방의 버드나무가 20리를 뻗어 있다. 정자가 있어 화취라 이름 하였는데 연꽃이 정자를 둘러싸서 오뉴월에는 꽃만 보이고 잎이 보이지 않는다. 연못 동쪽 백보에는 단석을 놓았는데 돌의 무늬가 오색이고 좁은 곳은 1척 정도이고 손질한 곳은 백장이었다. 서쪽을 꺾으면 각, 비교, 산동이 있고 북서쪽에는 수각이 있는데 돌을 쌓고 물이 떨어지게 하니 형상이 주렴 같고 소리가 폭포 같다. 짐승과 물고기와 화목의 빼어남이 남중에서 이를 넘는 곳이 없다. 눈이 그치면 나무를 엮어 배를 만들고 위에는 집을 올리고 안에 난로에 둘러 앉아 술잔을 기울이고 고기를 구우니 일이십 명이 나는

286 [淸] 昭槤,『嘯亭雜錄』, 卷九, "京師園亭".
287 미만중의 자(字).

듯 배를 끌어서 얼음 위를 가니 눈을 보면 은과 같다. 중류에 파도가 일면 수부들에게 명하여 옷깃을 여미고 타 넘는다. 비록 요지와 옥우를 알지 못하나 어찌 이만큼 아름답겠는가?(海澱淸華園, 戚畹李侯之別業也. 去都門西北十裏. 湖水自西山流入禦溝, 人無得而遊焉. 澱之水, 濫觴一勺, 都人米仲詔潴之, 築爲勺園. 李乃構園於上流而工制有加米, 顔之曰淸華. 初至見茅屋數間, 入重門, 境始大. 池中金鱗長至五尺. 別院二, 邃麗各極其致. 爲樓百尺, 對山瞰湖, 堤柳長二十裏, 亭曰花聚, 芙蕖繞亭, 五六月見花不見葉也. 池東百步置斷石, 石紋五色, 狹者尺許, 修者百丈. 西折爲閣, 爲飛橋, 爲山洞. 西北爲水閣, 疊石以激水, 其形如簾, 其聲如瀑, 禽魚花木之盛, 南中無以過也. 雪後聯木爲船, 上施軒幕, 圍爐其中, 引觴割炙, 以一二十人挽船走冰上若飛, 視雪如銀, 浪放乎中流, 令人襟袂淩越, 未知瑤池, 玉宇又何如爾?)[288]

『일하고문고』에 의하면 청대 강희 때에 이 청화원 옛터에 황가어원인 창춘원을 건조하고 작원은 집현원으로 개조되어 육조의 관리와 환관들이 직무를 보았다고 한다. 이렇게 청화원과 작원이 사라지고 나서 권신 화신(和珅)의 십홀원(十笏園)이 북경 서쪽 교외 지역에서 가장 큰 원림이 되었을 것이다. 한편 『소정잡록(嘯亭雜錄)』에서 말하는 경사의 사가원림은 서쪽 교외 지역 원림만을 가리키는 것이 아니라 우안문 밖 남쪽 교외지역의 원림도 포함하며, 왕공의 부원과 관환의 택원만을 가리키는 것만이 아니라 부유한 상인의 택원이나 교외에 위치한 각종 별업(別業)들도 포함한다. 소련의 『소정잡록』에는 상인들의 원지(園池)에 대해 다음과 같이 언급하고 있다.

본 왕조는 부역과 세금이 가볍고 휴양생식의 정책이 백여 년을 넘어 해내에 부유하고 소봉한 집이 문을 나란히 하고 서로 바라볼 정도로 실로 전대 보다 성함이 있다. 경사의 미곡상인 축

288 [淸] 朱彝尊, 於敏中, 『日下舊聞考』, 卷七十九, "國朝苑囿·泉宗廟".

씨는 명대부터 가업을 일으켜 부유함이 왕후를 능가하니, 그 집은 천여 칸에 이르고 원정은 아름다워서 사람이 열흘을 노닐어도 그 사는 곳의 끝을 못 이른다. 완평 사 씨, 성 씨는 그 부유함이 역시 서로 비슷했다.(本朝輕薄徭稅, 休養生息百有餘年, 故海內殷富, 素封[289]之家, 比戶相望, 實有盛於前代. 京師如米賈祝氏, 自明代起家, 富逾王侯. 其家屋宇至千餘間, 園亭瑰麗, 人遊十日, 未竟其居. 宛平査氏, 盛氏, 其富麗亦相仿.)[290]

일개 미곡상의 원림이 건물이 천여 칸이고 십일을 노닐어도 끝을 볼 수 없다 하니, 그 규모의 대단함을 상상할 수 있다. 더욱이 이러한 원림이 결코 한 집이 아니고 경성 근교뿐만 아니라 평완현과 같은 먼 곳까지 분포하였으니 청대 북경 사가원림의 흥성을 짐작할 수 있다.

청대 북경 서쪽 교외의 사원(賜園)은 주로 황가원림 주위에 위치하였는데, 숙춘원, 근춘원(近春園), 청화원(淸華園), 낭윤원(朗潤園), 위수원(蔚秀園), 승택원(承澤園), 명학원(鳴鶴園), 예왕원(禮王園) 등이 있었다. 이 중 숙춘원은 위에서 언급한 십홀원으로 건륭황제 시기 권신 화신의 사원이었으며 그 규모는 청대 서쪽 교외지역 모든 사가원림 가운데서 가장 컸다. 또한 청화원은 이름이 같은 명대 청화원과는 관련이 없으며 가군의 연구에 의하면 그 전신은 원명원의 부속원림 희춘원(熙春園)의 일부였다 청대 도광년간에 희춘원을 둘로 나누어 서친왕 면흔(瑞親王 綿忻)과 돈친황 면개(惇親王 綿愷)에게 하사하고 각각 근춘원과 청화원으로 이름 한 것이다.[291] 이 두 원림의 터는 모두 지금 청화대학교 캠퍼스 안에 포함되어 있다.

북경성 안의 왕공택원은 주로 내성 안에 집중되었다. 왕부(王府) 혹은 패륵부(貝

---

289 2, 3대 이상에 걸쳐 부를 쌓음.

290 [淸] 昭槤, 『嘯亭續录』, 卷二, "本朝富民之多".

291 賈珺, 『淸代北京府宅園林占地規模, 佈局模式與空間尺度初探』, 王貴祥 等, 『中國古代建築基址規模硏究』, p. 373, 中國建築工業出版社, 2008年.

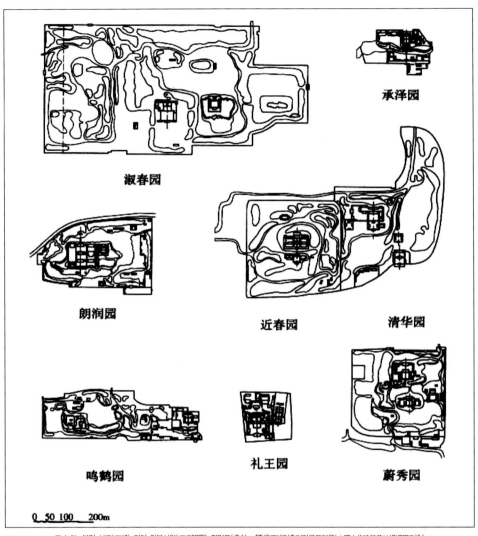

承澤園

淑春園

朗润园

近春园

清华园

鸣鹤园

礼王园

蔚秀园

0 50 100   200m

도 1-21. 북경 서교(西郊) 지역 왕부사원(王府賜園) 평면도(출처 : 《중국고대건축기지규모연구(中國古代建築基址規模研究)》)

勒府)[292]는 공적 영역인 부(府)와 주거영역인 저(邸)로 구성되는데 주거영역에는 별

---

292 패륵(貝勒) : 청대 황족의 등급 중 하나. 세 번째 등급.

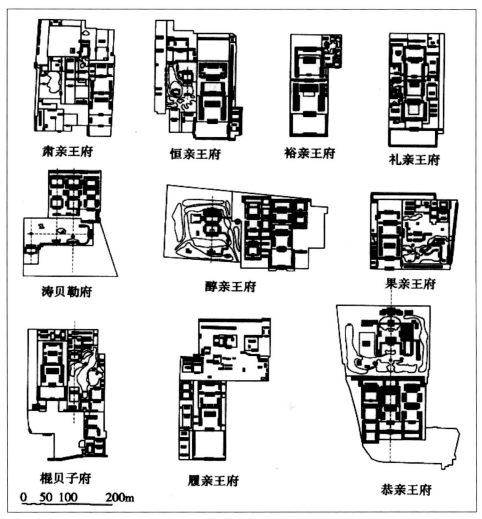

肅亲王府   恒亲王府   裕亲王府   礼亲王府

涛贝勒府   醇亲王府   果亲王府

棍贝子府   履亲王府   恭亲王府

0   50 100   200m

그림 1-22. 북경 내성(內城) 지역 왕공부원(王公府園) 평면도(출처 : 《중국고대건축기지규모연구(中國古代建筑基址規模研究)》)

도로 원림을 조성하는 경우가 많았다. 유명한 왕공택원에는 공왕부화원(恭王府花園), 순왕부화원(醇王府花園), 곤패자부원(棍貝子府園), 도패륵부원(濤貝勒府園) 등이 있으며, 기타 숙친왕부원(肅親王府園), 항친왕부원(恒親王府園), 유친왕부원(裕親王府園), 예친왕부원(禮親王府園), 과친왕부원(果親王府園), 이친왕부원(履親王府園) 등이 있다.[293]

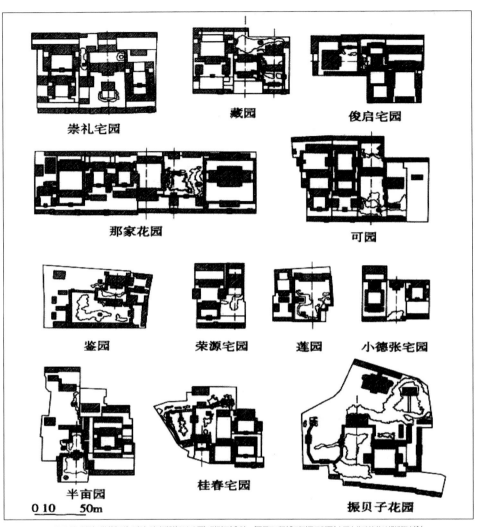

崇礼宅园

藏园

俊启宅园

那家花园

可园

鉴园

荣源宅园

莲园

小德张宅园

半亩园

桂春宅园

振贝子花园

0 10 50m

도 1-23. 북경 내성(內城) 지역 사가택원(私家宅園) 평면도(출처: 《중국고대건축기지규모연구(中國古代建筑基址規模研究)》)

293 賈珺, 『淸代北京府宅園林占地規模, 佈局模式與空間尺度初探』, 王貴祥 等, 『中國古代建築基址規模研究』, p. 374, 中國建築工業出版社, 2008年.

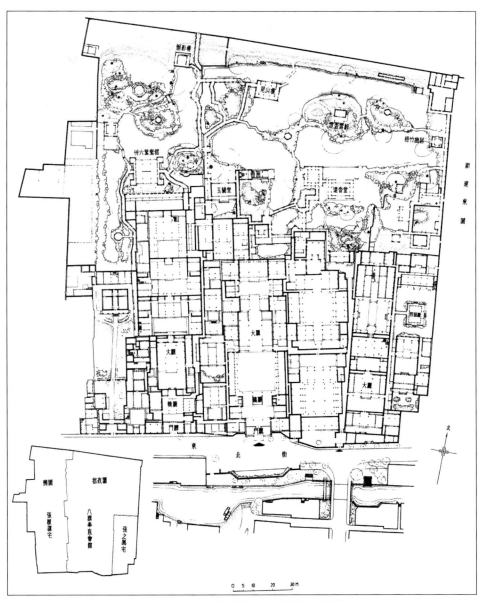

도 1-24. 졸정원(拙政園) 배치도(출처 : 《소주고전원림(蘇州古典園林)》)

이들 부저택원(府邸宅園)의 규모는 각각 다르지만 모두 부저건축과 밀접하게 결합되어 북경 사가원림의 하나의 전형적 형식을 형성한다. 흥미로운 점은 청대 친왕

중에서 원림을 만드는 데 관심을 기울이지 않은 이도 있었는데, 예를 들어 가경황제의 손자인 항격친왕 홍질(恒恪親王 弘晊)은 "어려서 부친의 작위를 계승하니 성격이 엄중하고 검박했는데 이때 나라가 부유하여 뭇 왕들이 광대를 모으고 원림을 회복하는데 오직 왕만이 선비의 검소함을 숭상하였다. ……뭇 부저들이 사치스러웠던 까닭에 모두 점차 쇠락하여 심지어 땔감마저 없는 곳도 있었지만 왕의 자손은 변함없이 부유하였다.(幼襲父爵, 性嚴重儉樸, 時國家殷盛, 諸藩皆蓄聲伎, 恢園圃, 惟王崇尙儒素. ……然諸邸以驕奢故, 皆漸中落, 致有不能擧炊者, 而王之子孫富饒如故.)"[294] 여기서 알수 있듯 청대 친왕과 패륵들이 부저주택에 연못을 파고 원림을 꾸미는 것이 보편적인 현상이었고 "광대를 모으고 원림을 회복(蓄聲伎, 恢園圃)"하지 않는 경우가 매우드물었다.

왕부와 패륵부등의 왕공택원 외에 일부 한족관리와 상인들도 주택 안에 연못을 파고 돌을 쌓아 원림을 만들었다. 이들 택원은 면적이 비교적 작고 주택건축 사이의 빈 공간에 끼어 있거나 혹은 독립적으로 하나의 원락을 구성하기도 하였다. 가군의 연구에 의하면 청대 북경 내성의 주택원지에는 반무원(半畝園), 나동택원(那桐宅園), 숭례택원(崇禮宅園), 가원(可園), 소덕장택원(小德張宅園), 가춘택원(桂春宅園), 영순택원(永順宅園), 준계택원(俊啓宅園), 연원(蓮園), 영원택원(榮源宅園), 감원(鑒園), 진패자화원(振貝子花園) 등이 있는데 이들 사가택원은 진패자화원을 제외하고 순수한 원의 규모는 매우 작아서 큰 경우도 1~2무 정도에 지나지 않았다.[295]

4. 청대 강남 사가원림

1644년 청나라 사람들이 중원으로 진출한 이후의 원림 조영활동은 경사뿐만 아

---

294 [淸] 昭梿, 『嘯亭續錄』, 卷二, "恒王置産".
295 賈珺, 『淸代北京府宅園林占地規模, 佈局模式與空間尺度初探』, 王貴祥 等, 『中國古代建築基址規模硏究』, p. 374~375, 中國建築工業出版社, 2008年.

니라 각 지방에서도 활발히 전개되었다. 예를 들어 청나라 초기 오삼계(吳三桂)는 운남을 근거지로 삼았는데 "이에 영력년간에 오화산에 거하여 새로운 부를 지었는데 여러 층의 누각과 통도의 규모와 제도가 대내에 버금갔다. 또 서쪽 교외에 원을 만들고 안부원이라 이름 하였다.(爰卽永曆所居五華山作新府, 重樓複道, 規制擬大內. 又爲園于西郊外, 名安阜園.)"²⁹⁶ 이것은 분명히 당시 신분등급에 따른 건축규제를 넘어선 원림이었다.

또한 청대 선비들 중에 원지를 만드는 것을 좋아하는 사람이 적지 않았다. 예를 들어 요양(遼陽) 관료 이자정(李子靜)의 아들로 이름은 이준(李峻), 자는 공기(公起)라는 사람이 있어 어려서부터 귀가 들리지 아니하였지만 독서를 무척 좋아하였는데 "농부처럼 소박하고 부처와 노자처럼 정묘하나 국가에 있어서는 모든 기상과 전고가 있었다. 호구가 변경에 있지만 찾아뵈면 반드시 응하고 정성을 다해 살폈다. ……만년에 식물을 심는 것을 특히 좋아하여 기이한 꽃들이 항상 계정에 가득하였다. 집 옆에는 비원, 죽파헌, 청라합 등의 경승이 있으니 모두 손님과 더불어 노니는 곳이다. 성정이 담백하고 학문을 좋아하는 것 외에 즐기고 바라는 것은 더욱 맑아지니 도리어 입과 귀의 깨달음을 번거로워 했다.(粗及農桑, 微如佛老, 迨國家所有旗常典故, 戶口邊疆, 叩之必應, 鹹盡精核 ……晚年尤好種植, 奇華异卉, 常滿階庭. 舍旁有斐園, 竹波軒, 青蘿合諸盛, 咸與客游處. 性旣寧淡, 好學之外, 嗜欲益淸, 反覺口耳爲煩也)"²⁹⁷ 또 청대 기록에 의하면 기원(寄園)이라는 곳이 있었는데 "기원은 황문시랑 조공이 은퇴하여 머문 원림으로 터는 편벽하지 않으나 둘레가 소란스러운 속세와 떨어져 있다. 누대와 정자가 있고 다리와 연못이 있고 산과 수풀이 있고 대나무와 돌이 있다. 배진공의 녹야나 이문요의 평천은 이를 넘지 못하였다. 사계절의 홍성함이 끊이지 아

---

296 [淸] 蒼弁山樵,『吳逆取亡錄』.
297 [淸] 周亮工,『書影』, 卷三.

니하니 구주에서 항상 손님이 모여들어 꽃을 보고 달을 놀고 술을 마시고 시를 읊으며 비파소리와 술잔이 그치지 않고 시 읊는 소리가 이어졌다.(寄園者, 黃門趙公退食之園也, 地非偏僻, 境隔塵囂, 有台有亭, 有橋有池, 有山有林, 有竹有石, 裴晋公之綠野, 李文饒之平泉, 不是過也. 四時之興不窮, 九州常客常集, 看花玩月, 飲酒賦詩, 琴尊不輟, 嘯咏繼之.)"[298] 이 작은 원림에 대해서 또 다른 얘기가 전해져 오는데 "예사구가 기원에서 연회를 열었는데 한 여름에 새롭게 연못을 하나 파니 손님이 칭찬하여 이르기를 '해를 기다렸다가 연꽃을 심으면 좋겠습니다' 하니 예사구가 이르기를 '왜 다음해가 오기를 기다립니까?' 하니 손님은 농으로 여겼다. 술에 반쯤 취해서 몸을 일으켜 연못 위를 거니니 녹색 구름이 천 송이요 맑은 향기가 일어나며 육랑면 꽃이 선명하여 사람을 맞이하더라. 손님이 기이하게 여겨 물으니 예사구가 말하기를 '귀한 손님을 위해 꽃을 재촉하는 격문을 잠시 빌렸습니다" 하였다. 원 안에는 연꽃 화분이 매우 많이 깔려있었는데, 예사구가 비밀스럽게 사람을 시켜 화분을 매고 물속에 들어가게 한 것이니 크게 웃을 만한 일이다.(艾司寇方宴客寄園中, 盛夏新鑿一池, 客贊曰'待來年好種荷也. '艾曰'何待來年? '客以爲戲. 比半酣, 起行池上, 則綠雲千朵, 淸香搖曳, 六郎面灼灼迎人矣. 客怪問之, 艾曰'爲佳賓姑借催花檄也. '蓋園中盆荷甚多, 艾密令人帶盆沈水, 博一笑耳.)"[299] 이로부터 청대 원림생활의 재미있는 일면을 엿볼 수 있다.

청대 강남의 소주, 항주, 강녕(江甯)은 특히 원림이 흥성하였다. 그 중 다수가 사가원림이었는데 명대에 시작하여 청대에 까지 이어 내려왔으며, 일부 유명한 사가원림은 관아로 이용되기도 하였다. 예를 들어 소주의 유명한 졸정원(拙政園)이 그 예이다. 청 순치(順治)년간에 "이때 소주에 영해장군을 추가로 설치하고 누문해녕 진상국의 졸정원 안에 주둔하였다. 강희 갑진년에 장군을 없애고 원림을 소주, 송

---

298 [淸] 趙吉士, 『寄園寄所寄』, 卷四, "撦須寄 · 寄園十二月".
299 同上, 卷一, "裏底寄 · 技巧" 引 "郿古新語".

산, 상주도 관아로 바뀌더니, 뒤에 진상공자에게 다시 돌려주었다가, 돌아서 왕액부의 영녕에게 팔았다. 영녕은 평서왕 오삼계의 사위이다. 강희 계추년 겨울에 오삼계가 반란을 일으키니 액부는 몰수되고 집은 궁에 속하게 하였다. 17년 무오의 일이다. 소주 송산 상주도의 조공 택심이 관에 값을 치르고 다시 사서 공해를 설치하였다.(時蘇州添設寧海將軍, 駐扎于婁門海寧陳相國之拙政園內. 康熙甲辰, 撤會將軍, 園改蘇, 松, 常道, 後複歸陳相公子, 旋賣于王額附永寧. 永寧爲平西王吳三桂婿. 康熙癸醜冬, 吳三桂反, 額附已沒, 第入于官. 十七年戊午. 蘇, 松, 常道祖公澤深, 輸價于官, 複買爲駐扎之公廨焉.)"**300** 이로부터 알 수 있듯이 청대 순치·강희년간에 졸정원에 영해장군을 경영하고 소주, 송산, 상주 도의 관아로 사용하였다. 이러한 사실은 우리들로 하여금 사가원림의 기능에 대해 색다른 이해를 가능케 한다.

청대 강남지방의 관리, 환관, 선비들의 저택은 다수가 원지를 건설하였다. 원지는 저택 안에 있거나 혹은 별도로 교외지역에 건설되었다. 소위 "군읍이 성하면 고급저택이 구름을 뚫고, 유명한 원림이 집처럼 엇갈려 이어지며, 시가와 문이 방리에 늘어져 있어서 넓은 땅을 얻을 수 없었다.(郡邑之盛, 甲第入雲, 名園錯綜, 交錯比屋, 闤闠列廛, 求尺寸之曠地而不可得.)"**301** 송강(松江) 지역의 몇 가지 예를 통해 당시 강남지방의 관환계층의 사가원림의 모습을 엿보고자 한다. 순치년간에 송산(松山)의 소주, 송산, 상도 총병제독 장천록은 저택 안에 원지를 만들었는데 "동서에 두 집이 있는데 예전에는 빈관의 장청으로 사용되었다가 지금에 이르러 깃발과 북을 버리고 원정으로 바뀌었다. 사와 당을 짓고 세 집을 하나로 합하여서 터의 둘레를 합하면 1리를 넘었다.(東西兩第, 舊爲賓館將廳, 至是廢旗鼓, 改園亭, 建射堂, 兼三第而一之, 基址環匝, 有逾裏許.)"**302** 이것은 바로 세 곳의 나란한 관아와 주택을 하나로 합한 것으로 그 가운데를

---

300 [淸] 葉夢珠, 『閱世篇』, 卷三, "建設".
301 同上, 卷十, "居第一".
302 同上.

원정으로 개축한 것이다. 주택과 원림의 터는 그 규모가 1리에 달했다.

또한 송산부 부치(府治)의 남쪽에는 청대 광록승(光祿丞) 고 씨(顧氏)가 하사받은 저택이 있었는데 그는 송성 동쪽 교외에 따로 원림을 갖고 있었다. "고원(顧園)은 동쪽 교외에 있는데, 가지런하게 네모지며 100무(畝)이다. 돌을 쌓고 산을 두르고, 연못을 파고 물을 끌어들이며, 석량교와 무지개 제방이 있고, 대와 사가 별과 같으며, 굽은 물과 회랑이 있고, 푸른 산이 솟아 비취와 비취빛으로 우뚝 솟아 있고, 좋은 나무가 엇갈려 있고, 그림과 같은 누각이 흐릿하고, 크고 넓은 당은 열려있고, 유유하고 깊은 실은 좁으며, 붉은 꽃이 현란하고, 수각은 향기를 발하며, 새 소리가 은은하게 울려 퍼지고, 생황 노랫소리가 때때로 나오며, 뱃놀이를 하니 비취새가 모여든다. 노니는 여인은 화려하며, 곡을 짓고 쟁을 타니, 시인묵객들이 모여든다. 비록 평천과 연야가 빼어나다 하나 이를 넘지는 못한다.(顧園在東郊之外, 規方百畝, 累石環山, 鑿池引水, 石梁虹偃, 台榭星羅, 曲水回廊, 靑山聳翠, 參差嘉樹, 畫閣朦朧, 宏敞堂開, 幽深室密, 朱華絢爛, 水閣香生, 禽語悠揚, 笙歌間出, 蕩舟拾翠, 游女繽紛, 度曲彈箏, 騷人畢集, 雖平泉綠野之勝, 不是過也.)[303]

여기에서 "가지런하게 네모반듯하며 100무에 달하는(規方百畝)" 사가원림은 분명히 주택과 원림이 분리된 형식으로 산과 연못의 홍성함과, 누대와 정사의 화려함, 청당과 누각의 깊음 등이 모두 당시 사가원림 중에서 최고를 다툴 정도로 상당히 빼어났다. 또 송산 북성에는 번 씨(潘氏)의 낙수당(樂壽堂)이 있었는데

역시 번 씨가 만든 유연의 장소이다. 산을 두르고 물을 가까이 하며, 아름다운 나무들이 사방으로 무성하며, 높은 누각과 웅장한 청당은 기둥을 붉게 칠하고 서까래를 조각하였으니, 원림의

---

303 同上.

빼어남이 일세에 최고로 군 교외에 있는 고원과 같더라. 당의 이름은 막중당인데 강학헌이 손수 지은 것이다. 규제가 지극히 크고 탁 트여 있으니 청당의 앞 광장이 수 무에 달하고, 돌을 쌓아 난간을 두르니, 난간 밖에는 푸른 연못인데 기이한 봉우리가 쌓어서 그림자를 드리우며, 물속의 달을 바라보는 사가 높은 곳에서 물가를 굽어보고 있고, 굽은 다리가 멀리 건넌다. 산 앞에는 월화당인데 장려함이 산과 서로 같으니 굽어 꺾여서 지나간다. 산 가운데 관부자의 묘가 있고, 비구니의 암자가 있으며, 번 씨 가문의 사당이 있는데 반드시 자세히 살펴야 들어가는 곳을 찾을 수 있고 대충 찾아서는 볼 수 없다.(亦潘氏所建以爲遊宴之地. 環山臨水, 嘉樹扶疏, 高閣重堂, 丹楹刻桷, 園林之勝, 冠絶一時, 猶郡郊之有顧園也. 堂爲莫中江學憲手題, 規製備極宏敞, 堂前廣場數畝, 石砌欄圍, 欄外碧水一池, 奇峰疊照, 月榭高臨, 曲橋遠度. 山前爲月華堂, 壯麗相等, 而曲折過之. 山中有關夫子廟, 有比丘尼庵, 有潘氏家祠, 須細尋始得, 不可一覓而見也.)[304]

이 외에 송성(松城)에는 또 노향원(露香園), 도원(桃園) 등이 있었다. 노향원에는 한때 복숭아를 심었었는데 비록 수확이 풍부하여 이로우니 집집마다 따라서 키우게 되었다. 또 도원은

그 사이에 복숭아나무와 버드나무를 여기저기 심고 가운데 흙산을 쌓으니 대략 원림의 경치를 갖추었다. ……토산은 높이를 더하고 돌을 쌓으며, 복숭아나무와 버드나무 외에 이름난 꽃들을 넓게 심었다. 산 옆에는 봉우리가 층층이 포개진 가운데 당사를 짓고 벽을 붉게 칠하고 순채풀을 베어서 지붕을 덮고 측백나무 담장을 둘러 이르길 평강일립이라 하였다. 종려나무를 베어 정자를 만드니 산에 위치하여 물을 굽어보고 있어 이름 하기를 익연이라 하였다. 토산은 아래로 대포를 내려다보는데 절벽이 위태롭고 하늘에 바람이 불면 파도가 일며 석동은 허한 가운데

---

304 同上.

굽어지고 꺾어져 사람이 잠시 쉴 수 있으니 이르러 서문정공장서처라 하였다. 두 산이 사이에 물을 끼고 있으니 정자를 하나 가운데 세워 이름 하여 재간이라 하고, 돌다리가 누워있어 건너서 돌면 문정공 사당에 들어가니 이르기를 섭섭교라 하였다. 토산에 오르면 기세가 가히 왕해라 할만하다. 포천을 끌어들이고 밀물은 기강을 채울 수 있으며 가지런하게 반듯하며 100무에 이르고 성김과 밀함이 적당하다.(於其間雜植桃柳, 中築土山, 略具園林之致 ……遂卽土山, 增高累石, 桃柳之外, 廣植名花. 土石之旁, 層巒疊嶂, 構堂榭, 施丹堊, 誅茆覆軒, 環以柏牆, 曰平江一笠 ; 截棕爲亭, 踞山臨水曰翼然 ; 土山下瞰大浦, 危崖壁立, 天風海濤, 石洞虛中曲折, 人可小憩曰徐文定公藏書處 ; 兩山夾水, 一亭中立曰在澗. 石樑臥波轉入文定公祠曰攝攝橋. 登土山, 勢可王海, 引浦泉, 潮可灌漑, 規方百畝, 疏密得宜.)[305]

라 하였으니 또 하나의 아름다운 대형 사가원림이다. 또한 현치(縣治)의 동남쪽에 위치한 진 씨(陳氏) 저택은 "중문이 동쪽을 향하고 붉은 누각이 둘러 있으며 바깥 담장은 높이 비치고, 안채는 넓고 깊으니, 역시 해상에서 으뜸가는 저택이라. …… 별도로 죽소를 경영하였는데 주택과 서로 마주하였고, 넓이가 수무이고 자연과 건축이 빼어난 것이 많았다.(重門東向, 朱樓環繞, 外牆高照, 內宇宏深, 亦海上甲第也 …… 有別業竹素與居第相對, 方廣數畝, 多山水亭台之勝.)"[306] 이 원지는 주택의 맞은편에 위치하는데 이 또한 특별한 배치에 속한다.

주택에 속한 원지 외에 강남지역의 관아 중에서도 원림을 갖추고 있는 경우가 많았다. 이들 원림은 단순하게 사가원림의 범위에 포함시킬 수는 없지만, 그 규모와 형식이 사가원림과 크게 차이나지는 않았다. 중국 고대원림은 황가원림과 사가원림의 두 유형으로 나눈다면, 관아원림은 의심할 나위 없이 사가원림에 훨씬 가깝

---

305 同上.
306 同上.

160 중국의 정원

다. 청대 문헌인 『광양잡기(廣陽雜記)』에 의하면 "남경의 각 부는 모두 화원이 있어 뭇 공회와 연음이 여기에서 열렸다. 이부의 것은 문원이라 하고, 병부의 것은 간원이라 하고, 공부의 것은 장춘원이라 하였는데, 다만 예부만 화원이 없었다가 나중에 공옥형 정육이 종백이 되었을 때 역시 원림을 만드니 먼저 이름을 영주라 하였다(南都各部, 皆有花園, 凡公會宴飮, 於乎在. 吏部名文園, 兵部名衍園, 工部名藏春園, 獨禮部無之. 後孔玉衡貞毓爲宗伯時, 亦建園, 先名瀛洲.)"[307]라고 하였으니, 이들은 관아에 원림을 만든 전형적인 사례들이다. 한편 앞에서 이미 설명했듯이 우리들이 익히 알고 있는 소주의 졸정원은 청나라 순치와 강희년간에 관아 소재지였는데, 이런 점에서 강남 사가원림에 상당수의 강남지방 관아원림을 포함시켜야 한다고 할 수 있다.

일반적으로 강남원림은 주택에 있든 아니면 관아에 있든 그 규모가 크지 않고 경관은 북방 황가원림이나 왕공귀족 원림처럼 웅대하지는 않지만 다수가 곡절(曲折)하고 유심(幽深)한 경관으로 빼어났다. 예를 들어 강남 한 마을에는 "사위의 집에 원림이 하나 있으니 이름 하여 격몽이라 하였다. 경치가 자못 그윽하고 빼어났다. ……이에 격몽문을 열고 연못가의 작은 산을 좌측으로 돌아서 반봉정에서 쉰다. 푸른 버들이 몇 그루 있고 붉은 난간이 세 번 굽는데, 죽로로 차를 해 마시고 석등으로 바둑을 둔다. 다시 돌아 왼쪽으로 가면 높게 쌓인 태호석 너머로 해당이 흐드러지게 피어있고 찬란함이 비단병풍 같다. 해당을 따라 수십 무를 가면 한 길이 모두 앵두꽃이며 한길이 모두 장미꽃이다(倩之家有一園, 名隔夢, 景頗幽勝 ……乃啓隔夢門, 轉曲池上小山左側, 憩半峰亭. 綠柳數樹, 紅欄三折, 茶以竹壚, 棋以石磴. 複轉而左, 隔太湖石累丈, 海棠盛開, 爛如繡屛. 緣海棠行數十武, 一徑皆櫻桃花, 一徑皆薔薇花.)"[308]라고 하니 작은 마을의 이름 없는 원림조차 곡절하고 심유한 아름다움을 갖추고 있었음을 엿

---

307 [淸] 劉獻廷, 『廣陽雜記』, 卷一.
308 [淸] 紐琇, 『觚賸』, 卷三, "吳觚下".

볼 수 있다.

한편 기석으로 원림을 점철(點綴)하는 것은 남방 소형원림의 하나의 전형적인 요소였다. 예를 들어 강희 시기 영남(嶺南) 순주부(循州府)의 관아에는 "원림이 지극히 빼어나니 가운데에는 영석으로 만든 봉우리가 하나 있는데 높이가 2장을 넘고 영롱하게 깎여 있어 귀신이 만든 듯하다(園林極勝, 中有英石峰一座, 高可二丈許, 嵌空玲瓏, 若出鬼制.)"[309]라 하였다. 또 일부 원림은 빼어난 수목으로 명성을 날렸는데, 강소(江蘇) 곤산(昆山) 서 씨가 강희 정축년에 진사가 되어 "집 뒤에 땅을 재고 원림을 만드는데, 우연히 옆집의 오래된 나무를 얻었는데 연못가에 우뚝하니 바라보고 즐길 만했다. 이에 짓기 시작하고 원림이 완성되기에 가까워 자미의 '노수공정득'이라는 구절을 취하여 이름 하기를 '득수'라 하였다(於宅後度土築園, 偶得鄰家老樹, 聳臨池上, 顧而樂之, 乃經始焉. 迨乎園成, 取子美老樹空庭得之句,[310] 名曰得樹.)"[311]라고 한 예가 있다. 또한 어떤 원림은 건축으로 유명하였는데, 건축물 자체의 배치나 조형뿐만 아니라 차경(借景) 수법을 통해 원림 밖에 있는 탑이나 석당(石幢) 등의 건축물의 모습을 원림 안으로 빌려 끌어들여 한정된 원림공간 안에 원경을 부여하여 무한하게 이어지는 깊은 공간감을 만들기도 하였다. 옛날 송강성에 서 씨 원림이 있어 "곤산 서대사구의 집은 역시 성안에 있는데, 집 뒤에 새롭게 건물과 원림을 만들었다. 원림 안에는 누각과 정사가 엇갈려 늘어 있으며 계수나무와 대나무가 무성하게 우거져 겹겹으로 가리고 있다. 다시 산 방향으로 오류 리 가면 산위에 탑의 그림자가 있는데 원림 서쪽의 작은 연못에서 보이더라. 물결과 돌산 사이에 완연히 작은 부도가 있

---

309 [淸] 紐琇, 『觚賸』, 卷三, "粤觚上".
310 자미(子美)는 두보(杜甫)를 가리킨다. 이것은 두보의 찬천수남곽사(贊天水南郭寺)의 시구 "山頭南郭寺, 水號北流泉. 老樹空庭得, 淸溪一邑傳. 秋花危石底, 晚景臥鍾邊. 俯仰悲身世, 溪風爲楓然"을 인용한 것이다.
311 [淸] 紐琇, 『觚賸續篇』, 卷二, "人觚".

으니 이로 인해 연못 위에 헌을 짓고 이르기를 탑영헌이라 했다(昆山徐大司寇宅亦在 城內, 宅後新築憺園, 園中樓榭參差, 桂竹蓊薈, 遮罩重重. 又去山尙五六裏, 而山上塔影, 乃 於園西偏小池見之, 藻波峰石間, 宛然小浮圖在焉, 因卽池上構軒曰塔影軒.)"[312]라 하였는데, 이는 강남원림에서 사용하는 차경수법의 한 예를 보여준다.

5. 청대 원림저술

명대와 비교하면 청대 문인사대부들은 상대적으로 원림예술에 관한 저술에 그 다지 열정적이지 않았다. 이 시기 체계적인 원림관련 저서로는 청대 주이존(朱彝尊) 과 어민중(於敏中)의 『일하구문고』을 꼽을 수 있는데, 이 책에는 경사의 원지들을 기록하고 있으며 특히 황가원림에 대한 내용이 상세하다. 본문 중 "국조원유(國朝苑 囿)"라는 장절이 있는데 남원과 서교의 삼산오원을 포함한 청대 황가원유에 대해 상 세하게 기록하고 있어서 청대 북경 황가원림 연구에 있어서 매우 중요하다.

청나라 사람 조설근(曹雪芹)의 소설 『홍루몽(紅樓夢)』에는 '대관원(大觀園)'의 경 관과 소설 인물들의 원림예술에 대한 갖가지 생각을 묘사하고 있는데, 이 역시 원 림 관련 저술의 한 유형으로 볼 수 있다. 이 작품의 곳곳에서 작가는 섬세한 문장 과 원림예술에 대한 깊은 이해를 바탕으로 대관원의 원림경관을 지극히 서정적으로 묘사하였다. 『홍루몽』 중의 대관원은 물과 같이 깨끗한 여성의 세계이자, 시와 차 의 문화세계이며, 동시에 조설근 마음속의 이상적 유토피아이다.

명청시기 원림에는 적지 않은 석비가 있는데, 이들에는 원림에 대한 품평이나 감상이 적혀 있어서 원림예술에 대한 일종의 해석을 제공한다. 그 중 문인사대부들 이 쓴 것이 많고 일부는 관리나 환관 혹은 제왕이 쓴 글을 새긴 것도 있다.

그 밖에 청대 문헌 중에 상당히 풍부한 어제시(禦制詩)가 남아 있어 청대 원림을

---

312 同上, 卷四, "物觚".

이해하는 데 도움을 준다. 특히 건륭황제는 많은 시간을 원명원, 청의원, 승덕 피서산장 등에서 지냈고, 또한 본인이 원림예술 애호가이자 조원과정에 적극적으로 참여했던 사람이기 때문에 그가 남긴 다량의 어제시 가운데에는 상당수가 원림과 관련되어 원림예술에 대한 건륭황제의 다양한 생각을 엿볼 수 있다. 예를 들어 건륭어제 『추우초청원림즉경(秋雨初晴園林卽景)』에는 "비가 씻으니 높은 하늘이 깨끗하고, 구름은 먼 산에 기대어 돈다. 기운과 사람이 함께 상쾌하니, 마음과 경물이 모두 한가하다. 매미가 우니 여름을 그리워하는 것 같고 숲이 가늘어 산이 새어 나올 듯하다. 파도의 빛이 하늘색과 이어지니 깨끗함을 머금음이 하나처럼 닮았다(雨洗高空淨, 雲依遠岫還. 氣將人共爽, 心與物皆閑. 蟬噪猶思暑, 林稀欲漏山. 波光接天色, 含素一般般.)"[313]라 하였고 『어원초동(禦園初冬)』에는 "헌·재·정이 한낮 태양에 온난하고 고운데 창을 여니 따뜻함이 선선함으로 바뀌네. 원림에 적막함이 가득함을 애석해 하나 청산 황촌에는 작은 봄이라(軒齋亭午日暄妍, 一弄明窓暖更鮮, 漫惜園林饒寂寞, 靑山黃樹小春天.)"는 시가 있는데, 이들은 모두 서로 다른 계절과 기후 조건하에 원림예술에 대한 재미와 감상을 세밀하게 표현하고 있다. 청대 원림 어제시에는 또한 원림예술 사상과 철학을 풍부하게 내포하고 있기 때문에 자세히 읽으면 깊은 의미와 숨겨진 맛을 찾을 수 있다. 중국 천진대학의 왕기형(王其亨) 교수와 연구생들은 수년간 청대 황가원림에 대해 연구하면서 청대 원림 어제시 속에 포함된 원림사상과 의미를 발굴하고 이를 청대 황가원림 실례와 결합하여 연구를 진행하여 풍부한 연구성과를 내었는데 이 또한 자세히 읽어볼 만하다.

---

313 『欽定四庫全書·集部·別集類·淸代·禦制詩集·初集』, 卷3.

02

중국 고대원림의 유형과 술어해석

제1절 중국 고대원림의 유형

 "원림(園林)"이라는 단어는 서진(西晉) 장한(張翰)이 엮은 『잡시(雜詩)』의 "늦봄에 온화한 기운이 응하니 햇살이 원림을 비추네(暮春和氣應, 白日照園林.)"라는 구절에서 처음 등장하였으며, 그 후 북위(北魏) 양현지(楊玄之)가 쓴 『낙양가람기(洛陽伽藍記)』에서 사농(司農) 벼슬의 장윤(張倫)의 주택에 대해 "원림 산지의 아름다움은 모든 왕들의 원림들이 미치지 못한다(園林山池之美, 諸王莫及.)"라는 구절이 등장하고부터 점차 광범위하게 사용되기 시작하였는데, 주로 각종 '노닐고 휴식을 취하는 일정한 범위의 장소[遊憩境域]'를 가리키는 단어로 사용되어 왔다. 이 단어는 현대 중국에서 영어의 Garden과 Park라는 뜻으로 사용되고 있으며, 현대 중국학계에서는 중국 옛 문헌에 등장하는 원(園), 유(囿), 원(苑), 원정(園亭), 정원(庭園), 원지(園池), 산지(山池), 지관(池館), 별업(別業), 산장(山莊) 등을 모두 원림의 범주로 귀납하여 연구를 진행하고 있다.

 중국 원림은 유구한 역사를 거치면서 형식상 다양화되고 심화되었다. 원림의 기원은 상주(商周)시대의 "원(苑)"과 "유(囿)"에서 비롯되었다. 이들은 왕과 제후가 식물을 심고 동물들을 방목하여 사냥을 즐기던 장소로서 생산, 어로, 사냥, 농사, 유람, 휴양의 다양한 기능을 겸비한 일종의 천연산수원림에 해당하였다. 춘추시기에 이르러 이러한 천연산수원림은 조금씩 인공원림으로 전환되었다. 이 시기 제후들이 앞다투어 토목을 일으키면서 원림은 원시적인 상태에서 벗어나 점차 인공원림이 되었고 단순한 실용적 생산 단계에서 벗어나 예술을 향하여 나아가게 되었다. 진한(秦漢)시기에 이르러서 원림은 각종 인공요소들을 끌어 모아 제2의 자연을 창조하는 단계에 이르렀다. 이렇게 만들어진 원림들은 규모에 있어서 현대인들의 상상을 초월할 정도로 컸고 수량 또한 적지 않았으며 화려한 경치를 자랑하였다. 또한 원림의 전체적인 계획과 내부경관 처리 등에 있어서 주제와 관련 배경사상의 범위가 기존에 비해 크게 확장되는 성과도 있었다. 한편에서는 막대한 경제력을 갖춘 부호계층도 원림을 만들기 시작하면서 사가원림의 역사가 시작되었다. 위진남북조시기에는 극심한 사회적 정치적 혼란으로 인해 '초연물외(超然物外)'의 자연산림과 전원생활에 대한 간절한 열망이 지식계층을 중심으로 유행하였다. 이러한 사상적 배경 속에서 자연풍경원림(自然風景園林)은 새로운 변화와 발전을 맞이하게 되니, 사람들은 원림경관을 단순한 객관적 감상대상이 아니라 원림 주인의 정신의 구현이자 정감의 물화형식으로 여기게 되었다. 동진(東晉)시기에는 원림의 이러한 사의적(寫意的) 경향은 더욱 강화되어, 원림에서 의경(意境)에 대한 추구는 자연미에 대한 추구에 못지않게 중요시 되었으며, 경관의 우열은 그 자체의 번간농담(繁簡濃淡)[1]이나 신사형사(神似形似)[2]에 있지 않고 의족(意足)[3]하는 것을 중시하였다. 또한 이 시기에는 대량의 불교사찰과 도관을 중심으로 사관원림(寺觀園林)이 등장하였다. 당송시기는 중국 고대원림 예술발전의 또 다른 절정기였다. 문인들이 창조한 사의적 문인원(文人

---

1 화려함과 소박함.

2 정신적 닮음과 형태적 닮음.

3 의도하는 뜻에 부합함.

園)은 남북조시기의 발전을 거쳐 이 시기에 이르러 정점에 도달하였다. 이 시기는 수많은 유명한 사의원림이 출현하였을 뿐만 아니라 동시에 다수의 원림예술가가 출현하였으며 또한 이에 상응하는 원림이론과 저술이 선보여졌다. 명청시기에 이르러 원림예술은 화경(化境)에 이르렀다. 조원사상은 나날이 풍부해지고 조원수법 역시 나날이 교묘해졌으며 원림예술 작품들은 매우 성숙한 경지에 이르러 오늘날 우리가 직접 눈으로 확인할 수 있는 많은 원림작품을 남겼다.

一. 기존 연구의 원림분류

수천 년의 세월을 거쳐 다양화된 원림은 명대 후기에 이르러 처음으로 체계적으로 분류되었다. 당시 조원가(造園家)인 계성(計成)[4]은 저서 『원야(園冶)』에서 원림을 선지(選址)에 따라 산림지(山林地), 성시지(城市地), 촌장지(村莊地), 교야지(郊野地), 방택지(傍宅地), 강호지(江湖地)로 나누었다. 그의 견해에 따르면 원림이 놓이는 곳의 환경이 원림의 형식을 결정하는데, 환경의 분류에는 세 가지 기준이 적용된다. 그 중 첫 번째 기준은 자연환경으로 산림지와 강호지는 서로 다른 자연환경에 따라 나눈 것이다. 산림지는 지형의 기복이 명확하고 자연식물이 무성한 산속을 가리키며, 강호지는 광활한 원경을 가진 강가나 호숫가를 가리킨다. 두 번째 기준은 인문

---

4 명말(明末)의 조원가. 자는 무비(無否), 호는 비도인(否道人)이라 하였다. 소주 오강(吳江) 출신으로 어려서부터 산수화에 능하였다. 주로 오대(五代) 화가인 형호(荊浩)와 관동(關仝)의 작품을 좋아하였다. 청년기에는 북경 및 호광(湖廣) 지역을 가 보았고, 중년에는 강남으로 돌아와 진강(鎭江)에 정주하여 조원활동을 하기 시작한다. 처음 가산을 쌓는 시공현장을 참관할 때 그 가산의 형태에 대해 이견을 제시하고 직접 작업하여 이름을 날리게 되었다. 명 천계(天啓) 3년(1623년)에는 상주(常州) 오현(吳玄)의 요청을 받아 5무 면적의 원림을 만들었다. 대표작으로는 명 숭정(崇禎) 5년(1632) 의 정현(儀征縣)에 왕사형(汪士衡)을 위해 만든 침원(寤園), 남경에 완대성(阮大鋮)을 위해 만든 석소원(石巢園), 양주(揚州)에 정원근(鄭元勳)을 위해 개축한 영원(影園) 등이 있다. 숭정 7년에 실천경험을 바탕으로 중국 최초의 체계적 원림저작인 『원야(園冶)』를 집필하였다.

환경이다. 성시지, 촌장지, 교야지는 서로 다른 인문환경에 따라 나눈 것으로, 성시
지는 인구가 가장 밀집하여 번잡하고 택지 확보가 어려운 성시 내부를 가리키고,
촌장지는 인구밀도가 낮고 토지확보가 용이하면서 최소한의 생활편리를 제공해 줄
수 있는 농촌지역을 가리키며, 교야지는 사람이 거의 살지 않는 성시 밖 교외지역
을 가리킨다. 세 번째 기준은 원림의 독립성으로 방택지는 주택에 부속된 소규모
원림을 가리킨다. 이상의 분류방식은 현대인의 관점에서 봤을 때 그 기준이 모호하
지만 명청시기 사가원림들에 적용해 보면 놀랍게도 거의 모든 원림형식을 빠짐없이
포괄함을 발견할 수 있으며, 현대인들로 하여금 옛사람의 시각에서 원림에 관련된
문헌기록이나 회화작품 등의 자료를 바라볼 수 있게 해준다.

　원림의 분류체계에 대해 현대 학자들은 보다 체계적인 연구를 진행하였다. 유돈
정(劉敦楨)은 중국 고대건축사 연구의 개척자 가운데 하나로, 1953년 조사팀을 이끌
고 소주지역의 고전원림에 대한 전반적인 조사와 연구를 진행하여 중국고대원림연
구의 기초를 확립했다. 작고 후 제자들에 의해 1979년 출판된『소주고전원림(蘇州
古典園林)』이라는 책에서 그는 중국 고대원림의 분류에 대한 자신의 견해를 밝힌
바 있다. "일반적으로 말하면 우리나라 고대원림은 황가원유(皇家苑囿), 사가원림(私
家園林), 사관사묘원림(寺觀祠廟園林) 그리고 자연명승풍경원림(自然名勝風景園林)의
몇 가지 큰 종류로 나눌 수 있다." 그는 우선 원림의 소유관계와 예술적 풍격을 기
준으로 삼아 원림을 황가원유, 사가원림, 사관사묘원림의 3종으로 나누고 다음으로
대형 개방식 자연명승풍경원림을 추가한 듯하다. 이 분류방식은 후대 학자들에게
중요한 참고가 되었다.

　나철문(羅哲文)은 양사성(梁思成)과 유돈정을 계승한 고건축 학자이며 고대 원림
에 대해서도 적지 않은 연구를 하였다. 그는 1984년『고건원림기술(古建園林技術)』
총 5기에 발표한「중국조원사 제강3(中國造園簡史提綱三)」이라는 문장에서 명청시기
원림을 용도, 기능, 조원예술특색을 기준으로, 궁원(宮苑, 즉 皇家園林), 택원(宅園),
정원(庭院) 및 철경(綴景), 사관원림(寺觀園林), 사묘사관원림(壇廟祠館園林), 각산명승

원림(各山名勝園林), 대형호산원림(大型湖山園林)으로 나누었다. 그의 설명에 의하면 궁원은 각 왕조의 궁전과 침궁이 결합되어 있거나 혹은 황궁에 덧붙여 지은 황실원림이다. 택원은 주거용 건축을 자연환경 속에 위치시킨 주택원림이다. 정원은 주택, 관아, 왕부에서 건물 앞 너른 마당이나 사방이 건물로 둘러싸인 좁은 천정(天井)[5]마당에 약간의 산석, 연못, 화목 등의 경관을 배치하여 꾸민 것이며 이때 작은 산석이나 화초로 간단하게 한 지점을 꾸며서 전체적인 경관을 받쳐 주는 것을 철경(綴景)이라 한다. 사관원림은 불교사찰이나 도교궁관의 뒷부분에 있는 원림이다. 단묘사관원림은 단묘(壇廟), 사당(祠堂), 회관(會館)[6]에 부속된 원림이다. 각산명승원림이란 유명한 산에 장기간에 걸쳐 천천히 각종 인문요소가 추가되면서 형성된 풍경구역이다. 대형호산원림이란 호수를 중심으로 한 개방식 원림으로 부분적으로 산을 배경으로 하고 성시나 마을과 하나로 결합된 것으로 많은 풍경점(風景點),[7] 사관(寺觀), 누대정각(樓臺亭閣), 제방, 교량으로 구성된다. 이로부터 알 수 있듯, 그는 유돈정의 분류방식을 기초로 다시 세분하였다. 구체적으로 사가원림을 택원과 정원의 두 가지로 나누고, 사관사묘원림을 사관원림과 단묘사관원림의 두 가지로 나누고, 자연명승풍경을 각산명승원림과 대형호산원림의 두 가지로 나누었다

앞의 두 학자가 고대건축과 고대원림의 두 분야를 병행 연구한 반면, 주위권(周維權)은 중국 고대원림 분야만을 집중적으로 연구한 원림 전문연구가로서 1958년부터 중국 고대원림에 대해 연구를 시작하였다. 1980년대 초 중국의 국가성건총국(國家城建總局)에서 연구과제를 선정하고 지원하였는데, 이때 그는 왕국연(汪菊淵)이 이끄는 "중국 전통원림사 연구" 팀에 참가하여 초기 원림연구 부분을 담당하면서 폭넓은 현장조사와 문헌연구를 시작하였고, 장기간의 연구 성과를 정리하여 1990년에

---

5 중국의 민가에서 사방이 건축으로 둘러싸인 좁은 마당.
6 중국 명청시기 동향 혹은 동업 조직.
7 경관이 바라다 보이는 지점.

『중국고전원림사(中國古典園林史)』[8]라는 최초의 중국 고전원림 관련 역사서를 출간하였다.

이 책은 은주진한(殷周秦漢)시기부터 명청시기까지 시대별로 문헌에 기록되어 있거나 현존하는 원림의 사례를 하나하나 모아서 분석하고 있는데, 본격적으로 시대별 분석에 들어가기에 앞서 먼저 원림유형 분류를 시도하였다. 그는 몇 가지 서로 다른 각도에서 방대한 고대원림 체계를 파고들었는데 그가 사용한 분류기준에는 터의 선택과 개발방식, 터의 규모, 소유관계, 주류성(主流性), 위치 등이 있다.

그의 분석에 의하면 원림은 터의 선택과 개발방식에 따라 인공산수원(人工山水園)과 천연산수원(天然山水園)으로 나눌 수 있다. 인공산수원은 평지에 물길을 내어 수계를 꾸미고 흙이나 돌을 쌓아 산을 만든 것으로 인위적으로 산과 물을 포함한 자연지형을 만들고 거기에 식물과 건축을 더하여 천연의 산수경관을 작은 범위의 원림 안에 압축하여 옮겨놓은 것이다. 일반적으로 성시나 번화한 마을의 평지에 만든다. 다시 기지 규모에 따라 0.5ha 이하의 소형, 0.5~3ha의 중형, 3ha 이상의 대형으로 나눌 수 있다.[9] 천연산수원은 통상 성시와 번화한 마을의 근교나 비교적 먼 산수풍경지대에 짓는다. 천연산수환경의 부분 혹은 전부를 원림기지로 삼아서 적당한 조정, 개조, 가공을 거쳐 원림을 완성한다. 또 천연환경요소에 따라 산과 물을 가미한 산수원(山水園)과 산만 있는 산지원(山地園), 물만 있는 수경원(水景園)으로 나눈다. 또 규모에 따라 천연산수환경의 작은 부분을 원림의 터로 삼는 소형과 하나의 완전한 천연산수환경을 포괄하여 터로 삼은 대형으로 나눌 수 있다.

이어서 그는 소유관계에 따라 원림을 황가원림(皇家園林), 사가원림(私家園林), 사관원림(寺觀園林), 아서원림(衙署園林), 사당원림(祠堂園林), 서원원림(書院園林), 회관

---

8 清華大學出版社, 1990.

9 1ha=100m×100m.

원림(會館園林), 차루·주사 부속원림(茶樓酒肆附屬園林), 공공원림(公共園林) 등으로 나눴다. 그 중 황가원림, 사가원림, 사관원림이 주류에 속하고 나머지는 모두 비주류에 속한다. 주류와 비주류 사이의 구분은 원림문화의 주도성과 예술풍격의 성숙정도를 근거로 정한 것이다. 황가원림은 사용상황에 따라 다시 대내어원(大內禦苑), 행궁어원(行宮禦苑), 이궁어원(離宮禦苑)으로 나뉜다. 대내어원은 수도의 궁성 안에 만들어 황제가 일상 중에 들러서 유람하고 휴식을 취하는 데 쓴다. 행궁어원은 도성 밖 교외지역에 만들어 황제가 가끔 들러서 짧게 유람하고 휴식을 취하거나 황제의 원거리 행차 시 어가가 잠깐 쉬는 장소로서 사용된다. 이궁어원은 도성 근교에 지으며 황제가 장기간 거주하고 정무를 처리하는 장소로 사용된다. 사가원림은 민간의 왕공귀족, 진신(縉紳),[10] 부상(富商) 계층의 소유로서 고문헌에는 이들을 원(園), 원정(園亭), 원서(園墅), 지관(池館), 산지(山池), 산장(山莊), 별업(別業), 초당(草堂) 등으로 호칭한다. 또한 이들은 경영위치에 따라 택원(宅園), 별서원(別墅園), 유식원(遊憩園)으로 나눌 수 있다. 택원은 대부분 성진(城鎭) 안에 위치한 주택에 부속되어 주인의 일상생활 속에서 유식(游憩), 연악(宴樂), 회우(會友), 독서(讀書) 등의 장소로 쓰인다. 별서원은 교외 풍광이 아름다운 지역에 지으며 피서 등 단기 거주용도로 쓰인다. 유식원은 단독으로 지어 저택에 부속되지 않은 것이다. 사관원림은 불사나 도관에 부속된 원림으로 '총림제도(叢林制度)'에 근거하여 발전하였는데, 한편으로는 사관이 필요로 하는 식량을 생산하고 다른 한편으로는 종교수행 및 참배객의 휴식공간을 제공한다. 비주류 원림은 수량이 많지 않고 내용 또한 사가원림과 유사하다. 그 중 공공원림은 약간 특수하지만 하나의 원림유형으로서 말하자면 자체적으로 성숙하지 못하였을 뿐만 아니라 선명한 유형적 특성을 갖추지도 못했다. 풍경명승구(風景名勝區)에 대해 주위권은 원림의 범주에 속하지 않는다고 보았다.

---

10 현직 혹은 은퇴한 관리계층.

풍경명승구가 비록 원림의 네 가지 경관요소——산, 수, 식물, 건축——를 갖추고 있고 원림과 함께 발전하면서 서로 교차하고 침투하고 있지만, 실질적으로는 인공적 가공이 국부적인 개조에 국한되고 주된 경관들은 수천, 수만 년간 형성된 자연의 산물이지 결코 인류의 창작품이 아니기 때문에 원림에 속하지 않는다는 것이다. 능원(陵園)과 단묘원(壇廟園) 역시 주위권은 고전원림의 범주에 속하지 않는다고 보았다. 이들도 원림의 네 가지 경관요소를 갖추고 있지만 유식(遊憩)과 관상(觀賞) 목적이 아니라 특수한 기념성을 위한 것이기 때문이다.

남선림(藍先琳)은 중국 고대원림과 민가건축 분야 연구가로서 2003년『중국고대원림대관(中國古典園林大觀)』[11]이라는 책을 출간하였다. 이 책은 터 선택과 개발방식, 소유관계, 지역풍격의 세 가지 기준으로 원림을 분류했다. 먼저 터 선택과 개발방식에 따라 천연산수원(天然山水園)과 인공산수원(人工山水園)으로 나누었으며, 소유관계에 의해서는 황가원림, 사가원림, 사관원림, 공공원림으로 나누었다. 또 지역풍격을 기준으로 북방원림체계와 남방원림체계로 나누었는데, 최종적으로 전자는 북방황가원림, 북방사가원림, 북방사관원림, 북방기타 원림을 포괄하고 후자는 강남사가원림, 강남사관원림, 강남기타원림, 영남원림(嶺南園林),[12] 서남원림(西南園林)[13]을 포괄한다. 주위권과 달리 남선림은 단묘원과 능묘원을 황가원림의 범주에 포함시켰다.

이들 외에 적지 않은 학자들이 조금씩 다른 이론을 펴고 있으나 지면관계상 여기에서 기존연구의 분류방식에 대한 소개를 마무리하고자 한다. 종합적으로 봤을 때 선행연구자들은 원림의 분류문제에 대해 기본적으로 황가원원(皇家苑園), 사가원림(私家園林), 사관원림(寺觀園林)이 중국고대원림의 가장 중요한 3가지 유형이라는

---

11 天津大學出版社, 2003.
12 복건(福建) 남부, 광동(廣東), 광서(廣西) 동부와 남부의 전통원림.
13 사천(四川), 귀주(貴州), 운남(雲南) 지역 전통원림.

것에 동의하지만 기타 전통 조경활동에 대해서는 서로 다른 견해를 갖고 있다.

三. 기존연구의 원림범주

원림분류 문제에 대해 선행연구자들은 주로 원림의 범주에 있어서 이견을 보인다. 그 쟁점은 크게 두 가지인데, 하나는 자연명승풍경구(自然名勝風景區)를 원림의 범주에 넣어야 하는가이다. 이에 대해 유돈정, 나철문, 남선림은 넣어야 한다고 보고 주위권은 제외시켜야 한다고 본다. 두 번째 쟁점은 능원과 단묘원을 원림의 범주에 포함시켜야 하는가이다. 이에 대해 남선림은 동의하고 유돈정과 나철문은 명확한 견해를 보이지 않았으며 주위권은 명확한 반대의견을 제시했다.

자연명승풍경구에 대한 문제에 대한 이견을 살펴보자. 나철문은 「중국조원사 제강3」이라는 기고문에서 명산승경원림(名山勝境園林)과 대형호산원림(大型湖山園林)을 언급하였는데, 전자에 대해서는 "이들은 원림을 경영하기에 우월한 조건을 갖추어서 다년간에 걸쳐 무수한 조원분야의 장인들과 시인묵객 그리고 부유한 상인이나 선비들이 앞 다퉈 부분적으로 경관을 더하였고 이러한 결과가 누적되어 점차 공공에 개방된 유람·집회장소로서의 원림이 되었다"라고 말하였다. 후자에 대해서는 "이들 원림은 개방식에 속하며 종종 성시나 마을과 하나로 융합하여 수많은 풍경점, 사관, 누대정각, 제방, 교량 등으로 구성되어 있다. 비록 사전에 일정한 총체적 계획이 존재하지 않으나 장기간에 걸쳐 역대 경영자와 건축원림장인들이 앞사람이 남긴 기초위에서 서로를 고려하여 유익할 수 있도록 배치를 하였기 때문에 전체적으로 완정한 배치를 형성하였다."

남선림은 『중국고전원림대관』에서 공공원림(公共園林)을 언급하고 있는데 이는 자연명승풍경구에 해당한다. 그가 말하길 공공원림은 "일반적으로 천연경관 개발을 위해 만들어진 것이다. ……공공원림은 역대의 개발이 누적되어 명승고적과 인문경관이 풍부하기 때문에 그 안에 서로 다른 시대, 서로 다른 풍격의 다양한 경관을 포함하고 있다"라고 하였다. 여기에서 남선림은 일정한 수준 이상의 인간의 의식적인 ──비록 한사람의 일관된 의도가 아닐지라도──개발과 영건이 개입된 자연풍경구는 마땅히 원림의 범주 안에 포함시켜야 한다는 점에 동의하고 있는 것으로 보인다. 반면 주위권은 "(공공원림은) 하나의 원림유형으로서 말하면 그 자체가 성숙하지 못했고 선명한 유형적 특징을 갖추지도 못했다. ……(풍경명승구는) 제한적이고 국부적으로 인공 점철한 자연환경으로, 일반적으로 명확한 지역범위가 없고 산, 물, 식물이 모두 천연적으로 생성된 것이며 건축의 전체 배치도 수천 년, 수백 년간 자연스럽게 형성된 것이지 자각 하에 계획된 것이 아니다. ……따라서 결코 예술창작으로 볼 수 없다. 그것은 비록 원림의 기본적 기능과 성질을 갖추고 있지만 필연적으로 완전히 원림과 같을 수는 없다"라고 하였다. 여기에서 보듯이 주위권은 자각적인 창작과 명확한 경계를 가지고 있어야 비로소 원림의 범주에 포함시킬 수 있다고 본다.

다음으로 능원과 단묘원을 원림의 범주에 포함시켜야 되는지 대한 논쟁을 살펴보자. 남선림은 "(단묘원은) 또한 소나무와 측백나무를 가득 심어서 환경의 깊이감을 더하였고 또한 원(苑) 안에 다시 작은 원(園)들이 있는 형식으로 대량의 황실규격 건축군을 지어 놓았다"라고 말하고 또 "황가원림 체계 범주에 속하는 것으로 또한 능묘원이 있다. ……능묘원의 주 건축들은 대칭배치를 하고 있으며 원림 안에는 넓게 소나무와 측백나무를 심었다"라고 말하였다. 여기서 알 수 있듯 그는 능묘원과 단묘원이 모두 치밀한 계획과 설계를 통해 조성되었고 식물과 건축 등 원림경관요소를 갖추고 있기 때문에 마땅히 전통원림의 범주 안에서 연구되어야 한다고 보는 것이다.

이러한 관점은 남선림의 『중국고전원림대관』의 다른 부분에서도 발견되는데, 그는 "중국원림, 서양의 기하학적 원림 그리고 이슬람 원림을 세계 삼대원림 체계라 부른다"라고 언급하고 이슬람 원림을 소개하였는데 이슬람 원림은 다수가 능묘원인 관계로 마침 삽도로서 인도의 타지마할의 사진을 실었다. 여기에 다시 앞서 언급한 자연명승풍경구에 대한 그의 견해를 더하여 살펴보면 우리는 그가 세계원림이라는 거대한 시야에서 중국 고대원림을 바라보고 있음을 발견하게 되는데, 여기서 보이는 남선림의 "원림" 개념은 서방의 "Garden"의 개념에 가깝다.

반면에 주위권은 중국인들이 전통적으로 원림에 대해 갖고 있는 일관된 개념, 즉 원림은 유식과 관상을 위한 장소라는 개념을 계승하고 있는 것으로 보인다. 예를 들어 그는 "(능원은) 결코 유식과 관상을 목적으로 하지 않고 일종의 특수한 기념적 환경과 분위기를 만들어 내고 흉함을 피하고 길함을 추구하는 천인감응(天人感應)의 개념을 구체화한 것이다"라고 했고, 또 "단묘의 녹화는 단묘의 기념적 의의를 뒷받침해주는 것으로 유식과 관상을 위한 목적이 결코 아니다"라고 말하였다. 그가 보기에 이 두 가지는 자연환경의 처리방식에 있어서 본질적으로 간단한 "녹화(綠化)"에 지나지 않은 것이다.

이러한 상이한 개념에서 야기된 학술상의 논쟁은 중국 관련학계에서 반세기 가량 지속되었는데 이는 다수의 학자들이 경관학 범주에 속하는 모든 내용에 "원림"이라는 단어를 사용하려 했기 때문이다. 전통적 문맥을 갖는 "원림"이라는 단어는 현대 경관학의 모든 영역을 대표하는 단어로서 사용되기에는 부적절함에도 불구하고 다수의 학자들이 현대경관의 틀로 중국 고대원림을 이해하려고 하면서 "원림"을 "Landscape"의 개념으로 쓰기 때문에 역사적 문맥 하에서 고대원림을 연구하는 학자들과 자연스럽게 견해차가 발생하는 것이다.

이 문제에 대해 고건축 및 원림 연구가 반곡서(潘穀西)는 범주의 조절을 통해 모순을 해결하려고 시도하였다. 그는 고대 중국인들의 자연환경 경영활동을 "이경(理景)"이라 총칭하였다. 그의 해석에 따르면 "경(景)"은 전통 원림과 풍경명승구가 공통으로 추구하는 바로서, 인간이 자연환경을 경영하는 최종목표이며 동시에 원림과 유사원림의 공통된 기본요소이다. "이(理)"는 다스린다는 뜻으로, 서로 방향성이 상반되는 만든다는 의미의 "조(造)"와 얻는다는 의미의 "취(就)"의 개념을 모두 포괄한다. 전자는 능동적 창조로 "조원(造園)", "조분경(造盆景)" 등의 표현이 있고, 후자는 피동적 이용으로서 "의산취수(依山就水)"와 같은 표현이 있다. 따라서 "이경"이라는 단어는 거의 모든 개념을 포괄한다. 『강남이경(江南理景)』[14]이라는 책에서 그는 모든 고대 중국의 경관경영의 활동을 먼저 "이경"이라는 통일된 개념에 귀납하고 다음으로 그 경영의 결과물을 규모와 특징을 기준으로 정경(庭院), 원림(園林), 풍경점(風景點), 풍경명승구(風景名勝區)의 네 가지 층차로 나누고 더불어 강남지역의 고대 "이경"활동을 정원이경(庭院理景), 원림이경(園林理景), 촌락이경(村落理景), 읍교이경(邑郊理景), 연강이경(沿江理景), 명산이경(名山理景)의 여섯 가지로 나눴다.

여기서 반곡서가 제시한 범주는 스승이었던 유돈정의 틀에 기초한 것으로 보이지만 약간 다르다. 첫째, 사관사묘원림(寺觀祠廟園林)을 정원이경과 읍교이경의 하층 구조에 속하는 종교산림이경(宗教山林理景)에 넣었다. 둘째, 촌락이경과 읍교이경을 더하였다. 주위권과 비교하면 연구영역을 확대하여 강남지방의 모든 종류의 전통경 관을 연구의 범주에 성공적으로 귀납했다. 남선림과 비교하면 그는 능원과 단묘원을 원림 혹은 이경의 범주에 넣는 것을 부정하였다.

三. 본 연구에서 원림의 범주와 분류

본 연구는 선행연구자들이 제기한 여러 이론과 본문의 1장에서 짚어본 원림역사를 종합적으로 고려해서 원림을 다음과 같이 정의해 보고자 한다. 원림이란 일정한 지역범위 안에서, 명확한 심미적 목표를 갖고, 공정기술과 예술수단을 운용하여, 지형개조와 식물배식과 건축영건 등의 치리(治理) 방식을 통하여 창작한 관상, 유식, 거주 용도의 인공자연환경이다.

이 정의는 본 연구가 원림의 범주를 명확하게 한정하기 위해 결정한 몇 가지 기

---

14 東南大學出版社, 2001.

준을 반영하고 있다. 첫째, 명확한 지역범위를 가질 것, 둘째, 명확한 심미의식을 가질 것, 셋째, 일정 수준 이상의 기술과 예술을 포함하고 있을 것, 넷째, 능동적 인공처리 위주일 것, 다섯째, 관상·유식·거주 등의 실용적 요구를 만족할 것. 이상의 기준을 근거로 본 연구는 원림의 범주에 황가원림, 사가원림, 사관원림, 아서원림, 사당원림, 서원원림, 회관원림, 차로주사 부속원림을 포함시키고 공공원림, 풍경명승구, 능묘원, 단묘원은 원림의 범주에서 배제하여야 한다고 본다.

여기에 다시 형식의 자체적 성숙도와 다른 유형과 구별되는 개성을 기준으로 적용하여 황가원원과 사가원림을 주류원림형식으로 구분하고, 기타 유형은 주류유형의 틀에서 설명이 가능한 비주류로 구분한다. 그러면 주류 원림형식인 황가원원과 사가원림에 대해 구체적으로 살펴보자.

1. 황가원원(皇家苑園)

황가원원은 황제 개인과 황실에 속한 원림으로 고문헌에서는 원(苑), 원유(苑囿), 궁원(宮苑), 원포(苑圃), 어원(御苑) 등으로 칭한다. 선진시기 역대왕조는 "유(囿)"와 "대(台)"라는 원시적 형식의 원림을 만들어 제사, 생산, 휴식 등 종합적 기능을 수행하였는데, 진나라는 이러한 전통을 계승하여 상림원(上林苑)을 만들었고 이후의 역대 왕조들 역시 다수의 원원(苑園)을 영건하면서 하나의 독립된 원림체계를 형성하게 되었다. 황가원원은 기능상 황가원유와 황가원림으로 나눌 수 있다. 전자는 전문적으로 황실을 위해 동물과 식물 등을 길러서 나라의 제사나 황실에서 필요한 식재료, 약재, 피혁, 목재 등을 공급하고, 때에 따라 수렵, 군사훈련, 제사 등의 행사를 치른다.

반면에 후자는 주로 황제에게 유식, 거주(居住), 집정(執政)의 종합공간을 제공한다. 원유와 비교하면 더욱 미관을 추구한다. 초기에는 황실원유와 황실원림의 구별이 명확하지 않았고 명대에 이르기까지 황가원유의 생산기능이 매우 강조되어 있는 상황이었다. 명대 북경 서원(西苑)이 바로 그 전형적인 사례이다. 이곳은 원래 황제가 거주하고 집무를 보는 원림이지만 동시에 농관(農官)이 관리 하에서 국가제사에 필요한 농작물을 생산하기도 하였다. 청대에 이르러 황가원유의 생산기능은 눈에 띄게 축소되고 황제들은 황성 안이나 혹은 교외지역에 여러 원림을 경영하여 종종 자금성을 떠나 이궁별원에서 장기간 머물며 휴식과 집무를 동시에 행했다.

황가원원은 사용방식에 따라 다시 ① 대내어원(大內御苑), ② 행궁어원(行宮御苑), ③ 이궁어원(離宮御苑)으로 나눌 수 있다.

① 대내어원(大內御苑)

대내(大內)는 황제의 궁전을 가리킨다. 『구당서 · 덕종기상(舊唐書 · 德宗紀上)』에는 "천보 원년 사월 계사일에 장안 대내의 동궁에서 태어났다(天寶元年四月癸巳生於長安大內之東宮.)"라는 기록이 있고, 당 장안성에는 세 곳의 중요 궁전이 있었는데 그 명칭은 각각 태극궁(太極宮), 대명궁(大明宮), 흥경궁(興慶宮)으로 "삼대내(三大內)"라 불리기도 했다. 하지만 통상적으로 "대내"는 태극궁을 가리켰는데, 태극궁이 수나라와 당나라 초기에 황제들이 거하면서 조회(朝會)를 했던 곳이기 때문이다. 이후 "대내"라는 단어는 황성이라는 의미로 계속 연용되었다. 『송원습유기(宋元拾遺記)』에는 "송 고종은 산수에서 잠자기를 좋아하여 대내 안에 별원을 다시 만들었다(高宗好耽山水, 於大內中更造別院.)"라는 구절이 있으며, 또 원 대도의 황궁은 대내, 흥성궁(興聖宮), 융복궁(隆福宮)으로 크게 구성되었는데, 이로써 송대와 원대의 대내는 바로 황성을 가리킴을 알 수 있다. 이러한 뜻에서 대내어원은 황궁과 서로 연결하여 만든 황가원림을 가리킨다. 예를 들어 삼국시대 위(魏)나라 업성(鄴城)의 동작원(銅雀園), 북위 낙양의 화림원(華林園), 육조 건강(建康)의 화림원(華林園), 수당 장안의 대명궁 태액지(太液池), 당 낙양의 도광원(陶光園), 북송 동경의 후원(後苑) 및 간악(艮嶽), 원 대도의 태액지(太液池), 명청 북경의 서원(西苑) 등이 모두 대내어원에 속한다. 대내어원에서 다수는 황궁에 부속되어 있어서 황제가 정무를 돌보면서 동시에 틈을 내어 휴식과 간단한 오락활동을 할 수 있었다. 그러나 규모가 제한적이어서 황가의 각종 요구사항을 만족시킬 수는 없었다. 이러한 이유로 부속어원(附屬御苑) 이외에 황궁 옆에 별도로 조금 더 큰 어원을 만들기도 하였는데, 북송 동경의 간악과 명청 북경의 서원이 이에 속한다. 이들은 황궁에 부속되어 있었으나 공간적으로는 독립되어 있고 각종 건축이 설치되어 있어서 황실의 거주, 수하(受賀), 간희(看戲), 유식, 배불(拜佛), 이정(理政) 등의 여러 가지 수요를 기본적으로 만족시킬 수 있었다.

② 행궁어원(行宮御苑)

유달(劉逵)은 『문선·좌사(文選·左思)』[15]의 「오도부(吳都賦)」에서 주해하기를 "천자가 가는 곳에 세우니 이름 하여 행궁이라 한다(天子行所立, 名曰行宮.)"라 하였다. 즉 행궁(行宮)은 고대 경성 밖에 제왕이 순행할 때 잠시 머무는 궁실로 피서(避暑), 알릉(謁陵), 순시(巡視), 탕천(湯泉), 참배(參拜), 제사(祭祀), 위렵습무(圍獵習武) 등의 행사를 하러 가는 길에 머물며 휴식 용도로 쓴다. 청 왕조를 예로 든다면 대형 행궁어원에는 북경 향산의 정의원(靜宜園), 북경 옥천산의 정명원(靜明園), 북경 남교의 남원(南苑) 등이 있다.

그 중 단하행궁(團河行宮)[16]은 청나라 남원의 네 행궁 가운데 하나로 황제가 사냥을 할 때 거하던 곳이다. 청 건륭 37년에 만들어 지기 시작하였으며 대지 면적은 400무이고 600여 칸의 건축이 있었다. 『신원지략(宸垣識略)』에 기록에 의하면 "단하행궁은 황촌문 안 6리 가량에 있다. 궁문 안에는 전전이 있으니 선원당이라 하고, 후전의 편액은 함도재라 하였다. 별실은 감지서옥이라 하고 모두 어서였다. 동쪽의 대궁문 안에는 동서배전이 9칸씩 있고 강가에는 높은 집과 평대가 있는데 석판방,

---

15 좌사(左思) : 서진(西晋)시기의 문인.
16 단하행궁(團河行宮)은 1900년 팔국연합군에 의한 약탈과 1937년 일본군의 폭격으로 인해 폐허로 변하였다.

석장, 수주방, 육방정, 하정, 원정이 있다.(團河行宮在黃村門內六裏許. 宮門內前殿額曰 璿源堂, 後殿額曰涵道齋, 別室爲鑒止書屋, 皆禦書. 東所大宮門內有東西配殿九間, 房河中敞 宇平臺, 石板房, 石亭, 水柱房, 六方亭, 河亭, 圓亭.)"연구에 의하면, 단하행궁 안에 건축은 동서의 두 축선으로 나뉘는데 서부는 서호(西湖)를 위주로 물가에는 크고 작은 선오(船塢), 즉 선박 수리소가 있으며, 하청(河廳)을 건너면 압구방(狎鷗舫)과 요월의(濯月漪)가 하방(河房), 양정(涼亭), 비정(碑亭) 등의 건축물을 가까이 면하는데 이는 단하행궁의 핵심 풍경구역이다. 동부는 궁정구역인데 서원당(璿源堂), 함도재(涵道齋), 청회당(淸懷堂), 경인궁(景仁宮), 저수궁(儲秀宮), 영화궁(永和宮), 양심전(養心殿) 등의 건축이 있다. 궁전구역의 뒤에는 서호보다 약간 작은 동호가 있는데, 호변에는 조어대(釣魚臺)와 군옥산방(群玉山房) 등의 경관지점이 있다.

소형 행궁어원은 비교적 간략한데, 일부는 정제된 소형 원림의 형식을 갖고, 일부는 더욱 간단하게 정원에 녹화를 하는 선에서 끝낸다. 예를 들어 남경의 강녕 직조서(江甯織造署) 행궁은 청나라 강희 황제가 강남지방을 순시할 때 잠시 머물렀던 장소인데, 건륭 16년 『상원현지(上元縣誌)』에 이르기를 "강녕 직조서는 독원 앞 거리에 있는데, 성조의 행궁이 있다(江甯織造署在督院前街內, 有聖祖行宮.)"라 하였고, 또 노신(魯迅)의 『중국소설사략·제24편(中國小說史略·第二四篇)』에는 "청 세조가 남순할 때 다섯 번 직조소를 행궁으로 삼았다(淸世祖南巡時, 五次以織造署爲行宮)"라고 하였다. 『상원현지』에 실린 「행궁도(行宮圖)」를 보면 행궁의 북서쪽 모서리에 하나의 완정한 원림이 있는데, 연못을 중심으로 낭, 누, 헌, 정자 등의 건축을 두르고 있으며, 연못 가운데에는 각이 있다. 이는 비록 규모가 작지만 완정한 하나의 원림을 형성한다. 반면 북경의 만수사 행궁(萬壽寺行宮)은 간단하게 정원을 녹화하는 정도에 그치고 있다. 청 광서(光緒) 24년 자희태후(慈禧太后)가 만수사의 서쪽 정원에 천불각(千佛閣)과 소장루(梳妝樓)를 만들고 배를 타고 이화원을 가는 중간에 휴식을 취하는 곳으로 삼았다. 이 행궁의 주요 부분은 불사이고, 제왕의 휴식처는 정원에 간단하게 녹화를 하였다.

③ 이궁어원(離宮御苑)

『사기·유경숙손통열전(史記·劉敬叔孫通列傳)』에는 "효혜제가 일찍이 봄에 이궁으로 출유했다(孝惠帝曾春出遊離宮.)"라는 구절이 있고, 당대 안사고(顏師古)는 『한서·가산전(漢書·賈山傳)』에서 주해하기를 "무릇 이궁이라 말하는 것은 모두 별처에 두는 것이니 비상시에 거하는 곳이다(凡言離宮者, 皆謂於別處置之, 非常所居也.)"라 하였다. 여기서 보듯 이궁(離宮)은 황제가 유식이나 비상시기에 거하면서 장기간 거류하고 동시에 정무를 처리하기 위한 궁실을 가리킨다. 역대 왕조의 이궁은 그 수량이 무척 많은데 청대에 이르러 이궁은 완전히 원림과 하나로 융합하여 원명삼원, 피서산장, 청의원 등의 걸작이 등장하였다. 이궁어원이 행궁어원과 다른 점은 첫째, 황제가 머무는 시간이 비교적 길기 때문에 유식을 하는 원림구역 이외에 반드시 황제가 집무를 보는 궁정구역이 있어야 하고, 둘째, 전문적으로 황제가 장기간 머물며 유식을 하기 위한 목적으로 짓기 때문에 원림 부분이 가장 중시되어 대량의 인력과 물자가 투입된다.

2. 사가원림(私家園林)

사가원림은 왕공(王公), 귀족(貴族), 지주(地主), 부상(富商) 및 사대부(士大夫) 등의 소유이다. 봉건사회의 신분제도는 매우 엄격하여 주택의 건설에도 엄격한 등급제도가 적용되었는데, 이러한 제약 하에서 발전한 사가원림은 형식, 규모, 풍격에 있어서 황가원원과 선명한 대비를 이룬다. 일련의 문헌연구에 의하면 사가원림은 "원택(園宅)"에서 비롯되었다. "원택"은 "원(園)"과 "택(宅)"이 결합한 주거형태인데, 이는 간단한 정원녹화를 넘어서 일정한 심미의식을 갖고 녹화와 건축 간의 조화문제를 바라본 일종의 과도적 원림형식이다. 당대 장안과 낙양에서 유행하였던 "산지원(山池院)"과 "산정원(山亭院)" 그리고 송대의 "방림원택(芳林園宅)"이 바로 이러한 과도형식에 속한다. 이후 원림 시공기술과 설계이론이 성숙함에 따라 사가원림의 예술수준도 점차 절정에 이르렀다. 고문헌에 언급된 원(園), 원정(園亭), 원서(園墅), 지관

(池館), 산장(山莊), 별서(別墅), 별업(別業) 등이 모두 이러한 사가원림에 속한다.

사가원림은 사용방식에 따라 "택원(宅園)"과 "별서원(別墅園)"으로 나뉜다. 그 중 "택원"은 주택에 부속되어 있으며 주인의 일상생활 중에 유식, 연악, 회우, 독서의 장소로서 사용된다. 택원은 평면형식에 따라 다시 대원소택(大園小宅), 대택소원(大宅小園), 원과 택이 구분되지 않는 것 등 총 세 가지 종류로 나눌 수 있다. 대원소택은 원림을 주체로 하고 거주구역은 상대적으로 작은 형식을 가리킨다. 이때 거주구역은 통상 택원의 대문 쪽에 오며 그 뒤로 대면적의 원림이 온다. 대택소원은 주택이 위주이고 원림이 보조하는 형식이다. 형식에 있어서 원림이 주택구역에 부속되어 있다. 일반적으로 원림구역은 주거구역의 측면이나 혹은 한쪽 모서리에 있다. 원과 택을 구분하지 않는 형식은 별도의 원림구역이 있지 않고 자연경관의 원림 속에 거의 모든 건물들이 섞여 있는 형식을 가리킨다. "별서원"은 주인의 피서나 수양 혹은 단기거주를 위한 원림이다.

"택원"은 통상 성시에 위치하여 일상적 사회활동 속에서 휴식을 하거나 사교모임을 여는 장소로 쓰인다. 단 이웃 건물들로 겹겹이 둘러싸여 있기 때문에 공간의 제약이 심하고, 아름다운 원경을 외부로부터 원림 내부로 끌어들이기 불리하기 때문에 대부분 내부의 경치만을 추구할 수밖에 없는 제약이 있다. 따라서 통상 원림 안에는 인공으로 수계와 가산을 만들어 과장되게 재현된 자연환경을 구성하고 여기에 다시 건축물들을 배치하기 때문에 전체적으로 인공적인 느낌이 강하다. 예를 들어 명대 왕세정(王世貞)의 『일보원기(日步園記)』에는 "(대도독 양공이) 기거하는 곳의 서남쪽에 빼어난 땅을 택하여 원을 만들었다(大都督楊公) 擇勝地于其居之西南爲園.]" 라는 구절이 있고, 명대 고대전(顧大典)의 『해상원기(諧賞園記)』에는 "내 집은 성의 서북쪽 모서리에 있는데 ……그 왼쪽을 반으로 갈라서 원을 만들었다(余家在城之西北隅, ……因割其左之半以爲園.)"라는 구절이 있다. 또 청대 유월(兪樾)의 『이원기(怡園記)』에는 "(춘음의장은) 그 동쪽을 허물어서 원으로 만들어서 성정과 목숨을 돌보고 길렀다(春蔭義莊) 辟其東爲園, 以頤性養壽.]"라 하였는데 이는 모두 택원의 사례로서,

처음부터 택원으로 계획하였다기보다는 원래 있던 주택의 부분을 원림으로 개조하는 경우가 많았음을 보여준다.

"별서원은 성시의 근교나 원교에 위치한다. 별서원 성시에 위치한 택원에 비해 지리적 이점이 많다. 정신적 압박감이나 번뇌를 해소하기에 유리하며 직접 천연의 산수와 식물, 동물을 접할 수 있다. 또 토지의 제약이 적어서 개조와 증축이 쉽고, 천연의 아름다운 외경을 원림 안으로 끌어들여 내부의 정자나 누각에서 바라볼 수 있다. 천연의 식물과 수계와 토석을 활용하기 때문에 짙은 자연미를 풍긴다.

사가원림은 지역풍격에 따라 크게 ① 북방 사가원림(北方私家園林), ② 강남 사가원림(江南私家園林), ③ 영남 사가원림(嶺南私家園林)으로 나뉜다.

① 북방 사가원림(北方私家園林)

중국 역대 왕조의 정치중심은 다수가 장강 이북 지역에 위치하였기 때문에 역대 왕족, 귀족, 관료, 문인계층이 이 지역 사가원의 발전을 촉진해 왔다. 특히 원, 명, 청대의 수도였던 북경은 사가원림의 영조가 매우 많았는데, 오늘날 남아 있는 사례에서 보면 다른 지역과 뚜렷이 구분되는 풍격을 형성하였음을 발견할 수 있다. 북경은 수도로서 사가원림은 주로 왕공과 고위관료의 소유였다. 원림의 배치에 있어서 정형적인 표현을 피하기 어려웠기 때문에 이들은 평면계획에서 축선을 많이 사용하였다. 또한 북방의 기후는 춥고 바람이 세기 때문에 건축형식은 상대적으로 폐쇄성이 강하고 중후하며 관식건축적 특징을 보여준다. 첩산에서는 북경 근처에서 나는 청석이나 북태호석 등을 주로 쓰면 그 포개쌓는 기법 역시 부드러우면서 두툼하고 격조가 있다. 식물의 재배 역시 기후의 영향을 받는데 겨울에는 잎이 떨어지고 수면이 얼어붙기 때문에 쓸쓸하고 추운 느낌이 강하다. 배치계획에서 축선이나 대경선(對景線)을 많이 사용하고 원림에 두텁고 장중한 기도를 부여하는 경향이 강하다.

② 강남 사가원림(江南私家園林)

넓은 의미에서 강남은 장강이남 지역, 즉 소남(蘇南), 절강(浙江), 안휘(安徽)의 장 강 이남 지역과 강서(江西), 호북(湖南)의 장강 이남 지역을 가리킨다. 여기에서의 강남은 비록 정확한 경계를 그을 수는 없으나 대략 소남과 절북(浙北) 지역을 가리 킨다. 이 개념은 대략 당나라 말기에 비롯되어 명청시기에 뿌리를 내렸다. 그 중 명 확한 강남 핵심지대는 대략 태호(太湖) 주변의 몇 가지 성시를 가리키는데 소주(蘇 州), 항주(杭州), 송강(松江), 상주(常州), 호주(湖州), 가흥(嘉興) 등 전통적인 강남육대 부(江南六大府)가 그것이다. 그 밖에 비교적 중요한 남경과 상해 역시 강남의 범위 에 포함된다.

강남 사가원림의 역사는 남조시기(南朝時期)에 비롯되었고 이후 송이 금에 밀려 장강 남쪽으로 옮겨오면서 이 지역의 사가원림은 비약적인 발전을 이루게 된다. 명 청시기에 이르러서는 두터운 부유한 상인들과 문인계층에 근간하여 이 지역은 중국 원림의 중심으로 성장하였고 원림예술은 절정에 이르러서 북방의 황가원원과 사가 원림들은 적극적으로 강남 사가원림의 성취를 모방하고 학습하였다. 오늘날 남아 있는 사례들에서 보면 명청 강남 사가원림은 일정한 풍격을 갖고 있기 때문에 하나 의 독립된 유형으로 묶을 수 있다.

강남 사가원림은 연못을 파고 산을 쌓는 것을 위주로 하는 자연식 풍경 산수원 림이다. 통상 주택과 서로 연결되어 있고, 주위가 가리고 넓은 시야나 양호한 차경 조건을 얻기가 힘들기 때문에 주로 경관을 원림 내부에서 취하는 내향적인 성격을 갖고 있으며, 원림에서 건축물이 차지하는 비중이 비교적 크다. 강남 사가원림이 숭상하는 자연은 예술과 재창조 과정을 거친 것으로 "비록 사람으로부터 만들어졌 으나 완연히 하늘로부터 열린 듯한(雖由人作, 宛自天開)"[17] 인위적 자연경관이다.

---

17 [明] 計成 『園冶』의 "軒楹高爽, 窓戶虛鄰. 納千頃之汪洋, 收四時之浪漫. 梧蔭匝地, 槐蔭當庭.

강남 사가원림의 첩산에 사용되는 돌은 그 종류가 다양하지만 태호석(太湖石)과 황석(黃石)이 많다. 돌의 사용량 역시 매우 많으며 대형 가산의 경우 흙보다는 돌이 더 많다. 소형 가산은 거의 전체를 돌로 쌓아 만든다. 진짜 산의 자태와 기세를 모방하기 위해 봉우리와 능선과 계곡과 절벽을 만들며 동혈을 뚫기도 하는데 그 기예의 수준이 무척 높다.

강남은 기후가 습하고 따뜻하여 화목의 생장에 유리하고 식물품종 역시 다양하다. 원림의 식물은 낙엽식물을 위주로 하고 약간의 상록수를 배합하고 등려, 대나무, 파초 등의 식물로 보조하는 것을 식물배식의 기본형식으로 하며, 화목성장의 계절적 성질을 이용하여 계절마다 각각 다른 경색을 구성한다. 화목 자체가 주된 관상의 대상이 되기도 하는데 이 때문에 원림건축의 편액에 식물 이름이 반영되어 있는 경우가 많다.

강남 사가원림의 건축은 고도로 발전한 강남지방의 향토건축을 창작의 원천으로 하여 그 정화를 취하였다. 예를 들어 소주원림의 건축은 소남지방의 민간건축 양식을 세련되게 정제한 것이다. 강남지방의 건축은 주로 백색 벽체에 검은색 기와를 올리고 목재 기둥과 문선은 채화를 하지 않고 고풍스러운 갈색을 드러내고, 공포는 작게 만들거나 완전히 생략하고 처마는 날듯이 경쾌하게 만들며 건물의 형태와 형식이 다양하다. 때문에 회벽돌을 쓰는 북방 사가원림의 건축과 달리 경쾌하면서도 우아하고 소박하며 마치 수묵화와 같은 맛을 느끼게 한다. 또한 건축의 장수(裝修), 가구, 조각, 누창(漏窗), 동문(洞門), 편액(匾聯), 꽃무늬 포장길 등의 표현은 지극히 정제된 공예수준을 보여준다.

강남원림은 각종 공간으로 구성된다. 순수한 물의 공간, 산석과 건축으로 둘러

插柳延堤, 栽梅繞屋. 結茅竹裏, 浚一派之長源. 障錦山屛, 列千尋之聳萃. 雖由人作, 宛自天開"에서 인용.

싸인 공간, 정원공간, 천정(天井), 심지어는 정원의 한구석이나 회랑의 옆 혹은 담장 모서리 등에도 아기자기한 공간이 등장하여 나무나 관상석 등이 배치된다. 이렇듯 강남 사가원림은 다양하고 변화가 풍부한 공간들을 동적으로 엮어서 경관을 조직하기 때문에 대경(對景), 광경(框景), 투경(透景), 차경(借景) 등 경관을 다루는 기법이 매우 발달하였다. 강남원림은 양주(揚州), 무석(無錫), 소주, 호주, 상해(上海), 상숙(常熟), 남경(南京) 등의 도시를 위주로 성행하였으며 그 중에서 특히 소주와 양주의 원림이 가장 유명하고 대표성을 갖는다.

③ 영남 사가원림(嶺南私家園林)

청나라 초기 영남지방은 경제가 발달하고 문화수준이 높아서 사가원림의 조형 활동이 왕성하게 이루어졌고, 점차 조산(潮汕)이나 복건(福建) 혹은 대만(臺灣) 등지에까지 영향을 끼쳤다. 청나라 중엽 이후로는 더욱 왕성하여 원림의 배치와 공간조직, 물과 돌의 운용 면에서 자신만의 특색을 갖추기 시작하여 강남이나 북방과는 다른 풍격을 갖추게 되었다. 순덕(順德)의 청휘원(淸暉園), 동완(東莞)의 가원(可園), 번우(番禺)의 여음산방(余蔭山房), 불산(佛山)의 양원(梁園)이 영남사가원림의 대표적인 4대 원림이다.

원림 식물은 아열대 기후의 품종 위주이고, 원림 건축에서는 유럽이나 소수민족의 풍격이 가미되어 있으며, 산석과 물의 표현 역시 강남 및 강북원림과 확연한 차이를 보이며 독특한 하나의 풍격을 형성하였다. 그러나 형성 시기가 매우 늦고 지역적으로 치우쳐 있어서 본문에서는 연구범위에 포함시키지 않았다.

제2절 중국 고전원림 술어해석

중국 고전원림에는 중국 고전건축과 마찬가지로 다양한 전문술어가 등장하는데 예를 들어 "헌(軒)", "사(榭)", "정(亭)", "각(閣)" 따위 등이 있다. 그런데 중국문화와 언어의 포용성과 모호성으로 인해 원림술어는 간단하고 명확하게 정의하기 어려우며 실사용에 있어서도 표준적이지 않고 일관성이 없다. 예를 들어 "각"이라는 단어는 일반적으로 복층구조인 누각건축을 가리키지만 소주 망사원(網師園)의 "요영수각(濯纓水閣)"은 물가에 놓인 단첨단층(單檐單層) 건축이다. 또한 망사원의 "죽외일지헌(竹外一枝軒)"은 유형상 헌사(軒榭)건축이 아니라 창랑(敞廊), 즉 측면이 뚫려 있는 낭(廊)에 해당한다. 이러한 경우는 중국 고전원림에서 아주 흔하게 발견되기 때문에 연구가들을 종종 곤혹스럽게 한다.

따라서 본격적 분석에 앞서 원림 건축 및 경관에 관한 기본적인 술어를 정리·열거하고 문헌 고증을 통해 각 술어의 유래와 의미를 파악할 필요가 있다.

一. 청(廳)

청(廳)은 청(聽)이다. 원래 뜻은 옛 관부에서 청송판사(聽訟辦事)하고 정무를 처리하는 곳이다. 『집운·청운(集韻·靑韻)』에 의하면 "청(廳)이란 옛날에 치관처를 이르러 청사(聽事)라 하였는데, 후에 말을 줄여 직접 청(聽)이라 한 것이다. 고로 광(广)이 더해졌다.(廳, 古者治官處謂之聽事, 後語省, 直曰廳, 故加广.)"

광(广)은 건축술어의 하나로, 『설문(說文)』에는 "광(广)이란 광(广)으로 집을 만든 것이다. 서로 마주선 뾰족하고 높은 집 모양이다(广, 因广爲屋, 向對刺高屋之形.)"라 하였다. 이에 서호(徐灝)는 "창(廠)으로 집을 만든 것이므로, 바위 옆에 지은 집과 같다. 이는 상고 초에 궁실에서 만든 것이다(因廠爲屋, 猶言傍岩架屋. 此上古初有宮室之爲也)"라고 주석하였다. 여기서 "창"은 "광"과 같고 그 뜻은 산바위에 기대어 세운 집을 가리킨다. 송나라 이계(李誠)의 『영조법식(營造法式)』에는 "바위로 인하여 만든 집을 이르러 광이라 한다(因岩成室謂之广.)"라고 하였다. 그 밖에 광은 "옥척(屋脊)", 즉 지붕마루를 가리키기도 한다. 『고금운회거요·염운(古今韻會擧要·琰韻)』에는

"광이란 『증운(增韻)』에 이르기를 '집의 머리를 광이라 한다'라 하였다(广, 增韻棟頭曰广)"라고 설명하였다.

관부에서 청송판사(聽訟辦事)하는 건물인 청(廳)은 청나라에 이르러 판사(辦事) 기구인 청(廳)으로 변화하였다. 『청사고 · 직관지(淸史稿 · 職官志)』에는 "궐 뒤에 각 부, 청, 주, 현이 견주어 본받은 것이다(厥後各府, 廳, 州, 縣有仿而行之者)"라는 구절이 있는데 여기의 청(廳)은 바로 청나라의 지방 행정단위이면서 동시에 그 해당 관청을 가리킨다.

청(廳)은 점차 손님을 만나고 연회를 열고 벗과 바둑을 두는 장소로 변하였다. 강남원림에는 "화청(花廳)", "교청(轎廳)", "객청(客廳)" 등이 있으며, 『광운 · 청운(廣韻 · 靑韻)』에는 "청은 청옥이다(廳, 廳屋.)"라 하였고, 『제민요술 · 종오동(齊民要術 · 種梧桐)』에는 "내년 3월 중에 청재(廳齋) 앞에 옮겨 심으려 한다. 화려하고 깨끗하며 곱고 우아하니 지극히 사랑스럽다(明年三月中, 移植於廳齋之前. 華淨姸雅, 極爲可愛.)" 라는 구절이 있고, 『유림외사(儒林外史)』 제2회에는 "황노야 집 대청에 자리를 깔았다(把席擺在黃老爹家大廳上.)"라 하였는데 이들에서 청은 모두 손님을 맞이하고 연회를 여는 장소이다.

중국원림에서 청은 주로 원림주인이 거하면서 손님을 만나고 놀이를 하고 연회를 여는 곳이다. 건축형식에 따라 대청(大廳), 사면청(四面廳), 화청(花廳), 원앙청(鴛鴦廳), 하화청(荷花廳), 화람청(花籃廳) 등으로 부르기도 하는데 이들은 약간의 차이가 있다. 예를 들어 대청은 주로 원림의 주건축으로 그 체적이 비교적 크다. 너비는 통상 3칸이나 5칸이다. 청의 건축형식은 통상 정면과 뒷면에 문과 창을 설치하여 활짝 열 수 있게 하고 두 옆면은 벽돌벽을 쌓아 막는다. 청의 앞과 뒤는 모두 정원(庭院)을 만든다. 북방원림의 청은 정원을 향한 방향(남향인 경우가 많다)으로 문과 창을 설치하고 뒷면에는 두터운 벽체를 둘러서 추위를 막는다.

강남원림의 청은 사면에 모두 문창을 내기도 한다. 이 경우 평면은 정사각형에 가깝고 사방에는 지붕이 있는 낭(廊)을 두르며 사면에는 모두 벽체를 설치하지 않기

때문에 무더운 여름철
에도 사면을 통째로 활
짝 열어 경치를 관상하
고 동시에 통풍을 할
수 있다. 이러한 형식
을 "사면청"이라 부른
다. 또한 어떤 경우는
청의 가운데 병풍과 같
은 가림판을 설치하여
앞과 뒤로 나눈다. 만
약 남북향의 건물이라
면 남쪽 절반은 겨울과
봄철에 좋고 북쪽 절반
은 여름과 가을철에 좋
기 때문에 계절의 변화

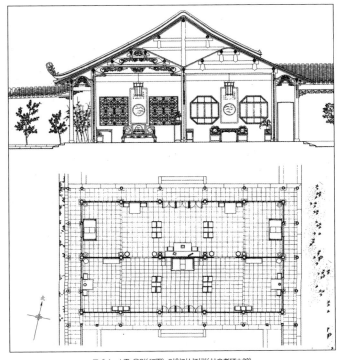

도 2-1. 소주 유원(留園) 임천기석지관(林泉耆碩之館).
건축형식상 원앙청에 속한다(출처 : 《유돈정전집(劉敦楨全集)》 8권).

에 따라 실내환경이 쾌적한 부분을 골라서 사용할 수 있다. 이러한 형식을 "원앙청"
이라 부른다. 강남원림의 다수의 주청(主廳) 건물이 원앙청 형식을 사용한다.

화청은 거주구역과 가까이 붙어 있어서 주로 손님접대에 쓰고 경우에 따라 일상
거주용으로 쓰기도 한다. 하화청은 수면에 가까워서 물과 달을 감상하기에 적합하
다. 화청과 하화청의 건축형식은 통상 권붕식(卷棚式) 지붕[18]을 올리고 지붕마루를
만들지 않는데, 이로써 큰 건물이 주는 중압감을 감소하여 시각적으로 편하게 한다.
강남 사가원림에는 종종 화람청 기법을 사용하는데 이는 실내 가운데 기둥 밑동을

---

18 지붕마루가 없이 둥글게 처리된 맞배지붕.

도 2-2. 소주 사자림(獅子林) 화람청(花籃廳). 입지 및 건축형식상 하화청에 속한다.

도 2-3. 양주 하원(何園)의 정향헌(靜香軒). 건축형식상 사면청에 속한다.

바닥면에 닿지 않게 하고 높이 떠 있게 하여 연꽃모양으로 가공한 것이다. 그 끝부분은 화람(花籃), 즉 꽃바구니 양식으로 조각한다. 청 안에 만약 천화(天花), 즉 대들보를 가리는 격자천장이 설치되어 있다면 실내에 걸려 있는 천화양식과 조화를 이루게 만든다. 화람청의 건축형식은 권붕(卷棚)에 가깝지만 훨씬 평평하고 낮아서 실내공간 분위기를 더욱 친숙하게 만든다.

원림에서 청이라는 명칭은 주로 원림에 붙어 있는 주택건축에서 사용한다. 예를 들어 "문청(門廳)", "교청", "대청" 등이 그러하다. 소주 사자림(獅子林)에는 하화청이 있고, 소주 졸정원(拙政園)에는 사면청이 있다.

二. 당(堂)

당의 본래 높고 두드러진 모양을 가리킨다. 『석명·석궁실(釋名·釋宮室)』에는 "당은 당당함과 같으니, 높고 두드러진 모양이다(堂, 猶堂堂, 高顯貌也.)"라 하였다. 한대 장형(張衡)의 『서경부(西京賦)』에는 "평당을 층층이 쌓아 절벽을 만들었네(刊層平堂, 設切厓陳.)"라 하였는데, 이선(李善)은 "송충의 『태현경주』에는 '당은 높음이다'라 하였다(宋衷太玄經注曰'堂, 高也.')"라고 주석을 달았다.

당은 높고 두드러진 건축을 가리키기도 한다. 예를 들어 『설문·토부(說文·土部)』에는 "당은 전(殿)이다(堂, 殿也.)"라 하였는데, 당과 전의 뜻을 같다고 보았다. 이에 대해 단옥재(段玉裁)는 "아마 전을 당이라 해석한 것은 지금의 것으로 옛것을 해석한 것이다. 예전에 당이라 하였고 한나라 이후 전이라 하였다(許以殿釋堂者, 以今釋古也. 古曰堂, 漢以後曰殿.)"라고 주석을 달았다. 또 당은 전실(前室) 혹은 정침(正寢)으로 쓰이는 실(室)을 가리키기도 한다. 예를 들어 『자회·토부(字彙·土部)』에는 "당은 전이고, 정침이다.(堂, 殿也, 正寢也.)"라 하였다.

당은 건축의 기단을 가리키기도 한다. 『옥편·사부(玉篇·土部)』에는 "당은 흙으로 집의 터를 만든 것이다(堂, 土爲屋基也.)"라 하였고, 『서·대고(書·大誥)』에는 "만약 집을 만드는 데 비유한다면 이미 바닥을 만들면서 그 아들이 감히 기단[堂]을 만들지 않고 도리어 감히 집을 올리는가?(若考作室, 旣底法, 厥子乃弗肯堂, 矧肯構.)"라 하였다. 『상서공전(尙書孔傳)』 역시 "자가 성실히 기단[堂基]을 만들지 않고 도리어 감히 집을 지어 올리겠는가?(子乃不肯爲堂基, 況肯構立屋乎.)"라 하였고, 유월은 이에 대해 "옛사람들은 흙을 덮어 높게 만들었는데 그 모양이 사각형이면 곧 일러 당이라 하였다(古人封土而高之, 其形四方, 卽謂之堂.)"라고 설명하였다.

전실 및 기단의 뜻에서 파생하여 당은 "실"과 대응하는 의미로 "실외(室外)"라는 뜻으로도 쓰였다. 예를 들어 『논어 · 선진(論語 · 先進)』에는 "유 솜씨가 당에 올랐으나 아직 실에 들지는 못했다(由也, 升堂矣, 未入於室也.)"[19]라 하였는데, 이에 대해 황간(皇侃)은 "창호 밖을 당이라 하고, 창호 안을 실이라 한다(窗戶之外曰堂, 窗戶之內曰室.)"라고 주석하였다. 즉 여기서 당은 기단 위 건물 앞 실외부분을 의미한다.

한편, 고대 중국에서는 가장 높은 등급의 제사 · 예제건축을 "명당(明堂)"이라 불렀다. 청나라 주준성(朱駿聲)의 『설문통훈정성 · 장부(說文通訓定聲 · 壯部)』에는 "당의 높고 밝은 것을 명당이라 하는데 종묘, 국학 및 문왕 제사와 제후들을 조회하는 곳이 모두 질이 좋으면 곧 모두 그렇게 부른다(堂之高明者曰明堂, 宗廟, 國學及祀文王, 朝諸侯之處皆優質, 則皆得稱之.)"라 하였다. 명당은 웅장하고 높고 정결하며 엄숙한 특징을 갖는다. 예를 들어 『회남자 · 본경(淮南子 · 本經)』에는 "명당은 커서 족히 주위를 돌며 정무를 볼 수 있고, 정결하여 족히 상제와 귀신에 제사드릴 수 있어, 백성에게 절검을 보여준다(堂大足以周旋理文, 靜潔足以享上帝, 禮鬼神, 以示民知節儉.)"라 하였으며, 『문선(文選)』에 실린 장형(張衡)의 「동경부(東京賦)」에는 "당은 연 돗자리로 재고, 실은 기 돗자리로 잰다(度堂以筵, 度室以幾.)"라 하였는데, 여기서 "당"과 "실"은 앞에서 언급한 실외와 실내가 개념이 아니라 건물의 크고 작음의 개념이다.

---

19 유(由) : 악기의 일종.

도 2-4. 소주 졸정원(拙政園) 원향당(遠香堂).

　이후 당은 점차 관리들이 업무를 보는 장소로서 의미가 변했다. 『신당서 · 백관지일(新唐書 · 百官志一)』에는 "배염은 시중에서 중서령이 되니, 이에 중서성으로 정사를 보는 당을 옮겼다(裵炎自侍中遷中書令, 乃徙政事堂於中書省.)"라는 구절이 있어 이를 뒷받침한다. 이후 당은 점차 일련의 특정한 건축물을 가리키는 의미로 변해갔다. 강당(講堂)이나 사찰의 불당(佛堂), 법당(法堂), 선당(禪堂), 염불당(念佛堂) 등이 그러하다. 『후한서 · 명제기(後漢書 · 明帝紀)』에는 "어명으로 당을 만들어 황태자와 제왕들에 명하여 경연하게 하였다(親饗講堂, 命皇太子, 諸王說經.)"라 하였다. 송대 왕우칭(王禹偁)이 쓴 『양주건륭사비(揚州建隆寺碑)』에는 "예불에는 전이 있고, 연법에는 당이 있으며, 재포는 동쪽에 승려들의 침소는 좌측에 있다(禮佛有殿, 演法有堂, 齋庖在東, 僧寢在右.)"라고 하였다.

　중국 고전원림에서 당은 통상 청과 붙여서 사용하기 때문에 통상 "청당(廳堂)"이라 부른다. 그 기능과 등급은 청과 같다. 소주 졸정원의 "원향당(遠香堂)"은 건축형

도 2-5. 항주 서랭인사(西泠印社)의 백당(柏堂).

식상 사면청으로 당과 청의 구별이 모호하게 된 상황을 보여준다. 황가원림에서는 통상 황제가 정무를 처리하는 건축을 "전"이라 하고, 주거용 건축을 "당"이라 한다. 이화원(頤和園)을 예로 들면 동문과 중축선 상에 각각 인수전(仁壽殿)과 배운전(排雲殿)이 있고, 곤명호 옆에는 낙수당(樂壽堂)이 있다. 사가원림에서는 "전"이라는 명칭은 사용하지 않고, 여러 건축물 가운데서 가끔 한두 개 정도가 명칭에 "당"을 사용한다. 예를 들어 졸정원에는 원향당(遠香堂)과 옥란당(玉蘭堂)이 있고, 창랑정(滄浪亭)에는 명도당(明道堂)이 있으며, 예포(藝圃)에는 박야당(博雅堂)과 세륜당(世倫堂)이 있고, 이원(怡園)에는 담로당(湛露堂)이 있다. 사가원림에서 "당"은 통상 가장 중요한 건축물로서 주로 중심에 가깝고 두드러진 위치에 배치된다. 황가원림에서 "당"은 건물 명칭에 흔하게 사용되는데 청대 북경 창춘원(暢春園)에는 담녕당(澹寧堂)과 양우당(養愚堂) 등을 예로 들 수 있다.

三. 관(館)

　　관의 본뜻은 빈객을 접대하는 집이다. 『설문』에는 "관은 객사이다. ……『주례』에 이르길 '오십 리마다 시(市)가 있고, 시에는 관(館)이 있으며, 관에는 적(積)이 있어서 조빙하는 손님을 접대한다'라 하였다(館, 客舍也. ……周禮'五十裏有市, 市有館, 館有積, 以待朝聘之客.')"라고 설명하였다. 『시·정풍·치의(詩·鄭風·緇衣)』에는 "그대 관청에 나가시는구려. 돌아오면 내 그대에게 음식을 드리리라(適子之館兮, 還, 予授子之粲兮.)"라 하였는데, 이에 대해 공영달(孔穎達)은 "관은 사람이 머무르는 집이다(館者, 人所止舍)"라고 소를 달았다.

　　관은 사람이 집을 나선 후 머무는 의미가 있기 때문에 여행의 중간에 머무는 관역(館驛)의 뜻으로도 쓰였다. 당나라 이백(李白)의 시 『증강하위태수양재(贈江夏韋太守良宰)』에는 "길에 창락관에서 노니 자리를 깔고 병과 잔을 늘어놓았다(征樂昌樂館, 開筵列壺觴.)"라는 구절이 있는데, 이에 왕기(王琦)는 "『원화군현지』에는 '위주에 창락현이 있다'라고 하였고, 『통전』에는 '삽십 리마다 역을 놓는데 큰길이 아니면 관이라 한다'라 하였다(元和郡縣誌 '魏州有昌樂縣', 通典'三十裏置一驛, 其非通途大路, 則曰館')"라고 주석을 달았다. 또 당나라 번작(樊綽)의 『만서·운남계내도정제일(蠻書·雲南界內途程第一)』에는 "의부관에서 곡조관까지 하루이고, 사하관까지 하루이고, 사지관까지 하루이다(從矣符管至曲鳥館一日, 至思下館一日, 至沙只館一日.)"라 하였다. 여기에서 알 수 있듯이 관은 원래 여로에 오른 손님을 접대하는 장소였다. 더욱이 "관"이라는 글자는 본래 접대(接待)의 뜻을 갖고 있다. 『고금운회거요·환운(古今韻會擧要·換韻)』에는 "관은 관관객이다(館, 以館館客也.)"라고 하였는데 "관관객(館館客)"은 관에 머무는 손님[館客]을 접대한다[館]는 의미이다.

　　또한 관(館)에는 화려한 주택이라는 뜻도 있다. 『문선』에 실린 반옥(潘嶽)의 「회구부(懷舊賦)」에는 "오늘 먼 길에서 돌아오니 관이 비어 있어 왜 사람이 없는지를 물었네(今九載而來歸, 空館聞其無人.)"라 하였는데, 이에 여연제(呂延濟)는 "관은 집이다(館, 宅也.)"라고 주를 달았다. 한나라 사마상여의 『상림부(上林賦)』에는 "이궁별관이 산을 메우고 계곡을 건너네(離宮別館, 彌山跨谷.)"는 구절이 있는데, 여기서 "별관(別館)"은 "이궁(離宮)"과 짝을 이루어 화려한 건축을 의미한다. 또 『맹자·진심하(孟子·盡心下)』에는 "맹자께서 등나라에 가서 상궁에 머무셨다(孟子之滕, 館於上宮.)"라 하였는데, 이에 조기(趙歧)는 "관은 집이고 상국은 누각이다. 맹자께 빈객하는 관의 위층에 거처를 마련해 드린 것이다(館, 舍也. 上宮, 樓也. 孟子舍止賓客所館之樓上也.)"라고 주를 달았다.

관은 정부 부서를 뜻하기도 한다. 『신당서·백관지이(新唐書·百官志二)』에는 "무덕 4년에 수문관을 문하성에 설치하였다가 9년에 홍문관이라 바꿔 불렀다(武德四年, 置修文館於門下省. 九年, 改曰弘文館.)"라는 기록이 있다. 또한 사숙(私塾), 즉 글방을 관이라 부르기도 했다. 명나라 구지사(瞿氏耜)의 『특표충청소(特表忠淸疏)』에는 "관을 설치하여 입에 풀칠하니 흔연자족하다(設館糊口, 欣然自足.)"라 하였다. 명나라 유종주(劉宗周)의 『남주선생전(南洲先生傳)』에는 "선생께서 비록 매일 귀인들을 '관(館)' 하셨지만 사사로운 말을 하지 않으시고 세력이나 이익에 발을 옮기고자 하지 않으셨다(先生雖日館貴人, 而語不及私, 未嘗一涉足勢利.)"라는 구절이 있는데 여기서 '관'은 글방을 열어 사람을 가르친다는 동사로 보인다. 현대 중국어에서 관은 문화재를 수장 전시하고 사회문화활동을 여는 공공장소의 의미를 갖는데 박물관, 전람관, 도서관, 문화관, 천문관, 체육관 등이 그러하다.

중국 고대원림에서 관은 청당건축의 유형에 속한다. 예를 들어 소주 유원(留園)에는 오봉선관(五峰仙館), 청풍지관(淸風池館), 임천기석지관(林泉耆碩之館)이 있고 졸정원에는 삼십육원앙관(三十六鴛鴦館)이 있으며, 이원에는 파선금관(坡仙琴館)이 있는데 그 기능과 형식은 청당과 크게 다르지 않다. 황가원림에도 역시 관이라고 불리는 건축물이 있다. 예로 창춘원의 운애관(雲涯館), 원명원(圓明園)의 장춘선관(長春仙館) 및 행화춘관(杏花春館) 등을 들 수 있다.

도 2-6. 소주 졸정원(拙政園) 삼십육원앙관(三十六元鴛鴦館). 건축형식상 원앙청에 속한다.

도 2-7. 소주 졸정원(拙政園)의 영롱관(玲瓏館).

四. 헌(軒)

중국 원림에는 "헌"이라 불리는 또 하나의 청당 유형의 건축이 있다. 헌(軒)은 본래 고대 사대부가 타는 수레를 가리킨다. 『설문 · 차부(說文 · 車部)』에는 "헌이란 번거의 굽은 끌채이다(軒, 曲輈藩車.)"라 하였고, 이에 서개(徐鍇)의 『설문해자계전(說文解字系傳)』에서는 "헌은 번거의 굽은 끌채이다. 물건을 싣는 수레는 곧은 끌채를 쓴다. 헌은 사대부 이상의 수레이다(軒, 曲輈藩車也. 載物則直輈. 軒, 大夫以上車也.)"라고 하였다. 여기서 "주(輈)"는 작은 수레이고, "번(藩)"은 수레 위 가림막이다. 『좌전 · 민공 2년(左傳 · 閔公二年)』에는 "위나라 의공은 학을 좋아해서 학을 헌에 태웠다(衛懿公好鶴, 鶴有乘軒者.)"라는 기록이 있는데, 이에 두예(杜預)는 "헌은 대부의 수레이다(軒, 大夫車)"라고 주를 달았고, 공영달(孔穎達)은 복건(服虔)의 글을 인용하여 "수레에 울타리가 있는 것을 헌이라 부른다(車有藩曰軒.)"라고 소를 달았다. 이후 헌은 수레의 통칭으로 쓰이기도 하였는데, 『문선』에 실린 강엄(江淹)의 「별부(別賦)」에서는 "심지어 용마에 은안장을 하고, 붉은 수레에 비단끌채를 하며(至若龍馬銀鞍, 朱軒繡軸.)"라는 구절이 있고, 이에 이선은 "헌은 수레의 통칭이다(軒, 車通稱也.)"라고 주를 달았다.

고대 수레 중에서 앞이 높고 뒤가 낮은 것을 "헌"이라 하고, 앞이 낮고 뒤가 높은 것을 "지(輊)"라 하였다. 『시 · 소아 · 유월(詩 · 小雅 · 六月)』에 "융거가 평안하니 지하고 헌하다(戎車旣安, 如輊如軒.)"라는 구절이 있는데, 이에 『정자통 · 차부(正字通 · 車部)』에는 "헌이란 앞이 높으면 헌이라 부르고, 앞이 낮으면 지라 부른다(軒, 前高曰軒, 前下曰輊.)"라는 해석이 있다.

여기에서 파생하여 헌은 높다는 의미도 갖는다. 『문선』에 실린 하안(何晏)의 「경복전부(景福殿賦)」에는 "날렵한 종려나무가 위로 뻗어 헌저(軒翥)하다(飛欂翼以軒翥.)"라 하였는데, 여기서 "저(翥)"는 새가 날아오른다는 뜻으로 장선(張銑)은 "헌은 높음과 같다. 날렵한 종려나무가 새 날개의 고저함 같다고 말한 것이니, 저는 또한 날다이다(軒, 猶高也. 言飛欄如鳥翼之高翥, 翥亦飛也.)"라고 주를 달았다. 또『홍루몽(紅樓夢)』제2회에는 "안쪽의 청전과 누각은 모두 쟁용헌준하다(裏面廳殿樓閣, 也還都崢嶸軒峻.)"라 하였는데 여기서 쟁(崢), 영(嶸), 준(峻)은 모두 산이 높은 모양을 의미하기 때문에 함께 쓰인 헌 역시 높은 모양을 의미함을 알 수 있다.

건축에서 헌은 누판(樓板), 즉 널바닥을 가리킨다.『초사·초혼(楚辭·招魂)』에는 "높은 당 깊은 집, 가로지른 난간에 둘러친 헌이다(高堂邃宇, 檻層軒些.)"라는 구절이 있는데, 이에 대해 왕일(王逸)은 "헌은 누판이다. 지어진 집을 말함에 그 당(堂)이 높고 두드러지며, 옥(屋)은 깊고 그윽하며, 아래에는 난간이 있고 위에는 누판이 있으니 형용이 특이하나 선명하다(軒, 樓版也. 言所造之室, 其堂高顯, 屋甚深邃, 下有檻楯, 上有樓版, 形容異制且鮮明也.)"라고 주를 달았다.

건축에서 헌은 또한 옥첨(屋檐), 즉 지붕을 가리키기도 한다.『집운·원운(集韻·元韻)』에는 "헌이란 지붕을 얹은 집의 끝을 헌이라 부르는데 수레의 모습에서 따온 것이다(軒, 檐宇之末曰軒, 取車象.)"라 하였다.『문선』에 실린 심약(沈約)의「응왕중승사원영월(應王中丞思遠詠月)」에서는 "그물을 단 헌은 엮은 구슬을 비추고, 응문은 푸른 이끼를 비추네(網軒映珠綴, 應門照綠苔.)"라 하였는데 이에 장선은 "헌은 집의 처마이다. 그물과 구슬을 엮어 꾸민다(軒, 屋檐也. 以網及珠綴而飾之.)"라고 주를 달았다. 헌은 전당의 앞지붕이라는 뜻도 있다.『정자통·차부(正字通·車部)』에는 "헌은 전당 앞지붕이 특히 솟아올라 서까래들이 꺾여 올라가고 가운데 대들보가 없는 것을 또 헌이라 부른다(軒, 殿堂前檐特起曲椽無中梁者亦曰軒.)"라 하였다.

헌에는 또 창호(窗戶)의 뜻도 있다.『문선』에 실린 사첨(謝瞻)의「답영련(答靈運)」에는 "헌을 열어 화촉을 끄니 달이 드러나며 밝음이 이미 넘치는구나(開軒滅華燭, 月露皓已盈.)"라는 구절이 있고, 이에 이선은 "헌은 창이다(軒, 窗也.)"라고 주를 달았다. 명나라 탕현조(湯顯祖)의『목단정·투상(牡丹亭·鬧殤)』에는 "자네가 나를 위해 창을 열어 바라봐주게 달빛이 어떠한지(你爲我開軒一望, 月色如何.)"라는 구절이 있는데, 여기서도 헌은 창문을 의미한다.

도 2-8. 소주 망사원(網師園)의 죽외일지헌(竹外一枝軒).

헌은 창문이 달린 긴 회랑을 뜻하기도 한다. 『문선』에 실린 좌사(左思)의 「위도부(魏都賦)」에는 "빙 두른 긴 헌은 하늘에 들고, 붉은 층계는 임하여 휘도네(周軒中天, 丹墀臨焱.)"라 하였고, 이에 이선은 "긴 회랑에 창문이 있는 것이다(長廊之有窗也.)"라고 주를 달았다. 또 당나라 유종원(柳宗元)의 『영주용흥사서헌기(永州龍興寺西軒記)』에는 "산곡과 수풀이 우거진 산기슭이 매우 많아 이에 서쪽 담장에 창호를 내고 창호의 밖은 헌을 만들었다(山谷林麓甚衆, 於是鑿西墉以爲戶, 戶之外爲軒.)"라는 구절이 있는데 문맥상 헌은 역시 창문이 달린 회랑으로 보인다.

건축에서 헌은 일반적으로 탁 트이고 명랑한 모습의 건물을 가리킨다. 그 만드는 방법은 정(亭), 각(閣), 붕(棚) 등과 흡사하다. 『서하객유기 · 전유일기구(徐霞客遊記 · 滇 遊日記九)』에는 "새로 헌을 하나 만들어 길 위로 걸치고 영관을 가운데 모셨다(新構一軒跨路, 貌靈官於中.)"라는 구절이 있는데, 여기서 영관(靈官)은 도교의 신령으로, 여기에 나오는 헌은 길에 걸쳐 있고 탁 트인 도교건축이다. 또 문진형(文震亨)

도 2-9. 소주 유원(留園) 녹음헌(綠蔭軒).

의 『장물지(長物志)』 2권에는 "어떤 이의 원림을 시험 삼아 보니, 안에 반드시 대나무를 병풍으로 두르고 위에 오색 담쟁이를 끌어오며 나무로 헌을 짓고 목향붕이라 이름 한다(嘗見人家園林中必以竹爲屛, 牽五色薔薇於上, 架木爲軒, 名木香棚.)"라는 구절이 있는데. 식물 속에 탁 트이게 만든 건축을 헌이라 함을 알 수 있다. 또 『홍루몽』 제11회에는 "멀리 남동쪽을 바라보니 몇 채 사가 산에 기대어 지어 있고 가까이 북서쪽을 살피면 물가에 세 칸 헌이 엮여 있다(遙望東南, 建幾處依山之榭, 近觀西北, 結三間臨水之軒.)"라는 문장도 있는데, 물가에 경관을 감상하기 위해 세운 탁 트인 건축을 헌이라 함을 알 수 있다.

문인저택의 방실(房室)을 헌이라 부르기도 하는데 이들은 주로 서재나 다실로 사용된다. 『후한서·연독전(後漢書·延篤傳)』에는 "저녁이면 안쪽 계단을 소요하고 남헌에서 시를 읊었다(夕則消搖內階, 詠詩南軒.)"라는 구절이 있는데 여기서 남헌(南軒)은 바로 책방이다.

원림에서의 실례를 살펴보면, 소주 망사원의 소산총계헌(小山叢桂軒)은 건축형식상 청당건축에 속하며, 그 북쪽에 물을 격하고 마주보고 있는 죽외일지헌(竹外一枝軒)은 물가에 지은 탁 트인 창랑형식의 건축이다. 이외에 소주 이원의 배석헌(拜石軒), 촉월헌(觸月軒), 쇄록헌(鎖綠軒) 및 유원의 읍봉헌(揖峰軒), 창랑정의 면수헌(面水軒) 등이 유명하다.

五. 재(齋)

중국 원림에는 "재"라 이름 한 건축이 특히 많다. 예를 들어 청나라 강희시기에 건조된 창춘원에는 식고재(式古齋), 연감재(淵鑒齋), 난조재(蘭藻齋), 패문재(佩文齋), 장졸재(藏拙齋) 등이 있었고 건륭시기에 건조된 장춘원(長春園)에는 온진재(蘊眞齋)와 사영재(思永齋) 등이 있었다.

재는 본래 몸과 마음을 깨끗이 하는 "재계(齋戒)"의 뜻을 갖는다. 『설문』에는 "재란 경계하고 깨끗이 하는 것이다(齋, 戒潔也.)"라 하였다. 옛사람들은 제사 등의 전례의식을 치르기 전에 술과 비린 음식을 삼가고 목욕하고 따로 머물면서 마음을 깨끗하게 하고 욕념을 버렸다. 『논어·술이(論語·述而)』에는 "공자께서는 재일, 전쟁, 질병 때 삼가셨다(子之所慎, 齋, 戰, 疾.)"라 하였고, 『장자·인간사(莊子·人間世)』에는 "안회가 말하길 '나는 집이 가난하여 술을 마시지 못하고 고기를 먹지 못한지 몇달이 되었는데 이렇게 하면 재한다고 할 수 있습니까?'(顏回曰回之家貧, 唯不飲酒, 不茹葷者數月矣, 如此則可以爲齋乎.)"라는 구절이 있어 이러한 뜻으로 쓰였다. 재는 재

도 2-10. 소주 망사원(網師園)의 집허재(集虛齋). 죽외일지헌 뒤의 누각.

계라는 의미에서 장중(莊重)하고 공경(恭敬)한다는 뜻이 파생되기도 하였다. 『광운 · 개운(廣韻 · 皆韻)』에 "재는 장이고 경이다(齋, 莊也, 敬也.)"라는 해석이 이를 증명한다. 한편 제왕이 제사를 앞두고 재계하면서 머무는 궁을 "재궁(齋宮)"이라 하였는데 『국어 · 주어상(國語 · 周語上)』에는 "왕이 재궁에 이르면 백관이 받들어 섬기며 각각 삼 일간 그 재를 행한다(王卽齋宮, 百官禦事, 各卽其齋三日.)"라 하였다.

재는 방이나 집을 뜻하기도 한다. 『진서 · 도간전(晉書 · 陶侃傳)』에는 "도간이 주에 있을 때 할일이 없자 문득 아침이면 벽돌들을 재 밖으로 나르고 저녁이면 재 안으로 날랐다(侃在州無事, 輒朝運百甓於齋外, 暮運於齋內.)"라는 구절이 있다. 또 『남사 · 서릉전(南史 · 徐陵傳)』에는 "늙고 피로하여 표를 올려 은퇴를 청하니 선제가 또

도 2-11. 무석(無錫) 기창원(奇暢園)의 함정재(含貞齋).

예를 두텁게 하시어 장군으로 불러 큰 재를 지어주어 서릉으로 하여금 저택으로 삼아 일을 보도록 하였다(以年老累表求致事, 宣帝亦優禮之, 詔將作爲造大齋, 令陵就第攝事.)"라는 기록이 있는데, 여기서 "제(第)"는 신분이 높은 사람의 큰 집이므로 재(齋)는 집이라는 뜻으로 쓰인 것이다. 또 『절구만흥구수(絶句漫興九首)』에 실린 당나라 두보(杜甫)의 시에는 "누가 있어 매우 낮고 작은 모재(茅齋)를 알까? 강물 위 제비가 그래서 자주 오네(熟知茅齋絶低小, 江上燕子故來頻.)"라는 구절이 있는데 여기서 모재는 띠로 엮어 만든 작고 단출한 집을 의미한다.

재는 정숙, 공경, 정결 등의 의미를 포함하고 있기 때문에 종종 서방(書房)이나 학사(學舍) 등의 건축을 가리킨다. 『송사·선거지(宋史·選擧志)』에는 "태학에는 80재를 설치하였는데, 재는 각각 5칸이고 30명을 수용하였다(太學置八十齋, 齋各五楹, 容三十人.)"라 하였는데 이것은 의심할 나위 없이 태학 학생들이 머물고 공부하는 사재(舍齋)를 가리킨다. 또 『세설신어·언어(世說新語·言語)』에는 "손탁의 『삭초』부에는 '견천에 집을 짓고 자족하는 본분을 알았다. 재 앞에 소나무 한그루를 심고 자주 직접 흙두덩을 관리해 주었다'라 하였다(孫綽賦逡初'築室畎川, 自言見止足之分. 齋前種一株松, 恒自手壅治之.')"라는 구절이 있는데, 여기서 재는 귀은한 문인의 서재를 의미한다.

재계나 공경 등의 뜻 때문에 재는 경전을 읊고 기도하는 종교의식이나 불교신도들의 음식섭취와 관련된 용어로 변하기도 했다. 예를 들어 불교에서 "소식위재(素食爲齋)"라는 용어가 있다. 재는 또한 남은 음식을 승려나 도사에게 바치는 행위를 가리키기도 하는데 승려에게 음식을 남겼다 바치는 것을 "재승(齋僧)"이라 한다.

앞서 언급한 황가원림의 "재"의 사례들 외에, 사가원림에도 역시 재를 사용하여 원림 중의 서방이나 공간이 눈이 잘 띄지 않는 곳에 위치한 건물이나 방을 지칭하기도 한다. 예를 들어 소주 망사원의 집허재(集虛齋)와 이원의 서방재(畫舫齋) 등이 그러하다.

六. 각(閣)

글자 자체를 봤을 때 "각"의 본래 뜻은 갑(閘)과 관련 있다. 『설문』에는 "각은 문을 멈추는 것이다(閣, 所以止扉也.)"라고 하여서 처음에는 문을 연 다음 문짝을 고정하기 위해 사용하는 나무막대를 가리켰음을 알 수 있다. 『이아·석궁(爾雅·釋宮)』에는 "문을 멈추는 것을 이르러 각이라 한다(所以止扉謂之閣.)"라는 구절이 있고, 이에 곽박(郭璞)은 "문을 열면 옆에 있는 긴 말뚝이다(門辟旁長橛也.)"라고 주를 달았다. 여기서 각은 문창의 회전축 역할을 하는 긴 나무기둥을 의미한다. 『설문·문부(說文·門部)』에는 "각은 문을 멈추는 것이다(閣, 所以止扉者.)"라 하였고, 이에 대해 서개는 『설문계전(說文系傳)』에서 "문을 멈춘다는 것은 즉 오늘날의 문협을 이르는 것이니, 문에 붙어 드러난 부분이다(所以止扉, 即今雲門頰, 扉所附著也.)"라 하였다. 이것은 바로 송대 건축서적인 『영조법식』에 기술된 문협(門頰)으로서, 『영조법식·소

도 2-12. 소주 졸정원(拙政園)의 부취각(浮翠閣).

목작제도·오두문(營造法式·小木作制度·烏頭門)』에는 "입협의 길이는 문 높이에 따라 결정한다(立頰長視門高.)"라는 구절이 있다.

각은 목구조물 위에 놓은 목판을 의미하기도 한다. 『광아·석고(廣雅·釋詁)』에는 "각은 싣는 것이다(閣, 載也.)"라 하였는데, 이 의미에서 세워진 궤짝이라는 의미로 변하였고, 다시 건물 옆에 붙어 있는 작은 방인 협실(夾室)의 뜻으로 변했다. 이러한 의미에서 주방(廚房)이라는 뜻으로도 쓰이는데, 『광아·석궁(廣雅·釋宮)』에는 "각은 부엌이다(閣, 廚也.)"라고 하였고, 『예기·내칙(禮記·內則)』에는 "천자의 각은 왼쪽에 다섯 오른쪽에 다섯이다. 공후백은 방 가운데 다섯이다. 대부는 각에 셋이다. 사는 점에 셋이다(天子之閣左達五右達五, 公侯伯于房中五, 大夫于閣三, 士於坫三.)"라 하였는데, 여기서 점(坫)은 물건을 올려 놓는 흙대이며, 각은 목재로 지지대를 만들고 그 위에 판을 올린 것이다. 명대 사조제(謝肇淛)의 『오잡조·지부(五雜俎·地部)』에는 "각은 협실인데, 판으로 만든다(閣, 夾室也, 以板爲之.)"라고 하였는데 고대건축에서 말하는 "난각(暖閣)"이나 "각자(閣子)" 등이 바로 이러한 협실을 가리킨다.

각은 물건을 올리는 지지대가 있는 목판이나 협실의 의미에서 점차 도서, 보물,

그림 등을 보관하고 전시하
는 건물을 가리키는 의미로
변하였다. 『삼포황도·각(三
輔黃圖·閣)』은 『한궁전소(漢
宮殿疏)』를 인용하여 "천록각
과 소하가 만들어서 비밀 문
서를 보관하고 훌륭한 인재
를 두었다(天祿, 麒麟閣, 蕭何
造, 以藏秘書, 處賢才也.)"라 하
였다. 또 송나라 조여시(趙興
時)의 『빈퇴록(賓退錄)』6권에
는 "다시 들어가면 각이 하나
있는데 조금 크다. 각 안에는
책과 그림을 진열하였다(又進

도 2-13. 북경 이화원(頤和園)의 불향각(佛香閣).

登一閣, 稍大. 閣中皆陳列法書圖畵.)"라 하였다. 또 당나라 궁궐 안에는 능연각(凌煙
閣)이라는 건축이 있었는데 당 태종은 큰 공을 세운 24명의 신하들의 모습을 실물
크기로 그려 걸어 놓게 하였다. 이하(李賀)의 시에는 "임금님을 청하여 잠시 능연각
에 오르니 일개 서생이 만 호를 거느린 제후 같다(請君暫上凌煙閣, 若個書生萬戶侯.)"
라는 구절이 있다.

각은 복층건축인 누(樓)와 누 사이 공중에 설치한 통로용 구조물을 가리키기도
한다. 『삼보황도·한궁(三輔黃圖·漢宮)』에는 "궁 서쪽에 연못을 가로질러 비각을
만들었는데 건장궁으로 통한다(於宮西跨城池作飛閣, 通建章宮.)"라 하였다. 또 『문선』
에 실린 사마상여(司馬相如)의 「상림부(上林賦)」에는 "높은 회랑을 사방에 두르고 겹
겹이 곡각을 앉혔다(高廊四注, 重坐曲閣.)"라는 구절이 있고, 이에 이선은 "곡각은 각
도가 낮고 굽어진 것이다(曲閣, 閣道委曲也.)"라고 주를 달았다.

각은 또한 궁전 안의 전당이나 누각을 의미하기도 한다. 예를 들어 북경 명청시기의 자금성 태화전 앞 양측에는 체인각(體仁閣)과 홍의각(弘義閣)이 있다. 또 송나라 소식(蘇軾)의 『서유공권련구(書柳公權聯句)』에는 "훈풍이 남쪽에서 불어오니 전각이 약간 시원해진다(薰風自南來, 殿閣生微涼.)"라는 구절이 있는데, 여기서 전각은 바로 궁전건축을 가리킨다. 송대 『영조법식』에는 "청당조(廳堂造)"와 구분이 되는 "전각조(殿閣造)"라는 형식의 건축이 있는데, 이는 등급이 높은 궁전건축의 일종이다.

중국 고대원림에서 각은 비교적 중요한 건축물에 속한다. 예를 들어 황가원림에는 원대 서원(西苑)의 연화각(延華閣), 청대 창춘원의 장휘각(藏輝閣), 장춘원의 득전각(得全閣), 옥천산 정명원의 낙경각(樂景閣), 피서산장(避暑山莊)의 낙성각(樂成閣) 등이 있고 사가원림에는 소주 졸정원의 유청각(留聽閣)과 부취각(浮翠閣), 유원의 원취각(遠翠閣), 사자림의 문매각(問梅閣)과 수죽각(修竹閣) 등이 있다. 이들 각은 놓인 위치가 높고 시야가 탁 트여 있어서 조망에 유리하다. 하지만 망사원의 요영수각은 실제로는 물가에 놓인 탁 트인 헌인데, 단층건축임에도 각이라 이름 한 것은 건물이 지지대를 받쳐 물 위의 공중에 떠 있기 때문이다.

七. 누(樓)

각과 건축형식상 가장 가까운 것은 바로 누이다. 옛사람들은 종종 누와 각을 붙여서 "누각(樓閣)"이라 불렀다. 누의 본뜻은 복층의 건축이다. 『설문』에는 "누는 복옥이다(樓, 重屋也.)"라고 하였는데 여기에서 점차 2층 이상의 건물을 가리키는 단어로 변하였다. 당대 왕지환(王之渙)의 『등관작루(登鶴雀樓)』에는 "천 리 끝까지 보고자 하면 다시 한 층의 누를 오르라(欲窮千里目, 更上一層樓.)"고 하였다. 누는 크고 높으며 층이 포개어 올린 건축물이다. 『사기 · 봉선서(史記 · 封禪書)』에는 "이에 신명대, 정간루를 세우니 높이가 오십 장이 넘고 수레길이 서로 연결됐다(乃立神明台, 井幹樓, 度五十丈, 輦道相屬焉.)"라 하였다.

그림 2-14. 소주 졸정원(拙政園)의 견산루(見山樓).

　누는 방 안에 윗부분에 설치한 물품저장 공간을 가리키기도 하는데, 이런 구조물을 각루(閣樓)나 암루(暗樓)라 부른다. 또 누는 성곽이나 높은 석대 위에 놓인 건축구조물을 가리키기도 한다. 『묵자·비성문(墨子·備城門)』에는 "30보마다 좌후루를 설치하고, 누는 여첩 위로 4척 올라오게 한다(三十步置坐候樓, 樓出於堞四尺.)"라 하였고, 『후한서·등우전(後漢書·鄧禹傳)』에는 "광무가 성루 위에 머물며 여지도를 폈다(光武舍城樓上, 披輿地圖.)"라 하였는데 이 두 가지는 모두 성벽 위에 있는 건축물을 가리킨다.

　흙을 다져 쌓아 올린 좁고 굽은 토대(土台)를 누라 하기도 했다. 『이아·석궁』에는 "사방이 높은 것을 대라 하고, 좁고 굽은 것을 누라 한다(四方而高曰台, 陜而修曲曰樓.)"라 하였는데, 이에 유월은 "누와 대는 같으니, 모두 흙을 쌓아 만든 것이다. 네모나고 바른 것을 대라 하고, 좁고 굽게 만든 것을 누라 한다(樓與台同, 皆是累土而成, 其四方者曰台, 其陜而修曲者曰樓.)"라고 해석하였다.

도 2-15. 소주 유원(留園)의 명금루(明琴樓).

수레나 배 위의 구조물을 누라고 부르기도 했다. 『좌전·선공 15년(左傳·宣公十五年)』에는 "누거에 올라 송인을 부려 고하게 했다(登諸樓車, 使呼宋人而告之.)"라는 기록이 있는데, 이에 두예는 "누거란 수레 위의 망로이다(樓車, 車上望櫓.)"라 하였다. 『문선』에 실린 좌사의 「오도부」에는 "경거는 고삐를 달고 길을 지나고 누선은 돛대를 걸고 사를 지난다(輕輿按轡以經隧, 樓船擧帆而過肆.)"라는 구절이 있는데 이에 이선은 "누선은 배에 누가 있는 것이다(樓船, 船有樓也.)"라고 주를 달았다.

누는 차사(茶肆), 주점(酒店), 기방(伎房)을 가리키기도 했다. 삼국시대 위나라 조식(曹植)의 『미녀편(美女篇)』에는 "청루가 대로에 붙어 있고 높은 문은 복층의 궐로 만들었다(靑樓臨大路, 高門結重關.)"라 하였다. 또 당대 낙빈왕(駱賓王)의 『권가행(櫂歌行)』에는 "가을날 장막의 등이 반짝거리고 창루는 붉은 색으로 단장한다(秋帳燈翠華, 倡樓粉色紅.)"라 하였다. 당대 맹호연(孟浩然)의 『노명부조추연장랑중해원즉사시(盧明府早秋宴張郎中海園卽事詩)』에는 "울창한 섬은 깊은 대나무 숲을 품고 있고 앞의 시냇물은 무루를 마주하네(郁島藏深竹, 前溪對舞樓.)"라는 구절이 있다.

송대 동경(東京)의 황가원림인 금명지(金明池)에는 한 채의 누가 있었는데, 이 건물은 벽돌을 쌓아서 높은 대를 만들고 그 위에 다시 누관건축(樓觀建築)을 올린 형식으로 너비는 백 장에 이르고 이름은 보진루(寶津樓)라 하였다. 그 밖에 송대 동경 간악(艮嶽)의 강소루(絳霄樓), 명대 서원의 상봉루(翔鳳樓), 청대 창춘원의 연상루(延爽樓) 등은 그 명칭에서 알 수 있듯이 모두 높게 우뚝 솟고 탁 트여 시원한 건축물이다.

소주원림에도 누가 많은데 졸정원의 견산루(見山樓), 도영루(倒影樓), 배 모양의 건물인 향주(香洲)의 위에 올라 있는 징관루(澂觀樓), 유원의 관운루(冠雲樓), 명금루(明瑟樓), 서루(西樓), 곡계루(曲谿樓), 사자림의 암상소영루(暗香疏影樓), 창랑정의 간산루(看山樓), 망사원의 힐수루(擷秀樓), 독화루(讀畫樓) 등은 모두 2층 건축이다.

八. 사(榭)

사는 중국 고대원림에서 가장 자주 보이는 건축유형의 하나이다. 청대 황가원림 중에는 창춘원의 기사(綺榭), 승덕 피서산장의 수심사(水心榭) 등이 유명하다. 강남 사가원림에도 사는 무척 많은데 소주 졸정원의 부용사(芙蓉榭), 이원의 우향사(耦香榭), 예포의 수사(水榭) 등이 대표적인 예이다. 원림에서 사라고 명칭된 이들 건축들은 주로 물가에 위치해 있다. 소주 예포의 수사와 승덕 피서산장의 수심사는 조형면에 있어서 서로 그 맛이 다르지만 모두 수면 위에 걸쳐 있고 입면이 탁 트인 건축물이다.

사는 본래 높은 대 위에 놓인 집을 가리킨다. 『설문신부(說文新附)』에는 "사는 대 위에 집이 있는 것이다(榭, 台有屋也.)"라 하였는데, 이처럼 사는 높은 대 위에서 가까운 경관을 바라보면서 쉬기 위해 만든 목조건축을 가리킨다. 『이아·석궁』에는 "도를 일러 대라 하고 나무로 된 것이 있는 것은 사라고 한다(闍[20]謂之台, 有木者謂之榭)"라 하였고, 이에 곽박은 "대 위에 집을 세운 것이다(臺上起屋.)"라고 주를 달았으며, 학의행(郝懿行)은 다시 "사라는 것은 대 위에 나무로 만든 집을 이름 하여 사라 한다(榭者,

도 2-16. 소주 망사원(網師園)의 요영수각(濯纓水閣). 입지 및 건축형식상 수사(水榭)에 속한다

謂臺上架木爲屋, 名之爲榭.)"라고 소를 달았다. 『서·태서(書·泰誓)』에는 "궁실과 대사, 파지와 사치한 의복을 바라니(惟宮室台榭陂池侈服)"이라는 구절이 있다. 『상서주소(尙書注疏)』에는 『한공씨전·주서(漢孔氏傳·周書)』를 인용하여 "흙이 높으면 대라 하고 나무가 있으면 사라 한다(土高曰台, 有木曰榭.)"라 하였다. 『초사·초혼(楚辭·招魂)』에는 "층층의 대에 사를 올리고 높은 산에서 굽어본다(層台累榭, 臨高山些.)"라 하였다. 사는 높은 대 위에 있는 목조건축이라는 뜻에서 가무를 행하는 곳으로 의미가 변하기도 하였다. 송대 육유(陸游)의 『검남시고(劍南詩藁)』의 「장안도(長安道)」에는 "노래를 부르는 누와 춤을 추는 사가 높아 구름에 닿고 겹겹의 장막과 주렴을 쳐 낮에도 촛불을 켠다(歌樓舞榭高入雲, 複幕重廉晝燒燭.)"라 하였다.

사는 내부에 벽으로 실을 나누지 않은 청당건축을 가리키기도 한다. 『이아·석

20 망을 보기 위해 높이 쌓은 대.

도 2-17. 승덕 피서산장(避暑山莊) 수심사(水心榭).

도 2-18. 소주 졸정원(拙政園)의 부용사(芙蓉榭).

궁』에는 "실이 동서 상(廂)이 있으면 묘(廟)라 하고, 동서 상이 없으면 침(寢)이라 하며, 실이 없으면 사(榭)라 한다(室有東西廂曰廟, 無東西廂有室曰寢, 無室曰榭.)"라 하였는데, 이에 곽박은 "사는 즉 오늘날의 당황이다(榭, 卽今堂堭.)"라고 주를 달았고, 형병(邢昺)은 "당황은 곧 오늘날의 전(殿)이니, 전 역시 실이 없다(堂堭卽今殿也, 殿亦無室.)"라고 소를 달았다. 또 근대 왕국유(王國維)의 『관당집림(觀堂集林)』 3권에는 "옛 궁실은 당이 있으면서 실이 없는 것은 없다. 있으면 오로지 활쏘기를 배우는 사만이 그러하다(且古之宮室, 未有有堂而無室者. 有之, 則惟習射之榭爲然.)"라 하였다.

사는 군사훈련을 감독하거나 악기를 저장하는 곳으로도 쓰였다. 『좌전기사본말 · 초령왕지란(左傳紀事本末 · 楚靈王之亂)』에는 "예전에 선왕이 대와 사를 만들었는데, 사를 짓는 것은 군량과 병기를 꾀할 뿐이고, 대를 짓는 것은 상서로운 기운을 살피는 것일 뿐이다(故先王之爲台榭也, 榭不過講軍實, 台不過望氛祥.)"라 하였다. 청대 정진(鄭珍)의 『설문신부고(說文新附考)』에는 "사는 천자나 제후가 군사를 강무하면서 거하는 곳으로 여섯 향에 주학을 만들었다. 습무를 꾀하는 일은 사를 우선 만든다. ……고로 각각 그 집을 사라 한다(榭, 在天子諸侯爲講武所居, 在六鄕爲州學. 講習武事以射爲先 ……故卽名其屋曰射.)"라 하였다. 또 『좌전 · 성공 17년(左傳 · 成公十七年)』에는 "삼극의 장군이 사에서 모의하였다(三郤將謀於榭)"라는 구절이 있는데 이에 두예는 "사는 강무당이다(榭, 講武堂.)"이라고 주를 달았다. 또 『한서 · 오행지(漢書 · 五行志)』에는 "사라는 것은 악기를 저장하는 곳이다(榭者, 所以藏樂器.)"라 하였다.

결론적으로 사는 본래 높은 대 위에 짓은 집이나 안에 실을 나누지 않은 집을 가리켰으며, 점차 탁 트여 높고 시원한 장점으로 인해 강군(講軍), 습무(習武), 연사(演射)의 장소로 그 의미가 변화되어 사용되었다. 원림에서의 사 역시 높은 대에 올려있고 입면이 탁 트인 건축을 가리키는 단어로 주로 쓰인다.

九. 정(亭)

　정은 중국 고대원림에서 가장 많이 보이는 건축형식의 하나이다. 청대 황가원림을 보면 창춘원의 창연정(蒼然亭), 청원정(淸遠亭), 청뢰정(淸籟亭), 장춘원의 중락정(衆樂亭), 향산 정의원과 취미정(翠微亭), 승덕 피서산장의 청휘정(淸暉亭), 남산(南山)의 적설정(積雪亭) 등이 있다.

　고대 중국어에서 정(亭)은 "정(停)"과 서로 통한다. 청대 단옥재의『설문해자주·고부(說文解字注·高部)』에는 "정(亭)은 정지(亭止)에서 비롯되었다(亭之引申爲亭止)"라고 하였고, 청대 주준성(朱駿聲)의『설문통훈정성·정부(說文通訓定聲·鼎部)』에서는 "정(亭)은 글자를 정(停)이라 쓰기도 한다(亭, 字亦作停.)"라 하였다. 멈추어 머문다는 뜻에서 멈춰 머무는 장소라는 뜻으로 의미가 확대되었기 때문에 소위 "정은 정이다(亭, 停也.)"라고 하는 것이다.『설문』에는 "정은 백성이 안정하는 것이다. 정에는 누가 있어서 높은 곳에서 살필 수 있다(亭, 民所安定也. 亭有樓, 從高省.)"라 하였는데 여기서 정은 높은 곳에 위치한 누를 닮은 건축물이다.

　정은 고대 도로 옆에 설치하여 행인들로 하여금 멈추어 숙식을 해결할 수 있게 했던 시설이다. 단옥재는 "『풍속통』에 이르길 '정(亭)은 정(停)이다. 사람이 멈추어 모이는 것이다'라 하였다. 백성이 안정하는 것이라는 것은 거하는 백성이 여기서 도적을 대비하고 여행하던 사람이 여기서 멈추어 묵어간다는 것이다(風俗通曰 '亭, 停也, 人所停集.' 按雲民所安定者, 謂居民於是備盜賊, 行旅於是止宿也.)"라 하였다. 당대 이백의『보살만(菩薩蠻)』에는 "어느 곳이 돌아가는 길인가? 장정이 단정에 이어지네(何處是歸程, 長亭連短亭.)"라 하였는데 여기서 정은 도로 옆에 설치된 시설로서 장정(長亭)은 10리마다, 단정(短亭)은 5리마다 설치한다.

　고대에 변경지역 요새에 적정을 관찰하기 위해 정을 설치하였는데 이를 강정(崗亭)이라 하였다.『사기·흉노열전(史記·匈奴列傳)』에는 "성벽을 쌓고 정자를 늘어세워서 여포에 이르렀다(築城鄣列亭至廬朐.)"라 하였는데, 이에 당대 장수절(張守節)

의 『사기정의(史記正義)』에서는 고윤(顧胤)의 글을 인용하여 "정은 관망하며 머무는 곳이다(亭, 候望所居也.)"라 하였다. 남조 송나라의 포조(鮑照)는 『대출계북문행(代出薊北門行)』에서 "우격이 변정에서 일어나고 봉화가 함양에 들어왔다(羽檄起邊亭, 烽火入鹹陽.)"라 하였는데, 여기서 우격(羽檄)은 급하게 전하는 격문이고 변정(邊亭)은 변경에 설치된 적정을 관측하는 시설을 의미한다.

원림에서의 정은 주로 지붕을 올리고 벽을 두르지 않은 소형 건축물을 의미한다. 정자는 그 자체로 관상의 대상이 되기도 하고 반대로 주위의 풍경을 조망하는 장소, 즉 경관점이 되기도 한다. 『정자통·두부(正字通·亠部)』에는 "정은 정사이다(亭, 亭榭.)"라고 하였고, 당대 시인 두보의 시 『배이북해연역하정(陪李北海宴曆下亭)』에서는 "물 오른쪽의 이 정자는 오래되어서 제남의 명사들이 많이 들른다(海右此亭古, 濟南名士多.)"라 하였으며, 송대 문인 구양수(歐陽修)의 『취옹정기(醉翁亭記)』에는 "정자가 있어 샘 위에 날듯이 붙어 있으니, 취옹정이다(有亭翼然臨於泉上者, 醉翁亭也.)"라 하였다.

원림에서 정자가 설치되는 위치를 보면 작은 산 위에 놓이는 경우가 가장 많은데 소주 졸정원의 수기정(繡綺亭)과 설향운위정(雪香雲蔚亭) 등이 그러하다. 혹은 수목 사이나 길옆에 놓이는 경우가 있는데 소주 유원의 지락정(至樂亭)과 호복정(濠濮亭) 등이 그러하다. 혹은 물이 서로 만나 돌아가는 곳에 설치할 수 있는데 소주 졸정원의 하풍사면정(荷風四面亭)이 그러하다. 또 회랑과 연결되는 경우가 있는데 소주 유원의 가청희우쾌설지정(佳晴喜雨快雪之亭)이 그러하다.

원림 정자 중에는 반정(半亭)이나 조합형 정자 등 특이한 형식이 등장한다. 반정은 건물의 벽이나 담장에 붙여서 짓는데 평면이 보통 정자의 절반이다. 사례로는 소주 망사원 전춘이(殿春簃) 앞에 있는 냉천정(冷泉亭)과 졸정원에서 동반정(東半亭)이라고 흔히 불리는 의홍정(倚虹亭), 서반정(西半亭)이라고 흔히 불리는 별유동천(別有洞天) 등이 있다. 조합형 정자식 건축물의 대표적 사례로는 청대 황가어원인 북해의 오룡정(五龍亭)을 들 수 있는데, 이것은 호수 위에 다섯 개의 서로 다른 형식의

도 2-19. 북경 서원(西苑)의 오룡정(五龍亭). 다섯 채의 정자가 연결되어 군체를 형성한다.

도 2-20. 북경 경산(景山)의 관묘정(觀妙亭). 중첨의 원형정자로 유리와를 얹었다.

도 2-21. 소주 졸정원(拙政園) 하풍사면정(荷風四面亭).
가산 위에 위치한다.

도 2-22. 소주 졸정원(拙政園)의 탑영정(塔影亭).
연못 가운데 위치한다.

도 2-23. 소주 졸정원(拙政園)의 여수동좌헌(與誰同坐軒).
건축형식상 정자에 속하며 평면이 부채꼴(扇面)이다.

도 2-24. 소주 망사원(網師園)의 냉천정(冷泉亭). 벽에 붙여 만든 반정(半亭)이다.

도 2-25. 북경 이화원(頤和園)의 낭정(廊亭). 회랑과 연결되어 있는 정자이다.

정자를 석교로 이은 건축물이다.

원림에서 정자의 조형은 매우 변화가 다양하다. 평면은 정사각형, 직사각형, 원형, 육각형, 팔각형, 매화형, 해당화형, 부채형 등 매우 다양하고, 지붕의 형식은 단첨과 중첨 모두 가능하며 헐산(歇山)[21]과 찬첨(攢尖)[22] 지붕이 보편적으로 쓰인다. 원형평면의 실례로는 졸정원의 입정(笠亭)이 있고, 부채형 평면의 실례로는 사자림의 선자정(扇子亭)이 있으며, 해당화형 평면의 실례로는 환수산장(環秀山莊)에 옮겨진 해당정(海棠亭)이 있다. 정사각형, 직사각형, 육각형, 팔각형 등의 정자는 그 사례가 셀 수 없을 정도로 많다. 중첨 정자는 위압감을 줄 수 있기 때문에 규모가 작은 사가원림에서는 잘 쓰이지 않고 주로 규모가 큰 황가원림에서 쓰인다. 특히 북경 이화원에는 확여정(擴茹亭), 기란정(寄瀾亭), 유가정(留佳亭), 청요정(淸遙亭), 추수정(秋水亭), 힐수정(擷秀亭) 등 많은 중첨 정자가 있다.

十. 이(榭)

이는 건축명칭으로 자주 사용되지는 않는다. "이"라는 명칭의 건축 중 유명한 것으로는 소주 망사원 서측 편원(偏院)에 있는 전춘이가 있다. 이 건축은 정면 세 칸에, 앞에 첨랑(檐廊)이 붙어 있는 작은 청옥(廳屋)이다. 건물 앞에는 월대(月臺)가 있고, 첩석(疊石)과 화죽(花竹)이 건물을 마주보고 있다. 건물 우측 벽에는 첩석과의 사이에 벽에 기대어 반정(半亭)이 하나 있는데 이름은 냉천정(冷泉亭)이라 한다. 그 이름에서 보듯이 이 작은 정원은 구석에 치우쳐 있어 인적이 드물다.

사실 "이"는 본래 치우치고[偏] 작다[小]는 의미를 포함하고 있다. 『설문신부』에는

---

21 팔작지붕.
22 모임지붕.

도 2-26. 소주 망사원(網師園)의 전춘이(殿春移).

"이란 각 옆의 작은 집이다(移, 閣邊小屋也.)"라 하였다. 한편 『이아·석궁』에는 "이어진 것을 이르러 이라 한다(連謂之移.)"라 하였는데, 이에 곽박은 "당이나 누각 옆의 작은 집으로 오늘날에 이주연관이라 부른다(堂樓閣邊小屋, 今呼之移廚連觀也.)"라고 주를 달았다. 여기서 이는 당이나 누각 같은 크고 주된 건축의 옆에 부속되어 연결된 작은 집을 가리킨다.

이는 처음에는 "이(移)"라고 했다. 학예행은 "『유주서·작락편』에 이르길 '설이, 여영'이라 하였는데 공조는 '이은 집을 이라 한다'라고 주석하였다. 그런데 『이아』의 고본에는 이(移)라 쓰고, 위진 이후의 판본에서 비로소 죽(竹)을 더하여 이(移)라 쓰기 시작했다. 고로 『어람』 백팔십사에서 『통속문』을 인용해 '연각을 이라 한다'라고 하였고, 곽부는 '이주연관'이라 하였고 또한 시기에 근거해 검증하여 말하면 위나라 사람과 진나라 사람들이 이(移)자를 쓰기 시작했다(遺周書·作雒篇篇雲設移旅楹, 孔晁注承屋曰移, 然則爾雅古本作移, 魏晉以後始加竹爲移, 故禦覽一百八十四引通俗文雲連

閣曰簃, 郭雲簃廚連觀, 並據時驗而言, 知魏晉人始有簃字也.)"[23]라고 하였다. 이 외에 이(簃)는 또 "이(簃)"나 "이(謻)" 등의 글자와도 통한다. 『집운·지운(集韻·支韻)』에는 "이란 궁실이 서로 연결된 것을 이라 하며, 이(謻)와 통하여 쓴다(簃, 宮室相連謂之簃, 通作謻.)"라 하였고, 『설문신부』에는 "이(簃)는 ……죽에 속하고 이성이다. 『설문』에서 이(謻)와 통용한다(簃, ……從竹, 移聲. 說文通用謻.)"라 하였다.

중국 고대문학에서는 "이"라고 불리는 곳이 많이 언급된다. 명대 장봉상(張鳳翔)의 『궁사(宮詞)』에는 "치장한 여인이 하인을 데리고 와서 왜이에 앉았다(妝就傭來坐矮簃)"라는 구절이 있는데, 여기서 "이"는 앞에 "왜(矮)"와 결합하여 낮은 모습이 추가되었다. 청대 사진정(謝振定)의 『등태화산기(登太華山記)』에는 "남이에 들어가 앉았는데 소나무 바람이 일어나니 천상의 소리를 연주하는 것 같다(入南簃坐, 松風謖謖然, 若奏鈞天.)"라 하였다.

소주 원림 가운데서 이(簃)라는 명칭을 쓰는 다른 하나의 예로 옹취산장(擁翠山莊)의 송춘이(送春簃)가 있다. 송춘이는 옹취산장 원림의 뒷부분에 있는 한 채의 청옥(廳屋)으로 그 앞에는 주청(主廳)인 영란정사(靈瀾精舍)가 있고 두 건물이 회랑으로 연결되어 있어서 "궁과 실이 서로 연결된 것을 이라 한다(宮室相連謂之簃.)"는 뜻에 어느 정도 부합한다. 망사원에서 구석에 치우쳐 있는 전춘이와 옹위산장에서 원림의 뒤쪽에 위치하고 앞으로 주청과 연결된 송춘이의 사례를 통해 우리는 대략 "이"라고 하는 조금은 이질적인 건축 유형의 의미와 공간적 위치를 이해할 수 있다.

十一. 랑(廊)

랑은 중국 고대원림에서 가장 흔한 건축유형의 하나로, 청대 황가원림인 이화원

---

23 設移는 移와 같이 누각의 곁채를 가리킨다. 旅檐에서 旅는 많다는 뜻이다.

도 2-27. 북경 이화원(頤和園)의 장랑(長廊). 길이가 728m에 달한다.

도 2-28. 북경 서원(西苑)의 연루장랑(延樓長廊). 누각과 결합된 2층의 장랑이 경화도(瓊華島)의 남단을 띠처럼 두르고 있다

만수산의 앞에 곤명호를 따라 일자로 나 있는 장랑(長廊)을 이곳을 방문해 본 적이 있는 사람이라면 누구나 기억하고 있을 것이다. 맞은편에서 바라보면 이 장랑은 만수산이 기슭에 한 줄의 우아한 허리띠를 더한 듯한데, 각종 건축이 들어서 있는 전산경관에 적절한 통일감을 부여한다. 이 수법은 대규모 경관에 처리에 대한 중국 황가원림의 놀라운 예술적 성취로 평가된다.

랑은 본래 건물 양측으로 뻗어나간 통로용 부속 건축을 가리킨다. 처음에 랑은 당 양 옆의 벽을 가리켰다. 『설문신부』에는 "랑은 동서쪽 서(序)이다(廊, 東西序也.)"라고 했다. 여기서 동서서(東西序)는 주요 건축물의 동서 양측의 벽체를 가리킨다. 『설문』에는 "서는 동서쪽 벽이다(序, 東西牆也.)"라고 하였고, 『이아・석궁』에는 "동서 벽을 서라 한다(東西牆謂之序.)"라 하였으며, 이에 형병은 "이것은 집의 전당 위의 동상과 서상의 벽을 이른다(此謂室前堂上東廂, 西廂之牆也.)"라고 소를 달았다. 이 외에 서(序)는 정방(正房)²⁴의 동서 양측의 상방(廂房)²⁵이나 낭무(廊廡)를 가리킨다. 예를 들어 왕연수(王延壽)의 『노영광전부(魯靈光殿賦)』에는 "서상은 이어져 있어 조용하고 동서는 매우 깊어서 그윽하고 신비하다(西廂踟躕以閑宴, 東序重深而奧秘.)"²⁶라 하였는데 여기서 서상(西廂)과 동서(東序)는 서로 대응하고 있기 때문에 동서는 마땅히 상방(廂房)류의 건축으로 봐야 한다. 고로 이선은 "동서는 동상이다(東序, 東廂也.)"라 하였다

랑은 점차 당옥(堂屋) 양측 혹은 네 주위를 둘러싼 낭옥(廊屋)의 의미로 확장되었다. 『이아・석궁』에는 "랑은 사이다(廊, 舍也.)"라 하였고, 『옥편・광부(玉篇・广部)』에는 "랑은 무하이다(廊, 廡下也.)"라 하였다. 또 『광운・당운(廣韻・唐韻)』에는 "랑은 무이다. 문영은 '낭은 전 아래 바깥에 있는 집이다'라 하였다(廊, 廡也. 文穎曰'廊, 殿

---

24 중국 민가의 합원(合院) 배치에서 중축선의 뒤쪽에 위치한 주 건축.
25 중국 민가의 합원 배치에서 정방의 앞, 양 측면에 위치하며 서로 마주보는 건축.
26 지주(踟躕) : 멈추어 쉼. 한연(閑宴) : 한가하고 조용함.

下外屋也.')"라 하였다. 『한서 · 사마상여전(漢書 · 司馬相如傳)』에는 "높은 회랑을 사방에 두르고 겹겹이 곡각을 앉혔다(高廊四注, 重坐曲閣)"라 하였고, 안사고(顔師古)는 "랑은 당 아래 네 주위의 집이다(廊, 堂下四周屋也.)"라 주를 달았다. 이상으로 원림에서 정당의 주위를 둘러싸고 있는 무방(廡房)을 곧 랑이라고 부르는 것을 확인할 수 있다.

한편 우리가 익숙한 개념에서 랑은 종종 각 주요 건축들 사이를 연결하는 연결통로 건축물을 가리킨다. 주택이나 원림에서 흔히 사용하는 주랑(走廊)이나 유랑(遊廊)이라는 단어는 바로 이러한 보편적 개념을 반영한다. 『태평광기(太平廣記)』301권은 『광이기(廣異記)』를 인용하여 "환랑과 곡각은 이어지고 서로 통한다(環廊曲閣, 連亘相通.)"라 하여 이러한 보편적 개념을 뒷받침해 준다. 당대 백거이(白居易)의 『흉택(凶宅)』에는 "종종 주문 안에는 방과 랑이 서로 마주한 채 비어 있다(往往朱門內, 房廊相對空.)"라고 하였는데, 여기서 방과 랑이 서로 대응해 있어서 당나라 때 랑은 방과는 구별이 되는 다른 건축형식이었음을 알 수 있다. 당대 왕유(王維)의 『알선상인(謁璿上人)』에는 "높은 비류나무에 아침이면 꾀꼬리가 울고 장랑에는 봄비 소리가 울린다(高柳早鶯啼, 長廊春雨響.)"라 하였는데 당대의 주택과 사관에 이러한 랑이 많이 사용되어 문헌 중에 동랑(東廊), 서랑(西廊) 등의 단어가 자주 보인다. 예를 들어 『당양경성방고(唐兩京城坊考)』3권의 재선양방(載宣陽坊)에 위치한 정역사(淨域寺)에 대한 기록을 보면 "동랑은 나무와 돌이 험하고 괴이하고 고승 역시 괴이하다. 서랑은 만보살원이 있고 문안 남쪽 벽에는 황포진이 그린 귀신 및 조각이 있는데 형세가 탈진함이 오도현과 동시대의 것이다(東廊樹石險怪, 高僧亦怪. 西廊萬菩薩院, 門裏南壁皇甫軫畫鬼神及雕, 形勢若脫軫, 與吳道玄同時)"라 하였는데, 여기서 동랑과 서랑은 대략 동랑원(東廊院)과 서랑원(西廊院)을 의미한다.

랑의 건축형식은 크게 양 측면이 모두 트인 것과 한쪽 측면은 담에 붙어 있고 맞은편만 트인 것이 있다. 이화원 전산의 장랑은 양측이 모두 트인 건축형식이다. 송대 맹원로(孟元老)의 『동경몽화록 · 상국사내만성교역(東京夢華錄 · 相國寺內萬姓交

도 2-29. 소주 유원(留園)의 양쪽이 트인 랑.

도 2-30. 소주 사자림(獅子林)의 한쪽이 벽으로 막힌 랑. 벽면에는 각종 제자(題字)를 진열하였다.

易)』에는 "대전의 두 랑은 모두 국조 명공의 필적이다(大殿兩廊, 皆國朝名公筆跡.)"라 하였으니 확실히 그 대전 앞의 두 랑은 모두 한쪽 측면에 제자(題字)에 쓸 수 있는 벽체가 있었을 것이다. 이 밖에 랑은 주요 건축물에 붙어 있는 첨랑(檐廊) 형식일 수도 있다. 송대 이계의 『영조법식·총석하·첨(營造法式·總釋下·檐)』에는 "집의 수직입면을 우(宇)라 하고, 우 아래에 붙은 것을 무(廡)라 하며, 보첨(步檐)을 랑이라 한다(屋垂謂之宇, 宇下謂之廡, 步檐謂之廊.)"라 하였는데, 여기서 보첨은 주 건축 아래에 붙은 첨랑(檐廊)이나 각 건축을 연결해 주는 보랑(步廊)의 뜻을 갖는다.

명청시기 강남 사가원림에서는 비가 많이 오는 기후로 인해 랑이 특히 발달하였다. 자연스럽게 굽어지고 기울어진 이들 낭도(廊道)는 원림의 구석구석에 종횡으로 이어져 하나의 그물 같은 동선을 형성하며 방문객의 관람 노선을 구성한다. 그 배치는 형식에 구애받지 않고 형세의 꺾임과 기복을 자연스럽게 따르면서 영활하고 다변한 방식으로 원림공간을 분할(分割)하거나 위합(圍合)한다.

실제 응용에서 랑은 직랑(直廊), 곡랑(曲廊), 파형랑(波形廊), 복랑(複廊) 등의 유형으로 나눌 수 있다. 곡랑은 지세에 따라 담장과 벽체의 꺾임에 따라 나아간다. 구불구불하고 비스듬하며 원림의 건축, 산석, 수체를 가로지르거나 돌아간다. 벽이나 담장에서 잠깐 떨어져 전개해 나가기도 하기 때문에 랑과 담 사이에 가끔씩 빈 공간이 발생하는데 대나무나 돌 등을 이용해 점철(點綴)하여 재미있는 소경을 꾸민다. 복랑은 두 개의 랑이 하나로 결합한 것으로 가운데에는 한 줄의 담장이 있어서 둘을 분격한다. 이 분격담장에는 누창(漏窓)을 설치하여 양측이 만나는 듯 떨어진 듯한 느낌을 준다. 양쪽이 모두 통행이 가능하기 때문에 원림공간을 더욱 다양하게 하고 재미있게 한다. 그 밖에 파산랑(爬山廊), 수랑(水廊), 누랑(樓廊) 등도 있는데, 각각 처한 지형상황에 맞게 설치하는 이런 방식은 랑이라는 건축형식에 무궁무진하게 변화를 가져다준다.

도 2-31. 소주 졸정원(拙政園)의 복랑(復廊).
가운데 벽을 두고 양쪽을 랑으로 만들었다.

도 2-32. 소주 졸정원(拙政園)의 소비홍(小飛虹). 랑과 다리가 결합한 낭교(廊橋)이다.

도 2-33. 소주 졸정원(拙政園) 견산루(見山樓)에 연결된 복층의 유랑(모형).

도 2-34. 소주 졸정원(拙政園) 견산루(見山樓)에 연결된 복층의 유랑.

도 2-35. 승덕 피서산장(避暑山莊) 파산랑(爬山郎).

도 2-36. 양주 첨원(瞻園)의 유랑(游廊).

도 2-37. 소주 망사원(網師園)의 낭사(廊榭). 이동을 위한 랑(廊)이기도 하면서 다른 한편 물가에 위치하여 앉아 수경을 감상할 수 있는 사(榭)이기도 하다.

十二. 암(庵)

중국 고대원림에서 건물 명칭에 "암(庵)"을 사용한 경우는 결코 많지 않다. 소주 명청시기 사가원림을 예로 본다면 유원의 북동쪽 모서리에 있는 저운암(佇雲庵)이 유일한 예이다.

암의 본뜻은 원형 지붕을 올린 초옥(草屋)이다. 『석명·석궁실(釋名·釋宮室)』에는 "풀을 엮어 둥글게 만든 집을 포라 하고 또 암이라 이르기도 한다(草圓屋曰蒲, 又謂之庵.)"라 하였는데 여기서 보듯이 처음에는 암을 "포(蒲)"라 하기도 하였다. 『광운·담운(廣韻·覃韻)』에 의하면 "암은 작은 띠풀 집이다(庵, 小草舍也.)"라고 하였고 『집운·담운(集韻·覃韻)』에는 "암은 둥근 집을 암이라 한다(庵, 圓屋曰庵.)"라 하였다. 또 진대 갈홍(葛洪)의 『신선전·초선(神仙傳·焦先)』에는 "강가에 거하며 풀을 엮어 암을 만들었다(居河之湄, 結草爲庵.)"라는 구절이 있다. 이상으로 암은 풀을 엮어 만든 집과 둥근 형태의 집이라는 두 가지 의미를 가지고 있음을 확인할 수 있다. 『냉려잡지(冷廬雜識)』 2권에는 『청평산관시초(清平山館詩鈔)』를 인용하여 "매화와 학은 사람이 헛되이 스스로 괴로워함을 비웃고 호수와 산은 나를 포용하여 빈곤함을 꺼리지 않는다. 떠도는 삶이 길게 보아 좋은 계책이 아님을 알기에 그저 서쪽에다 초암을 엮었다(梅鶴笑人徒自苦, 湖山容我不嫌貧. 也知浪跡非長策, 直擬西泠結草庵.)"라고 하였다. 한편 풀로 만들었기 때문에 또한 "모암(茅庵)"이라고 부르기도 하는데 당대 호증(胡曾)의 『자령하범익도청원협작(自嶺下泛鷁到清遠峽作)』에는 "상자 안의 책 중 보지 않은 것을 바치지 않고 이곳에 와서 모암을 지었다(不爲篋中書未獻, 便來茲地結茅庵.)"라 하였다.

암의 건축형식은 그 간결하고 소박한 특징 때문에 보통 작은 사묘(寺廟)에서 사용되었고 점차 작은 사묘를 가리키는 명칭으로 확대되었다. 송대 소식의 『이연이수운신다견향(怡然以垂雲新茶見餉)』에는 "태양이 떠오르니 운암이 따뜻해지고 봄바람은 대전의 추위를 씻어주네(曉日雲庵暖, 春風浴殿寒.)"라는 구절이 있는데 여기서 운암(雲庵)은 바로 작은 사묘(寺廟)의 이름이다. 『유림외사』 2회에는 "이 암자는 십방 크기의 부처를 모시는 곳이며 오직 한 명의 화상만이 산다(這庵是十方的香火, 只得一個和尙住.)"고 하였는데, 이 역시 작은 사묘를 가리킨다. 암은 또한 비구니가 사는 곳을 가리키기도 한다. 『북동원필록속편(北東園筆錄續編)』 5권 "귀외절부(鬼畏節婦)"에는 "다음날 절에 참배하기 위해 방문하니 이에 니암이 하나 있어 과연 비구니의 조모, 자식, 어미가 암자에서 기식하고 있더라(次日, 詣招提訪問, 乃一尼庵, 果有尼之祖母倪嫗寄食庵中.)"라 하였다. 암은 때로는 비구니들 중심으로 운영되는 사묘를 가리키기도 하는데, 청대 추수(鈕琇)의 『고승속편(觚剩續編)』 4권의 "물고(物觚)"라는 글에는 "악송선사는 성이 필 씨요, 여실의 족제였다. 신성의 지장암에서 습정하였다(嶽松禪師, 姓畢氏, 餘室之族弟也, 習靜於新城之地藏庵.)"라고 하였는데 여기의 지장암

(地藏庵)은 성 안에 위치한 비구니 사찰이다.

귀은한 문인들이 스스로 작은 집을 짓고 이름 하여 "암(庵)"이라고 하기도 하였다. 청대 전영(錢泳)의 『이원총화·총화팔·담시(履園叢話·叢話八·談詩)』의 "기존(紀存)"절에는 "선증조 봉록공께서 명정의 혁이 일어났을 때 겨우 열세 살로 선고조부를 따라 양산의 백용묘로 피난하였다가 본 왕조 순치 3년에 비로서 고향으로 돌아왔다. 귀학암을 짓고 기거하였으니, 곧 오늘날 서장교 서쪽의 관음암으로 암자의 문이 양산을 마주보고 있다(先曾祖奉麓公, 當明鼎革時, 年僅十三, 隨先高祖避難陽山白龍廟, 至本朝順治三年, 始回故里. 嘗築歸鶴庵以其寄, 卽今西莊橋西岸之觀音庵也. 庵門正對陽山.)"라 하였는데, 여기서 귀학암(歸鶴庵)을 바로 귀은의 장소로서 후대에 주택을 관음암으로 바꾼 것이다.

또한 암은 일반적인 집을 두루 가리키기도 한다. 『광아·석궁』에는 "암은 집이다(庵, 舍也)"라 하였고 『옥편·광부』에도 "암은 집이다(庵, 舍也)"라 하였다. 한편 암은 서재(書齋)를 가리키기도 한다. 『송시기사(宋詩紀事)』 5권에는 송대 육유(陸遊)의 『노학암필기(老學庵筆記)』를 인용했는데, 여기서 노학암(老學庵)은 바로 서재라는 뜻을 포함하고 있다. 『만청이시회(晩晴簃詩匯)』 46권에는 『서영매암억어후(書影梅庵憶語後)』라는 글이 있는데, 여기서 영매암(影梅庵) 역시 서재의 명칭이다.

이상으로 우리는 원림에서 "암"이라 이름 붙은 건축물을 단아하고 소박한 작은 건축이거나 혹은 풀로 지붕을 엮은 작은 건축이거나 혹은 서재로 쓰이는 건축으로 이해할 수 있다. 원림 속의 암은 주로 눈에 잘 띄지 않고 조용한 곳에 위치하는데 이는 원림주인이 세속의 번잡함을 멀리하고 유유히 독서를 즐기려 한다는 조원의도를 드러낸다. 한편 청대 양장거(梁章鉅)의 『낭적속담(浪跡續談)』 1권 "소유천원(小有天園)"에는 "소유천원은 남병의 정면으로 옛 이름은 곡암이었고, 군에 사는 왕지악의 별업이었다. 돌계단을 가늘게 깎아 영롱하니 물로 깎아낸 듯하다(小有天園爲南屛正面, 舊名壑庵, 郡人汪之萼別業, 石皆瘦削玲瓏, 一似洗剔而出者.)"라는 구절이 있는데 여기서는 작은 원림 전체를 암이라 하였다.

十三. 오(塢)

오의 본뜻은 산요(山坳), 즉 산에서 옴폭 들어간 곳이다. 당대 양사악(羊士諤)의 『산각문적(山閣聞笛)』에는 "바람이 부니 옥피리 소리가 커졌다 작아졌다 하고, 산오는 봄이 깊어 햇살이 오래 비추네(臨風玉管吹參差, 山塢春深日有遲.)"라 하였고, 송대 왕안석(王安石)의 『견원정(見遠亭)』에는 "나무꾼의 피리가 맑게 갠 오에 울리고 어선은 돛을 올려 해질녘 물굽이를 나가네(樵笛鳴晴塢, 漁帆出暝灣.)"라 하였는데 이들은 모두 산요의 모습을 묘사한 것이다. 『서하객유기 · 오서유일기(徐霞客遊記 · 粤西遊日記)』에는 "산세가 골짜기에서 꺾이면 오가 있는데 사방이 겹겹이 둘러싸여 있고 오직 이 마을만이 안에 놓여 있다(山逢轉峽爲塢, 四面層圍, 僅受此邨.)"라는 구절이 있어 산속에서 오의 지형적 특징을 명확하게 묘사하고 있다.

산요라는 의미에서 오는 다시 사방이 높고 가운데가 우묵하게 들어가 있는 공간을 가리키는 의미로 확대되었다. 양 무제(武帝)의 『자야가(子夜歌)』에는 "화오에는 나비가 쌍으로 날고, 버드나무 우거진 제방에는 온갖 새들이 지저귀네(花塢蝶雙飛, 柳堤鳥百舌.)"라 하였고, 당대 이영(李郢)의 『상가도무가(傷賈島無可)』에는 "조용한 죽오에 비스듬히 태양이 비추고 나뭇잎은 한가로운 계단을 덮고 눈은 담장에 쌓여 있네(蕭蕭竹塢斜陽在, 葉覆閑階雪擁牆.)"라 하였는데, 여기의 화오(花塢)와 죽오(竹塢)는 각각 화려한 꽃과 대나무 숲으로 둘러싸인 장소를 뜻한다. 『홍루몽』 제5회에는 "유오를 떠나자마자 홀연히 화방이 나온다(方離柳塢, 乍出花房.)"라는 구절이 있는데, 여기서 유오(柳塢) 역시 같은 뜻이다

건축적인 측면에서 의미를 살펴보면, 오는 주로 방어용 소형 성보를 가리킨다. 『광운 · 모운(廣韻 · 姥韻)』에는 "오란 『통속문』에는 영거를 오라 한다(塢, 通俗文營居日塢.)"라 하였으니, 여기서 오는 바로 군영(軍營)을 가리킨다. 『후한서 · 마원전(後漢書 · 馬援傳)』에는 "마원이 아뢰어 장리로 임명 받으니 성곽을 고치고 오를 세워 적정을 살폈다(援奏爲置長吏, 繕城郭, 起塢候.)"라 하였는데, 이에 이현(李賢)은 "『자림』

에 이르기를 작은 성보라 한다(字林曰小障也.)"라고 주를 달았다. 당대 유종원이 쓴 『소석성산기(小石城山記)』에는 "돌을 쌓아 그 가장자리를 막고 그 위를 흘겨보니 대들보 모양이고 그 옆에는 보오가 나와 있다(有積石橫當其垠, 其上爲睥睨梁欐之形, 其旁出堡塢.)"라 하였는데, 이에 동종설(童宗說)은 "오는 작은 성보이다(塢, 小障也)"라고 주를 달았다. 남북조시기 북조에는 이러한 시설이 많았다. 『북사(北史)』를 살펴보면 1권에는 "황제의 군대가 거려의 백사오에 있으니, 호탁수가 내려다 보였다(帝軍于鉅鹿之柏肆塢, 臨滹沱水)"고 하고 또 "황제가 그 군영에 임하여 의대오에서 싸웠다(帝臨其營, 戰於義台塢)"라 하였고, 27권에는 "한연지가 백곡오를 오가며 노종의 묘를 살피니 은퇴할 생각이 있었다(延之曾來往柏穀塢, 省魯宗之墓, 有終焉之志)"라 하였으며, 61권에는 "주문이 경선에 머물러 장백오를 지켰다(周文卽留景宣守張白塢)"라 하였는데, 이상에서 오는 당연히 방어 요새인 오보(塢堡)를 가리킨다. 한편 『북사』 98권에는 "필제가 그 가속을 이끌고 오벽에 이르러 석륵에게 투항했다(疋磾遂率其屬及諸塢壁降于石勒)"라는 기록이 있는데, 여기서 오벽(塢壁)은 오보와 유사한 군사시설로 보인다.

오는 또한 배들이 정박하여 모여 있는 항만을 가리키며, 배를 수리하는 장소를 "선오(船塢)"라고 한다. 황가원림에는 이런 선오 시설이 원림건축으로 설치되어 있는 경우가 있다. 예를 들어 이화원 서석방(西石坊) 근처에는 한 채의 대형 선오와 두 채의 소형 선오가 있는데 이들의 형식을 살펴보면 경관적 측면보다는 실용적 측면에서 지어졌음을 알 수 있다.

그 밖에 오는 시골의 작은 마을을 가리키기도 한다. 『광운·막운(集韻·莫韻)』에는 "오는 들의 촌락이다(塢, 野聚也)"라고 하였고, 송나라 소상(蘇庠)의 『청강곡(淸江曲)』에는 "소우의 황모점에서 취해 잠들었다(醉眠小塢黃茅店.)"라는 구절이 있으며, 명대 탕현조(湯顯祖)의 『목단정·권농(牡丹亭·勸農)』에는 "생각해 보니 태수로서 관아의 청당 안 깊숙이 머물러 있으면서, 저 멀리 떨어진 오에 버려진 땅이나 게으른 자가 있는지를 어떻게 알아낼 것인가?(想俺爲太守的, 深居府堂. 那遠鄉僻塢有抛荒遊懶

도 2-38. 소주 망사원(網師園)의 낭사(廊榭). 이동을 위한 랑(廊)이기도 하면서 다른한편 물가에 위치하여 앉아 수경을 감상할 수 있는 사(榭)이기도 하다.

的, 何由得知.)"라 하였는데 이 세 문장에 나오는 는 모두 시골의 작은 마을을 가리킨다.

원림에서 오는 사방이 높고 가운데가 움푹하게 들어간 공간이나 혹은 사방이 식물로 둘러싸여 있는 깊고 그윽한 공간을 가리킨다. 명대 북경 서남쪽에 있던 낙원(樂園)에는 "죽오(竹塢)"라는 곳이 있었는데 "정자의 동쪽 자투리땅에 대나무를 몇 그루 심고 죽오라 불렀다(亭東隙地植竹數挺, 曰竹塢.)"[27]라는 구절에서 보면 여기서 오는 앞에서 이미 언급한 바 있는 사면이 높고 가운데가 우묵하게 들어간 화오, 유오, 죽오의 뜻이다. 한편 소주 졸정원 안에는 다시 비파원(枇杷園)이라는 작은 원이 하나 있는데 그 안에는 "해당춘오(海棠春塢)"라 불리는 건물이 한 채 있고, 앞과 옆의 작은 정원에는 해당화가 심어져 있다. 이곳의 위치와 주변 경관을 유심히 살펴보면 "해당춘오"는 화오나 죽오와 유사한 해당화로 둘러싸인 깊고 그윽한 곳을 의미함을 알 수 있다. 그런데 왜 하필 건축물 명칭에 "오"를 붙인 것일까? 그것은 아마도 이 건축이 놓여있는 의경(意境), 즉 경관 구상의 개념을 취한 것이리라. 결론적을 말하자면 원림에서 "오"라고 하는 것은 주로 공간적 의경 차원에서 말하는 것이고, 일부 예외적인 경우에 기능적인 필요에 의해서 "선오" 건축이 등장한다.

---

27 『天府廣記』, 卷三十七, "名跡".

十四. 방(舫)

방의 본뜻은 연결되어 있는 두 척의 배이다. 『이아·석언(爾雅·釋言)』에는 "방은 배이다(舫, 舟也.)"라 하였고 이에 곽박은 "나란한 두 척의 배이다(竝兩船.)"라고 주를 달았다. 『자치통감·진선제 태건 10년(資治通鑑·陳宣帝太建十年)』에는 "주병익이 이르자 뭇 장수들이 둑을 공략하여 군대를 쳐낼 것을 의논하여 방에 말을 실어 건넜다(周兵益至, 諸將議破堰拔軍, 以舫載馬而去.)"라고 하였고, 이에 호삼성(胡三省)은 "방은 나란한 두 척의 배이다(舫, 並兩船也.)"라고 주를 달았다.

방은 여러 척의 작은 배를 엮어 만든 대형 군선을 가리키기도 한다. 『전국책·초책일(戰國策·楚策一)』에는 "방선에 병사를 실었는데 방 하나에 50명이다(舫船載卒, 一舫載五十人.)"라 하였고, 이에 포표(鮑彪)는 "방은 배를 연결한 것이다(舫, 併船也)"라고 주를 달았다. 또 『태평어람(太平禦覽)』770권에는 왕은(王隱)의 『진서·고영전(晉書·顧榮傳)』을 인용하여 "마침내 방을 풀어서 한 척씩의 배로 만들어 하루 밤낮에 오육백 리를 갔다(遂解舫爲單舸, 一日一夜行五六百里.)"라는 구절이 있는데 여기서 "방을 풀어 한 척씩의 가로 만들었다(解舫爲單舸)."라는 것은 즉 방이 원래 작은 배인 가(舸)를 연결하여 만든 사실을 보여준다. 한편 『남사·손창전(南史·孫瑒傳)』에는 "영주에 부임하여 십여 척의 배를 합하여 큰 방을 만들었는데, 가운데에는 정자와 연못을 만들어 연꽃과 마름초를 심었다(及出鎮郢州, 乃合十餘船爲大舫, 于中立亭池, 植荷芰.)"라 하였고, 송대 여이호(呂頤浩)가 엮은 『충목집(忠穆集)』에는 "또 왕준이 오를 치고자 큰 배를 만드니 방을 이은 것이 백이십 보에 달하고 이천여 명을 수용하였다. 나무로 성을 만들고 누를 세워 문을 네 곳에 내니 그 위에서 말을 달릴 수 있었다(又王濬伐吳造大船, 連舫百二十步, 受二千餘人, 以木爲城, 起樓櫓, 開四門, 其上皆得馳馬.)"라고 하였으니 이 두 기록으로부터 고대 군사용 방의 거대한 규모를 짐작할 수 있다.

하지만 보편적으로는 방은 보통 선박, 특히 사람을 나르는 선박을 가리키는데 문헌에 혼하게 등장하는 화방(畫舫), 유방(遊舫), 소방(小舫) 등이 그러하다. 송나라 정해(鄭獬)의 『운계집(鄖溪集)』 27권에는 "시내에는 푸른 무늬의 화방을 품고 있고, 사람은 벽옥이 모인 연꽃 속에 거하고 있네(溪藏畫舫青紋接, 人住荷花碧玉叢.)"라고 하였고, 『세설신어·덕행(世說新語·德行)』에는 "때는 여름이라 폭우가 별안간 내리니 방은 지극히 협소하고 또 심하게 비가 새기 때문에 거의 쭈그려 앉을 곳이 없다(時夏月, 暴雨卒至, 舫至狹小, 而又大漏, 殆無複坐處.)"라 하였다. 또 명대 장일규(蔣一葵)의 『장안객화·기보잡기·노하(長安客話·畿輔雜記·潞河)』에는 "노하에서 남으로 장점까지 사십 리인데 강의 형세가 돌아서 굽이치니 관선, 객방, 운반선들이 이곳에 모여든다(自潞河南至長店四十裏, 水勢環曲, 官船客舫, 漕運舟航, 駢集於此.)"라고 하였다. 『홍루몽』 제40회에는 "그 고소지방에서 뽑아 온 몇 명의 계집 뱃사공들이 두 척의 당목방을 저어 왔다(那姑蘇選來的幾個駕娘, 早把兩隻棠木舫撐來.)"라 하였는데, 이상에서 나오는 "화방(畫舫)", "거의 쭈그려 앉을 곳 없는(殆無複坐處) 방", "객방(客舫)", "당목방(棠木舫)"은 모두 소형 선박을 가리킨다.

또한 배 모양을 닮은 집을 특별히 방이라 하기도 한다. 송대 서옥상(舒嶽祥)의 『낭풍집(閬風集)』 9권에는 "서악상의 『전규』라는 시가 있어 그 연못 정사 중에 양유벌이라는 이름이 있다 하였는데 대개 집을 배 모양으로 만들어, 생긴 것이 구양수의 화방을 닮았다(嶽祥有篆畦詩序述其池塘亭樹有楊柳栿之名, 蓋屋象舟形若歐陽畫舫之類.)"라 하였고, 청대 손묵(孫默)이 엮은 『십오가사(十五家詞)』 8권 「망강남(望江南)」의 "제의방(題疑舫)"에는 "정말 넓고 먼 푸른 하늘, 권렴을 걷으면 길이 되고, 높은 절벽에 집이 있다네. 바위가 높아 이 집을 아니, 물이 넘치는 때를 만나면 배에 기대어 신세가 잠겼다 뜨는구나(眞曠遠空碧, 捲簾收爲道, 岸高知是屋, 如逢水漲便疑舟, 身世可沉浮.)"라 하였는데, 이들은 모두 집 모양의 배를 가리킨다.

원림에서는 배나 배 모양 건축의 뜻을 빌려 일종의 원림건축형식인 "한선(旱船)"을 창조했다. 북경 이화원 전산 서쪽에 있는 대형 석방(石舫)은 조형상 실제 대형선박과 큰 차이가 없으며 한선 건축형식의 전형적 사례로 꼽힌다. 강남 사가원림에도

도 2-39. 북경 이화원(頤和園)의 석방(石舫)

도 2-40. 소주 사자림(獅子林)의 석방(石舫).

도 2-41. 소주 졸정원(拙政園)의 향주(香州).

역시 방이 있는데 그 중 설계가 교묘한 것들은 배의 의미만을 취하고 실제 기본형식은 보통 건축과 큰 차이가 없게 만든다. 소주 졸정원의 향주와 이원의 화방재(畫舫齋) 등은 그 건축 명칭에서 보이듯 조원가가 의식적으로 배 모양을 직접적으로 사용하는 것을 피했다. 물론 직접적으로 배의 형식을 사용한 사례도 있는데 사자림의 연못에 설치된 석방(石舫)이 그러하다.

十五. 교(橋)

교는 물 위 혹은 공중에 통행을 위해 설치한 구조물이다. 『설문』에는 "교는 수량이다(橋, 水梁也.)"라 하였고, 이에 단옥재는 "수량이라는 것은 물 가운데의 들보이다. ……무릇 나무가 하나인 것을 강이라 하고 나무를 나란히 늘어놓은 것을 교라 하는데, 크게는 보 위에 있는 것도 교라고도 한다(水梁者, 水中之梁也. ……凡獨木者曰

도 2-42. 북경 이화원(頤和園)내 해취원(諧趣園)의 지어교(知魚橋).

도 2-43. 북경 이화원(頤和園)의 십칠공교(十七孔橋).

杠, 駢木者曰橋, 大而爲陂陀者曰橋,)"라 하였다. 『사기·진본기(史記·秦本紀)』에는 "처음에 하교를 만들었다(初作河橋)"라는 구절이 있다.

교는 간단히 얕은 진흙습지에 흙과 돌을 메워 통행하게 한 것을 가리키기도 한다. 명대 채청(蔡淸)의 『역경몽인(易經蒙引)』 6권에는 "요동 북쪽지방에는 예전에 당 태종이 요를 치기 위해 요까지 진흙연못 이백여 리에 흙을 깔아 교를 만들어 병사들

도 2-44. 명대 문징명(文徵明) 《졸정원영(拙政園詠)》속의 소비홍(小飛虹).
지붕이 없는 곡선의 목교이다.

이 건너가며 흙을 지고 메워서 깔았다. 태종 역시 스스로 그 더욱 무거운 것을 나누어 들었으니 그 험준함을 알 수 있다(遼東北地也, 昔唐太宗伐遼, 至遼澤泥淖二百餘裏, 布土作橋, 以渡士卒, 負土塡塹, 太宗亦自分其尤重者, 亦可見其險阻.)"라 하였는데, 여기서 교는 바로 흙으로 메워서 깐 것이다.

교 가로방향의 막대가 달려 있는 기구를 가리키기도 한다. 『정자통·목부(正字通·木部)』에는 "교란 무릇 기물에 가로로 들보가 놓인 것을 공인들은 모두 교라고 부른다(橋, 凡器有橫樑者, 工人皆呼曰橋.)"라는 구절이 있다.

중국 고대원림에서 교는 경관 처리 면에서는 주로 점경(點景) 작용, 즉 경관구도의 적절한 지점에 점을 찍듯이 설치하여 전체 경관을 돋보이게 하는 작용을 하며 동시에 기능면에서 떨어진 두 곳을 이어 서로 오갈 수 있게 한다. 이화원의 십칠공교(十七孔橋) 및 이화원 내 해취원(諧趣園)의 지어교(知魚橋) 등이 그러하다. 강남지역은 예로부터 도처에 하천과 호수가 발달하였기 때문에 교는 백성들의 일상생활 속에서 너무나도 친숙한 건축형식으로 자리 잡았고 원림에서도 역시 빈번하게 사용되었다.

교는 원림에서 자연스럽게 길과 연결되어 하나가 되기 때문에 대다수가 경관명칭의 제액(題額)이 달려 있지 않다. 제액이 있는 경우는 주로 건축과 연결되어 있는데, 소주 졸정원의 소비홍교(小飛虹橋)는 실제로는 회랑이 자연스럽게 이어지면서

도 2-45. 현재 졸정원(拙政園)의 소비홍(小飛虹). 건축형식상 낭교(廊橋)에 속한다.

도 2-46. 소주 유원(留園)의 석판교(石板橋).

도 2-47. 소주 졸정원(抽政園)의 석판 곡교(曲橋). 양쪽에 낮은 난간이 있다.

도 2-48. 소주 예포(藝圃)의 석판 곡교(曲橋). 난간이 없고 수면과 가깝다.

도 2-49. 소주 망사원(網師園)의 소형 석조 홍교(虹橋).

도 2-50. 양주 하원(何園)의 태호석 교량.

도 2-51. 양주 첨원(瞻園)의 징검다리.

수면 위를 가로지르는 낭교(廊橋)에 속한다. 강남원림에서 수면의 면적이 넓지 않은 곳에는 간단하게 석판교(石板橋)를 설치하는데 미화작용을 위해 평면을 여러 번 꺾어 만들기도 하며, 이를 곡교(曲橋)라 부른다.

교의 조형은 무척 다양하다. 북경 황가원림은 공간척도가 매우 크기 때문에 주로 아래로 배가 왕래할 수 있는 석공교(石拱橋)를 설치하는데 아치구조가 무지개를 닮았다 하여 홍교(虹橋)라고도 부른다. 또 교각을 높게 만들어 밑으로 배가 지나게 하고, 위로는 정(亭)을 지어 행인들이 쉬어 가게 해주는 기법도 있다.

十六. 정사(精舍)

정사는 고대의 서재(書齋), 학사(學舍) 혹은 강학(講學) 장소를 가리킨다. 『후한서 · 포함전(後漢書 · 包鹹傳)』에는 "동해에 살기 때문에 정사를 세워 강의를 했다(因住東海, 立精舍講授.)"라 하였고, 『흠정사고전서(欽定四庫全書)』 146권 "자부56(子部五十六) · 도가류(道家類)"에는 『주역참동계고이(周易參同契考異)』를 인용하여 "경원 3년에 채원정이 도주의 편관이 되려 하자 주자와 함께 한천정사에 머물면서 밤에 참통계에 대한 일을 의논하였다(慶元三年蔡元定, 將編管道州, 與朱子會宿寒泉精舍, 夜論參同契事.)"라 하였는데, 여기의 한천정사(寒泉精舍)는 강학을 위한 장소이다. 정사는 그 의미가 다시 승려나 도사가 거주하면서 설법하고 도를 강의하는 장소로 확대되었다. 『삼국지·오지·손책전(三國志·吳志·孫策傳)』의 배송지(裴松之)의 주(注)는 『강표전(江表傳)』을 인용하여 "이때 낭야 우길이라는 도사가 있어 처음에는 동방에 집을 짓고 머물며 오회를 왕래하고 정사를 세워 향을 피우고 도서를 읽었다(時有道士琅玡于吉, 先寓居東方, 往來吳會, 立精舍, 燒香讀道書.)"라 하였고, 『진서·효무제기(晉書·孝武帝紀)』에는 "황제가 처음에 불법을 받들어 대전 안에 정사를 세우고 뭇 사문을 데려와 거처하게 했다(帝初奉佛法, 立精舍於殿內, 引諸沙門以居之.)"라 하였다. 또 『남제서(南齊書)』 3권에는 "지금부터 공사를 불문하고 도를 위해 출가하는 것을 금하고 탑사를 세우고 집을 정사로 바꾸는 것 역시 엄단한다(自今公私皆不得出家爲道, 及起立塔寺, 以宅爲精舍, 並嚴斷之)"라 하였는데, 이들 문헌에서 등장하는 정사는 모두 불승이나 도사가 거하면서 불법이나 도학을 전하는 곳을 가리킨다.

원림에서의 정사는 위의 의미들을 모두 포함하고 있다. 주로 원림 안에서 책을 읽는 서재를 정사라 하며 또한 원림에서 주인의 개인적인 일상생활을 위해 신위를 설치하고 경전을 읽으며 수행하는 건축을 정사라고 부르기도 한다. 특히 서재로 쓰이는 경우는 세속의 번잡함에서 벗어나 귀은하고자 하는 뜻에 충실하기 위해 손님들이 오가지 않는 한적한 곳에 놓이는데 소주 옹취산장의 영란정사가 유명하다.

十七. 둔(邨)

둔은 원래 지명으로 『설문』에는 "둔은 지명이다(邨, 地名.)"라 하였다. 그 뜻은 "촌(村)"과 같은데 『집운·혼운(集韻·魂韻)』에는 "촌은 모여 있는 것이니, 둔과 통한다(村, 聚也, 通作邨.)"라 하였고, 『정자통·읍부(正字通·邑部)』에는 "둔은 서이다. 취락이다(邨, 墅也, 聚落也.)"라 하였다. 한편 청대 단옥재의 『설문해자주·읍부(說文解字注·邑部)』에는 "둔은 ……모여 있다는 뜻으로 ……또 글자가 변해서 촌이 됐다(邨 ……屯聚之意也 ……又變字爲村.)"라 하였는데, 이 주장에 따르면 "촌"자는 원래 "둔"자가 변한 것이다. 청대 주준성(朱駿聲)의 『설문통훈정성·둔부(說文通訓定聲·屯部)』에는 "둔은 『광아·석고사』에는 '둔은 나라이다'라 하였는데, 이는 '방(邦)'의 오자이다. 후세에 촌락이나 향촌으로 쓰이게 된 것은 아마 장읍이 틀린 판본을 베껴 쓰다가 잘못된 것이리라(邨, 廣雅·釋詁四 '邨, 國也.' 此邦之誤字. 後世用爲村落鄕村, 豈因張書誤本而肔繆邪.)"라 하였는데 이는 "둔"자의 해석에 관한 또 다른 견해이다.

이러한 글자의 연원과는 상관없이, 후세에 이르러 둔은 촌락이나 집락으로 가리키는 글자로 널리 사용되었다. 당대 두보의 『병거행(兵車行)』에는 "당신은 한가산 동쪽 이백 주의 천둔만락에 풀만 무성하다는 소식을 듣지 못했는가?(君不聞, 漢家山東二百州, 千邨萬落生荊杞.)"라 하였는데, 이 중 천둔만락(千邨萬落)에서 둔은 락(落)과 대응한다. 『서하객유기·오서유일기(徐霞客遊記·粤西遊日記)』에는 "돈남에는 석봉이 병풍처럼 동서로 뻗어 있다(邨南石峰如屛, 東西橫亘.)"라 하였는데 여기서의 둔 역시 촌락이나 집락을 의미한다.

원림에서 둔이 건축물의 제액에 오는 경우가 드문데 소주 유원에 있는 우일둔(又一邨)이 그 한 예이다. 이러한 제액을 쓴 이유는 조원가 혹은 원림 주인이 세상의 풍진과 동떨어진 한가한 전원의 촌락으로 귀은하고자 하는 소망을 표현한 것이다.

十八. 실(室)

『설문』에는 "실(室)은 실(實)이다. 면(宀)을 따르고 지(至)를 따른다. 지(至)는 멈춤이다(室, 實也.從宀從至. 至, 所止也)"라 하였다. 여기서 지(止)는 머무른다는 뜻으로서, 따라서 실의 본뜻은 머무는 곳을 가리킨다.

실은 건물의 방이나 내실을 가리킨다. 오대 서개의 『설문계전·면부(說文系傳·

宀部)』에는 "실은 당의 안으로 사람이 편안하게 거하는 것이다(室, 堂之內, 人所安止也.)"라 하였고, 당대 현응(玄應)의 『일체경음의(一切經音義)』 6권에는 "호 밖이 당이고, 호 안이 실이다(戶外爲堂, 戶內爲室)"라 하였으며, 『논어·선진』에는 "유 솜씨가 당에는 올랐으나 아직 실에는 들지 못했다"라 하였고, 『예기·문상(禮記·問喪)』에는 "문에 들어가 보이지 않고, 당에 올라도 보이지 않으며, 실에 들어가도 보이지 않는다(入門而弗見也, 上堂又弗見也, 入室又弗見也)"라 하였다. 또 남조 송나라 안연지(顏延之)의 『추호시(秋胡詩)』에는 "당에 올라 인사하고 실에 들어가 안부를 물었다(上堂拜嘉慶, 入室問何之)"라 하였다. 이상의 구절은 모두 주택의 공간구조를 간단하게 보여주는데 당은 건물의 밖의 기단이고, 실은 건물 안으로서 공통적으로 순서상 먼저 당에 이르러야 그 다음으로 실에 도달할 수 있다.

한편 실은 건물 내부공간이라는 의미에서 점차 방옥과 주택의 의미로 확대되었다. 『광운·질운(廣韻·質韻)』에는 "실은 방이다(室, 房也.)"라 하였고, 청대 단옥재의 『설문해자주·면부(說文解字注·宀部)』에는 "실은 뜻이 확대되어 무릇 거하는 곳을 모두 실이라 한다.(室, 引申之, 則凡所居皆曰室)"라 하였다. 또 『시·소아·사한(詩·小雅·斯幹)』에는 "백도의 실을 짓고, 서남으로 문을 냈구나(築室百堵, 西南其戶.)"라 하였으며, 『후한서·중장통전(後漢書·仲長統傳)』에는 "호인의 실은 이어진 수백 동이 이어져 있다(豪人之室, 連棟數百.)"하였다. 이상의 구절에서 실은 모두 건물의 내부가 아니라 주택 자체를 의미한다.

실은 주택의 의미에서 다시 집[家, 戶]의 의미로 확대된다. 『관자·승마(管子·乘馬)』에는 "위의 땅이 한 변이 80리이니, 만 실을 지닌 국은 하나이고, 천 실을 지닌 도는 넷이 있다(上地方八十裏, 萬室之國一, 千室之都四.)"라 하였고, 『논어·공야장편(論語·公冶長篇)』에는 "공자께서 말씀하셨다. 10호쯤 되는 조그만 읍에도 반드시 나처럼 충신한 자는 있지만, 나처럼 학문을 좋아하는 이는 없을 것이다(子曰, 十室之邑, 必有忠信如丘者焉, 不如丘之好學也.)"라 하였는데 여기서 실은 모두 집[家, 戶]을 의미한다.

중국 고대원림에서는 실을 써서 건축의 제액을 하는 경우는 실내공간이라는 의미나 거하는 장소라는 의미를 갖는다. 예를 들어 망사원에는 제운실(梯雲室)이 그러하다. 원림에서 실이라 이름 한 건축은 주로 규모가 작다. 북경 사가원지 중에 낙원이라는 곳이 있는데 관련 기록 중에 "연못 남쪽에 작은 문으로 들어가면 괴실이다(池南入小牖爲槐室.)"[28]라는 구절이 있다. 여기서 "작은 문[小牖]"이라는 문구를 봐서는 틀림없이 괴실(槐室)의 건축 규모가 넓지 않을 것이다. 그 밖에 일부 원림의 기능성 건축 역시 실이라고 부르는데, 원대 해자(海子)에는 "욕실(浴室)"이 있었고 원대 융복궁(隆福宮)의 서어원(西御苑)에는 "시녀지실(侍女之室)" 등이 있었다. 청대 황가원림인 장춘원의 함경당(含經堂) 서쪽에는 "함광실(涵光室)"이라는 건축이 있었는데 순수한 기능성 건축은 아니지만 역시 실이라는 명칭을 사용했다.

十九. 방(房)

방은 고대에 정실(正室) 양측의 방을 가리켰다. 『설문』에는 "방은 실이 옆에 있는 것이다(房, 室在旁也.)"라 하였고, 이에 단옥재는 "무릇 당의 안에는 가운데는 실이고 좌우가 방이니 소위 동서방이라 한다(凡堂之內, 中爲正室, 左右爲房, 所謂東西房也.)"라고 주를 달았다. 『서·고명(書·顧命)』에는 "윤나라에서 만든 춤추는 옷과 대패와 큰 북은 서방에 있다(胤之舞衣, 大貝, 鼖鼓在西房.)"라 하였고, 『이아·석궁』에는 "방은 사이다(房, 舍也.)"라 하였으며, 『장자·지북유(莊子·知北遊)』에는 "문도 없고 방이 없으며 사방에 이르면 황황하다(無門無房, 四達之皇皇也.)"라 하였고, 『춘추좌전·선공 17년(春秋左傳·宣公十七年)』에는 "극자가 오르자 부인이 방에서 웃었다(郤子登, 婦人笑于房.)"라 하였고, 『춘추좌전·성공 9년(春秋左傳·成公九年)』에는 "목강

28 『天府廣記』, 卷三十七, "名跡".

이 방에서 나와 다시 절하였다(穆姜出於房, 再拜.)"라 하였는데, 이상에서 언급된 방은 모두 방사(房舍), 즉 집안에 사람이 거처하기 위해 벽 따위로 막아 만든 칸을 뜻한다.

방은 또한 사당(祠堂)을 가리키기도 한다. 『후한서 · 효환제기(後漢書 · 孝桓帝紀)』에는 "정사에 군국의 뭇 방사를 부수었다(丁巳, 壞郡國諸房祀.)"라 하였는데 이에 이현은 "방은 사당을 이른다(房謂祠堂也.)"라 주를 달았다. 또 『송서 · 모수지전(宋書 · 毛修之傳)』에는 "모수지는 귀신을 믿지 않아서 가는 곳마다 방묘를 불태워 없앴다(修之不信鬼神, 所至必焚除房廟.)"라는 기록이 있다.

원림건축 중에서 "방"자를 써서 제액하는 경우는 일반적인 방사의 의미를 따른 것으로, 여기에 다시 산림 속에 은거하는 상징적 취향이 결합되어 통상 "산방(山房)"이라고 이름 짓는다. 예를 들어 소주 창원(暢園)의 유운산방(留雲山房), 소주 호원(壺園)의 홍첩산방(紅葉山房), 소주 환수산장의 보추산방(補秋山房), 명대 북경 사가원림인 해전이척원원(海澱李戚畹園)의 고운산방(古雲山房)이 그러하다. 그 밖에 특정 기능을 가진 실내공간의 명칭에도 쓰이는데 가장 전형적인 것이 바로 책을 읽는 "서방(書房)"으로, 소주 왕세마항(王洗馬巷)의 모택정원(某宅庭院)에 있는 서방이 그 예이다.

방은 때로는 "방(方)"과 통한다. 『국어 · 진어사(國語 · 晉語四)』에는 "이에 능히 굳게 할 수 있으니 그 토방을 지켰다(乃能攝固, 保其土房.)"라 하였는데, 이에 유월은 "방(房)은 마땅히 방(方)이라 읽어야 한다. ……토방 두 글자는 연문이다. 즉 고어이다(房當讀爲方. ……蓋土方二字連文, 乃古語也.)"라고 설명하였다. 소주 환수산장에는 가산 한 귀퉁이에 네모난 평대(平臺)가 있고 "반담추추일방산(半潭秋水一房山)"라고 경관명칭이 적혀 있는데 여기서 "일방산(一房山)"은 어쩌면 가산이 방 만한 크기라는 의미일 수도 있고, 혹은 땅의 앞에 오는 방(房)은 방(方)과 통한다는 위의 이론을 적용한다면 가산이 일방(一方)의 땅을 차지하고 있다는 뜻일 수도 있다.

二十. 옥(屋)

옥의 본뜻은 고대 반지혈식(半地穴式) 건축의 덮개에서 비롯되어 지붕을 가리킨다. 『설문·시부(說文·尸部)』에는 "옥은 거이다(屋, 居也.)"라 하였고, 이에 단옥재는 "옥은 실의 덮개이다(屋者, 室之覆也.)"라 하였다. 또 『시·소아·정월(詩·小雅·正月)』에는 "까마귀 날아 앉는 걸 보라. 누구 지붕에 가서 앉을런지(瞻烏爰止, 於誰之屋)"라고 하였고 『곡양전·문공 30년(谷梁傳·文公十三年)』에는 "큰 실의 옥이 망가졌다(大室屋壞)"라 하였고, 이에 범녕(範寧)은 "옥이라는 것은 덮개에 주한 것이다(屋者, 主於覆蓋.)"라고 주를 달았다. 『회남자·주설(淮南子·主術)』에는 "이러한 고로 열 겹의 나무가 천균의 옥을 지지한다(是故十圍之木, 持千鈞之屋.)"라 하였다.

옥은 동사로서 지붕을 만든다는 의미를 갖는다. 『예기·교특생(禮記·郊特牲)』에는 "이러한 고로 상을 당한 나라의 사는 옥을 만들어 태양을 받지 않는다(是故喪國之社屋之, 不受天陽也.)"라 하였고, 『속자치통감·송 신종 희녕 9년(續資治通鑑·宋神宗熙寧九年)』에는 "태후 자혜단숙이 ……후에 꿈에 중원이 말하길 '신의 뼈가 태자산 북쪽에 있어 추운 밤을 견딜 수 없습니다'라 하니 곧 명하여 옥하였다(太后慈惠端淑 ……後夢重元曰 : '臣骨在太子山北, 不勝寒栗'卽命屋之.)"라 하였다.

옥은 지붕이라는 의미에서 점차 보통의 집이나 방을 가리키는 폭넓은 의미로 쓰이게 되었다. 『설문·시부』에는 "옥은 시상옥형이다. 지를 따른다. 지는 이르러 머묾이다. 실과 옥은 모두 지를 따른다(屋, 尸象屋形. 從至. 至, 所至止. 室, 屋皆從至.)"라 하였고, 『광아·석궁』에는 "옥은 사이다(屋, 舍也.)"라 하였다. 또 송대 매효신(梅堯臣)의 『도자(陶者)』에는 "문 앞의 흙을 파서 모두 구웠지만, 옥상에 기와가 하나도 없더라(陶盡門前土, 屋上無片瓦.)"고 하였는데 여기의 "옥상(屋上)"에서 옥(屋)은 집이고, 상(上)은 집 위의 것, 즉 지붕이다.

옥은 또한 건물 안 깊숙한 곳에 있는 방을 가리키기도 한다. 『석명·석궁실(釋名·釋宮室)』에는 "옥은 깊음이다. 그 가운데가 따뜻하고 그윽한 것이다(屋, 奧也. 其

中溫奧也.)"라 하였다. 고대 원림건축에서는 통상 이 뜻을 취하여 조용한 곳에 떨어져 있는 건축물을 옥이라 이름 하니 소주 우원(耦園)의 직렴노옥(織簾老屋)이 그러하다. 또한 보통 건물이라는 뜻을 따라서 기능성 건축의 이름에 붙이기도 하는데 소주 학원(鶴園)의 "서옥(書屋)"과 청대 황가원림인 원명원의 사의서옥(四宜書屋)이 그 예이다.

二十一. 거(居)

거의 본뜻은 쭈그리다[蹲]이다. 『설문』에는 "거(居)는 준(蹲)이다. 시를 따른다. 옛날 거가 고를 따랐다. 거(踞)는 속되이 거가 족을 따른다(居, 蹲也. 從尸, 古者居從古. 踞, 俗居從足.)"라 하였으니, 거(居)가 쭈그리다라는 의미로 인해 후에 거(踞)로 바뀌었음을 알 수 있다. 이에 단옥재는 "무릇 오늘날 사람이 쭈그려 있는 것을 옛날에는 오직 거라 했다(凡今人蹲踞者, 古祇作居.)"라고 하였다.

여기에서 거는 다시 앉다[坐]의 의미로 확장되었다. 『논어 · 양화(論語 · 陽貨)』에는 "거는 우리말로 여이다(居, 吾語汝)"라 하였고, 이에 황간은 "거는 복좌와 같다(居, 猶複坐也)"라 하였다. 『좌전 · 애서원년(左傳 · 哀西元年)』에는 "옛날 합려가 두 가지 반찬을 먹지 않고 두터운 자리에 거하지 않고 집은 높은 기단을 하지 않았다(昔闔廬食不二味, 居不重席, 室不崇壇.)"라 하였는데 거는 여기서 모두 앉는다는 뜻이다.

거는 또한 머물러 산다는 뜻을 갖는다. 『역 · 계사하(易 · 系辭下)』에는 "상고시대에는 구멍에서 살고, 들에서 거처하였다(上古穴居而野處)"라고 하였고, 당대 이백의 『고풍오십구수(古風五十九首)』에는 "사해를 마음껏 누볐지만, 거하는 곳에선 이웃을 얻지 못하였다(橫絶曆四海, 所居未得鄰.)"라 하였는데 여기서 거는 모두 머물러 산다는 의미이다.

여기서 다시 거는 사는 곳으로 의미가 확장되었다. 『상서 · 반경(尚書 · 盤庚)』에는 "반경이 은으로 천도하려 할 적에 백성들이 새 거주지로 가려 하지 않았다(盤庚

遷于殷, 民不適有居.)"라는 구절이 있으며, 또한 『상서공전(尚書孔傳)』에는 이에 관련한 해석이 있어 "적(適)은 가다이다. 은으로 가려고 하지 않으니 읍거에 머물러 있었다(適, 之也. 不欲之殷, 有邑居.)"라고 하였고,[29] 당대 한유(韓愈)의 『맹생(孟生)』에는 "어찌 천자의 사는 구중으로 된 침침한 곳을 알겠는가?(豈識天子居, 九重鬱沉沉.)"라 하였는데, 여기서 거는 거하는 곳, 사는 곳을 의미한다.

거는 한가하게 지내는 것을 가리키기도 한다. 『상군서 · 농전(商君書 · 農戰)』에는 "열 사람이 농사를 짓고 한 사람이 한가하면 강하고, 절반이 농사짓고 절반이 한가하면 위태하다(十人農一人居者, 强. 半農半居者, 危)"라고 하였고, 『문선』에 실린 속석(束晳)의 「보망시(補亡詩)」에는 "저 한가한 아들은 실의하여 하릴없이 노네(彼居之子, 罔或遊盤.)"라 하였는데, 이에 이선은 "거는 벼슬하지 못한 것을 이른다. 집에 있는 아들이 제멋대로 노는 바 없이 반드시 공양함이 있어야 함을 말하는 것이니, 이는 서로 경계하는 말이다(居, 謂未仕者, 言在家之子, 無有縱樂, 須有供養, 此相戒之辭也.)"라 하였다.

거는 또한 편안하다는 뜻도 있다. 『옥편 · 시부(玉篇 · 尸部)』에는 "거는 편안한 것이다(居, 安也)"라 하였고, 『사기 · 진시황본기(史記 · 秦始皇本紀)』에는 "어찌 대대로 현명한가, 그 세가 거연(居然)하구나(豈世世賢哉, 其勢居然也.)"라고 하였으며, 『문선』에 실린 사조(謝朓)의 「경정산시(敬亭山詩)」에는 "은륜이 이미 기대었고, 영이는 거연히 쉬네(隱淪旣已託, 靈異居然棲.)"라 하였는데, 이에 이주한(李周翰)은 "거는 편안이다(居, 安也.)"라고 주를 달았다.

중국 고대원림에서 원림경관의 제액에 "거"가 사용된 경우는 기본적으로 거하는

---

29 "盤庚遷于殷, 民不適有居"의 해석에 대해서 두 가지 견해가 있다. 하나는 "반경이 은으로 이전하려고 하자 백성들이 가지 않고 머물러 있었다"이고 또 다른 하나는 "반경이 은으로 이전하고 나서 백성들은 새로 거하는 곳을 좋아하지 않았다"이다. 劉義峰, 『尚書 · 盤庚』三篇-次序考, 『古籍整理研究學刊』 2007年 第1期 참고.

곳을 가리키며, 상황상 두 가지 경우가 있을 수 있다. 첫 번째는 제액이 건축이 포함된 경관을 가리키는 경우이고, 두 번째는 제액이 건축에서 보이는 경관을 가리키는 경우이다. 첫 번째의 예로는 청대 북경 서쪽 교외 삼산오원(三山五園)의 하나인 옥천산 정명원에 있는 "복지유거(福地幽居)"와 원명원 40경 중의 하나인 "월지운거(月地雲居)"를 들 수 있다. 이들 제액의 내용은 바로 건물과 그 건물이 위치해 있는 경관이다. 두 번째의 예로는 승덕 피서산장의 건륭 36경 중의 하나인 "영활거(永恬居)"와 "식자거(食蔗居)"를 들 수 있는데, 이들 제액의 내용은 건물을 포함한 전체 경관의 느낌을 전혀 표현하고 있지 않고 반대로 건축에서 마주보이는 경관을 묘사한 것이다.

03

설계의장과 경관배치

중국 고전원림의 설계의장과 경관배치에 대한 논의는 크게 두 가지 연구자료에 근거할 수 있는데, 하나는 고전원림 실례이고, 다른 하나는 고전원림과 관련된 각종 문헌 및 저작이다. 후자는 직접적으로는 원림의 영건에 대한 이론에 관한 글들과 간접적으로는 원림에 대한 견문과 감상을 기록한 글들을 가리킨다. 이들 중 상당수가 실전되었으나 일부는 오늘날까지 전해져 내려오기 때문에 그 목록을 하나하나 나열해보고 각각의 내용을 전반적으로 꼼꼼하게 정리해 볼 필요가 있다. 전자의 경우, 현존하는 고전원림의 실례들은 오랜 세월을 거쳐 많은 변화를 겪었기 때문에 대략적인 배치, 위치, 윤곽 등을 제외하고는 구체적으로 원림의 어떤 경관이 어떤 시기에 비롯된 것인지 판별하기 어렵다. 따라서 현존하는 원림 실례만을 의존하여 원래의 설계의장 및 경관배치 방법이 어떠했는지를 추측하는 것은 많은 불확실성을 내포하게 된다. 따라서 보다 완벽한 고증을 위해서는 관련 문헌기록과 현존 원림의 원진성(原眞性, authenticity)을 서로 대조하여 고증해야 한다. 그렇지 않고 원림의 현상황만을 가지고 섣부른 추측을 한다면 자칫 커다란 오해를 야기할 수도 있다. 원대 화가 왕사선(王思善)이 이르기를 "그림을 감상하는 것은 미인을 보는 것과 같은데, 그 풍신(豊神)과 골상(骨相)은 몸체 밖으로 드러난 것이다. 지금 사람들은 옛 필적을 볼 때에 반드시 형체가 비슷한 지를 먼저 찾고, 다음으로는 사실적인지를 따지니, 비상한 감상법이라 할 것이다. ……그림을 감상하는 방법은 한 가지일 수 없으니, 이는 고인이 뜻을 두거나 필적을 만드는 데는 각기 그 도가 있기 때문이므로 어찌 구구한 소견으로 고인의 뜻을 세워 필적을 재단할 수 있겠는가?(看畵如看美人, 豐神骨相, 有出于肌體之外者. 今人看古迹, 必先求形似, 次及事實, 殊非常鑒之法也. ……看畵之法, 不可一途, 而取古人命意立迹, 各有其道, 豈拘以所見繩律古人之意哉?)"[1]라 하였다. 또 원림학자 진종주(陳從周) 역시 "원림 가운데 보수를 거치지 않은 것이 없으니 먼저 그 전체 배치를 보고 다음으로 부분을 살펴야 한다. 신기를 논하지 않고 단순히 기예만을 따진다면 근본을 버리고 말엽을 찾는 것이니 정론을 얻기 힘들다(然園林未有不經修者, 故首觀全局, 次審局部, 不論神氣, 單求枝節, 謂之舍本求末, 難得定論.)"[2]라고 지적한 바 있다.

비록 이미 많은 원림연구가들이 현존하는 원림들에 대해 적지 않은 고증연구를 실시하였지만, 여전히 적지 않은 원림들의 구체적인 설계의장과 경관배치가 고증되지 못하고 있다. 이렇기 때문에 원림 사례에 대한 고증만으로 고대 원림의 설계의장과 경관배치의 보편적인 특징을 고증하기는 것은 명확한 한계를 갖는다.

설령 우리가 원림의 어떤 경관이 구체적으로 어떤 변화 과정을 거쳐 오늘의 모습이 되었는지 정확하게 알 수 있어서 변화 이전의 원형을 정확하게 고증할 수 있을지라도, 그 원형 역시 설계 시 의도와는 다르게 시공과정에서 수많은 현실적 제한 요소로 인해 상당 수준의 조정을 거친 것임을 고려한다면, 원림 사례분석을 통해 설계단계에서의 원래 의도했던 설계의장과 경관배치를 고증하는 것은 실제적으로 불가능에 가깝다. 이에 대해 진종주는 "원림을 만드는 것은 종합적 과학이자 예

---

1 欽定四庫全書, 子部, 藝術類, 書畵之屬, 畵鑒, 畵鑒, 湯垕撰.
2 陳從周, 『說園(四)』.

술이며 철학을 포함하여 그 가운데서 무궁한 변화를 볼 수 있다. 좁은 식견으로 말하자면, 무형의 시정과 화의로써 유형의 산과 물 그리고 건축을 구성하는 것이고, 어둠과 밝음 바람과 비가 이들 경물의 변화를 더욱 무궁하게 하며, 강남과 강북의 지리, 풍토, 정서의 차이는 관련요소를 더욱 다양하게 한다"[3]라고 지적하였다.

또한 원림의 원형을 고증할 수 있을지라도 그것이 의도적인 것인지 아니면 우연인지 판단하기 어렵다. 진종주는 "원림에서 조경은 의도적으로 얻은 것과 의도 없이 얻어진 것이 있다. 특히 사택의 작은 원림은 대지가 매우 제한적이기 때문에 종종 선택의 여지가 없는 곳에, 선택의 여지가 없는 방법으로 상황의 불리함을 전환해 유리하게 만들어 전체적인 국면을 만회한다(園林造景, 有有意得之者. 亦有無意得之者, 尤以私家小園, 地甚局促, 往往于無可奈何之處, 而以無可奈何之筆化險爲夷. 終挽全局.)"[4]라고 지적하였는데 이는 원림의 경관이 우연과 상황에 의해 결정되기도 함을 의미한다.

이상의 이유를 종합하면, 고전원림의 설계의장 및 경관배치에 대한 논의는 원림 사례보다는 고대 원림문헌을 위주로 진행하여야 보다 심도 있고 추상적인 이론적 이해를 도모할 수 있음을 알 수 있다. 사례 위주의 연구방식은 단편적이고 불확실하며 원림 설계이론의 전체적인 모습을 간과할 수 있기 때문에, 본 연구는 원림문헌을 출발점으로 삼아 옛 사람들의 원림설계 이론을 연구하고자 한다.

고대 원림관련 문헌에는 직접적인 원림이론 저작 외에 원림에 관한 감상과 비평의 글도 포함시켜야 한다. 이러한 글들은 특정 원림을 둘러보고 그에 대한 주관적 감상과 비평을 적은 것으로 실제적인 원림 설계 구상에 관한 것은 아니다. 이들 대다수는 구체적이지만 대단히 직관적으로 원림에 대해 서술하고 품평하고 있는데, 문장의 구조와 서술방식이 일정한 패턴을 보이는 것으로 볼 때, 고대에 보편적이고

---

3 陳從周, 『說園(五)』.
4 陳從周, 『說園(三)』.

상리적인 원림이론이 존재했음을 짐작할 수 있다. 더욱이 이러한 글을 쓴 사람 중 일부는 스스로 원림을 만들어본 경험이 있기도 하다. "원림을 평가할 수 있으면 원림을 만들 수도 있다. 안목이 높으면 솜씨도 따라서 높아지기 마련이다. 맛을 잘 분별하는 사람치고 요리책을 쓰지 않은 사람이 없다.(能品園, 方能造園, 眼高手隨之而高, 未有不辨乎味能爲著食譜者.)"[5] 즉 원림에서 주관적 감상능력이 종종 설계 수준을 결정한다.

중국 고전원림의 설계의장과 경관배치에 관한 기존 연구를 살펴보자. 이미 많은 학자들이 여러 가지 각도에서 이 문제에 대해 적지 않은 분석과 토론을 해왔는데, 그 중 대표적인 연구 성과를 꼽아 보면 아래 표와 같이 정리할 수 있다.

서명	저자	연구 분야
동남원서 (東南園墅)	동준 (童寯)	건축과 배치, 장식(장절(裝折), 도로포장 등) 및 가구, 첩석, 식물배치
소주고전원림 (蘇州古典園林)	유돈정 (劉敦楨)	배치(경관구역과 공간, 경관점과 동선, 대비와 천탁(襯托), 대경(對景)과 차경(借景), 심도와 층차, 이수, 첩산, 건축, 화목
조원팔강 (造園八講)	장원봉 (章元鳳)	배치설계, 건축 및 장식, 첩산의 방법 및 기교, 식물 종류와 배치
강남이경예술 (江南理景藝術)	반곡서 (潘谷西)	원림 배치수법: 주제를 다양하게 한다(主題多樣). 가리되 막지 않는다(隔而不塞). 굽어 꺾되 이어져 돌아오게 한다(曲折縈回). 강조하고 싶으면 먼저 억제한다(欲揚先抑). 크기를 적당히 한다(尺度得當). 여운이 끝없게 한다(餘意不盡). 가까운 것은 잇고 먼 것은 빌린다(鄰接遠借).
중국고전원림분석 (中國古典園林分析)	팽일강 (彭一剛)	설계기교: 보기와 보이기임, 주종관계와 중점(重點), 공간의 대비, 숨김과 드러냄, 끌어들임과 암시, 성글고 빽빽함, 기복과 층차, 허와 실, 구불구불하게 굽으며 꺾임(蜿蜒曲折), 높낮이의 교차, 올려보기와 내려보기, 삼투와 층차, 공간서열, 퇴산첩석(堆山疊石), 이수, 화목배치
학조원 (學造園)	호덕군 (胡德君)	경관구성, 경관지점과 경관구역, 공간조합에서의 둘러싸기, 허실분할과 공간의 흐름, 경물의 크기와 조형비리에 대한 퇴고, 원림에서 고건축 형태 및 조합, 첩석, 축산, 이수, 경재(景栽), 차경

이들 학자의 연구 관점이 모두 나름의 타당성이 있으나, 각각의 관심 분야가 다

---

5 陳從周, 『說園(三)』.

르기 때문에 연구 시각 역시 다르고, 또한 그 누구도 중국고전원림 설계의장 및 경관배치 문제에 대해 전면적이고 체계적인 정리를 해내지는 못하였다.

이 밖에 서양 현대 경관설계 이론을 중국 고전원림을 분석에 적용하려는 일련의 시도가 있었는데, 새로운 시각으로 접근하였다는 의의가 있으나, 이러한 해독과 분석이 중국 고대원림에 적합한지에 대해서 적지 않은 의문이 있다. 예를 들어 진종주는 『설원(說園)』에서 이러한 연구방법에 대해 완전히 부정적 태도를 보였다. "오늘날의 것으로 옛것을 고증할 수 없고, 서양의 것으로 중국의 것을 고증할 수 없다. 옛날과 오늘 그리고 서양과 중국은 각각 스스로 독립된 치계를 형성한다. 결코 시체에 혼을 불러 올 수 없는 것이다. 당시 건축의 기능을 알지 못하고 설계자의 주도적인 사상을 모르는 상황에서 현대인의 시각으로 억지로 옛사람에 합치려 하는 것은 오류이다.(今不能證古, 洋不能證中, 古今中外自成體系, 決不容借尸還魂, 不明當時建築之功能, 與設計者之主導思想, 以今人之見强與古人相合, 謬矣.)" 때문에 진종주는 이 책에서 중국 고전원림의 언어에 대해 논하면서 서양 조경설계의 분석틀을 시종 경계하였다. 이 문제에 대해 여기서 정확한 결론은 내기는 어렵지만, 적어도 현대 서양 조경이론의 틀로 중국 고전원림을 분석하는 방법 역시 바람직하지 않음을 확인할 수 있다.

본 연구에서는 고대 원림관련 문헌을 정리하여 그 가운데 드러나 있는 원림의 전체적인 의장과 공간구조에 대한 이론 및 관념을 분석하고자 한다. 구체적인 방법으로는 본 연구의 공동연구원인 왕귀상(王貴祥)이 『중국 강남원림 방고(中國江南園林訪古)』에서 강남원림 사례들을 분석하기 위해 사용했던 방식, 즉 원림의 경상(景象)을 형체와 공간의 두 가지 측면에서 분석하는 기법을 참고하고자 한다.

여기서 "경상"은 형체와 공간을 포함한다. 형체는 원림에서 사람들이 하나하나 감상하는 진열적이고 장식적인 대상의 모습을 가리킨다. 크게는 산, 물, 화목, 건축 등의 원림 구성요소에서 작게는 화분, 괴석, 어항 등의 장식소품 등이 모두 형체의 감상에 중점을 둔 것이다. 산이 가파르고 험하지 않으면 그 기세가 보이지 않고(山

不陡峭, 不見其勢), 물이 굽어 돌지 않으면 그 멋이 보이지 않으며(水不回曲, 不見其趣), 화목은 서로 기대게 하고 적당히 성글게 하며 적당한 방향으로 심어야 하고(花木求扶疏向背), 건축은 반드시 영롱하고 투명한 느낌을 주어야 하니(亭榭須玲瓏透剔), 즉 형체의 풍부함은 원림경상을 풍부하게 하는 기본적 전제이다.

하지만 원림을 감상하는 사람들에게 보다 깊은 예술적 감흥을 주는 것은 공간이다. 원림예술은 우선적으로 원림의 공간예술이다. 만약 개별 요소들에 대해 형체의 변화만을 추구하고 그 형체들이 결합하여 형성된 원림공간의 닫힘과 열림을 주의하지 않는다면, 이는 마치 화랑이나 박물관에서 전시품을 하나하나 보는 것처럼 분절되어 전체적인 감흥을 줄 수 없다. 원림을 감상하는 사람으로 하여금 통일된 경상을 경험하게 하려면 반드시 변화가 풍부하면서 동시에 유기적인 질서를 잃지 않은 원림공간을 창조해야 한다. 원림이 본연의 유람기능은 공간의 실용성에 있는 것이 아니라 그 예술의 통일성에 있다.[6]

본 연구는 원림의 설계의장 및 경관배치에 관해 아래의 다섯 가지 측면으로 나누어 서술하고자 한다.

제1절. 원림의 선지(選址)
제2절. 원림의 총체적 의장(意匠) 원칙
제3절. 원림 경관구역의 공간구성
제4절. 경상을 원림경관의 이해방식으로 삼아 원림경관의 공간을 분석
제5절. 경상을 원림경관의 이해방식으로 삼아 원림경관의 형체를 분석

---

6 楊鴻勛, 王貴祥 , 『中國江南園林訪古』 北京 : 中國展望出版社, 1984 : 106.

제1절 원림의 터잡기
—득경수형(得景隨形) 및 상지합의(相地合宜), 구원득체(構園得體)

　　원림의 경관특징은 그 것이 위치하는 지리환경에 의해 주로 결정된다. 먼저 적합한 지점을 찾고 다음에 지리환경의 이점을 충분히 활용하여 인공적 토목을 가급적 적게 더하여 아름다운 주거환경을 얻는 것이 원림영조의 핵심이다. 이에 대해 계성(計成)은 『원야·상지(園冶·相地)』에서 "상지합의, 구원득체(相地合宜, 構園得體.)", 즉 "상지가 합당해야 원림의 모양새가 이상적 조화를 이룰 수 있다"라고 강조하였다. 여기서 "상(相)"은 살핀다는 뜻이고, "상지(相地)"란 원림의 터를 살피는 것이다. 상지는 적극적이고 능동적으로 터를 선택하는 과정이다. 한편으로는 터 안팎의 지형, 수계, 동식물, 주변경관 등의 환경요소들을 조사하면서, 다른 한편으로는 이러한 환경요소들을 어떻게 활용하여 토목, 취경(取景), 건축배치를 정할지 대략적인 방안을 구상하면서 이상적인 원림의 터를 찾는 것이 바로 상지이다. 상지의 구체적인 사례는 명대『양원자기(影園自記)』에서 원림의 주인인 정원훈(鄭元勛)과 당시 산수화의 대가였던 동기창(董其昌) 사이의 대화에서 엿보인다.

　　내가 청해 물었다. "저는 나이가 겨우 삼십이 넘었는데, 좋은 시대를 만나지 못하고 학문도 거칠고 모자랍니다. 성의 남쪽 버려진 밭을 얻어서 초가집 몇 칸을 짓고 죽을 때까지 어미를 모시며 독서를 할 궁리를 했습니다. 사이사이에 여가를 얻어 옛 사람의 책을 보면서 와유(臥遊)를 하려는데 괜찮겠습니까?" 선생이 대답하였다. "좋구나. 지형에 산이 있느냐?" "산은 없지만 앞뒤로 물줄기를 끼고 있습니다. 물 사이에 촉강(蜀岡)이 구불구불 기복이 있어 산세를 다 이루고 있으며, 사방으로 버드나무가 수만 그루가 에워싸고 있고 연대가 천 개로 기울어져 있고 갈대풀이 자라고 있습니다. 물은 맑아서 물고기가 많아 물고기가 헤엄치는 것이 끊이지 않습니다. 봄과 여름 즈음에는 꾀꼬리 소리도 자못 들린답니다. 소제(蘇堤)의 끝을 막아서 길이 나 있는데 조금 굽어졌고 노니는 사람이 항상 많지는 않아서 한적합니다. 높은 곳에 올라가 멀리 바라보면 미루(迷樓)와 평산(平山)이 모두 뒤쪽에 자리하고 강남의 뭇 산들이 명료하게 푸릅니다. 지형이 버드나무 그림자, 물의 그림자, 산의 그림자 사이에 있어 좋은 지세는 아니지만 또한 저의 마을에서는 썩 괜찮은 곳이랍니다." 선생은 "참 즐길 만한 곳이구나"라고 대답하였다(予因請問"予年過三十, 所遭不偶, 學殖荒落, 卜得城南廢圃, 將葺茅舍數椽, 爲養母讀書終焉之計, 間以餘閑, 臨古人古迹當臥游可乎?"先生曰"可! 地有山乎?"曰"無之, 但前後夾水, 隔水'蜀岡'蜿蜒起伏, 盡作山勢, 環四面柳萬屯, 荷千餘頃, 萑葦生之, 水淸而多魚, 魚棹來往不絶. 春夏之交, 聽鸝者往焉. 以銜隋蘇堤之尾, 取道少紆, 游人不恒過, 得無嘩. 升高處望之, '迷樓', '平山'皆在項背, 江南諸山, 歷歷靑來, 地蓋在柳影, 水影, 山影之間, 無地勝, 然亦吾邑之選矣."先生曰"是足娛慰.").

여기서 정원훈은 동기창에게 원림을 만드는 일에 대해 가르침을 청하고 있지만, 사실은 자신의 마음속에 이미 어렴풋한 구상을 갖고 있었기 때문에 동기창이 터에 대해 질문을 하자마자 주저 없이 원림터의 지리환경의 이점들을 설명할 수 있었다. 정원훈의 설명은 상당한 구체적인 공간적 이미지를 반영하고 있는데, 이것이 바로 전형적인 상지이다. 그 밖에 이들의 대화에는 정원훈과 동기창이 생각하는 원림 상지의 기준이 드러나 있다. 그 기준 가운데서 산이 가장 우선시 되고 그 다음으로는 물이 중요하며, 그 밖에 식물, 조용함, 조망 등이 기준으로 고려되었다. 상지에 관해서 『원야(園冶)』에 보다 체계적인 해석이 있다.

상지 : 원림의 터는 방향에 구속되지 않고 지세는 절로 높고 낮음이 있으니 문을 들어서면 즐거움이 일어난다. 경관을 얻기 위해서는 지형을 따른다. 만약 산림을 옆에 두고 강과 연못으로 통하고자 한다면 성곽 가까운 곳에서 기이한 곳이 있는지 살핀다. 멀리 오가는 네거리에 아름다운 촌락을 고른다면 우거져 있는 수풀을 이용한다. 촌락은 들판을 바라볼 수 있고 성시는 집을 짓기가 쉽다. 신축은 터를 만들기가 쉬우니 버드나무, 대나무를 옮겨 심으면 그만이다. 옛 원림은 개조하는 데 오묘함이 있으니, 자연스레 나무들은 예스럽고 꽃들은 만발하며, 네모난 듯

둥근 듯하고 치우친 듯 굴곡이 있는 듯하고, 길고 굽어서 둥근 옥 같기도 하고, 한쪽으로는 탁 트여서 구름을 펼치는 듯하니, 높고 곳에는 정자와 누대를 만들 만하고 낮게 움푹 파인 곳에는 못을 만들 만하다. 터를 고를 때에는 수면을 따르는 것을 중요하게 여기고 기초를 세울 때에는 물줄기의 원류를 먼저 살피는 것인데, 원류의 근원처가 탁 트이고 물줄기가 오는 곳을 살핀다. 시냇물에 가까우면 땅을 가로질러 허각(虛閣)을 세울 수 있고, 골목길이면 하늘을 빌려 부랑(浮廊)을 가로지를 수 있다. 혹 다른 집의 빼어난 경관이 하나의 선으로 통한다면 중간에 끊지 말고 그 경관을 빌리는 것이 특히 좋다. 만약 이웃집의 꽃에 대해 소식을 조금 탐하면 끌어들일 수 있으니 봄을 맞이함에 끝이 없다. 물을 가로질러 다리를 놓으면 별관을 짓기에도 괜찮다. 돌을 모아 담장에 차곡차곡 쌓으면 산에 거처하는 듯하다. 오래된 나무가 있으면 처마나 담을 만들 때 한발자국 양보하면 뿌리를 세울 수 있고, 가지를 몇 개 쳐내면 지붕을 덮는 것을 방해하지 않게 할 수 있으니, 이른바 화려한 건축은 만들기 쉬우나 울창하고 아름다운 수풀은 이루기 어렵다는 것이다. 상지가 합당해야 원림의 모양새가 이상적인 조화를 이룰 수 있다.(相地 : 園基不拘方向, 地勢自有高低, 涉門成趣. 得景隨形. 或傍山林, 欲通河沼. 探奇近郭. 遠來往之通衢, 選勝落村, 藉參差之深樹. 村莊眺野, 城市便家. 新築易乎開基, 只可栽楊移竹. 舊園妙于翻造, 自然古木繁花, 如方如圓, 似偏似曲. 如長彎而環璧, 似偏闊以鋪雲. 高方欲就亭台, 低凹可開池沼. 卜築貴從水面, 立基先究源頭, 疏源之去由, 察水之來歷. 臨溪, 越地虛閣堪支. 夾巷, 借天浮廊可度. 倘嵌他人之勝, 有一線相通, 非爲間絶, 借景偏宜. 若對鄰氏之花, 饞幾分消息, 可以招呼, 收春無盡. 架橋通隔水, 別館堪圖. 聚石迭園墻, 居山可擬. 多年樹木, 礙築檐垣. 讓一步可以立根, 斫數丫不妨封頂. 斯謂雕棟飛楹構易, 蔭槐挺玉成難. 相地合宜, 構園得體.)

여기서 계성은 원림의 배치에는 고정된 형식이 없고 "터를 살피는 것이 합당해야지 원림의 모양새가 이상적 조화를 이룰 수 있다(相地合宜, 構園得體.)"라고 말하고 있다. 즉 원림의 배치는 주어진 지형에 순응하여 설치해 나가는 것으로, 원림을 만드는 사람은 먼저 산속, 시골마을, 성시 등의 특징을 이해하고, 신축과 개축의 차이를 알며, 다음으로 지형조건에 따라 계획하고, 수계를 신중히 살펴서 이용하며, 장애를 만나면 상황에 맞게 융통성 있게 "허각",[7] "부랑",[8] "차경(借景)"[9] 등의 기법을 사용하여 해결하여야 한다. 즉 "지형과 환경에 순응하여야 자연스럽게 좋은 경관을 얻을 수 있는 것이다.(得景隨形.)"

제2절 원림의 의장원칙―인차체의(因借體宜)

원림의 터가 결정되면 다음으로 총체적인 의장원칙을 세워야 한다. "원림을 만드는 것은 문장을 엮는 것과 같다. 천변만화하니 전체의 기세를 구하지 않고 뜻을 세우지 않은 상태에서 열심히 단어만을 모으고 쌓는다고 해서 어찌 좋은 짜임새를 얻겠는가?(造園如綴文, 千變萬化, 不究全文氣勢立意, 而僅務辭彙疊砌者, 能有佳構乎.)"[10] 라는 진종주의 지적은 원림을 계획하는 데 있어서 총체적인 의장원칙이 선행되어야 함을 강조한 것이다. 그러면 무엇이 원림의 총체적 의장원칙인가? 『원야』에서는 "(원림의) 기교는 인차에 있고, 정밀함은 체의에 있다(巧于因借, 精在體宜.)"라고 하여 "인차(因借)"와 "체의(體宜)"를 원림의 총체적 의장원칙으로 내세웠다. 이 두 가지 의장원칙을 확실히 세운 다음에는 "그 사람을 얻지 않고 또한 비용을 아낀다면 곧 공사에 앞서 다 포기했다가 공사가 시작된 후에 이들을 보낸다면 어찌 세상에 전하여지겠는가?(匪得其人, 兼之惜費, 則前工幷弃, 旣有後起之輪, 云, 何傳于世.)"[11]라 하여 본격

---

7 물가에 걸쳐져 떠 있는 목조 구조물. 주로 다리, 수문, 선창 등으로 쓰인다. 건물을 지어야 하는데 물이라는 장애요소를 만난 경우 건물을 물위에 만든다. "허(虛)"는 아래가 비어 있는 모습을 의미한다.
8 공중에 떠 있는 낭(廊). 낭을 이어나가다가 물이나 단애 등의 장애를 만나는 경우 낭을 공중에 띄워 만들어서 이를 극복한다.
9 멀리 있는 경관을 빌려 와 원림 안으로 끌어들임.
10 陳從周, 『說園(三)』.

적인 공사에 앞서 전문가와 풍부한 물자를 준비하는 단계에 들어간다.

一. 인차(因借)

"인(因)"이란 터의 조건에 부합하게 적절히 개조하고 가공하는 것을 가리킨다. 『설문·구부(說文·口部)』에서는 "인은 취이다(因, 就也.)"라고 했고, 이에 대해 단옥재(段玉裁)는 "취란 높음이다. 높게 만들려면 반드시 언덕을 인(因)해야 하고, 크게 만들려면 반드시 터를 취(就)해야 한다. 때문에 '인'은 '구(口)'와 '대(大)'로 이루어져 있다(就, 高也, 爲高必因丘陵, 爲大必就基址. 故因從口大, 就其區域而擴充之也.)"라고 주석하였다. 인의 본뜻, 즉 지형에 대한 순응은 원림을 계획에 있어서 매우 중요한 총체적 의장원칙의 하나이다. 『원야』에 이르기를 "인이라는 것은 기세의 고하를 따라서 형체의 단정함에 따라 나무를 심고 가지를 쳐내며 샘물과 바윗물이 서로 교합하게 하는 것이다. 정자가 있을 만한 곳에 정자가 있고, 사가 있을 만한 곳에 사가 있게 하여 조금이라도 치우친 데가 없고 완만히 굽어지게 하는 것, 이것이 바로 '면밀히 마땅함에 합치된다는 것'이다(因者, 隨基勢高下, 體形之端正, 礙木刪丫, 泉流石注, 互相借資. 宜亭斯亭, 宜榭斯謝, 小妨偏徑, 頓置婉轉, 斯謂精而合宜'者也.)"라 하였다.

한편 인은 단순히 지형에 국한되지 않고 경관요소 사이에 마땅히 서로 자연스럽게 순응하여야 함을 의미하기도 한다. 명대 주종건(周宗建)이 『논어상(論語商)』에서 언급한 "애목(礙木)"의 예를 보면 "일찍이 소식(蘇軾)이 '하늘이 만물을 만들 때에는 반드시 곧게 만들었는데, 그 굽은 것에는 반드시 이유가 있는 것으로 생장의 이치는 아닌 것이다. 나무가 굽은 것은 혹 강제로 구부린 것이고 물이 굽이쳐 흐르는 것은 혹 막아서이니, 물이 막히지 않고 나무가 제압당하지 않는다면 항상 곧을 것

---

11 [明] 計成, 『園冶』, 卷一, "興造論".

도 3-1. 이화원(頤和園)의 화중유(畫中游) 단면도(출처 : 《이화원(頤和園)》).

이니, 무릇 만물이 모두 그러하다'라는 것을 읽은 적이 있다(嘗讀東坡曰 '天之生物必直, 其曲必有故, 非生之理也. 木之曲也, 或抑之, 水之曲也, 或礙之, 水不礙, 木不抑, 未嘗不直也, 凡物皆然.')"**12**라 하였다. 이 원리를 원림에 적용해 본다면 서로 다른 경관요소가 함께 자리하게 되면 서로 영향을 주어 서로가 보다 자연스러운 모습을 갖게 영향을 준다고 할 수 있다. 즉 적절한 경관배치를 통해 보다 "자연적인" 물성과 물리를 드러내는 원리로, 이 또한 인의 개념에 속한다.

　"차(借)"는 원림 안과 밖을 연결하는 것이다. 『설문 · 인부(說文 · 人部)』에 이르길 "차는 빌리는 것이다(借, 假也.)"라 하였는데, 여기서는 원림 외부의 경관을 빌려 원림 내부의 경관으로 삼아 경관을 더욱 풍부하게 하는 "차경"을 의미한다. 차경의 개념은 일찍이 옛사람들에 의해 제창되었다. 『원야』에서는 "차경이란 원림이 비록 안과 밖이 다르지만 경관을 얻는 데 있어서는 멀고 가까움에 구애받지 않는다는 것이다(借者, 園雖別內外, 得景則無拘遠近.)"라고 정의를 내렸고 이어서 "(차경은) 원림을 만듦에 있어서 가장 중요한 것이다(爲園林之最者.)"라고 그 중요성을 강조했다. 또한

---

12 欽定四庫全書, 經部, 四書類, 論語商, 卷上.

도 3-2. 졸정원(拙政園)의 탑을 끌어들인 차경수법.

도 3-3. 이화원(頤和園) 해취원(諧趣園)의 차경수법.

도 3-4. 이화원(頤和園) 화중유(劃中游)의 차경수법.

"멀리 시선이 닿는 것을 범속하면 가리고 아름다우면 받아들인다. 밭과 마당을 가리지 않으니 모두 흐릿한 경관이 된다(極目所至, 俗則屛之, 嘉則收之, 不分町疃, 盡爲烟景.)"라 하였는데, 이는 시선이 닿는 원림 밖의 각종 경관요소들을 원림 안으로 끌어들여 원림 내부의 경관과 "이른바 '교묘하게 조화를 이룬다'라는 것과 같다(斯所謂 '巧而得體'者也)."

차경의 사례는 무척 풍부하다. 명대 유사룡(劉士龍)의 『오유원기(烏有園記)』에서는 "원림 있어서 거대함은 산수에 있다. 원림 밖의 산은 뭇 봉우리들이 얽혀 휘황찬란하고, 정원 안의 산은 겹겹이 중첩되어 자태가 빼어나다(園之大者在山水. 園外之山, 群峰螺髻. 園內之山, 疊嶂黛秀.)"[13]라 하여 원림 안의 가산과 원림 밖의 진산이 하나로 겹쳐지는 시각적 효과를 묘사하였다. 또 명대 진소온(陳所蘊)의 『일섭원기략(日涉園記略)』에서는 "문에 들어서면 느릅나무와 버드나무가 길가에 서 있고, 멀리 있는 산봉우리들이 돌연 담장 위로 솟아 있다(入門楡柳夾道, 遠山峰突出墙頭.)"라 하여 원림 밖의 산봉우리를 담장 위로 솟구쳐 보이게 하는 방법을 묘사하였다. 또한 현대의 진종주는 『설원』에서 "물이 굽는 것은 물가 때문이고, 물이 끊어지는 것은 둑 때문이다. 꽃을 심으면 나비를 얻고, 산을 놓으면 구름이 휘감으니, 지세의 이로움에 따라 이끌어 나가면 스스로 아름다운 멋을 형성한다. 산이 물빛을 머금은 것은 경영을 잘 한 것이다. 중소형 성시 중에도 능히 기댈만한 산과 물이 있는 것이 있는데, 산이 있으면 모두 원림이고, 물이 있으면 경관을 형성할 수 있다. 성시는 경관에 따라 다르니 바로 오묘한 짜임새이다(水曲因岸, 水隔因堤, 移花得蝶, 買石繞雲, 因勢利導, 自成佳趣. 山容水色, 善在經營, 中小城市有山水能憑藉者, 能做到有山皆是園, 無水不成景, 城因景異, 方是妙構.)"라 하여 성시 주변의 자연적인 산과 물을 빌려 원림 경관을 삼을 수 있음을 강조하였다.

---

13 [明] 劉士龍, 『烏有園記』.

한편 "인차(因借)"는 "교(巧)"하여야 한다. 즉 원림을 만드는 사람은 교묘하게 지세에 따라 배치를 하고 상황에 맞게 인차하여야 조화롭고 이상적인 원림을 얻을 수 있다. 소주 졸정원(拙政園)의 의량정(宜兩亭)은 바로 교묘하게 인차의 수법을 사용한 전형적인 차경의 실례이다. 이 정자의 이름은 백거이(白居易)의 『욕여원팔복인선유시증(欲與元八卜鄰先有是贈)』의 "밝은 달은 삼경의 밤과 더불어야 좋고, 푸른 버드나무는 두 집의 봄으로 삼기에 좋다(明月好同三徑夜, 綠楊宜作兩家春.)"라는 구절에서 따온 것인데, 이 시는 백거이가 이웃집의 버드나무를 자신의 정원의 풍경의 일부로 삼았던 고사에서 비롯되었다.

二. 체의(體宜)

"체(體)"와 "의(宜)"는 본래 상고시대의 의례를 가리키는 명사였다. 『예기·예기(禮記·禮器)』를 보면 "예에는 시가 으뜸이요, 순이 그 다음이고, 체(體)가 그 다음이고, 의(宜)가 그 다음이고, 칭이 그 다음이다. 요가 순에게 주고, 순이 우에게 주며, 탕이 걸을 유배하고, 무왕이 주를 베니 바로 시이다(禮, 時爲大, 順次之, 體次之, 宜次之, 稱次之. 堯授舜, 舜授禹, 湯放桀, 武王伐紂, 時也.)"라 하였고, 또 『시경(詩經)』에 이르기를 "'그 욕심을 빨리 달성하려고 하신 것이 아니라 선인의 뜻을 따라 효를 오게 하신 것이다.' 천지에 드리는 제사, 종묘의 일, 부자의 도리, 군신의 의리 등은 륜(倫)이다. 사직과 산천의 일, 귀신의 제사는 체(體)이다. 상제의 쓰임, 빈객의 교제는 의(義)이다. 새끼 양과 돼지로써 제사를 지내며 백관들은 맨발로 임하고, 큰 우리에 제사를 지내며 반드시 남김이 없이 하는 것을 일러 칭(稱)이라고 한다. 제후들은 거북이를 보배로 여기고 홀을 상서로움으로 여긴다. 집에서는 거북이를 보배로 여기지 않고 홀을 보관하지 않으며 문을 치장하지도 않으니 이를 이르러 칭(稱)이라 한다('匪革其猶, 聿追來孝.' 天地之祭, 宗廟之事, 父子之道, 君臣之義, 倫也. 社稷, 山川之事, 鬼神之祭, 體也. 喪, 祭之用, 賓客之交, 義也. 羔, 豚而祭, 百官皆足. 大牢而祭, 不必有餘. 此

之謂稱也. 諸侯以龜爲寶, 以圭爲瑞. 家不寶龜, 不藏圭, 不台門, 言有稱也.)"라 하였다. 여기서 "의(義)"는 앞선 『예기』에 의하면 "의(宜)"로 바꿀 수 있는데, "체"와 "의"는 시(時), 순(順), 체, 의, 칭(稱)으로 구성되는 고대 예(禮) 체계의 구성요소이다.

후대에 이르러 "체의"라는 두 글자는 주로 "적당하다"라는 형용사로 쓰이게 되었다. "강하태수 황조는 성질이 급하니 때문에 이형의 전별연에 참여했는데, 황조가 또 대우를 잘 해주자 이형이 그를 위해 글을 지었는데 경중과 소밀이 모두 적당[體宜]하였다. 황조가 그의 손을 잡고 말하길 '처사 이 글은 바로 내 마음에 부합하니, 내가 마음속으로 말하려고 했던 것이로다(江夏太守黃祖性急, 故送衡與之, 祖亦善待焉, 衡爲作書記, 輕重疎密, 各得體宜, 祖持其手曰 '處士, 此正得祖意, 如祖腹中之所欲言也.)'라 하였다."[14] "이(頤)라는 것은 음식을 먹어 스스로 기르는 것에 연유하는 것이니, 군자는 올바르지 않은 것과 먹지 않는 것을 나누는데, 하물며 그 먹지 않는 것은 어떻겠는가? 이 때문에 기르는 바는 반드시 현명함을 얻고 스스로 구실을 찾는 것은 반드시 적당함[體宜]을 얻는 것이야말로 기름이 바르다고 할 수 있다.(頤者, 所由飲食自養也, 君子割不正不食, 況非其食乎, 是故所養必得賢明, 自求口實, 必得體宜, 是謂養正也.)"[15] 이상에서 "체의"는 각각 문장과 양생이 잘 균형을 갖추어 적당함을 가리킨다.

적당하다는 뜻의 "체의"는 점차 사람들이 추구하는 미학적 기준의 하나가 되었다. 예를 들어 "그래서 제왕은 한 가지 일을 들어 하나의 명령을 내리는데, 때에 합당하지 않고 민중에게도 합치되지 않으면 반드시 세 번의 간언을 허용하여 사방에 들리게 하니, 실로 이해관계를 재고하고 적당한지[體宜]를 두루 살피는 것과는 다른 것이다(故帝王舉一事, 出一令, 有不便于時, 未合于衆, 必容三諫以達四聰, 實异再思利害周察體宜.)"[16]와 "대개 이렇게 사장(辭章)으로 드러낸 것은 귀신과 하늘의 솜씨 같아 온순

---

14 欽定四庫全書, 史部, 正史類, 後漢書, 卷一百十下.
15 欽定四庫全書, 經部, 易類, 周易集解, 卷六.
16 欽定四庫全書, 史部, 詔令奏議類, 奏議之屬, 宋名臣奏議, 卷九十三.

하고 아정하며 준발하고 명려하니, 각각 적합하고 적당[體宜]하다(類此發爲辭章, 神造天出, 溫淳雅正, 駿發明麗, 各適體宜.)"[17] 등의 구절이 있는데, 여기서 체의는 적당하여 보기에 아름다운 상태를 의미한다.

따라서 『원야』에서 원림의 총체적 의장원칙으로 내세운 "정재체의(精在體宜)"는 원림의 경관을 구성하는 사물들이 심미적으로 적당한지 정밀하게 살피는 것을 가리킨다고 해석할 수 있다. 이와 유사하게 송대 한졸(韓拙)은 『산수순전집(山水純全集)』에서 "사계절의 경물을 품평하여 사물의 이치에 밝고 인사를 헤아리는 데에 힘써야 한다(品四時之景物, 務要明乎物理, 度乎人事.)"라고 하였으며, 현대의 진종주는 "산은 꼭 예스럽고 물은 꼭 활발하며 초목은 번화하고 새들은 제때 울어대니 사계절의 경물이 사랑스럽지 않은 것이 없다(山必古, 水必活, 草木華滋, 好鳥時鳴, 四時之景, 無不可愛.)"라고 말하였다.[18] 이러한 경물들은 천편일률적일 수 없기 때문에 『원야·원설(園冶·園說)』에서는 "경도수기(景到隨機)", 즉 경관은 상황에 맞추어서 적절하게 조절한다고 말하였다.

이상에서 보듯 『원야』에서 제시한 "교묘함은 인차에 있고 정밀함은 체의에 있다(巧于因借, 精在體宜.)"라는 구절은 그 의미가 심오하면서 조원 방법론의 핵심을 관통하고 있어서, 후대 사람들에 의해 총체적인 의장원칙으로서 계승되고 발전되었다.

제3절 원림 경관구역의 공간구성—광오천교(曠奧天巧)

중국 예술에서 표현하는 자연경관은 인간에 의해 인식되고 파악되고 개조된 "인

---

17 欽定四庫全書, 集部, 別集類, 南宋建炎至德佑, 文忠集, 附錄卷三.
18 陳從周, 『說園(四)』.

간화된 자연"으로서, 중국 원림 역시 일찍이 경관창작에 있어서 천지자연을 모사하고 제련하는 데 중점을 두었다. 원림을 만들 때에는 이른바 "누가 강남 풍경이 아름답다고 하는가? 옮겨진 하늘과 축소된 땅이 당신 가슴속에 있다(誰道江南風景佳, 移天縮地在君懷.)"는 구절처럼, 원림 속 하나의 경관구역 안에 먼저 자연을 축소하여 옮겨와서 공간구성의 전체적인 틀을 만들고 다음으로 건축과 동식물 등을 기묘한 의장 수법으로 배치하여 물리적으로 유한한 경관내용을 다양한 방식으로 체험하게 하여 무궁무진한 자연의 멋으로 승화시킨다. 청대 화익륜(華翼綸)은 『화설(畫說)』에서 회화창작에서 이와 유사한 과정이 있음을 언급하였다. "잠깐 깊게 생각하면 배치가 따라서 만들어지니 변화는 마음에 있고 조화는 손에 있도다.(略—凝思, 布置從而爲之, 變化在心, 造化在手.)" 이는 "인간화된 환경"이 마음[心]과 손[手]의 두 가지 차원에서 만들어짐을 의미한다. 마음은 창작에 관련된 구상을 가리키며, 손은 실질적으로 손을 써서 옮기고 만드는 것을 가리킨다.

一. 인간화된 경관(人化之境)

"인간화된 경관"인 원림은 번잡한 성시 속에 위치하는 경우가 많다. 번잡하고 시끄러운 성시 가운데서 "사람 세상에 초가집을 만드니 수레와 말의 소란스러움이 없는(結廬在人境, 而無車馬喧)" 환경을 만들어 내기 위해서는 원림에 들어선 사람을 자연스럽게 산수경관이 주는 매력 속으로 이끌 수 있는 교묘한 설계의장이 반드시 필요하다.

원림 설계의장의 기본은 자연산수경관을 모사하고 제련하는 것이다. 인간이 인식하는 자연산수경관은 몇 가지 전형적인 요소들로 구성되는데, 원림이 자연스럽게 자연을 연상시키기 위해서는 먼저 이러한 구성요소들을 어느 정도 두루 갖추어 일정한 전형성을 지녀야 한다. 명대 기표가(祁彪佳)의 『우산주(寓山注)』 서문에는 "굽은 못은 들창을 뚫고, 날리는 늪은 기미를 치켜 올리며, 푸르름이 붉은 난간을 비추고, 배가 푸른 골짜기로 떠 있어야 원림이라 이를 만하다(曲池穿牅, 飛沼拂幾, 綠映朱欄, 丹流翠壑, 乃可以稱園矣.)"라는 구절이 있어 이를 뒷받침한다.

그러나 원림 안에 모인 자연산수경관의 제반 요소들은 진정한 자연에 비교하면 여러 면에서 부족할 수밖에 없다. 따라서 원림 안에 모아진 자연산수경관은 반드시 정밀한 제련을 거쳐야만 한다. 남조 진(陳)나라의 요최(姚最)는 『독화품(續畫品)』에서 "지적의 사이에 만 리 먼 곳을 조망하고, 사방 일 촌에서 천심의 높이를 가늠한다(咫尺之內, 而瞻萬里之遙. 方寸之中, 乃辨千尋之峻.)"라고 말하였는데, 이는 화가가 산수화를 그릴 때 산과 강물 등의 구성요소에 압축되고 정련된 특성을 부여하여, 작은 화폭에서 만 리까지 뻗어 있는 공간감과 고봉준령의 웅장함을 느낄 수 있도록 하여야 한다는 것이다. 산수화에서 표현된 자연환경은 원림과 일맥상통한 일종의 "인간화된 환경"으로서, 이렇게 정련된 기법들은 중국 회화사에서 수천 년간 이어져 내려오면서 다음과 같은 회화이론을 남겼다.

"사방 일 촌의 재능을 펼치니 천 리가 손 안에 있다.(展方寸之能, 而千里在掌.)"[19]

"혹 지적의 그림 속에서 천 리의 경치를 묘사해낸다.(或咫尺之圖, 寫千里之景.)"[20]

"형용하기 어려운 산수가 지적의 사이에 있고 천리만리의 기세가 있다.(山水所難, 在咫尺之間, 有千里萬里之勢.)"[21]

또한 원림의 산수경관을 만들 때에는 교묘한 기예를 추구한다. 원림경관은 예측하기 어려운 변화가 있어야 유람하는 사람들의 흥취를 지속적으로 고취할 수 있으니, 옛 글에는 "매번 길이 끊기고 험한 곳에 이르면 생각을 지극히 하여 몽매간에 드러난 것들은 곧 별천지의 경치로 하늘이 열리는 것 같다. 이 때문에 흥취가 더욱 고무되고 정취 또한 더욱 농후해진다(每至路窮徑險, 則極慮窮思, 形諸夢寐, 便有別辟之

---

19 [唐] 朱景玄, 『唐朝名畫錄』.
20 傳王維, 『山水訣』, 一作荊浩, 『畫山水賦』.
21 [明] 唐志契, 『繪事微言』.

境地, 若爲天開. 以故興愈鼓, 趣亦愈濃.”[22]라 하였다. “인간화된 환경”은 이러한 바탕 위에서 자연산수경관의 천변만화를 모사하고 심지어는 초월해야 한다. 남조 양(梁)나라의 소초(蕭繹)는 『산수송석격(山水松石格)』에서 이르기를 “무릇 천지의 명성은 조화옹의 영험함이 된다. 기교한 체재와 기세를 설치하고 산수의 종횡을 묘사한다(夫天地之名, 造化爲靈. 設奇巧之體勢, 寫山水之縱橫.)”라 하였는데 여기서 “기교(奇巧)”는 자연산수 경관을 모방한 기초위에 인공적으로 변화를 더한 것이다. 이는 옛사람들의 경관이념, 즉 사람에 의해 만들어진 경관은 기이하고 교묘한 구상과 기세가 넘치는 산수 묘사를 통해 산수의 종횡변화를 십분 드러내어야 한다는 관념을 반영한 것이다. 청대 정적(鄭績)은 『몽환거화학간명 · 논기(夢幻居畫學簡明 · 論忌)』에서 “모든 그림 속이 비록 지극히 평담하더라도 그 사이에는 반드시 한 번의 험난한 곳이 있어 사람으로 하여금 생각이 미치지 못하게 하여야 하니, 이것이 인화(人化)의 경지이다(每圖中雖極平淡, 其間必有一變險阻處, 令人意想不到, 乃人化境也.)”라 하였는데, 이는 산수화 속의 자연환경은 반드시 예측하기 어려운 기묘한 변화를 내포하여야 한다는 회화이론으로 원림 창작에도 마찬가지로 적용될 수 있다.

예를 들어, 청대 범래종(范來宗)은 『한벽장기(寒碧莊記)』에서 이르기를 “용봉(蓉峰)은 집안 대대로 동정호의 막리봉 아래에 살았는데, 정면으로 72봉우리를 구비하고 있어 푸르름을 끌고 눈썹이 놓인 듯하며 아름다움을 다투고 아양을 떠는 것 같으니, 진정 산수의 거대한 경치로서 응당 하나의 언덕이나 골짜기라도 다시 보탤 수 없는 것이다. 그러나 풍우가 휘몰아치는 어스름 녘이면 파도 소리가 일어난다. 사람이 있은들 거슬러 갈 길이 없다. 성의 시장에 사는 사람들은 관을 쓴 모습이 당당하고 먼지 가득 거마가 오가지만, 매번 산림을 부러워하고 신선이 거처하는 굴집을 자랑하니, 진실로 두 가지를 겸하기 어렵다는 것을 개탄한다. 지금 이 정원은

---

22 [明] 祁彪佳, 『寓山注』序.

도 3-5. 소주(蘇州) 유원(留園).

산수도 모두 갖추고 있고 나무와 돌은 높고 험하다. 솔개가 날고 물고기가 뛰어 노
는 정취가 있고 바다를 바라보며 탄식하는 험난함도 없다. 길일에 저녁은 아름답고
친한 벗들은 노래를 한다. 엄연히 뜻은 멀리 이르고, 분잡한 속세의 사념이 없어진
다(蓉峰世居洞庭莫厘峰下, 面臨具區七十二峰, 拖靑橫黛, 爭姸戱媚, 誠山水之巨觀, 應不復
沾沾于一丘一壑者. 然當風雨晦冥, 波濤聲作. 伊人宛在, 溯洄無從. 而居城市者. 冠蓋幢幢.
塵事蜉蝣, 每欣羨山林, 詫爲神仙窟宅, 良有慨二者之難兼也. 今斯園也, 山水畢具, 樹石嶔崎.
有鳶魚飛躍之趣, 無望洋驚嘆之險. 佳辰勝夕. 良朋咏歌. 有俺然意遠之致, 無紛雜塵囂之慮.)"
라 하였는데, 여기서 한벽장의 산수경관의 설계의장 및 경관배치는 이미 자연에서
비롯되었으나 자연을 초월한 수준에 도달하였으며, 한벽장의 원림이 "인간화된 경
관"으로서 심지어 명산대천의 진실된 풍경을 대체할 수 있는 수준에 이르렀음을 알
수 있다.

二. 광오(曠奧)

"광(曠)"은 넓게 트여 있음이요, "오(奧)"는 깊고 그윽함이다. "광오"는 중국 원림 경관에서 넓음과 깊음이 대비를 이루면서 변화하는 것을 가리키며, 원림 전체 배치의 공간구성뿐만 아니라 부분적인 경관처리 수법으로도 자주 쓰인다.

1. 광오경관의 유래

중국 원림사를 거슬러 올라가면 늦어도 당나라 때부터는 원림 경관구역의 전체적 공간구성을 "광"과 "오"의 두 가지 상반되는 개념을 대비시켜 풀어나가기 시작한다. 당대 유종원(柳宗元)의 『영천용흥사동구기(永州龍興寺東丘記)』에는 이에 대해 명확한 설명이 있다.

> 유람의 극치는 대체로 두 가지이니, 넓음[曠]과 깊음[奧], 이것들뿐이다. 그 지형이 험준하고 가파르며 깊은 골짜기에서 나와 아득히 멀리 이르면 넓음에 적합하고, 언덕으로 막고 늪을 만들어 돌고 돌아 다다르면 깊음에 적합하다. 그 넓음으로 인하면 비록 높은 누각을 세워 해와 별을 나란히 보고 풍우를 맞더라도 그 창대함에는 해가 되지 않는다. 또한 그 깊음으로 인하면 비록 무성한 나무와 돌들에 싸여 골짜기가 빽빽해지고 수풀이 가득하더라도 그 그윽함에는 해가 되지 않는다.(游之適, 大率有二. 曠如也, 奧如也, 如斯而已. 其地之淩阻峭, 出幽鬱, 寥廓悠長, 則于曠宜. 抵丘垤, 伏灌莽, 迤遷回穴合, 則于奧宜. 因其曠, 雖增以崇閣, 回環日星臨瞰風雨, 不可病其敞也. 因其奧, 雖增以茂樹翳石. 穹若洞穀, 翳若林麓, 不可病其邃也.)

지금 동구(東丘)라는 원림은 깊숙함이 적당하다. 그 처음은 집 밖의 땅을 여분으로 얻어 합하여 당의 북쪽에 속하게 하여 북쪽 경계를 융중하게 연 것이고, 뭇 움푹 파인 웅덩이와 언덕의 형상은 그 원래의 것을 버린 것이 없이, 조밀한 대나무 숲으로 병풍을 두르고 굽은 다리로 이었다. 계수나무·노송나무·삼나무 등의 나무들이 심어져 있는데, 거의 300 그루이며 화려한 꽃들과 아름다운 바위들이 또 그 사이에 놓여 있다. 푸르름이 배어 있으며 그윽한 빛깔이 무성하다. 조금만 멀리 걸어가면 어디서 나올지 모를 정도이다. 온화한 바람은 덥지 않고 맑은 기운이 절로 이르러 물 위의 정자와 조용한 방이 곡진하게 그윽한 정취를 다했다. 그러나 여기에 이르는 자들은 종종 너무 깊숙하다고 불평을 하곤 한다.(今所謂東丘者, 奧之宜者也. 其始龕之外地, 餘得而合焉, 以屬于堂之北陞重開北隄. 凡坳窪岸之狀, 無廢其故, 屛以密竹, 聯以曲梁. 桂檜松杉木㮍木冉之植, 幾三百本, 嘉卉美石, 又經緯之. 俛入綠縟, 幽蔭薈蔚. 步武錯迕, 不知所出. 溫風不爍, 淸氣自至, 水亭陋室, 曲有奧趣. 然而至焉者, 往往以邃爲病.)

아! 용흥사(龍興寺)는 영주(永州)의 아름다운 사찰이다. 높은 불전에 올라가면 멀리 남극까지 바라보이고, 대문을 나서면 상수(湘水)의 물줄기를 볼 수 있으니, 그 광대함이 이와 같은 것이다. 이 작은 언덕을 또 장차 쪼개고 없앤다면 내가 말한 유람의 두 가지 극치라는 것에 있어서 한 가지를 빠트리고 그 지형의 온당함을 해치는 것이 아니겠는가? 언덕의 그윽함은 휴식을 취하기에 좋다. 언덕의 입구마다 역시 볼 만한 경관이 많다. 무더위를 피해서 이 언덕 아래에 있을 만하다. 천지의 온화한 기운이 정지한 곳이 바로 이 언덕의 꼭대기이다. 이 언덕의 깊숙함과 그윽함을 누가 나를 따라 노닐겠는가? 소공(召公)의 덕이 없으면 언덕을 쳐서 깎아낼 것이기에, 언덕의 군자를 기도하면서 글을 쓴다.(噫！龍興, 永之佳寺也. 登高殿可以望南極, 大門可以瞰湘流, 若是其曠也. 而是小丘, 又將披而攘之, 由吾所謂游有二者, 無乃闕焉而喪其地之宜乎. 丘之幽幽, 可以處休. 丘之窅窅, 可以觀妙. 溽暑遁去, 茲丘之下. 大和不遷, 茲丘之巓. 奧乎茲丘, 孰從我游. 餘無召公之德, 懼剪伐之及也, 故書以祈丘之君子.)

송대 유재(劉宰)의 『송위여적귀구곡(送衛汝積歸句曲)』에는 위와 유사한 광오경관을 언급하였다. "여적(汝積)이 돌아갈 적에 길에서 언덕 위에 홀로 서 있는 누각을 지날 것이다. 정자에 들어가면 두 곳의 거리가 제법 되는데, 언덕 아래로 수백 리가

도 3-6. 오대(五代) 동원(董原)의 《한림중정도(寒林重汀圖)》.

보이고 구릉과 산택이 뒤섞여 수놓은 듯할 것이다. 그러나 소반처럼 휘돌아 있고 험난하며 아래로는 샘이 흐르고 있으니, 은자가 일찍이 누각을 세워 놓은 것 같은 의심이 든다. 언덕 위로는 매우 먼 곳까지 임하였고, 정자 안으로는 그윽한 경치를 품고 있으니, 그 정자가 많으면서 누각은 오직 하나뿐이므로 독루(獨樓)라고 부르는 것이다. 유종원(柳宗元)이 이른바 유람의 극치는 두 가지, 즉 넓음[曠]과 깊음[奧]이라는 것을 이곳이 모두 구비하고 있으니, 세월이 오래되어 누각이 기울어지고 정자가 허물어지더라도 이름만은 오히려 전해질 것이다.(汝積歸, 路過獨樓岡, 入亭子穀二處相去裏許, 岡下瞰數百里, 丘陵川澤若錯綉, 然穀中盤紆峭險, 下有流泉, 疑有幽人勝士嘗建樓, 岡上以極臨眺著, 亭穀中以貯幽勝, 以其亭多而樓獨故相承曰獨樓, 柳子厚所謂, 游之道二, 曠如也, 奧如也, 此蓋兩得之, 歲久, 樓傾亭廢, 而名尙傳.)"[23]

이후 문헌에서 등장하는 "광오천교(曠奧天巧)"[24] 혹은 "광오지취(曠奧之趣)"[25]라 하

---

23 欽定四庫全書, 集部, 別集類, 南宋建炎至德佑, 漫塘集, 卷二.

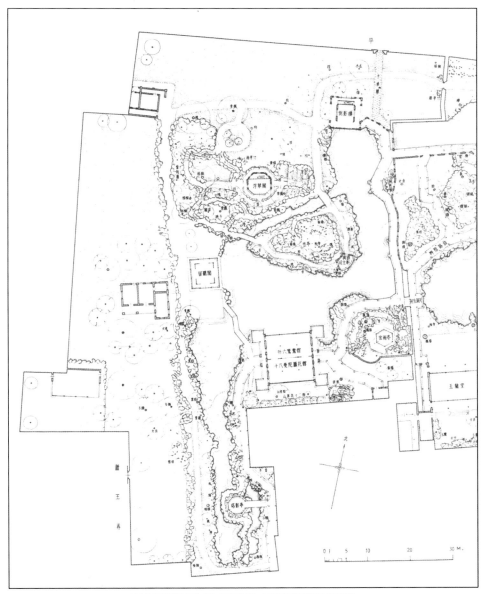

도 3-7. 졸정원(拙政園) 서측 평면도(출처 : 《소주고전원림(蘇州古典園林)》).

24 欽定四庫全書, 集部, 別集類, 南宋建炎至德佑, 滄洲塵缶編, 卷七.
25 欽定四庫全書, 集部, 別集類, 淸代, 因園集, 卷五.

는 구절들은 바로 지형에 따라 "광"과 "오"를 적절하게 배합한 것을 가리킨다. 구체적으로 먼저 하나의 원림을 구성하는 각 단위의 경관구역에서 넓고 광활한 지형에는 "광"의 속성을 부여하고, 깊고 그윽한 지형에는 "오"의 속성을 부여하며, 또한 이둘을 적절히 혼합하여 경물과 공간이 전체적으로 조화로운 질서를 이루면서도 획일적이지 않도록 한다. 다음으로 이렇게 구성된 각각의 경관구역을 서로 연결하는 데있어서 다시 "광"과 "오"의 개념을 사용하여 리듬감 있는 변화를 구성한다.

한편, 광오의 대비의 개념은 원림의 전체 구성뿐만 아니라 원림의 부분적인 경관 처리 수법으로도 쓰인다. 현대 원림학자인 장원봉(章元鳳)은 "원림에서 땅의 면적은 종종 물의 면적보다 넓지만 모두 물을 원림의 중심으로 삼는다. ……연못의한쪽의 물가에 위치한 건축을 원림에서 가장 중요한 중심건축으로 선택할 수도 있다(園林中的陸上面積往往比水上面積大, 但每以水上面積爲園林中心. ……可選擇池沼一向的陸地邊緣建築作爲重要的中心建築.)"[26]라 하였다. 여기서 땅은 가득 차 있는 것[實]이고, 물은 비어 있는 것[虛]으로서 이 글의 앞부분은 전형적인 물과 땅의 배합의 원리, 즉 "허실상제(虛實相劑)"의 원리를 논한 것으로 볼 수 있으나, 뒷부분은 원림 경관구역의 공간구성에서 광오의 원리를 설명한 것이다. 즉 건축물 체적의 응집성과외부공간의 개방성이 서로 대비를 이루는 것이다.

2. 원림 전체 공간의 대비변화—광여(曠如) 및 광여겸구(曠如兼具)

"광"이라는 개념은 "오"와 짝말을 이루지 않고 단독으로 쓰이기도 하는데, 이때는 "광여"라고 쓰기도 한다. 문헌에서 "광여"는 "광대함이 바다를 바라보는 것 같으니, 광대함은 원대한 뜻을 품는 것이고, 망양은 멀리 바라보는 것이다(曠如望羊, 曠用志廣遠, 望羊遠視也.)"[27]라는 공자의 말에서 처음으로 발견된다. 그 밖에 옛 사람들

---

26 章元鳳, 『造園八講』, 北京 : 中國建築工業出版社. 1991 : 5.

도 3-8. 소주(蘇州) 유원(留園) 화보소축(花步小筑)(출처: 《강남이경예술(江南理景藝術)》)

이 습관적으로 사용하던 "금회광여(襟懷曠如)"나 "광여군심(曠如君心)" 등의 어구에서 볼 때, 광이라는 경관특성은 종종 호방하고, 활달하며, 개방적인 마음가짐이나 심정 등과 하나로 연결되어 있음을 알 수 있다. "천하에 항상 될 수 있는 것은 오직 떳떳함이니, 군자가 떳떳함에 편안히 하는 것은 그 광대함이 교외 밖과 같은데, 또 어찌 힘들여 억지로 하는 것이 있겠는가?(天下之可恒者, 惟常而已, 君子之安于常者, 曠如郊焉, 又何犯難之有.)"[28]라는 구절도 역시 군자의 넓은 마음가짐을 교외의 광(曠)함에 비유한 것이다. 한편 광한 경관이 일으키는 이러한 심리반응은 산수화에서 특히 중요하게 취급되었다. 송대 유도순(劉道醇)은 『성조명화평(聖朝名畫評)』에서 "산수를 감상하는 자는 평원함과 광탕함을 높이 친다(觀山水者, 尙平遠曠蕩.)"라 하였다. 또한 옛 기록에는 "광여정(曠如亭)"이라는 이름의 정자가 종종 등장하는데 이들은 한결같

---

27 欽定四庫全書, 經部, 禮類, 通禮之屬, 禮書綱目, 卷八十三.
28 欽定四庫全書, 經部, 易類, 周易易簡說, 卷一.

도 3-9. 《피서산장삼십육경(避暑山莊三十六景)》 중 연파치상(煙波致爽)

이 높은 곳에 지어서 광활한 풍경을 내려다 볼 수 있는 정자로서 광한 경관특성이 불러일으키는 감정작용이 실제 경관처리에서도 중시되었음을 알 수 있다.

수평적 개념인 광여는 종종 수직적 경관요소와 대비되어 더욱 강조된다. 예를 들어 『서안왕행궁기(徐偃王行宮記)』에 이르기를 "영산(靈山)에 언왕묘(偃王廟)를 중건하였는데, 앞으로는 땅을 파서 네모진 못을 만들었으니 확 트여 있고, 뒤로는 커다란 누각을 세웠으니 우뚝 솟아 있다(靈山重作偃王廟, 前鑿方沼, 曠如也, 後建杰閣, 屹如也.)"[29]라 하였는데, 여기서 광여는 구체적으로 수직으로 우뚝 솟은 누각과 대비되어 더욱 강조되고 있다. 또한 승덕 피서산장 강희 36경 중 첫 번째인 "연파치상(烟波致

---

29 欽定四庫全書, 集部, 別集類, 南宋建炎至德佑, 蒙齋集, 卷十二.

爽)"에서 표현된 광여 역시 수직적 요소와 대비를 이룬다. 강희가 남긴『열하삼십육경시(熱河三十六景詩)』중의 하나인『연파치상』의 서문을 보면 "열하(熱河)의 지형은 높고 기세 역시 맑아 안개나 산비 따위가 생기지 않는다. 유종원의 기에서 말한 광여함이니, 사방이 우뚝 솟아 있고 안으로는 맑은 호수가 있으며 상쾌한 기운이 일어난다. 높은 산 경관 좋은 남쪽에다 3~4칸 집을 짓고는 마침내 '연파치상'이라는 편액을 달았다(熱河地旣高敝, 氣亦淸朗, 無蒙霧霾氛, 柳宗元記所謂曠如也, 四圍秀嶺, 十裏澄湖, 致有爽氣, 雲山勝地之南, 有屋七楹, 遂以"烟波致爽"顔其額焉.)"라 하였는데, 여기서 강희는 유종원이 제창한 광여의 개념을 인용했음을 명시하면서 수직으로 높게 솟아 돌출되어 산과 대조를 이루는 낮고 평평하며 탁 트인 모습을 광여하다고 했다.

반대개념인 "오"는 단독으로 쓰일 경우 종종 그 의미를 강조하기 위해 "오유(奧幽)"라고 쓴다. 오유한 경관은 종종 운둔하여 편안하다는 뜻의 "은일(隱逸)"사상이나 혹은 편안하고 고요하다는 뜻의 "염정(恬靜)"의 감정과 함께 연결되는데, 그 예는 아래와 같다.

선왕·대인·군자가 되는 이유는 바로 이것이므로 성인보다 더 거대한 것은 없다. 천지와 귀신의 오묘함과 그윽함은 은미하고 심원하여 궁구하거나 탐구해 내기가 어렵다. 스스로 이르게 해서 길흉의 형상을 정하는 것이다.(言先王大人君子之所以者是也, 故莫大乎聖人, 天地鬼神之**奧幽**隨隱伏深遠而難窮探取之, 搜索之鈎出之, 使自至之, 以定吉凶之形.)[30]

배움이 옛 것을 다하고, 깊고 그윽한 데 거처하며, 뱃놀이 즐거움을 편안히 여김으로써 근심을 잊는다.(學窮典, **奧幽**居, 恬泊樂, 以忘憂.)[31]

---

30 欽定四庫全書, 經部, 易類, 漢上易傳, 卷七.
31 欽定四庫全書, 史部, 正史類, 後漢書, 卷一百十三.

이렇게 상반된 두 글자가 합해진 "광오"라는 짝말은 한편으로는 넓음과 깊음의 공간적 대비를 가리키며, 다른 한편으로는 밝음과 어둠의 대비를 가리킨다. 전자는 이미 앞 소절에서 설명하였으니 후자에 대해 자세히 살펴보자. 원대 이치(李治)의 『경재고금주(敬齋古今黈)』에 이르기를 "옛 성인은 장차 일을 도모할 것이 있으면 반드시 먼저 어두운 곳에 처해 밝음을 살피고, 고요한 데 처해 움직임을 관찰한다(古之聖人將以有爲也, 必先處晦而觀明, 處靜而觀動.)"라 하였고 또한 "옛날 군자는 안으로는 깊이 고요히 하고 밖으로는 밝게 넓히는데, 밝게 넓히면 후회하는 일이 생기지 않고 깊이 고요히 하면 외물에 가려지지 않는다. 그 거처하는 방 역시 그러하니 깊숙이 그윽한 곳에 거처하고 넓게 높고 밝은 곳에 거처한다. 깊이 고요히 함으로써 정신을 보존하고, 밝게 넓힘으로써 사물의 이치를 알게 되며, 고요함으로써 안정을 기르고 움직이면서 외물에 응대한다(古之君子, 內淵靜而外昭曠, 昭曠則悔吝不生, 淵靜則不蔽于物, 其于居室也亦然, 窔奧之處淵如也, 高明之居曠如也, 淵靜所以存神, 昭曠所以知政, 靜以養恬, 動以應物.)"[32]라 하였는데, 여기서 "어두운 곳에 처하여 밝음을 살핀다(處晦而觀明.)"와 "안으로는 깊이 고요히 하고 밖으로는 밝게 넓힌다(內淵靜而外昭曠.)"는 성인과 군자가 머무는 이상적인 장소의 모습을 밝음(曠)과 어둠(奧)의 대비를 통해 설명한 것이다. 이러한 이상적인 공간의 모습은 문인계층의 의식세계에 깊게 뿌리를 내려서 이후 문인원림에서 자주 사용된다.

원림 경관구역의 공간구성이 광오를 겸비하고 있다면 매우 이상적이다. 『정씨북야원기(鄭氏北野園記)』에 이르기를 "그곳에 이르기 위해서는 반드시 수레와 말을 버려야 한다. 지팡이를 짚고 작은 길을 따라 남쪽에서 들어가 수십 보 걸으면 이른바 유연정이라 하는 곳에 이르는데, 넓고 트여 있으며 기이한 경관이 다투어 나타나며

---

32 欽定四庫全書, 子部, 雜家類, 雜說之屬, 敬齋古今黈, 卷五.

큰 강이 그 앞을 가로지르고 있다. 원림의 빼어남은 성대하고 화려함에서 얻어지면서 가려져 깊고 번잡한 경관이 이를 부분으로 나누니, 진실로 이 두 가지가 두루 모자람이 없으므로 이는 유람하기 가장 좋은 곳이다(將至其所, 必舍車馬, 扶杖由小徑南入, 數十步先至所謂悠然亭者, 則曠如豁如奇觀竟出, 大江橫其前, 園林之勝得于盛麗, 而蒙奧繁雜觀者局焉, 苟其二者鹹無缺焉, 是游觀之最.)"[33]라 하였는데, 여기서 원림경관은 넓음과 깊음이 겸비되어야 비로소 유람하기에 좋다 하였다. 심지어는 극단적으로 "광활하면서 깊은 것이 아름다운 경관의 극치이다(曠奧之勝盡矣.)"[34]라는 평가도 있다. 명청시기 원림에서 광오의 겸비는 경관의 필수조건이었다. 청대 심덕잠(沈德潛)은 『공화어제지상거원운(恭和禦制池上居元韻)』에서 반산행궁(盤山行宮)에 있는 지상거(池上居)의 경관에 대해 "언덕과 산골이 마치 하늘이 만든 듯하다. 흩어 놓고 깎아 놓은 것이 어찌 사람의 지혜이겠는가. 깊으면서도 또한 넓으며, 물과 나무가 서로 조화를 이루는도다(邱壑疑天成, 疏鑿豈人智, 奧如複曠如, 水木似相濟.)"[35]라 찬미하였는데, 이때 그 기준의 하나로 광오의 조화를 들었다. 이 밖에도 많은 원림에 관한 글들이 광오의 조화를 언급하고 있는데, 그 예는 아래와 같다.

빼어난 승경 청량한 곳이라, 천연스럽게 광대함과 심오함을 함께 하네. 구름 움직여 창막을 걷고, 파도는 고요해 화장대 거울을 열어 놓은 것 같네. 깊은 골짜기 풍림은 조밀하고, 평평한 고개 이슬 앉은 풀들이 돋아 있네. 뭇 봉우리들은 눈썹을 칠한 듯하고, 그림으로 새긴 듯 겹겹의 발처럼 내려져 있네. 산 중의 정취를 감상하고 때때로 풍경을 아낀다네. 하물며 가을날 나무 끝에서, 늦게 핀 꽃향기를 마주함에랴. 추위가 덜해져 새로 한 해를 보내면, 남기가 석양을 덮는다네. 거닐며 읊조리며 맑은 홍취를 보내고, 아름다운 시구를 지어 본다네.(絶勝清涼境, 天

---

33 欽定四庫全書, 史部, 傳記類, 總錄之屬, 敬鄉錄, 卷二, 鄭氏北野園記.
34 題王安衜游華山圖, 見欽定四庫全書, 集部, 別集類, 明洪武至崇禎, 弇州四部稿, 卷一百三十八.
35 欽定四庫全書, 史部, 地理類, 山水之屬, 欽定盤山志, 卷十一.

然曠奧兼. 雲移窗卷幔, 波定鏡開奩. 邃谷風林窏, 平坡露草尖. 群峰如抹黛, 刻畫見重簾. 領略山中趣, 隨時愛景光. 況逢秋杪候, 正對晚花香. 寒薄添新夾, 嵐深罨夕陽. 行吟清興遠, 麗藻滿文房.)[36]

원림에 들어서면 풍경들이 각기 한 곳을 차지하고, 사물의 형색들은 제각각 나뉘어 그림 족자를 펼친 듯하네. 구름과 안개를 두르며 떨어졌다가 합해지고, 그윽한 가을 달 한결같이 빼어나네. 봉래산에도 비슷한 게 있을는지, 애나 어른이 만나 탄식할 겨를이 없는 듯하네. 아름다운 승경이 광활함과 심오함을 겸했다고 들었으니, 뚫린 골짜기를 따라 갔다가 다시 돌아와야지. (入園風景各方隅, 物色分排畫幀鋪. 帶以雲烟離可合, 涵來秋月一能殊. 蓬山未到知應似, 倪叟如逢嘆不圖. 佳勝曾聞兼曠奧, 試看疎豁又回迂.)[37]

신령스런 곳에 이를 때면 항상 신선이 되려 하고, 사방의 빼어난 산들이 시야 속에 온전히 있네. 구름 걸린 광대하고 심오한 추녀는 그림 같고, 나무 끝 위아래로 밭들이 언뜻언뜻 보이네. 바위와 측백나무의 푸르름은 고색을 띠고 있고, 수풀과 꽃들은 널려 있어 한때 아름다움만은 아니네. 소식(蘇軾)이 크게 경영하여 볼거리 끝이 없으니, 밝은 달 맑은 바람을 나와 더불어 함께하리.(每到靈區意欲仙, 四鄰山秀望中全. 雲端曠奧軒疑畫, 樹杪高低圃是懸. 岩柏翠常標古色, 林花放不入時姸. 東坡大略觀無盡, 明月清風我與然.)[38]

소주 망사원은 광오를 겸비한 원림이다. 이 원림은 청 건륭 중엽에 송종원(宋宗元)의 만든 것으로 건륭 말에 구원촌(瞿遠村)으로 귀속되면서 "그 규모로 맞게 다시

---

36 欽定四庫全書, 集部, 別集類, 淸代, 松泉集(詩集), 卷十六, 御制山中杪秋元韻.
37 欽定四庫全書, 史部, 地理類, 都會郡縣之屬, 欽定熱河志, 卷一百十五, 御制游文園獅子林元韻, 劉墉.
38 欽定四庫全書, 集部, 別集類, 淸代, 御制詩集, 二集卷三十二, 得槪軒.

축조하니 바위를 겹
겹이 쌓고 나무를 심
어 배치가 조화롭고
정자를 증건하여 옛
것을 새것으로 바꿨
다. ……나무와 돌,
못과 시내의 빼어남
으로 인해 건축을 중
건하였는데, 적당한
지를 꼼꼼하게 살펴
보니 크기가 모두 갖
춰져 있어 맑고 광대
한 경지에서 족히 생

도 3-10. 소주(蘇州) 망사원(網師園)(출처 : 《소주고전원림(蘇州古典園林)》).

각을 풀어내며 멀리 바라볼 만하다(因其規模, 別爲結構, 疊石種木, 佈置得宜, 增建亭宇,
易舊爲新. ……因樹石池水之勝, 重構堂軒館, 審勢協宜, 大小鹹備, 仍餘淸曠之境, 足暢懷舒
眺.)"[39]라는 상황으로 보수되었고 속칭 "구원(瞿園)"이라 하였다. 오늘날 망사원의 원
림 부분 면적은 약 8무(畝)[40]이고, 그 중 화원은 5무이며, 연못은 447m²인데, 면적은
작지만 좁다고 느껴지지 않으며 주위에 건축이 비록 많지만 답답한 느낌은 없다.
청대 학자인 전대흔(錢大昕)은 『망사원기(網師園記)』에서 망사원을 평가하기를 "땅은
겨우 몇 무이지만 오가면서 끝없이 경치가 이어진다. 거처하는 데가 비록 가까이에
있지만 자연의 흥취에 사념이 없어지는 즐거움이 있다. 유종원의 이른바 '깊고 광대

39 [淸] 馮浩, 『網師園序』, 載邵忠, 李瑾選編, 蘇州歷代名園記 · 蘇州園林重修記, 北京 : 中國林業
出版社, 2004.
40 1畝=666.666m².

함'이라는 것을 거의 겸하고 있다고 할 수 있다(地只數畝, 而有行回不盡之致 ; 居雖近塵, 而有雲水相忘之樂. 柳子厚所謂'奧如曠如'者, 殆兼得之矣)"[41]라 하였는데, 여기서 보듯이 원림에서 광오의 대비는 단순히 차지하는 면적에 따라 결정되는 것이 아니라 교묘한 설계의장을 통해 제한된 면적에서도 충분히 조성할 수 있음을 알 수 있다. 광오란 상대적인 느낌이기 때문에 작은 공간에서도 얼마든지 만들어질 수 있다. "그렇지 않으면 주먹만 한 바위로 산을 삼고 일작의 물로 시냇물로 삼으며, 굽이진 길을 시내로 삼고 짧은 경사면을 진펄로 삼고, 넓은 담장으로 들로 삼는다.(否則拳石爲山, 一勺爲川, 曲徑爲溪, 短坡爲隰, 曠院爲野.)"[42]라는 구절에서 보듯이 극단적으로 작은 공간에서도 여전히 광여의 효과를 낼 수 있다.

면적의 제한을 받는 성 안의 사가원림과는 달리, 청대 북방 황가원림들은 터가 넉넉하여 쉽게 광여한 경관 특색을 연출할 수 있었다. 건륭의 『원명원사십경시(圓明園四十景詩)』 중 『산고수장(山高水長)』의 서에는 "정원의 서남쪽에는 지세가 평탄하여 몇 칸의 누각을 중건하였는데, 한 번 올라가 조망할 때마다 멀리 뾰족한 산봉우리 쪽진 머리 같은 언덕들이 근교에 뒤섞여 있어 광대하였다(園之西南隅, 地勢平衍, 構重樓數楹, 每一臨瞰, 遠岫堆鬟, 近郊錯綉, 曠如也)"[43]라 하였는데, 이는 원명원의 남서쪽의 평지에 누각을 만들어 그 "광여"한 경관을 감상하였다는 뜻이다. 한편 이들 황가원림에서는 광오의 대비수법도 자주 쓰였다. 승덕 피서산장에는 적어도 두 곳의 경관구역이 광오의 대비를 사용하여 전체적인 공간구성을 하였는데, 첫째는 식자거(食蔗居)로서 "풀 덮인 길이 길게 뻗어 있고, 지세는 다시 높아지니, 깊숙하고

41 [淸] 錢大昕, 『網師園記』, 載邵忠, 李瑾選編, 蘇州歷代名園記 · 蘇州園林重修記, 北京 : 中國林業出版社, 2004.

42 [淸] 劉恕, 含靑樓記(留園), 載邵忠, 李瑾選編, 蘇州歷代名園記 · 蘇州園林重修記, 北京 : 中國林業出版社, 2004.

43 欽定四庫全書, 史部, 地理類, 都會郡縣之屬, 欽定日下舊聞考, 卷八十一.

도 3-11. 피서산장(避暑山莊) 식자거(食蔗居)(출전 : 《흠정열하지(欽定熱河志)》).

도 3-12. 피서산장(避暑山莊) 정함태고산방(靜含太古山房)(출전 : 《흠정열하지(欽定熱河志)》).

광활함이 깊어질수록 더욱 오묘해진다(蓋徑旣幽迥, 地複高敞, 奧如曠如, 轉深轉妙.)"**44**

라 하였고, 둘째는 정함태고산방(靜含太古山房)으로서 "취운사 곁으로 수만 봉우리가 에워싸고 있어 광대하기도 하고 깊숙하기도 하니, 고요함을 얻었다고 할 만하다(鷲雲寺之側, 萬嶂環之, 曠如奧如, 得靜者機焉.)"[45]라 하였다. 이 외에 비록 황가원림은 아니지만 건륭황제의 어명으로 만들어졌고 반산행궁의 부속경관 중 하나였던 강화사(感化寺) 역시 "그 밖으로는 기세가 확 뚫려 있고, 밭두둑은 물가에 맞닿아 있다. 원근의 여러 높은 봉우리들은 푸르고 푸르러 병풍으로 삼을 만하고, 석양 아래 조밀한 수풀이 은근히 비치는데 엄연히 그림 족자 같다. 입산하는 자는 꼭 말을 매어두고 사찰 문 밖에 흐르는 물을 따라 멀리 조망한 뒤에 떠나야 할 것이다. 옛날 유종원이 광대하며 깊숙하다고 한 것을 이 산은 모두 겸하여 소유하고 있다(其外面勢軒豁, 塍畦沙渚映帶, 遠近諸高峰, 堆蒼積翠, 爲之屛枕, 夕陽密樹間隱見參差, 儼然畫幢, 入山者必系馬, 寺門流連瞻望而後去, 昔柳柳州所稱曠如奧如者, 玆山殆兼而有之.)"[46]라 하여, 광오의 대비를 사용하여 전체적인 공간구성을 하였다.

3. 원림 부분경관 설계의장 및 경관배치에서의 "광오"

원림에서 전체적인 공간배치 외에, 광오의 대비는 또한 부분경관의 설계의장이나 경관배치에서도 즐겨 사용된다. 이른바 "당에 들면 광대하고, 실에 들면 깊숙하다(登堂曠如, 入室奧如.)"[47]라는 말은 원림에서 손님을 맞이하는 외당 건축은 넓게 탁 트여 있고 반대로 주인이 거하는 내실 건축은 깊고 고요한 특징이 있다는 뜻으로 부분경관의 설계의장에 속한다. 이에 관해 북경 북해공원의 화방재(畫舫齋) 북동쪽에 있는 오광실(奧曠室)을 자세히 살펴보자. 오광실은 원림 안에 위치한 하나의 독립된 경관구역이자 건축군으로서 고가정(古柯庭), 오광실(奧曠室), 득성헌(得性軒), 연

---

44 欽定四庫全書, 史部, 地理類, 都會郡縣之屬, 欽定熱河志, 卷三十七.
45 欽定四庫全書, 史部, 地理類, 都會郡縣之屬, 欽定熱河志, 卷三十九.
46 欽定四庫全書, 史部, 地理類, 山水之屬, 欽定盤山志, 卷二.
47 欽定四庫全書, 集部, 別集類, 明洪武至崇禎, 容春堂集, 別集卷六.

도 3-13. 북해(北海) 화방재(畫舫齋) 오광실(奧曠室) 조감도.

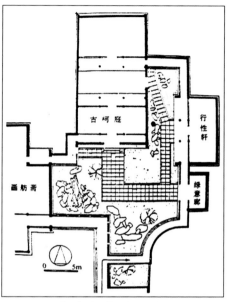

도 3-14. 북해(北海) 화방재(畫舫齋) 오광실(奧曠室) 평면도.

도 3-15. 북해(北海) 화방재(畫舫齋) 오광실(奧曠室).

의랑(綠意廊) 및 이들을 관통하고 둘러싸고 있는 회랑(回廊)으로 구성된다. 그 중 가장 안쪽에는 오광실이 있는데, 오광실은 작은 마당이 딸린 세 칸짜리 방으로서 지극히 그윽한 곳에 가려져 있어서 마치 한껏 움츠러 있는 듯하다. 그 앞에는 고가정이 있는데 넓게 탁 트인 정원이다. 앞뒤의 정원은 한 줄의 반개방식 초수랑(抄手廊)[48]을 둘러서 서로 연결되어 있는데, 이 초수랑의 남단은 득성헌과 연의랑으로 이어지며 고가정 남쪽에 있는 오래된 가수(柯樹)의 밖으로 돌아 반월형 모양으로 둘러싸인 정원을 형성한다. 여기에서 오광실과 고가정은 경관배치에 있으면서 "깊으면서 또한 넓은(旣奧而複曠)" 광오의 대비효과를 응용한 것이다. 건륭황제는 이곳에 즐겨 머무르면서 광오한 경관과 광오한 감정이 서로 호응하는 것을 즐기면서 다음과 같은 시들을 남겼다.

(1) 광오한 경관을 묘사한 시

달빛 비추는 행랑은 굽이진 어두컴컴한 곳에 통해있고, 구름 서린 들창은 텅 빈 광활함을 함유하고 있네. 대체를 얻음도 이미 한둘이 아니요, 의취를 만남 또한 각각이네. 맑은 소리가 어두운 샘천에서 들려오고, 고요함은 우뚝한 산봉우리에 부치네. 위치는 참으로 세속과 멀리 떨어져 있어, 부앙하며 생장과 화락을 감당하네.(月廊通曲奧, 雲牖含虛曠. 得築旣不一, 會趣亦殊狀, 淸音憑暗泉, 靜寄對奇嶂, 位置信遠俗, 俯仰堪生暢.)[49]

하나의 방 안도 텅 비고 바깥도 텅 비어, 석림에 싸인 길을 왕몽(王蒙)이 그렸네. 천하게 널리 풀어 놓았다가 거두어 비밀리에 감추어 두니, 깊숙함과 광활함의 소종래는 바로 마음속이라네.

---

48 벽에 붙어 있는 회랑, 한쪽 측면은 벽이고 반대쪽 측면은 트여 있다.
49 欽定四庫全書, 集部, 別集類, 淸代, 禦制詩集, 二集卷八十四, 奧曠室.

(一室內空外複空, 石林護徑寫王蒙, 放彌六合卷藏密, **奧曠**由來方寸中.)[50]

회랑은 겨우 몇 굽이라, 깊고 또 막힘을 알겠네. 텅 빈 방이 3칸이라, 또한 그 광활함을 즐긴다네.(回廊繞數曲, 已覺**奧**且遏, 虛室剛三間, 又喜**曠**而豁.)[51]

(2) 광오한 심경을 묘사한 시

깊숙함과 광활함이 어찌 비슷하겠는가, 크게 닮은 것은 사람의 마음이라네. 마음속에 온축된 것을, 그 위미함을 누가 찾을 수 있으리. 품고 있는 바가 심히 광대하여, 틈이 없이 그윽하고 깊다네. 종횡으로 천계를 다하고, 상하로 고금을 다하네. 깊숙함과 광활함이 이와 같으니, 한 장 되는 방에서 어찌 발을 놀리랴.(**奧曠**夫何似, 大似人之心, 方寸蘊胸中, 危微誰能尋, 而所包甚廣, 無間幽及深, 縱橫大千界, 上下古與今, **奧曠**有如是, 丈室奚足任.)[52]

광활함은 깊숙함을 통해 이르고, 깊숙함으로 광활함이 더욱 기이해지네. 깊숙함을 잃으면 광활함이 간삽해지고, 광활함이 아니면 깊숙함도 지리해지네. 이미 우연히 마음을 가탁하여, 또한 시로써 비유할 수 있네. 빈 방에는 무언을 부치노니, 이야말로 진정 얻음이라네.(**曠**因**奧**而致, **奧**以**曠**斯奇, **奧**失**曠**艱澀, **曠**弗**奧**支離, 旣堪寓托懷, 亦可譬遣辭, 虛室付無言, 是謂眞得之.)[53]

서실의 이름이 오광(**奧曠**)이니, 그 뜻을 실로 알 만하네. 비유하자면 사람의 마음은, 그 방촌

---

50 欽定四庫全書, 集部, 別集類, 清代, 禦制詩集, 三集卷六十九, 奧曠室.
51 欽定四庫全書, 集部, 別集類, 清代, 禦制詩集, 四集卷一, 奧曠室.
52 欽定四庫全書, 集部, 別集類, 清代, 禦制詩集, 四集卷九, 奧曠室有會.
53 欽定四庫全書, 集部, 別集類, 清代, 禦制詩集, 四集卷六十五, 奧曠室.

크기로 만사를 할 수 있네. 깊숙함은 마음에 온축됨이요, 광활함은 만사로 베푸는 것이네. 광활함이 공변됨에 확충하고, 깊숙함은 기틀에 순응하네. 깊숙함이 광활함을 구비하지 못하면, 성부(城府)가 깊어봤자 마땅하지 않다네. 광활함이 깊숙함에서 나오지 않으면, 방탕하여 어찌 온전히 다할 수 있겠는가. 주역에 명구가 있으니, 널리 베풀고 감추는 것이 서로 돕는 것이네. 이는 진실로 학문을 하는 방법이니, 어찌 아름다운 경치에만 해당하겠는가.(書室名奧曠, 其義實可思, 譬之人一心, 方寸萬事爲, 奧則寸之蘊, 曠則萬之施, 曠爲廓然公, 奧乃順應基, 奧而弗具曠, 城府深非宜, 曠設非出奧, 放蕩安窮其, 在易有名言, 彌藏互相資, 斯誠爲學方, 渠寧綴景奇.)[54]

광활함이 극에 이르면 깊숙함이 되고, 깊숙함이 광활함을 얻으면 더욱 기이해지네. 얽혀도 걸음걸이에 험난할 게 없고, 평탄하여 마음이 흡족해지네. 때로는 이치를 깨달아, 경물을 보면 시를 짓네. 시흥(詩興)을 어찌 기약하겠냐마는, 비밀리 감춘 것이 풀어지면 널리 미친다네.(曠斯艱致奧, 奧複曠尤奇, 繚矣步非險, 坦然心與怡, 隨時堪悟理, 卽境亦成詩, 詩興于何契, 密藏放則彌.)[55]

(3) 광오한 경관과 심경이 서로 호응하는 시

길을 찾다보면 깊숙함에 이르고, 창을 옮기면 역시 광활함을 안다네. 두 가지 중에서 하나라도 빠뜨림이 없어야, 마땅히 노닐 만하고 조망할 만하네. ……깊숙함으로 사물의 이치를 궁구하려 하고, 광활함으로 마음의 역량을 넓히려 하네.(尋徑殊致奧, 推窗又覺曠, 二不可闕一, 宜游複宜望, ……奧欲窮物理, 曠欲廓心量.)[56]

---

54 欽定四庫全書, 集部, 別集類, 淸代, 禦制詩集, 五集卷一, 奧曠室.
55 欽定四庫全書, 集部, 別集類, 淸代, 禦制詩集, 五集卷十九, 奧曠室.
56 欽定四庫全書, 集部, 別集類, 淸代, 禦制詩集, 三集卷七十九, 奧曠室.

깊숙함이 광활함을 겸하고, 이 방이 겸하고 있음이 기쁘다네. 산을 빌려 길을 감춰 두고, 진짜 나무들은 처마에 비켜 있네. 경치와 안목은 영원하고, 감정은 경치처럼 활달해지네. 이끌어 줄 스님이 없으니, 이끈다면 화엄(華嚴)을 논하리.(于奧兼致曠, 所欣斯室兼, 假山藏徑路, 眞樹 避楣檐, 境與目爲永, 情將景共恬, 無僧可携至, 携則論華嚴.)[57]

깊숙함은 감춰져 있고 광활함은 텅 비어 있어, 네모난 촉꽂이와 둥글게 판 구멍과 같아 서로 통하지 않네. 사방팔방으로 가로 뻗고 세로로 3제가 되더라도, 어찌 가슴 속에 용납되지 않겠 는가.(奧者秘兮曠者空, 似相柄鑿弗相通. 十方橫遍竪三際, 豈不容于方寸中.)[58]

깊숙함으로 그 온축됨을 말하고, 광활함은 실로 그 직분을 펼치네. 행랑이 참으로 굽고 꺾여 있 고(깊숙함), 방은 텅 비고 평탄하네(광활함). 비록 경물에 나아가 이름을 붙이더라도, 포함하고 있는 이치는 남기질 않네. 안으로는 성인의 덕을 쌓고 밖으로는 왕자의 도를 행하여, 확연히 순 응하여 완수한다네.(奧以言其蘊, 曠實展厥司, 廊固曲而折(奧也), 室乃虛且夷(曠也). 雖曰 卽境名, 所包理無遺, 內聖與外王, 廓然順應爲.)[59]

제4절 원림의 공간 유람방식—곡경통유(曲徑通幽)

중국 원림경관의 공간설계의장 및 경관배치수법은 무척 다양하여, 청대 정적은 『몽환거화학간명·논기』에서 "경관이 평탄한 데가 없으니, 아마 고인이 만들어 놓

57 欽定四庫全書, 集部, 別集類, 淸代, 禦制詩集, 四集卷十七, 奧曠室.
58 欽定四庫全書, 集部, 別集類, 淸代, 禦制詩集, 五集卷三十五, 奧曠室.
59 欽定四庫全書, 集部, 別集類, 淸代, 禦制詩集, 五集卷六十二, 奧曠室.

도 3-16. 소주(蘇州) 졸정원(拙政園)의 곡경통유(曲徑通幽).

은 곳이리라. 가파른 바위산도 있고, 깊은 수풀이 가려 굽이친 곳도 있고, 평평하게 멀리 광활한 곳도 있고, 층층으로 내달리는 것도 있으니, 그 경관이 같은 게 없다(境無夷隊, 蓋古人布境, 有巉岩崒者, 有深翳曲折者, 有平遠空曠者, 有層層重迭者, 其境不一.)"라 평한 바 있다. 그런데 이렇게 다양한 중국 고전원림의 공간처리 수법 가운데서 가장 매력적인 것을 꼽는다면 바로 굽은 길을 따라 깊고 그윽한 곳으로 이르게 하는 "곡경통유"의 기법이 아닐까 한다. 청대 심복(沈複)은 『부생육기·한정기취(浮生六記·閑情記趣)』에서 "곡경통유"한 원림경관의 공간 유람방식을 자세하게 묘사하였다.

원림의 정자와 누각, 방들과 회랑, 첩첩의 바위로 이뤄진 산, 꽃을 다듬어 형세를 이루는 것에 대해 말하자면, 큰 데에서 작은 것을 보이고[大中見小], 작은 데에서 큰 것을 보이며[小中見大], 텅 빈 곳에 실체가 있고[虛中有實], 실체 중에 텅 빈 곳이 있으며[實中有虛], 숨기도 하고 드러나기도 하며, 얕기도 하고 깊기도 하니, 비단 '주회곡절(周回曲折)' 네 글자에만 있는 것도 아니고, 또한 땅이 넓고 기석이 많고 쓸데없이 공사비를 많이 쓰는 데 있는 것이 아니다. 만약 땅을 파서 땅을 북돋아 산을 이루고 중간 중간에 바위를 두고, 화초를 뒤섞고, 울타리는 매화나무를 엮고, 담장은 등나무로 세운다면, 곧 산이 없어도 산을 이룬 것이다. 큰 데에서 작은 것을 보게 한다는 것은[大中見小] 산만한 곳에 잘 자라는 대나무를 심고 쉽게 무성해지는 매화나무를 엮어 병풍을 삼는 것이다. 작은 데에서 큰 것을 볼 수 있게 한다는 것은[小中見大] 좁은 마당의 담장은 들쑥날쑥한 형상을 이루게 하고 녹색으로 치장하는데 등나무 덩굴을 끌어들이고 큰 돌을 박아 넣고, 글자를 비문의 모양으로 새겨 넣고, 석벽 가까이 창문을 내어서 험준한 산이 끝이 없게 느끼게 하는 것이다. 텅 빈 곳에 실체가 있게 한다는 것은[虛中有實] 산이 다하고 물이 끝나는 곳에 이르러 한 번 돌아가면 활연히 트여 있거나 혹은 누각에 부엌을 만들어 한 번 열어젖히면 별원으로 통하는 것이다. 실체 중에 텅 빈 것이 있게 한다는 것은[實中有虛] 통하지 않는 별원에서 문을 열면 대나무와 기석이 마주하고 있어서 실제 없는 것처럼 보이는 것이고, 낮은 난간을 담장 머리에 설치하여 마치 위로 달빛을 감상하는 누대가 있는 것 같지만 실제로 비어 있는 것이다.(若夫園亭樓閣, 套室回廊, 疊石成山, 栽花取勢, 又在大中見小, 小中見大, 虛中有實, 實中有虛, 或藏或露, 或淺或深. 不僅在"周回曲折"四字, 又不在地廣石多徒煩工費. 或掘地堆土成山, 間以塊石, 雜以花草, 籬用梅編, 墻以藤引, 則無山而成山矣. 大中見小者, 散漫處植易長之竹, 編易茂之梅以屛之. 小中見大者, 窄院之墻宜凹凸其形, 飾以綠色, 引以藤蔓. 嵌大石, 鑿字作碑記形, 推窓如臨石壁, 便覺峻峭無窮. 虛中有實者, 或山窮水盡處, 一折而豁然開朗. 或軒閣設廚處, 一開而通別院. 實中有虛者, 開門于不通之院, 映以竹石, 如有實無也. 設矮欄于墻頭, 如上有月臺而實虛也.)

공간체험 방식의 일종인 "곡경통유"의 개념은 실제로는 두 가지 서로 다른 층차를 갖는다. 당대 왕건(王建)의 『유사시(游寺詩)』 "맑은 새벽공기가 옛 사찰에 들어오고, 새벽 해가 옛 수풀을 비추네. 굽이진 길은 그윽한 곳으로 통해 있고, 선방은 꽃나무 속 깊이 있네. 산 빛은 새들을 기쁘게 하고, 못의 빛깔은 사람의 마음을 비우게 하네. 온갖 소리가 여기 고요함 속에 있고, 오직 종경의 소리만 듣는다네(淸晨入古寺, 初日照高林, **曲徑通幽處**, 禪房花木深, 山光悅鳥性, 潭影空人心, 萬籟此俱寂, 惟聞鍾磬音.)"에서 처음으로 등장한 "곡경통유"라는 단어는 실제로는 "곡경(曲徑)"과 "유(幽)"는 두 가지 서로 다른 층차의 의미가 결합한 것이다. 즉 "유"는 거리상의 심도를 나타내며, "곡경"은 유람동선의 운동형태를 나타낸다. 문헌을 보면 이 두 가지 중 거리상의 심도 개념인 "유"가 먼저 등장하는데, 한(漢)나라 때 이미 "북궁의 동산과 거리 사이에서 신첩들이 깊고[幽] 한적하게 보낸다(北宮苑囿街巷之中, 臣妾之家幽閑之處.)"[60]라는 구절이 있다. 반면 동선운동을 나타내는 "곡경"은 양(梁)나라 원제(元帝)의 시 "수풀에 들어서면 굽이진 길에 헤맨다(入林迷曲徑)"[61]에서 처음 등장한다. 아래에서는 거리와 동선의 두 가지 차원에서 원림경관의 공간 유람방식을 구체적으로 논해보고자 한다.

ㅡ. 경관의 원근과 심도 확장ㅡ구격장로(區隔藏露)

"원림은 반드시 나누어져 있어야 하고, 물은 반드시 굽어야 한다(園必隔, 水必曲.)"라는 구절과 명대 오종선(吳從先)이 『소창자기(小窗自紀)』에서 이른 "재실은 깊고자 하고 난간은 굽고자 한다(齋欲深, 檻欲曲.)"라는 구절에서 보듯 원림 안의 경관은 나누어져 깊은 곳에 위치한다. 이렇게 깊은[幽] 공간은 보통 "구격(區隔)"과 "장로(藏露)"라는 두 가지 수법으로 거리와 심도를 확보하여 달성된다. "구격"이란 유람의 출발점과 도착점 사이를 몇 개의 작은 구역으로 나누어 보다 긴 동선길이를 확보하는 것을 가리키며, "장로"란 가림과 드러냄으로써 유람동선이 둘러싸고 있는 경관을

---

60 欽定四庫全書, 集部, 總集類, 西漢文紀, 卷十八.
61 欽定四庫全書, 集部, 總集類, 文苑英華, 卷三百十七.

한눈에 드러내지 않고 설계자가 의도한 특정한 접근방식을 따라 이동하면서 부분적으로 엿보게 하는 방법이다.

　보통 원림은 그 면적이 제한을 받는다. 황가원림과 같은 대규모의 원림이라 할지라도 그 경계는 사람의 시선이 닿는 거리 안에 있기 때문에 특별한 조치 없이 경관을 한 번에 모두 드러내면 관람자의 입장에서는 한 번 둘러보면 볼거리가 없어지게 된다. 이 문제를 해결하기 위해 중국 고전원림에서는 원림 전체를 몇 개의 작은 구역으로 나눈다. 즉 관람자의 시선이 닿는 범위를 미리 구획한 범위 안으로 한정하고 그 안에 각종 경관요소를 설치하여 하나의 작은 "경관구역[景區]"을 만들어낸다. 이렇게 여러 개의 경관구역으로 나누고 이 경관구역들을 하나로 엮음으로써 유한한 면적에서 최대한의 경관심도와 동선길이를 확보할 수 있다. 여기에 경관을 동선에 따라 적절히 가리고[藏] 드러내어[露] 관람자가 하나의 경관에 접근하여 갈 때 느끼는 경관의 심도를 더욱 풍부하게 한다.

자금성 건륭화원(乾隆花園)을 예로 들자면, 이 좁고 긴 직사각형 평면의 원림은 입구에서부터 일렬로 네 개의 작은 경관구역으로 나누어져 있다. 입구를 통해 들어가 첫 번째 경관구역의 주 건축인 고화헌(古華軒)에 들어서면 건륭이 직접 쓴 대련이 걸려 있는데, "밝은 달과 맑은 바람이 끝없이 숨어 있고, 높은 가래나무와 오래된 잣나무는 아름다운 벗이라네(明月淸風無盡藏, 長楸古柏是佳朋.)"라는 문구는 바로 이 첫 번째 경관구역의 경관설계 의도를 드러낸 것이다.

1. 구격

"구격"이란 유무형의 경계를 두어 하나의 영역을 둘로 나누는 것을 가리킨다. "구격"은 시공간적으로 나누어져 떨어져 있음을 의미한다. 예를 들어 "돌아가려 했는데 무더위를 만나, 도중에 정체를 하네. 시끄럽고 비천한 곳에 머무니, 어찌 교외의 그윽한 곳을 다시 보리. 황폐해진 성에 백만 호가 있었으나, 어떤 집도 찾아볼 수 없네. 강산은 바뀌었으나[區隔] 꽃과 달은 천년을 한결같네(圖歸觸炎暑, 中路仍滯留, 就喧與居卑, 豈複郊原幽, 蕪城百萬家, 皐廡不可求, 江山一區隔, 花月千載差.)"[62]라는 시구를 보면 강산은 왕조를 상징하며 구격은 긴 세월이라는 무형의 경계가 오늘과 과거의 영화로웠던 시기를 나누고 있음을 의미한다. 또한 다른 문헌을 보면 "집의 담 너머에 따로 거처를 만드니, 우뚝한 채색 처녀에 의지하여 고요함을 생각하네. 사람이 오지 않아 원래 고요하니, 마침 가을이 도래하여 이미 남음이 없네. 수풀의 푸르름은 모두 바람을 머금고, 밝은 햇빛과 쇠소리 바람은 흡연히 텅 빈 곳으로 드네(一區隔院別爲居, 倚巚文軒號靜餘, 弗藉人來原有靜, 適當秋到已無餘, 林姿草色都含颯, 素景金颸恰入虛.)"[63]라 하였는데, 여기서 "구격"은 원락(院落) 배치의 주택에서 유형의

---

62 欽定四庫全書, 集部, 別集類, 淸代, 因園集, 卷十一, 端午抵揚州假寓于使院之前礱賈之館頗寬潔有竹數十竿.

63 欽定四庫全書, 集部, 別集類, 淸代, 禦制詩集, 五集卷四十九, 靜餘軒.

담을 경계로 별도로 조용한 원림을 만들었음을 의미한다.

구격하는 방법에 관해서, 진종주의 『설원』에는 다음과 같이 설명하고 있다. "원림과 건축의 공간은 나누면 깊어지고 트면 얕아지니 그 이치는 매우 분명하다. 예로부터 가산〔假山〕, 회랑〔廊〕, 다리〔橋〕, 장식 담장〔花墻〕, 병풍〔屛〕, 장막〔幕〕, 문창〔槅扇〕, 책장〔書架〕, 진열장〔博古架〕 등이 모두 나누는 기능을 해 왔다."

구격 수법은 산수화 이론에도 등장한다. 명대 당지계(唐志契)는 『회사미언(繪事微言)』에서 이르기를 "무릇 하

도 3-18. 무석(無錫) 기창원(寄暢園).

나하나의 누정과 대각을 묘사하는 것은 어렵지 않으나, 만약 열 보마다 누정이 있고 다섯 보마다 대각이 있다면 끼워 넣는 방법, 배치방법, 건축형식, 들보·기둥·난간의 양식이 다 달라야 하고, 주위에는 꽃과 나무를 둘러야 하며 길은 들쑥날쑥하게 이어져야 하니, 한 번이라도 중복되는 곳이 있으면 눈에 들어올 수 없다(凡寫一樓一閣非難, 若至十步一樓, 五步一閣, 便有許多穿揷, 許多布置, 許多异式, 許多枅拱楹檻闌幹, 周圍環繞花木掩映, 路徑參差, 有一犯重處, 便不可入目.)"[64]라 하여 구격을 할 때에는 각 구역마다 중복되지 않아야 함을 지적하였다.

또한 구격은 평면이 아니라 수직적 분할을 가리키기도 한다. "혹은 높은 곳에

도 3-19. 소주(蘇州) 유원(留園).

올라 구름 빛의 아름다움을 보고 혹은 구부려서 깊은 곳을 내려다보면서 떠 있는 얼음의 즐거움을 엿본다(或登于高而覽雲物之美, 或俯于深而窺浮泳之樂.)"[65]라는 구절이 전형적인데 이는 옛 사람들이 인지하는 경관이 명확하게 수직적으로 분할됨을 보여 준다.

한편, 구격을 할 때에는 하나하나의 경관구역은 두 가지 이상의 경관요소를 조합하여 이에 걸맞은 유람 내용을 부여하는데, 이 방법은 어느 정도 관습적이고 전형적이다. 남조 양(梁)나라의 소역(蕭繹)은 『산수송석격(山水松石格)』에서 이르기를 "길이 넓으면 돌산으로 나눈다(路廣石隔.)"라 하였는데, 이는 길 가운데 가산을 세워 공간을

---

64 欽定四庫全書, 子部, 藝術類, 書畫之屬, 繪事微言, 卷下.

65 [淸] 汪琬, 『薑氏藝圃記』, 載邵忠, 李瑾選編, 蘇州歷代名園記 · 蘇州園林重修記, 北京 : 中國林業出版社, 2004.

나누는 일종의 공간 분할수법이기도 하지만 한편으로는 길과 가산을 짝을 지우는 경관 조합 수법이기도 하다. 이러한 경관조합은 설계자가 해당 경관구역에 부여한 유람 내용에 의해 결정된다. 예를 들어 "샘과 돌이 아름다운 경관은 당신이 올라가 굽어보도록 마련한 것이고, 꽃과 나무가 아름다운 경관은 당신이 꺾어서 가지고

도 3-20. 졸정원(拙政園) 중부 조감도(출처 : 《소주고전원림(蘇州古典園林)》)

놀도록 마련한 것이며, 정자와 누대의 깊고 그윽한 경관은 당신이 노닐며 쉬도록 마련한 것입니다(泉石之勝, 留以待君之登臨也. 花木之美, 留以待君之攀玩也. 亭台之幽深, 留以待君之游息也.)"[66]라는 구절을 보면 샘과 돌이 하나의 경관구역으로 묶여 있고[泉石之勝], 꽃과 나뭇가지를 하나의 경관구역으로 묶여 있으며[花木之美], 정자와 노대가 하나의 경관구역으로 묶여 있다[亭台之幽深]. 또한 이 세 쌍의 경관구역은 명확하게 구분되어 있는데 이때 조합과 구분의 기준은 "올라가 굽어봄[登臨]", "꺾어서 가지고 놂[攀玩]", "노닐며 휴식함[游息]"이라는 유람내용의 연관성과 차이에 근거한 것이다.

66 [淸] 俞樾, 留園記, 載邵忠, 李瑾選編, 蘇州歷代名園記・蘇州園林重修記, 北京 : 中國林業出版社, 2004.

2. 장로

"장로", 즉 숨김과 드러냄은 경관의 층차감을 표현하기 위한 것으로, 중국 고전원림에서는 경관의 거리감과 심도를 늘리기 위해 자주 쓴다. 진종주는 "산의 귀함은 높음이 아니라 층차에 있고, 물의 절묘함은 깊음이 아니라 굽고 꺾임에 있다. 봉우리와 고개의 빼어남은 깊고 수려함에 있다(山不在高, 貴有層次. 水不在深, 妙于曲折. 峰嶺之勝, 在于深秀.)"[67]라 하였는데, 여기서 "산의 귀함이 층차에 있다"라 하는 것은 산이 여러 겹 있어서 앞이 뒤를 가리고, 뒤가 앞 사이로 드러나는 층차감을 강조한 것이다. 또한 그는 "원림의 매 경관지점에서 바라보았을 때 각기 다른 한 폭의 그림으로써 깊고 멀면서 층차가 있어야 한다. '항상 굽은 난간에 기대에 물을 탐닉하여 바라보며 주위의 벽들이 산을 가릴까 걱정한다'라는 이치를 이해한다면 가릴 것[俺]은 가리고 가리는 것이 이롭고, 둘러막을 것[屛]은 둘러막는 것이 이롭고, 넓게 틀 것[敞]은 넓게 트는 것이 이롭고, 띄어야 할 것[隔]은 띄우는 것이 이로우니, 이러하면 부분만이 보이고 전체의 모습이 보이지 않으며, 그림 밖에 다시 그림이 있어 지척이 천리와 같으니 여운이 무궁하게 된다. 구체적으로 말한다면 정자를 만들 때는 반드시 산고개보다 약간 낮게 만들어야 하며, 숲은 뾰족하지 않은 게 좋고, 산은 아래가 드러나면 위가 드러나지 않아야 하고 위가 드러나면 아래가 드러나지 않아야 하며, 큰 나무는 가지가 보이면 뿌리가 보이지 않아야 하고 뿌리가 보이면 가지가 보이지 않아야 한다"[68]라 하여 원림에서 층차의 중요성을 강조하고, "俺·屛·敞·隔" 등의 구체적인 숨기고 드러내는 방법을 설명하였다.

중국인들은 전통적으로 시나 회화에서 경관의 층차감을 무척 중요시 했다. 오대(五代) 풍연사(馮延巳)의 『작답지(鵲踏枝)』에는 "정원은 깊고 깊기를 여러 번이요, 양

---

67 陳從周, 『說園(三)』.
68 陳從周, 『說園』.

류나무에는 물안개가 쌓여 있고, 주렴과 장막이 셀 수 없는데, 옥으로 만든 굴레와 조각한 안장을 올린 기방에 있으나 누각이 높아서 장대루(章台路)가 보이지 않네(庭院深深深幾許, 楊柳堆煙, 簾幕無重數. 玉勒雕鞍游冶處, 樓高不見章台路.)"라는 구절이 있는데, 여기서 풍연사는 겹겹의 정원, 물안개, 주렴 등으로 깊고도 신비한 공간감을 표현하였다. 또한 명대 『능충개공집·범화계(凌忠介公集·泛畫溪)』에는 "짧은 노를 천천히 저으며, 거슬러 올라가니 그곳의 소리가 들려오네. 산에는 드러나고 감춰진 형상이요, 구름은 제멋대로 변하여 무심하다네. 가는 나무들이 밑으로 얽혀 있고, 평평한 굽은 물가는 고요한 깊이를 자아내네. 슬피 홍취가 더해지니, 저녁녘 연기 나는 곳을 물어보리(短棹徐相引, 沿洄聽所尋, 山余藏露態, 雲幻有無心, 細樹低縈拂, 平灣抱靜深, 悵然增興緖, 那問暮烟沉.)"[69]라 하여 배를 저어 시내를 따라 올라가면서 바라본 풍경의 층차감을 회화적으로 표현하였다.

회화에 있어서는, 산수화의 핵심원리를 소개한 당대 왕유(王維)의 『산수결(山水訣)』에 "초가집에는 흙을 쌓아 언덕을 만들어 처마가 반쯤 드러나 보이게 한다(茅堆土埠, 半露檐廠)"[70]라는 구절이 있어 장로기법의 시작을 보여준다. 이후 송대에 이르러 장로화법은 본격적으로 산수화의 핵심 구도기법으로 자리 잡는데, 문헌을 보면 "산봉우리들이 중첩된 가운데 그 사이로 사당이나 별장이 보이는 것이 최고의 경치이다(峰巒重疊, 間露祠墅, 此爲最佳.)"[71]라고 하였다. 산수화에서 여러 층차로 구성된 경관 구도를 표현할 때에는 요소와 요소 사이의 숨기고 드러내는 "장로" 관계를 주의 깊게 사용하여야 한다. "장(藏)"은 감싸서 숨김 혹은 품어서 누름이요, 뜻은 가나 붓은 가지 않는 것이니, 즉 뒤에 무엇이 더 있을 것으로 여겨지지만 붓으로는 그것을 그리지 않는 것이다. 반면에 "로(露)"는 홀연히 드러내 보이는 것이다. 명대 당지계는

---

69 欽定四庫全書, 集部, 別集類, 明洪武至崇禎, 凌忠介公集, 卷二, 泛畫溪.

70 傳王維, 『山水訣』, 一作荊浩, 『畫山水賦』.

71 [宋] 劉道醇, 『宋朝名畫評』, 卷二, 山水林木門第二.

도 3-12. 소주(蘇州) 유원(留園).

『회사미언』에서 "구곡장로(丘壑藏露)", 즉 산수화의 구도에 있어서 장로의 원리에 대해 다음과 같이 설명하였다.

그림은 가파른 층층의 벼랑을 묘사하고, 그 길은 촌락의 사찰과 집으로 나있어 능히 은은함을 얻음이 명백하니, 비단 원근의 이치가 명료할 뿐만 아니라, 취미 역시 끝이 없다. 능히 감출만 한 곳이 드러난 곳에 많아 취미는 더욱 더 끝이 없다. 대개 한 층 위에 또 한 층이 있고 층층 가운데 대부분 한 층을 감추고 있다. 잘 감춘 것은 거의 드러나지 않음이 없는 것이고, 잘 드러난 것은 거의 감춰지지 않음이 없다. 감춰짐이 오묘한 때를 얻으면 곧 보는 이로 하여금 산의 앞뒤와 산의 좌우에 다소의 땅이 있음을 알지 못하게 하니, 허다한 수풀이 있으니 어찌 일찍이 드러나지 않았겠는가? 모두 은미하고 드러난 곳은 고하가 마땅함을 얻었고 안개와 구름이 끊기고 이어짐도 일정함이 있는 것을 벗어나지 않는다. 만약 드러나 감춰지지 않은 데에 주목하면 곧 천박해져 이미 감춰져 좋지 않아 감춤 또한 쉽게 끝이 나 버린다.(畫迭嶂層崖, 其路徑村落寺宇, 能分得隱見明白, 不但遠近之理了然, 且趣味無盡矣. 更能藏處多于露處, 而趣味愈無盡矣. 蓋一層之上更有一層, 層層之中多藏一層. 善藏者未始不露, 善露者未始不藏. 藏得妙時, 便使觀者不知山前山後, 山左山右有多少地步, 許多林木, 何嘗不顯, 總不外躲顯處高下得宜, 烟雲處斷續有則. 若

主于露而不藏, 便淺薄, 旣藏
而不善, 藏亦易盡矣.)

이렇게 장로를 통한 층차
의 표현은 시와 산수화 등에
서 예술적으로 정밀하게 다듬
어져서 원림에까지 적용되게
되었다. 명나라 장대(張岱)의
『도암몽억(陶庵夢憶)』에는 범
장백원(範長白園)을 다음과 같
이 묘사하고 있다. "원림 밖
으로는 긴 둑이 나 있고, 복
숭아나무, 버드나무 우거진
곳에 굽은 다리가 있어 호수
면 위로 굽이굽이 놓여 있는
데, 다리가 끝나면 원림에 다
다른다. 원림의 문은 일부러

도 3-22. 소주(蘇州) 유원(留園).

작게 만들었는데, 문을 나서면 긴 회랑과 겹겹의 복도를 지나 산기슭으로 닿아 있
다. 아름다운 누각과 장식된 대각, 깊숙한 곳의 방들은 숨겨져 있어 사람이 볼 수
없다.(園外有長堤, 桃柳曲橋, 蟠屈湖面, 橋盡抵園, 園門故作低小, 進門則長廊複壁, 直達山
麓. 其繪樓幔閣, 秘室曲房, 故故匿之, 不使人見也.)" 이 글은 유람자의 동선을 따라 눈앞
에 경관이 하나씩 펼쳐지고 있는데, 이러한 시각적 효과는 바로 원림을 여러 개의
경관구역으로 나눈 후 일정한 가림물을 지나면 뒤에 숨겨진 다음 경관이 드러나도
록 한 기법에 근거한 것이다. 한 가지 흥미로운 점은 "원림의 문을 일부러 낮고 작
게 만들었는데"라는 표현으로, 이는 일부러 진입공간을 낮고 작게 만들어서 이후에

펼쳐지는 경관이 상대적으로 크게 느껴지게 한 것이다. 이렇게 미리 한 번 억제해 주는 것을 "선앙(先抑)"이라 하는데, 여기서는 선앙의 기법이 감추었다 드러내는 장로의 기법과 혼합되어 쓰였다. 이러한 기법은 항주 서호의 곽장(郭莊), 소주의 유원(留園), 졸정원, 예포(藝圃) 등 현존하는 고전원림에서 자주 발견된다.

장로는 경관의 원근관계를 표현하기 위해 쓰이기도 한다. 백거이의 『호구(虎丘)』라는 시에는 "사찰을 바라보면 멀지 않지만, 원림에 들어서면 비로소 깊어진다(香刹 看非遠, 祗園入始深.)"라는 구절이 있는데, 이는 드러나면 가깝게 느껴지나 감추면 멀게 느껴지는 이치를 설명한 것이다. 산수화의 경관표현은 멀고 깊은 느낌을 추구한다. 먼 것은 깊음과 통하는데 한자에서는 주로 "유(幽)", "심(深)", "수(邃)" 등이 공간의 깊음을 뜻한다. 청대 장조(張潮)는 『유몽영(幽夢影)』에서 이르기를 "땅 위에 산수가 있고 그림 위에 산수가 있으며, 꿈속에 산수가 있고 가슴 속에 산수가 있다. 땅 위에 있는 것은 그 오묘함이 산골짜기의 깊음[深邃]에 있으며, 그림 위에 있는 것은 그 오묘함이 필묵의 농담에 있으며, 꿈속에 있는 것은 그 오묘함이 경물의 환상성에 있으며, 가슴 속에 있는 것은 그 오묘함이 위치가 자유자재함에 있다(有地上之山水, 有畫上之山水, 有夢中之山水, 有胸中之山水. 地上者妙在丘壑深邃. 畫上者妙在筆墨淋漓. 夢中者妙在景象變幻. 胸中者妙在位置自如.)"라 하였다. 청대 운격(惲格)은 『남전화발(南田畫跋)』에서 경관의 심도표현에 대해 논하고 있는데 "높고 간략하면서 얕지 않고, 울창하면서 깊지 않다. 간략하면서 얕다면, 우노(迂老)는 반드시 왕몽(王蒙)에게 비웃음을 받을 것이고, 빽빽하면서 깊다면, 중규(仲圭)는 마침내 청소(淸疏)한 풍격을 잃을 것이다. 뜻은 먼 것을 귀히 여기니, 고요하지 않으면 멀 수 없으며, 경치는 깊숙함을 귀히 여기니, 굽어 있지 않으면 깊을 수가 없다. 한 작의 물에도 굽음이 있고, 한 조각의 돌에도 깊은 곳이 있으니, 세속을 끊으니 멀고, 자연을 유람하니 고요하다. 옛 사람이 "지척의 공간에서 만 리의 요원함을 깨닫는다"라고 했으니 그 뜻이 어디에 있겠는가?(高簡非淺也, 鬱密非深也. 以簡爲淺, 則迂老必見笑于王蒙. 以密爲深, 則仲圭遂闢清疏一格. 意貴乎遠, 不靜不遠也. 境貴乎深, 不曲不深也. 一勺水亦有曲處, 一片石亦有深處.

絶俗故遠, 天游故靜. 古人云"咫尺之內, 便覺萬里爲遙."其意安在.)" 운격의 평에 의하면 평범한 수준의 화가는 밀도를 성글게 하여 공간의 얕음을 표현하고 빽빽하게 하여 공간의 깊음을 표현하나 뛰어난 화가는 반드시 그렇지는 않다. 여기서 밀도를 성글게 하는 것은 드러냄이고, 밀도를 빽빽하게 함은 감춤이니 통상적으로 드러냄과 감춤으로 원금감을 표현한다는 것이다. 또한 운격의 의견에 따르면 경관은 멀고 깊을수록 좋은데, 그림에서는 고요함으로 먼 느낌을 표현하고 굽음으로 깊은 느낌을 표현한다.

도 3-23. 항주(杭州) 곽장(郭莊).

장로가 교차하면서 나타나는 경관은 거리에 따라 표현의 중점이 달라진다. 원경에서는 기세를 표현해야 하며 근경에서는 구체적인 형체와 질감을 표현해야 한다. 오대 양(梁)나라 형호(荊浩)의 『산수절요(山水節要)』에 의하면 "멀리 있으면 그 기세를 구하고, 가까이 있으면 그 본질에 이르러야 한다(遠則取其勢, 近則到其質.)"라 하였고, 청대 심종건(沈宗騫)은 『개주학화편(芥舟學畵編)』 1권에서 산수화의 배치에 대해 논하고 있는데 "그림은 모름지기 원근이 모두 좋아야 한다. 가까운 곳은 훌륭하지만 먼 곳이 좋지 않은 것은 필묵이 있으면서도 국한되는 기세가 없기 때문이다. 먼 곳

도 3-24. 소주(蘇州) 유원(留園).

이 훌륭하나 가까운 곳이 좋지 않은 것은 국한된 기세가 있으면서 필묵이 없기 때문이다(畵須要遠近都好看. 有近看好而遠不好者, 有筆墨而無局勢也. 有遠觀好而近不好者, 有局勢而無筆墨也.)"라 하였다.

장로는 지나치지 않고 적절하게 배합되어야 한다. 송대 곽희(郭熙)는 『임천고치(林泉高致)』에서 "산은 높아야 하지만 모두 드러내면 높은 것이 아니니, 안개와 구름을 산 중간에 가로로 걸쳐 놓음으로써 산이 높아지는 것이다. 물은 멀리 흘러가야 하지만 다 드러내면 먼 것이 아니니, 그 물줄기를 가려서 끊어 놓음으로써 물이 멀어지는 것이다(山欲高, 盡出之則不高, 烟霞鎖其腰則高矣. 水欲遠, 盡出之則不遠, 掩映斷其脉則遠矣.)"라고 하여 무조건 드러내지 않고 적당히 가려주어야 상대적으로 높고 멀게 느껴지는 원리를 설명하고 있다. 이러한 "장로엄영(藏露掩映)"의 배합원리는 주로 산수화 이론에서 정교하게 다듬어져 갔는데, 이와 관련한 산수화 이론은 다음과 같은 것들이 있다.

처음에 물의 위치를 배치하여 떠다니는 산으로 묘사되는 것을 방지하고, 다음으로 길의 갈림길을 포치하여 선으로 이어지는 길을 그리지 않게 한다.(初鋪水際, 忌爲浮泛之山. 次布路歧,

莫作連綿之道.)―당대 왕유『산수결』

길에 출입하는 곳이 없는 것은 막히고 끊겨 통하지 않게 된다. 물이 가로막으면 마땅히 다리를 놓고, 돌이 가로막고 있으면 거기 머물러 담소를 나눈다. 집 근처를 배회하기도 하고, 수풀 속에 가려지기도 하여 끊어진 듯하지만 끊어진 것이 아니고, 이어지지 않은 듯하지만 이어져 있는 것이다. 앞으로 갈 길이 있고 뒤로는 오는 길이 있는 것을 일러 출입이 있다고 하는 것이다.(路無出入者, 塞斷不通也. 水隔宜接以橋梁, 石遮當留以空淡, 或旋環屋畔, 或掩映林間, 似斷非斷, 不連而連. 前有去, 後有來, 斯之謂有出入.)―청대 정적『몽환거화학간명·논기』

경치를 깊숙하게 묘사하는 것은 굽이지고 무성하며 겹겹이 갈마들게 하는 것에 있지 않고, 요컨대 전면으로부터 후면을 조망하여 높은 곳을 따라 낮은 곳으로 떨어지게 하는 것이다. 능히 그 뜻을 만난다면 산이 비록 하나의 언덕일지라도 그 사이에는 무궁하고, 나무가 비록 하나의 수풀일지라도 이 중에는 끝이 없어 사람으로 하여금 완상하여 눈을 희롱하여 마음을 치달리게 하여 반드시 깊숙한 경치의 진정한 뜻을 얻게 한다.(布景欲深, 不在乎委曲茂密 ˋ層層多迭也, 其要在于由前面望到後面, 從高處想落低處. 能會其意, 則山雖一阜, 其間環繞無窮, 樹雖一林, 此中掩映不盡, 令人玩賞, 游目騁懷, 必如是方得深景眞意.)―청대 정적『몽환거화학간명·논경(夢幻居畫學簡明·論景)』

날아갈 듯한 누각과 안개 깔린 촌야의 사찰은 대부분 고목으로써 그 절반을 가리니, 그렇지 않으면 그윽하고 깊숙함을 볼 수 없다.(如飛閣重樓, 烟村野寺, 多用古木以掩其半, 不則不見幽深.)―청대 비한원(費漢源)『산수화식(山水畫式)』

장로의 수법을 사용할 때에는 표현을 명료하게 하여야 보는 사람이 경관에 대해 미혹하거나 오해하는 것을 방지할 수 있다. 청대 심종건은『개주학화편』에서 "또한

도 3-25. 소주(蘇州) 졸정원(拙政園).

한 폭의 그림에서 수목과 산석들은 서로 가지가 엇갈리고 그림자가 이어지니, 감추고 드러나는 층차가 교차하는 곳은 사람으로 하여금 한 번 바라보면 알 수 있게 하여야 하고, 사람으로 하여금 헤아려 가늠할 수 있게 해서는 안 된다. 그렇지 않으면 반드시 그 기세가 분명할 수 없는 부분이 생기게 된다(又通幅之林木山石, 交柯接影, 掩映層迭之處, 要令人一望而知, 不可使人揣摩而得, 否則必其氣有不能淸晰者矣.)"라 하여 회화에서 장로의 명료한 표현의 중요성을 강조하였다.

이는 원림에도 적용된다. 청대 이어(李漁)의 『한정우기・거실부・산석제오・석벽(閑情偶寄・居室部・山石第五・石壁)』에는 "그러나 석벽 뒤에 평지를 만드는 것은 금기이니 사람이 한 번만 봐도 다 볼 수 있기 때문이다. 석벽은 모름지기 하나의 물건으로 가려야만 앉아 있는 손님이 고개를 올려 바라보았을 때 그 전말을 모두 알 수 없게 되고, 이에 만 장의 깎아지른 절벽의 기세가 있게 되고, 빼어난 절벽의 명성이 헛되지 않게 된다. 가리는 것은 어떤 것인가? 정자가 아니면 집이다. 벽을 바라보고 세우거나 담장을 등지고 세우는데, 단 시선이 처마와 나란하게 하여 석벽의 봉우리가 노출되어 보이지 않게 한다면, 운치를 다하게 된다(但壁後忌作平原, 令人一覽而盡. 須有一物焉蔽之, 使座客仰觀不能窮其顚末, 斯有萬丈懸岩之勢, 而絶壁之名爲不虛矣. 蔽之者維何?曰非亭卽屋, 或面壁而居, 或負墻而立, 但使目与檐齊, 不見石丈人之脫巾露頂, 則盡致矣.)"라 하였는데, 이는 자연절벽을 모방하여 만든 석벽을 감상할 때는 정자나 집의 처마로 시선을 적절히 가려서 석벽의 윗부분이 보이지 않게 하여야 연상작용으로 인해 진정한 절벽처럼 웅장하게 느껴진다는 설명으로, 절벽의 웅장함을 명확하게 느끼게 하기 위해서 건물의 처마로 확실하게 한 번 가려주는 것을 강조하고 있다.

二. 동선에 따른 경관의 변화—보이경이(步移景异)

앞 소절에서 원림경관의 거리감을 표현하기 위한 공간설계 의장수법을 설명하였다면, 본 소절에서는 움직임 즉 운동을 통해 원림경관을 체험하게 하는 공간설계 의장수법을 설명하고자 한다. 여러 구역으로 나뉘어 숨겨지거나 드러내어진 원림경관들은 관람자의 비직선적인 운동과정을 통해 점진적으로 체험되는데, 이는 고문헌에 등장하는 "보이경이", 즉 발걸음을 옮기면 경관이 달라진다라는 어구를 사용하면 적절하게 설명할 수 있다. 명대 장이(張怡)의 『반산원(半山園)』에는 "성글게 엮은 울타리와 굽은 샛길은 숲과 샘을 숨기고 있고, 언덕과 골짜기는 앎을 따라서 자연을 드러낸다(疏籬曲徑隱林泉, 丘壑從知出自然.)"라는 구절이 있는데 여기서 "굽은 샛길(曲徑)"이 바로 비직선적 동적체험을 가능하게 하는 원림의 동선이다.

원림 설계자는 관람자의 입장이 되어 동선을 따라 어떠한 경관이 어떠한 방식으로 점진적으로 관람자에게 드러나게 될지를 계획한다. 이때 설계자는 관람자가 어디에서 어떻게 경관을 발견할 것인지, 그 경관을 향해 어떻게 관람자를 인도할 것인지를 고민하면서, 관람자의 시선이동과 위치이동을 꼼꼼하고 자연스럽게 설계한

도 3-26. 무석(無錫) 기창원(寄暢園).

다. 이에 대해 현대 원림학자인 진종주는 "풍경구역의 길은 굽으면 좋고 곧으면 좋지 않으며, 샛길이 큰길보다 많아야 경관이 깊어지고 유객들이 흩어진다. (샛길 사이에) 경관이 있게 하면 찾아다니고 노닐 수 있으며, 샘이 있게 하면 들을 수 있고, 돌이 있게 하면 머물 수 있고, 그 사이에서 시로 읊고 생각해 본다. 소위 '산에 들어서면 오직 깊지 않을까봐 걱정하며, 숲에 들어서면 오직 울창하지 않을까봐 걱정한다'라 하였다(風景區之路, 宜曲不宜直, 小徑多于主道, 則景幽而客散, 使有景可尋, 可游, 有泉可聽, 有石可留, 吟想其間. 所謂'入山唯恐不深, 入林唯恐不密.')"[72]라고 구체적으로 설명하였다.

중국 고전원림의 감상방식에는 정적인 바라보기와 동적인 체험하기가 있다. 소식(蘇軾)의 『설당기(雪堂記)』에는 "노닐기는 적절한 뜻으로 하고 바라보기는 우정[73]

---

[72] 陳從周, 『說園(三)』.
[73] 寓는 연상작용을 가리킨다. 寓情이란 시문학 등에서 언급되어 특별한 서정에 대한 연상작용이다.

도 3-27. 자금성 건륭화원(乾隆花園) 고화헌(古華軒).

으로 한다. 뜻은 노닐기에 적절하고 서정은 바라봄에 기댄다(游以適意也, 望以寓情也. 意適于游, 情寓于望.)"라는 구절이 있는데, 여기서 소식은 경관을 감상하는 방식으로 노닐기[游]와 바라보기[望]의 두 가지 방식이 있는데, 노닐기는 관람자의 의도에 의해 부합하여야 하고 바라보기는 경관이 특별한 서정을 연상시켜야 한다고 말하고 있다. 원림 부분 부분의 경관들에는 풍부한 구격와 장로의 수법이 있어서 관람자는 반드시 운동, 즉 동선을 따라 움직여야 그 과정 중에 공간의 전환이 만들어내는 경관의 멋을 깨닫게 되는데 이를 통상 "보이경이"라 한다.

청대 장조의 『유몽영』에는 "문장은 책상머리의 산수이고, 산수는 땅위의 문장이다(文章是案頭之山水, 山水是地上之文章.)"라 하고, 이에 대해 이성허(李聖許)는 "문장은 반드시 밝고 아름다워야 책상머리의 산수가 될 수 있고, 산수는 반드시 굽고 꺾여야 땅위의 문장이라고 부를 수 있다(文章必明秀, 方可作案頭山水. 山水必曲折, 乃可名地上文章.)"라고 평하였는데, 여기서 문장의 곡절(曲折)과 원림의 곡절(曲折)은 고

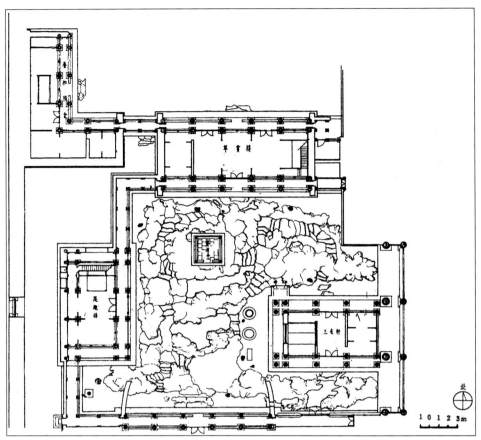

도 3-28. 자금성 건륭화원(乾隆花園) 취상루(萃賞樓) 경관구역 평면도

대 문인이 보기에 서로 같은 원리였음을 알 수 있다. 좋은 문장이 그러하듯이 원림에서의 동적체험은 곡절하게 이루어지나 지나치게 난잡하면 안 되고, 바르고 균형이 있어야 한다. 청대 전용(錢泳)의 『복원총화·총화이십·원림(履園叢話·叢話二十·園林)』에는 "원림을 만드는 것은 시문을 짓는 것과 같으니 반드시 굽음과 꺾임에 법도가 있어야 하고, 앞과 뒤가 호응하여야 한다. 다지고 포개어 쌓는 것을 가장 꺼리고, 난잡하게 들어갔다 나왔다 하는 것을 가장 꺼리며, 바르고 균형을 이루어야 구조가 아름답다. 원림이 완성되더라도 또 주인이 어울려 위치가 이로워야 한다(造

園如作詩文, 必使曲折有法, 前後
呼應, 最忌堆砌, 最忌錯雜, 方稱
佳構. 園旣成矣, 而又要主人之
相配, 位置之得宜.)"라 하였는
데, 여기서 "굽음과 꺾임에 법
도가 있다(曲折有法)"는 바로
보이경이에 원리가 있음을 가
리키며, 그 원리의 내용은 구
조가 난잡하게 들어가고 나와
서는[錯雜] 안 되고 바르고 균
형을 이루어야[方稱] 한다.

　일반적으로 중국 고전원림
설계 시 관람자가 이동하면서
체험해야 하는 정도가 높을수
록 "보이경이"의 수법에 보다
더욱 주의를 기울여야 한다.
이동 중인 관람자의 시점의

도 3-29. 자금성 건륭화원(乾隆花園) 췌상루(萃賞樓) 경관구역.

변화를 자연스럽게 유도하기 위해서는 경관의 층차를 풍부하고 정교하게 배치하여
야 한다. 다시 자금성 건륭화원을 예로 보이경이의 수법이 어떻게 사용되었는지 살
펴보자. 건륭화원은 네 개의 작은 경관구역으로 나뉘어 일렬로 늘어서 있는데, 첫
번째인 고화헌(古華軒) 경관구역과 두 번째인 수초당(邃初堂) 경관구역은 평탄하고
넓게 트였으며 자연스러운 동선으로 관람자를 차분하게 이끌어 나간다. 그러다가
세 번째인 췌상루(萃賞樓) 경관구역에 들어서게 되면 갑자기 전체 원락을 가득 채운
가산이 눈앞에 등장하면서 앞선 두 개의 경관구역과 강렬한 대비를 이룬다. 가산에
나 있는 굽고 꺾여 있는 길을 따라 깊고 그윽한 경관 속으로 진입하게 되면 때로는

도 3-30. 자금성 건륭화원(乾隆花園) 부망각(符望閣) 경관구역 북측 입면도.

높은 곳에 때로는 낮은 곳에 풍경을 조망할 수 있는 지점들이 홀연히 등장하면서 유람자로 하여금 끊임없이 전체 경관을 연상하게 하고 다음 경관을 탐험하고자 하는 의욕을 고취시킨다. 세 번째 경관구역이 끝나고 네 번째 경관구역에 들어서면 자연스럽게 전체 원림 경관의 절정에 해당하는 부망각(符望閣)에 도착하게 된다. "부망(符望)"이라는 이름을 경관을 관망하기에 부합된다는 뜻으로 해석한다면, 여태까지의 동선처리, 즉 보이경이의 수법이 바로 유람자를 최종적으로 이곳에 이르게 하기 위해 의도적으로 계획된 것이라고 말할 수 있을 것이다.

보이경이의 핵심은 원림 안에 선형의 유람동선을 설계하면서 거리와 곡절의 변화를 이용해 원림의 각종 경관을 조합하고 배치하는 것이다. 이에 대해 『원야』의 흥조론(興造論)에는 "치우쳐 있는 샛길도 무방하고, 문득 (경물을) 두어서 부드럽게 돌아가기도 한다(不妨偏徑, 頓置婉轉.)"라 하였고, 철산편(掇山篇)에는 "샛길은 굽어 돌아 길며, 산은 빼어나고 예스럽다(蹊徑盤且長, 峰巒秀而古.)"라 하였는데, 이는 유람동선인 샛길을 때로는 모서리에 치우치게 두고 때로는 굽어서 돌아가게 하여야 한다는 원리를 설명한 것이다. 『원야』의 입기편(立基篇)에서는 원림건축 유형 중 청당(廳堂)건축에 대해 논하면서 "깊고 그윽하며 굽고 꺾여 있음과, 앞과 통하고 뒤에 이

도 3-31. 소주(蘇州) 창랑정(滄浪亭).

름이, 모두 이 반 칸 안에 있어 가지런한 경관을 만들어낸다. 뭇 원림을 세울 때는 반드시 이런 형식과 같아야 한다(深奧曲折, 通前達後, 全在斯半間中, 生出幻境也. 凡立 園林, 必當如式.)"라 하였는데, 여기서 "깊고 그윽하며 굽어져 꺾여 있음(深奧曲折)"은 굽은 동선을 따라 펼쳐진 그윽하고 굽어 있는 공간을 의미한다. 여기서 청당건축에 딸려 있는 "반 칸(半間)"은 매우 흥미로운데, 이는 현대 건축이론에서 실내와 실외 사이의 과도공간을 의미하는 "회공간(灰空間)"[74]의 개념과 유사하다.

보이경이의 원리는 오랜 기간의 조원경험이 누적되면서 점차 원림설계에 있어 하나의 공식이 되었고, 대다수의 조원가들은 이 수법을 통해 얻을 수 있는 풍부한 경관체험에 깊게 매료되었다. 송대 이결(李結)의 『완계사(浣溪沙)』에서 원림을 묘사

---

74 현대 일본건축가 黑川紀章이 제시한 실외에서 실내로 들어가는 중간의 과도공간의 개념.

도 3-32. 청(淸) 낭세녕(郎世寧)의 《홍력설경행락도(弘曆雪景行樂圖)》.

하면서 "꽃밭이 굽어 돌아 있는 가운데 굽은 길이 통하여 있고, 작은 정자는 바람이 불어 비단주렴의 무거움을 말아 올린다(花圃縈回曲徑通, 小亭風卷繡簾重.)"라 하였고, 명대 진계유(陳繼儒)의 『소창유기(小窗幽記)』에서는 "하나의 작은 길이 그늘 가운데 나 있는데, 기세가 뱀과 지렁이 같은 경치를 숨기고 있으니, 안개가 드리우면 길을 잃게 된다. 반각(半閣)이 홀로 걸려 있는데 그림자는 아득하고 어렴풋한 경관을 돌아가고, 별이 가까워서 딸 수 있을 듯하다(一徑陰開, 勢隱蛇蟺之致, 雲到成迷 ; 半閣孤懸, 影回縹緲之觀, 星臨可摘.)"[75]라 하였으며, 명대 유사룡의 『오유원기』에서는 "대나무 숲 사이로 작은 길이 나 있어 깊은 곳으로 통하니 돌아 들어가면 더욱 좋다. 꽃 사이에 길을 잃고, 벽이 꺾어서 겹겹이 둘러 있으니 곧 내 원림의 그윽함이다(于竹徑通幽, 轉入愈好. 花間迷路, 壁折複還, 則吾園之幽也.)"[76]라고 하였다.

75 [明] 陳繼儒, 『小窗幽記』, 卷六集景.
76 [明] 劉士龍, 『烏有園記』.

한편, 청대 이어는 『한정우사·거실부·방사제일·도경(閑情偶寄·居室部·房舍第一·途徑)』에서 "작은 길은 빠른 것만큼 편한 것이 없고, 또한 멀리 뻗어 있는 것만큼 오묘한 것이 없다. 무릇 길을 길게 뻗게 하여 특색 있는 경치를 찾는 것은 반드시 별도로 문을 설치하여 집 안 사람들을 편리하도록 하는데 급하면 열고 그렇지 않으면 닫으니, 이에 우아하고 세속적인 것이 모두 이롭고 이치도 겸하고 있다(徑莫便于捷, 而又莫妙于迂. 凡有故作迂途, 以取別致者, 必另開耳門一扇, 以便家人之奔走, 急則開之, 緩則閉之, 斯雅俗俱利, 而理致兼收矣.)"라 하여, 하나의 원림에서 멀리 돌아가게 설계된 유람용 길과 빨리 가로질러 가게 설계된 일상생활용 길을 합하고 나누는 요령을 소개했다.

그 밖에 곡경통유한 경관에서는 사람으로 하여금 깊은 곳으로 가 보고자 하는 충동과 호기심을 일으킬 수 있는 장치를 설치하여야 하는데, 이는 조원가들이 일찍이 주목한 바이다. 당대 배적(裴迪)의 『유함화사담흥상인산원(游感化寺曇興上人山院)』에서는 한 사찰원림을 묘사하고 있는데 "문에 들어서니 대나무 길이 나 있고, 머물고 있는 나그네는 산천의 물소리를 듣는다네. 새의 지저귐이 깊은 숲 속에서 들려오고, 마음은 한적한데 노을이 앞에 펼쳐지네. 헛된 명성이 결국 무슨 도움이 되겠는가, 여기에서 선(禪)에 깃들기를 원한다네(入門穿竹徑, 留客聽山泉, 鳥囀深林裏, 心閑落照前, 浮名竟何益, 從此願栖禪.)"라 하여 물소리와 새소리를 통해 사람으로 하여금 대나무 숲 사이의 작은 길에 따라 들어가 그 소리의 근원을 확인하고 싶게 만들었다. 또한 배적의 『임호정(臨湖亭)』라는 시에는 "정자는 깊게 출렁거리는 물에 닿아 있고, 홀로 떠 있는 달 그 사이를 배회하네. 계곡 입구에선 원숭이 울음소리 들려오고, 바람은 집으로 불어오네(當軒彌混漾, 孤月正裏回, 穀口猿聲發, 風傳入戶來.)"라 하였는데, 여기서는 관람자는 처음에는 지척의 달그림자만을 인식하였다가 문뜩 들려오는 원숭이 소리로 먼 산을 인식하게 되고 때마침 불어오는 바람을 타고 먼 산의 경관이 정자 안으로 압축되어 들어온다. 이러한 표현기법으로 시인은 시를 읽는 사람으로 하여금 발걸음이 아닌 마음을 움직여 시인이 느꼈던 깊은 경관의 느낌을 체험하도록 하였다.

제5절 원림의 경관배치―양제정격(量題定格)

중국 전통비단 공예의 하나인 운금(雲錦) 기능인들 사이에서는 다음과 같은 구결이 전해져 내려온다. "주제를 헤아려 격식을 정하고, 소재에 따라 기세를 취한다. 가지와 잎을 칠 때에는 생동하고 모습이 적당해야 한다. 주제와 부제는 호응하고 층차가 분명해야 한다. 꽃은 푸르고 바탕은 희며 비단 구멍은 균일하여야 한다.(量題定格, 依材取勢. 行枝葉, 生動得體. 賓主呼應, 層次分明. 花淸地白, 錦空勻齊.)" 이 중에 "주제를 헤아려 격식을 정한다(量題定格)"라는 원리는 원림경관 경관배치 원리와 일맥상통한다. 즉 원림에서 경관배치는 먼저 경관의 주제를 설정하고 그에 맞게 각종 요소들을 통일된 격식으로 자리 잡게 해야 한다.

"양제(量題)"는 직역하면 "주제를 헤아린다"라고 할 수 있는데, 그 구체적 의미는 경관에 적합한 주제를 고민하여 결정하는 것이다. 청대 장조의 『유몽영』에는 "바쁜 사람의 원림은 마땅히 주택과 연결되어 있어야 하고, 한가한 사람의 원림은 주택과 멀어도 괜찮다(忙人園亭, 宜與住宅相連. 閑人園亭, 不妨與住宅相遠.)"라 하였는데, 이는 원림의 입지특성에 따라 경관의 주제가 달라짐을 의미한다. 만약 선세를 상징하는 해내십주삼도(海內十洲三島)[77] 및 도가(道家)의 동천복지(洞天福地)[78] 따위의 주제라면, "정치한 형상이 현묘하게 드러나면, 맑은 경치 가운데 궁궐을 벌리고, 그윽한 기질이 잠겨서 뭉쳐 있으면 명산에 동부를 연다(精象玄著, 列宮闕于淸景. 幽質潛凝, 開

---

77 한나라 때 동방삭이 지었다고 전해지는 『해내십주기(海內十洲記)』에 열거된 신선세계.
78 도가의 선경(仙境).

洞府于名山.)"[79]라는 글에서 말한 바와 같이, 도교의 궁궐이나 동부는 그 경관이 놓일 환경의 특성과 대응을 해야 한다. 한편 현대 원림학자 진종주는 "원림건축은 반드시 기능과 형식이 서로 부합해야 한다. 옛날에는 원림을 만들 때 정자 하나 사 하나를 두고 몇 번 굽은 회랑을 두는데 이는 모두 실제적인 필요에서 출발한 것이다. 많이 만들지 않고 헛되이 만들지 않으니, 시나 산문을 지을 때처럼 쓸데없는 단어나 군더더기 어구가 없어야 한다(園林建築必功能與形式相結合, 古時造園, 一亭一榭, 幾曲回廊, 皆據實際需要出發, 不多築, 不虛構, 如作詩行文, 無廢詞贅句.)"[80]라 하였는데, 이는 원림건축의 형식이 경관의 주제에 부합하여야 함을 의미한다.

"정격(定格)"에서 "격(格)"은 "격식(格式)"이나 "배치[格局]"[81]로 해석이 가능하기 때문에 "정격은 "격식을 정한다" 혹은 "배치를 정한다"라고 번역할 수 있다. 그 구체적인 의미는 산·물·동식물·건축 등의 경관 구성요소들을 조합하고 그들 사이에 구조를 형성하여 해당 경관구역에 통일된 주제를 부여해 나가는 것이다.

하나의 경관 구성요소는 그것이 놓이는 경관구역의 주제에 부합하여야 한다. 명대 당지계의 『회사미언』 중 "나무와 돌의 올바른 위치(樹石所宜)"이라는 구절에 이르기를 "수풀과 산석에는 각각 나누고 배합하는 이치가 있다. 만약 첩첩의 산봉우리라면 외산과 그 나무와 돌이 크게 달라야 한다. 만약 같다면 위치의 안배가 치우치거나 막혀 있지 않아야 (산과 나무의 관계가) 굳게 뭉친다. 예를 들어 원림의 경관에는 교묘한 돌, 오죽, 교묘한 회나무, 교묘한 소나무를 만들 수 있는데, 만약 원림안의 (교묘하게 생긴) 나무들을 큰 경관과 큰 산에 옮겨 놓는다면 서로 어울리지 않는다(林木山石各有分配, 若重山疊嶂, 與單山片景其樹石大不相同, 苟或相同, 則經營位置非僻澀便板結矣, 如園亭景乃可作巧石梧竹及巧檜巧松, 若以園亭樹木移之大山大景, 便不相稱.)"[82]

---

79 司馬紫微集著, 洞天福地記·天地宮府圖. 궁궐과 동부는 도가사원을 가리킨다.
80 陳從周, 『說園(四)』.
81 격국 : 배치.

라 하여, 식물과 가산은 그들이 놓이는 경관의 규모에 따라 요구되는 기준이 다름을 지적하였다.

또한 청대 추일계(鄒一桂)의 『소산화보(小山畫譜)』에서는 산수화의 장법(章法), 즉 구도원리에 대해 설명하기를 "장법이라는 것을 한 폭의 큰 기세를 갖고 말한다면, 폭은 대소와 관계없이 반드시 주제와 부제를 나누어야 한다. 한 번 비면 한 번 실하고, 한 번 드물면 한 번 조밀하고, 한 번 들어가면 한 번 나오는 것이 바로 음양・밤낮・소식의 이치인 것이다. 배치방법은 기세를 구고(勾股)[83]처럼 하는 것이니, 위는 빈 하늘을, 아래는 땅을 배치한다. 혹은 좌측에 하나를 두고 우측에 둘을 두고, 혹은 위로는 홀수 개를 두고 아래로는 짝수 개를 둔다. 제약은 세 가지이니, 형상을 만들 때 빈틈없이 둘러싸거나 점점을 흩어 놓은 것, (상・하 혹은 좌・우) 둘이 서로 평두(平頭)[84]한 것, 대추나무 씨나 새우수염처럼 그리는 것을[85] 금기로 한다. 배치에 법식이 있으면 많아도 가득 차 보이지 않고 적어도 비어 보이지 않는다(章法者, 以一幅之大勢而言. 幅無大小, 必分賓主. 一虛一實, 一疏一密, 一參一差, 卽陰陽晝夜消息之理也. 布置之法, 勢如勾股, 上宜空天, 下宜留地. 或左一右二, 或上奇下偶. 約以三出. 爲形忌漫團散碎, 兩互平頭, 棗核蝦須. 布置得法, 多不嫌滿, 少不嫌稀.)"라 하였는데, 이는 원림의 "정격"방법과 상통한다.

『소산화보』에서는 구체적인 "정격"의 수법으로 먼저 "빈주(賓主)", "허실(虛實)", "소밀(疏密)", "참차(參差)"를 나열하여 소개하고, 다음으로 구도에서 대비를 통해 기세를 만드는 "취세(取勢)"의 수법을 제시하였다.

---

82 欽定四庫全書, 子部, 藝術類, 書畫之屬, 繪事微言, 卷下.

83 직각삼각형의 수직변과 수평변.

84 오언시에서 첫 번째와 두 번째 글자가 아래구의 첫 번째, 두 번째 글자와 성조가 같게 되는 실수. 여기서는 회화에서 상하 혹은 좌우의 요소가 나란한 것을 가리킨다.

85 대추나무 씨처럼 타원형으로 둘러 그리거나 새우수염처럼 나란히 선을 나열하여 그리는 것. 즉 도식적인 표현을 가리킴.

一. 빈주(賓主)―주종배합(主從配合)

경관구도에서 "빈주"란 손님과 주인, 즉 부제와 주제를 의미한다. 중국 고전원림에서 "주(主)"와 "빈(賓)"은 동일한 종류의 경관요소 사이에 존재하기도 하며, 서로 다른 종류의 경관요소 사이에 존재하기도 한다. 송대 곽희(郭熙)의 『임천고치(林泉高致)』에는 산을 그리는 요령에 대해 "산수는 먼저 대산을 이해해야 하는데, 이름하여 주봉이라 한다. 주봉이 이미 정해지면 바야흐로 다음을 그려야 하니, 가까운 것, 먼 곳, 작은 것, 큰 것들을 하나의 경치에 여기에 집중되게 한다. 그래서 주봉이라 하는 것이니, 마치 군신 상하의 관계와 같은 것이다(山水先理會大山, 名爲主峰. 主峰已定, 方作以次, 近者, 遠者, 小者, 大者, 以其一境主之于此, 故曰主峰, 如君臣上下也.)"라 하였는데, 이는 산을 구성하는 산봉우리들 사이에 "빈주"관계가 있어야 함을 의미한다. 이 글은 이어서 "수풀과 바위는 먼저 큰 소나무를 이해해야 하는데, 이름 하여 종노(宗老)라 한다. 종노가 마침내 정해지면 바야흐로 다음으로 새 둥지, 작은 화훼, 담쟁이, 자잘한 바위를 그리고, 그 하나의 산으로 여기에서 그것들을 드러낸다. 그래

도 3-33. 오대(五代) 형호(荊浩)의 《광려도(匡廬圖)》.

서 종노라고 하는 것이니, 마치 군자와 소인의 관계와 같다(林石先理會大松, 名爲宗老. 宗老意定, 方作以次, 雜窠, 小卉, 女蘿, 碎石, 以其一山表之于此, 故曰宗老, 如君子小人也.)"라 하였는데, 이는 소나무와 다른 작은 식물 및 돌, 즉 서로 다른 종류의 경관 요소 사이에도 "빈주"관계가 있으니 먼저 주제를 우뚝 세우고 다른 부제들을 주제에 기대거나 낮추어 양보하거나 둘러서 떠받치거나 응하여 조화를 이루는 등의 형태로 만들어야 함을 의미한다.

"빈주"의 수법은 특히 산 경관의 구도를 구성할 때 중시된다. 『원야』의 철산편에는 석가산의 구도를 논하고 있는데 "만약 가운데 우뚝 서 있는 하나의 돌을 주석으로 삼는다면 두 개를 옆에 삽입하여 벽봉이라 부른다. 주석은 홀로 서서 단정하고 장엄하며 벽봉들은 옆에서 마주보고 보필하니, 기세는 줄을 서 있는 듯하고 형상은 받들어 모시는 것 같다(假如一塊中竪而爲主石, 兩條傍揷而呼劈峰, 獨立端嚴, 次相輔弼, 勢如排列, 狀若趨承.)"라 하였다. 이러한 수법은 산수화의 영향을 받은 것으로 보이는데, 그 관련 문헌은 아래처럼 무척 풍부하다.

주봉은 마땅히 높아야 하고, 객산은 모름지기 분주히 내달려야 한다.(主峰最宜高聳, 客山須是奔趨.)—당대 왕유의 『산수결』 혹은 오대 형호의 『화산수부(畫山水賦)』

산이 양 기슭으로 나뉘어 반은 평온하고 반은 번잡스러우며, 벼랑이 돌연 드리워져 보일 듯 말 듯 한다. 가까이로는 언덕 아래에서 위로 올라가 존비가 서로 바로 보는 정감이 있고, 멀리에는 산이 밑에서 올라가며 주객이 각각 다른 형상이 있다.(원평 : 산 꼭대기와 산기슭이 부앙하고 서로 바라보는 정감이 있다. 원근의 산들은 그 형상이 서로를 범하지 않는다. 이것이 장법의 요긴처이니, 배우는 이들은 소홀히 하지 말아야 한다)(山分兩麓, 半寂半喧. 崖突垂膺, 有現有隱. 近阜下以承上, 有尊卑相顧之情. 遠山低以爲高, 有主客异形之象.(原評 : 山頭山足, 俯仰照顧有情. 近峰遠峰, 形狀勿令相犯. 此章法要緊處, 學者勿輕放過.)).—『화전(畫筌)』 청대 달중광(笪重光) 지음, 왕휘(王翬) · 운격(惲格) 평

도 3-34. 소주(蘇州) 유원(留園).

주산이 바른 것은 객산이 밑에 있고, 주산이 곁에 있는 것은 객산이 멀리 있다. 뭇 산들이 함께 엎드려 주산은 존귀해지고, 뭇 봉우리들이 둘러싸 조봉이 두터워진다. 토석이 엎치락뒤치락하여 그 높이를 높이고, 굽이진 고개들이 이어져 그 활연함을 이루어낸다.(主山正者客山低, 主山側者客山遠. 衆山拱伏, 主山始尊 ; 群峰盤亘, 祖峰乃厚. 土石交覆以增其高, 支隴勾連以成其闊.)—청대 달중광의 『화전』

산꼭대기에는 탑을 넣어 전환시켜 산맥이 모두 이어져야 하니, 이것이 활법이다. 뭇 봉우리들 마치 공손히 읍을 하듯 만 그루의 나무들이 대군의 졸병처럼 서로 따라 삼연하게 범할 수 없는 기세가 있다. 이것이 진산의 형상을 묘사하는 것이다.(山頭要折搭轉換, 山脉皆順, 此活法也. 衆峰如揖遜, 萬樹相從如大軍領卒, 森然有不可犯之勢. 此寫眞山之形也.)—『육여거사화보(六如居士畫譜)』 2권에 수록된 원대 황공망(黃公望)의 『산수결(山水訣)』

또한 경관의 전체구도 역시 "빈주"의 관계에 근거하여 조절된다. "무릇 산수를 그릴 때는 먼저 빈주의 위치를 세우고, 다음으로 멀고 가까움의 형상을 정한다. 그리하여 경물을 덧붙이고 높낮이를 펼친다(凡畫山水, 先立賓主之位, 次定遠近之形, 然穿鑿景物, 擺布高低.)"[86]라 하였는데, 이는 먼저 경관에서 주차(主次)의 관계를 결정하고 다음으로 원근관계를 결정한 다음 각종 요소들이 조화를 이루도록 이곳저곳 배치하는 산수화의 전체구도 원리를 설명한 것으로, 즉 소재 간의 빈주 관계를 통해 전체적인 공간의 구도를 만드는 원리이다. 이와 관련된 고문헌을 살펴보면 다음과 같다.

> 그림에는 주객이 있어 빈객이 주인을 이기게 할 수는 없다. 예컨대, 산수화에서 산수가 주인이 되고 구름과 안개, 나무와 돌, 인물, 금수, 누각들은 모두 빈객이 된다. 또한 한 척의 산이 주인이면 무릇 빈객은 원근을 꺾고 헤아려 균형을 맞추어야 한다.(畫有賓主, 不可使賓勝主. 謂如山水, 則山水是主, 雲烟, 樹石, 人物, 禽獸, 樓觀皆是賓. 且如一尺之山是主, 凡賓者遠近折算須要停勻.)―원대 탕후(湯逅)『화감(畫鑒)』

> 주객의 모습을 정하고, 뭇 봉우리들의 위의를 나열하는데, 많으면 분잡하고 적으면 오만하니, 많지도 적지도 않게 하여 원근을 나누어야 한다. 원산이 근산과 이어지지 않고, 원수가 근수와 연결되지 않게 한다. 산허리에다 사찰을 배치하고, 깎아지른 벼랑과 비탈진 제방에는 작은 다리를 적당히 배치한다. 길에 수풀을, 절벽에는 오래된 다리를, 물이 끊어진 곳에는 안개 속 나무를, 물줄기가 확 트인 곳에는 돛단배를, 수풀이 조밀한 곳에는 집을 둔다.(定賓主之朝揖, 列群峰之威儀, 多則亂, 少則慢, 不多不少, 要分遠近. 遠山不得連近山, 遠水不得連近水. 山腰掩抱, 寺舍可安. 斷岸阪堤, 小橋小置. 有路處則林木, 岸絶處則古渡, 水斷處則烟樹, 水

---

86 [五代] 李成, 山水訣.

闊處則征帆, 林密處居舍..—오대 형호의 『화산수부』 혹은 당대 왕유의 『산수결』

고인들은 하나의 나무와 돌에도 반드시 앞뒤, 곧은 것 기울어진 것을 나누어 한 획이라도 구차히 그리는 것이 없다. 수종의 나무, 굽이진 길, 봉우리들의 중첩 등은 구름 기운을 빌려다 막고 열어준다. 물가가 멀리 돌아오는 것은 여울을 표현하여 원근을 표시한다. 그 솜씨를 말하자면 심후하여 헤아릴 수 없으니, 집중해서 관찰하면 세세한 구분이 밝혀져 실제 한 줄기의 분란함이 없다. 이 때문에 경치가 더욱 은근해지고, 생기는 더욱 더 흐르게 된다. 많음은 막히는 데에 이르지 않고, 적음은 거친 데에 이르지 않고, 짙음은 탁하고 더러운 데에 이르지 않고, 옅음은 황량한 데에 이르지 않는다. 이를 가리켜 영공(靈空), 공묘(空妙)라고 한다. 그 드러나고 출몰하는 것이 온전히 조화옹의 진기(眞機)를 얻었다. 예전에 잎사귀마다 아로새기고 물물마다 비슷하게 그려서 채색의 달인과 다투게 하더라도 어찌 귀하다 하겠는가?(古人于一樹一石, 必分背面正反, 無一筆苟下, 至于數重之林, 幾曲之徑, 巒麓之單複, 借雲氣爲開遮. 沙水之迂回, 表灘磧(弁)爲遠近. 語其墨暈之酣, 深厚如不可測, 而定意觀之, 支分縷析, 實無一絲之棼. 是以境地愈穩, 生氣愈流. 多不致逼塞, 寡不致雕疏, 濃不致濁穢, 淡不致荒幻. 是曰靈空, 是曰空妙. 以其顯現出沒, 全得造化眞機耳. 向令葉葉而雕刻之, 物物而形肖之, 與髹工𣛀匠爭能, 何足貴乎.)—명대 이일화(李日華)의 『육연재이필(六硏齋二筆)』

二. 허실(虛實)—소밀득당(疏密得當)

주제와 부제의 관계를 결정하여 구도의 틀을 잡고 난 다음에는 산·물·동식물·건축 등의 요소들을 배치하는데, 이때 밀도가 적절하도록 유의해야 한다. 명대 동기창의 『화선실수필(畵禪室隨筆)』에 이르기를 "상세한 곳이 있으면 반드시 간략한 곳도 있어야 하니, 허실이 서로 작용하여 듬성듬성하면 깊지 않고 조밀하면 풍운이 없다. 그러나 허실을 살펴서 뜻으로써 구한다면 그림은 절로 훌륭해진다(有詳處必要有略處, 虛實互用, 疏則不深邃, 密則不風韻. 但審虛實以意取之, 畵自奇矣.)"라 하였는데,

도 3-35. 명(明) 심주(沈周)의 《청원도(靑園圖)》.

이는 산수화에서 허(虛)해야 하는 곳은 성글게[疏] 그리고, 실(實)해야 하는 곳은 촘촘하게[密] 그리며, 그림을 전체적으로 보았을 때 허실(虛實)한 느낌이 자연스럽게 조화를 이루고 있게 하려면 소밀(疏密)의 정도를 적절하게 조절해서 표현해야 한다는 뜻이다. 허실과 소밀은 중국 고대 산수화 이론에서 자주 등장하는 담론으로, 아래에 몇 가지 중요한 글들을 열거해 본다.

산천초목은 조화옹의 자연스러움이니, 이것이 실경이다. 마음을 통해 정경을 만들어내어 손으로 마음을 운용하면 이것이 허경이다. 텅 비어 있으면서 실체가 있으면 이것이 필묵에 있어서 중간이 없이 시비를 재단하고 공졸을 정함이 있게 된다.(山川草木, 造化自然, 此實境也, 因心造境, 以手運心, 此虛景也. 虛而爲實, 是在筆墨有無間衡是非, 定工拙矣.)—청대 방사서(方士庶)의 『천용암수필(天慵庵隨筆)』

대저 허실의 오묘함은 모두 텅 빈 데에서 생기는 것이다.(大抵實處之妙皆因虛處而生.)—청대 장화(蔣和)의 『학화난론(學畫雜論)』

빈 것은 본래 그리기 어려우니, 실경은 맑고 허경이 드러남은 신묘함으로도 그릴 수 없다. 핍진한 경치가 있고 신묘한 경지가 생겨나 위치가 서로 어긋나며 그림 속에 군더더기가 많아지고, 허실이 서로 생겨나 그림 그릴 데가 없는 곳에서 모두 오묘한 경지를 이루어낸다.(空本難圖, 實景淸而空景現, 神無可繪, 有境逼而神境生. 位置相戾, 有畫處多屬贅疣, 虛實相生, 無畫處皆成妙境.)—청대 달중광의 『화전』

햇빛을 짙게 표현하려면 나무 그림자는 겹겹이고 산봉우리들이 갈마들게 하는데, 이는 사람들이 모두 알고 있는 바이다. 그러나 이것을 비춰 묘사해냄에 매번 막혀 쌓이기만 하는 것은 특히 취미가 없는데, 어째서인가? 아마도 생각이 짙게만 하려는 데 있어서 허실이 서로 생겨나는 이치를 모르기 때문이다. 짙음이 다하는 곳에는 반드시 옅어야 하고, 조밀한 곳에는 반드시 사이사이에 듬성듬성 표현해야 함을 모르는 것이다. ……이른바 허하다가 실하고 실하다가 실하여 허실이 상생하니, 상생하는 것이 끝이 없는 것이다. 이와 같은 작법으로 비록 천산의 만 그루의 나무를 전폭에 가득 그린다 한들 어찌 그 핍진한 경지가 있겠는가!(景欲濃秘, 則樹陰層層, 峰巒迭迭, 人皆知之. 然照此去寫, 每見逼塞成堆, 殊無趣味者, 何也?蓋意泥濃密, 未明虛實相生之故. 不知濃處消必以淡, 密處必間以疏, ……所謂虛實實虛, 虛實相生, 相生不盡. 如此作法, 雖千山萬樹, 全幅寫滿, 豈有見其逼塞者耶.)—청대 정적의 『몽환거화학간명 · 논경』

현대 원림학자 진종주는 이러한 고대 산수화에서 허실 표현이 고전원림에 응용되었음을 간파하였다. "운수(惲壽)가 그림을 평하기를 '청록의 빛깔은 짙고 두텁게 하는 것은 쉽고 옅고 담담하게 하는 것은 어렵다. 옅고 담담하게 하는 것이 쉬우면 짙고 두텁게 표현하는 것이 더욱 어려움을 알게 된다(靑綠重色, 爲濃厚易, 爲淺淡難. 爲淺淡易, 而愈見濃厚爲尤難.)'라 하니, 조원의 원리 역시 이러하다. 이른바 실함에서 허를 구하고, 허 가운데서 실을 얻어야 하며, 옅지만 얇지 않고 두텁지만 막히지 않으면 자연스러운 멋이 있다."[87]

허실 표현의 기본원리는 물리적으로 고밀도와 저밀도를 적절하게 조합하는 것인데, 여기서 '적절하게'라는 것은 기본적으로 리듬, 상호내포, 강조 세 가지에 유의

87 陳從周, 『說園(四)』.

해야 한다는 것이다. 청대 정적의 『몽환거화학간명·논기』에는 "배치가 좁고 가득 찬 것은 전체 화폭은 가려지고 호탕하게 펼쳐지지 못한다. 무릇 경물 배치는 허실을 밝게 해야 하니, 허실은 살아 있는 변화에 달려 있다. 살아 있는 변화의 요결은 '허허실실, 실실허허'의 여덟 글자가 다이다. 한 폭의 그림을 두고 말하자면, 한 곳이 모이고 빽빽하면 반드시 사이에 한 곳은 성글게 풀어줘서 그 기세를 편하게 하니, 이것이 바로 허실상생의 원리이다. 그 밀한 가운데 성김이 있다는 것은, 산·돌·나무·건축이면 무릇 몰려 있는 곳에는 반드시 피하여 성글게 하고 공간을 남겨서 서로 부딪히지 않게 한다. 성김 가운데 밀함이 있다는 것은, 바다가 넓어야 파도와 배를 숨기고, 하늘이 비어 있어야 새·구름·안개를 접하는 것이다. 이것이 바로 '실중허, 허중실'이다. 이 도리를 밝게 알아서 좁고 가득하게 하는 금기를 피하여야 할 것이다(布置迫塞者, 全幅逼窒, 不能推宕. 凡布景要明虛實, 虛實在乎生變. 生變之訣, 虛虛實實, 實實虛虛, 八字盡之矣. 以一幅而論, 如一處聚密, 必間一處放疏, 以舒其氣, 此虛實相生法也. 至其密處有疏, 如山石樹屋, 凡出頂處, 須避疏留眼, 毋相逼撞是也. 疏處有密, 如海闊則藏以波濤舟楫, 天空則接以飛鳥雲烟是也. 此實中虛, 虛中實也. 明乎此, 庶免迫塞之忌.)"라 하였는데, 여기서 설명하고 있는 허실은 경물을 배치할 때 간격을 좁게 하는지 아니면 넓게 하는지의 물리적 밀도관계를 가리킨다. 이때 "허허실실, 실실허허"은 허실조합에 리듬이 있어야 함을 의미하고 "실중허, 허중실"은 허와 실이 서로를 내포하는 관계를 가져야 함을 의미한다.

　　이러한 허실배합의 기본원리는 원림에서도 마찬가지인데, 청나라 건륭황제는 자신의 원림경관에 대한 시에서 "산목은 조밀함을 꺼리지 않고, 조밀한 곳에서 다시 중간에 듬성듬성해진다(山木不妨密, 密處還間疏.)"[88]라 하여 원림에서 산목의 배치가 '허중실, 실중허'의 원리를 따르고 있음을 말하였다. 허와 실은 조화롭고 리듬감 있

---

88 欽定四庫全書, 集部, 別集類, 淸代, 禦制詩集, 初集卷三十二, 心遠閣作.

도 3-36.남경(南京) 후원(照園).

게 어울리다가 때로는 좀 더 극단적으로 강조되어 표현되기도 하는데 "조밀함은 빽빽하고 막힘을 꺼리지 않고, 성김은 비어 있어 느슨함을 꺼리지 않는다(密不嫌迫塞, 疏不嫌空松.)"[89]라는 시가 있어, 밀도 표현 시 때로는 극단적으로 강조를 할 수 있음을 알 수 있다.

이러한 기본원리를 기초로 옛사람들은 다양하고 구체적인 허실 표현수법을 발전시켰는데 그 예는 다음과 같다.

햇빛을 어두운 가운데 조화롭게 하면 그 맛이 끝이 없고, 풍광을 가려진 데에 운용하면 보면 볼수록 새로워진다. 빽빽한 가운데 절로 광원함을 겸하고, 소략한 가운에 화려함을 본다.(원

---

89 [淸] 沈宗騫, 『芥舟學畵編』.

주 : 이 편 중에 기운을 천발한 부분은 최고로 미묘한 것이다. 그 의론이 정미하고 말은 허투루한 것이 없다. 배우는 자들은 글자마다 주의하여 그 뜻을 새겨야 한다.) 산의 두터운 곳은 바로 깊숙한 곳이요, 물이 고요한 때는 바로 움직이는 때이다.(合景色于草昧之中, 味之無盡. 擅風光于掩映之際, 覽而愈新. 密緻之中, 自兼曠遠. 率易之內, 轉見便娟.(原注 : 此篇中闡發氣韻最微妙處也. 其議論精微, 語無虛下. 學者字字作禪句參之, 默契其旨.)山之厚處卽深處, 水之靜時卽動時.)—『화전(畫筌)』청대 달중광 엮음, 왕휘(王翬)·운격(惲格) 평

경치를 확 트이게 묘사하려면 나무는 마땅히 높게 산은 마땅히 평평하게 두세 그루의 장송을 반드시 정취가 서로 교차되게 하고 원산은 붓을 몇 번 대지 않아 산만하게 해서는 안 된다. 산과 나무는 서로 이어지고 나무와 산은 서로 비추며, 트인 부분에서는 빠진 부분을 볼 수 없고 광활한 부분에서는 그 텅 빈 것을 깨닫지 못해야 바야흐로 확 트이게 묘사하는 비결을 체득하는 것이다.(景欲疏曠, 樹宜高, 山宜平, 三兩長松, 必須情趣交搭, 遠山幾筆, 不可散漫脫離. 山與樹相連, 樹與山相映, 疏處不見其缺, 曠處不覺其空, 方得疏曠秘訣.)—청대 정적의 『몽환거화학간명·논경』

고개 사이에 나무는 듬성듬성, 바위 위로 가지가 드리워져 있다. 나무 한 그루가 세워져 그림자를 드리우니, 하나의 수풀인 것 같다. 하나의 수풀이 길가에 조성되어 있으니 완연히 하나의 나무와 같다. 안개 속 줄기는 그림자 같고, 달빛 아래 가지는 무색이다. 나무는 뿌리가 갈라져 교묘히 서 있으니 몇 그루의 나무들이 떨어져 있다. 바위는 오묘하게 쪼개져 비록 백 조각일지라도 형형색색이다. 바위에는 이끼를 벗겨낸 빛깔이 있고 땅에는 기름지고 축축한 모양새이다. 산으로 갈린 양 절벽에는 나무가 기울어져 축 늘어져 있다. 물줄기는 양 언덕으로 갈려 다리는 굽이져 통해 있다. 폭의 척이 작으면 산수는 마땅히 넉넉해야 하고, 폭의 척이 넓으면 골짜기는 마땅히 얽혀 있어야 한다. 눈 안의 경치를 나타내려면 급박해야 한다. 붓이 그치고 뜻이 소진되면 모름지기 다른 것을 끌어와야 한다. 봉우리가 우뚝 빼어나고 수풀은 숙소(蕭疏)에는 조화롭지 않다. 섬은 홀로 맑게 있으니 집이 어찌 분잡해야 하겠는가?(坡間之樹扶疏, 石上之枝偃

甕. 一木之穿插掩映, 還如一林. 一林之倚讓乘除, 宛同一木. 烟中之幹如影, 月下之枝無色. 樹惟巧于分根, 卽數株而地隔. 石若妙于劈面, 雖百笏而景殊. 石有剝蘚之色, 土有膏澤之容. 山隔兩崖, 樹欹斜而援引. 水分雙岸, 橋蜿蜒以交通. 尺幅小, 山水宜寬. 尺幅寬, 丘壑宜緊. 眼中景現, 要用急追. 筆底意窮, 須從別引. 峰巒雄秀, 林木不合蕭疏. 島嶼孤淸, 室宇豈宜叢雜)—청대 성대사(盛大士)의 『계산와유록(溪山臥游錄)』

허실은 물리적 밀도 외에 공간과도 관계가 있다. 건륭 황제의 『원명원사십경시』 중 "장춘선관(長春仙館)"에는 "숨겨 있는 누각은 겨울에 마땅히 따뜻할 것이고, 탁 트인 정자는 밤에도 시원하다(秘閣冬宜燠, 虛亭夜亦凉.)"라 하여 폐쇄적 건축공간인 "비각(秘閣)"과 개방적 건축공간인 "허정(虛亭)"이 각각 따뜻하고 시원한 느낌을 연상시킴을 말하였다. "비각"은 깊숙한 곳에 숨어 있고 사방이 벽으로 막혀 있어 폐쇄적이고 그 내부공간은 깊고 그윽한데 실(實)에 해당하고, "허정"은 사방이 벽 없이 탁 트여 있어 그 내부공간은 개방적이고 허(虛)에 해당한다. 즉 원림에서 건축공간에 허실의 대비가 존재함을 의미한다. 또한 명대 진계유는 『소창유기 · 권육집경(小窓幽記 · 卷六集景)』에서 원림 공간의 허

도 3-37. 명(明) 최자충(崔子忠)의 《장운도(藏云圖)》.

실관계를 논하였는데 "무릇 정실(靜室)은 반드시 앞에 벽오동 나무를 심고 뒤에 취죽을 심어야 하며, 처마 앞에는 큰 걸음으로 나갈 수 있어야 하고, 북쪽에는 암창(暗窗)을 써서 봄 겨울에 닫아서 비바람을 막고, 여름 가을에는 열어서 시원한 바람이 통하게 한다. 그런데 벽오동나무의 아름다움은 봄 겨울에는 잎을 떨구니 실내로 햇볕이 들어와 섞여서 따뜻하게 해주는 기쁨을 주고, 여름 가을에는 녹음이 우거지니 뜨거운 공기를 막아주는 데 있다. 네 계절이 모두 좋으니 이만한 경관이 없다.(凡靜室, 須前栽碧梧, 後種翠竹, 前檐放步, 北用暗窗, 春冬閉之, 以避風雨, 夏秋可開, 以通涼爽. 然碧梧之趣, 春冬落葉, 以舒負暄融和之樂, 夏秋交蔭, 以蔽炎爍蒸烈之氣, 四時得宜,

도 3-28. 소주(蘇州) 유원(留園).

莫此爲勝.)" 여기서 "정실"건축 공간은 문창의 개폐와 오동나무의 나뭇잎의 생장에 따라 허실의 변화를 겪는다.

청대 장화의 『학화잡론』에는 경관요소의 물리적 밀도의 허실과 공간적 허실 처리수법을 복합적으로 논하고 있다. 한 부분씩 끊어서 분석해 보면 "나무와 돌의 배치는 마땅히 소밀이 서로 간섭하고 허실이 상생해야지 그림의 이치를 얻은 것이다. 가까운 곳은 나무와 돌로 가득 채우고 집을 써서 텅 비운다(樹石布置, 須疏密相間, 虛實相生, 乃得畫理. 近處樹石塡塞, 用屋宇提空.)"

라 하니, 그림에서 근경에서 나무와 돌은 화면에 조밀하게 배치하여 실(實)을 만들고, 건축은 한가하게 비어 있어 허(虛)를 만든다. 이어서 "나무와 돌은 집들 사이에 배치하고, 집 뒤에 다시 나무와 돌을 배치하여 점점 더욱 깊어지게 만든다. 나무로 집들 사이를 가득 채우면 모름지기 집들이 바로 실처가 되는 것을 알아야 한다. 또한 층층의 언덕은 구름과 안개를 쌓아 묶어두는 것이니 구름과 안개의 속이 바로 실처라는 것을 알아야 한다(樹石排齊以屋宇之間, 屋後再作樹石, 層次更深. 知樹之塡塞間以屋宇, 須知屋宇矣是實處, 層崖累積以雲烟鎖之, 須知雲烟之裏矣是實處.)"라 하니, 허한 건축도 주변의 경관밀도를 높이면 실로 변하고, 언덕에 깔린 안개는 자체는 허한 것이지만 그 안에는 실한 언덕을 감싸 안고 있는 것이다. 이어서 "대개 한 층 위에 다시 한 층이 있어 층층 사이에 또 한 층을 숨긴다. 잘 감추는 것은 처음부터 드러나지 않는 것이 없고, 잘 드러난 것은 처음부터 감춰지지 않은 것이 없는 것이다(蓋一層之上更有一層, 層層之中複藏一層. 善藏者未始不露, 善露者未始不藏.)"라 하니, 여기서는 4절

도 3-39. 항주(杭州) 곽장(郭莊).

에서 설명한 숨김과 드러냄[藏露]의 수법을 설명한 것으로 화면 속의 공간은 여러 개의 심도가 다른 화면 층으로 구성되어 있는데, 앞 층이 뒤 층를 숨기고 뒤 층이 앞 층 사이로 드러남이 자연스러워야 함을 의미한다. 이어서 "무릇 그림에는 마땅히 세 층을 그려야 한다. 만약 첫 층이 가로 구도이면 가운데 층은 반드시 세로 구도여야 하고, 안쪽 층은 반드시 많이 수직구도를 더하여야만 한다. 바깥층이 마땅히 나무를 그려 넣어야 한다면 바깥 가운데층은 난간이나 방옥 따위를 그려야 하고 안쪽 층은 또한 원경의 나무나 돌을 대략 그려서 구분을 명확하게 해야 한다(凡畫當三層. 如處一層是橫, 中一層必多竪, 內一層又當用橫, 外一層又當用樹林, 中一層則用欄盾房屋之屬, 內一層又當略作遠景樹石以分別顯然.)"라 하니, 이것은 하나의 화면 층이 허하면 그 뒤의 화면 층은 실해야 하고 다시 그 뒤의 화면 층은 허해야 한다는 것으로, 공간적인 허실의 조합을 설명한 것이다. 이 글은 기본적으로 그림 속 2차원의 산수경관을 설명한 것이지만, 3차원의 원림경관에도 적용할 수 있을 것이다.

원림에서 허실의 균형은 무척 중요하다. 청대 장대의 『도암몽억』 8권에는 "헌화각(㘕花閣)"이라는 원림에 대해 말하고 있는데, "헌화각은 균지정의 소나무 협곡 아래에 있다. 층층의 언덕과 고목이 숲과 물 위로 솟아 나와 있어 가을에는 붉은 잎이 보인다. 비탈 아래에는 한 줄기 계곡이 있어 물이 소용돌이를 이루고, 엄지모양의 울퉁불퉁한 돌이 건너편에서 마주하고 있다. 헌화각에 난간과 문을 달지 않고 바닥 널과 기단을 깔지 않은 것은 건물 명칭의 의미를 바로 하여 끝이 없게 하려는 것이다. 오설숙이 광릉에서 돌아오니 마음은 온통 원림에 대한 생각으로 가득하여, 여기에 작게 시도하여 누대, 정자, 회랑, 작은 길을 만들어 넣으니, 소면루의 옆이고, 다시 청당과 누각을 만들어 넣고 매화로 엮어서 굽이굽이 둘렀으나 지나치게 경직되고 실(實)하며 줄 선 듯한 모습을 피하지 못하니, 의미가 도리어 움츠려 펼쳐지지 못하였으니 마치 석굴 가운데서 글자를 쓰는 것과 같았다. 물 건너편에서 산과 누각과 석록과 송협 위의 소나무를 바라 볼 수 있으니 '노산의 진면목이 도리어 산의 밖에서 얻어지는' 도리이다. 오설숙이 나와 대작하니 내가 이르기를 '몸은 상양 수석 안에 있지만 고향은 망구선도 출신이구려"라 하니 그 부족함을 지적한 것이다(巘花閣在筠芝亭松峽下, 層崖古木, 高出林阜, 秋有紅葉. 坡下支塹回渦, 石拇棱棱, 與水相距. 閣不檻, 不牖, 地不樓, 不台, 意正不盡也. 五雪叔歸自廣陵, 一肚皮園亭, 于此小試. 台之, 亭之, 廊之, 棧道之, 照面樓之側, 又堂之, 閣之, 梅花纏折旋之, 未免傷板, 傷實, 傷排擠, 意反跼蹐, 若石窟書硯. 隔水看山, 看閣, 看石麓, 看松峽上松, 廬山面目反于山外得之. 五雪叔屬余作對, 餘曰"身在襄陽袖石裏, 家來輞口扇圖中."言其小處.)"라 하니, 원래의 자연스러운 원림경관에 각종 경관요소들을 추가하자 허실의 균형이 깨져서 멋이 사라졌음을 지적한 것이다.

한편, 『원야』의 입기편에는 한 가지 특이한 허실배합 수법을 소개하고 있다. "흐르는 물이 마치 끝이 없는 듯하게 하려면 끝나는 곳에 다리를 걸친다.(疏水若爲無盡, 斷處通橋.)" 즉 연못에서 흘러 나가는 물길이 원림의 경계에 이르러 끝이 나는 지점에 작은 다리를 하나 걸쳐서 물이 끝나는 지점을 살짝 가리면, 마치 물길이 담장 너머 먼 곳까지 무한하게 뻗어나가는 듯한 착각을 주게 된다. 이때 다리는 의도적으로 작게 만들어야 원근감이 더욱 강하게 느껴진다. 여기서 물길이 끝나가는 공간[虛]에 다리[實]를 걸치게 되면 다리 뒤로 다시 공간[虛]이 있는 것처럼 느껴지는 것이다. 즉 공간과 물질이라는 서로 다른 차원의 허와 실이 교차하여 다시 허를 만들어 내는 기묘한 원리이다. 이러한 기법은 현존하는 고전원림에도 자주 등장하는데 소주 졸정원, 항주 서호의 곽장, 무석 기창원(寄暢園) 등에 모두 이런 기법이 존재한다.

三. 착락(錯落)─참차변화(參差變化)

"착락"이란 엇갈리게 놓여 있는 모양을 가리키며 "참차(參差)"라 하기도 한다. 청대 이균가(李筠嘉)의 『오원기(吾園記)』에서 언급된 원림경관은 이러한 참차의 변화를 기본특징으로 하고 있다. "무릇 원림의 터는 반드시 정자·누대·헌이 날아오르고, 누와 각이 엇갈려야 하며, 괴석이 험하게 솟아 있고, 교목이 울창한 다음에 가

도 3-40. 소주(蘇州) 예포(藝圃).

히 원림이라 할 수 있다.(蓋凡園之爲地必亭台軒纛, 樓閣參差, 怪石磷峋, 喬木葱郁, 然後可以爲園.)" 고건축 학자인 주계령(朱啓鈐)은 『중간원야서(重刊園冶序)』에서 "마음과 뜻을 발산하고 편하게 돕는 것에 대해 말하자면, 관람의 변화를 지극히 함이 인정상 좋아하는 것으로 종종 단정한 그림을 벗어나 밖으로 앞질러 나간다(若夫助心意之發舒, 極觀覽之變化, 人情所熹, 往往軼出于整齊畫一之外.)"[90]라 하여 중국의 원림경관이 단정하고 질서정연하기보다는 불규칙적으로 엇갈리게 놓는 것을 선호하는 이유는 이것이 사람의 감정과 부합하기 때문이기 때문이라고 말하였다.

자연계의 모든 경관요소는 그 형체가 다르니 "세상에는 똑같은 모양의 나뭇잎이 없다"라는 말이 있다. 따라서 자연에 대한 관찰과 분석 결과를 집대성하여 만든 중

---

90 見朱啓鈐, 重刊園冶序.

국 고전원림에서는 산, 물, 나무, 돌, 건축 등의 형체와 배치에 있어서 자연적인 엇갈림을 중시한다.

시냇물은 보였다 안 보였다 하고 굽이진 언덕은 오르락내리락한다. 산꼭대기는 겹쳐서는 안 되고 나무꼭대기는 절대 가지런해서는 안 된다.(溪間隱顯, 曲岸高低. 山頭不得重犯, 樹頭切莫兩齊.)—오대 형호의 『화산수부』 혹은 당대 왕유의 『산수론(山水論)』

산꼭대기는 한결같이 않고, 나무꼭대기는 일반적이어서도 안 된다.(山頭不得一樣, 樹頭不得一般.)—오대 형호의 『화산수부』 혹은 당대 왕유의 『산수론』

겹겹의 바위는 절대 꼭대기가 나란함을 꺼리고, 뭇 봉우리들의 배치는 마땅히 높고 낮아야 한다. 외딴 봉우리를 멀리 배치하고 들에는 물을 아득히 흐르게 한다. 길은 안 보였다 보였다 하고 교량은 있다가 없다 한다.(重岩切忌頭齊, 群峰布宜高下. 孤峰遠設, 野水遙施. 路道時隱時顯, 橋梁或有或無.)—『육여거사화보』 2권에 기제된 당대 왕유의 『산수결』

두 갈래 길을 배치하여 밝음도 어두움도 있고, 두 개의 봉우리를 일으켜 높고 낮은 곳을 오른다.(布兩路有明有晦, 起雙峰陟高陟低.)—『육여거사화보』 2권에 기제된 당대 왕유의 『산수결』

되돌아 품는 곳에는 스님들의 거처를 안배하고, 물가에는 인가를 배치한다. 촌야에는 몇 그루의 나무들로 수풀을 이루어 그 체격을 이루게 하고, 산의 절벽에는 물줄기가 합쳐진 곳에서 폭포수가 있고 샘은 어지러이 흐르지 않는다. 건너가는 입구는 마땅히 적막해야 하고 사람들의 왕래는 소소해야 한다. 떠가는 배 위의 교량은 마땅히 높아야 하고, 어부의 낚싯배는 거리낌이 없다. 깎아지른 절벽 사이로 괴목을 안치하고, 험한 절벽과 바위들은 길이 통해 있다. 먼 곳의 산은 구름과 교접하고, 멀리 하늘은 물색과 빛을 섞는다. 산세가 막힌 곳에는 거슬러 오르는 물줄기가 그 사이로 나온다. 길이 위태해지면 구름판자 다리를 배치한다. 평지의 누대는 마땅히 버드나무 드

도 3-41. 피서산장(避暑山莊) 문진각(文津閣)의 가산.

리운 인가에 치우치게 해야 하고, 이름난 산사에는 고상한 삼나무로 만든 누각을 둔다. 멀리 안개는 자욱하고 깊숙한 바위엔 구름이 자잘하다. 술집은 길의 높은 곳에 있어야 하고 빈객의 돛단배는 물이 만나는 지점의 밑쪽에 있어야 한다. 먼 산은 모름지기 아래쪽으로 배치해야 하고, 근처의 나무들은 마땅히 우뚝 솟아야 한다.(回抱處僧舍可安, 水陸邊人家可置. 村莊著數樹以成林枝須抱體. 山崖合一水而瀑瀉, 泉不亂流. 渡口只宜寂寂, 人行須是疏疏. 泛舟楫之橋梁, 且宜高聳. 著漁人之釣艇, 低乃無妨. 懸崖險峻之間, 好安怪木. 峭壁巉岩之通途. 遠岫與雲容交接, 遙天共水色交光. 山鉤鎖處, 沿流最出其中. 路接危時, 棧道可安于此. 平地樓臺, 偏宜高柳人家. 名山寺觀, 雅稱奇杉襯樓閣. 遠景烟籠, 深岩雲鎖. 酒旗則當路高懸, 客帆宜遇水低挂. 遠山須要低排, 近樹惟宜拔迸.)―오대 형호의 『화산수부』 혹은 당대 왕유의 『산수론』

착락은 경관요소의 형태를 자연스럽게 하는 수법으로 쓰인다. 『원야』의 철산편에는 가산을 만들 때 높낮이를 엇갈리게 하여 자연스럽게 보이도록 하는 원리를 설명하고 있다. "만(巒)은 산의 머리가 높고 험한 것으로 가지런하게 하거나 필통처럼 해서도 안 된다. 때로는 높고 때로는 낮으니 이에 따라 어지럽게 쌓고 줄을 세워 견주지 않는 것이 요령이다.(巒, 山頭高峻也, 不可齊, 亦不可筆架式, 或高或低, 隨至亂掇, 不排比爲妙.)"

착락은 경관배치를 자연스럽게 하는 수법으로도 쓰이는데, 주로 고대 산수화 이론을 중심으로 발전하였다. 그 관련 글들을 살펴보면 아래와 같다.

큰 산과 평평한 언덕은 모두 마땅히 각각 연결처가 있어야 하는데, 이는 마치 시문 중에 유합(鈕合)[91]이 있어, 한 편 글의 관절과 맥락이 되는 것과 같다.(大山平坡皆當各有勾連處, 如詩文中之有鈕合, 爲一篇之筋節脉理.)──청대 장기(蔣驥)의 『독화기문(讀畫紀聞)』

누각이 뒤섞여 사이에 시렁이 갈마드는 것은 배치가 적합하지 않은 것이다. 무릇 한 폭의 그림 안에 누각과 정자는 산수의 미목(眉目)에 해당되니, 마땅히 진면목을 드러내는 데에 배치해야 한다. 대개 미목이라는 것은 앞에 있기도 하고 뒤에 있기도 하며, 왼쪽에 있기도 하고 오른쪽에 있기도 하니, 정해진 부류가 없다. 이 때문에 누각과 정자를 그릴 때에는 반드시 전체의 형세에 연유하여 기울거나 곧게, 높거나 낮게, 드러내거나 감추고, 꼼꼼히 살펴 안배하여 그 사이에 놓인 방원(方圓)과 곡직(曲直)이 서로 어긋나지 않게 해야 합당한 법식이 될 수 있는 것이다.(樓閣錯雜者, 間架層迭, 安置失宜也. 凡一圖之中, 樓閣亭宇, 乃山水之眉目也, 當在開面處安置. 蓋眉目應在前而安在後, 應在右而安在左, 則非其類矣. 是以畫樓閣屋宇, 必因通幅形勢穿揷, 斜正高低, 或露或掩, 審顧安貼, 與夫間架之方圓曲直, 不相拗撞, 乃爲合式.)──청대 정적의 『몽환거화학간명·논기』

한편 착락의 기법은 단순하게 기계적으로 엇갈리게 하는 정도의 수준을 벗어나게 되었다. 『석도화어록·임목초장제십이(石濤畫語錄·林木草章第十二)』에 이르기를

---

91 연결고리.

"고인이 나무를 그릴 때, 혹은 세 그루 다섯 그루, 혹은 아홉 그루, 열 그루를 그려서 그 반정과 음양으로 하여금 각기 진면목으로써 고하에 들쑥날쑥하게 하여 생동감이 생긴다. 나는 소나무, 오래된 홰나무, 노송나무를 그리는 법식은 세 그루, 다섯 그루로써 그 기세가 영웅이 춤을 추듯 구부렸다가 펴고 웅크렸다가 일어나 너울너울 움직이고 자유롭게 그려낸다(古人寫樹, 或三株五株, 九株十株, 令其反正陰陽, 各自面目, 參差高下, 生動有致. 吾寫松柏古槐古檜之法, 如三五株, 其勢似英雄起舞, 俯仰蹲立, 蹁躚排宕.)"라 하니, 여기서 착락의 수법은 이미 "생동감이 생기고(生動有致)", "춤을 추는(起舞)" 듯한 경지에 이르게 된다.

四. 취세(取勢)—동태대비(動態對比)

원림에서 "취세"란 경관요소의 형체에 힘과 운동감을 부여하거나 경관요소들 일정한 하나의 흐름 하에 배치해 나가는 것을 가리킨다. 이러한 기법이 탄생하게 된 바탕에는 모든 사물의 본질에 기(氣)가 존재한다고 보는 중국 고대인들의 관념이 자리 잡고 있다. 『개주학화편권이 · 산수(芥舟學畫編卷二 · 山水)』에는 "취세"라는 문장이 있는데 "천하의 사물은 본래 기가 쌓여서 이루어진 것이다. 산수 중에서 언덕과 산봉우리부터 한 그루의 나무, 하나의 돌에 이르기까지 그 사이에 생기(生氣)가 관여하지 않은 것이 없다. 이 때문에 번다하나 분란하지 않고 적으나 메마르지 않아서 합치되면 서로 이끌고 이어지며 나눠지면 각각 스스로 형체를 이룬다. 만물은 같은 형상도 온갖 변화는 같은 모습도 없는 것이니, 총괄하자면 기를 운용하여 그 활동하는 정취를 주는 것으로, 이를 기세를 얻는다고 한다(天下之物, 本氣之所積而成. 卽如山水, 自重崗複嶺, 以至一木一石, 無不有生氣貫乎其間. 是以繁而不亂, 少而不枯, 合之則統相聯屬, 分之又各自成形. 萬物不一狀, 萬變不一相, 總之統乎氣以呈其活動之趣者, 是卽所謂勢也.)"라 하여 "만물의 형상과 온갖 변화"가 모두 이러한 기(氣)가 발하여 세(勢)를 이룬 것이다.

도 3-42. 피서산장(避暑山莊) 문진각(文津閣) 경관구역.

경관의 취세에 대한 표현을 고문헌 중에서 찾다보면, 당대 시인 한유(韓愈)의 『기우경지상주(寄虞卿知常州)』라는 시에 나오는 다음과 같은 구절을 발견하게 된다. "푸른 구름이 곧장 위로 오르니 별다른 길이 없으나, 비스듬히 날아오르게 되면 기세를 얻어 돌아온다.(靑雲直上無多路, 却作斜飛取勢回.)" 여기서 시인은 구름의 역동적인 형상을 "취세"한 것이라고 말하였다. 이 시는 후대의 원림예술에도 영향을 미치게 되는데, 명대 기표가의 『만산주』에는 "공기를 떨치고 위로 곧장 올라가는 것은 성대한 백옥(白玉)의 당에 부합하고, 기세를 얻어 비껴 날아오르는 것은 또한 마땅히 청려(靑藜)의 관에 있어야 한다(排空直上, 合盛之白玉之堂 ; 取勢斜飛, 亦宜在靑藜之館.)"라는 구절이 있어 기가 곧장 위로 올라가면[直上] 머지않아 변화를 못하고 멈추게 되고, 비스듬히 날아오르면[斜飛] 일정한 흐름을 타게 되어 하나의 기세를 형성한다고 보고 있다.

원리에서 "취세"는 여러 가지 경관 대비관계와 종합적으로 관련되어 있다. 동정

(動靜), 허실(虛實), 대소(大小), 개합(開合), 장로(藏露), 취산(聚散) 등이 모두 취세와 관련 있다. "그 밖에 헌(軒)과 재(齋)는 비슷하나 그윽하고 트여 있음이 각각 극을 이룬다. 거(居)와 암(庵)은 비슷하나 굽고 넓어 그 형태가 같지 않다. 실(室)과 산방(山房)은 닮았으나 높고 낮음으로 함께하지 못하고 나누어진다. 대저 다리·사(榭)·샛길·산봉우리를 만드는 것과 더불어 엇갈리게 배치하고 점점이 장식하며, 굽고 꺾임이 물결과 같다. 대저 허한 것은 실하게 하고 실한 것은 허하게 하며, 모인 것은 흩뜨리고 흩뜨린 것은 모이게 하며, 험한 것은 편하게 하고 편한 것은 험하게 한다. 명의가 병을 고치는 것처럼 상생상극하게 하여 서로 의탁하게 하고, 명장이 병략을 쓰는 것처럼 기책과 정책을 함께 쓰고, 명가가 그림을 그리는 것처럼 한 획도 영묘하지 않음이 없게 하고, 명사가 글을 짓는 것처럼 한 글자도 균일한 것이 없게 하니, 이것이 원림을 설계하는 구성법이다.(其他軒與齋類, 而幽敞各極其致. 居與庵類, 而紆廣不一其形. 室與山房類, 而高下分標共勝. 與夫爲橋, 爲榭, 爲徑, 爲峰, 參差點綴, 委折波瀾. 大抵虛者實之, 實者虛之, 聚者散之, 散者聚之, 險者夷之, 夷者險之. 如良醫之治病, 攻補互投. 如良將之治兵, 奇正幷用. 如名手作畫, 不使一筆不靈. 如名流作文, 不使一語不韻. 此開園之營構也.)"[92]

경관요소의 형태를 표현함에 있어서 그 본질의 기를 드러내는 것이 정태적인 대비라면, 경관요소들 사이를 관람자의 시선이 이동하며 느껴지는 기의 흐름은 동태적인 대비로 볼 수 있다. 성공적으로 "취세"하여 만들어진 경관에는 그 안의 경관요소들 사이에 일종의 장력(張力)이 존재하며, 이러한 동태적 대비가 보여주는 장력은 보다 강렬하게 사람의 시선을 잡아끄니 남조시기 왕징(王微)은 이에 대해 다음과 같이 논하였다.

---

[92] [明] 祁彪佳, 『寓山注』序.

그림을 논하는 자들은 모양의 기세를 추구할 뿐이다. 그러나 고인의 작화를 보면, 성의 둘레를 그리거나 육지와 섬을 나누거나 언덕을 표시하거나 물줄기를 나누는 것이 아니라 형상에 근본하는 것이 혼융되고 신령하여 변동하는 것은 마음인 것이다. 신령스러워 드러나지 않기 때문에 부동에 가탁하는 것이고, 눈으로 지극한 바가 있기 때문에 보는 것이 두루 미치지 못하는 것이다. 이에 하나의 붓으로 태허(太虛)의 본체를 비기고 몸의 형상을 판가름하고 눈동자의 밝음을 다하여 곡진함을 높이로 삼고 의취를 넓이로 삼아서 그림으로 드러내고 태화(太華)를 가지런히 하여 점획을 붙이고 용준(龍准)을 표시하면, 얼굴에는 편안한 미소가, 하나의 우뚝한 바위에서는 구름을 토하는 듯할 것이다. 종횡으로 변화하여 움직임이 생겨나고, 앞뒤 사방으로 신령함이 표출된다. 그러한 후에 궁실·배·수레 등이 부류로서 모이고, 개·마·새·물고기 등이 외물로서 형상이 구분되니, 이것이 그림의 소치이다. 가을 구름을 조망하여 정신은 날아오르고, 봄날 바람을 맞으며 호탕함을 생각하니, 비록 멋진 금석의 즐거움이 있더라고 어찌 능히 비슷할 수 있겠는가? 도첩을 살펴보니 산해가 기이하고 수풀에선 바람이 일어나고 맑은 물에는 물결이 일렁이니, 아! 어찌 유독 손바닥에서 이루어진 것이겠는가, 밝은 신령이 강림한 것이리라. 이것이 그림의 정(情)이다.(夫言繪畫者, 竟求容勢而已. 且古人之作畫也, 非以案城域, 辨方州, 標鎭阜, 劃浸流, 本乎形者融, 靈而變動者心也. 靈無所見, 故所托不動, 目有所極, 故所見不周. 于是乎以一管之筆, 擬太虛之體, 以判軀之狀, 盡寸眸之明, 曲以爲嵩高, 趣以爲方丈, 以拔之畫, 齊乎太華, 枉之點, 表夫龍准, 眉額頰輔, 若晏笑兮, 孤岩鬱秀, 若吐雲兮. 橫變縱化而動生焉, 前矩後方而靈出焉. 然後宮觀舟車, 器以類聚；犬馬禽魚, 物以狀分. 此畫之致也. 望秋雲, 神飛揚, 臨春風, 思浩蕩, 雖有金石之樂, 璋之琛, 豈能仿佛之哉. 披圖按牒, 效异山海, 綠林揚風, 白水激澗, 嗚呼！豈獨運諸指掌, 亦以明神降之, 此畫之情也.)[93]

---

93 [南朝] 王微, 『叙畫』.

1. 정체성(整體性)과 개합(開合) 관계에서의 취세

구도에 있어서 "취세"란 통상 여러 개체가 모여서 함께 일정한 정체성을 보이게 하도록 하는 것을 가리킨다. 예를 들어 방훈(方薰)의 『산정거화론(山靜居畫論)』에 이르기를 "잎사귀를 그리는 법은 공교함의 반정(反正)에 있는 것이 아니라, 그림 전편이 기세를 얻었는가를 중요하게 여긴다(寫葉之法, 不在反正取巧, 貴乎全圖得勢.)"라 하였다. 이때 취세의 원리에는 "무릇 기세를 좌측으로 움직이고자 할 때는 반드시 먼저 우측을 염두에 두어야 하고, 기세를 우측으로 움직이고자 할 때는 반드시 먼저 좌측을 염두에 두어야 한다. 혹은 위로 올라가는 것은 기세가 내려오는 듯하고, 아래로 내려오는 것은 기세가 위로 올라가는 듯하다. 모두 본래의 위치와 본성을 일방적으로 따르지 않고 진실로 무단히 머리가 자라는 것이니, 대개 만물이 모두 그러한 것인데, 정사(精思)를 보면 스스로 체득할 수 있다(凡勢欲左行者, 必先用意于右, 勢欲右行者, 必先用意于左, 或上者, 勢欲下垂, 或下者, 勢欲上聳, 俱不可從本位徑情一往, 苟無根抵安可生髮, 蓋凡物皆有然者, 多見精思則自得.)"[94]라는 구절에서 보듯이 풍부한 함의가 있다.

고대 산수화에서는 산석을 그릴 때 형태가 아닌 "산세"의 표현을 중시하였는데, 때문에 이를 중심으로 "취세"의 방법이 많이 연구되었다. "고인이 큰 산을 그릴 때는 반드시 산의 외곽, 향배, 높이 등을 마음으로 먼저 결정한 이후에 붓을 대는데, 그 산의 기슭은 반드시 없을 수 없고 또한 반드시 많아서도 안 된다. 지금의 사람들은 자잘한 바위부터 손을 대어 큰 산을 이루어가는 것이 대부분이다. 비록 옛날에 구름을 높게 무너지게 않게 한다고 해서 여기에 기대어 그림을 논하는 것이 최고의 병통이다. 고인의 큰 그림 중에 비록 자잘하고 세세한 곳을 그릴 때에도 기세를 얻는 것을 위주로 할 뿐이었다(古人畫大山, 必山之輪廓向背幷聳, 意已先定, 然後皴之, 其山脚下必

---

94 欽定四庫全書, 子部, 藝術類, 書畫之屬, 禦定佩文齋書畫譜, 卷十六.

不可無, 亦必不可多, 今人從碎石起手, 積成大山者多矣, 雖古書雲崔嵬不崩, 賴此峽岬然以之論畫, 最是病, 古人大畫中雖多細碎處, 要之取勢爲主耳.)"[95]에서 보듯, 산을 그릴 때는 우선적으로 산의 전체적 구성에 있어서 기세를 취해야 한다. 이와 같은 맥락의 글로 청대 장기(蔣驥)의 『독화기문 · 장법(讀畫紀聞 · 章法)』 중에 "산수의 장법은 작문의 개합처럼 하는데, 먼저 큰 곳으로부터 규모를 정하여 개합을 분명하게 하고 중간의 세세한 곳들은 점철할 뿐이다. 만약 세세한 곳으로부터 큰 산을 이루어가면 반

도 3-43. 소주(蘇州) 환수산장(環秀山莊).

드시 기세를 잃게 될 것이다(山水章法作作文之開合, 先從大處定局, 開合分明, 中間細碎處, 點綴而已. 若從碎處積成大山, 必至失勢.)"이라는 구절이 있다. 이상적인 산세는 "백번 돌아 그 솜씨 기세를 얻었고, 천 번 갈마들어 모습 제각각이네. 바위는 높고 낮은 죽순이요, 산봉우리는 크고 작은 병풍이네. 돌연하기는 빽빽한 군대의 무기요, 모습은 아름답기만 하네(百盤工取勢, 千迭互殊形, 石吐高低笋, 峰羅大小屏, 忽如森隊仗, 複似倚

---

95 欽定四庫全書, 子部, 藝術類, 書畫之屬, 繪事微言, 卷下.

娉婷.)"⁹⁶와 같아야 한다.

또한 산석경관의 개합의 변화 역시 생동적이고 유기적인 동태적 대비 관계를 만들어 낸다. 청대 달중광의 『화전』에 이르기를 "한 번 거두고 한 번 놓으면 산은 점점 열리고 기세가 전환되며, 한 번 일으키고 한 번 엎드리면 산은 움직이는 듯 기세가 훌륭해진다(一收復一放, 山漸開而勢轉, 一起又一伏, 山欲動而勢長.)"라 하였는데 산의 형태를 놓아 주고(放) 일으키는 것(起)이 "개(開)"이고, 거두고(收) 엎드리게 하는 것(伏)이 "합(合)"이다.

개합 취세의 방법은 장인이 임의로 결정하는 것이 아니라 분명한 원리와 원칙이 있다. 『개주학화편권이·산수』에는 이에 관해 전문적으로 "취세"라는 구절을 두었다.

> 천지는 본디 개합을 다하는 것이다. 원래 세상을 움직일 때부터 한 순간 호흡을 할 때에 이르기까지 개합을 하지 않은 적이 없다. 이를 능히 체득한다면 회화에 있어서 결국(結局)의 도를 논할 수 있다. 그림 족자 같은 경우는 밑에서 일으키는 곳이 열리는 것이 되고, 위에서 수합하는 것이 합해지는 것이 된다. 어째서 이렇게 말하는 것인가? 손을 대어 바위를 그리고 근처의 수풀에는 여기선 집을 배치하고 저기선 교량, 샘천, 도로를 배치하여 겹겹이 뒤얽혀 생생한 끝없는 뜻이 있는 것이 이른바 연다는 것이다. 밑의 절반이 이미 정해진 이후에 위쪽 절반을 감안하여 주산은 어떻게 꼭대기를 그리고 구름은 또 어떻게 공백을 주는지, 평탄한 물가의 거리는 어느 정도로 할지 등 곳곳마다 이르는 곳을 수합하고 남음이 없게 하는 것을 이른바 합하게 한다는 것이다.(天地之故, 一開一合盡之矣. 自元會運世, 以至分刻呼吸之頃, 無往非開合也. 能體此, 則可以論作畫結局之道矣. 如作立軸, 下半起手處是開, 上半收拾處是合. 何以言之. 起手所作窠石, 及近處林木, 此當安屋宇, 彼當設橋梁, 水泉道路, 層層掩映, 有生髮不窮之意, 所謂開也. 下半已定, 然後斟酌上半, 主山如何結頂, 雲氣如何空白, 平沙遠

96 欽定四庫全書, 集部, 別集類, 金至元, 傳與礪詩文集_詩集, 卷七, 寄題番易周子震金漳山居.

諾, 如何映帶, 處處周到, 要有收拾而無餘溢, 所謂合也.)

배치에 이르러서 장차 조밀하고 빽빽한 것을 그리고자 할 때는 반드시 먼저 소탕한 것으로 점철해야 하며, 장차 평탄하고 완만한 것을 그리고자 할 때는 반드시 먼저 우뚝하고 험한 것을 그려야 하며, 장차 허멸한 것을 그리고자 할 때는 반드시 먼저 충실한 것을, 장차 그윽하고 깊숙함을 그리고자 할 때는 반드시 먼저 환히 드러나는 것을 그려야 하는 것이니, 무릇 이것이 모두 개합의 운용인 것이다. 배우는 자들이 이러한 뜻을 이해하지 못하면 결코 임의로 할 수 있는 것이 아니다. 고인이 그린 것을 보자면, 자세하게는 이러한 뜻으로 미루어 한 점 한 획으로부터 전체에 이르기까지 한 곳이라도 이 이론에 합치되지 않음이 없다는 것을 알 수 있으니, 작자의 고심을 이미 체득한 연후에 붓을 움직여 모방을 한다면 바로 이러한 도가 될 것이다. (至于布局, 將欲作結密鬱塞, 必先之以疏落點綴. 將欲作平衍紆徐, 必先之以峭拔陡絶. 將欲虛減, 必先之以充實. 將欲幽邃, 必先之以顯爽. 凡此皆開合之爲用也. 學者未解此旨, 斷不可任意漫塗, 請展古人所作, 細以此意推之, 由一點一拂, 以至通局, 知其無一處不合此論, 則作者之苦心已得, 然後動筆摹仿, 頭頭是道矣.)

물은 근원이 있어야 하고 길은 숨겨진 곳이 있어야 하고, 깊숙한 곳은 지면이 있어야 하고, 밑의 절반은 평탄함이 언뜻 보이고, 맥락은 하나로 이어져야 하고, 산과 나무들은 서로 떨어져야 하며, 물과 돌은 반드시 놀랄 만해야 하고, 구름의 기운은 마음을 흡족하게 해야 하고 인물은 마땅히 간략하면서 예스러워야 하고, 집은 박질하면서 은미해야 한다. 치우치거나 제대로 된 형국이 모두 이와 같이 조응한다.(水要有源, 路要有藏, 幽處要有地面, 下半少見平陽, 脈絡務須一串, 山樹貴在相離, 水口必求驚目, 雲氣足令怡情, 人物當簡而古, 屋宇要朴而藏. 偏局正局, 俱應如是.)

2. 기험(奇險)을 통한 취세

기험으로 취세를 하는 방법은 통상 산을 표현할 때 사용하는데, 높고 낮음을 몇

도 3-44. 오대(五代) 관동(關仝)의 《관산행려도(關山行旅圖)》.

단계로 나누어 대비를 형성하는 것이다. 당대 맹호연(孟浩然)의 『제의공선방(題義公禪房)』이라는 시에는 "문 앞에 산석이 한 봉우리 있어 빼어나고 계단 앞에는 여러 계곡이 깊도다(戶外一峰秀, 階前衆壑深.)"라는 구절을 보면 봉우리와 계곡이라는 현격한 고저 차가 있는 두 요소를 결합하여 산세를 취하였는데, 이를 기험을 통한 취세라고 한다. 또한 명대 전여성(田汝成)의 『제냉천정(冷泉亭)』이라는 시에는 "펼쳐진 산은 굽어 숙인 산 가운데서 기세를 취하고, 정자 바깥의 편안한 정자는 스스로 닫아 가렸네. 안계는 이미 통하여 가리는 경물이 없고, 가슴에는 깨달음이 솟아 올라 진실로 비어 있다(面山取勢俯山中, 亭外安亭自蔽蒙, 眼界已通無礙物, 胸中陡覺有眞空.)"[97]라는 구절이 있는데, 여기서도 굽어 숙인 산(俯山) 속에서 위로 솟아올라 있는 펼쳐 있는 산(面山)의 모습은 현격한 고저 차가 주는 기험함을 이용해 산세를 취한 것이다.

---

97 欽定四庫全書, 史部, 地理類, 山水之屬, 西湖游覽志_西湖游覽志餘, 卷二十三.

도 3-45. 소주(蘇州) 유원(留園).

또한 나무와 돌 사이의 관계에 형세를 부여할 때에도 종종 기이한[奇] 맛을 사용한다. "돌산 위에 붉은 매화를 수십 그루 심는데 혹은 돌을 뚫고 나오고 혹은 가산에 기대어 세운 바위와 나무가 서로 어울리니 그 형세가 마치 두 손을 맞잡으며 만나는 것 같다(石上植紅梅數十株, 或穿石出, 或倚石立岩樹相得, 勢若拱遇.)"[98]라 구절에서는 돌산과 나무를 함께 배치할 때 기이하게 하여 시선을 이끄는 형세를 창출하는 법을 설명하였다.

그 밖에 나무·돌·구름·물 등 모든 경관요소가 기이하거나 험준한 대비를 통하여 취세할 수 있다. 이에 대해 양나라 원제(元帝)의 『산수송석격(山水松石格)』에

---

98 [明] 江盈科, 『後樂堂記(寒碧山莊)』, 載邵忠, 李瑾選編, 蘇州歷代名園記·蘇州園林重修記, 北京 : 中國林業出版社, 2004.

이르기를 "천지 가운데서 이름 있는 곳은 조화옹이 영험하게 만든 것으로, 기교한 체세를 설치하고, 산수의 종횡을 묘사하였으며, 혹은 격이 높으나 사고가 편안하고, 붓의 오묘함과 묵의 정밀함을 믿은 것이다. 여기부터 흰 담장을 설치하여 사람의 정서를 잇고, 장식 없는 병풍에 장막을 설치하니, 산맥은 흩뿌리고 솟구치며, 머리와 꼬리가 서로 마주하며, 목과 배가 서로 가깝다. 크고 작은 치수에는 약속한 공식이 있으나, 나무·돌·구름·물에는 모두 바른 형식이 없다. 나무에는 크고 작은 것이 있어, 무리로 관통하거나 홀로 평평하고, 기대거나 홀로 있고 굽거나 곧으며, 우뚝 솟기도 하고 평평하기도 하다. 은은한 반벽은 높았다가 낮아져서 명계까지 잠겨 들어가기도 하고, 하늘은 검처럼 꼽혀 있기도 하고, 땅 속으로 들어가니 구덩이 같다. 가을의 무성함과 겨울의 앙상함, 여름의 그늘과 봄의 아름다움, 붉은 비단과 푸른 벽옥, 따뜻한 해와 시원한 별, 큰 소나무와 깊은 물, 뿜어내는 제비쑥 항아리, 모여 무성한 숲의 그윽한 멋, 잡초를 베는 기쁨. 샘은 수원에서 이르러 굽고, 안개는 산의 밝음을 부순다. 정밀하고 푸른 도관, 다리가 역인 관성, 사람이 지나고 개가 짓고, 짐승이 걷고 새가 놀라 날아오른다. 고묵은 녹색과 같고, 하묵은 붉은 흙 같다. 물은 끊김으로 인해 멀리 흐르고, 구름이 떨어지고자 하면 노을은 가볍게 보인다. 계수나무는 호월보다 성글지 않고, 소나무는 형제보다 어렵지 않다. 길이 넓으면 돌이 나누고, 하늘이 멀면 새가 날아간다. 구름 가운데 나무와 돌은 마땅히 먼저 점찍고, 돌 위에 가지는 아직 뒤가 이루지 않는다. 높은 산은 조각한 돌을 이웃하는 것을 가장 꺼리고, 먼 산은 도경(圖經)을 배우는 것은 크게 금한다. 살피고 물음에 이미 화법을 전하였으니 비밀을 함부로 누설치 말지어다(天地之名, 造化爲靈, 設奇巧之體勢, 寫山水之縱橫, 或格高而思逸, 信筆妙而墨精. 由是設粉壁, 運人情, 素屛連幛, 山脉濺瀑, 首尾相映, 項腹相近. 丈尺分寸, 約有常程, 樹石雲水, 俱無正形. 樹有大小, 叢貫孤平, 扶疏曲直, 聳拔淩亭. 隱隱半壁, 高潛入冥, 插空類劍, 陷地如坑. 秋毛冬骨, 夏蔭春英, 炎緋寒碧, 暖日凉星, 巨松沁水, 噴之蔚峒, 襃茂林之幽趣, 割雜草之芳情. 泉源至曲, 霧破山明, 精藍觀宇, 橋約關城, 人行犬吠, 獸走禽驚. 高墨猶綠, 下墨猶赭. 水因斷而流遠, 雲欲隆而霞

輕. 桂不疏于胡越, 松不難于弟兄. 路廣石隔, 天遙鳥征. 雲中樹石宜先點, 石上枝柯末後成. 高嶺最嫌鄰刻石, 遠山大忌學圖經. 審問旣然傳筆法, 秘之勿泄于戶庭.)"라 하였다.

회화와 마찬가지로 원림 역시 곳곳을 기험한 형세로 채울 수 있다. 명대 유사룡의 『오유원기』를 보면 "폭우가 비명을 지르고 천둥이 달리어도 티끌만큼도 귀에 이르지 않는다. 덩굴은 걸쳐 있는 듯하니 가지에 새둥지를 틀 수 있다. 정자는 험한 산봉우리에 설치하여 새의 길을 따라 오른다. 다리는 끊어진 물가를 이으면 건너서 스스로 하늘에 걸치니, 즉 내 원림의 기이[奇]하고 험함[險]이다(瀑驚奔雷, 塵不到耳. 藤疑懸絚, 枝可安巢. 亭置危巒, 升從鳥道. 橋接斷岸, 度自懸空, 則又吾園之"奇"而"險"也.)"라고 스스로의 원림을 평하였다.

여기서 주의할 점은 기험하더라도 불안한 느낌을 주어서는 안 된다는 점이다. 명청대 공반천(龔半千)의 『허재명화속록(虛齋名畫續錄)』에는 "배치를 간이하면서 편안하게 한 후에는 반드시 기발하면서 편안하여야 한다. 기이하지 않으면 질소보다 귀하지 않다. 편안하면서 기이하지 않으면 평범한 솜씨이고, 기이하면서 편안하지 않으면 초보의 솜씨이다(立置易安, 然必奇而安, 不奇無貴于氪, 安而不奇, 庸手也, 奇而不安, 生手也.)"라 하였으니, 기험하면서 안정감을 주는 기세야말로 가장 높은 경지이다.

3. 불안감을 통한 동태적 취세

불안감을 통한 동태적 취세 방식에는 두 가지가 있다. 첫째는 불안정한 모습으로 돌을 쌓아 올려 가산의 형세를 만드는 것으로, 청나라 건륭황제의 『자천행궁십용·병산(紫泉行宮十咏·屛山)』에 이르기를 "문 안의 가산은 옥루(玉壘)를 닮았으니, 높낮이의 취세가 마치 한 폭의 그림이 이루어진 듯하네(門內假山玉壘似, 高低取勢若圖成.)"[99]라 하였는데, 옥루의 모양이 통상 기울어져 있고 위가 두텁고 아래가 가는 것이

---

[99] 欽定四庫全書, 集部, 別集類, 淸代, 禦制詩集, 五集卷二十二.

도 3-46. 소주(蘇州) 유원(留園).

많기 때문에 이 실내에 있는 가산의 모습도 마찬가지로 불안정한 모습이었을 거라는 것을 짐작할 수 있다. 『육화거사화보』 2권에 실린 당대 왕유의 『산수결』에도 역시 "나뭇가지는 왼쪽으로는 길게 오른쪽으로는 짧게, 바위의 기세는 위로는 무겁게 아래는 가볍게 하는데, 늘어놓고 심어 놓음의 형세가 서로 굽어 들어간 부분이 마주하도록 한다(發樹枝左長右短, 立石勢上重下輕, 擺布栽插, 勢使相限.)"라 하여 바위가 불안정함을 이용해서 형세를 취하였다. 또한 청대 성대사의 『계산와유록』 1권에는 "바위가 서 있는 형세면 바르고, 움직이는 형세면 비스듬하다(石之立勢正, 走勢則斜.)"라 하여 바위의 비스듬한 형세가 역동성의 표현임을 지적했다. 한편 "다투기는 학이 춤을 추며 날아오르는 듯, 기세를 얻음은 교룡이 구부렸다가 펴는 듯(爭劫則鶴翔燕起, 取勢則蠖屈龍舒)"[100]이라는 구절처럼 구부렸다가 탄성을 받아 갑자기 펴지는 듯한 형세를 취하기도 한다.

---

100 欽定四庫全書, 子部, 類書類, 禦定淵鑒類函, 卷三百二十九.

첫 번째 수법이 경물의 형
체에 불안정한 기세를 부여하
는 것인 반면, 두 번째는 수법
이 경관구도에 불안정한 기세
를 부여하는 것이다. 그 전형
적인 방법은 사선구도를 이용
하는 것으로, 건륭황제의 『배
다오(焙茶塢)』라는 시에 이르
기를 "굽이진 회랑은 취세가
비스듬하고, 양쪽 사이에 소박
한 집이 있어 배다(焙茶)라 이
름 하네(縵轉回廊取勢斜, 兩間樸
屋名焙茶.)"[101]라 하였고, 『유고
중반득시육수(游古中盤得詩六
首)』에는 "가파른 산에 이르면
사방이 막히고, 기세를 얻은
암자가 바윗길에 기울어 있네

도 3-47. 소주(蘇州) 유원(留園).

(到來嶂崞尙周遮, 取勢結庵石徑斜.)"[102]라 하였다. 또한 『설후어원즉경잡영(雪後禦園卽景
雜咏)』에는 "몇 차례 굽이진 안개 낀 둑의 취세는 비스듬하고, 옥전(玉田)의 반절은 외
상으로 사네(幾曲烟堤取勢斜, 玉田半裏步成賒.)"[103]라 하였다.

101 欽定四庫全書, 集部, 別集類, 淸代, 禦制詩集, 四集卷十七.
102 欽定四庫全書, 集部, 別集類, 淸代, 禦制詩集, 三集卷五十五.
103 欽定四庫全書, 集部, 別集類, 淸代, 禦制詩集, 四集卷十一.

04

경관요소와 조원기술

전통 중국 원림의 창조는 건축, 물, 산석, 식물 및 동물 등 몇 가지 기본적인 경관 구성요소를 조합하고, 여기에 다시 "비 맞는 파초(雨打芭蕉)", "바람에 흔들리는 대나무(風搖殘竹)", "새 지저귐과 학 울음(烏啼鶴語)", "매미 울음과 벌레 소리(蟬噪蟲鳴)", "비 갠 후의 무지개(雨後彩睍)", "꽃 사이 노니는 나비(花間粉蝶)", "돌 위의 푸른 이끼(石上靑苔)" 등 다양한 계절적 자연요소를 구현함으로써 한가하면서도 감동적인 경관을 만들어낸다.

제1절 건축

중국 고전원림의 중요한 특징 가운데 하나는 원림 가운데 건축이 차지하는 비중이 무척 크다는 점이다. 때문에 건축은 중국 고전원림의 주요 경관요소 가운데 하나로 볼 수 있다. 황가원림의 예를 들면, 청대 이화원(頤和園)은 만수산(萬壽山) 앞에 배운전(排雲殿)과 불향각(佛香閣) 등 직선의 궁전 건축군을 배치하고 그 양 날개부분에 화중유(畫中游), 청리관(聽鸝館) 등의 건축을 덧붙여 원림의 주경관을 구성하고 있다.

도 4-1. 이화원(頤和園) 만수산(萬壽山)의 건축군.

또한 이화원 동문 쪽에는 동궁문(東宮門), 인수전(仁壽殿), 낙수당(樂壽堂) 등 정무 및 거주용 건축들이 곤명호(昆明湖)의 동측의 넓지 않은 범위 내에 밀집되어 있다.

　마찬가지로, 원명원(圓明園) 입구 바로 안쪽에 위치한 "구주청연(九洲淸宴)" 경관 구역은 물결이 출렁이는 복해(福海)의 넓은 수면위에 경도요대(瓊島瑤台)의 건축군을 설치하였는데, 이는 이화원 곤명호 남호도(南湖島)에 용왕묘(龍王廟) 등의 건축을 배치한 것과 같은 원리이다.

　원림 가운데서 은밀하고 유정한 구역에도 역시 건축이 빠지지 않고 배치된다. 장춘원(長春園) 북단의 경우 흙산으로 하나의 긴 띠 모양의 구역을 만들고 그 위에 저명한 서양루(西洋樓) 경관구역을 조성하였으며, 복해의 산과 물 사이 깊은 곳에는 웅위한 방호승경(方壺胜境) 건축군이 배치되어 있다. 마찬가지로 이화원의 후산(後山)에는 대보은연수사(大報恩延壽寺)라는 대규모의 라마교 사원건축이 자리 잡고 있고, 구불구불하고 깊은 이화원의 후호(後湖) 변에는 강남의 소주 시정을 모방하여 상점건축들을 물길을 따라 늘어놓아 황제로 하여금 일반 시정의 민속적 흥취를 즐길 수 있게 하였다.

황가원림은 건축물이 비록
경관 중에서 많은 통제적 기
능을 하지만 그 거대한 공간
규모로 인해 여전히 산수경관
을 위주로 하고 그 사이사이
에 건축을 여러 무리로 점철
(點綴)하여 구성한다. 반면 사
가원림 특히 강남의 사가원림
은 규모가 작고 인구가 밀집

도 4-2. 《원명원사십경도영(圓明園四十景圖詠)》 중의 〈구주청연(九州靑宴)〉

된 성시 안에 위치하기 때문에 건축물의 비중은 황가원림보다 더욱 크다. 하나의
강남 사가원림은 일반적으로 모두 건축물이 크고 작은 개방된 공간을 둘러싸고 그
가운데 호수, 연못, 가산, 암석, 수목, 화초 등을 점철한다. 바꾸어 말하면 원림의
기본적인 공간형태는, 중국 황가원림의 경우 자연산수가 궁전, 누각, 정사, 누대 등
의 건축물을 둘러싸고 있는 반면, 사가원림의 경우 정사, 유랑 등의 건축물들이 가
산과 연못을 둘러싸고 그 사이사이에 수목과 화초를 점철하고 있다. 특히 대지가
협소한 강남지방의 사가원림은 건축물들을 가급적 바깥쪽에 배치하여 가운데 개방
된 공간을 확보하고 그 안에 흙과 돌로 가산을 쌓거나 구불구불한 물길과 연못을
내어 전체적으로 건축군이 산수경관을 둘러싸고 있는 효과를 만든다. 이는 중국 사
가원림과 황가원림이 조원이념상에서 근본적인 차이가 있음을 명확히 보여준다.

원림건축의 기능구성은 일정한 내용형식을 갖는데, 일반적으로 거주용의 전당
(殿堂) 및 옥사(屋舍), 연회용의 청당(廳堂), 독서용의 서방(書房), 오락과 바둑을 위한
화청(花廳), 산수경관 관상을 위한 정사(亭榭), 교통 및 인도 작용을 하는 곡랑(曲廊),
물고기나 꽃을 감상하기 위한 노대(露臺), 물길의 양안을 연결하는 교함(橋涵), 상징
적 의미를 강조한 석방(石舫) 등이 있다.

도 4-3. 이화원(頤和園)의 소주가(蘇州街). 강남 소주의 시정 모습을 재현해 놓았다.

도 4-4. 북경 서원(西苑). 산수경관을 위주로 하고 건축을 점철하였다 .

　　일반적으로 원림은 이궁(離宮)이나 별서(別墅)로서 쓰이기 때문에 주거구역과 휴식구역을 구분한다. 황가원림의 경우 일반적으로 황제가 거주하고 정무를 보는 전당(殿堂)을 원림에서 가장 중요한 위치에 놓는다. 예를 들어 이화원의 인수전 및 낙수당 건축군과 원명원의 구주청연(九州淸宴) 건축군 그리고 승덕(承德) 피서산장(避暑山莊)의 담박경성전(澹泊敬誠殿) 건축군이 그러하다. 사가원림의 경우 성시에 위치한 사가원림의 경우는 원지(園池)구역과 주택(住宅)구역을 이웃하여 배치한다. 규모

도 4-5. 소주 망사원(網師園). 건축으로 둘러싸고 산수경관을 점철하였다.

가 크고 규칙적인 주택 건축군 옆에 불규칙적으로 자연스럽게 배치된 산수 정원을 연결한다. 교외지역에 위치한 사가원림의 경우 주인의 휴식 및 거주구역과 연회·독서·바둑 등을 즐기는 휴식구역이 서로 격리되어 있으면서 동시에 긴밀하게 연결된 복합적인 관계를 형상한다.

　건축물의 건조는 먼저 선지(選址)에서 시작하고 다음으로 원림공간의 경관적 측면에서 각 건축의 위치, 규모, 척도 및 형식을 퇴고하고 결정한다. 원림 건축의 규모와 척도는 건축 자체의 기능뿐만 아니라 건축이 위치하는 경관과 건축에서 보이는 대경(對景)의 호응 관계 그리고 주변 자연산수의 척도 관계를 종합적으로 고려하여 결정한다. 예를 들어 소주 사가원림 중에서 규모가 큰 편에 속하는 졸정원(拙政園)의 경우 주 건축인 원향당(遠香堂)의 규모와 척도는 비교적 큰 편인데, 연못과의 사이에 넓은 평대(平臺)를 두고 한발 뒤로 물러 서 있다. 규모가 상대적으로 작은 망사원(網師園)의 경우 주 건축인 탁영수각(濯纓水閣)의 체량이 작은 편인데, 연못

도 4-6. 소주 망사원(網師園)의 간송독화헌(看松讀畫軒)과 죽외일지헌(竹外一枝軒).

위에 걸쳐 있듯이 배치되어 수면과 매우 긴밀한 관계를 형성하였다. 마찬가지로 망사원의 죽외일지헌(竹外一枝軒)은 높이가 낮고 입면이 시원스럽게 트여 있는데 위치상 연못가에 바싹 붙어 있다. 반면 높이가 높은 간송독화헌(看松讀畫軒)은 연못과 일정한 거리를 두고 떨어져 있어서 수면과의 관계에 있어서 갑갑한 느낌을 주지 않는다.

원림 건축은 전통적으로 "검박(儉樸)"함을 미덕으로 한다. 춘추시대 공자는 "검소한 음식이나 귀신에 효를 다하고, 거친 옷이나 수놓은 옷과 면류관보다 아름답고, 비루한 궁실이나 구휼에 힘을 다한다(菲飮食而致孝乎鬼神, 惡衣服而致美乎黻冕, 卑宮室而盡力乎溝洫.)"라 말하였다고 전해지는데 중국의 역대 제왕들은 이 말을 법도로 삼았고 건축에 있어서 검박함을 숭상하는 "상검(尙儉)"의 미덕이 전통의 하나로 자리 잡았다. 원림 역시 이 원칙을 준수하였는데, 이에 대해 청대 이어(李漁)는 다음과 같이 말하였다.

토목의 일은 사치를 가장 꺼린다. 특히 서민의 집이 마땅히 검박함을 섬겨야 하는 것은 물론이고 왕공대인 역시 이를 숭상하여야 한다. 무릇 거실의 제도는 정교함을 귀히 여기나 화려함은 귀히 여기지 않고, 신기하고 크고 고대함을 귀히 여기나 교묘하고 찬란한 것을 귀히 여기지 않는다. 무릇 사람은 다만 화려함만을 좋아하고 화려함을 좋아함으로 인해 다르고 새로운 것을 창조할 수 없는 것은 아니니 집은 화려하나 장점이 보이지 않으며 오로지 화려함으로 책색할 수 있을 뿐이다.(土木之事, 最忌奢靡, 匪特庶民之家當崇儉樸, 卽王公大人亦當以此爲尙. 蓋居室之制, 貴精不貴麗, 貴新奇大雅, 不貴纖巧爛漫. 凡人止好富麗者, 非好富麗, 因其不能創異標新, 舍富麗無所見長, 只得以此塞責.)[1]

원림 건축의 검박한 미덕은 이어와 같은 조원가뿐만 아니라 원림의 소유주인 문인사대부들이 원하는 것이기도 하였다. 문인사대부 계층은 중국 고대 사회의 다른 어떤 계층보다도 더욱 검박함을 숭상하고 사치를 비속한 것으로 여겼기 때문에 이들의 귀은(歸隱)의 장소가 되는 원림과 그 건축 역시 당연히 검박한 아름다움을 추구하는 것이 미덕이 되었다. 이 때문에 오늘날 보이는 강남의 여러 원림건축들은 그 소유주들이 당시 가장 부유한 계층이었음에도 불구하고 검박하게도 흰색 분칠을 한 벽체를 두르고 유리칠 하지 않은 검은색 기와를 얹었으며 규모가 작다. 이들 원림 건축의 아름다움은 주로 교묘한 조형과 "곡경통유(曲徑通幽)"한 주변 환경과의 조화에 의지하고 있다.

원림 건축의 구체적인 건조기법은 원림을 만드는 지리적 위치에 따라 큰 차이를 갖는다. 이에 대해 몇 가지 예를 통해 이해를 도모하고자 한다. 건축을 짓기 위해서는 먼저 "입기(立基)"를 해야 하는데, 명대 계성(計成)의 『원야(園冶)』에는 원림 건축의 "입기"의 원리에 대해 다음과 같이 설명하고 있다.

---

1 [淸] 李漁, 『閒情偶寄 · 居室部』.

무릇 원림의 입기는 청당을 정하는 것을 위주로 한다. 경관을 취하는 것이 순서인데 그 일의 묘는 남쪽을 향하는 데 있으니 보통 교목 몇 그루가 있다면 중정에 한 두 그루를 취할 뿐이다. 담장은 마땅히 넓게 하여 공지를 많이 두어 임의대로 배치한다. 관사를 선택하고 남는 곳에 정대를 짓는다. 격식은 마땅함에 따라 식물을 심어 아름답게 한다. 방향의 선택은 집의 모양에 구애받지 않고 문의 배치는 마루의 방향과 합치하게 해야 한다.(凡園圃立基, 定廳堂爲主. 先乎取景, 妙在朝南, 倘有喬木數株, 僅就中庭一二. 築垣須廣, 空地多存, 任意爲持, 聽從排布. 擇成館舍, 餘構亭台 ; 格式隨宜, 栽培得致. 選向非拘宅相, 安門須合廳方.)[2]

소위 "입기"란 각 건축의 위치와 조향을 결정하는 것을 의미하며 원림의 전체적인 공간 경영의 틀을 제공한다. 예를 들어 사가원림 가운데 주요 건축은 청당인데, 청당의 설립은 먼저 취경(取景)을 고려하고 동시에 조향(朝向)을 고려한다. 주요 건축인 청당와 관사(館舍)를 적당하게 배치한 후에 정(亭), 대(台), 랑(廊), 사(榭)와 같은 일련의 부속 건축물을 격식에 얽매이지 않고 자유롭게 배치한다. 계성이 여기서 묘사한 배치의 순서는 먼저 취경 문제를 고려하여 청당의 위치와 조향을 결정하고, 담장을 두르며, 지형에 맞게 연못을 파고 가산을 쌓고, 그 가운데 자유롭게 부속건축을 배치하며, 마지막으로 각종 수목과 화초를 건축과 산수경관으로 구성된 정원 공간 안에 적절하게 끼어 넣는 것이다. 이때 건축 사이에는 "서로 바라면서 부르고 대화 할 수 있는(彼此望望, 可呼可語)" 거리를 유지하고 서로를 잇는 통로를 숨겨서 사람들로 하여금 "어떻게 도달할 수 있는지 모르게(不知徑從何達)" 하여야 한다.[3]

"입기"가 끝나면 다음으로 터의 높낮이와 건물의 향배(向背)를 조절한다. 원림

---

2 [明] 計成, 『園冶』.
3 『影園自記』 : "閣後窗對草堂, 人在草堂中, 彼此望望, 可呼可語, 第不知徑從何達."

건축의 향배관계에 대해서 청대의 이어는 다음과 같은 점을 지적하였다.

집은 남향을 바른 방향으로 하나 반드시 그럴 필요는 없다. 즉 북향이면 그 뒤에 창을 달아 남
풍의 향기가 들어오게 한다. 동향이면 오른쪽에 창을 내고, 서향이면 왼쪽에 창을 내니 역시 이
러하다. 만약 동서남북에 모두 남는 땅이 없으면 하늘을 향해 창을 열어 보충한다. 개구부가
크면 작은 문 두 짝을 달면 되고 구멍이 높으면 낮은 창 2짝을 열면 되니 몰라서는 아니 된다.
(屋以面南爲正向. 然不可必得, 則面北者宜虛其後, 以受南薰. 面東者虛右, 面西者虛左,
亦猶是也. 如東, 西, 北皆無餘地, 則開窗借天以補之, 牖之大者, 可抵小門二扇. 穴之高者,
可敵低窗二扇, 不可不知也.)[4]

부연설명하자면, 건축의 향배를 처리하는 핵심은 건축으로 하여금 좋은 조향을
갖게 하는 것으로, 만약 좋은 조향을 얻을 수 없다면 건축의 다른 입면에 개구부를
내고 창문을 달아 채광(採光)과 취경 문제를 해결할 수 있으며, 최악의 경우 창문을
낼 수 없을 때에는 하늘을 향해서라도 창을 낼 수 있다는 것이다.

향배 처리 다음으로는 건축의 높낮이의 전체적인 형세를 조절한다. "(원림)건축
은 평지와 같은 것을 피하고 반드시 높고 낮은 형세가 있게 해야 하니 원포만 그러
한 것이 아니라 주택 역시 그렇게 해야 한다. 앞은 낮고 뒤는 높음이 마땅한 이치
이나 땅은 그렇지 아니 하니 억지로 이렇게 하려고 하면 또한 구애됨이 병폐가 되
는 것이다. 종합해서 말하면 땅에 따라 마땅하게 만드는 법이 있으니 다음과 같다.
높은 곳에는 옥사를 만들고 낮은 곳에는 누각을 만드는 것이 하나의 방법이고, 낮
은 곳에 돌을 쌓아 산을 만들고 높은 곳에 물길을 파서 연못을 만드는 것이 또 다
른 방법이다. 또한 높은 곳을 더욱 높게 하여 가파른 비탈 위에 누각을 세우고 봉

---

4 [淸] 李漁, 『閒情偶寄 · 居室部』, "向背".

우리를 쌓고, 낮은 곳을 더욱 낮게 하여 낮고 습한 곳에 못과 물을 판다. 결국 일정한 법칙이 없고 신통하여 그것에 밝아지는 것은 그 사람에 달려서 고정된 방법을 가르쳐 줄 수 없는 것이다.(房舍忌似平原, 須有高下之勢, 不獨園圃爲然, 居宅亦應如是. 前卑後高, 理之常也. 然地不如是, 而强欲如是, 亦病其拘. 總有因地制宜之法. 高者造屋, 卑者建樓, 一法也. 卑處疊石爲山, 高處浚水爲池, 二法也. 又有因其高而愈高之, 豎閣疊峰於峻坡之上. 因其卑而愈卑之, 穿塘鑿井於下濕之區. 總無一定之法, 神而明之, 存乎其人, 此非可以遙授方略者矣.)"[5]

　　부연설명하자면, 원림에서 건축의 높낮이의 처리의 핵심은 경관효과를 만들어내는 것으로, 하나의 원림에서 건축들은 반드시 높낮이의 변화가 있고 앞뒤로 교차하여야 비로소 원림 예술로서의 분위기를 갖게 되며, 만약 주택처럼 건축물을 배치하는 방식이 평평하고 직선적이라면 원림은 둔하고 경직되게 된다. 하지만 구체적인 높낮이 처리방식은 위와 같이 몇 가지 예를 들어 대략적으로 짐작하게 도울 수 있을 뿐이고 따라할 수 없는 것으로, 이어가 지적했듯이 "신통하여 그것에 밝아지는 것은 그 사람에 달려서 고정된 방법을 가르쳐 줄 수 없는 것이다.(神而明之, 不可以遙授方略.)"

　　원림 가운데서 건축물은 바둑을 두거나 연회를 열거나 독서를 하는 등의 실용적 기능뿐만 아니라 관상 기능을 갖는다. 여기서 건축의 관상 기능은 두 가지로 나뉘는데, 한편으로 건축은 맞은편 경관을 바라보는 관상점(觀賞點)이 되기도 하고 동시에 맞은편에서 바라봤을 때 보이는 경관의 일부가 되기도 한다. 따라서 원림 건축의 대경(對景) 처리는 건축물들의 향배를 적절하게 조절하여 서로 서로 적절한 대경이 되게 될 수 있도록 배치하며, 곳곳의 산수경관과 동식물경관을 관상하는 중요한 장소가 될 수 있도록 배치한다.

---

5 [淸] 李漁, 『閒情偶寄 · 居室部』, "高下".

중국 원림의 경관은 전통 화론(畵論)에서 말하는 "다닐 수 있는 것(可行), 바라볼 수 있는 것(可望), 노닐 수 있는 것(可游), 거할 수 있는 것(可居)" 으로 나눌 수 있는데, 이러한 분류는 송대 곽사(郭思)의 『임천고치집(林泉高致集)』에 기록되어 있다.

세간의 화론에 이르길 산수라는 것은 다닐 수 있는 것, 바라볼 수 있는 것, 노닐 수 있는 것, 거할 수 있는 것이 있는데, 그림은 이 모두에 지극해야 잘된 작품에 들어간다. 그러나 다닐 수 있고 바라볼 수 있는 것이 노닐 수 있고 거할 수 있는 것보다 못하다는 것은 어찌된 것인가? 오늘의 산천을 바라보니 땅이 수백 리를 차지하나 노닐 수 있고 거할 수 있는 곳은 열에 서넛도 없는데 반드시 거할 수 있고 노닐 수 있는 작품을 취하는 것은 군자가 임천을 갈망하는 것을 좋은 일로 여기기 때문이다. 고로 그리는 사람은 마땅히 이 뜻으로 그리고 감상하는 사람 또한 마땅히 이 뜻으로 감상해야 본뜻을 잃지 않았다 한다.(世之篤論謂山水者, 有可行者, 有可望者, 有可遊者, 有可居者. 畵凡至此皆入善品. 但可行,可望, 不如可游, 可居之爲得何者, 觀今山川地占數百里, 可游可居之處, 十無三四而必取可居可遊之品, 君子之所以渴林泉者, 正爲佳處故也. 故畵者當以此意造, 而覽者又當以此意求之, 謂不失本意.)[6]

중국 고대 화론과 조원이론은 서로 통하기 때문에, 중국 산수화 이론에서 경관을 다닐 수 있는 것, 바라 수 있는 것, 노닐 수 있는 것, 거할 수 있는 것으로 나누는 분류방식은 똑같이 산과 물 건축으로 구성된 원림경관에도 적용 할 수 있다. 예를 들어 바라볼 수 있는 것에는 정(亭)과 사(榭)가 있고, 다닐 수 있는 것에는 낭(廊)과 교(橋)가 있으며, 노닐 수 있는 것에는 정(庭)과 헌(軒)이 있고, 거할 수 있는 것에는 정(廳)과 당(堂)이 있다. 여기에 다시 등도(蹬道), 소경(小徑), 노대, 석방 등의 유형을 더하면 유람(遊覽), 관상(觀賞), 거주(居住) 기능이 어우러진 하나의 연속된

---

6 『欽定四庫全書 · 子部 · 藝術類 · 書畫之屬 · 林泉高致集』, "林泉高致集".

도 4-7. 다양한 건축이 조화를 이루고 있는 소주 유원(留園).

건축군락을 구성하게 된다.

유돈정(劉敦楨)의 연구에 의하면, 강남 사가원림 중 중소형 원림의 건축 밀도는
전체 면적의 30% 이상이고, 대형 원림의 건축 밀도는 15% 정도라 한다. 당연히 면
적이 더욱 넓은 황가원림에서는 비록 적지 않은 건축물이 있으나 건축 밀도 자체는
사가원림보다 훨씬 낮을 수밖에 없다. 원림 건축의 유형에는 청(廳), 당(堂), 헌(軒),
사(榭), 정(亭), 관(館), 누(樓), 각(閣), 낭(廊), 방(舫), 교(橋), 대(台) 등이 있으며, 이들
은 적절한 위치설정, 높낮이 변화, 향배 조화, 공간 허실의 교차 등의 방법을 통해
고전 원림 고유의 건축 교향곡을 구성한다.

제2절 물

수체(水體), 즉 물은 중국 원림의 중요한 경관요소의 하나로서, 원림에서 수체의 배치와 형태를 경영하는 것을 "이수(理水)"라 한다. 수경 감상은 전통적이고 전형적인 자연감상 행위 가운데 하나이다. 원나라 사람 오사도(吳師道)는 "다시 한참을 난간에 기대어 있으니, 물가의 경치가 한가롭구나. 높은 나무 사이로 햇살은 부서지고 찬 물결은 먼 산에 기대었네(重來久憑欄, 臨水景多閑, 高樹下殘照, 寒潮憑遠山.)"[7]라는 시를 지었는데, 이처럼 물가 난간에 기대어 지척에서 물이 선사하는 경관을 바라보며 감상에 젖는 모습은 중국 역대 문인들이 정감을 표현하는 중요한 방식 가운데 하나였다. 그 기원은 아마도 『논어(論語)』에 기록된 공자의 일화에서 비롯된 듯한데, "공자께서 냇가에서 말씀하시길 '세월이 한 번 가면 돌아오지 않는 것이 이와 같구나(子在川上曰, 逝者如斯夫.)'라 하였다"라는 구절은 후대 문인들로 하여금 물이 만들어내는 다양한 경치에 대해 무궁한 정감을 기울이게 하였다. 남조 양(梁)나라의 원제(元帝)는 『망강중월영(望江中月影)』이라는 시에서 "등강이 밝은 달을 품으니 물속 그림자는 하늘에 떠있는 듯하다. 바람이 불어 넘칠 듯 하고 급류에 온전히 둥글지 못하구나. 태공의 낚시 바늘이 부러졌다 다시 붙고 화벽은 깨졌다 다시 이어지니, 찢어진 비단은 암초를 스치고 기울어진 계수나무는 지나는 배를 쫓네(澄江涵皓月, 水影若浮天. 風來如可泛, 流急不成圓. 秦鉤斷複接, 和璧碎還聯. 裂紈依岸草, 斜桂逐行船.)"[8]라고 하며 역시 수경에 감응한 정감을 표현하였다. 이 시가 자연상태의 수경을 묘사하고 있다면 일부는 원림경관 속에서의 인공적 수경을 주제로 하기도 한다. 예를 들어 송대 매효신(梅堯臣)의 『기제남릉식정거각(寄題南陵息亭渠閣)』이라는 시에

---

7 [元] 吳師道, 『敬鄕錄』, 卷十四, "重登文兆師水閣".
8 [唐] 歐陽詢, 『藝文類聚』, 卷一.

는 "대나무 숲 깨끗한 관사, 연못 속 흐드러진 연꽃, 햇살은 물가 끝을 꿰뚫고 물속 그림자는 처마 끝을 가리킨다(竹裏有淸館, 池中多藕花, 日光穿岸脚, 水影射簷牙.)"⁹라고 하며 원림 속 수경의 아름다움을 노래하였다.

물은 자연경관 구성의 하나의 중요한 요소로서 정적인 미와 동적인 미를 겸비하고 있다. 특히 이 중 동적인 물은 원림을 구성하는 요소 중에서 가장 생동감 넘친다. 따라서 수체를 설계하는 것은 원림설계에서 매우 중요한 부분이며, 그 설계의 좋고 나쁨은 전체 원림설계의 성공여부를 직접적으로 결정하기도 한다. 명대 추적광(鄒迪光)은 『우공곡승(愚公谷乘)』 중에서 말하기를 "두 샘의 물이 구멍에서 빚어져 나오는데 어디서부터 나오는지 모르겠다. 내가 샘물을 끌어서 방향을 돌려 산봉우리를 만들어 가리고 둑을 만들었는데 물을 멈췄다 흐르게 했다, 이었다 끊었다, 굵게 했다 가늘게 했다 할 수 있었다(二泉之水從空醞釀, 不知所自出, 吾引而歸之, 爲嶂障之, 堰掩之, 使之可停, 可走, 可續, 可斷, 可巨, 可細.)"라 하였는데 여기에서 보듯이 원림에서 물의 처리방식은 풍부하고 다양하다.

一. 물의 유형

원림 이수는 "자연에서 법을 취하고(取法自然)", "비록 사람에게서 나왔으니 완연히 하늘로부터 생긴 듯하다(雖由人作, 宛自天開.)"는 중국 원림조경의 핵심원리를 그대로 따라서 자연 속의 수경을 원형으로 삼는다.

호수나 연못을 중심으로 경물과 관상지점을 배치하는 것은 중국 고전원림의 가장 보편적인 배치 방식이다. 즉 먼저 연못을 중심으로 시내, 계곡, 폭포 등을 더한 다음, 여기에 다시 산과 돌, 화목과 정각(亭閣)을 배합하여 하나의 완전한 원경(園景)

---

9 [宋] 梅堯臣, 『宛陵集』, 卷四十四.

도 4-8. 소주 예포(藝圃)의 연못.

을 조직하게 된다. 원림에서 다른 요소들이 덧붙여야 하기 때문에 사람들은 물을 모식화(模式化) 하였다. 즉 천변만화하고 끝없이 면면부절한 물을 몇 가지 모식으로 나누어 경관 처리에 편의를 도모하는 것이다. 그 모식에는 대략적으로 연못, 폭포, 시내, 샘 등이 있다.

연못[池] 혹은 호[湖]는 물이 모여 멈춰있는 넓은 면적의 수면을 가리킨다. 고요하고 평온하여 보는 사람에게 편하고 안정적인 느낌을 준다. 연못은 또한 주변 물상(物像)들의 반영이 드리워 경관의 깊이감을 풍부하게 하고 경관의 시각공간을 확장해 준다. 물에 비친 반영은 매혹적이다. 사람들은 연못가에 접한 낭(廊) 가운데서 물속에 비춰진 반영의 아름다운 경치를 바라볼 수 있다. 연못 속의 반영은 상황에 따라 변하는데, 하늘 빛 수면 위에는 구름 그림자가 떠 있고 배는 공중에 떠 있는 듯이 움직이며 물고기는 하늘에서 노니는 듯이 유유자적하다. 이에 남조 진나라의 석혜표(釋惠標)는 『영수(詠水)』에서 "배는 하늘에서 떠다니는 듯하고 사람은 거울 속에서 거니는 듯하다(舟如空中泛, 人似鏡中行.)"라고 표현하였다.

　연못의 짜임새는 반드시 모임과 나뉨이 있어야 하고, 모임과 나뉨은 조화로워야 한다. 대형 원림은 연못을 다양하고 복잡하게 나눌 수 있지만 여전히 넓은 면적의 수면을 남겨서 주된 부분과 부차적인 부분의 구분을 명확하게 하여야 한다. 연못의 형식은 앞서 언급한 "땅의 형세에 따라 그 형세에 부합하게 만드는(因地制宜)" 원리에 따른다. 작은 정원이나 소형 원림은 단순한 형태의 연못을 구성하고 주변에 약간의 수석과 화목, 등라(藤蘿) 등을 점철하고, 연못 안에는 물고기와 연꽃 등을 기른다. 소주의 창원(暢園)과 호원(壺園)이 이러하다. 중형 원림은 일반적으로 산과 연못, 화목과 건축의 종합적인 처리 방식을 택한다. 면적이 크지 않기 때문에 연못의 수면 처리 역시 모음을 위주로 하고 거기에 약간의 나뉨을 더한다. 연못의 한 모서리에 교량을 걸치거나 입수구나 출수구에 작은 면적의 물굽이를 만들고 혹은 돌을 쌓아 계곡을 만들어 수원(水源)을 더욱 깊고 멀게 느껴지게 만든다. 소주의 망사원이 이러하다. 좁고 긴 연못 역시 중소형 원림에서 자주 보이는 연못의 형식이다. 단 각각의 원림에서 그 배치방식이 다르다. 소주의 호원, 창원, 학원(鶴園), 반원(半園)은 연못의 한쪽 끝에 다리를 설치하여 수면을 주된 부분과 부차적인 부분의 두 부분으로 나누어 짜임새에 층차와 변화를 더하였다. 소주의 이원(怡園)은 다리와 수문으로 연못을 세 부분으로 나눴는데 전체적인 연못의 형태는 좁고 길게 굽어져 있다. 연못의 주된 부분과 부차적인 부분의 구분이 명확할 뿐만 아니라 면적상 크고 작음 차이를 더하고 산, 돌, 화목, 청당, 한선(旱船) 등과 어우러져 다양한 풍경을 구성한다. 가산(假山)을 주제로 하는 원림에서는 좁고 긴 띠 모양의 연못이 산 아래를 돌아가거나 산곡 깊숙이 뻗어 들어가기도 하는데 산세의 높낮이와 깊음을 더하여 산과 물이 서로 보완하여 상승작용을 할 수 있게 한다. 소주의 환수산장(環秀山莊)이 이러하다.

　고전원림에서 수면을 구획하여 나누는 방법은 연못 면적의 크기에 따라 다르다. 수면이 넓으면 섬을 이용하여 나눌 수 있다. 소주 졸정원 중부와 유원(留園)의 연못

도 4-9. 소주 환수산장(環秀山莊)의 연못.

에 있는 작은 섬이 바로 이런 역할을 한다. 그 중 졸정원은 두 섬 사이에 오직 하나의 골짜기를 두어 경계로 삼아 나누었는데, 나누어져 있으면서 동시에 연결되기에 서로 부분적으로 가리면서 층차감을 풍부하게 한다. 사가원림의 경우 면적이 제한적이기 때문에 상술한 두 가지 예외에 나머지는 보통 다리를 이용하여 연못의 표면을 구획한다. 이러한 방법은 공간을 나누지 않아도 되기 때문에 작은 면적의 연못에 사용하기 적합하다. 이 밖에 수문, 정자, 방옥(房屋) 등을 이용하여 수면을 나눌 수도 있으나 그 예는 매우 적다.

폭포(瀑布)는 높은 곳에서 떨어지는 물로서 원림에서 수경을 동적으로 만들고자 할 때 사용한다. 통상적인 처리 방식은 먼저 석산을 높이 쌓고 산 아래에 담을 만들어 물이 높은 곳에서 담으로 떨어지면서 돌에 부딪혀 이리저리 튀게 하는 것으로 "비류천척(飛流千尺)"의 느낌을 구현한다. 당나라 때 한유(韓愈)는 『분지(盆池)』라는 시에서 "연못 빛과 하늘 그림자가 함께 푸르고, 물가를 때려 물 몇 병을 더할 뿐,

더욱 밤이 깊어 밝은 달이 지기를 기다렸다 얼마나 많은 별을 머금었나 세어 보리라(池光天影共靑, 靑拍岸才添水數瓶, 且待夜深明月去, 試看涵泳幾多星.)"라고 하였는데, 여기서 물과 돌로 꾸며진 일개 분경이 실제로는 겨우 물 몇 병을 담을 정도로 작으나, 상상을 통해 작음 속에 큼이 있고 가까움 속에 멂이 있어 저 멀리 하늘의 별들을 담을 수 있을 듯하다.

현존하는 명청 원림의 폭포는 거의 인공적인 것이다. 예를 들어 소주 환수산장 북서쪽 모서리의 작은 가산에는

도 4-10. 소주 환수산장(環秀山莊)의 비설(飛雪) 폭포. 명대에 비설천이 있었다고 전해지나 사라졌고 지금의 비설은 복원시 가산을 이용해 새롭게 만든 것이다.

옥상에 보인 빗물을 모았다가 수문을 열어 연못으로 쏟아져 내려오게 하였다. 또한 남동쪽 가산 위에 뒤쪽에 수조를 설치하여 빗물을 모았다가 돌 틈으로 굽이쳐 흘러 내려오게 하였다. 마찬가지로 소주 사자림(獅子林)의 문매각(問梅閣) 지붕에는 수조가 있어 물을 모으고 그 북쪽에 돌을 쌓아 폭포를 만들었다. 비록 이들은 규모가 작지만 모두 시각적으로 멀리 떨어진 모서리에 위치하고 있고 물이 나오는 곳을 고의로 작게 만드는 등 시각적인 원근효과를 과장함으로써 실제 작은 폭포를 크게 보이게 하는 기법을 사용하였다. 이는 앞서 언급한 한유의 뜻에 부합한다.

시내[溪澗]는 선형의 물로서 수면이 좁고 길며 굽어 있다. 원림을 구성할 때 크고

작은 연못 사이에 표홀하게 지상으로 흐르거나, 안 보이는 곳에서 흐르거나 혹은 건축을 돌아 나가면서 원림공간을 자유롭게 만든다. 소주 유원 서부의 작은 시내는 휘돌고 굽이치는 변화가 적으나 수목을 이용하여 심유하고 끊어졌다가 다시 이어지는 시각적 효과를 만들었다. 중부의 북서쪽 모서리에 있는 시내는 양쪽 물가의 첩석(疊石) 처리가 성공적이며 시내 입구에 작은 섬을 설치하여 시내의 층차와 심도를 증가 시켰다. 소주 사자림의 수죽각(修竹閣) 뒤의 시내는 양쪽 물가의 들어가고 나옴이 자연스러우며 굽어진 물길은 깊고 먼 느낌을 준다. 소주 망사원 남동쪽 모서리의 시내는 첩석이 많지 않지만 물이 들어오는 곳이 깊고 멀게 느껴지게 만드는 성공하였다.

샘[泉]은 물이 뿜어져 나오는 것으로서 중국 조원에서 일찍부터 사용되었다. 중국에는 고래로 천천(天泉), 지천(地泉), 감천(甘泉)의 분류법이 전해져 내려오는

도 4-11. 소주 사자림(獅子林)의 폭포

데, 이 중 천천은 천연의 비와 눈을 의미한다. 가을의 물은 하얗지만 차가워서 고래로 즐겨 사용되었다. 여름의 물은 온도를 식혀 미세 환경을 쾌적하게 해주지만 수질에 있어서는 폭우로 인해 수경이 쉽게 탁해질 수 있다. 봄과 겨울의 물은 봄비가 우선한다. 소위 "봄비는 기름처럼 귀하다(春雨貴如油.)"라는 말은 만물의 생기를 북

도 4-12. 소주 유원(留園)의 시내.　　　　　　　　　圖도 4-13. 소주 졸정원(拙政園)의 시내.

도 4-14. 제남 표돌천(趵突泉).

돌아 주는 봄비의 기능을 찬미한 것으로 이런 점에서 봄비는 원림에 있어서 매우 중요하다. 겨울의 물은 눈에서 비롯되는데, 겨울 북방원림은 이 눈을 경관의 주제로 하여 강남원림과 뚜렷하게 구별된다. 중국은 유명한 샘을 주제로 한 정원건축이 적지 않다. 그 중 제남(濟南)의 표돌천(趵突泉)과 무석(無錫)의 혜산천(惠山泉), 항주(杭州)의 호포천(虎跑泉)이 가장 널리 알려져 있다. 이들 명승(名勝)은 샘을 경관으로 하여 역대로 높은 명성을 누려왔다.

二. 물가의 유형

수체는 물가[岸]에 의해 그 경계가 형성되기 때문에 원림에서 수경 계획은 일부를 제외하고는 그에 대응하는 물가 계획을 벗어날 수 없다. 물의 유형에 따라 적절하게 물가를 계획하면 유형별 개성을 더욱 강조할 수 있을 뿐만 아니라 수경을 시각적으로 더욱 깊고 멀리 확장시킬 수도 있다. 원림에서의 물가는 인공적인 것과 자연적인 것이 있는데, 물이 갖는 의미 즉 자연경관 속의 물을 원림 안으로 옮겨온 듯한 느낌과 뜻을 강조하기 위해 물가에 자연을 모방하여 설계한 부분을 반드시 첨가한다. 원림에서 물가의 유형은 크게 담(潭), 탄(灘), 주저(洲渚), 도(島), 제(隄), 기(磯), 박안(駁岸), 첩석안(疊石岸) 등이 있다.

담은 깊은 물을 가리킨다. 자연계에서는 통상 폭포의 아래에 물이 모여 담을 이룬다. 이러한 담은 보통 폭포가 떨어지는 절벽과 이어져 있으며 수면은 그다지 넓

도 4-15. 소주 졸정원(拙政園)의 석탄(石灘).

도 4-16. 승덕 피서산장(避暑山莊)의 석탄(石灘).

지 않지만 수심이 깊고 주위에도 역시 절벽이 높고 가파르게 솟아 있다. 그 경관을 굽어보면 기세가 험준하고 심오막측하다. 원림에 담을 모방하여 만들 때에는 주로 풍부한 물을 좁은 곳에 깊게 모으고 주위에 깊은 암석들과 절벽을 둘러서 담의 뜻 [意]을 취한다.

탄은 물이 물가에 이르면서 점차 얕아지는 것을 가리킨다. 자연계에서는 강가와 바닷가에서 자연적으로 생성된 탄을 쉽게 볼 수 있다. 원림에서 탄을 사용하는 경우는 주로 난간이나 박안으로 둘러싸인 연못가에 부분적으로 시원하고 자연스러운 탄을 만들어서 인공적이고 경직된 느낌을 해소하기 위함이다.

주저는 수면과 거의 같은 높이의 평평한 작은 섬을 가리킨다. 자연계에서 호수나 강 수면 위에 군데군데 살짝 평평하게 드러난 작은 섬이 있는데 이를 주저라 한다. 원림 중에서는 주로 면적이 넓은 연못이나 호수에 주저를 만들어 수면의 수평감을 유지하면서 동시에 수면의 단조로움을 보충해 준다. 명대 시인 공소아(孔少娥)

도 4-17. 피서산장(避暑山莊)의 청련도(靑蓮島). 실제로는 주(洲)에 가깝다.

의 시 가운데 "서호와 서자는 둘이 서로 비슷하니, 서호의 수면은 주저로 점찍듯 장식하는 것이 더욱 좋다(西湖西子[10]兩相儔, 湖面偏宜點翠洲.)"라는 구절이 있는데, 이는 주저가 호수의 수면을 점찍듯 장식해 줘서 그 아름다움을 돋보이게 한다는 뜻이다. 원림에서 주저는 넓은 면적의 연못이나 호수의 수면 가운데 더하여져서 자칫 지루해지기 쉬운 수면 경관에 작은 재미를 더하고 전체적으로 천연의 느낌을 더욱 강조하는 역할을 한다.

　도는 섬을 가리킨다. 자연계에서는 바다, 호수, 강 등의 수면 위로 높게 솟아올라 있는 땅덩어리를 가리키며 그 중 큰 것을 도(島)라 하고, 작은 것을 서(嶼)라 나누어 부르기도 한다. 원림에서는 일반적으로 수면 위로 솟아올라 있는 작은 언덕을

---

10 서자 : 중국의 전설적 미인.

도 4-18. 북경 서원(西苑)의 경화도(瓊華島).

가리켜 도라고 한다. 주저가 그 높이가 수면과 거의 같은데 반해 도는 수면으로 부터 확연히 높이 솟아 있다. 원림에서 도의 보편적인 처리수법은 먼저 도의 주변에 물을 둘러싸고 다리를 이용해 육지와 연결하며 위에는 정자를 설치하고 주변에 화목이나 돌로 장식하는 것으로, 도가 위치하는 연못 자체가 그 면적이 클 수밖에 없기 때문에 통상적으로 하나의 원림에서 연못과 도가 형성하는 경관이 주제경관이 되며, 이 연못과 도를 중심으로 주변에 길이나 각종 건축을 배치하여 이 주제경관을 다양한 구도로 바라볼 수 있게 한다. 규모가 큰 황가원림의 경우도 기본적으로 이와 같으나 도의 규모를 크게 만들고 그 위에 각종 건축군이나 탑, 누각 등을 설치하여 수평선 위로 높게 솟아오르게 한다.

　　제(堤, 혹은隄)는 제방을 가리킨다. 원래는 천연의 호수나 강에 물이 넘치는 것을 방지하기 위해 흙과 돌을 쌓아 만든 긴 둑을 제라 하는데, 항주 서호의 소제(蘇堤)가 특히 유명하다. 원림에서는 연못의 넓은 수면을 몇 개의 작은 수역(水域)으로 나

도 4-19. 피서산장(避暑山莊)의 지경운제(芝徑雲堤).

누기 위해 중간에 띠 모양의 제를 쌓는다. 통상 수면이 넓은 경우 사용하기 때문에 주로 황가원림에서 보이는데 피서산장의 자경운제(芝徑雲堤)와 이화원의 동제(東堤) 및 서제(西堤)가 이에 속한다. 제는 멀리 높은 곳에서 굽어 조망하였을 때 수면을 분할하는 역할을 하며, 원림 동선의 일부로서 길에서부터 자연스럽게 이어져 사람들의 발걸음을 넓은 연못 가운데로 이끌기도 한다. 원림에서 통상적인 제의 표현기법은 한쪽이나 양쪽 옆에 버드나무를 길게 심거나 중간쯤에 사방이 탁 트인 정자나 누각을 설치하기도 한다.

기는 물가에서 물 쪽으로 홀연히 돌출되어 있는 돌을 가리킨다. 자연계에서는 호수나 강 혹은 시냇가에 물 쪽으로 돌출되어 있는 암반을 기라 하는데 여기서 사람들은 낚시나 빨래 등을 한다. 원림에서는 통상 물가를 따라 호석(湖石)을 자연스럽게 늘어놓다가 돌연 물 쪽으로 툭 튀어나오게 호석을 하나 두는데, 이것은 주변부보다 조금 낮고 평평해서 사람이 내려가 물을 직접 손으로 만질 수도 있다. 구체

도 4-20. 남경 첨원(瞻園)의 기(磯).

적인 예로 피서산장의 "석기관어(石磯觀魚)", 명대 소주 졸정원에 있었던 "조(釣)"라
는 이름의 경관, 남경 첨원(瞻園)의 석기(石磯) 등이 있다. 이 중 피서산장의 "석기관
어"는 연못가에 살짝 물 쪽으로 튀어나오게 수면과 거의 같은 높이로 석대를 만들
고 그 위에 수사(水榭)를 지었으며, 석대의 양측에는 자연스럽게 호석을 배치하여
기존의 연못가와 자연스럽게 이어지게 했다. 남경 첨원의 석기는 명대의 유물로 중
국 원림에서 가장 성공적인 기의 표현으로 평가되기도 한다. 연못가를 따라 이어져
있는 첩석 안이 홀연 높게 솟아 작은 산을 이루는데 그 아랫부분을 수면에 가깝게
기로 만들었다. 이 석기는 주변 첩석안과 하나로 자연스럽게 이어지면서 낮게 깔린
석판교를 통해 양안과 이어진다.

첩석안은 물가를 따라 자연석을 쌓은 것을 가리킨다. 재료는 주로 광택이 나고
무늬가 아름다우며 조형이 자연스러운 호석(湖石)을 사용하고, 시공은 높낮이와 앞
뒤가 적절히 나오고 들어가면서 전체적으로 자연스럽게 꺾이도록 쌓는다. 위에는

도 4-21. 양주 개원(个園)의 첩석안(疊石岸).

군데군데 흙을 메워 화목을 심어서 첩석과 육지 사이의 경계를 자연스럽게 처리한
다. 첩석안은 강남 사가원림에서 특히 즐겨 쓰는데 통상 연못가를 보면 청당 하단
에는 박안으로 누대를 만들고 나머지 부분에는 태호석으로 첩석안을 쌓아서 가산이
나 석동 등 인공지형과 자연스럽게 이어간다. 연못과 이어진 계류는 통상 양쪽에
첩석안을 꾸미고 그 위에 간단한 석량(石梁)을 걸쳐 건널 수 있게 한다. 첩석암은
미관상 아름답고 견고한 장점이 있지만 지나치게 많이 사용하면 도리어 자연스러움
을 해치는 부작용도 있다.

　박안이란 돌을 반듯하게 쌓아 올린 직선형태의 물가를 가리킨다. 재료에는 장대
석, 호피석(虎皮石), 난석(亂石) 등을 사용하며, 시공할 때에는 틈이 없고 반듯하게
위로 쌓아 올린다. 견고하고 미관상 깔끔하지만 조형이 단조롭기 때문에 부분적으
로만 사용한다. 특히 건축이 놓인 평대(平臺)는 종종 장대석 박안으로 만든다. 박안
은 통상 건축물의 하단에 쓰인다.

도 4-22. 항주 곽장(郭庄)의 박안(駁岸).

이상의 물가의 유형은 각각 그 장단점과 특색이 있기 때문에 상황에 따라 적당하게 섞어 쓴다. 또한 물가에는 적절하게 식물을 심어 주는데 소나무나 버드나무를 심어 가지가 수면위로 닿게 하거나 작은 꽃이나 덩굴식물을 심어 육지의 울창한 숲과 물 위의 뜬 식물들 사이를 매개하기도 한다.

제3절 산

산은 건축이나 물과 함께 중국 전통원림을 구성하는 중요한 경관요소로서, 특히 물과 어우러져 자연을 연상시키는 산수경관을 구성한다. 이어는 『한정우기(閒情偶寄)』에서 주택의 입기를 논하는 과정에서 산에 대해 다음과 같이 언급하고 있다.

흙을 밀어 산을 쌓고 못을 따라 박안을 만드니, 굽은 물가를 따라 버드나무와 달이 펼쳐지고 푸른 물결 넋을 썻으며 멀리 십 리 밖 연꽃 향기가 바람을 타고 깊은 방 안까지 들어온다. 울타리를 엮어 국화를 심으니 도연명이 당년에 그러하였기 때문이고 호미로 흙을 북돋아 매화를 심으니 유공의 옛 흔적에 견줄 만하다. 깊은 곳을 찾아 대나무를 심고 마주 보이는 곳에는 계절 꽃을 심는다. 호두와 배는 말할 것도 없이 진신에 이를 것 같고 연못 안의 반영은 교궁에 들어선 듯하다. 한 줄기 가을이니 두터운 그늘이 여름을 마무리하며 흐르는 물이 끝이 없는 듯하나 끊어지는 곳에는 다리로 통한다. 숲을 만들 때는 반드시 이유가 있어야 하고 시절에 맞게 방을 만든다. 방과 낭은 구비지고 누각은 우뚝 솟아 있으니 '강은 천지 밖에서 흐른다'라는 정감을 불러일으키고 '산색은 있는지 없는지'라는 구절에 부합한다.(開土堆山, 沿池駁岸. 曲曲一灣柳月, 濯魄淸波. 遙遙十裏荷風, 遞香幽室. 編籬種菊, 因之陶令當年. 鋤嶺栽梅, 可並庾公故跡. 尋幽移竹, 對景蒔花. 桃李不言, 似通津信. 池塘倒影, 擬入鮫宮. 一派涵秋, 重陰結夏. 疏水若爲無盡, 斷處通橋. 開林須酌有因, 按時架屋. 房廊蜒蜿, 樓閣崔巍, 動江流天地外之情,合山色有無中之句.)

　여기서 이어는 산수경관을 중심으로 가상의 원림을 구성해 나가면서 그에 따라 어떻게 미학적 체험을 만들어 나가는지를 개략적으로 설명하고 있는데, 특히 원림의 창작과정에서 산과 물이 전체 원림 환경의 골격을 결정함을 기본적으로 전제하고 있다.

　조산(造山), 즉 산을 만드는 것은 이렇듯 원림 내 지형의 기복을 전반적으로 조절하는 과정에서 특별히 높은 지형이 필요할 때 행해진다. 만약 원림 터 안에 적절한 자연산이나 언덕이 있으면 가급적 이를 다듬거나 보충하여 원하는 형태와 높이로 만든다. 하지만 전체가 평지인 경우는 흙이나 돌을 이용하여 인공산을 만들어 줄 수밖에 없다. 중국 원림에서는 자연산을 "진산(眞山)"이라고 하고, 인공산을 "가산(假山)"이라고 부른다.

一. 가산

현존하는 사례를 살펴보면, 일부 황가원림에서 진산을 사용하는 경우를 제외하고, 대다수 원림에서는 가산을 사용한다. 가산이란 앞서 설명하였듯 원림에서 조경을 목적으로 흙이나 돌 등의 재료를 사용하여 쌓아올린 산을 가리킨다.

오늘날 중국의 원림학자들은 보편적으로 중국 원림 가산예술이 일정한 발전의 궤적을 그려왔다고 믿는다. 구체적으로 산을 인공적으로 만드는 기술이 적어도 춘추시대에 존재하였고, 그 후 위진남북조시기에 유행한 자연숭배 사상과 당송시대 산수화에서 축적된 경험이 가산 예술에 미학적 기초와 이론을 제공하였으며, 이후 장구한 세월에 걸쳐 이루어진 이론적 탐구와 실천의 순환과정, 즉 축적된 이론이 실천에 영향을 주고, 실천에서 얻어진 시행착오와 새로운 발견이 다시 새로운 이론적 논쟁을 자극하는 순환과정이 발생하여 명청시기에 이르러서는 형식과 풍경 그리

도 4-23. 소주 환수산장(環秀山莊)의 명대 가산(假山).

고 수법 면에서 그 절정에 이르렀다는 것이다.

다음은 구체적으로 역대 가산에 관한 문헌을 살펴보자. 돌과 흙을 쌓아 인공의 산을 만들어 원림의 경관으로 삼는 전통은 중국 역사에서 그 연원이 무척 오래되었다. 『상서·주서·여오(尙書·周書·旅獒)』에는 "구인 높이의 산을 만드는데 한 삼태기 흙만큼의 공이 부족하다(爲山九仞, 功虧一簣.)"는 구절이 있는데, 이는 일찍이 주나라 때 삼태기를 써서 흙을 운반하여 산을 쌓는 기법이 존재하였음을 보여준다. 공자 역시 이와 유사한 말을 남겼다. 『논어·자한편(論語·子罕篇)』에 이르기를 "공자께서 가라사대 '산을 만드는 것에 비유하면 한 삼태기의 흙을 남기고 그치더라도 스스로 그친 것이다. 땅을 평평하게 하는 일에 비유하면 비록 첫 한 삼태기의 흙을 깔아서 나아가더라도 스스로 나아간 것이다'라 하였다(子曰'譬如爲山, 未成一簣, 止, 吾止也. 譬如平地, 雖覆一簣, 進, 吾往也.')"라 하였는데, 이 역시 춘추시대에 이미 산을 인공적으로 축조하는 기법이 존재하였음을 뒷받침 한다.

가산이 원림 안에 등장한 최초의 기록은 『서경잡기(西京雜記)』에서 보인다. 한나라 초기 상인 원광한(袁廣漢)은 원림을 만들고 "돌을 얽어 산을 만드니 높이가 십여 장에 이르렀다(構石爲山, 高十餘丈.)"[11]고 한다. 한편 "가산"이라는 단어는 문헌상 오대(五代)에 편찬된 당나라 역사서인 『구당서(舊唐書)』에서 처음으로 간접적인 표현이 보인다. 이 책의 기록에 의하면 당나라 목종(穆宗) 장경(長慶) 원년(821년) 7월에 "원 안의 가산이 무너져 일꾼 일곱 명이 깔려 죽었다(苑內假山毀, 壓死役者七人.)"[12]라는 기록이 있다. 일꾼 중에 압사한 사람이 있다는 점에서 볼 때, 이는 당시 가산을 쌓는 공사를 하고 있던 과정임이 분명하다.

송대에 이르러서 "가산"이라는 단어는 점진적으로 많이 사용되었다. 예를 들어

---

11 『西京雜記·卷二, 卷三』.
12 『舊唐書』, 卷16, 本紀第十六, "穆宗".

송 진종(眞宗) 때 월나라의 문혜왕(文惠王) 원걸(元傑)은 "가산을 만들어 완성되자 술자리를 열고 신료들을 불러 그것을 관람했다. 익선 요탄만이 홀로 고개를 숙이고 보지 않자 원걸이 강권했다. 요탄이 말하기를 '혈산만이 보일 뿐 어찌 가산이 보입니까?'라 하였다. 주현의 가난한 백성을 편달하여 조세를 걷었으니 가산은 실로 세금으로 만들어진 것이었다(嘗作假山, 旣成, 置酒召僚屬觀之. 翊善姚坦獨頻首不視, 元傑强之, 坦曰'獨見血山, 安得假山.' 言州縣鞭撻微民, 以取租稅, 假山實租稅所爲耳.)"[13]라는 기록이 있다.

원나라는 송과 금 황실의 전통을 이어 궁원(宮苑) 가운데 많은 가산을 영조하였다. 예를 들어 융복서어원(隆福西御苑)에 관한 기록을 보면 "어원은 융복궁 서쪽에 있는데 향전이 석가산 위에 있고 향전 뒤에는 석당이 있고 ……종모전은 가산 동쪽에 있다(御苑在隆福宮西, 香殿在石假山上, 殿后有石堂. ……棕毛殿在假山東.)"[14]라 하였다.

명대에 이르러서는 "가산"이라는 단어가 "원지구학(園池丘壑)"이라는 짝말 가운데서 언덕과 골짜기를 의미하는 "구학(丘壑)"을 대체하여 보편적으로 사용되었다. 『춘어당수필(春語堂隨筆)』을 보면 가산을 쌓는 석재에 대해 언급하고 있는데 "무강석은 검은색이며 윤택하고 무늬가 파도 같다. 사람들이 원지에 가산을 쌓을 때 이로써 기이하게 만드니 큰 것은 높이가 수 장에 이르나 지극히 적다. 무강현은 지금 호주에 속하며 산 계곡에서 이 돌이 많이 생산된다(武康石色黑而潤, 文如波浪. 人家園池疊假山, 以此爲奇, 大至尋丈者絶少. 武康縣今屬湖州, 山溪間多産此石.)"[15]라는 글이 있다. 한편 『용당소품(湧幢小品)』에 기록되길 상숙 정씨(常熟丁氏)가 "또 집에 가산을 쌓고 대승이라 이름 하고 스스로 기문을 썼다(又築假山於家, 名曰'代勝', 自爲之記.)"[16]라고

---

13 『宋史』, 卷245, 列傳第四, "宗室二·越王元傑."
14 『新元史』, 卷46, 志第十三, "地理一".
15 [明] 陸深, 『春語堂隨筆』.
16 [明] 朱國楨, 『湧幢小品』, 卷13.

한다. 『남중기문(南中紀聞)』에는 진산과 가산에 대한 흥미로운 논의가 기록돼 있는데 "진산은 가산을 닮은 것이 아름다운데 내가 보기에 장계 임강 뭇 산들이 특히 이러하다. 가산은 진산을 닮은 것이 기이한데 거의 석산의 진원과 화정의 고시동원이 그러하다. 진원은 물가의 돌 여울에 임하여 관목이 높고 그늘을 만들고 딸기와 이끼가 얽혀있으니 진정 하늘이 내린 것으로 어찌 인공 수준에 떨어지겠는가?(眞山如假山者秀, 據余所見, 辰溪臨江諸山頗有之. 假山如眞山者奇, 庶幾錫山秦園, 華亭顧氏東園乎. 秦園臨水石灘, 灌木高蔭莓蘚鱗綴, 眞是天鏟, 豈落人工.)"[17] 명대 황제와 봉왕들은 역시 가산에 집착하였다. 예를 들어 정덕(正德) 황제는 "황제가 남도에서 돌아오니 어가가 진강을 넘어 각로 양일청의 저택에 머물렀는데 밤이 되자 술을 마시고 시를 몇 수 지어 당에 새겼다. 그 가산의 아름다움을 사랑하여 돌 몇 개를 가지고 갔다.(帝自南都還, 駕過鎭江, 幸閣老楊一淸第, 達夜暢飮, 制數詩刻於堂. 又愛其假山之勝, 取數石而去.)"[18] 그 밖에 명대 노왕(魯王)의 세자는 "그 궁전 가운데 쌓은 가산은 남쪽에 있고 산 가운데 동혈이 있어 굴실을 만들었는데 아주 깊었다(其宮中所築假山, 在乾位也. 山中有洞, 穴地爲窟室, 極其深邃.)"[19]라 한다.

송나라 사람 주밀(周密)이 쓴 『계신잡식(癸辛雜識)』에는 전문적으로 가산을 논한 문장이 있다. "이전에는 돌을 쌓아 산을 만드는데 두드러져 보이게 만들었다. 선화 년간에 이르러 간악에 대역사를 일으키니 배와 수레가 줄을 이어 이르고 여력을 남기지 않았다. 그 큰 봉우리 중에 특히 아름다운 것은 후로 봉하거나 금대를 하사할 뿐만 아니라 각각 그림으로 그려 보첩으로 남겼다. 한편 공인들 중에 특별히 오흥 출신을 산장이라 불렀는데 아마 주면의 유풍이리라. 뭇 오흥은 북으로 동정호에 연결되어 있어서 무늬돌이 많이 나는데 변산에서 나는 돌도 비슷하고 역시 아름다워

17 [明] 包汝楫, 『南中紀聞』.
18 [明] 呂毖, 『明朝小史』, 卷11, "正德記·取石".
19 [明] 楊士聰, 『玉堂薈記』, 卷下.

서 고로 사방에서 산을 만들 때에는 모두 이 산에서 돌을 캐갔다. 절우 지방의 가산 중 가장 큰 것은 오중에 있는 위청숙의 원림만한 것이 없다. 하나의 산이 20무를 뻗어 있고 40여 채의 정자를 설치하였으니 그 큼을 가히 알 수 있다.(前世疊石爲山, 爲見顯著者. 至宣和, 艮嶽始興大役, 連轊輩致, 不遺餘力. 其大峰特秀者, 不特封侯, 或賜金帶, 且各圖爲譜. 然工人特出于吳興, 謂之山匠, 或亦朱勔之遺風. 蓋吳興北連洞庭, 多産花石, 而卞山所出, 類亦奇秀, 故四方之爲山者, 皆於此山中取之. 浙右假山最大者, 莫如衛淸叔吳中之園, 一山連亘二十畝, 位置四十餘亭, 其大可知矣.)"**20**

명나라 때 쓰인 『칠수유고(七修類稿)』에는 가산을 만드는 또 하나의 기묘한 기술이 소개되어 있다. "오늘날 부귀한 집에 가산을 쌓는 것은 산이 비록 완성됐을지라도 스스로 진산과 같은 생기를 갖지 못하니 봄과 여름에는 뱀이 많고 밤에는 즐길 수 없다. 내가 듣기로 송나라 궁궐 안 간악 만수산의 큰 동굴을 모두 웅황과 광감석으로 쌓았다고 한다. 대개 웅황은 뱀을 쫓고 황감은 능히 구름과 안개를 다스리니 만약 날씨가 조금 흐리면 산이 이에 따라 짙은 안개를 피우는 것이 깊은 산과 계곡 같았기에 고로 몇 년 지나지 않아 진산을 넘어설 수 있었다.(近日富貴家之疊假山, 是山雖成也, 自不能如眞山之有生氣, 春夏且多蛇虺, 而月夜不可樂也. 予聞宋宮之艮嶽, 其萬歲山之大洞, 皆築以雄黃, 爐甘石, 蓋雄黃則辟蛇虺, 爐甘能致雲霧, 若天少陰, 山遂瀿郁如深山窮穀矣, 故不數年而勝眞山矣.)"**21** 『오잡조(五雜組)』 역시 이 일에 대해 기록하고 있다. "송나라 때 큰 집에 원림을 꾸밀 때는 가산을 만들었는데 웅황과 염초를 많이 써서 흙과 함께 쌓아 만들었다. 웅황을 깔면 뱀을 막고 연초는 연무를 만드니 흐리고 비가 올 때마다 진산처럼 운기가 짙게 끼었다.(宋時巨室治園作假山, 多用雄黃, 焰硝, 和土築之. 蓋雄黃能辟虺蛇, 煙硝能生煙霧, 每陰雨之候, 雲氣浮鬱, 如眞山矣.)"**22**

---

20 [宋] 周密, 『癸辛雜識』, 前集.
21 [明] 郞瑛, 『七修類稿』, 卷2, "天地類·假山精緻."
22 [明] 謝肇淛, 『五雜組』, 卷3, 地部一.

가산의 감상법은 화론과 밀접한 연관을 갖는다. 예를 들어『어정패문재서화보(禦定佩文齋書畵譜)』15권에는 "보통 산수의 법은 큼으로 작음을 보는 것이니 사람이 가산을 보는 것과 같다. 만약 진산의 법처럼 아래서 위로 바라본다면 오로지 한 겹의 산 밖에 보이지 않으니 어찌 한 겹 한 겹 두루 살필 수 있겠는가? 또한 그 계곡 사이의 일을 볼 수 없다.(大都山水之法, 蓋以大觀小, 如人觀假山耳. 若同眞山之法, 以下望上, 只合見一重山, 豈可重重悉見. 兼不應見其谿谷間事.)"[23]

청대 건륭황제의 어제시(禦制詩) 중에도 진산과 가산에 대한 재미있는 표현이 있다. "원림에 진산이 없더라도 가산이 오래되면 진산이 된다. 이곳 매우 가파른 곳에 노송이 비늘을 만드네. 한 그루 그 산에 살며 가지를 넓게 펼치고 가파른 산세를 내려다본다.(園林無眞山, 假山古卽眞. 是處頗峭蒨, 老松況作鱗. 一笠棲其山, 翼然俯嶙峋.)" 이 시에서 볼 수 있듯이 청대 원림에서 가산은 이미 중요한 원림 경관요소가 되었다. 또한『어제감암실시(禦制嵌岩室詩)』에 기록되길 "가산이 진산을 닮아서 높고 가파르며 울쑥불쑥하다. 가파른 곳에 기대어 집을 이으니 때때로 꽃비가 떨어진다(假山似眞山, 巖嶄亦岨峿. 結宇依峭蒨, 時時落花雨.)"라 하였는데, 이 또한 청대 황제들이 원림의 가산에 대한 관심과 감상태도를 반영한다.

모든 고대 중국인들이 가산의 예술적 품위에 대해 견해가 일치했던 것은 아니다. 송나라 사람 호자(胡仔)가 엮은『어은총화(漁隱叢話)』에는 소동파가 "승방가산을 읊기를 '평평하다 갑자기 험해지니 가짜가 진짜를 훔친 것이 분명하다'라 하여 풍자하였다(詠僧房假山曰'悠忽平爲險, 分明假奪眞'蓋刺之也)"라 하니, 여기서 비록 가산을 빌어 정치인을 풍자하였지만 소동파를 비롯한 많은 사람들이 가산의 예술적 품위와 진실성에 대해 의구심을 갖고 있었음을 알 수 있다. 그 밖에『흠정열하지(欽定熱河志)』40권의 "가산"조에는 "진산이 있어 네 면을 보니 가짜로 비슷하게 만들었으니,

---

23 『欽定四庫全書·子部·藝術類·書畫之屬·禦定佩文齋書畫譜』, 卷15, "宋沈括論畫."

그 이유를 이르기를 진실한 것과 무슨 차이가 있는가 한다. 가짜는 천박하고 진짜는 진실하니 시험 삼아 노닐며 보라. 산이 오히려 이와 같으니 경계하여 마땅히 알아야 한다.(眞山四面假成斯, 其故云何別有思. 薄假貴眞試遊目, 山猶如此戒應知.)"**24** 이것은 19세기 서양 건축이론에서 제창한 재료와 구조의 진실성 원칙과 매우 유사한 면이 있다. 그러나 원림예술을 구성하는 요소로서의 가산은 그 핵심은 의경(意境)을 취하는 것이기 때문에 일반적인 건축물 건조와는 다르게 그 "거짓(假)"은 사실은 회화와 조각에서의 "닮음(像)"에 더 가깝기 때문에 결코 서양에서 말하는 건축물의 진실한 재료, 진실한 구조의 개념에 위배되지 않는다.

유사한 비평은 『오잡조』 가운데서도 발견된다. "가산 놀이는 강북처럼 산이 없는 곳에 적합하다. 한두 개 점찍듯이 꾸미어 누워 노닐 수 있게 한다. 남방이라면 문만 나서면 모두 진산신수이니 마음대로 골라 토구를 쌓고 늙어갈 수 있다. 고목을 보거나, 기이한 봉우리를 마주하거나, 맑은 물을 굽어보거나, 반석에 앉아 보면 주객의 경관이 모두 아름답고 사계절의 볼거리가 끊이질 않으니 그림에 능한 자라도 그 중에 하나 둘도 그릴 수 없는데 또 어떤 돌과 흙 따위를 쌓아 올린 것을 감히 본다는 말인가?(假山之戲, 當在江北無山之所, 裝點一二, 以當臥遊. 若在南方, 出門皆眞山眞水, 隨意所擇, 築菟裘而老焉. 或映古木, 或對奇峰, 或俯清流, 或踞磐石, 主客之景皆佳, 四時之賞不絶, 卽善繪者不能圖其一二, 又何疊石累土之工所敢望乎.)"**25** 이는 분명히 강남지역의 가산 영조 풍속에 대한 비평이다.

① 가산의 기능

원림에서 가산은 단순한 경물이 아니라 보다 복합적이고 다양한 기능을 갖는다.

---

24 『欽定四庫全書 · 史部 · 地理類 · 都會郡縣之屬 · 欽定熱河志』, 卷40, "行宮十六".
25 [明] 謝肇淛, 『五雜組』, 卷3, 地部一.

옛 문헌기록과 현존 사례를 분석하여 보면 크게 다음과 같은 네 가지 기능이 있다.

첫째, 원림의 지형을 개조한다. 『원야·홍조론(園冶·興造論)』 중 "'인(因)'이라 함은 터 높낮이 변화와 체형의 단정함에 따르며, 나무가 가리면 가지를 치고, 샘이나 물길을 만나면 석주를 세워, 서로 자태를 빌리는 것이다. 정자를 짓기에 적합하면 정자를 짓고, 사를 짓기에 적합하면 사를 지으며, 길이 치우쳐도 마다 않고 돌아가도록 둔다(因着, 隨基勢高下, 體形之端正, 礙木刪極, 泉流石柱, 互相借姿. 宜亭斯亭, 宜榭斯榭, 不妨偏徑, 頓置婉轉.)"라는 구절이 있는데, 여기서 보듯이 원림의 전체적인 배치는 지리에 순응하여 결정하는 것이고, 여기서 가산은 원림의 지형을 개조하는 중요한 행위로서 원래 있는 자연지형에 기복을 부여하고 공간을 분할하며 경관지점을 선정하는 데 결정적인 역할을 한다. 이화원의 만수산이 그 전형적인 사례이다.

둘째, 경관구역의 주경(主景) 혹은 원락건축군의 대경(對景)이 된다. 중국 고대원림은 전체 유람 동선상에 몇 개의 경관구역을 배치하여 전반적인 경관체험을 구성하는데, 가산은 개별 경관구역의 주경이 된다. 한편 전체 원림은 평면상으로 몇 개의 독립된 원락으로 분할되어 있는데 주택과는 달리 각각의 원락은 경계가 명확하지 않고 개방적이며 서로 연결되고 중첩되어 있지만 분명히 존재하고 있다. 이러한 개별 원락에서 가산은 주 건축의 대경으로서 그 위에 화단이나 정자를 만들어서 건축 내부에서 창이나 문이 만들어 내는 틀을 통해 보이는 광경(框景)의 주제가 된다.

셋째, 경치를 조망하는 데 유리하기 때문에 휴식장소로 사용된다. "이 동굴에서 오른쪽으로 꺾어서 올라가면 선뇌봉인데 꼭대기가 걸상을 몇 개 놓을 만큼 평평하여 술자리를 마련하거나 거문고를 타고 바둑을 둘 수 있다(由是洞右折而上, 爲旋雷峰, 峰頂平若幾案, 可置酒, 可彈琴棋.)"[26]라는 옛 사람의 글에서 볼 수 있듯이 가산의 정상은 담장 밖의 풍광과 원락안의 경관을 한눈에 조망할 수 있기 때문에 마음을 편하

26 『水繪園記』.

도 4-24. 소주 유원(留園)의 산치점철(散置點綴)한 가산.

게 해주고 다양한 여가활동을 하는 데 적합하다.

넷째, 경관을 점철하거나 공간의 한 편을 장식하는 소품 역할을 한다. 강남원림의 실례들을 살펴보면 건축과 회랑이 불규칙적으로 교차하면서 구석구석에 작은 빈 공간이 발생하는데, 이런 곳에 작은 가산을 두어 점철하는 경우가 많다. 또한 담과 지면이 만나는 곳, 지면과 건축이 만나는 곳, 건축과 담이 만나는 곳, 담과 담이 만나는 곳을 좀 더 자연스럽게 하기 위해 작게 돌을 몇 개 쌓아서 소품경관을 만들기도 하는데, 이 또한 넓은 의미에서 가산의 일종으로 볼 수 있다. 가산을 이용한 소품경관에는 산치점철(散置點綴), 산석화대(山石花台), 가산답타(假山踏跺), 분벽치석(粉壁置石), 감우석(鑲隅石), 호파첩석(護坡疊石) 등이 있는데 그 구체적인 특징은 다음과 같다.

산치점철이란 한 지점에 크고 작은 몇 개의 돌을 지형조건과 배경(配景) 요구사항에 맞추어 세 무더기 혹은 다섯 무더기 정도로 서로 떨어져 있는 듯하면서 이어

도 4-25. 소주 우원(偶園) 화단가산.

져 있게 자연스럽게 산치(散置)하여 경관을 점철하는 것이다. 돌의 구체적인 위치는 그 형태에 따라 기울여 세우거나 혹은 포개 쌓아서 모인 듯하면서 흩어져 있고, 끊어진 듯하면서도 이어져 있고, 높낮이와 꺾임을 조화롭게 배치한다. 구체적으로 흙산의 기슭, 수총(樹叢)의 밑동 경계, 오솔길 양측의 흙두덩, 수문 양측 등을 점철하기 위해 쓰인다.

산석화대란 돌을 쌓아 만든 작은 가산모양의 화단이다. 이 형식의 가산은 강남지방의 원림의 곳곳에서 광범위하게 운용되는데 청(廳)이나 옥(屋)과 같은 주거건축의 앞뒤, 헌(軒)이나 낭(廊)과 같은 경관건축의 한 편, 산기슭, 연못가 등 다양한 곳에 놓을 수 있다. 특히 강남일대에 이 형식이 많이 사용되는 이유는, 이 지역이 비가 많이 내리고 지하수위가 높아서 배수가 잘되는 토양이 필요한 모란이나 작약 같은 진귀한 관상식물을 기르기 위해서는 지면보다 높은 곳에 별도로 화대(花台)를 만들어 주는 것이 가장 손쉽기 때문이다. 이러한 화대는 설치 위치에 따라 다시 중앙

도 4-26. 소주 유원(留園)의 가산 모양 답타(踏跺) 및 준배(蹲配).

에 놓이는 독립식 화대(獨立式花台), 지면과 벽이 만나는 곳에 놓이는 연변식 화대(沿邊式花台), 벽과 벽이 만나는 모서리에 놓이는 각우식 화대(角隅式花台) 등으로 세분할 수 있다.

답타(踏跺)와 준배(蹲配)는 건축이 지면과 만나는 부분에 몇 개의 돌을 쌓은 디딤돌로 주로 건축의 입면을 풍부하게 하고 건축의 출입구를 강조하기 위해 사용한다. 건축은 대다수 기단 위에 올려져 있기 때문에 건물 안과 밖에 고저차가 있다. 때문에 일반적으로 건물의 출입구에는 계단을 놓아서 행인으로 하여금 쉽게 출입할 수 있게 하여야 한다. 보통의 건축은 다듬은 돌계단을 설치하지만 자연적 아름다움을 강조하는 원림건축에서는 가공하지 않은 자연석을 계단 대신 사용하기도 한다. 건물 출입구에 설치하는 돌계단을 고대 중국어에서는 답타라 하고, 자연석을 쌓아 만든 답타는 속칭 가산답타라 하며, 길상을 기원하는 의미에서 고상하게 "여의답타(如意踏跺)"라 부르기도 한다. 원림공간과 정원의 배치는 자연환경을 강조하기 때문에 가산답타를 사용하는 데 계단의 기능뿐만 아니라 인공건축과 자연환경 사이에서 과도적인 매개공간 역할을 하기도 한다. 준배는 통상 답타와 함께 사용되는 치석형식의 일종으로 가산답타의 측면을 적절하게

도 4-27. 피서산장(避暑山莊)의 포각가산(抱角假山).

가려주며 건물의 출입구 양측을
꾸며주는 장식역할을 한다.

포각(抱角)과 감우(鑲隅)는 원
림건축의 벽체가 꺾이는 모서리
부분에 자연석을 가미하는 처리기
법이다. 시각적으로 모서리 직선
이 지나치게 딱딱하고 단조롭기
때문에 원림건축에서는 여기에 자
연석을 가미하여 미화를 한다. 구
체적으로 모서리 바깥쪽에는 벽체
밑동에 자연석을 둘러서 감싸니
이를 포각석(抱角石) 혹은 포각가
산(抱角假山)이라 하며, 모서리 안
쪽에는 자연석을 박아 넣는 경우

도 4-28. 소주 망사원(網師園)의 감우가산(鑲隅假山).

이를 감우석 혹은 감우가산(鑲隅假山)이라 한다.

분벽치석이란 바깥에 분을 발라 마무리한 원림건축의 벽체 혹은 담장의 입면 밑동에 태호석(太湖石)이나 황석(黃石) 등을 쌓아 만든 소품가산으로, 감벽석산(嵌壁石山)의 일종이다. 벽체와 담장에 바짝 붙여서 쌓기 때문에 "벽산(壁山)"이라 부르기도 한다. 『원야』에는 "초벽산이라는 것은 벽에 기대어 만든다. 분벽을 종이로 깔고 그 위에 돌로 그림을 그린다. 만드는 사람은 돌의 무늬를 살피고 옛사람의 서예의 뜻을 따르며 황산의 송백, 매화, 대나무를 심어서 원림의 창문에서 보이게 하니 흡사 거울 속에서 노니는 듯하다(峭壁山者, 靠壁理也. 藉以粉壁爲紙, 以石爲繪也. 理者相石皴紋, 仿古人筆意, 植黃山松柏, 古梅美竹, 收之園窗, 宛然鏡遊也.)"라고 개략적인 방법을 설명하고 있다. 분벽치석은 통상 건물로 둘러싸인 좁은 마당인 천정을 조경하기 위해 사용하며, 의경의 확장을 통해 시각적으로 멀리 있는 산봉우리를 연상시켜 좁은 정원이 주는 갑갑함을 해소한다. 여기서 의경이란 경물이 대표하는 일종의 연상 이미지로서, 이들은 오랜 시간에 거쳐 관습화되기 때문에 보는 사람은 그 의미를 그것이 대표하는 연상 이미지를 자연스럽게 떠올리게 된다. 이러한 원리를 의경을 확장한다고 한다.

도 4-29. 소주 망사원(網師園)의 분벽치석(粉壁置石).

호파첩석이란 흙산의 경사면 흙이 흘러내리는 것과 우천 시 지표에 발생하는 물줄기로 흙산 기슭의 흙이 유실되는 것을 방지하기 위해 흙산의 경사면 기슭에 다량의 산석을

포개어 쌓거나 혹은 경계선을 따라서 산석을 흩어 놓은 것을 가리키는 것으로 넓은
의미에서 가산의 일종으로 볼 수 있다. 그 기능은 토사의 유실 방지 외에도 다양한
데 첫째, 시각적으로 산체의 층차감과 윤곽의 변화를 더해주며, 둘째, 멀리 있는 길
의 측면윤곽을 시각적으로 쉽게 인지하도록 도와주어 행인을 적절한 방향으로 인도
하기도 하다. 셋째, 한정된 공간에 흙산을 만들고 싶은 경우 흙산의 밑동에 돌을 두
름으로써 흙산이 필요로 하는 하부면적을 줄일 수 있고 그 위로 보다 높은 산체를
쌓아 올릴 수 있다. 호파첩석 처리 시 주의할 점은 돌의 형태와 무늬를 적절히 살
펴서 적절한 위치에 배치하여 서로 조화를 이루게 해야 하며 동시에 흙산과도 조화
를 이루어 시각적인 통일감을 유지해야 한다는 데 있다. 돌무더기와 돌무더기는 서
로 끊어져 있으면서 동시에 이어져야 하며 높이, 들어가고 나옴, 꺾임 등이 질서 있
고 자연스럽게 변화하도록 배려한다. 또한 흙산의 전체적인 조형처리 측면에서 봤
을 때 호피석은 산체 위의 길, 등도, 정자 등과 서로 조화를 유지하면서 적절한 공

간의 충차감의 변화를 주고 적절히 교차하여야 한다.

② **가산의 분류**

가산은 재료, 크기, 축조법에 근거하여 분류할 수 있다. 먼저 재료에 따라서, 가산은 크게 토산과 석산 그리고 흙과 돌을 섞어 만드는 토석산으로 나뉘고, 토석산은 다시 흙이 많고 돌이 적은 것과 돌이 많고 흙이 많은 것 두 가지로 나뉜다. 전자는 흙으로 산을 쌓은 다음 돌 깔아 배치하여 길을 내거나 산체 위에 돌을 올려서 봉우리나 산줄기 등을 만들며, 후자는 돌로 산의 주 골격을 쌓은 다음 사이사이에 흙을 채워 넣어서 식물을 심는다.

가산은 크기에 따라서는 크게 대형, 소형, 소품으로 나눌 수 있다. 대형은 높이가 십여 장(丈)을 넘기도 하고, 길이가 몇 리(里)에 걸쳐 이어져 있기도 하여 사람이 그 사이에서 한가로이 노닐 수 있다. 소형은 통상 하나의 작은 건물 크기로 사이사

도 4-31. 소주 졸정원(拙政園)의 부취각(浮翠閣) 아래의 토석산(土石山).

이에 동혈과 계곡을 만들어 진산진수(眞山眞水)를 닮게 만들고 산체와 주변 환경의 척도관계를 고려하여 가급적 크지 않은 개방공간에 위치시킨다. 소품은 하나의 산봉우리를 닮은 암석을 세우거나 몇 개의 돌을 모아 산 모양으로 만든 것으로, 정원 가운데나 작은 연못가 혹은 창문 맞은편에 두어 소품경관으로 삼는다. 이는 비록 작지만 산을 연상시키는 기묘한 형태에 물과 작은 식물들을 더하여 적절한 위치에 놓으면 원림 가운데서 점철하여 전체를 돋보이게 해주는 역할을 한다.

축조방법에 따라서는 크게 축산(筑山), 첩산(疊山), 착산(鑿山), 소산(塑山) 등으로 나눌 수 있다. 축산은 판축기법으로 만든 산이고, 첩산은 돌을 포개 쌓아 만든 산이며, 착산은 천연암석을 파서 산 모양으로 만든 것이고, 소산은 회장(灰漿)으로 빚어 만든 것이다. 이 중 축산과 첩산에 대해서는 향후 보다 자세하게 설명하겠다.

옛사람들은 몇 가지 흥미로운 분류방법을 제시하기도 했다. 예를 들어 이어의 『한정우기』의 산석절(山石節)에는 대산(大山), 소산(小山), 석벽(石壁), 산동(山洞), 영성소석(零星小石)이 나열되어 있다. 이 중 대산과 소산의 구분기준이 명시되어 있지 않은데, 대산에 대해 "산 중에 작은 것은 만들기 쉽지만 큰 것은 잘 만들기가 쉽지 않다. 나는 일생을 돌아다니면서 유명한 원림들을 두루 보았지만 면적이 무가 넘고 높이가 수 장에 달하는 산을 본 적이 없다(山之小者易工, 大者難好. 予遨遊一生, 遍覽名園, 從未見有盈畝累丈之山.)"라고 언급하고 있는데, 여기서 "면적이 무가 넘고 높이가 수 장에 달하는 산(盈畝累丈之山)"이 바로 대산에 대한 이어의 기준이 아닐까 추측된다. 한편 석벽에 대해 이어는 "산을 만들 땅은 넓지 않으면 안 되지만, 석벽은 높고 곧으니 곧은 대나무와 한 그루 오동나무가 있고 제실 앞에 자투리땅이 있으면 모두 만들 수 있다"라고 하였는데 여기서 우리는 이어가 석벽을 소산과 영성소석 사이에 언급한 것은 단순히 형태를 기준으로 한 것이 아니라 크기를 기준으로 하여 소산보다 작은 것으로 보고 있음을 짐작할 수 있다.

한편, 계성이 집필한 원림 전문서적인 『원야』에는 가산 분류에 대한 보다 구체적인 내용이 실려 있다. 이 책에는 "철산(掇山)"이라는 제목의 절이 있는데 소주지역

의 오음(吳音)에서는 "적첩(積疊)"을 "철(掇)"이라 함을 고려하면 첩산(疊山)이라고 봐
도 무방하다. 이 철산절에는 원산(園山), 청산(廳山), 누산(樓山), 각산(閣山), 서방산
(書房山), 지산(池山), 내실산(內室山), 초벽산(峭壁山), 산석지(山石池), 금어강(金魚缸),
봉(峰), 만(巒), 암(岩), 동(洞), 간(澗), 곡수(曲水), 폭포(瀑布)가 나열되어 있다. 이 중
원산은 분류의 총목(總目)이고 청산, 누산, 각산, 서방산, 지산, 내실산, 초벽산은 위
치를 기준으로 분류한 것이고, 산석지와 금어강은 소품에 속하고, 봉, 만, 암, 동,
간, 곡수, 폭포는 형태를 기준으로 분류한 것이다.

원문을 살펴보면 먼저 계성은 원산, 즉 원림의 가산은 "사대부 중 잘할 줄 아는
사람이 아니면 제대로 만들지 못하고 제대로 만드는 사람은 특히 식견과 감별능력
이 있어야 한다(非士大夫好事者不爲也, 爲者殊有識鑒.)"라며 첩산의 어려움을 강조하
였다. 또 대부분의 가산들이 "청당 앞에 세 봉우리를 세우고 누각 앞에 벽 하나 세
우는(廳前三峰, 樓面一壁)" 천편일률적 수준이라고 비판하고 있다. 이어서 가산 위치
를 기준으로 아래와 같이 설명하고 있다.

청산 : 사람들은 모두 청 앞에 산을 쌓는데 둘러서 막고 가운데에 높게 세 개의 봉우리를 세워
앞에 나열하니 특히 우습다. 더욱이 거기에 정자를 더하는데 올라가도 전혀 멀리 볼 수 없으니
설치하여 무슨 이로움이 있는가? 더욱 웃길 뿐이다. 내가 보기에 아름다운 나무를 놓거나 작고
영롱한 돌을 두거나 아니면 벽 가운데 벽암을 만들어 넣거나 혹은 꼭대기에 꽃이나 나무나 덩
굴을 심는 것이 더욱 심오한 경지이리라.(人皆廳前掇山, 環堵中聳起高高三峰, 排列於前,
殊爲可笑. 加之以亭, 及登, 一無可望, 置之何益. 更亦可笑. 以予見. 或有嘉樹, 稍點玲瓏
石塊. 不然, 牆中嵌理壁岩, 或頂植卉木垂蘿, 似有深境也.)

누산 : 누 앞의 첩산은 가장 높아도 누를 살짝 넘어가는 것이 좋다. 높은 것은 누 앞에 지나치
게 가깝게 하는 것이 차라리 멀리함만 못하니 더욱 깊은 의미가 있다.(樓面掇山, 宜最高
才入妙, 高者恐逼於前, 不若遠之, 更有深意.)

각산 : 각은 사방이 트여 있어서 산은 옆에 두는 것이 적합하다. 평평하고 오를 수 있어 편히 올라서 바라볼 수 있으니 어찌 계단이 필요하겠는가?(閣接四敞也, 宜於山側, 坦而可上, 便以登了, 何必梯之.)

서방산 : 무릇 작은 산을 쌓는데 혹은 좋은 꽃나무에 의지하여 모으고 흩어서 만든다. 혹은 암석을 걸치고 높은 절벽을 만드는데 각각 다른 멋이 있다. 서방 중에 가장 적합한 것은 산석으로 연못을 만들어 창 아래로 바라보는 것이니 호수와 복수 사이에 있는 듯한 기분을 얻을 수 있다.(凡掇小山, 或依嘉樹卉木, 聚散而理. 或懸岩峻壁, 各有別致, 書房中最宜者, 更以山石爲池, 俯於窗下, 似得濠濮間想.)

지산 : 연못 위에 산을 만드니 원림에서 으뜸인 경관이다. 큰 듯하고 작은 듯하여 더욱 오묘한 경지가 있다. 물을 끌어들여 디딤돌을 넣고 고개에는 돌다리를 걸친다. 동혈은 물아래 잠기게 하거나 숨기고 암석을 가로질러 물길을 낸다. 바람 부는 산줄기는 아득하고 사이로 비추인 달은 구름을 부르니 세상에 선경이 없다 말하지 말라. 이것이 바로 세상에 있는 영호(瀛壺)인 것이다.(池上理山, 園中第一勝也. 若大若小, 更有妙境. 就水點其步石, 從巓架以飛梁. 洞穴潛藏, 穿岩徑水. 風巒飄渺, 漏月招雲. 莫言世上無仙, 斯住世之瀛壺也.)

내실산 : 내실의 첩산은 튼튼하고 험하게 해야 하니 석벽을 세우거나 암석을 걸쳐서 사람이 오를 수 없게 한다. 견고하게 해야 한다는 것은 아이가 장난으로 올라가는 것을 미리 막기 위함이다.(內室中掇山, 宜堅宜峻, 壁立岩懸, 令人不可攀. 宜堅固者, 恐孩戲之預防也.)

초벽산 : 초벽산이라는 것은 벽에 기대어 만드는 것이다. 분벽을 종이로 깔고 돌로 그림을 그린다. 만드는 사람은 돌의 무늬를 살피고 선인의 필의를 따를 것이요, 황산의 송백이나 매화 소나무를 심고 둥근 창문 안에 담으니 마치 거울 속에서 노니는 듯하다.(峭壁山者, 靠壁理也.

도 4-32. 피서산장(避暑山莊) 운산승지(雲山勝地)의 각산(閣山).

藉以粉壁爲紙, 以石爲繪也. 理者相石皴紋, 仿古人筆意, 植黃山松柏, 古梅, 美竹, 收之圓
窗, 宛然鏡遊也.)

이를 풀이하면, 먼저 청산은 청(廳)의 앞에 설치하는 가산으로, 당시에는 세 개
의 봉우리를 일직선으로 나열하고 그 위에 정자를 올리는 수법이 유행하였는데 운
치가 없고 실질적인 조망기능도 하지 못하므로 차라리 수려한 식물이나 특이한 관
상석을 놓거나 맞은편 벽에 기대어 작은 벽산을 만드는 것에 미치지 못한다. 실례
로는 소주 잔입원(殘粒園)과 이화원 해취원(諧趣園)의 청산을 들 수 있다.

누산은 누 앞에 설치하는 가산으로 이 책의 앞부분에 실린 누라는 건축형식의 특
징은 한쪽 면에만 창을 내기 때문에 앞에 가산을 설치할 때는 너무 높지 않게 하고
또한 건물에 너무 가깝게 둬서 시선을 가리지 않게 주의해야 한다. 명대 반윤단(潘允
端)의 『예원기(豫園記)』를 보면 치양각(徵陽閣)의 "앞에 무강석을 쌓아 산을 만들었는

도 4-33. 양주 하원(何園)의 지산(池山).

데 높고 험하며 모양이 빼어나고 광택이 나니 매우 기쁘게 관상할 만하다(前累武康石爲山, 峻嶒秀潤, 頗愜觀賞.)"[27]라고 하니 바로 누산의 적합한 예라고 할 수 있다.

각산은 사면에 창문을 낸 각의 옆에 놓는데 평평하게 쌓아서 오르내리는 계단으로 활용할 수도 있다. 실례로 소주 사자림의 와운실(臥雲室)과 승덕 피서산장의 "운산승지(雲山勝地)"에 이러한 각산이 있으며, 명대 진소온(陳所蘊)이 쓴 『일보원기(日步園記)』에 나오는 요연각(耀煙閣)은 "앞뒤에 돌을 쌓아 산을 만들었는데 또한 태호에서 난 것이다(前後疊石爲山, 亦太湖産.)"라 하였다.

서방산은 서재의 창문 앞에 설치하는 작은 가산으로 식물이나 작은 연못을 더하기여 실내에 있는 사람에게 마치 자연 속에 있는 듯한 느낌을 줄 수 있다. 명대 정

---

27 [明] 潘允端, 『豫園記』.

원훈(鄭元勛)이 쓴 『영원자기(影園自記)』에는 "실의 구석에 두 암석을 만들고 암석 위에 계수나무를 많이 심었다. 뻗어 나온 가지가 이어지고 말려 있으며 계곡과 높은 암석이 있으니 마치 작은 산 속의 은신처를 만든 것 같았다(室隅作兩岩, 岩上多植桂, 繚枝連卷, 溪穀嶄岩, 似小山招隱處.)"라는 구절이 있는데 바로 『원야』의 서방산에 대한 설명에 부합한다.

지산은 연못 위에 설치한 가산으로 전체 원림에서 가장 중요한 경관이기 때문에 신중하게 성공적으로 만든다면 물이 주는 신비로운 느낌과 어울려 신선세계와 같은 분위기를 연출할 수도 있다. 한편 『원야』의 "입기"절에는 "가산의 터는 약 반 이상 물 가운데 세운다(假山之基, 約大半水中立起.)"라는 구절이 있어, 이로부터 지산이 바로 대표적인 원림 가산이며 완전히 육지에서 독립된 것이 아니라 육지에서 자연스럽게 뻗어 나와 물위로 반쯤 걸쳐 있게 만드는 것임을 알 수 있다. 가장 중요한 가산임에 걸맞게 지산을 꾸미는 방식은 다양하고 깊은 맛이 있는데, 산체 사이에 좁고 깊은 계곡을 내고 연못의 물을 안으로 끌어들여 사이에 징검돌을 설치하여 지나갈 수 있고, 계곡 위로 다시 작은 돌다리를 설치하여 산 위에서 아래의 계곡을 바라보며 건널 수도 있다. 그 밖에 물에 반쯤 잠긴 동굴을 만들어 물이 산 속으로 흘러들어가는 듯한 연출을 하기도 하고, 숨어 있는 동굴을 만들어 사람으로 하여금 산을 돌다가 우연히 발견하여 호기심에 들어가 보게 하기도 한다. 지산의 정상 부분은 작고 뾰족하게 이어진 산봉우리[巒]를 이루고 있어 아래서 위로 쳐다보면 그 사이로 달빛이 비치니 신비롭기 그지없다.

실내산(室內山)은 건축 내부에 설치하는 가산이다. 공간이 협소하기 때문에 보통 작고 경사가 급하게 만든다. 아이가 다칠 우려가 있으니 경사가 급하게 만들어 아이가 오르지 못하게 하고 설령 오르더라도 무너지지 않게 튼튼하게 만든다.

초벽(峭壁)은 벽면에 기대어 만든 가산으로 형태는 절벽과 같다. 실내에서 창틀을 통해 감상하는 광경(框景)의 주제로 쓴다.

또한, 가산은 쌓는 데 사용하는 주 석재에 따라 분류하기도 한다. 석가산의 재료

도 3-34. 소주 사자림(獅子林)의 태호석(太湖石) 가산.

에는 태호석, 황석 등이 있다. 태호
석은 청흑색, 백색, 회색이 섞여 있
으며, 층차가 풍부하고 무늬가 아름
다우며 곡선이 많아 부드럽고 광택
이 나기 때문에 많이 쓰인다. 황석은
회색, 백색, 옅은 황색이 섞여 있고
암질이 딱딱하며 직선으로 꺾인 부
분이 많아 날카롭고 건조하다. 태호
석으로 쌓으면 태호석산이라 하고
황석으로 쌓으면 황석산이라 한다.

가산은 계절에 따라 여름산, 가을
산, 겨울산으로 나눌 수도 있다. 계
절의 표현은 주로 석재의 질감과 식

도 4-35. 양주 개원(个園)의 황석(黃石) 가산

물에 의해 결정되는데, 여름산은 태호석과 소나무를 사용하고, 가을산은 황석과 측백나무를 사용하며, 겨울산은 식물을 심지 않아서 황량한 느낌을 만든다.

그 밖에 가산 위에 오는 건축 구조물에 따라 정산(亭山), 대산(臺山), 기산(基山) 등으로 나눌 수도 있다. 정산은 산 위나 산허리에 정자를 지은 가산을 의미한다. 많은 명청대 원기(園記)에서 "산 위에 정자를 지었다(構亭於山.)"라는 구절을 발견할 수 있고 현존하는 실물도 무척 많다. 통상 지산에 정자를 짝지어 주는 경우가 많은데, 북경 북해의 정심재(靜心齋), 소주의 예포(藝圃) 등의 지산 위에는 한 채의 정자가 있어 사람들로 하여금 휴식하고 원림 안팎의 경치를 조망하게 하며 동시에 건축소품으로서 조형적으로 전체 가산을 돋보이게 한다. 정산은 홀로 서 있을 수도 있는데 자금성 어화원의 정산이 그러하다. 대산은 산꼭대기 혹은 산비탈에 누대를 설치한 가산을 가리킨다. 문헌을 보면 "언덕에 누대를 쌓았다(築台於岡.)"라는 구절이 적지 않게 등장한다. 옛 그림, 현존 실례, 관련 기록 등을 살펴보면 누대는 통상 흙언덕 위에 벽돌이나 돌을 쌓아서 만들고 평지원림인 경우는 가산을 쌓아 그 위에 세우기도 한다. 북경 자금성의 건륭화원(乾隆花園)에 있는 승로대(承露臺)는 바로 가산 위에 누대를 올린 사례이다. 기산은 전문적으로 건축을 올리기 위해 설치한 가산을 가리킨다. 건축의 기단을 대신하며 전체 건축의 바닥면을 지표로부터 높이 띄우는 역할을 하는데 소주 졸정원 부취각(浮翠閣) 아래를 받치고 있는 흙산이 이에 속한다.

본 소절의 앞머리에서 이미 설명한 바 있지만, 가산은 재료에 따라 토산, 석산, 토석혼합산으로 나뉜다. 여기서는 중국 원림사에서 진행되어 온 토산에서 석산으로의 변환과정을 소개하고자 한다. 늦어도 한(漢)나라 때에는 토산과 석산이 이미 공존하기 시작했다. 서한시기 상인 원광한의 원림 안에 석산이 있었고, 『동한서(東漢書)』에는 양익(梁翼)이라는 장군이 낙양에 "넓게 원유를 만들고 흙을 모아 산을 쌓았다(廣開苑囿, 采土築山.)"라는 기록이 있어 토산의 존재를 확인할 수 있다. 그 후 원대에 이르기까지의 가산을 살펴보면 회화나 문헌기록 상에서 판단할 때 먼저 흙을 쌓아 올려 전체적인 산체를 만들고 마지막으로 돌로 점철한 것이 다수를 차지하였던 것으로 보인다. 그런데 명대 후기 이후로 가산에서 돌을 더 많이 사용하는 현상이 보편화되기 시작했다. 명대 후기라고 판단하는 이유는 명대 중기까지의 각종 문헌과 그림에서는 토산이 많고 청나라 강희시기에 쓰인 『가흥지(嘉興志)』에서 "예전에 높게 비계를 만들어 돌을 포개어 쌓아 공사했고 흙이 보이는 것을 좋아하지 않았다(舊以高架疊搔爲工, 不喜見土.)"라는 구절이 있어 청나라 초기 이전에 이미 석산이 이미 유행하였음을 말해주기 때문이다.

이렇게 가산에 돌을 지나치게 많이 사용하면서 자연스러움이 점차 사라지자 이어는 다음과 같이 권하였다. "그런데 큰 돌을 쌓고자 한다면 어떻게 해야 하는가?……어렵지 않다. 돌로 흙을 대신하는 방법을 쓰면 노동력과 물자를 절약할 수 있으며, 더욱이 자연스럽게 완만한 곡선의 오묘함이 있다. 가산을 진산 가운데 섞어 놓아 사람들로 하여금 분간할 수 없게 하는 것은 그 기법이 이보다 더 오묘하지 못하다. 높고 넓은 산을 쌓기 위에 모두 잡석을 쓰면 누더기 승복 같아서 기우지 않은 곳이 없으니 이 때문에 차마 볼 수 없다. 흙을 사이에 메워주면 널찍하고 흔적이 없어지니 더욱이 나무를 심기에 좋다. 나무가 뿌리내리면 견고해지니 돌보다 견고하며, 더욱이 녹음이 짙어지면 혼연히 한 색이 되어 돌과 흙을 분간할 수 없게 된다. 이를 진산의 옆에 세워 놓으면 누가 이것을 사람이 쌓아 올려 이룬 것이라고 알아차릴 수 있을까?(然則欲累巨石者, 將如何而可. ……不難. 用以土代石之法, 旣減人工, 又省物力, 且有天然委曲之妙. 混假山於眞山之中, 使人不能辨者, 其法莫妙於此. 累高廣之山, 全用碎石, 則如百衲僧衣, 求一無縫處而不得, 此其所以不耐觀也. 以土間之, 則可泯然無跡, 且便於種樹. 樹根盤固, 與石比堅, 且樹大葉繁, 混然一色, 不辨其爲誰石誰土. 立於眞山左右, 有能辨爲積累而成者乎.)" 그는 또 이어서 말하기를 "이 방법은 돌이 많든 적든 상관없으며 굳이 돌과 흙이 절반씩 되게 노력할 필요도 없다. 흙이 많으면 흙산에 돌을 두르고, 돌이 많으면 석산에 흙을 두르면 된다. 흙과 돌 이 두 재료는 원래 서로 떨어지지 않으니 석산에 흙이 없으면 초목이 자라지 못하니 이는 동산이다(此法

不論石多石少, 亦不必定求土石相半, 土多則是土山帶石, 石多則是石山帶土. 土石二物原不相離, 石山離土, 則草木不生, 是童山矣.)"라 하였는데 이로부터 당시에 가산에서 돌이 많아야 하는지 흙이 많아야 하는지에 관한 이론적 논쟁이 있었다고 추측해 볼 수도 있다. 명말 청초의 가산 전문가인 장연(張漣)이 남겼다는 "하늘에 찌르는 여러 봉우리들이 평평한 언덕과 작은 비탈보다 못하니 언덕과 비탈은 돌로 부분적으로 꾸민다(群峰造天, 不如平岡小阪, 陵阜陂陀, 綴之以石.)"라는 말도 당시의 이러한 논쟁과 연관이 있을 수도 있다.

이 문제에 대해 현대 학자인 유돈정은 소주원림의 가산 실물들을 대상으로 분석을 시도하였다. 현존하는 강남원림에서 이어와 장연의 시기보다 조성 연대가 빠른 것은 명나라 만력년간에 장남양(張南陽)이 만든 상해 예원(豫園)의 가산과 명나라 가정년간에 만들어진 추하포(秋霞圃) 가산, 소주 예포 가산, 오봉원(五峰園) 가산, 흡은포(洽隱園) 가산 등이 있고, 이 두 사람의 생존시기와 비슷한 시기의 것으로 추측되는 것으로는 소주 우원(耦園) 동부의 가산과 무석 기창원(寄暢園)의 팔음간(八音澗)이 있다. 이 두 사람보다 늦은 것에는 청 건륭년간에 가유량(戈裕良)이 설계한 소주 환수산장 가산과 상숙 연원(燕園)의 황석가산 등이 있다. 그 중 가장 큰 것은 상해 예원의 가산으로 "불견토(不見土)", 즉 흙을 쌓고 밖에 돌을 둘러서 안쪽의 흙이 보이지 않게 하는 기법을 썼으며, 그 외 석벽, 동혈, 계곡 등은 모두 돌만을 사용하여 만들었고 오직 꼭대기나 뒤쪽에 약간의 흙을 깔이 화목을 심은 정도이다. 오늘날 현존하는 소주 원림의 가산은 상술한 것들을 제외하고 대다수가 태평천국 이후에 새로 만든 것이고, 대부분이 옛 흔적이 있어 수리하고 개조한 것으로 그 구조는 기본적으로 비슷하다. 이런 사실들을 종합해 보면, 명 만력이후 400여 년간 강남원림의 가산은 돌이 많고 흙이 적은 것이 주류를 이루었음을 알 수 있다. 비주류도 약간의 좋은 작품이 있는데 소주 졸정원의 가산 중 오직 한 곳에 돌이 많고 흙이 적으며 나머지 세 곳은 모두 흙이 많고 돌이 적은데, 이들은 모두 연못이나 화목과 어울려 자연스러운 경관을 자아낸다.[28]

원림에서 산을 만드는 방법은 복잡하고 다양하나, 대략적으로 포개 쌓기와 다져 쌓기로 나눌 수 있다. 포개 쌓아 만든 산을 첩산이라 하고, 다져 쌓아 만든 산을 축산(築山)이라고 한다. 또한 이렇게 인공으로 만들어진 산을 통틀어 가산이라고 하는데 이는 자연속의 진산과 대비되는 의미를 갖는다. 가산을 만드는 기술은 중국 고전 원림기술 가운데서 가장 복잡하고 어려우며, 모두가 감탄할 만한 예술적 가산을 만드는 것은 더욱 어려운 일로서, 가산은 원림의 수준을 평가하는 중요한 척도가 된다.

二. 첩산

　　"첩산"은 원림이나 자연경관에 관련된 용어로서, 동사로서 "포개 쌓아 가산을 만든다(疊造假山.)"라는 뜻과 명사로서 "층층이 겹쳐 쌓은 산(層疊之山)"이라는 뜻을 갖는다. 여기서 "첩(疊)"은 본래 한 층 위에 다시 한 층을 올리는 것으로 흔히 이런 의미에서 "중첩(重疊)"이라는 단어를 쓴다. 고대 한자에서 "疊"자는 간단하게 "迭"이라고 쓰기도 하기 때문에 현대 중국어에서 "중질(重迭)"이라는 단어가 남아 있다. 첩산이라는 단어의 기원을 고증하면 산만중첩(山巒重疊),[29] 즉 산과 봉우리를 포개어 쌓은 것을 의미한다. 송대 색장주(賾藏主)가 엮은 『고존숙어록(古尊宿語錄)』 제30권 "제진자미식음당(題陳子美息陰堂)"에는 "맑고 찬 계곡물과 첩첩산, 식음당에 늙은 몸을 들이니 한가하구나(湛湛寒溪疊疊山, 息陰投老得身閑.)"라는 구절이 있는데, 여기서 "첩첩산(疊疊山)"은 바로 산만중첩의 의미와 상통한다. 원대 왕대연(汪大淵)이 쓴 『도이지략(島夷志略)』에는 "삼도(三島)"에 관한 기록이 있는데 "대기산의 동쪽에 있어 섬들이

---

28 『劉敦楨全集·卷八』 15頁.
29 만(巒) : 작고 뾰족한 산. 혹은 이어져 있는 산.

솥발처럼 나뉘어 마주보고 있는데 산과 봉우리가 층층이 포개어 있고 옆에는 사람이 거주한다.(居大崎山之東, 嶼分鼎峙, 有疊山層巒, 民傍緣居之.)" 또 "승가찰(僧加刹)"에 관한 기록에는 "첩산은 비취를 두르고 바다는 비단 물결이 이는데 그 산의 허리에는 불전이 있어 웅장하다(疊山環翠, 洋海橫絲. 其山之腰, 有佛殿巋然.)"라고 하였다. 그 밖에 『수경주소(水經注疏)』 28권에는 "팔첩산(八疊山)"이라는 단어가 등장하고, 『원풍구역지(元豐九域志)』 3권에는 "삼첩산(三疊山)"이라는 단어가 나오는데 이는 모두 산을 가리키는 명칭이다.

원림 경관 조성과 관련하여 첩산이라는 단어는 늦어도 송대에 이르러 문헌에 등장하기 시작한다. 송나라 오처후(吳處厚)가 쓴 『청상잡기(靑箱雜記)』에 의하면 "인종 때 내신 손가구라는 사람이 있어 천성이 담백하였다. 나이 쉰을 넘어 은퇴하였는데 도성에 저택이 있어 당의 북쪽에 작은 원림이 있고 성남 쪽에 별서가 있는데 시기가 좋고 경관이 아름다울 때면 작은 수레에 술을 싣고 유유자적하였다. 석만당이 그 집을 지나가다 시를 지으니 '남북으로 촉촉한 강물이 흐르고, 그윽하고 깊은 집이 도성 안에 있네. 첩산은 먼 산의 뜻을 취하고 봉록을 팔아 한가한 이름을 샀네. 문 닫고 거미줄을 걷어내고, 꽃을 꺾으니 새가 날며 지저귀네. 어떤 이가 고아한 취향을 알겠는가? 은거하여 자연 속에 머무는 삶을(仁宗朝, 內臣孫可久, 賦性恬澹, 年逾五十, 卽乞致仕. 都下有居第, 堂北有小園, 城南有別墅, 每良辰美景, 以小車載酒, 優遊自適. 石曼嘗過其居, 題詩曰 '南北沽河潤, 幽深在禁城. 疊山資遠意, 讓俸買閑名. 閉戶斷蛛網, 折花移鳥聲. 誰人識高趣朝隱石渠生.')'이라 하였다."[30] 여기서 가리키는 것은 바로 원림 속의 첩산이다.

또한 송대 왕치원(王致遠)이 쓴 『개희덕안수성록(開禧德安守城錄)』에는 "18일 갑자에 ……동쪽 요새에 주둔지를 옮겨 밤낮으로 산을 쌓고 길을 포갰다. ……20일

---

30 [宋] 吳處厚, 『靑箱雜記』, 卷10.

정묘에 수백 명을 이끌고 산을 높게 쌓았다(十八日甲子, ……虜徙屯東寨, 晝夜築山疊徑. ……二十一日丁卯, 虜令數百人疊山宜高.)"[31]라 하였는데, 여기의 첩산은 비록 인공적으로 산체를 포개어 쌓아 올린 것이지만 원림의 첩산이 아니라 군사용 목적으로 쌓아 올린 것이다.

송대 작가 미상의 『소충록(昭忠錄)』에는 강동(江東) 제치사(制置使) 사방득(謝枋得)이 건축에 "첩산"이라는 편액을 달았다고 한다. "독서당에 편액을 달아 '첩산'이라 하니 중간시지(重艮時止)의 뜻을 취한 것이다. 배우는 사람을 존칭하여 '첩산선생'이라 한다.(扁讀書堂曰'疊山', 取重艮時止之義, 學者尊稱曰'疊山先生'.)"[32] 여기서 '간(艮)'은 산(山)을 가리키며 '중간(重艮)'은 곧 중산(重山), 즉 겹겹의 산을 의미한다.

명대 사람인 장대(張岱)는 『도암몽억(陶庵夢憶)』라는 책에서 항주 서호(西湖)의 원림에 대해 다음과 같이 기록하였다. "남원은 뇌봉탑 아래에 있고 북원은 비래봉 아래에 있다. 두 곳이 모두 돌이 숲을 이루고 쌓이고 포개어져 있어서 기이하고 험준하지 않은 것이 없다. 그러나 역시 빌려서 계곡과 다리를 만들고 산 위가 아니면 첩산하였는데 큰 것은 무늬가 있다.(南園在雷峰塔下, 北園在飛來峰下. 兩地皆石藪, 積牒磊砢, 無非奇峭. 但亦借作溪澗橋樑, 不於山上疊山, 大有文理.)"[33] 한편 『만력야획편(萬曆野獲編)』에는 명대 북경의 이척원원(李戚苑園)에 대해 "새롭게 정과 사를 지으니 커서 수백 무에 이르고, 연못을 가로지르고 산을 쌓으니 씀이 이미 많지만 아직 시작에 지나지 않는다(新構亭館, 大數百畝, 穿池疊山, 所費已鉅萬, 尚屬經始耳.)"[34]라 기록하였다.

명대 이어의 『한정우기 · 거실부(閒情偶寄 · 居室部)』에는 특별히 첩석에 대해 논

---

31 [宋] 王致遠, 『開禧德安守城錄』.
32 [元] 陶宗儀, 『南村輟耕錄』: "謝君直先生(枋得), 號疊山, 信州弋陽人."
33 [明] 張岱, 『陶庵夢憶』, 卷3, "包涵所".
34 [明] 沈德符, 『萬曆野獲編』, 卷24, "畿輔".

하고 있다. "그윽한 집 안에 돌을 쌓는 것은 원래 부득이 한 일이다. 친히 (자연의) 산 아래에 거할 수 없기 때문에 (부득이) 나무와 돌을 더불어 거하는 것이다. 옛말에 한줌의 돌로 산을 대신하고 한 잔의 물로 연못을 대신한다는 것은 이른바 지극히 무료한 생각이다. 능히 성시를 산림으로 바꿀 수 있고. 비래봉을 불러와서 평지에 거하게 할 수 있으니, 바로 이는 신선의 묘술이다. ……돌을 쌓아 산을 만드는 것은 별개의 학문이요 별개의 지교이다. 언덕과 계곡이 가슴을 채우고 아지랑이 구름이 붓을 휘감은 작가가 있으면, 명하여 물을 그리고 산에 제를 붙이며, 수많은 바위와 계곡에 마음을 쏟으며, 아름다운 돌무더기에 이르면 윗돌을 가지런하게 한다. 그 기예를 전하려면 끝이 없으니 소경에게 길을 묻는 것과 같다. 그런 까닭에 종래의 첩산의 명인은 모두 시와 그림에 능한 사람은 아니나 그가 아무렇게 돌을 하나 들어 올려 거꾸로 놓는 것을 보면 고풍스럽게 문장을 이루지 않는 것이 없으며 굽어 들어 그림 속으로 들어서니 이는 바로 사물을 만드는 것이 기이함을 보이는 것보다 교묘한 것이라.(幽宅磊石, 原非得已, 不能致身岩下, 與木石居, 故以一卷代山, 一勺代水, 所謂無聊之極思也. 然能變城市爲山林, 招飛來峰使居平地, 自是神仙妙術……且磊石成山, 另是一種學問, 別是一番智巧. 盡有丘壑塡胸, 煙雲繞筆之韻士, 命之畫水題山, 頃刻千岩萬壑, 及倩磊齋頭片石, 其技立窮, 似向盲人問道者. 故從來疊山名手, 俱非能詩善繪之人. 見其隨擧一石, 顚倒置之無不蒼古成文, 紆回入畫, 此正造物之巧於示奇也.)"**35**

청대 사람인 서가(徐珂)는 『청패류초·문학류(淸稗類鈔·文學類)』에서 『용굉유원거시(容閎有園居詩)』를 인용하여 이르기를 "베개를 끌고 구름을 찾아 눕고, 옷을 헤쳐 돌을 대하여 말하네. 첩산은 집보다 높고 물을 굽이쳐 헌으로 삼도다(攜枕尋雲臥, 披衣對石言. 疊山高過屋, 引水曲當軒.)"라 하니 여기서 첩산은 의심할 나위 없이 원림 첩산을 의미한다. 『분감록화(分甘餘話)』에는 광주(廣州)의 승려 대산(大汕)에 대해 기

---

35 [明] 李漁, 『閒情偶寄·居室部』, "山石第.."

록하기를 "단청을 잘 칠하고 산석을 쌓으며 정사를 만듦이 모두 교묘하다(善丹靑, 疊山石, 構精舍, 皆有巧思.)"[36]라 하였고, 『부생육기(浮生六記)』는 한 군묘(郡廟)에 부속된 원림을 묘사하면서 "원림은 서서 상인이 시주하여 만든 것으로 지극히 넓고 크나 아쉽게도 각 경관을 점철한 것이 잡다하고 어지러워 문장이 없다. 뒤에 첩산석 역시 기복과 호응이 없다(園爲洋商捐施而成, 極爲闊大, 惜點綴各景, 雜亂無章, 後疊山石, 亦無起伏照應.)"[37]라 하였다. 청나라 사람 황주고(況周頤)는 『찬앵무수필(餐櫻廡隨筆)』에서 "첩첩한 산은 비단옷이 쌓인 것 같고 넘실대는 물은 무늬 치마를 두른 듯하다(疊疊山如繡被堆, 盈盈水似畵裙圍.)"라 하였는데, 여기서 첩산은 산이 첩첩이고 물이 돌아 두르고 있는 자연 혹은 원림 경관을 표현한다.

따라서 첩산에는 크게 두 가지 의미가 있다고 할 수 있다. 하나는 산만중첩을 가리키는데, 이것은 주로 자연경관을 가리킨다. 두 번째는 산과 돌을 포개 쌓는 것을 가리키며, 이것은 주로 원림 중의 첩산을 가리킨다. 중국고대 원림에서 첩산은 주로 후자를 가리키며, 원림 중 산석을 쌓고 포개고 기대어서 가산을 만든다.

첩산은 현존하는 명청원림에서 가장 흔한 유형으로 그 계획과 시공 기교가 현대에까지 이어져 내려오고 있다. 첩산을 만드는 것은 크게 명지(明旨), 입의(立意), 상석(相石), 부국취세(佈局取勢), 이질(理質), 결구(結構) 등의 내용을 포함한다.[38] 명지란 가산 쌓기의 원칙과 터가 요구하는 바를 밝게 깨닫는 것이다. 입의는 환경을 고려하여 대략적으로 가산의 위치, 크기, 높이, 재질 등을 결정하는 것이다. 상석은 요구사항에 걸맞은 석재를 고르는 것이다. 부국취세는 석재를 배치하고 높낮이 등의 산세를 조절하는 것이다. 이질은 석재 표면의 주름, 층, 무늬 등이 어울리게 맞추는 것이다. 마지막으로 결구는 돌 쌓기의 구조를 가리키며 견고하면서도 예술적

---

36 [淸] 王士禎, 『分甘餘話』, 卷4, "妖僧大汕".
37 [淸] 沈三白, 『浮生六記』, 卷4, "浪遊記快".
38 孟兆禎, 「掇山之相石, 結體羽水景(上)」, 古建築園林技術總31期, 1991年 第2冊, 51.

이어야 한다.

　가산을 만드는 순서를 살펴보면, 먼저 필요성과 환경을 고려하여 대략적인 가산의 위치, 크기, 높이를 결정한다. 가장 대표적인 지산(池山)을 예로 하면, 가산의 위치는 연못의 위치와 면적 형태 및 건물의 위치, 조향, 거리 등을 고려하여 결정한다. 청당의 바로 맞은편에 두거나 누각을 가려서 조망을 가리지 않게 주의한다. 가산의 크기와 높이는 원락의 너비, 연못의 면적, 건축물의 높이와 거리를 고려하여 결정한다. 지나치게 커서 시선을 가려 부담감을 줘서는 안 된다. 바로 여기까지가 명지와 입의의 단계에 해당한다.

　이어서 형태를 설계한다. 상석, 부국취세, 이질, 결구는 거의 동시에 진행한다. 형태의 설계는 먼저 산의 윤곽과 층차 그리고 결구를 결정한다. 이 과정은 산수화의 수법과 비슷한데 절벽(絶壁), 봉(峰), 만(巒), 간(澗), 동(洞), 곡(谷), 로(路), 교(橋), 폭포(瀑布) 등의 요소가 아름답게 하나의 완정한 구도를 이루어야 한다. 이때 밑그림을 그려서 각종 방안을 검토하고 비교해 본다. 방안이 결정된 다음에는 상세도를 그리고 모형을 만든다. 시공단계에 들어가면 먼저 기초를 다지고 돌덩어리를 쌓기 시작한다. 쌓기 기법에는 포개기[첩(疊)], 세우기[견(竪)], 깔기[점(墊)], 누르기[압(壓)], 걸어 내리기[괘(掛)], 세워 받치기[탱(撑)], 합치기[병(拼)], 밖으로 뻗기[도(挑)], 걸어 고정하기[구(鉤)] 등이 있다. 구체적인 방법은 석재의 수급 상황에 따라서 조정한다.

三. 축산

　"축산"은 다져 쌓아 산체를 만드는 조원기법을 가리키며 늦어도 동한(東漢)시기에 이미 시작되었다. 『후한지(後漢書)』에 기록되기를 양익(梁冀)이 "또 원유를 확장하고 흙을 모아 산을 다져 쌓으니 10리에 9구비로 이효(二崤)를 닮았다. 숲과 계곡의 깊음이 자연과 같고 기이한 짐승들이 그 사이를 노닐었다(又廣開園囿, 采土築山, 十裏九阪, 以像二崤, 深林絶澗, 有若自然, 奇禽馴獸, 飛走其間.)"[39]라 한다. 동진(東晉)시기 폐인(嬖人) 조아(趙牙)는 회계문효왕도자(會稽文孝王道子)를 위해 "저택의 동쪽을 확장하여 산을 다져 쌓고 연못을 가로지르며 나무들을 심었는데 막대한 공을 썼다 (開東第, 築山穿池, 列樹林木, 功用巨萬.)"[40]라고 하며, 『양서(梁書)』에는 완효서(阮孝緖)라는 사람이 "어려서 효심이 깊고 성격이 침착하니 비록 아이들과 노나 항상 연못을 파고 산을 다져 쌓는 것을 즐겼다(幼至孝, 性沉靜, 雖與兒童遊戲, 恒以穿池築山爲樂.)"[41]라고 기록하였다. 또 『진서(陳書)』에는 비기(裴忌)라는 사람이 관직을 그만두고 "이에 산을 다져 쌓고 연못을 파고 꽃과 나무를 심어 그 가운데 거하니 자리 잡고 편히 거처할 뜻이 있다(乃築山穿池, 植以卉木, 居處其中, 有終焉之志.)"[42]라고 하였다. 이는 육조(六朝)시기에 이미 축산의 풍습이 있었음을 의미한다. 또한 『전진문(全陳文)』 14권에 실린 『유정부(幽庭賦)』에는 "창문 앞에 산과 내를 만들고 집 동쪽에는 임원을 둘렀다(築山川於戶牖, 帶林苑於東家.)"라고 하였는데 이는 남조(南朝)시기에 이미 원림 축산과 주택이 상호 긴밀하게 결합되었음을 보여준다.

남조뿐만 아니라, 이 시기의 북조(北朝) 역시 축산천지(築山穿池), 즉 산을 다져 쌓고 연못을 내는 풍습이 있었다. 남조 사람인 포소(鮑照)는 북제(北齊)의 도읍이었던 업성(鄴城)의 유명한 황가원림인 원대(苑台)에 대해 시를 지었는데 그 가운데는 "산을 쌓으니 봉호를 닮았고 연못을 내니 옥 신발 같다(築山擬蓬壺, 穿池類玉潟.)"라는 구절이 있다. 이는 당시 북제 업성의 궁원 가운데 축산천지 등의 조원활동이 있었음을 보여준다. 한편 북제 무평(武平) 2년, 즉 서기 571년에 북제의 후주(後主)인 고위(高緯)가 "선도원에 연못을 파고 축산을 세우고 누각과 대전을 사이에 세우니 지극히 화려하였다(于仙都苑穿池築山, 樓殿間起, 窮華極麗.)"[43]라 하였다. 당 태종(太宗)

---

39 『後漢書』, 卷34, 梁統列傳第二十四.
40 『晉書』, 卷64, 列傳第三十四.
41 『梁書』, 卷51, 列傳第四十五, "處士·阮孝緖".
42 『陳書』, 卷25, 列傳第十九, "裴忌".

때 시인 이백약(李百藥)은 "나이가 들어 치사해서 즐겁게 자득하며 연못을 내거나 산을 쌓고 글 쓰고 술 마시고 이야기하고 감상함으로써 일생의 뜻을 폈다.(及懸車告老, 怡然自得, 穿池築山, 文酒談賞, 以舒平生之志.)"[44] 또한 당나라 중종(中宗)의 딸인 장녕공주(長寧公主)는 "서경에 있는 고사겸의 관저를 취하고 좌금어위의 옛 군영을 합하여 사택으로 삼으니, 오른쪽은 도성에 붙어 있고 왼쪽은 큰길에 붙어 있다. 삼층의 누각을 만들어 멀리 바라보고 산을 쌓고 연못을 팠다.(取西京高士廉第, 左金吾衛故營合爲宅, 右屬都城, 左頻大道, 作三重樓以馮觀, 築山浚池.)"[45] 당 문종(文宗) 때 사람인 비도(裴度)는 "동도 집현리에 주택을 세웠는데 산을 쌓고 연못을 내고 대나무와 나무가 울창하고 바람과 물을 즐길 수 있는 정사가 있고 다리와 누각이 있으며 섬이 둘러 있으니 도성의 명승으로 이름 높았다(東都立第於集賢裏, 築山穿池, 竹木叢萃, 有風亭水榭, 梯橋架閣, 島嶼回環, 極都城之勝槪.)"[46]라는 기록이 있어 당대 동경과 서경에도 역시 축산이 많았음을 짐작할 수 있다.

송대에 이르러서는 더욱 대규모의 축산활동이 있었다. 송 휘종(徽宗)은 간악(艮嶽)을 축조하였는데 "주상께서 원유에 큰 관심을 갖고 계시다가 정화년간에 마침내 원유를 건설할 땅을 결정하시고 공사를 크게 일으켜 산을 쌓고는 수산간악이라고 하셨다(上頗留意苑囿, 政和間, 遂卽其地, 大興工役築山, 號壽山艮嶽.)"[47]라 하였다. 그 축산 방식은 "이에 기획을 하고 땅을 살피며 공인들을 지휘하여 흙과 돌을 쌓아서, 동정, 호구, 사계, 구지 등의 깊은 연못과 사빈, 임로, 영벽, 부용 등의 여러 산을 만들었다. 가장 괴이하고 특이하며 요곤처럼 아름다운 돌들로 고소, 무림, 명월의 땅과 형초,

---

43 『隋書』, 卷23, 志第十八, "五行下·牛禍".
44 『舊唐書』, 卷72, 列傳第二十二, "李百藥".
45 『新唐書』, 卷83, 列傳第八, "諸帝公主".
46 『舊唐書』, 卷170, 列傳第一百二十, "裴度".
47 [宋] 張昊, 『艮嶽記』.

강상, 남오의 들판에서 나온 것들을 썼다. ……언덕을 잇달아 만들어 동서가 서로 보이고 앞뒤가 서로 이어졌으며 왼쪽에 산을 두고 오른쪽에 물을 두어, 물을 따르고 두렁을 곁에 하며 잇따르고 가득 차서 산과 들판을 머금었다(於是按圖度地, 厇徒潺工, 累土積石, 設洞庭, 湖口, 絲溪, 仇池之深淵, 與泗濱, 林慮, 靈壁, 芙蓉之諸山, 最瑰奇特異瑤琨之石, 卽姑蘇, 武林, 明越之壤, 荊楚, 江湘, 南粤之野 ……岡連阜屬, 東西相望, 前後相續, 左山而右水, 沿溪而傍隴, 連綿而彌滿, 呑山懷谷.)"[48]라 기록되어 있다. 송대 민간의 원림에도 역시 여러 축산활동이 있었다. 『금송사(全宋詞)』에는 남송 사람인 노조고(盧祖皐)의 사(詞)에는 "작은 산이 비로소 쌓아지니 하늘로부터 이루어진 것이다. 높은 정자를 지으니 구름처럼 높다. 면면에 매화를 심으니 난간이 맑디맑다(小山初築自天成. 架危亭, 與雲平. 面面梅花, 闌檻十分淸.)"라는 구절이 있고, 또한 기록되기를 "신미년, 공괴 구씨가 동루의 아래에 돌을 끌어와 산을 쌓으니 그윽하고 아름다워 10주3도와 함께 승경이 되었다(氏辛未歲, 攻愧舅氏輦石築山於東樓之下, 幽深窈窕, 與十州三島相爲勝槪.)"라 하고, 부사를 지어 찬미하여 가로되 "아름다운 동루에 아득히 바람불로 안개비가 내리네. 누산을 얻어 더욱 깊고 그윽하다. 푸른 암벽에 교목이 있고 석등에 졸졸대는 샘물에는 세상의 먼지가 이르지 못하니 10주3도를 빛바래게 할 정도로다(東樓佳麗, 縹緲風煙雨. 幻得樓山更深窈. 有蒼崖喬木, 石磴鳴泉, 塵不到, 掩映十洲三島.)"[49]라 하였는데, 이는 모두 송대 민간은 원택(園宅) 안에 축산, 즉 산을 다져 쌓았으며 그 규모와 경치가 이미 매우 웅대하고 번화하였음을 의미한다. 또한 『규신잡식(癸辛雜識)』의 오홍원보(吳興園圃)에는 "정씨의 서원은 정보광의 옛집으로 청원문의 안에 있다. 앞으로 초수를 임하였고 산을 쌓고 연못을 파서 한암이라고 하였다(丁氏西園丁葆光之故居, 在淸源門之內, 前臨苕水, 築山鑿池, 號寒岩.)"[50]라는 기록이 있다.

48 同上.
49 『全宋詞 · 盧祖皐』.
50 [宋] 周密, 『癸辛雜識』, 前集.

"축산"은 흙을 다져 산을 쌓는 것을 가리키며 흙 위에 돌을 쓸 수도 있다. 또한 축산이라는 단어는 원림의 산체(山體)를 가리키기도 하는데 그 규모와 형태가 비교적 크다. 반면 첩산이라는 단어는 흙을 포개어 산을 쌓는 기법일 가능성을 완전히 배제할 수는 없으나 거의 돌덩어리를 포개어 산을 쌓는 기법이라고 봐도 무방하다. 경우에 따라 흙과 돌을 섞어 포개 쌓기도 하는데 때문에 고대 문헌 중에 "축산"과 "첩산"이라는 단어가 혼용되는 것일 수도 있다. 따라서 이 두 가지를 명확하게 구분하는 것은 바람직하지 않다. 양자를 비교하자면, "첩산"기법으로 만든 산은 주로 규모가 작고 형식이 기이하고 가파른 석산이 위주이다. 여러 사료에서 봤을 때, 송대 이전에 원(苑)이나 원(園)에 관한 기록에는 "축산"이 많이 쓰이고 "첩산"이라는 단어는 거의 보이지 않다가, 명대 이후 "축산"이라는 단어가 많이 보이지 않고 도리어 "첩산"이라는 단어가 많이 보인다. 이는 문인들이 사용하는 술어의 변화를 반영한 것이며, 다른 한편으로는 명청시기 이후 대규모 흙과 돌을 쌓아 산체를 만드는 공정이 그 이전 시기만큼 흔하지 않고 점차 돌을 포개어 만든 작은 규모의 가산이 보편화된 것을 반영하기도 한다. 이것은 어쩌면 명청시기, 특히 청나라 때 인구의 급격한 증가로 사가원지가 차지하는 대지 면적이 어쩔 수 없이 점점 줄어든 것과 관련 있을 수도 있다.

四. 구석(構石) 혹은 첩석(疊石)

옛 사람들은 돌을 포개 쌓아 유람 및 관상용 가산을 만들기를 즐겨 하였는데, 그 과정을 "구석" 혹은 "첩석"이라고 불렀다. 이 둘 중에 "구석"이라는 단어가 문헌상 먼저 등장하였다. 『삼보황기(三輔黃圖)』에는 한나라 때 "모릉의 부민 원광한이 거금을 쌓아 놓고 가동이 900명이었다. 북망산 아래에 원을 만들었는데 동서로 4리이고 남북으로 5리이며, 물을 떨어뜨려서 그 가운데 부었다. 구석하여 산을 만드니 높이가 십여 장이고 수 리를 이어졌다(茂陵富民袁廣漢, 藏鏹巨萬, 家僮八九百人. 於北邙山下築

園, 東西四裏, 南北五裏, 激流水注其中. 構石爲山, 高十餘丈, 連延數裏.)"**51**라 하였는데, 여기서 돌을 쌓아 산을 만든다는 의미의 "구석"이 문헌상 처음으로 등장하였다. 이후 당대 백거이(白居易)의 낙양 이도방(履道坊) 주택에 관한 기록을 보면 "백거이의 집은 동도의 이도리에 있었다. 못에 물길을 내어 나무를 심고, 향산에 석루를 만들고, 8구비의 여울을 파고, 스스로 부르기를 취음선생이라 했다(白居易宅, 東都所居履道裏, 疏沼種樹, 構石樓香山, 鑿八節灘, 自號醉吟先生.)"**52**라고 하는데, 여기서 "구석루(構石樓)"란 일종의 누각과 가산의 종합체를 만들었다는 의미로 해석된다. 한편 당대 이덕유(李德裕)의 『회창일품집·별집(會昌一品集·別集)』에는 "구석하니 언덕과 봉우리 형상이다. 성 위의 누각을 푸르게 품고 있구나(構石狀崖巘, 翠含城上樓.)"**53**라는 구절이 있는데, 여기서의 "구석" 역시 돌을 쌓아 산 모양으로 만들었다는 뜻이다.

원림에서 석산을 만드는 것을 "첩석"이라 부르기도 한다. 첩석이 문헌에 처음 등장하는 시기는 당나라 때이다. 『당어림(唐語林)』에는 당 명황(明皇) 때에 옥진공주(玉眞公主)가 정평방(政平坊)에 안국관(安國觀)을 지었는데, 그 안에 정사원(精思院)이 있었고 "원의 남쪽 연못은 어거의 물을 끌어들여 주입한 것이다. 첩석은 봉래, 방장, 영주의 세 산을 닮았다(院南池引禦渠水注之, 疊石像蓬萊, 方丈, 瀛洲三山.)"**54**라는 기록이 있다. 또 당 태중 2년(848년)에 위관이 이르기를 "내가 낙천에 오두막을 여니 숭양리에 있는데, 대나무가 1,000이요, 연못이 1무이고 ……첩석이 수 편이다(余洛川蔽廬在崇讓裏, 有竹千竿, 有池一畝 ……疊石數片.)"**55**라고 하였다. 명청시기부터 "첩석"이라는 단어가 문헌 중에 점차 많이 보이기 시작한다. 청대 『일하구문고(日下舊

---

51 『三輔黃圖』, 卷4, "苑囿".
52 [淸] 徐松, 『唐兩京城坊考·校補記』, 卷5, "東京·外郭城".
53 『欽定四庫全書·集部·別集類·漢至五代·會昌一品集·別集』, 卷3, "節度判官侍御史韓察".
54 [宋] 王讜, 『唐語林』, 卷7, "補遺三".
55 『唐兩京城坊考』, 卷5, "外郭城".

聞考)』에는 북경 서원 경화도(瓊華島)에 대해 "지세는 언덕과 비탈이 있고, 첩석하여 산을 만들었는데, 험한 바위와 무더기 돌을 층층이 포개어 위로 올렸다(地勢坡陀, 疊石爲山, 塹岩磊砢, 層疊而上.)"[56]라고 하는 등 수많은 문헌기록에서 돌을 쌓는다는 표현으로 "첩석"을 보편적으로 사용하였다.

원림사에서 보았을 때, 첩석으로 산을 만든 풍습은 송대부터 본격적으로 흥성하기 시작하였다고 보아야 한다. 송대 주밀의 『계신잡식·전집·가산(癸辛雜識·前集·假山)』에는 "앞선 세대에는 첩석하여 산을 만든 것이 특출한 것으로 보이지 않았다. 선화년에 이르러 간악에 큰 역사를 일으키니 배가 이어지고 수레가 빡빡하며 여력을 남기지 않았다(前世疊石爲山, 未見顯著者. 至宣和, 艮嶽始興大役, 連艫輦致, 不遺餘力.)"라는 기록이 이를 뒷받침한다. 송대에 원림에 첩석하여 산을 만드는 사례는 비교적 많이 보인다. 북송 휘종(徽宗)이 천하의 기이한 돌을 수집하기를 광적으로 좋아했으며, 남송 대내궁전은 북송 변경궁전에 비해 손색이 있지만 그 "북쪽 내원에는 큰 연못이 있으니 서호의 물을 끌어들여 주입한 것이다. 그 위에는 첩석하여 산을 만들었는데 비래봉을 닮았다(北內苑中則有大池引西湖水注之, 其上疊石爲山, 象飛來峰.)"[57]라는 기록이 있어 남송시기에도 연못 안에 첩석하여 가산을 만드는 전통이 그대로 유지되었음을 보여준다.

명나라 때부터 원림에서 첩석하여 산을 만드는 것은 이미 주류가 되어 버린 듯하다. 명 영종(英宗) 천순(天順) 2년(1458년)에 북경에 행궁을 한 곳 만들었는데 "남북에는 비홍과 대오라는 두 개의 패루가 있고, 동서에는 천광과 천영의 두 개의 정자가 있으며, 또 북쪽에는 첩석하여 산을 만들어 이르기를 수려산이라 하고, 위에는 원전이 있으니 이르러 건운이라 하였다(南北有飛虹, 戴鼇兩牌樓, 東西有天光, 雲影二

---

56 『日下舊聞考』, 卷8, "形勝".
57 『宋史』, 卷154, 輿服志第一百七.

亭., 又北疊石爲山, 曰秀麗山, 上有圓殿, 曰乾運.)"⁵⁸라는 기록이 있고, 청대 양정거(梁章鉅)와 주지(朱智)의 『추원기략(樞垣記略)』은 『공화어제청의원즉사(恭和禦制淸漪園卽事)』라는 시를 인용하여 "어원의 풍경은 스스로 맑고 화려하며, 첩석은 유심하고 나무는 더욱 아름답다. 난간 밖 호수의 빛은 새롭게 열렸다 합치고, 처마 앞 산색은 옅은 구름으로 가려 있다(禦園風景自淸華, 疊石幽深樹更嘉. 檻外湖光新漲合, 簷前山色淡雲遮.)"⁵⁹라 기록하였는데. 이는 건륭이 만든 청의원(淸漪園)에 있던 첩석경관에 대해 묘사한 것이다. 이 시기에 첩석은 일반 주택 정원에까지 들어서기 시작했는데, 청대 만주출신 도학사(圖學士)는 "서교 밖 수 리 떨어진 곳에 집을 만드니, 등나무 사립문에 띠 지붕이고, 높은 창은 정밀하고 고아하며, 원 안에는 첩석하여 산을 만드니 기이한 봉우리가 높이 받들고, 길은 이어져 구부러지니, 맑은 풍취가 넉넉하다(築室於西郊外數裏, 籬扉茅簷, 軒窗精雅, 院中疊石爲山, 奇峰崒捧, 路徑迂折, 饒多淸趣.)"⁶⁰라고 하였다. 청대 정친왕부(鄭親王府)에는 혜원(惠園)이 있고 원안에는 "연못을 끌어들이고 첩석하니, 깊은 멋이 넉넉하였다.(引池疊石, 饒有幽致.)"⁶¹ 청대 필추범(畢秋帆)은 섬서 순부 벼슬을 할 때 "송나라 주백원의 낙포 옛터를 사서, 샘을 끌어들이고 첩석하고, 대나무와 꽃을 심어서 노년에 은퇴하여 쉴 만한 곳으로 만들었다.(嘗買得宋朱伯原樂圃舊地, 引泉疊石, 種竹栽花, 擬爲老年退息之所.)"⁶² 그 밖에 공수사원(孔修師園)이 있으니 "정원 안에는 오래된 측백나무가, 수황, 약란, 등가가 있고, 담장에는 벽려를 감고, 울타리에는 황화를 심고, 첩석하기를 산과 같이 하고, 작은 누각으로 달을 끌어 들였다(庭中有古柏, 修篁, 藥欄, 藤架, 牆纏薜荔, 籬植黃花, 疊石如山, 小

---

58 『彭文憲公筆記』, 卷上.
59 [淸] 梁章鉅, 朱智, 『樞垣記略』, 卷25, 詩文六, "恭和禦制淸漪園卽事(上巳前一日)元韻."
60 [淸] 昭梿, 『嘯亭雜錄』, 卷7, "圖學士".
61 [淸] 錢泳, 『履園叢話』, 叢話二十, 園林, "惠園".
62 同上, "樂圃".

樓延月.)"⁶³라고 기록하고 있다.

五. 봉(峰)과 만(巒)

가산의 산머리는 형태에 따라 크게 봉과 만으로 나눌 수 있다. 봉은 높이 홀로 우뚝 솟은 산봉우리를 가리키며, 만은 높고 낮은 여러 개의 산머리가 이어져 있는 것을 가리킨다. 먼저 봉에 대해 살펴보자. 중국 고전원림에서 홀로 서 있는 기이한 형상의 돌을 자연 중의 산봉우리에 견주어 "석봉(石峰)"이라 부른다. 크기가 작기 때문에 때로는 "권석(拳石)"이라 칭한다. 예로부터 "권석을 세우니 장중하게 하늘을 이고 섰네(立拳石以儼幹霄.)"라는 말이 전해져 오는데, 이는 그 크기가 아주 작은 석봉을 구름 가운데 우뚝 솟은 자연 산봉우리에 비유한 것이다. 옛 문헌에는 이와 유사한 비유가 무척 많다. 예를 들어 청대 『기보통지(畿輔通志)』에는 "사찰의 서쪽에 권석이 하나 있는데 돌고 돌아 하늘을 딸 듯하다(寺西一拳石, 團團如摘星.)"⁶⁴라는 구절이 있다. 또한 크기가 큰 산석을 이용하여 권석을 만들어 하늘에 닿은 봉우리(幹霄之峰)에 비유한 경우도 있다. 예를 들어 『흠정열하지』에는 "난강 가까이 권석이 하나 있어 금산소라 한다. 정자 하나와 세 칸짜리 방이 있어 바위에서 머물며 넓고 아득한 강물을 굽어본다(臨灤一拳石, 稱曰金山小. 一亭三間屋, 棲岩俯浩渺.)"⁶⁵라는 구절이 있는데, 여기에서 권석은 그 크기가 작지 않음을 짐작할 수 있다.

강남 사가원림 중에서 오직 그 자체를 전문적으로 감상하기 위한 목적으로 산석을 설치하는 경우가 있는데 이들은 모두 석봉의 형식으로 출현한다. 예를 들어 소주 유원의 수운봉(岫雲峰)과 관운봉(冠雲峰), 소주 직조부(織造府) 원림의 서운봉(瑞雲

---

63 [淸] 梁章鉅, 朱智, 『樞垣記略』, 卷25, 詩文六, "借園八景".
64 『欽定四庫全書·史部·地理類·都會郡縣之屬·畿輔通志』, 卷118, 姜宸英, "望摘星院".
65 『欽定四庫全書·史部·地理類·都會郡縣之屬·欽定熱河志』, 卷43, "小金山".

도 4-36. 소주 유원(留園)의 관운봉(冠雲峰).

峰) 등이 그러하다. 유돈정의 연구에 의하면 석봉은 일반적으로 산과 언덕 위에 나
란히 배치하며, 그 밖에 자태가 서로 다른 석봉을 정원의 가운데나 넓게 트인 청당
의 앞, 혹은 벽이 트여 있는 회랑의 한 편 등에 점철하기 위해 배치한다. 이때 상황
에 따라 단독으로 놓거나 다른 호석(湖石)과 함께 조합하여 놓아서 작은 관상경관을
구성한다.

  석봉 중에 다수는 홀로 서 있는 태호석으로, "수(瘦), 루(漏), 투(透), 기(奇)"한 것
을 상품으로 여긴다. 여러 개의 돌을 포개어 쌓은 석봉도 있는데 소위 "소쿠리의 흙
을 깔아 대를 만들고 권석을 모아 산을 만들며 물을 돌려 들여와 연못을 만든다(覆
簣土爲台, 聚拳石爲山, 環鬥水爲池.)"[66]라고 하는 구절이 있다. 권석을 모아 하나의 석

---

66 『欽定四庫全書 · 史部 · 地理類 · 都會郡縣之屬 · 江西通志』, 卷122, 白居易, "草堂記".

봉 모양으로 만든 실례로는 소주 소령암산관(小靈岩山館)의 첩석봉을 들 수 있다.

봉이 기이하고 험준한 느낌을 주는 반면, 만은 기복의 변화가 상대적으로 완만하여 보다 자연스러운 느낌을 주기 때문에 첩석 가산에서 많이 쓰인다. 만을 만들 때는 간격을 지나치게 좁게 해서는 안 되고 일렬식이나 필통식 등 인위적인 배열은 피한다.

六. 곡(谷)과 동(洞)

곡과 동은 중국 원림의 가산 제작과정에서 자주 사용되는 조경수법이다. 곡은 산곡(山谷)을 의미하며, 동은 산에 있는 동혈(洞穴)을 의미한다. 이들은 가산의 진산에 대한 연상력을 더욱 강하게 하는 역할을 한다. 중국 고대원림의 조경에서 가산을 쌓는 과정을 보면 가산의 형태 처리에 있어서 석봉을 포개 쌓기도 하고 산체의 윤곽을 조절하여 사이사이에 깊고 그윽한 공간을 창조하기도 하는데, 이때 자주 사용되는 기법이 바로 산곡과 석동을 삽입하는 것이다. 첩석 기예를 놓고 말하자면, 소주 환수산장의 가산이야말로 가장 성공적으로 곡과 동을 운용한 사례로 평가된다. 환수산장 가산의 곡은 한 줄기로 두 절벽 사이에 나 있고, 그 안에는 물이 잔잔하게 흐르고 있으며 위로는 계곡을 가로질러 석량이 걸쳐 있는데, 이는 심산유곡에 걸쳐진 비교(飛橋)를 연상시키며 계곡의 분위기를 압축적으로 보여주고 있다. 그 밖에 돌을 쌓는 과정에서 사이사이에 두 개의 동굴을 만들어 넣었는데 동굴 안에는 돌로 만든 탁자와 의자가 있어 세외도원(世外桃源)의 심오한 멋을 자아낸다.

곡은 가산 외에 원림의 수체 표현에 쓰이기도 한다. 예를 들어 북경 이화원의 산 뒤 경관구역을 보면 한쪽은 높은 산이 있고, 맞은편에는 야트막한 언덕이 위치하고 있으며 전체적으로 숲이 짙게 우거져 있는데, 그 사이로 한줄기 가는 물길이 굽어 흐르고 있다. 이렇게 만들어진 산곡은 깊고 그윽하여 조각배를 띄우거나 산책을 하기에 지극히 적합하다. 동 역시 반드시 가산에서만 쓰이는 것은 아니다. 북경

도 4-37. 소주 환수산장(環秀山莊)의 곡(谷).　　　　　　　　도 4-38. 소주 환수산장(環秀山莊)의 동(洞).

도 4-30. 북경 서원(西苑) 경화도(瓊華島) 태호석 가산.

경관요소와 조원기술 437

도 3-40. 소주 환수산장(環秀山莊)의 가산의 등도(磴道).

북해(北海)의 경화도 산 뒤의 동혈을 보면 태호석 등을 쌓아 대규모의 암동을 만들었는데, 굽이굽이 꺾어지면서 산 뒤의 전체 경관구역을 휘감아 돌고 있다. 이 동혈은 커졌다 작아지고 어두웠다 밝아지며 때로는 산방(山房)과 연결되기도 하고 곡랑과 이어지는 등 변화막측한데, 현존하는 중국 원림 산석동혈에서 가장 웅대한 사례로 꼽힌다.

七. 등도(磴道)

가파른 산을 편하게 오르내리기 위해 사람들은 종종 암석을 파서 계단을 만드는데 이 돌계단을 바로 등도라 한다. 송나라 사람인 범성대(范成大)가 쓴 『오군지(吳郡志)』에는 강남의 여러 산들의 풍광을 묘사하고 있는데, 그 중 당나라 사람인 육구몽(陸龜蒙)의 시 『표묘봉(縹緲峰)』을 인용하여 산속의 등을 묘사한 구절이 있다. "좌우 모두 우뚝한 봉우리, 빼어난 모습의 봉우리 하나. 표묘봉이라는 이름을 생각해 보니, 봉우리가 허공 속에 있기 때문이다. 맑은 아침에 등도를 오르니 바로 험준한 산길로 바로 시작되네. 돌에 기대어 노래를 부르고 샘을 만나면 배회하네. 기이한 꽃은 홀연 방석과 같고 굽은 나무는 혼연히 몇 그루인지.(左右皆跳岑, 孤峰挺然起. 因思縹緲稱, 乃在虛無裏. 淸晨躋嶒道, 便是屠顏始. 據石卽更歌, 遇泉還徙倚. 花奇忽如薦, 樹曲渾成幾.)"[67] 이 시는 지극히 자세하게 자연산석 사이에 나 있는 등도 경관을 묘사하고 있다. 중국 원림에서는 종종

도 4-41. 항주 곽장(郭庄) 상심열목정(賞心悅目亭) 가산의 등도(磴道).

가산에 첩석하여 이러한 등도 경관을 모방하여 만든다.

등도를 쌓는 방법에도 몇 가지 기교가 있다. 가산은 그 크기에 상관없이 등도가 시작되는 지점의 양쪽에 현석(豎石), 즉 세로방향의 돌을 세워 놓는데 하나는 크고 하나는 작아서 시각적으로 대비가 되게 한다. 현석의 형태는 뾰족하고 얇은 것은 피하고, 윤곽이 부드럽고 두터운 것이 좋다. 등도가 꺾이는 지점은 안쪽 부분에는 동일하게 처리해 준다. 평대(平臺)를 만났는데 뒤에는 산세가 높을 경우는 반드시

67 [宋] 范成大, 『吳郡志』.

병풍처럼 돌을 쌓아 준다. 소주 유원의 가운데 있는 가산에는 호석(湖石)을 경사지게 나열하여 만든 등도가 있는데 생동감이 넘친다.[68]

북경 북해 경화도의 산 뒤에 있는 등도경관과 소주 환수산장 가산의 등도경관은 중국 원림 등도경관 처리에서 가장 주목받는 사례로 꼽힌다.

八. 석벽(石壁)과 폭포(瀑布)

자연경관에서 석벽은 돌연 우뚝 솟아오른 것 같은 기이함과 땅을 뽑아 올린 것 같은 웅위함으로 보는 이로 하여금 감탄을 금치 못하게 한다. "절벽이 천인 높이로 서 있으니 그리하려 하지 않아도 강인하다(壁立千仞, 無欲則剛.)"라는 중국의 옛말은 이렇듯 가파르게 서 있는 석벽의 경관에 빗대어 사람의 강인한 의지를 표현한 것이다. 석벽은 중국 고전원림의 가산에서도 자주 운용되는데, 통상 가산의 한편을 거의 수직에 가까운 석벽을 만들어 자연 속 절벽의 형태를 갖추게 한 다음, 그 표면에 자연스럽게 들어가고 나온 변화를 주어서 자연스러운 느낌을 부여하여 가급적 자연 절벽의 느낌에 가깝게 만든다. 하지만 원림에서의 석벽은 자연 절벽의 의미만을 따온 것이지 실질적으로는 그 크기가 작고 형태에 있어서도 여러 개의 돌덩어리를 포개어 쌓은 것이기 때문에 실제 자연 절벽이 갖는 압도적이고 웅장한 분위기를 재현하는 것은 어렵다.

인공적으로 쌓아 만든 석벽경관에는 크게 다섯 가지 형식이 있다. 첫째는 구멍이 없는 회청색 돌을 포개어 쌓은 것으로 석층은 수평에 가깝고 표면은 자잘하게 들어가고 나와 있는데, 이에 따라 표면에 자연스러운 음영이 드리워서 독특한 질감과 입체감이 느껴진다. 둘째는 크기가 크고 표면에 작은 구멍이 몇 개 나 있는 돌

---

68 劉敦楨, 『蘇州古典園林』, 第25頁, 中國建築工業出版社, 1979年.

덩어리를 놓는 것으로 전체적으로 웅위한 느낌을 준다. 셋째는 태호석의 형태를 모방한 것으로, 석벽의 형태는 입체적인 뒤틀림 속에 각종 크고 작은 구멍이 교차한다. 표면은 광택이 나고 곳곳에 나 있는 석동의 주변은 부드러운 곡선을 이루며 윤기가 난다. 넷째는 수직으로 홈이 파인 돌을 위주로 사용하고 표변에 작은 구멍을 약간 더한 것으로 윗부분의 고저차를 잘 조절해서 전체적으로 뒤집어 놓은 석종(石鐘) 모양으로 만든다. 다섯째는 석벽의 석동이 크고 석동의 주변부가 날카롭고 부분적으로 석벽 면에서 석괴 돌출시키는데, 전반적으로 기교적이고 산만한 느낌을 주며 이는 조형상 비교적 낮은 수준으로 평가된다.

북경 이화원의 만수산 남쪽 사면 경관구역 지혜해(智慧海)와 불향각(佛香閣) 사이에 석벽과 화중유 석벽은 청석과 황석을 주로 사용하여 쌓아 올렸고 여기에 등도와 석동(石洞)을 더하였는데, 그 풍격이 웅위하고 기이하여 원림 석벽경관의 대표적 사례로 꼽힌다.

한편, 절벽에는 물을 끌어 들여서 폭포를 만들기도 한다. 『원야』에 의하면 절벽의 위로 물을 끌어들여서 아래로 떨어지게 하면 바로 폭포가 된다. 물을 모으는 방법은 비가 오면 누각의 처마 물을 모아 담 위에 설치한 물길을 따라 흘러서 폭포 정상의 작은 웅덩이로 이르게 하고, 그 웅덩이에 밖으로 구멍을 내어 물이 밑으로 쏟아지게 한다. 폭포는 산만하면 안 된다. 현존하는 명청 원림에는 폭포의 실례가 많지 않은데, 소주 사자림의 폭포는 빗물을 수조에 모았다가 중요 행사시 수조의 문을 열어 물이 아래로 떨어지게 한다.

제4절 식물

식물은 원림 내 경관요소 중에서 가장 자연에 가까운 요소로서 시각적으로 인공적인 요소들과 선명한 대비를 이루며 원림의 인공적인 분위기를 자연스럽게 희석시킨다. 때로는 건축이나 산수 같은 요소들과 함께 하나의 경관을 구성하기도 하고 때로는 독립적으로 관상의 대상이 되기도 한다. 고대 문인들이 남긴 산문이나 시가를 보면 자신의 원림을 자랑하거나 타인의 원림을 평가하는 구절이 가끔 보이는데, 이때 진귀한 식물을 화려한 건축보다 앞세우는 경향이 있다. 즉 건축, 물, 돌, 식물 중에서 풍부하고 물과 돌이 서로 누가 원림을 대표하는 "최승(最勝)"인지를 다투는 경우가 가장 많다. 즉 원림을 대표하는 요소로 풍부하고 다양한 수경을 내세우거나 혹은 기이하고 웅장한 돌을 내세우는 경우가 가장 많다. 그 다음으로 진귀한 화목을 내세우는 경우가 많으며 화려한 건축을 내세우는 경우는 적은 편이다. 이는 문인계층이 원림을 자연에 친해지고 가까워져서 수신양신(修心養神)의 장소로 보아 화려하고 사치스러운 건축을 짓는 것을 속되게 보았기 때문이다. 이렇게 식물은 무척 중요하기 때문에 선종과 배식에 대해 옛사람들은 적지 않은 고민을 했다.

한편, 원림에서 식물의 운용은 강남지방과 북경을 중심으로 한 북방지방이 많이 다른데 이는 기후의 영향이 크다. 강남지방은 상대적으로 겨울이 따뜻하고 여름에 비가 많이 오기 때문에 다양한 식물의 생작과 번식에 유리하다. 때문에 강남원림은 북방에 비해 식물의 품종과 배식방법이 훨씬 다양하다. 북경을 중심으로 한 북방지역 사람들 역시 이러한 점을 충분히 인식하고 있었기 때문에 북방기후에 적합한 식물 운용방법에 대해 많은 연구를 했다. 본 절에서는 문헌연구와 현지조사를 통해 원림 식물경관에 있어서 이 두 지역의 식물 품종 선정과 배식방법의 특징을 대략적으로 소개하고자 한다.

一. 품종 선정

원림의 식물경관은 기후의 변화나 주인의 취향 등에 따라 비교적 쉽게 변화하기 때문에 명청대 원림일지라도 그 현존하는 식물경관을 명청대의 원형으로 단정하기는 힘들다. 강남원림의 경우 식물에 대한 체계적인 보존은 최근에 비로소 시작되었기 때문에, 명청시기 식물경관 원형을 짐작하기 위해서는1950년대에 소주지역 원림을 체계적으로 조사한 유돈정의 연구성과를 참고할 필요가 있다. 유돈정의『소주고전원림(蘇州古典園林)』에서는 소주원림의 식물을 관화류(觀花類), 관과류(觀果類), 관엽류(觀葉類), 임목(林木) 및 음목류(蔭木類), 등만류(藤蔓類), 죽류(竹類), 초본(草本), 수생식물의 일곱 종류로 나누었다.

관화류는 꽃의 빛깔이 수려하고 생동감이 넘치기 때문에 원림에서 중요한 관상대상이 된다. 상록류에는 산다(山茶), 계화(桂花), 광옥난(廣玉蘭), 월계(月季), 두견(杜鵑), 협죽도(夾竹桃), 치자화(梔子花), 금사도(金絲桃), 유월설(六月雪), 병난(瓶蘭), 탐춘(探春), 황소형(黃素馨), 함소(含笑) 등이 있다.

낙엽류에는 목단(牡丹), 옥란(玉蘭), 매(梅), 도(桃), 행(杏), 이(李), 해당(海棠), 자미(紫薇), 정향(丁香), 목근(木槿), 목부용(木芙蓉), 신이(辛夷), 납매(蠟梅), 자형(紫荊), 수구(繡球), 금대화(錦帶花), 영춘(迎春), 연교(連翹), 진주매(珍珠梅), 체당(棣棠), 욱리(郁李), 유접매(楡葉梅) 등이 있다. 이 중에서 목단은 "화왕(花王)이라 불리는데 꽃이 크고 색이 아름다워서 원림의 화단에서 주로 심는다. 해당과 자형은 자태와 화색이 아름답고 산위, 물가, 정원을 가리지 않고 많이 심는다. 해당은 또 서부(西府), 수사(垂絲), 첩경(貼梗), 모과(木瓜) 등으로 나뉘는데, 그 형태가 각기 다르지만 모두 상당한 관상 가치를 가진다. 이 중 특히 수사해당이 많이 쓰인다. 산차와 계화는 사계절 모두 푸르고 음지에도 잘 견디며 꽃이 아름다워서 역시 많이 심는다. 뇌매화는 겨울철의 중요한 관상대상으로 정원 안에 많이 심는다.

관과류는 과실을 관상하는 화목이다. 주로 여름과 가을의 관상용이며 경우에 따라 겨울철에 점철하기 위해 쓰이기도 한다. 상록류에는 비파(枇杷), 길(桔), 향연(香橼), 남천죽(南天竹), 구골(枸骨), 산호수(珊瑚樹) 등이 있다.

낙엽류에는 석류(石榴), 화홍(花紅), 시(柿), 무화과(無花果), 구기(枸杞), 조(棗) 등이 있다. 이 중 비파는 과일 중의 황금이라 불리며 관상할 수도 있고 먹을 수도 있기 때문에 각 원림에서 자주 쓰인다. 남천죽은 겨울에 붉은색 과일을 맺는데, 주로 납매와 함께 심는다.

관엽류는 아름다운 잎을 관상하는 화목이다. 상록류에는 과자황양(瓜子黃楊), 도엽산호(桃葉珊瑚), 팔각금반(八角金盤), 여정(女貞), 사란(絲蘭), 종려(棕櫚) 등이 있다. 낙엽류에는 척(槭), 풍향(楓香), 오구(烏桕), 수류(垂柳), 산마간(山麻杆), 정류(檉柳), 홍엽계(紅葉李) 등이 있다. 그 중 척, 즉 단풍나무는 그 종류가 다양한데, 잎의 색과 자태가 모두 다르고 한 그루로 심든 모아서 심든 모두 좋다.

임목 및 음목류는 원림에서 산림과 녹음을 구성하는 주요 요소이자, 원림식물배치의 기초이다. 상록류에는 나한송(羅漢松), 백피송(白皮松), 흑송(黑松), 마미송(馬尾松), 회백(檜柏), 유삼(柳杉), 향장(香樟) 등이 있다. 낙엽류에는 오동(梧桐), 은행(銀杏), 유(楡), 낭유(榔楡), 거(欅), 박(樸), 조엽수(糙葉樹), 괴(槐), 풍양(楓楊), 후춘(臭椿), 연(楝), 합환(合歡), 재(梓), 황연목(黃連木), 조협(皂莢) 등이 있다. 이 중 풍양은 생장속도가 빠르고 가지가 굽어 있으며 나뭇잎이 무성하여 쉽게 울창한 녹음을 구성할 수 있어서 원림에서 자주 사용된다.

등만류는 원림에서 산석이나 담장 혹은 화가(花架)에 기대어 기르는 식물이다. 타고 오르는 습성으로 인해 비어 있는 면을 메워서 생기를 더해주는 효과가 있다. 상록류에는 장미(薔薇), 목향(木香), 벽려(薛荔), 낙석(絡石), 상춘등(常春藤), 금은화(金銀花), 포지백(匍地柏) 등이 있다. 낙엽류에는 자등(紫藤), 능소(凌霄), 파장호(爬牆虎), 포도(葡萄) 등이 있다. 이 중 자등이 가장자리를 타고 오른 것을 제외하고는 모두 줄기를 각종 형태로 만들 수 있다. 목향은 가지가 많고 향기가 멀리까지 퍼져서 원림에서 빈번하게 채택된다.

죽류는 습하고 따뜻한 기후와 비옥한 토양을 좋아하기 때문에 강남지방에 적합하다. 자태가 시원스럽고 겨울에도 시들지 않으며 소나무나 측백나무와 함께 중시된다. 생장속도가 빠르고, 음지이건 양지이건, 담장 아래건 연못가이던 모두 심을 수 있다. 자주 쓰이는 것에는 상죽(象竹), 자효죽(慈孝竹), 약죽(箬竹), 석죽(石竹), 관음죽(觀音竹), 수성죽(壽星竹), 반죽(斑竹), 자죽(紫竹), 방죽(方竹), 금상벽옥죽(金鑲碧

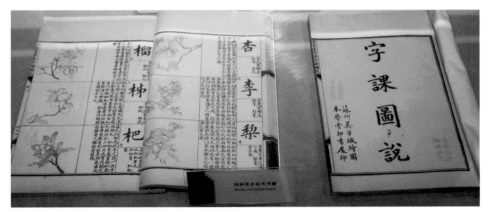
도 4-42. 자과도설(字課圖說)에 기재된 식물들.

玉竹) 등이 있다. 이 중 상죽이 가지가 크고 곧기 때문에 여러 그루를 함께 심으면 시원한 녹색경관을 형성한다. 약죽은 잎이 넓고 낮으며 무리를 이루기 때문에 가산 위에 심으면 산림의 맛을 더할 수 있다. 자죽과 방죽은 잎이 가늘며 주로 그늘진 구석 등에 빈 공백을 메우거나 시선을 막기 위해 심는다.

초본식물로 자주 보이는 것은 파초(芭蕉), 작약(芍藥), 국화(菊花), 훤초(萱草), 서대초(書帶草), 제갈초(諸葛菜), 연미(鳶尾), 자악(紫萼), 옥잠(玉簪), 추해당(秋海棠), 자말리(紫茉莉), 봉선화(鳳仙花), 계관화(雞冠花), 촉계(蜀葵), 추계(秋葵), 압지초(鴨趾草), 호이초(虎耳草) 등이 있다. 그 중 파초는 주로 정원에 창문 앞이나 담장의 구석에 심는데, 자태가 성글고 시원하며 시원한 녹색 잎이 높은 관상효과를 갖는다.

수생식물에는 하화(荷花), 수련(睡蓮), 노위(蘆葦) 등이 있다.

북방원림의 식물에 관란 연구는 아직까지는 전면적인 조사가 이루어지지 않았기 때문에 몇 가지 별개의 사례를 살펴서 참조하는 수밖에 없다. 예를 들어 원명원에 관한 어제시(御制詩) 등 문헌기록을 분석하면 청대 원명원에는 다음과 같은 식물들이 있었다.

도 4-43. 소주 유원(留園) 수변식물.

〈원명원의 식물〉

분류	식물명
수경식물	하화(荷花), 수총(水蔥), 고(菰), 수련(睡蓮), 창포(菖蒲), 봉안련(鳳眼蓮), 노적(蘆荻), 노위(蘆葦), 유(柳, 물가), 도(桃, 물가), 유접매(楡葉梅, 물가) 等
산체 녹화식물	송(松), 백(柏), 양(楊), 괴(槐), 도(桃), 추(楸), 홍엽(紅葉), 풍(楓), 황로(黃櫨), 이(梨), 정향(丁香), 문관과(文冠果), 해당(海棠), 행(杏), 유접매(楡葉梅), 빈과(蘋果)
정원식물	송(松), 백(柏), 괴(槐), 오동(梧桐), 죽(竹), 문관과(文冠果), 매(梅), 허화분), 자등(紫藤), 능소(淩霄), 옥란(玉蘭), 목단(牡丹), 작약(芍藥), 추(楸), 석류(石榴), 이(李), 용과괴(龍爪槐), 홍엽(紅葉), 풍(楓), 황로(黃櫨), 정향(丁香), 해당(海棠), 유접매(楡葉梅), 월계(月季), 호로(葫蘆), 파초(芭蕉)
기타 특색 식물	맥(麥), 상마(桑麻), 도(稻), 백채(白菜), 황과(黃瓜)

    이화원의 경우는 일부 현황 조사결과가 있는데 이를 청대 어제시와 종합해서 정리하면 다음과 같은 식물들이 있다.

〈이화원의 식물〉

분류	식물명
수경식물	하화(荷花), 상(桑), 노위(蘆葦), 한류(旱柳), 조류(條柳), 원보풍(元寶楓), 소엽복(小葉樸), 유(榆), 산도(山桃), 합환(合歡), 금어조(金魚藻), 습류소(濕柳蘇), 호류(湖柳), 천굴채(千屈菜), 행채(荇菜), 자고(慈姑), 수련(睡蓮)
산체 녹화식물	백(柏), 송(松), 상(桑), 추(楸), 원보풍(元寶楓), 자미(紫薇), 정향(丁香), 연교(連翹), 유엽매(榆葉梅), 금은목(金銀木), 각(梆), 산도(山桃), 산행(山杏), 화북자정향(華北紫丁香), 유수(榆樹), 황로(黃櫨), 괴(槐)
정원식물	해당화(海棠花), 자미(紫薇), 죽(竹)
기타 특색 식물	계화(桂花), 목단(牡丹), 옥란(玉蘭), 태평화(太平花)

북경 사가원림은 괴, 조, 유(榆)의 세 종류가 가장 자주 보이며 기타 관상수로는 은행, 송(松), 백(柏), 양(楊), 유(柳), 상(桑), 향춘(香椿), 후춘, 추(楸), 합환 등이 있다. 화훼로는 해당, 정향, 목단, 작약을 중시하며 매화는 적게 보인다.

지역에 관련 없이 옛 사람들은 식물을 선택할 때 다음과 같은 사항을 고려했다. 첫째, 경관을 받쳐주는 식물은 형태, 크기, 밀도, 색조 등이 위치할 곳의 경관 특색과 잘 어울려야 한다. 둘째, 원경을 춘경, 하경, 추경, 동경으로 나누어서 식물 선택

도 4-44. 북경 이화원(頤和園)의 산체 녹화식물.

도 4-45. 북경 이화원(頤和園) 중 해취원(諧趣園)의 수변식물.

시 화목의 계절변화를 고려했다. 셋째, 관상식물은 가까운 거리에서 자세히 보면서 가꿀 수 있어야 하기 때문에 가지가 성글고 자태가 시원하며 향기가 청아한 화목을 중시했다. 넷째 식물의 상징을 중시했다. 자미과 거수(欅樹)는 높은 지위를, 옥란과 목단은 부귀를, 석류는 다산을, 훤초는 근심 없음을 상징한다.

二. 배식

중국 고전원림에서 식물을 심는 방식은 크게 점종(點種)과 총식(叢植)이 있다. 시각적인 관점에서 보면, 점종한 나무가 더욱 사람의 시선을 끌기 때문에 주로 크고 높은 교목(喬木)은 점종을 한다. 점종한 나무는 자태가 아름다워야 한다. 나무의 자태란 줄기나 가지의 자태 및 나무줄기 윗부분의 윤곽선을 가리킨다. 이들은 가급적 인공적으로 조절하지 않고 수종의 특색에 따라서 합리적인 선택을 하여 자연스럽게 해결한다. 중국원림의 식물배식은 서양원림과 달리 가지런하고 정연한 배식을 금기로 여긴다. 따라서 수종의 선택에서 융통성이 많은데, 한 가지 수종을 계속 심을 수도 있고 서로 다른 수종을 함께 조화를 이루어 심기도 한다.

점종한 나무는 크게 두 가지 기능이 있는데, 건축물을 받쳐주거나 정원공간을 점철한다. 전자의 경우는 건축물이 주제이고 중심이며 나무를 건축 주변에 점종한다. 이때 거리는 너무 가깝지 않게 하며 전후좌우가 균형을 이루되 기계적인 대칭은 피한다.

점종한 나무는 공간을 점철하는 기능도 한다. 중국원림은 주로 건축, 회랑, 담장을 둘러 작은 폐쇄적 공간 원락으로 구성한다. 이러한 작은 원락에 식물을 심지 않으면 단조롭고 건조하게 되고, 식물이 너무 무성하면 좁고 갑갑한 느낌을 준다. 따라서 작은 정원공간에 한 그루 혹은 두세 그루를 묶어서 점철해 주는 것이 시각적으로 적당하다. 통상보다 훨씬 작은 원락에는 고식(孤植), 즉 한 그루만 원락의 한 귀퉁이에 심는 것이 좋은데 가급적 가운데는 피한다. 점종이나 고식하는 나무의 높이나 소밀은 원락의 크기와 조화를 이루어야 하며, 일반적인 식물과는 확연히 구별이 되는 아름다움을 갖추어야 한다.

약간 큰 정원에는 고식은 부족한 느낌을 주기 때문에 가급적 점종의 방법으로 원락 안에 교목 두세 그루를 심는 것이 적합하다. 청당 앞의 정원에는 두 그루 정도를 심는데, 하나는 작고 하나는 크게 하여 대칭을 피하고 각각 모서리에 조금 치우쳐서 일렬배열이 되지 않게 조심한다. 서너 그루를 심는다면 수목 자체의 소밀과 수목끼리의 간격이 균형을 이루게 유의하며 기하학적인 구도로 심어서는 안 된다.

정원공간이 이보다 더 크면 교목 몇 그루 정도로는 충분한 녹음을 형성할 수 없다. 이때에는 점종과 총식을 함께 사용하고 교목과 관목(灌木)을 배합하여 "가지와 잎이 무성하고 아름다운 나무가 울창한(枝葉繁茂, 嘉木蔥蘢)" 분위기를 만들 수 있다. 점종과 총식은 본질적으로 소(疏)와 밀(密)의 대비관계이다. 또한 교목과 관목은 자연계에서 주와 종의 차이를 갖는다. 따라서 이들을 적절하게 배합하여야 자연적인 멋을 창출할 수 있다.

넓은 면적의 땅에는 총식을 주로 하여 울창한 수림을 형성한다. 이러한 방식은 일반적인 중소형 정원에는 잘 보이지 않고 주로 대형 원림에서는 사용된다. 총식으로 숲을 형성하는 경우 하나의 수종을 위주로 하고 몇 가지 다른 수종을 곁들인다. 예를 들어 북방원림에서는 소나무나 측백나무를 주로 선택하고, 강남원림에서는 각종 낙엽수를 선택하여 녹색배경을 형성한다. 총식에서 주의할 점은 빽빽한 가운데 적당히 성글함이 있고 대비와 변화가 있어야 자연스럽게 보이고 주위 환경과 잘 어울린다는 점이다.

중국 고전원림의 수목은 공간의 층차감을 풍부하게 해주며 경관을 심원하게 보이게 하기도 한다. 나뭇가지와 잎을 통해 바라본 경관은 시각적으로 겹겹의 층차감을 더하기 때문에 경관점과 대상경관 사이에 수목을 적절하게 배치하면 비록 물리적으로 같은 거리일지라도 시각적으로 더욱 멀게 느끼게 할 수 있다.

수목의 줄기와 가지 그리고 잎이 교차하는 밀도가 어느 정도 이상이 되면 하나의 가림막을 형성하기도 하는데 이를 이용하여 공간을 한정할 수도 있다. 이러한 막은 건축, 담장에 비해 비록 명확하지는 않지만 나름의 장점이 있다. 건축과 담장이 꽉 막힌 가림막을 형성한다면 수목의 가림막은 적당히 성근 느낌의 가림막을 형성하기 때문에 이 두 가지를 적절히 섞어 사용하여 공간을 한정하면 둘러싸인 상황에서도 부분적으로 반대쪽을 투시할 수 있다. 원림의 한 공간이 면적이 지나치게 커서 건축과 산만으로는 그 주위를 안정된 느낌이 나게 둘러싸기 어려운 경우 수목을 이용해서 보충해 주기도 한다.

① 건축 부근의 식물처리

건축 부근의 화목은 그늘 형성, 향기 배출, 관상 등의 실용적 기능을 하며, 미관적인 측면에서는 건축물과 조화를 이루어 하나의 경관구도를 형성한다. 안에서 밖을 보았을 때는 문과 창을 틀로 하여 기타 경관요소와 결합하여 한 폭의 풍경화를

도 4-46. 남경 후원(煦園) 건물 주변의 식물배식.

형성한다. 청당 앞이나 뒤에는 보통 색
과 향과 자태를 겸비한 화목을 선택한
다. 건축 외관과 채광을 간섭하지 않기
위해 너무 많이 심지 않고 큰 나무는
건축물과 일정한 거리를 유지해야 한
다. 물가의 건축에서 물가 쪽의 면에는
식물을 많이 심으면 연못의 경관을 감
상하는데 방해가 된다. 회랑의 뒷면에
는 높고 큰 나무나 대나무를 총식하여
녹색배경을 형성한다. 정자에는 날개를
뻗은 듯한 자태의 나무가 좋다. 정자를
넓은 수총(樹叢) 사이에 놓거나 정자 옆
에 큰 교목을 몇 그루 심어 정자를 받

도 4-47. 소주 예포(藝圃) 건물 주변의 식물배식.

도 4-48. 소주 망사원(網師園) 건물 주변의 식물배식.

쳐주고 다시 몇 그루의 낮은 화목을 더하여 준다.

조망 창의 앞에는 가지와 잎이 성근 화목을 심는다. 채광용 후면창이나 측창에는 바깥쪽에 식물이나 기타 음지에도 잘 견디는 화목을 심어서 담장의 창백한 면이 직접 노출되는 것을 피한다. 누창(漏窓)의 밖에는 파초나 몇 그루 가는 대나무를 심어서 누창의 틀을 통해 밖이 보이면서도 적당하게 가려주는 느낌이 있게 한다.

② 산의 식물처리

원림의 가산의 화목 선택과 배식은 산의 크기 및 형태와 어울려야 한다. 흙이 많고 돌이 적은 가산의 경우는 절반 이상은 비교적 높고 큰 낙엽수와 낮은 상록수를 교차하여 배식하여 산림의 주체를 구성하고, 그 아래에 각종 낮은 관목을 총식하고, 다시 그 아래에는 약간의 대나무나 초목을 심어서 산하부의 첩석과 물가를 적당히 가려준다. 이렇게 여러 층으로 화목을 배식하면 멀리서 조망하였을 때 전체 산림이 울창하여 마치 진짜 산 같은 느낌을 준다. 상중하 삼층의 수목은 일률적인 규칙은 아니고 경우에 따라 줄이거나 더할 수 있으며 층과 층 사이에 확연한 경계선이 보이지 않게 자연스럽게 섞어준다. 이렇게 형성된 산림은 수목의 종류가 다양한데, 낙엽수를 상록수 보다 통상 많이 쓴다. 또한 산의 자연적 풍취를 고양하기 위해 수목이 자연스럽게 생장할 수 있도록 어느 정도 방임한다.

돌이 많고 흙이 적은 가산은 산석의 험준함과 기이함을 강조하기 위해 수목을 적게 심고 수목 아래에 관목과 대나무, 화초 등도 가급적 성글게 심는다. 상록수와 낙엽수를 어떤 비율로 심는지는 특별한 규칙이 없다. 석벽 위의 나무는 그 아래에 물이 있든 없든 가지가 굽은 소나무나 박나무 혹은 자미 등을 심는다. 이들 나무들은 태양을 받기 위해 밖으로 자라기 때문에 적당하게 가지를 정리해주면 절벽 밖으로 시원하게 뻗어서 우아한 아름다움을 더한다.

황가원림의 대형 산은 배식방법이 완전히 다르다. 소형 가산의 경우 식물들

도 4-49. 소주 졸정원(拙政園) 가산 식물배식.

도 4-50. 북경 서원(西苑) 경화도(瓊華島) 산체녹화.

이 가까운 거리에서 관상되어 한 그루 한 그루의 세부적 특징이 눈에 들어오기 때문에, 화목의 형태, 색조. 무늬 등을 따지지만, 황가원림의 대형 산에서는 주로 원경에서 바라보는 경관효과에 따라 식물을 선택한다. 예를 들어 이화원의 만수산 남측 사면은 측백나무와 소나무로 구성된 거대한 수림으로 뒤덮여 있어서 사계절 푸르며 겨울에도 시들지 않으며 "고풍양절(高風亮節)"과 "장수영고(長壽永固)"를 상징한다. 또한 이들의 암녹색 색조는 넓은 면적의 장중한 배경색을 형성하여 사이사이로 드러나는 누각의 붉은 담, 황색 유리와 지붕, 화려한 단청의 색채와 선명한 대비를 이룬다.

③ 물가의 식물처리

물가 특히 연못가의 화목배치는 수면 경관구도를 풍부하게 한다. 물가에 위치한 건축의 주위에는 크고 자태가 풍부한 낙엽수와 상록수를 조금 심어서 건축물을 받쳐주면서 동시에 서로 다른 형태의 건축물 사이를 자연스럽게 이어준다.

연못가의 화목은 그 형태와 색조가 변화하면서 리듬감 있는 대비를 형성해야 한다. 연못가의 화목은 큰 낙엽수를 기본으로 하고 여기에 각종 작은 화목과 소량의 상록수를 더한다. 수목 윗부분은 자연적으로 바깥쪽으로 기울어 있기 때문에 다양한 자태의 우아한 우미한 형태를 구성한다. 만약 물가가 수면에서 높으면 아래로 길게 늘어지는 영춘, 탐춘을 심거나 벽려, 낙석 등의 덩굴식물을 심어서 바위 면을 적당히 가려준다. 그 위에는 다시 헌초, 옥잠, 호접화(蝴蝶花), 봉선화, 유월설, 추해당 등을 심어서 후면의 높은 화목과 더불어 층차 대비를 형성하게 한다. 물가 소로(小路) 변의 화목 배식은 성글게 심는 것이 좋다. 주로 소로 사이사이에 몇 그루의 교목을 심거나 약간의 관목을 심어서 연못가의 경면(景面)을 풍부하게 하면서 적당히 시선을 가려준다.

연못의 도영(倒影), 즉 연못 안에 비치는 주위 사물의 그림자는 계절과 밤낮에 따라 다양한 아름다운 그림을 구성한다. 따라서 산 아래, 다리 아래와 물가의 정사

도 4-51. 남경 첨원(瞻園) 수변 식물배식.

부근에는 연꽃을 심지 않아야 이런 도영을 감상하는 데 유리하다. 도영을 관상하는 수면 근처에 연꽃이나 물풀들이 자라면 수면의 청명하고 정결한 느낌이 크게 손상되기 때문에 특히 주의한다. 연꽃의 꽃잎은 작고 수면에서 높게 올라오지 않고 수면과 일정한 수평면을 형성하기 때문에 연못에 매우 적합하다. 기타 수조류는 대량으로 배식하지 말고 부분적으로 물가를 점철해주는 용도로 쓴다.

그런데, 북경지역의 원림은 기후조건의 제한으로 인해 연못가의 식물배식이 상당히 단조롭다. 주로 버드

도 4-52. 북경 곤패자부(棍貝子府) 화원의 수변 식물배식.

도 4-53. 소주 망사원(網師園)의 분경.

도 4-54. 소주 유원(留園)의 화대.

나무(柳)를 심고 사이사이에 복숭아 나무(桃)를 심어 점철하고 부분적으로 자등을 점철하는 정도이다.

④ 분경(盆景)과 화대(花臺)

분경은 실내에 진열할 수도 있고 실외에 화목이 없는 곳에 보충할 수도 있다. 분경의 특징은 자연계의 진산진수 혹은 오래된 나무의 창연한 자태를 작은 화분(花盆) 안에 축소하여 한 폭의 생명력 있는 입체적 풍경화를 구성하는데 있다.

화대는 고전원림에서 청당의 앞뒤, 헌과 낭의 옆, 산 아래 연못가에 놓인다. 주로 태호석이나 황석을 쌓아서 만들어 자연스럽게 만들며 일부는 벽돌이나 장대석을 쌓아 만들기도 한다. 그 위에는 화초와 수목을 배치하고 석봉(石峰)과 석순(石筍) 등을 더하여 한 폭의 자연풍경을 구성한다. 화대에 심는 화초로는 작약, 파초, 헌초, 봉선화, 계관화, 촉계, 추계, 국화, 연미, 자악, 옥잠, 서대초, 호이초 등이 있고, 목본화목으로는 목단, 두견, 석류, 정향,

매화, 해당, 산차, 천죽(天竹), 납매, 수구, 자미, 영춘, 목향 등이 있다.

제5절 동물

　오늘날 보존되어 있는 명청시기 원림경관에는 동물경관이 차지하는 비중이 무척 미미하다. 소주 졸정원 등 일부 사가원림에서 오리나 원앙을 풀어 놓거나 승덕 피서산장에서 노루를 풀어 놓은 경우를 제외하고 대다수의 원림들은 연못에 금붕어 따위를 기르는 수준에 그친다. 그러나 문헌기록을 살펴보면 고대원림에서 동물경관은 지금보다 훨씬 다양하였을 뿐만 아니라 원림에서 뺄 수 없는 한 부분이었음을 알 수 있다. 일찍이 주나라 문왕(文王)은 "영유(靈囿)"를 만들어 노루, 사슴, 백조를 길렀고, "영소(靈沼)"를 만들어 물고기를 길렀다.[69] 전국시기 오나라에는 "우궁(牛宮)"이 있어 소, 양, 돼지, 닭 등의 가축을 길렀으며,[70] 촉(蜀) 지방에는 물고기를 기르는 호수가 있었다고 한다.[71] 한(漢)나라 때는 천자가 대면적의 원유(苑囿)를 지었는데 그 가운데에 여우, 토끼, 호랑이 등의 야생동물이 있어[72] 사냥도 하고,[73] 우리를 만들어 개, 말, 노루, 사금 등의 가축을 기르기도 하였다.[74] 이 시기 사가원림에도 역시 동물을 길렀다는 기록이 있는데 북망산(北邙山) 아래에 있던 원광한의 원림에는 "흰 앵무, 자색 원앙, 이우(犛牛), 푸른 코뿔소 등 기이하고 진귀한 금수를 기르고

---

69 『詩經·大雅』: "王在靈囿, 麀鹿攸伏. 麀鹿濯濯, 白鳥鶴鶴. 王在靈沼, 於牣魚躍."
70 『越絶書』, 卷二, "越絶外傳記吳地傳第三": "故吳所畜牛羊豕雞也, 名爲牛宮, 今以爲園."
71 [晉] 常璩, 『華陽國志』, 卷三, "蜀志": "去城十裏, 因以養魚, 今萬歲池是也."
72 『漢書』, 卷六十五, "東方朔傳第三十五": "長養麋鹿, 廣狐冤之苑, 大虎狼之虛."
73 [西漢] 司馬遷, 『史記』, 卷一百一十八, "淮南衡山列傳第五十八": "從上入苑囿獵."
74 同上, 卷十二, "孝武本紀第十二". "天子苑有白鹿, 以其皮爲幣", "其沒入奴婢, 分諸苑養狗馬禽獸."

그 사이에 곡식을 저장하였다(養白鸚鵡, 紫鴛鴦, 犛牛, 靑兕, 奇獸珍禽, 委積其間.)"라고 하며, 물에는 "기러기와 해학이 새끼를 배고 알을 낳는다(鷗海鶴孕雛產卵.)"[75]라고 하였다. 위진남북조 시기의 원유에도 역시 각종 기인한 짐승을 방목하였다고 한다. 진(晉) 나라 사람 장협(張協)은 『칠명(七命)』에서 "원에 꼬리가 아홉인 짐승이 놀고, 유에는 발이 셋인 새가 머문다(苑戲九尾之禽, 囿棲三足之鳥.)"[76]라고 기록하였다. 또한 동진(東晉) 때 전국 각지에서 노란 고니새끼, 푸른 기린, 흰색 사슴 등 보기 드문 동물들을 수집하여 대내(大內)의 어원(御苑)인 화림원(華林園)에 방목했다고 한다.[77] 수나라 양제(煬帝) 때에는 "또한 조간에 현인궁을 짓고 원유를 이었는데, ……천하의 뭇 주에 각기 궁 안에 둘 초목 화과와 기이한 금수를 공납할 것을 할당하였다(又於皂澗營顯仁宮, 苑囿連接, ……課天下諸州, 各貢草木花果, 奇禽異獸於其中.)"[78]라고 전해진다.

북송 시기에 이르러 어원(御苑) 안에 기이한 금수를 모으는 황가의 관행은 최고조에 달했다. 『옥해(玉海)』의 기록에 의하면 북송의 수도인 동경(東京) 남훈문(南薰門) 밖 옥진원(玉津園)에는 사자, 호랑이, 곰, 표범, 야생마, 영양, 뿔소, 코끼리, 금계, 공작 등의 동물들이 있었고, 특히 코끼리는 최대 40마리 이상까지 있어 매년 한 번 열리는 어가연(禦街演) 때 온 경성을 놀라게 했다고 한다. 『동경몽화록(東京夢華錄)』에는 "코끼리가 선덕루 앞에 이르러 둥글게 돌며 걷다 몇 번 두르며 열을 짓는다. 북쪽을 향하여 절도 하고 인사도 하게 한다(象至宣德樓前, 團轉行步數遭成列, 使之面北而拜, 亦能唱喏.)"라는 기록이 있다. 간악은 북송 후기에 수년에 걸쳐 많은 인력

---

75 『三輔黃圖』, 卷四, "苑囿".
76 [唐] 房玄齡, 『晉書』, 卷五十五, "列傳第二十五".
77 同上 : "揚州送黃鵠雛五, 頸長一丈, 聲聞十餘裏, 泛之于玄武池. 郡國前後送蒼麟十六, 白鹿七."
78 『隋書』, 卷二十四, "志第十九上".

을 투입하여 완성한 거대한 호화원림으로 나라 안팎에서 셀 수 없을 만큼 많은 각종 진귀한 금수를 모았는데 수만 쌍에 달했다고 하며, 원림 안에는 내의국(來儀局)을 설립하여 전문적으로 동물들을 관리하였다고 한다. 『정사(程史)』에는 조련사의 일성 호령에 만 마리의 새가 모두 날아올라 공중을 선회하며 길게 우는 "만세산서금영가(萬歲山瑞禽迎駕)"의 모습이 기록되어 있다. 『송인질사회편(宋人秩事彙編)』에는 "선화문, 간악에는 사슴 수천 마리를 길렀는데 그 크기가 나귀와 같다(宣和間, 艮岳豢鹿數千百頭, 其大如驢.)"라고 기록되어 있으며, 당시 사람들이 간악의 새와 짐승의 울음소리를 형용하기를 "도성은 광막하고 가을바람에 밤이 조용한데, 금수의 소리가 사방에서 일어나니 완연히 교외의 들판과 같다(都城廣漠, 秋風夜靜, 禽獸之聲四起, 宛如郊野.)"라고 하였다.

명대에는 황가원유의 생산기능이 강화되면서 가축을 대규모로 길렀다. 『명사(明史)』에 의하면 "감정(監正)"이라는 관직을 설치하니 "원유와 원지를 관장하면서 목축과 수목 관련 업무를 하였다. ……가두어 사냥하는 것을 금지했다. ……양목은 소, 양, 돼지를 기르고, 번육은 거위, 오리, 닭을 기르며 모두 그 암수의 수를 기록하고 새끼와 알을 헤아렸다(掌苑囿, 園池. 牧畜, 樹種之事.……凡苑地, ……並禁圍獵. 良牧, 牧牛羊豕. 蕃育, 育鵝鴨雞, 皆籍其牝牡之數, 而課孳卵焉.)"[79]라 한다. 한편 황제의 사냥터를 북경성 남쪽 교외에 만들고 "남원(南苑)"이라 이름 하고 예속에 따라 "춘수와 동수(春蒐冬狩)",[80] 즉 봄사냥과 겨울사냥을 행했다. 이상에서 명대의 원유는 가축뿐만 아니라 야생동물도 풍부하였음을 알 수 있다.

청대에는 기능에 있어서 기존의 황가원원(苑園)이 원유와 원림(園林)으로 분화되었는데, 그 중 원유는 가축을 기르고 사냥을 하는 기능을 답습하였으며, 원림은 거

---

79 同上.
80 『左傳·隱公五年』: "故春蒐, 夏苗, 秋獮, 冬狩,皆於農隙以講事也." 杜預注 "蒐, 索, 擇取不孕者."

주(居住), 유식(遊憩), 관상(觀賞)의 기능을 담당했다. 이런 변화와 함께 그 안에서의 동물경관도 가축 및 야생동물 위주의 경관과 관상용 동물 위주의 경관으로 명확하게 분화되었다. 옹정(雍正) 어제 『원명원기(圓明園記)』에는 "둥지를 만들어 새를 키우고 연못에는 물고기를 기르니 즐거이 날고 잠수하면서 스스로 모인다(巢鳥池魚, 樂飛潛而自集.)"[81]라 하였으며, 강희(康熙)의 피서산장 36경 가운데에는 "교목에서 꾀꼬리가 지저귐(鶯囀喬木)", "물가 돌에서 물고기를 봄(石磯觀魚)", "소나무와 학과 깨끗한 나무그늘(松鶴淸樾)"[82]이 있었으니 당시 원명원과 피서산장 등의 황가원림에서 동물경관이 회화적·시적 서정을 담은 소재로서 각 소경관의 주제를 이룰 만큼 중요하게 취급되었음을 알 수 있다.

명청 사가원림에도 작은 동물을 관상경관으로 삼았다. 문인들의 글에서 자주 등장하는 "녹원장춘(鹿苑長春)", "매처학자(梅妻鶴子)", "어약앵비(魚躍鶯飛)", "녹학쟁춘(鹿鶴爭春)" 등의 구절은 중국인들이 자연 속 동물경관에 각별히 관심을 기울였음을 말해주는데, 이러한 관심은 원림에도 반영이 되어 소주 졸정원의 "삼십육원앙관(三十六鴛鴦館)"이나 유원의 "학소(鶴所)"와 같은 이름의 건축들이 등장하였다. 사가원림의 풍부한 물과 우거진 숲은 새들을 풀어 키우기에 더할 나위 없이 적합한 환경을 제공해 주었다. 예를 들어 청대 고사기(高士奇)의 『강춘초당기(江春草堂記)』에는 "학소에는 야생의 학 두 마리 있어서 그리려 하면 늪 위로 날아가 버리고 밤이 되면 돌아와 우리에서 잠을 잔다(鶴巢, 墅有二鶴, 晝則飛翔藪澤, 夜則歸宿闌檻.)"라는 기록이 있다. 『홍루몽(紅樓夢)』에도 역시 대관원(大觀園) 안의 작은 동물들에 대해 적지 않게 묘사하고 있는데, 예를 들어 26회에는 선학(仙鶴)과 다양한 빛깔의 물새를 묘사하고 있다. "고운이 보니 원 안에 약간의 산석이 있고 파초가 심어 있는 것만이

---

81 同上, 卷八十, "國朝苑囿·圓明園一".
82 孫大章, 『中國古代建築史』, 第五卷, "淸代建築", 第113頁, "避暑山莊".

보이는데, 그곳에 두 마리의 선학이 있어 소나무 아래에서 깃털을 다듬고 있고 회랑 위에는 각종 빛깔의 새우리가 걸려 있는데 안에는 진기한 새들이 있더라.(賈芸看時, 只見院內略略有幾點山石, 種著芭蕉, 那邊有兩隻仙鶴, 在松樹下剔翎, 一溜回廊上吊著各色籠子, 籠著仙禽異鳥.)" 또한 "대옥이 심방교에 막 도착하니 각 색의 물새들이 연못 가운데서 목욕하는 것을 보았다. 각 색을 분간할 수 없지만 하나하나 무늬와 색깔이 아롱져 빛나니 보기 좋고 특이하더라.((黛玉)剛到了沁芳橋, 只見各色水禽盡都在池中浴水, 也認不出名色來, 但見一個個文彩斑斕, 好看異常.)" 여기에 나오는 연못에서 한가하게 깃털을 다듬는 학과 사람을 아랑곳 않고 노는 물새들은 회랑에 걸려 있는 새장에 갇혀 있는 새들의 모습과 대비를 이룬다. 새들을 연못에 풀어 키우는 방법이 여전히 인위적이라면 보다 자연적인 방식도 있었다. 즉 원림 안의 샘과 숲은 야생의 새와 곤충의 서식지가 되기도 했는데 이들의 생활 모습은 순수한 자연적 멋을 갖고 있었다. 원림문학에 자주 보이는 "매미와 곤충의 울음소리[蟬噪蟲鳴]", "지저귀는 새와 나는 나비[鳥語蝶飛]" 등의 표현은 바로 이러한 순수하고 야생적인 동물경관을 의미한다. 『강춘초당기(江春草堂記)』에는 야생의 동물을 유인하는 방법이 한 가지 소개되어 있는데, "내금을 가득 심으면 그 열매의 맛이 달기 때문에 여러 새들을 불러들일 수 있다.(盡種來禽, 其果味甜, 能來衆禽)" 즉 원림의 경계에 내금이라는 식물을 심은 "내금요(來禽坳)"를 만들어 새들을 유인하는 방법이다.

이 시기에는 원림 동물 관련하여 초보적인 이론도 등장하였다. 예를 들어 명말 계성의 『원야』에는 물고기를 기르는 방법에 대해 자세하게 논하는 부분이 있다. 반면 다른 동물에 대해서는 자세한 설명이 없지만 대신 다른 주제의 문장 가운데서 부분적으로 동물을 기르는 방법에 관한 소소한 비결이나 어떤 경관에 어떤 동물이 어울리는지에 대한 언급이 있다. 예를 들어 "사슴을 기르면 매우 놀 만하고 물고기를 기르면 잡을 수 있다(養鹿堪遊, 種魚可捕.)"(『원야·원설(園冶·園說)』), "좋은 새는 벗이 필요하고, 사슴 무리는 함께 짝을 이룬다(好鳥要朋, 群麋偕侶.)"(『원야·산림지(園冶·山林地)』), "아득하게 안개가 덮인 물, 담담하게 구름 덮인 산, 찰랑거리는 어선,

한가한 기러기(悠悠煙水, 淡淡雲山, 泛泛魚舟, 閑閑鷗鳥.)"(『원야·강호지(園冶·江湖地)』) 등의 구절이 그러하다.

청나라 초기 원림 전문가인 진호자(陳淏子)는 『화경(花鏡)』에서 몇몇 원림동물에 대한 내용을 다루고 있다. 그가 "가지 위의 좋은 새와 숲 아래의 문채로운 새는 모두 좋은 원림을 고취시키고 속된 청각을 치료할 수 있다. 고로 아름다운 새란 그 깃털의 풍성함과 아름다움을 취하는 것이 아니라 그 소리의 아름다움을 취하는 것이며, 그 맹금의 사납고 호전함을 취하는 것이 아니라 헤엄치며 아름다운 물결을 만들어 내는 것을 취하는 것이라. 때문에 채봉처럼 길하고 올빼미처럼 흉하다 따위의 말은 일체 쓰지 않는다(枝頭好鳥, 林下文禽, 皆足以鼓吹名園, 針砭俗耳. 故所綠之禽, 非取其羽毛豐美, 卽取其音聲嬌好. 非取其鷙悍善鬥, 卽取其游泳綠波, 所以祥如彩鳳, 惡似鴟梟, 皆所不載.)"라고 하여 원림에서의 새는 화려함보다는 좋은 울음소리와 유유자적한 모습이 더욱 중요한 미덕이라고 보았다. 그가 추천하는 원림의 새에는 학(鶴),

도 4-55. 피서산장(避暑山莊)의 노루.

난새(鸞), 공작(孔雀), 해오라기(鷺鷥), 앵무(鸚鵡), 진길료(秦吉了), 오봉(烏鳳), 팔가(八哥), 매(鷹), 독수리(雕), 새매(鷂), 금계(錦雞), 덕계(德雞), 죽계(竹雞), 토수조(吐綬鳥), 원앙(鴛鴦), 비오리(鸂鶒), 해오라기(鸂鶒), 집비둘기(鴿), 메추라기(鶉鵪), 백설조(百舌), 제비(燕), 화미(畫眉), 황두(黃頭), 교은조(巧婦鳥), 획회조(護花鳥) 등이 있다. 들짐승에 대해서는 "들짐승은 종류가 매우 많은데 단지 야성이 강한 것들은 모두 길들일 수 있는 것이 아니며 원림에 공급하여 감상할 수 없다. 호랑이, 표범, 무소, 코끼리는 오직 쫓아 멀리하여야 한다(獸之種類甚多, 但野性狠心, 皆非可馴之物, 無足供園林玩好. 虎, 豹, 犀, 象, 惟有驅而遠之.)"라고 하였으며, 사슴, 토끼, 원숭이, 개, 고양이, 다람쥐 정도만을 추천하였다. 그 밖에 진오자는 비늘이 있는 수생동물과 곤충 역시 원림에서 빠질 수 없다고 여겼다. 『화경·양린개법(花鏡·養鱗介法)』에는 "색깔 있는 아름다운 물고기가 마음껏 부평초를 가로지르고 수초를 희롱한다. 잘 우는 개구리가 있으니 아침과 저녁에 그 울음소리를 듣는다(有色嘉魚, 任其穿萍戲藻 ; 善鳴蛙鼓,

도 5-56. 항주 호설거암고거(胡雪居岩故居)의 물고기.

聽其朝吟暮噪.)"라 하여 물고기 한가로운 모습과 개구리의 울음소리가 주는 정감을 강조했고, 『화경·양곤충법(花鏡·養昆蟲法)』에는 "꽃이 피고 잎은 나는데 만약 나비가 날지 않고 벌이 바쁘지 않으면 신선하고 생동한 멋이 없다. 백설조 울음이 그치고 가을바람이 서늘한데 만약 석양에 매미가 울지 않고 귀뚜라미가 밤새 울지 않아 원림이 적막하면 가을 흥취가 어찌 일겠는가(花開葉底, 若非蝶舞蜂忙, 終鮮生趣. 至於反舌無聲, 秋風蕭瑟之際, 若無蟬噪夕陽, 蛩吟曉夜, 園林寂寞, 秋興何來.)"라 하여 봄에는 꽃밭에 벌과 나비가 있어야 생동감이 느껴지고, 가을에는 매미와 귀뚜라미 소리가 있어야 흥취가 난다고 하였다.

동물은 사람을 상하게 하거나 쉽게 도망가기 때문에, 일부 원림에서는 실제 동물이 아니라 특이한 나무나 돌을 이용하여 각종 동물의 자태를 만들어 보는 사람으로 하여금 연상작용을 통해 동물경관을 느끼도록 하기도 한다. 그 예로 무석 기창원의 구사대(九獅台), 양주 구사산(九獅山), 소주 망사원(網獅園)의 냉천정 응석(鷹石) 등이 있으며 기타 다른 원림에서도 담장, 누창, 문동(洞門) 등을 동물 모양으로 만드는 수법이 자주 보이는데, 이는 사가원림 경관의 사의화(寫意化) 과정에서 원림동물 역시 사의화된 것이다.

05

공간의상과 조원사상

제1절 황가원림의 공간의상

15세기 이래 중국 원림예술은 천 수백 년간의 누적된 경험을 바탕으로 상당히 성숙한 경지에 이르러, 황가원림과 사가원림 모두 지극히 높은 수준의 작품들이 탄생하였다. 예를 들어 북경 서쪽 교외지역에는 삼산오원(三山五園)의 방대한 황가원림군이 완성되었고 강남 일대에는 수많은 사가원림들이 조성되면서 적지 않은 걸작들이 세간에 이름을 날렸다.

앞에서 설명했듯이 중국원림은 크게 황가원림과 사가원림의 두 종류로 나눌 수 있으며, 사가원림은 다시 당·송대부터 비롯된 문인 및 사대부계층의 귀은(歸隱)식 원림, 관료 및 환관계층의 향락성 주택원림, 상인계층의 현요성(炫耀性) 원림으로 나눌 수 있다. 현존하는 원림작품 중에는 문인 및 사대부계층의 귀은식 원림이 가장 많고, 그 예술적 수준 또한 상대적으로 높다. 한편 황가원림은 청대에 이르러 역대 황가원유의 전통을 계승하고 동시에 강남 사가원림의 장점을 흡수하여 광대하고 화려한 기세 속에 청아한 아름다움을 겸비하게 되었다.

본 절의 결론을 미리 간단히 말하자면, 역대 황가원림은 추구하는 공간의상(意

象)**1**에 따라 크게 일지삼산(一池三山)식 원림, 집금엽기(集錦獵奇)식 원림, 이천축지(移天縮地)식 원림으로 나눌 수 있고, 공간형식의 추구에 있어서 "백 리를 단위로 하는(百里爲度)"의 거대 스케일의 진산진수원(眞山眞水園)에서 규모는 상대적으로 작으나 형식이 다양하고 공간의미가 더해진 "복지오구(福地奧區)"원림으로 변화하였고 마지막으로 궁원합일(宮苑合一)의 이궁식 원림(離宮式園林)으로 변하였다.

一. 일지삼산식 원림

중국 고전원림 공간의상 가운데서 가장 대표적인 것은 바로 일지삼산이다. 일지삼산은 중국 고대 신성 신앙에서 등장하는 바다와 그 가운데에 있는 세 개의 신산 봉래(蓬萊), 영주(瀛洲), 방장(方丈)을 가리킨다. 일지삼산의 기록은 사마천의 『사기(史記)』에서 처음 등장한다.

제나라 사람 서시(徐市) 등이 바다 가운데 삼신산이 있다고 아뢰었는데, 이름이 봉래, 방장, 영주였다.(『정의』:『한서·교사지』에서 "이 삼신산은 전하기에 발해 가운에 있어 육지와의 거리는 그리 멀지 않고 일찍이 갔던 자가 있었다. 여러 선인들과 불사의 약이 모두 거기에 있었다. 그 만물과 금수는 모두 흰색이며, 황금과 백은으로 궁궐을 지었다. 도착하지 못하고 바라보면 구름과 같은데, 삼신산에 다다라서야 물가에 이른다. 임하면 도착할 듯하지만 바람이 일어 배를 밀쳐내 결국 도착할 수가 없다고 한다. 세상에 주인 된 자들은 모두들 달가워하였다.) 선인이 기거하고 있다. 재계를 하여 남자아이 여자아이와 함께 구하기를 청했다. 이에, 서시를 보내 남녀 아이들 수천 명을 발탁하여 바다로 들어가 선인을 구하게 하였다.(齊人徐市等上書言海中有三神山, 名曰蓬萊, 方丈, 瀛洲. (『正義』: 漢書·郊祀志云, 此三神山者, 其傳在勃海

---

1 혹은 '공간 이미지'.

中, 去人不遠, 蓋嘗有至者. 諸仙人及不死之藥皆在焉. 其物禽獸盡白, 而黃金, 白銀爲宮闕. 未至, 望之如雲, 及至三神山, 乃居水下. 臨之, 患且至, 風輒引船而去, 終莫能至云. 世主莫不甘心焉.)仙人居之. 請得齋戒, 與童男女求之. 于是, 遣徐市發童男女數千人入海求仙人.)²

진한(秦漢)시대의 통치자들은 이 세 신산에 도달하여 불사의 약을 구하기 위해 노력하는 한편, 황가원유 속에 일지삼산을 모방하여 현실 속에서 신선세계의 신비로움을 체험하고자 하였다. 원림에 일지삼산의 경관을 가장 처음 만든 이는 한무제(漢武帝)이다.

이리하여 건장궁을 만들었는데 헤아려보니 천개의 문과 만개의 호(戶)였다. 앞의 대전은 높아서 끝이 없고, 그 동쪽은 봉궐(鳳闕)이니 높이가 20여장이다. 그 서쪽은 당중이니 수십 리의 호권(虎圈)이다. 그 북쪽에는 큰 연못과 점대(漸台)를 만드니 높이가 20여 장이며 이름 하여 태액이라 하였다. 연못 가운데에는 봉래·방장·영주·호량이 있으니, 바다 가운데 있다는 신산과 거북·물고기 따위를 모방한 것이다.(『색인』:『삼보고사』에 이르기를 대전 북쪽 연못의 북쪽 물가에는 돌 물고기가 있는데 길이가 2장이고 너비가 5척이다. 서쪽 물가에는 돌 거북이 2개 있는데 각각 길이가 6척이다.)(于是作建章宮, 度爲千門萬戶. 前殿度高未央, 其東則鳳闕, 高二十餘丈. 其西則唐中, 數十裏虎圈. 其北治大池, 漸台, 高二十餘丈, 名曰泰液. 池中有蓬萊, 方丈, 瀛洲, 壺梁, 象海中神山, 龜魚之屬.(『索引』:三輔故事云, 殿北海池北岸有石魚, 長二丈廣五尺, 西岸有石龜二枚, 各長六尺.))³

---

2 [漢] 司馬遷, 『史記』, 卷6, "秦始皇本紀第六", 『二十五史』, 第一册, 第30頁, 上海古籍出版社, 上海書店, 1986年.
3 同上, 第53頁.

도 5-1. 청(淸) 원요(袁耀)의 《봉래선경도(蓬萊仙境圖)》.

여기서 보듯이 한무제의 건장궁(建章宮) 태액지(泰液池)는 중국 황가원림에서 최초로 일지삼산을 공간의상으로 삼아 원림에 선경(仙境)의 신비로움을 부여하고자 한 사례이다. 이후 역대 제왕들이 이와 비슷한 방식으로 일지삼산을 모방하여 원유를 만들었다. 예를 들어 남조 송(宋)나라 원가(元嘉) 23년(446년)에는 "이 해에 현무호를 조성하였다. 임금은 호수 가운데 방장, 봉래, 영주 삼신산을 두고자 하였다. 하상지(何尙之)가 간언하자 그만두었다.(是歲造玄武湖. 上欲于湖中立方丈, 蓬萊, 瀛洲三神山, 尙之固諫, 乃止.)"**4** 즉 남조 송나라 문제(文帝) 역시 한무제를 따라서 수도인 건강성(建康城) 북쪽에 현무호를 파고 그 가운데 삼신산을 만들고자 하다가 신하들의 만류로 인해 중지되었다.

수나라 양제(煬帝) 역시 일지삼산의 공간의상을 황가원유에 적용하였다. 대업(大業) 원년(605년)에 양제는 등극하자마자 바로 동도(東都)에 성을 짓고 궁원을 만드는 대규모 토목사업을 일으켰는데, 이 중 서원(西苑)에 일지삼산식 원림을 만들었다. "5

---

4 [梁] 沈約, 『宋書』, 卷66, "列傳第二十六·何尙之傳".

월에 서원을 만드니 주위가 200리이다.[5] 그 안에는 바다가 있으니 주위가 10여 리이고, 봉래·방장·영주의 뭇 산을 만들었는데, 높이가 물위로 100여 척 솟아 있고, 각종 건축들이 산 위에 종횡으로 펼쳐져 있는데 그 방향이 신묘하다. 북쪽에는 용린거가 있어 굽어 돌아서 바다로 유입된다.(五月築西苑, 周二百里. 其內爲海, 周十餘裏, 爲蓬萊, 方丈, 瀛洲諸山, 高出水百餘尺, 台觀殿閣, 羅絡山上, 向背如神. 北有龍鱗渠, 縈紆注海內.)"[6]

한무제와 수양제가 만든 일지삼산식 원유들은 그 사치스러움으로 인해 사가(史家)들의 비판이 되었기 때문에 후세의 제왕들 가운데 직접적으로 일지삼산식 조원수법을 채용한 사례는 많지 않다. 일지삼산의 이야기를 원림의 부분적 경관 소재로 삼아서 그 상징적 의미를 부여하려는 시도는 끊이지 않았다. 예를 들어 원대 대내의 서쪽에 금원인 태액지를 만드니 그 가운데 산이 있었다. 산 위에는 광한정(廣寒亭)과 방호정(方壺亭)이 있고, 광한정 남서쪽에 영주각(瀛洲閣)을 만들었는데,[7] 이는 간접적으로 일지삼산의 공간의상을 표현한 상징수법이다.

일지삼산의 공간의상은 다른 분야의 예술에서도 출현하였다. 예를 들어 당 현종(玄宗) 시기 교방(敎坊)의 무도가 중에 "명황 때에 방에 왕대랑이라는 사람이 있어, 백 척의 대나무 막대를 이고 위에는 영주와 방장산 모양으로 나무로 산을 만들어 올리고 아이들로 하여금 그 사이를 출입하며 끊임없이 춤추게 하였다(明皇時, 坊有王大娘, 善戴百尺竿, 上施木山, 狀瀛洲, 方丈, 仍令小兒持絳節出入其間, 而舞不輟.)"라 하여 삼신산과 선동(仙童)으로 신선세계를 표현한 사례가 있다.[8]

현존하는 사례 중에도 일지삼산식 원림경관의 흔적이 남아 있다. 예를 들어 청대

---

5 六典의 기록과 약간 차이가 있다.
6 [宋] 司馬光, 『資治通鑑』, 卷180, "隋紀四·煬皇帝上之上".
7 『日下舊聞考』, 卷30, "宮室·元一".
8 欽定四庫全書·史部·政書類·儀制之屬·明集禮, 卷53上.

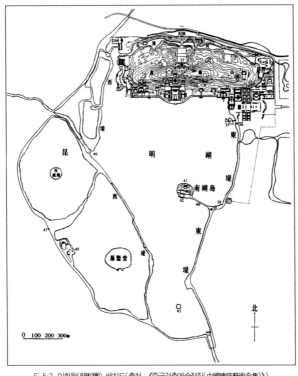

도 5-2. 이화원(頤和園) 배치도(출처 : 《중국건축예술전집(中國建築藝術全集)》).

건륭황제가 만든 청의원(淸漪園)[9]에는 곤명호(昆明湖)가 있는데, 이 거대한 호수는 둑으로 세 개의 작은 호수로 나뉘어 있으며 각 호수마다 하나씩 섬이 있다. 그 중 가장 큰 남호의 섬은 십칠공교(十七孔橋)로 육지와 연결돼 있고, 곤명호 남동쪽 구석에는 동우(銅牛)와 경직도(耕織圖)의 두 가지 경물이 있다. 이는 기본적으로 우랑직녀(牛郎織女)[10]의 민간전설을 빌어 곤명호를 하늘의 하한(河漢)[11]에 비유한 것이지만, 그 형식에서 볼 때 기본적으로 여전히 일지삼산의 공간의상을 벗어나지는 못했다고 할 수 있다.

청대 황가원림 중 일지삼산의 상징적 의미를 사용한 사례는 더 있다. 예를 들어 원명원(圓明園)의 주요 경관구역인 "방호승경(方壺勝境)"에는 복해(福海)라 불리는 호수가 있고, 그 안에는 "봉도요대(蓬島瑤台)", "북도옥우(北島玉宇)", "영해선산(瀛海仙山)"이라는 세 개의 섬이 있었다. 건륭 9년(1744년) 건륭황제가 지은 『어제봉도요대시(禦制蓬島瑤台詩)』에는 "복해 가운데 크고 작은 세 개의 섬을 만드니 이사훈의 그

---

9 북경 이화원.
10 견우와 직녀.
11 은하수.

도 5-3. 《원명원사십경도영(圓明園四十景圖詠)》 중의 〈방호승경(方壺勝境)〉.　　도 5-4. 《원명원사십경도영(圓明園四十景圖詠)》 중의 〈봉래요대(蓬萊瑤臺)〉.

도 5-5. 일본 전통정원 가레산스이(枯山水) 중의 일지삼산(一池三山).

림의 뜻을 따라 선산과 누각의 형상을 만들었다. 높이 솟은 건물들을 바라보니 금당이 5채, 옥루가 12채이다. 진실과 허상이 하나이고 크고 작음이 하나이니 능히 이것이 삼호방장(三壺方丈)임을 안다면, 반승의 솥 안에 강산을 삶을 수 있으리라(福海中作大小三島, 仿李思訓畵意, 爲仙山樓閣之狀. 嵒嵒亭亭, 望之若金堂五所, 玉樓十二也. 眞妄一如, 大小一如, 能知此是三壺方丈, 便可半升鐺內煮江山.)"[12]라 하였다.

일지삼산식 원림의상은 일본의 조경에도 영향을 미쳤다.

二. 집금엽기식 원림

중국의 역대 제왕들은 천하의 진귀한 경물들을 수집하여 황가원유 가운데 모아 놓고 감상하기를 좋아하였는데, 이러한 원림을 집급엽기식 원림이라 한다. 최초의 집급엽기식 원림은 한나라 때 처음 등장하였다.

서쪽 교외에 상유인 금원이 있으니, 숲과 늪과 연못은 촉한(蜀漢) 때의 것을 이은 것이다. 담장으로 둘러싸니 400여리이다. 이궁과 별관 36개소가 있고, 신비로운 연못과 영기가 감도는 늪지가 곳곳에 있다. 그 중에는 구진의 물고기, 대완의 말, 황지의 무소, 조지의 새가 있다. 곤륜산과 거해 너머 지방의 기이한 것들이니 3만 리에 이르렀다.(西郊則有上囿禁苑, 林麓, 藪澤, 陂池, 連乎蜀漢, 繚以周墻, 四百餘裏. 離宮別館, 三十六所, 神池, 靈沼, 往往而在. 其中乃有九眞之鱗, 大宛之馬, 黃支之犀, 條支之鳥. 逾昆侖, 越巨海, 殊方異類, 至三萬里.)[13]

한무제 때 건장궁에 "호권(虎圈)"이라는 것을 만들었는데, 이는 동물을 가두어 기르면서 싸우는 모습을 즐기는 곳이었다. 『한서(漢書)』의 기록에 따르면 한나라 원제

---

12 『日下舊聞考』, 卷82, "國朝苑囿 · 圓明園三".
13 [南朝宋] 範煜, 『後漢書』, 卷70上, "班彪列傳第三十上".

(元帝) 시기에[14] 하루는 "임금이 호권에서 싸움을 보러 행차하니 후궁들이 모두 앉았다. 곰이 우리에서 도망쳐 나와 대전에 오르려고 하자 옆에 있던 전소의 등의 귀비들은 모두 놀라 도망을 쳤으나, 풍 첩여가 앞에 나서서 곰을 막으니 좌우에서 곰을 죽였다. 임금이 물었다. '인정상 놀라고 두려워하거늘 어찌해서 앞에 나서서 곰을 마주하였는가?' 첩여가 대답하였다. '맹수는 사람을 보면 멈춥니다. 첩은 곰이 어좌에 이를까 두려워 제 몸으로 막았던 것입니다.' 원제는 찬탄하였고, 이 일로 더욱 그녀를 총애하였다. (上幸虎圈鬪獸. 後宮皆坐. 熊佚出圈. 攀檻欲上殿, 左右貴人傳昭儀等皆驚走. 馮婕妤直前, 當熊而立. 左右格殺熊. 上問 '人情驚懼, 何故前當熊?' 婕妤對曰 '猛獸得人而止. 妾恐熊至禦坐, 故以

도 5-6. 원명원(圓明園) 서양루(西洋樓) 경관구역.

---

14 기원전 48년에서 기원전 32년 사이.

身當之.' 元帝嗟嘆, 以此倍敬重焉.)"**15** 여기서 보듯이 호권 안에는 대전이 있어서 제왕이 왕후비 빈들과 함께 맹수들이 싸우는 모습을 관람하는 장소로 쓰였다.

도 5-7. 원명원(圓明園) 대수법(大水法) 유적.

각종 동물들을 가두어 기르는 것 외에, 황가원유에서는 종종 각 지방의 식물들을 모아서 진귀한 식물경관을 조성하기도 하였다. 예를 들어 당대 장안성 금원 안에는 "이원(梨園)", "앵도원(櫻桃園)", "포도원(葡萄園)" 등의 소형 원림들이 있었는데, 그 명칭에서 보듯이 특정 식물을 집중적으로 모아 만든 주제경관이었다.

현존하는 사례 가운데서 가장 전형적인 집급엽기식 원림은 청대 건륭황제가 장춘원(長春園)에 만든 서양루(西洋樓) 경관구역이다. 원명원 동쪽에 위치한 장춘원은 건륭이 아버지 용정에게서 하사 받은 장춘선관(長春仙館)을 기초로 건륭 10년(1745년)에 공사가 시작되어 건륭 16년(1751년)에 대략적으로 완성되었고, 그 후에도 지속적인 증개축을 거쳤다. 장춘원의 북쪽에는 흙산과 숲을 경계로 다른 부분과 격리된 띠 모양의 대지가 있는데, 바로 이곳의 중심에 서양루가 위치해 있다. 서양루 경관구역은 유럽풍격의 건축군을 중심으로 펼쳐진 약 67,000m² 면적의 경관구역으로, 건륭 12년(1747년)에 만들기 시작하여 건륭 24년(1759년)에 완성되었다. 그 안에는 6조(組)의 유럽식 건축과 3개의 분수 그리고 여러 개의 정원소품이 모여서 18세기 유

---

15 [後漢] 班固, 『漢書』, 卷97下, "外戚列傳第六十七下".

럽 궁전정원을 연상시키는 경관을 구성하였다. 여기서 건축과 조경은 기본적으로 당시 유럽에서 유행하던 바로크 양식을 기초로 부분적인 디테일에서 십이생초(十二生肖)[16]와 같은 중국적 전통요소들을 가미하여 동서예술의 융화를 추구하였다. 서양루 경관구역은 전체적으로 동서방향으로 배치되어 있는데, 동쪽에서 서쪽으로 차례대로 선법장(線法墻), 방하(方河), 선법산(線法山), 원영관(遠瀛觀), 해안당(海晏堂), 방외관(方外觀), 해기취(諧奇趣) 등의 건축이 있고, 양작롱(養雀籠), 축수루(蓄水樓), 만화진(萬花陣), 대수법(大水法), 관수법(觀水法) 등의 경관과 분수가 있다. 이는 중국 고대의 집금엽기식 원림공간의상을 확인할 수 있는 진귀한 사례이나 아쉽게도 전란으로 파괴되어 원래의 완전한 모습을 확인할 수는 없다.

三. 이천축지식 원림

"이천축지"란 하늘을 옮겨오고 땅을 축소하였다는 뜻으로, 상징과 모방을 통해 대자연의 경관을 축소하여 원림 안에 재현한 것을 이천축지식 원림이라 한다. "이천축지"라는 말은 청대 문인 왕개운(王闓運)의 『원명원사(圓明園詞)』에 처음 등장한다. "누가 강남의 풍경이 아름답다고 하였던가. 하늘을 옮기고 땅을 축소하여 당신의 마음속에 있도다. 당시에는 다만 영유(靈囿)를 지으려 했으니 작은 비용으로 어찌 일찍이 여러 누대를 지을 수 있었겠는가?(誰道江南風景佳, 移天縮地在君懷. 當時只擬成靈囿, 小費何曾數露臺.)"[17] 여기서 "이천축지"는 강남지방 명승지의 자연풍광을 원명원 안에 축소하여 놓았다는 뜻이다.

청대 황가원림에서 강남지방의 유명한 경관을 모방하여 재현하는 경우가 드물

---

16 12간지를 상징하는 12동물.
17 [淸] 王闓運, 『湘綺樓詩集』, 卷8, "圓明園詞".

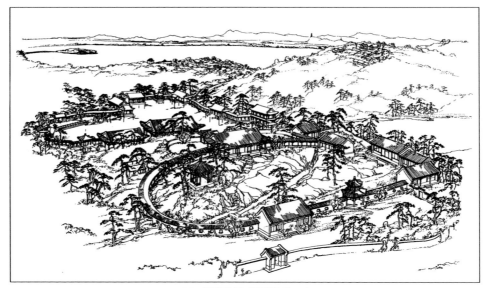

도 5-8. 이화원(頤和園) 해취원(諧趣園) 조감도.

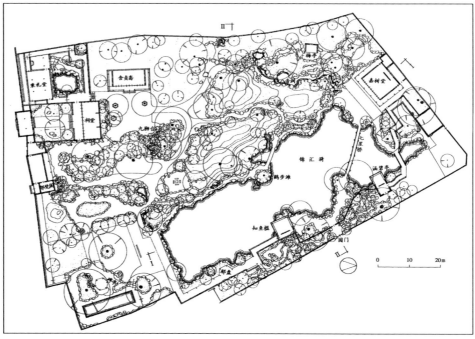

도 5-9. 무석(無錫) 기창원(寄暢園) 평면도(출처: 《강남이경예술(江南理景藝術)》).

도 5-10. 피서산장(避暑山莊) 금산사(金山寺).

지 않다. 북경의 이화원(頤和園), 즉 건륭시기 청의원은 낮고 가는 제방을 이용하여 곤명호의 수면을 분할하였는데 이는 항주 서호를 모방한 것이다. 또한 이화원 안에 있는 소형 원림인 해취원(諧趣園)은 무석의 기창원(寄暢園)을 모방하여 만들었다고 전해지는데, 대략적으로 무석 기창원의 의경(意境), 즉 이미지를 재현하면서 동시에 황가원림 특유의 화려하고 고귀한 분위기를 더하였다.

청대 황가원림인 승덕 피서산장(避暑山莊)이야말로 이천축지식 원림의 가장 전형적 사례이다. 승덕 피서산장은 북서쪽이 높고 남동쪽이 낮은 전체 중국의 지리특징에 부합하는 터를 찾아서 만들었다. 넓은 산과 숲은 중국의 고산준령을 상징하고, 남동쪽의 광활한 수면과 긴 제방은 강남지방의 분위기를 표현하며, 산과 물 사이에 있는 드넓은 초지와 그 위의 몽골식 천막은 몽골초원의 풍광을 상징한다.

전체적 지형특징 외에, 피서산장을 구성하는 작은 경관들 역시 직접적으로 특정 지방의 풍경과 명승지를 모방한 것이 적지 않다. 예를 들어 연우루(烟雨樓)는 절강

도 5-11. 피서산장(避暑山莊)의 일부.

도 5-12. 소주(蘇州) 사자림(獅子林) 조감도(출처 : 《중국저명원림(中國著名園林)》).

성 가흥에 있는 연우루를 모방한 것이고, 금산사(金山寺)는 강소성 진강에 있는 금산사를 모방하였으며, 문원사자림(文園獅子林)은 소주 사자림을 재현한 것이다. 또한 "지경운제(芝徑雲堤)"는 항주 서호의 장제(長堤)를 모방하였고, "만학송풍(萬壑松風)"의 경관은 고산밀림을 모방하였으며, "남산적설(南山積雪)"의 경관은 북쪽지방의 눈 덮인 산의 풍광을 모방하였다.

또한 피서산장의 바깥 둘레에는 속칭 "외팔묘(外八廟)"라 불리는 십여 개의 장전불교 사원이 건설되었는데, 이 중 일부는 직접적으로 기존의 유명 사원을 모방하였다. 보타종승지묘(普陀宗承之廟)는 티베트의 포탈라궁을 모방하였고, 수미복수지묘(須彌福壽之廟)는 티베트 일객즉(日喀則)의 찰십륜포사(扎什侖布寺)를 모방하였으며, 보령사(普寧寺)의 원형은 티베트 최초의 사원이자 티베트 산남지역 찰낭현(扎囊縣)의 상야사(桑耶寺)이고, 안원묘(安遠廟)는 신강 이리하(伊犁河) 북쪽의 고이찰묘(固而扎廟)의 옛 형식을 본떴다. 이는 보다 넓은 의미에서 피서산장 설계자의 구상을 표현한 것으로, "당신의 마음에 하늘을 옮겨놓고 땅을 축소하여 놓았다(移天縮地在君懷)"라는 웅대한 원림 의상을 보여준다.

제2절 사가원림의 공간상징과 의취(意趣)

一. 귀은(歸隱)—사람 붐비는 곳에 띠집을 짓다(結廬在人境)

위진(魏晋)시기부터 발달한 문인원(文人園)은 귀은사상의 영향 하에 태동하여, 명청시기 사가원림 가운데 농후한 귀은문화의 공간상징과 의취를 낙인으로 남겼다. 『역경(易經)』에 이르길 "군자는 세상에 은둔하여도 걱정하지 않고 홀로 서서 두려워하지 않는다(君子遁世無悶, 獨立不懼.)"라 하였으며, 『후한서(後漢書)』에 나오는 서한 말 왕패(王霸)는 "병으로 퇴직하자 은거하여 뜻을 지키니 띠집과 쑥대문에 살면서 연이어 조정의 부름을 받았으나 나서지 않고 천수를 다하였다(以病歸, 隱居守志, 茅屋蓬戶, 連征

도 5-13. 오대(五代) 위현(衛賢)의 《고사도(高士圖)》.

不至, 以壽終.)"[18]라고 하였다. 위진시기에는 빈번한 전란으로 인해 지식인들 중심으로 현실도피적인 청담(淸談)과 귀은사상이 본격적으로 유행하였다. 『남사(南史)』에 이르기를 "역경에 군자의 도가 네 가지라고 하였으니 '어묵(語默)'을 이른 것이다. 그러므로 묘당에 들어가서 나오지 않고 강호에 영원히 귀의하여 세상의 어지러움으로 부터 은둔하였다. (易有君子之道四焉, 語默之謂也. 故有入廟堂而不出, 徇江湖而永歸, 隱避紛紜.)"[19] 이후 당송시기를 거치면서 발달하기 시작한 문인화(文人畵)와 문인원(文人園)에서는 종종 귀은을 화면구도와 공간의상의 주제로 삼았다.

귀은사상의 가장 전형적인 대표인물은 동진의 도잠(陶潛)이다. 도잠이 쓴 『도화원기(桃花源記)』에는 유토피아적 세외도원의 모습을 묘사되어 있다. "사람 붐비는 곳에 띠집을 엮으니 수레와 말의 시끄러운 소리 들리지 않네. 그대에게 묻노니 어찌 그러하겠는가. 마음이 멀어지면 땅은 저절로 멀어지는 법이라네. 동쪽 울타리 아래에서 국화를 따

18 [南朝宋] 範煜, 『後漢書』, 卷113, "逸民列傳第七十三·王霸傳".
19 [唐] 李延壽, 『南史』, 卷75, "列傳第六十五·隱逸上".

다 유연히 남산을 바라보네. 산의 기운은 저녁 해에 아름답고, 나는 새들은 함께 돌아가네.(結廬在人境, 而無車馬喧. 問君何能爾, 心遠地自偏. 采菊東籬下, 悠然見南山. 山氣日夕佳, 飛鳥相與還.)"[20] 이 중 "사람 붐비는 곳에 띠집을 엮으니 수레와 말의 시끄러운 소리 들리지 않네(結廬在人境, 而無車馬喧.)"라는 구절은 이러한 귀은사상을 가장 함축적이면서 효과적으로 표현하였다.

고대 중국의 문인들은 귀은을 물리적 환경에 구애를 받지 않는 정신적 차원의 은둔으로 보았다. 때문에 사람이 없는 자연 속에 은거할 수도 있지만 또한 번잡한 성시 가운데서도 얼마든지 은거할 수 있었다. 예를 들어 『양서(梁書)』에 이르기를 "옛 은자는 혹은 왕위를 선양 받는다고 듣는 것을 부끄러워하여 제왕의 자리를 사양하고 만승의 나라를 부끄럽게 여겨 죽더라도 후회하지 않았다. 이는 삶을 가벼이 여기고 도를 중히 여기어 세간에서 벗어나기를 바란 것이니 은둔 중에서 높은 경지이다. 혹은 선비에게 의탁하여 문이나 지키

도 5-14. 명(明) 구영(仇英)의 《도원선경도(桃源仙境圖)》.

---

20 『陶淵明集』, 卷3, "詩五言 · 飲酒二十首".

거나 관리에게 빌붙어서 그 기둥 아래 편히 거하면서 그 뜻을 구하니 처한 곳이 더러워도 그 모습을 부끄러워하지 않았다. 이것은 이른바 대은(大隱)으로 시정이나 조정에 은거한다는 것이니, 은거로서는 다음의 경지이다. 혹은 나체로 거짓 미친 척하고 눈이 멀고 벙어리가 되어 세상과 인연을 끊고 예악을 버려 도에 거스르며, 부모에 효도하지 않고 자식에 자애하지 않고 돌보지 않았으니, 이는 몸을 보전하고 해를 피하여 대아(大雅)의 도를 얻은 것이니, 은거로서는 또 다음의 경지이다. ……무릇 맑음을 지양하고 혼탁함을 떨쳐내며 탐욕을 억누르고 경쟁심을 멈출 수 있어야 오로지 은자일 것이다!(古之隱者, 或恥聞禪代, 高讓帝王, 以萬承爲垢辱, 之死亡而無悔. 此則輕生重道, 希世間出, 隱之上者也. 或托仕監門, 寄臣柱下, 居易以求其志, 處污而不愧其色. 此所謂大隱隱于市朝, 又其次也. 或裸體佯狂, 盲喑絶世, 弃禮樂以反道, 忍孝慈而不恤. 此全身遠害, 得大雅之道, 又其次也. ……夫可以揚淸激濁, 抑貪止競, 其惟隱者乎.)"**21**라 하였는데, 여기에 "대은한 사람은 시정과 조정에 은거한다(大隱隱于朝市.)"라는 구절이 있다. 또한 『문선(文選)』에 수록된 진(晋)나라 사람 왕강거(王康琚)의 "반초은시일수(反招隱詩一首)"에도 "소은(小隱)은 언덕과 수풀에 숨고, 대은(大隱)은 조정과 시정에 숨는다(小隱隱陵藪, 大隱隱朝市.)"라는 구절이 있다. 즉 은거라 하여 반드시 황야나 산속에 숨어 지낼 필요는 없으며 진정한 군자는 벼슬을 하여 조정에 나아가건 번잡한 시정에 거하던 "사람 붐비는 곳에 띠집을 지으니 마음만 멀면 땅은 저절로 멀어진다(結廬人境, 心遠地自偏.)"**22**라는 경지에 이르러 있다. 이러한 사상은 문인사대부들이 성시 안에 원림을 만드는데 이론적 근거를 제공하였다.

명청 강남 사가원림 중 많은 원림의 명칭들이 귀은의 뜻을 내포하고 있다. 예를 들어, 강소성 동리의 퇴사원(退思園), 소주의 졸정원(拙政園), 소주의 망사원(網師園)

---

21 [唐] 姚思廉, 『梁書』, 卷51, "列傳第四十五 · 處士".
22 『文選』, 卷22, "詩乙".

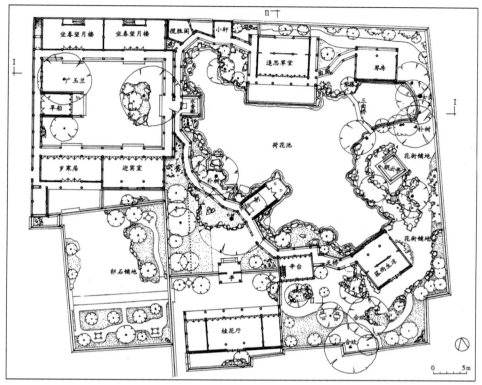

도 5-15. 오강동리(吳江同里) 퇴사원(退思園) (출처 : 《강남이경예술(江南理景藝術)》).

등은 모두 귀은사상을 주제로 하여 붙여진 명칭들이다. 그 중 오강 동리진에 위치한 퇴사원은 청대 병보도(兵備道) 벼슬을 지낸 임난생(任蘭生)이 은퇴 후 귀향하여 지역 문인인 원룡(袁龍)에게 부탁하여 설계하여 건조하였다. "퇴사(退思)"라는 두 글자는 『좌전·선공십이년(左傳·宣公十二年)』에 "임보가 군주를 섬김은, 나아가서는 충을 다할 것을 생각하였고 물러나서는 잘못을 보충할 것을 생각하였다(林父之事君也, 進思盡忠, 退思補過.)"라는 구절에서 따온 것으로, 즉 관직에 나아가서는 천하를 위해 노력하고 이제는 관직에서 물러나서 스스로의 언행을 돌이켜보고자 하는 문인적인 귀은사상을 표현한 것이다. 이 원림에 들어서면 원림의 절반 이상을 차지하는 넓은 연못을 중심으로 각종 청담하고 검박한 경관건축물들이 물가에 바짝 붙어 배

도 5-16. 소주(蘇州) 망사원(網師園).

치되어 마치 물 위에 떠 있는 듯한 느낌이 드는데, 이는 전체적으로 세속의 홍진에서 멀리 떨어져 한가한 강남마을에 귀은하고자 하는 설계의도를 반영한 것이다.

　망사원이라는 이름은 세상의 홍진을 피하여 한가한 어부의 삶을 희구하는 주인의 소망을 담고 있다. 이 크지 않은 수경원(水景園)은 공간설계에 있어서 매우 높은 수준에 이르렀다. 졸정원이라는 이름은 주인이 정사(政事)에 능하지 못하다는(拙) 뜻으로 역시 번잡한 정사에서 벗어나 귀은하고자 하는 의지를 반영한다. 명청대 강남 사가원림 중에서 보이는 이러한 귀은사상과 이를 바탕으로 창조된 경관들은 황가원림에도 영향을 끼쳤다. 예를 들어 북경 북해의 정심재(靜心齋)와 고가정(古柯亭), 이화원의 해취원(諧趣園) 등은 광활하고 웅대한 기세의 황가원림의 한구석에 조용히 홀로 숨어 있으면서 문인적인 귀은사상을 보인다.

二.　비상(比像)―겨자씨가 수미산을 들이다(芥子納須彌)

　"비상"이란 모습을 견주어 본뜬다는 뜻으로, 중국 원림에서 비상의 수법으로 원림공간과 경관을 만든 경우가 무척 많다. 일찍이 동한시기의 양익(梁冀)이 "원유를 넓게 열어 흙을 캐어 산을 쌓으니 10리9판(十里九阪)이고, 이효산(二崤山)을 본떴다. 깊은 숲과 끊어지는 듯한 계곡이 자연을 옮겨 놓은 것 같아 새들과 짐승들이 그 사이에서 날고 달렸다.(廣開園囿, 采土築山, 十里九阪, 以象二崤, 深林絶澗, 有若自然, 飛禽馴獸, 飛走其間.)"²³ 여기서 이효(二崤)는 고대 낙중(洛中)에 있던 큰 산의 이름으로, 이 원유 안에 흙산을 만들 때 자연산을 본떴음을 알 수 있다.

　중국원림은 불경에서 비상의 관념을 흡수하였다. 그 중 가장 중요한 것은 "겨자씨가 수미자를 들이다"라는 사상으로, 이는 『유마경·불가사의품(維摩經·不可思議品)』에서 비롯한 것이다.

　　문습니다. 『유마경(維摩經)·불가사의품(不可思議品)』에 이르기를 "개자(芥子)가 수미산(須彌山)을 들인다"라고 하였습니다. 수미는 지극히 크고 높은 것이고 개자는 지극히 미미하고 작은 것인데, 수미를 들일 수 있다는 말입니까? 만약 들어갈 수 있다면 어떻게 볼 수 있습니까? 만약 나올 수 있다면 어떻게 알 수 있습니까? 그 뜻을 알기 어려우니 요지를 알려주시기를 청합니다.(問. 維摩經·不可思議品中云 '芥子納須彌.' 須彌至大至高, 芥子至微至小, 豈可芥子之內, 入得須彌乎? 加入入得, 云何見得? 假如却出, 云何得知? 其義難明, 請答要旨.)²⁴

　불학사상으로서 "겨자씨가 수미산을 들이다"라는 구절은 심오한 철학적 의미를

---

23 『後漢書』, 卷64, "梁統列傳第二十四".
24 『全唐文』, 卷677, "白居易·三教論衡".

도 5-17. 피서산장(避暑山莊).

내포하고 있는데, 그 함의를 원림의 측면에서 해석하면 작은 공간이 광활한 공간의 상을 포용하고 있음을 의미한다. 다시 말해 크지 않은 원림공간이 보는 이로 하여금 첩첩산맥이나 넓은 강 혹은 거대한 호수를 연상시키는 것이다.

경관에 관한 옛 시 가운데도 이러한 사상을 노래한 것이 있다. 남송시기의 『등육왕산망해정(登育王山望海亭)』이라는 시는 다음과 같이 노래하고 있다.

등나무 지팡이로 산머리의 구름을 주파(拄破)하고, 瘦藤拄破山頭雲,

산계(山溪)의 깊숙한 곳에 위정(危亭)을 열었도다. 山溪盡處開危亭.

너른 밭은 만경이어서 대해(大海)에 맞닿고, 平田萬頃際大海,

바다는 끝이 없이 명명(冥冥)하기만 하도다. 海無所際空冥冥.

하늘과 땅의 끄트머리가 모두 드러나고, 幹端坤倪悉呈露,

나는 배와 떠나는 새는 남은 형적이 없도다. 飛帆去鳥無遺形.

봉래산이 사람에게서 멀지 않은 듯하니, 蓬萊去人似不遠,

물 위에 점을 가리키니 세 산이 푸르도다. 指點水上三山靑.

바지를 걷어 올려도 발이 젖는 것을 피하기 어려운 듯하니, 褰裳濡足恐未免,

만약 표어(飆馭)가 있다면 나는 마땅히 타리. 倘有飆馭吾當乘.

이 가운데 우주가 큼을 비로소 깨달으니, 是中始覺宇宙大,

눈의 힘이 비록 다하여도 막힘이 없도다. 眼力雖窮了無礙.

운몽(雲夢)은 팔구 할이 삼키기에 부족한데, 雲夢八九不足呑,

돌아보니 진환(塵寰)은 어찌 그리 좁은지. 回視塵寰一何隘.

일찍이 들으니 겨자씨가 수미산을 들인다 하고, 曾聞芥子納須彌,

초암(草庵)이 법계(法界)를 담고 있다고들 말하지. 漫說草庵舍法界.

내가 천인(千仞)의 산에서 옷을 떨치는 것을 보고, 看我振衣千仞岡,

웃으며 붓끝으로 구름의 바다를 말아 올리노라. 笑把毫端捲烟海.[25]

이 시는 비록 표면상으로는 정자를 묘사하고 있으나 그 이면에는 작가의 원림사상을 풀어 놓고 있다. 즉 정자에서 조망하였을 때 시선이 닿는 유한한 범위 안에 놀랍게도 산계의 깊숙한 곳(山溪盡處), 하늘과 땅의 끄트머리(幹端坤倪), 봉래도(蓬萊島), 바다 가운데 세 개의 산(海中三山)과 같은 광활한 경관이 펼쳐지니, 이는 중국 고대 원림예술의 비상의 묘리를 드러내고 있다.

"겨자씨가 수미산을 들인다"는 사상은 자연경관이나 원림 조경뿐만 아니라 회화예술의 비유기법으로도 쓰인다. 예를 들어 "보제섭도(菩提葉圖)"라는 그림에 대한 시가 한 수 있는데,

---

25 欽定四庫全書 · 集部 · 別集類 · 南宋建炎至德祐, [宋] 樓鑰 『玫瑰集』, 卷1, "古體詩 · 登育王山望海亭".

어지럽게 산은 중첩되고 물은 구불구불 돌아가니, 亂山重迭水逶迤,

삼상(三湘)이 구의(九疑)를 두른 것을 방불케 하도다. 仿佛三湘帶九疑.

한 조각 잎 속에 모두 다 드러나 있으니, 一片葉中都著盡,

흡사 겨자씨 안에 수미산이 들어 있는 것 같도다. 恰如芥子納須彌.[26]

한 조각 나뭇잎 속에 놀랍게도 삼상(三湘)[27]의 대지와 구의(九疑)[28]의 군산을 포용하고 있으니, 진실로 미세함 속에 천지를 담고 있음이다. 이와 유사한 시가로 송대 위종무(衛宗武)의 오언율시 『부방촌춘(賦方寸春)』이 있다.

작은 정자는 녹수에 기대어 있고, 小亭依綠水,

꽃과 대나무는 저절로 그윽하고 기이하다. 花竹自幽奇.

땅은 다만 한쪽으로 트여 있고, 地止一方闊,

봄은 방촌(方寸)의 어그러짐도 없도다. 春無方寸虧.

좁쌀 안에 세계가 숨어 있고, 粟中藏世界,

겨자씨 안에 수미산을 들이도다. 芥子納須彌.

만상이 심경(心境)과 융합되어 있으니, 萬象融心境,

어찌 조금이라도 눈을 속임이 있으리오. 寧爲目睫欺.[29]

---

26 欽定四庫全書·集部·總集類·三華集, 卷14, [明] 錢仲益, "錦樹集四".

27 호남성의 별칭. 상강(湘江)의 세 지류로 둘러싸인 대지를 뜻함.

28 구의산.

29 欽定四庫全書·集部·別集類·南宋建炎至德祐, [宋] 衛宗武 『秋聲集』, 卷3, "五言律詩·賦方寸春".

이 시는 좀 더 친근한 방식으로 문인의 조원에 대한 일련의 생각을 묘사하고 있는데, 그 중에는 "좁쌀 안에 세계가 숨어 있고, 겨자씨 안에 수미산을 들인다(粟中藏世界, 芥子納須彌)"라는 사상을 포함하고 있다.

이러한 사상은 중국 조원의 역사를 관통하여 사가원림뿐만 아니라 황가원림의 역사에서도 곳곳에서 그 흔적이

도 5-18. 《원명원사십경도영(圓明園四十景圖詠)》 중의 〈만방안화(萬方安和)〉.

보인다. 황가원림을 보면 승덕 피서산장에 운용된 "하늘을 옮기고 땅을 축소함이 당신의 마음속에 있다(移天縮地在君懷)"라는 상징수법, 원명원의 "구주도청연(九州島淸宴)"과 "만방안화(萬方安和)"의 경관구역, 청의원 곤명호와 원명원 복해의 일지삼산식 경관이 모두 비상의 수법을 사용하여 "겨자가 수미산을 들이는"는 경관효과를 달성하였다.

명청시기 사가원림들은 통상 비좁은 성시 가운데 위치하기 때문에 조원가는 창의력과 상상력을 발휘하여 감상자로 하여금 좁은 원림 속에서 마음은 바다처럼 평온하고 경관은 산처럼 넓어서 홍진 속에서도 자연을 느낄 수 있는 시각효과를 달성해야 한다. 따라서 하나의 원림에서 우뚝 솟은 산봉우리, 물결이 일렁이는 호수, 시냇물이 흐르는 계곡, 깊은 연못으로 통하는 그윽한 석실 등의 다양한 경관을 표현하기 위해 각종 모방과 비상의 수법을 사용하여 보는 이로 하여금 스스로가 마치 무한한 대자연 속에 있어서 그 가운에서 세상의 구속을 떨쳐 버리고 성정을 닦으며 심령을 의탁할 수 있게 한다.

三. 엄영(掩映)─작은 곳에서 큰 경관을 보인다(小中見大)

황가원림과는 비해 지극히 협소한 사가원림 특히 강남원림은 "겨자씨가 수미산을 포함하는" 듯한 광활한 경관효과를 창조하기 위해서는 "소중현대(小中見大)"의 효과를 활용하여만 했다. 또한 "소중현대"의 효과를 실현하기 위해서 "엄영"의 수법을 교묘하게 운용할 필요가 있었다.

"소중현대"란 작은 것 안에서 큰 컷을 본다는 뜻으로, 고대 중국인들의 독특한 사유방식 가운데 하나이다. 명대 이지(李贄)의 『논곡(論曲)』에는 "소중현대"의 사상을 다음과 같이 언급하고 있다. "오호! 고금의 호걸들이 대저 모두 그러하였으니, 작은 것 안에서 큰 것을 보고 큰 것 안에서 작은 것을 보아, 한 털의 끄트머리를 들어 보왕찰(寶王刹)을 세우고 미진(微塵) 속에 앉아 대법륜을 돌린다. 이는 저절로 지극한 이치이니 허황된 논리를 폄이 아니다.(嗚呼! 今古豪杰大抵皆然, 小中見大, 大中見小, 舉一毛端, 建寶王刹, 坐微塵裏, 轉大法輪. 此自至理, 非干戲論.)"[30] 또한 고대 화론에서도 이 원리가 등장하는데 소식(蘇軾)과 관련된 "소중현대"의 화론이 있다. "자첨(소식)은 대나무 그림을 논하며, 줄기는 한 자밖에 안되지만 몇 장에 이를 듯한 기세가 있다고 하였다. 대개 대나무의 새싹은 한 촌에 지나지 않으나, 전체가 모두 갖추어져 있으니, 가지가지가 엮인 것도 아니고 마디마디가 쌓인 것도 아니다. 자첨과 같은 사람은 대나무의 뜻을 얻었다고 할 것이다. 천하의 도리는 작은 것에서 큰 것을 보는 것이니, 태극을 논하는 자는 이로써 바라보라.(子瞻論畫竹, 徑尺而有尋丈之勢, 蓋竹之萌蘗不過寸許, 而全體皆具, 非枝枝而綴之, 節節而累之也. 若子瞻者可謂得竹意矣. 天下道理, 小中見大, 論太極者以此觀之.)"[31]

---

30 欽定四庫全書 · 集部 · 總集類 · 文集辯體彙選, 卷772.
31 欽定四庫全書 · 經部 · 易類 · 周易玩辭困學記, 卷13.

도 5-19. 소주(蘇州) 망사원(網師園).

회화와 원림의 이론은 유사한 면이 적지 않은데, 이는 다수의 고대원림이 문인 화가들의 작품이기 때문이다. 따라서 명청시기 사가원림들은 입체적 산수화라고 할 수 있으며, 그 가운데 "소중현대"의 이론이 포함되어 있음은 의심의 여지가 없다.

명청시기 강남 사가원림에서 "소중현대"의 효과를 실현하기 위해 우선적으로 건축물을 가급적 바깥쪽에 배치하여 가운데에 빈 공간을 최대한 확보한다. 이렇게 확보된 공간에는 먼저 산·물·식물로 자연경관을 구성하고 주요 경관지점에 정(亭)이나 사(榭)를 배치하고 그 사이를 낭(廊)이나 작은 길로 연결한다. 이때 길과 낭은 곳곳에서 꺾이고 굽어지게 하고 고저 변화를 다양하게 하여 유람동선의 길이를 가급적 늘이는데, 이는 경관의 체험규모를 물리적 규모에 비해 훨씬 크게 만든다.

원림공간 창작 과정에서 "소중현대"의 효과를 내기 위해서는 "엄영" 처리가 매우 중요하다. "엄영"에서 "엄(掩)"은 가린다는 뜻으로, 특정한 경관처리수법을 통해 어떤 경관이 적당히 가려지는 효과를 연출하여 유람자가 한눈에 전체경관을 파악하지 못하게 하는 것이 목적이다. "영(映)"은 드러내어 보인다는 뜻으로, 가려진 사이사이로 경관의 모습을 부분적으로 드러내는 것이다. 즉 "엄영"이란 두 가지 사물이 서로를 가리면서 동시에 틈새나 위로 일부를 드러내어 유람자에게 어떤 미지의 공간이 기다리고 있다는 암시와 기대를 주는 것이다.

중국 고대문헌 가운데서 엄영의 경관효과를 언급한 글은 적지 않다. 『당재자전(唐才子傳)』에 의하면 당나라 사람 장지화(張志和)는 "월주의 동곽에 집을 지었으니, 몇 개의 서까래에 띠로 지붕을 얹었으며 꽃과 대나무가 엄영하였다.(築室越州東郭, 茅茨數椽, 花竹掩映)"[32] 또한 청대 『어정월령집요(禦定月令輯要)』에 수록된 시문에는 "매미 소리 급한 곳에 가을은 가까이 다가서고, 비가 지나갈 때 더위는 점점 사그라드네. 나무 빛은 아득하게 멀리 누각에 기대고, 구름과 산봉우리는 엄영하면서 비스듬한 빛에 덮여 있네(蟬聲急處秋將近, 綿雨過時暑漸微. 樹色渺茫憑遠閣, 雲峰掩映罩斜輝.)"[33]라는 구절이 있다. 송나라 사람 범성대(范成大)가 엮은 『오군지(吳郡志)』에는 경현위(涇縣尉) 벼슬을 지낸 임회(任晦)의 거처에 대한 기록이 있는데 "임회는 오 출신으로 벼슬은 경현위를 지냈다. 벼슬에서 물러나 (오군의) 리 가운데 거하니 깊은 숲과 굽은 연못과 높은 곳에 놓인 정자와 그윽한 섬돌이 있었다. 못 안에는 다시 섬을 만들고 대숲을 가꾸었다. 아름다운 나무들이 엄영하여 깊고 어둑한 자질을 내포하고 있었다. 고방하여 평범하지 않으니 신이함을 좋아하고 즐거워하였다. 문학을 좋아하고 명리한 선비들이 관심을 가져주는 것을 즐겼으며 변두리 버려진 원림을 열어 거처로 삼았다 하였다.(任晦, 吳人, 仕爲涇縣尉. 退居裏中, 有深林曲沼, 危亭幽砌. 池中又爲島嶼修篁, 嘉木掩映, 限奧晦資, 高放寡合, 好奇樂異. 喜文學名理之士得顧, 辟疆舊圃以居云.)"[34]

---

32 欽定四庫全書 · 史部 · 傳記類 · 總錄之屬, [元] 辛文房 『唐才子傳』, 卷8.

33 欽定四庫全書 · 史部 · 時令類 · 禦定月令輯要, 卷11, "六月令".

34 欽定四庫全書 · 史部 · 地理類 · 都會郡縣之屬 · 吳郡志, 卷25.

여기에서 "못 안에는 다시 섬을 만들고 대숲을 가꾸었다. 아름다운 나무들이 엄영하여 깊숙하고 어둑함 내포하고 있었다"라는 구절은 원림의 소중현대의 공간 처리수법에 대한 적절한 묘사로서, 이 원림은 엄영 수법을 이용해서 "깊고 어둑한 자질을 내포하는(限奧晦資)" 시각효과를 추구했다. 한편 『고소지(姑蘇志)』47권에서는 "한오회자(限奧晦資)"를 "위오회자(隈奧晦資)"라 기록하였는데 "굽을 위(隈)"의 뜻을 음미해 보면 더욱 경관묘사에 적합하다고 볼 수 있다. 이렇게 원림공간의 굽어지고 깊고 그윽하며 고방하여 평범하지 않은 경관특성은 유람자로 하여금 호기심을 느끼고 색다름을 즐기게 하였다.

『흠정열하지(欽定熱河志)』에는 승덕 피서산장의 "만학송풍(萬壑松風)" 경관구역 역시 이러한 수법을 사용하였음을 기록하고 있다. "만학송풍의 구역은 앞 대전이 산등성에 기대어 호수를 뒤로 하고, 점점 호수에 가까이 가면서 비탈을 따라 5채의 대전을 연이어 지었다. 북쪽으로는 긴 소나무 수백 그루가 엄영하면서 주위를 감싸고 있다.(萬壑松風, 前殿據岡背湖, 漸近湖爲坡迤殿五楹. 北向長松數百, 掩映周回.)"**35** 여기서 긴 소나무 수백 그루로 주위를 둘러 엄영하는 수법은 경색을 더욱 그윽하게 하고 한눈에 경관이 파악되는 것을 방지하여 원림의 경관를 더욱 풍부하게 하는 "소중현대"의 시각효과를 제공한다.

"엄영"은 숨은 듯하고 보이는 듯하기도 한 신비한 회화적 경관을 만들어낸다. 『흠정열하지』에 기록된 왕가영행궁(王家營行宮)은 "궁 안에 낭(廊)과 헌(軒)이 이어져 있고, 원우들은 높게 드러나 있으며, 오른쪽으로는 민가가 늘어서있고 농장과 과수원이 종횡으로 이어져 있으며 안개에 덮인 마을은 엄영하니 마치 빈풍(豳風)**36**의 그림 안에

---

35 欽定四庫全書 · 史部 · 地理類 · 都會郡縣之屬 · 欽定熱河志, 卷26.
36 시경에 기록된 열여덟 개의 국풍(國風) 가운데 하나이다. 豳는 지명이고 風은 도읍을 가리킨다. 시경에 묘사된 豳風은 목가적인 농촌의 모습으로 이후 전원생활을 묘사한 문학작품에서 자주 인용되었다.

도 5-20. 《피서산장삼십육경(避暑山莊三十六景)》 중의 〈만학송풍(萬壑松風)〉.

있는 듯하다(宮內廊軒接比, 院宇高明, 右則居民鱗次, 場圃縱橫, 烟村掩映, 宛在豳風圖畫間也.)"**37**라 하였다. 또 『강남통지(江南通志)』에 기록된 벽계(碧溪)는 "물결이 휘감아 돌고 지극히 맑아 사랑스럽다. 고목과 아름다운 섬이 시내와 더불어 엄영하며 그림 속에 있는 듯하다(波瀾濚回, 澄澈可愛, 古木芳洲與溪掩映入畫.)"**38**라 하였다.

"엄영"의 수법으로 공간 사이에 반투명한 경계를 만들 수도 있다. 원림공간을 엄영의 수법으로 분격(分隔)하고 차엄(遮掩)하여 크기가 다른 여러 개의 경관구역으로 나누면, 각각의 경관구역 사이에는 반쯤은 가려져 있으면서도 반쯤은 투과해서 보이는데, 이때 보이는 경관은 시선의 위치·빛의 방향·바람의 유무 등에 따라 천변만화한다. 동시에 무형 중에 사람들의 공간규모 및 척도에 대한 감각을 증가시켜서 사람으로 하여금 항상 "산과 물이 첩첩하니 길이 없는 듯한데, 버드나무가 그늘지고 꽃이 만개한 가운데 또 하나의 마을이 있네(山重水複疑無路, 柳暗花明又一村.)"**39**와 같은 감탄과 기쁨 가운데 처하게 한다.

---

37 同上, 卷44.
38 欽定四庫全書·史部·地理類·都會郡縣之屬·江南通志, 卷18.
39 欽定四庫全書·集部·別集類·南宋建炎至德祐, [宋] 羅椅『放翁詩選·前集』, 卷5, "游山西村".

四. 함허(涵虛)—멋스럽게 흩어놓다(疏落有致)

중국 고전원림에서 자주 쓰이는 공간의취(意趣)의 처리수법 가운데 "소락유치(疏落有致)", 즉 멋스럽게 흩어 놓는 수법은 일찍이 서양 사람들에게 깊은 감명을 주었다. 영어에서 "소락유치"는 "Sharawadgi"라 번역되는데, 이는 1685년 영국인 윌리엄 템플(Sir Willam Temple, 1628~1699)이 중국여행 경험을 바탕으로 쓴 『Upon the Gardens of Epicurus』[40]이라는 책에서 처음 등장하였다. 이 책에서 템플은 당시 유럽에서 유행하던 바로크식 정원을 비판하고 불규칙적이고 자연스러운 중국원림을 찬미하면서 "소락유치"를 중국어 발음을 따라 "Sharawadgi"라 적었다.

우리가 있는 이곳은 건축물과 식물의 아름다움을 주로 어떤 특정한 비례나 대칭 혹은 통일감으로 표현한다. 우리의 도로와 수목은 서로 마주보면서 일정한 거리를 두고 배열된다. 반면 중국 원림에서는 이러한 배치방식은 생각조차 하지 않는다. 그들은 숫자를 백까지 셀 수 있는 아이라면 수목을 일렬의 직선으로 심어서 차례대로 자신이 원하는 높이로 이어나갈 수 있다고 여긴다. 그들의 최대의 상상력은 원림경관의 창조에서 발휘된다. 여기서 보이는 아름다움은 가히 위대하여 사람들의 주목을 이끌어 내지만 그 가운데에는 어떠한 규칙이 존재하지도 않고 각 부분 간에 엄격한 배치 따위도 없다. 그것들은 보기에 평범하고 기이한 것이 없으며 관상자로 하여금 가볍게 즐기게 한다. 우리들에게는 이러한 종류의 아름다움을 표현할 수 있는 개념이 없으나, 그들은 특수한 단어로 이러한 경관을 표현하는데 사람들로 하여금 한 번 보면 들어가서 돌아가기를 잊게 만드는 그러한 곳을 그들은 'Sharawadgi'라고 부른다. 이는 경관을 접하면 저절로 감정이 일어나는 곳이고 혹은 이는 어떤 찬탄과 경모의 감정을 표현한 단어이다.

---

40 William Temple, 『Upon the Gardens of Epicurus』, *Miscellanea*, London, 1690.

1757년 영국 조경학자 윌리엄 챔버스(William Chambers)가 출간한 『Designs of Chinese Buildings』의 마지막 장에는 "소락유치" 전통 하에서 중국원림은 "아름다운 불규칙성"과 "경관의 다양성" 그리고 "사람으로 하여금 즐겁고 두렵고 의혹하게 만드는" 미학적 특징을 갖고 있다고 소개하였다.

　　사실 중국인들에게 "소락유치"는 조형과 공간예술에서 흔히 사용하는 수법 가운데 하나일 뿐으로, 회화·전각(篆刻)·원림 등에서 구도를 결정할 때 모두 이 수법을 쓴다. 중국 회화이론 중에는 "성기게 하고 싶으면 빽빽하게 하고 통하게 하고 싶으면 막히게 한다(欲疏則密, 欲通則塞.)", 혹은 "성기어 말이 지날 수 있고 빽빽하여 바람도 통할 수 없다(疏可走馬, 密不透風.)" 등의 표현이 있는데, 그 뜻은 화면배치에 있어서 공간분포가 균일하면 안 되고 성김과 빽빽함이 서로 섞여 있어야 한다는 것으로, 성긴 가운데 빽빽하고 빽빽한 가운데 성긴 "소락유치"의 도리를 설명한 것이다.

　　원림에서 건축물과 산석경관은 실(實)에 해당한다면 그 사이의 허공은 허(虛)에 해당하는데, 문학작품에서 자주 등장하는 "화간비첩(花間飛蝶)", "수상능파(水上淩波)", "낭사지간(廊榭之間)" 등은 이러한 허공의 존재를 드러내는 표현이다. 중국인들에게 원림예술의 핵심은 공간의 창조에 있다. 허실의 대비와 엄영을 통해 유람자로 하여금 공간을 느끼게 하고 그 가운데에서 거닐고 흘러 다니게 하는 것이 바로 중국 고전원림의 요지이다. 유형의 요소들을 소락유치하게 배치하여 그 사이에서 깊고 굽어진 공간이 탄생되는데 이러한 공간을 포함하고 있는 원림의 모습을 "함허(涵虛)"라고 한다. 이는 영화의 몽타주기법처럼 층차와 변화가 무궁무진하여 원림공간에 번복(繁複)과 다변(多變)을 부여한다.

　　이화원 동궁문 앞의 패루(牌樓)에는 건륭이 쓴 "함허"라는 편액이 걸려 있다. 여기서 "함허"는 패루를 지나면 눈앞에 펼쳐지게 될 원림공간의 의경을 함축적으로 드러낸 것이다. 또한 패루의 반대쪽 면에는 빼어남을 그물처럼 덮고 있다는 의미의 "엄수(罨秀)"라는 편액이 걸려 있는데, 이를 "함허"와 짝을 이루어 해석하면 이 패루 안쪽의 원림은 무궁무진한 공간을 내포하고 있으며[涵虛], 아름다운 경색을 엄영하

도 5-21. 이화원(頤和園) 동궁문(東宮門) 함허패루(涵虛牌樓).

고 있다[罷秀]는 뜻이 된다. 또한 원명원 복해의 동쪽 물가에는 경관건축이 하나 있고 그 편액에는 "함허낭감(涵虛朗鑒)"이라 쓰여 있었는데, 이는 복해의 물을 "허공을 내포하고 있는 아름다운 거울"로 비유한 것이다.

　"소락유치"는 일정 부분 중국원림과 서방원림의 근본적인 차이를 해석하는 데 기준이 된다. 즉 중국 원림예술 있어서 경관은 기하학적이고 논리적인 방식으로 배치하는 것이 아니라 감각적이고 예술적이며 불규칙적이고 밀도의 변화가 있는 방식을 통하여 배치하는 것이고, 원림예술가로 하여금 자유롭게 창조하게 하는 것이다. 또한 원림창초의 요지 가운데 하나는 바로 번복다변(繁複多變)한 공간을 창조하는 것이고 이러한 공간이 바로 중국원림의 "함허"의 목적이다.

제3절 고대 원림 관련 문헌

중국 고대 원림관련 전문 문헌자료에는 크게 두 가지 종류가 있다. 첫째는 원림의 창설 과정, 구체적 영조내용, 생활 속에서의 이용방식을 기록한 원기(園記)나 유기(游記)이다. 원기란 원림을 만든 사람이나 타인의 원림을 방문한 사람이 그 원림에 대해 기록한 짧은 산문이고, 유기란 특정 지역을 유람 가서 그 곳의 풍물과 경관을 기록한 산문으로서 해당 지역의 유명한 원림에 대한 기록을 포함하는 경우가 많다.

개인 문집이나 그림을 모아 놓은 보록(譜錄) 등의 예술서적 가운데 기록된 대량의 원기와 유기는 대다수가 원림분야에 전문적이지 못한 문인들에 의해 엮어진 것으로, 비록 전해져 내려오는 양은 방대하나 그 내용은 정확성과 체계성이 부족하여 직접적인 원림연구 자료로서 활용하기에는 일정한 한계를 지닌다. 따라서 원기와 유기를 바탕으로 보편적으로 인정받을 수 있는 결론을 도출하기 위해서는 서술의 정확성과 체계성이 일정 수준 이상인 수작을 엄선하여 분석의 대상으로 삼아야 할 것이다. 이러한 요구조건을 만족시키는 글에는 북송 이격비(李格非)의 『낙양명원기(洛陽名園記)』와 남송 주밀(周密)의 『오흥원림기(吳興園林記)』가 있는데, 단편의 원기들과는 달리 이 두 원기는 공통적으로 상당한 수량의 원림에 대해 체계적이고 구체적인 서술방식을 통일되게 적용하여 분석하고 평가하였다.

이 두 원기는 본 연구의 대상 시기보다 이르기 때문에, 명대의 원기인 왕세정(王世貞)의 『유금릉제원기(游金陵諸園記)』를 추가하고자 한다. 이 원기는 『낙양명원기』의 영향을 받아 제작된 것으로 왕세정은 서문에는 "낙양의 원림들은 오래 전에 이미 소멸되어 종적을 찾을 수 없었는데, 다행히 문숙 이격비의 기문이 있어 사람들이 오래도록 볼 수 있었다. 반면에 금릉의 뭇 원림들은 오히려 기문이 없었는데, 이제 운 좋게 나를 만났고, 나 또한 운 좋게 한 번의 유람을 할 수 있었으니 어찌 기문을 남기지 않을 수 있겠는가?(洛中之園久已消滅無可踪迹, 獨幸有文叔之記以永人目, 而金陵諸園尚未有記者, 今幸而遇余, 余亦幸而得一游又安可以無記也.)"라 하였는데, 실제로 두 원기를 비교해 보면 문체와 선별된 원림의 수량이 비슷하다.

또한『유금릉제원기』는 후대의 문인들에 의해 자주 언급되는 책으로, 자연스럽게 명청대 문인원(文人園)의 조원예술 원칙과 감상방식에 상당한 영향을 미쳤을 거라고 판단된다. 한편 원 멸망 이후, 명대의 사상과 문화는 상당 부분 송대의 것을 계승하고 회복하였는데, 이에 착안하여 송대와 명대의 원기 가운데 묘사된 원림경관을 비교하면 송대에서 명대에 이르는 수백 년간 중국 원림이 어떠한 방향으로 변화하고 발전하였는지를 판단할 수 있다.

두 번째 종류는 원림 전문가에 의해 기록된 전문적인 원림문헌이다. 고대의 원림 전문가는 크게 원림을 만드는 것을 생업으로 하는 장인들과 취미로 하나 상당 수준의 전문지식과 경험을 갖춘 문인들이 있는데, 이들이 남긴 몇 편의 글이 오늘날까지 전해져 내려오고 있다. 본 절에서는 그 중 가장 대표적인『장물지(長物志)』,『원야(園冶)』,『한정우기 · 거실부(閑情偶寄 · 居室部)』를 선택하여 그 가운데의 원림사상을 분별하여 고찰하고자 한다. 그 중 명대 조원가인 계성(計成)의『원야』는 중국 전통원림 이론에 관한 전문서적으로서 다년간의 조원경험의 총화이자 이론적 개괄이다. 현대 원림학자인 진식(陳植)은 "원림문헌 중에서 과학적 논리로 체계적으로 풀어낼 수 있는 것으로는 명말 오강 출신의 계성이 지은『원야』가 가장 뛰어나다"[41]라고 평가하였다. 그 외에『장물지』와『한정우기 · 거실부』는 부분적으로 원림에 대한 체계적인 이론을 담고 있다.

一. 『낙양명원기』에서『유금릉제원기』까지―송대와 명대 원림의 경관의상 비교

북송 이격비의『낙양명원기』(1095년)가 후대에 끼친 영향은 지대하다. 이 글에서

---

41 園冶注釋序, 載 [明] 計成原著, 陳植注釋, 園冶注釋, 北京 : 中國建築工業出版社, 1988.

이격비은 낙양에 위치한 19개 원림을 유람하고 그에 대해 평설하였는데, 서술이 상세하고 조리가 있으며 나아가 원림에 관한 자신의 비판적 의견을 반영하였다. 예를 들어 작가는 원림 소유주에 따라 원림을 "명현자원(名賢者園)", "존귀자원(尊貴者園)", "승인원(僧人園)"의 세 가지로 나눈 점은 주목할 만하다.[42] 주밀의 『오흥원림기』[43]와 왕세정의 『유금릉제원기』[44] 역시 다수의 원림에 대해 기록하고 있다. 이들은 서술 방식과 문체에 있어서 『낙양명원기』와 유사하지만 기록의 상세한 정도가 원림에 따라 일정하지 않는데, 본 소절에서는 그 중에서 상세한 것들만 선별하여 『낙양명원기』와 비교하고자 한다. 본 소절에서는 우선 이 세 원기에서 공통적으로 중시하는 경관의 요점을 종합하고, 경관구성과 경관지점의 위치 선정이라는 두 가지 측면에서 각 원기의 특징을 비교해 보고, 마지막으로 전체적 경관의상에 대해 평가와 분석해 보고자 한다.

1. 경관구성의 특징

(1) 화목경관

『낙양명원기』에는 천왕원화원자(天王院花園子), 귀인원(歸仁園), 이씨인풍원(李氏仁豐園) 등의 화목을 주제로 하는 전문적인 화원(花園)이 등장한다. 천왕화원자는 "일체 다른 연못과 정자가 없고 오로지 목단 수십만 그루가 있을 뿐이다. 뭇 성들 중 꽃에 의지하여 생업하는 자들은 여기에서 장사를 했다(蓋無他池亭, 獨有牡丹數十

42 欽定四庫全書, 史部, 地理類, 古迹之屬, 洛陽名園記, 洛陽名園記之原序, "其聲名氣焰見于功德者, 遺芳餘烈, 足以想像其賢. 其次, 世位尊崇, 與夫財力雄盛者, 亦足以知其人經營生理之勞. 又其次, 僧坊以淸淨化度群品, 而乃斥餘事, 種植灌漑, 奪造化之功, 與王公大姓相軋."
43 欽定四庫全書, 子部, 雜家類, 雜纂之屬, 說郛, 卷六十八下.
44 欽定四庫全書, 集部, 別集類, 明洪武至崇禎, 弇州四部稿, 續稿卷六十四, 游金陵諸園記.

『낙양명원기』	화목경관
부정공원 (富鄭公園)	물길을 끌어들여 균동(筠洞)을 관통함. 죽정(竹亭) : 5채의 정자가 대숲 안에 불규칙하게 배치됨. 매대(梅台) 천광대(天光台) : 대숲 위로 솟아 나와 있음.
동씨서원 (董氏西園)	대나무가 둘러싼 가운데 석부용이 있고, 물이 꽃 사이에서 솟아 나온다(竹環之中有石芙蓉, 水自其花間涌出.)
환계 (環溪)	원림의 나무는 소나무, 전나무, 화빈란이 천 그루로 모든 품종이 다 있어 별종이 드러나기도 한다. 그 가운데 섬과 둑을 만드니 휘장을 펼쳐서 나무들이 무성하기를 기다려 감상할 수 있다.(園中樹, 松檜花木, 千株皆品, 別種列除, 其中爲島塢, 使可張幄次, 各待其盛而賞之.)
총춘원(叢春園)	오동나무, 가래나무, 전나무, 측백나무 모두가 줄을 늘어서 있다.(桐梓檜柏, 皆就行列.)
천왕원화원자 (天王院花園子)	오로지 모란만 수십만 그루가 있다.(獨有牡丹數十萬本.)
귀인원 (歸仁園)	북쪽에는 모란과 작약 수천 그루가 있고, 가운데에는 대나무 밭 수백 무가 있으며, 남쪽에는 복숭아나무와 배나무가 가득하다.(北有牡丹芍藥千株, 中有竹百畝, 南有桃李彌望.)
묘사원 (苗帥園)	원림에는 원래 칠엽(七葉), 이수(二樹)가 마주하고 있는데 높이가 백 척으로 봄여름에 바라보면 마치 산과 같다. 대나무가 만여 그루인데 모두 커서 두세 겹으로 두르고 있고, 성긴 대나무 껍질은 푸르름이 마치 벽옥색 서까래 같다.(園故有七葉二樹對峙時, 高百尺, 春夏望之如山然. 竹萬餘竿, 皆大滿二三圍. 疏筠琅玕, 如碧玉椽.)
이씨인풍원 (李氏仁豐園)	낙양의 뛰어난 장인으로 하여금 붉고 흰 꽃들을 나누어 다른 나무와 접목하여 조화옹과 묘함을 다투니 해가 갈수록 더욱 기이해진다. 또 황도리, 매행, 연국이 각 수십 종이고 모란, 작약이 백여 종에 이른다. 또한 먼 지방에서 온 기이한 풀들이 있으니, 자란, 모리, 경화, 산다류가 있다.(今洛陽良工巧匠, 批紅判白, 接以它木, 與造化爭妙, 故歲歲益奇, 且廣桃李, 梅杏, 蓮菊, 各數十種. 牡丹, 芍藥至百餘種. 而又逺方竒卉, 如紫蘭, 茉莉, 瓊花, 山茶之儔.)
송도(松島)	남동쪽 모서리에 쌍을 이룬 소나무가 특히 기이하다.(其東南隅, 雙松尤奇.)
독락원 (獨樂園)	조어암(釣魚庵) 채약포(采藥圃) : 대나무가지를 엮어서 울타리를 만들고 덩굴과 풀로 무성하게 만들었다.(特結竹杪, 落蕃蔓草爲之爾.)
호원 (湖園)	환취정(環翠亭) : 대숲 작은 길에서 바라보면 초연하고 오르면 홀가분한 곳이다 (自竹徑, 望之超然, 登之儵然者.) 취월헌(翠樾軒) : 아득하며 깊숙하니 오히려 꽃과 풀의 무성함이 뛰어나다. 앞에는 아름다운 연못과 정자의 경관이 있다.(眇眇重邃, 猶擅花卉之盛, 而前據池亭之勝者.)

萬本. 皆城中賴花以生者, 畢家于此.)"라 하며, 꽃이 피면 성안의 뭇 인사들이 와서 감
상하였다. 귀인원은 규모가 귀인방(歸仁坊) 전부를 차지할 정도로 매우 컸다. "원
림이 이 하나의 방을 다 차지하니 너비와 폭이 모두 1리가 넘었다.(園盡此一坊, 廣輪
皆裏餘.)"라고 할 정도로 낙양성에서 가장 규모가 큰 원지였으며, "북쪽에는 모란과
작약이 천 그루 있고, 가운데에는 대나무 밭이 백 무 있고, 남쪽에는 복숭아나무와

『오흥원림기』	화목경관
장참정가림원 (章參政嘉林園)	뽕나무 숲과 과일나무가 매우 무성하다.(桑林果樹甚盛.)
모단명원 (牟端明園)	석과헌(碩果軒) : 큰 배나무 한 그루가 있다.(大梨一株.), 쌍행정(雙杏亭)
조씨국파원 (趙氏菊坡園)	가운데 섬에 국화를 심으니 백 가지에 이르고 국화 언덕을 만들었다. (中島植菊至百種, 爲菊坡.)

배나무가 가득하였다(北有牡丹芍藥千株, 中有竹百畝, 南有桃李彌望.)"라고 한다. 이씨 인풍원은 식물의 품종이 매우 다양하여 "낙양에 있는 화목 가운데 없는 것이 없다(洛中花木無不有.)"라고 할 정도였고, 또한 매우 많은 "먼 지방의 기이한 풀(遠方奇 卉)"들이 있었다. 송대 낙양에는 모란 한 가지만을 주제로 하는 화원들도 있는데 당시 낙양은 기후와 지리적 조건에 힘입어 중국에서 가장 중요한 모란산지로 자리 잡았다. 전문적인 화원에 대한 기록 외에도 『낙양명원기』에서 원림의 화목경관에 대한 서술이 많은 편인데, 이는 후세의 『오흥원림기』와 『유금릉제원기』 및 기타 원기들에는 전문적인 화원에 대한 기록이 거의 없는 것과 대비를 이룬다.

한편, 『오흥원림기』에서 화목경관은 수량이 많고 하나의 경관구역에서 주제로서 자리하고 있는데 이는 『낙양명원기』와 비슷하다.

명대의 『유금릉제원기』에서 화목경관은 경관의 주제로서 사용되지는 않았다. 서원(西園)에는 대면적의 대숲이 있었지만 그 끝에 청당과 정자가 있어 사실상 이들에 부속되었다고 할 수 있다. 이처럼 『유금릉제원기』에서의 화목경관의 지위는 독립적이지 않고 종종 전체 원림경관에 있어서 특별히 따로 언급되지 않는 배경으로서의 역할을 했다. 이외에 동원(東園)의 "백문(柏門, 측백나무를 굽혀 만든 문)"과 금반이원(金盤李園)의 "노괄(老栝, 노송나무)"은 인위적 혹은 자연적으로 형성된 독특한 화목경관이다.

이상으로 송대에서 명대까지 원림 화목경관의 변화를 살펴보면, 첫째 원림감상 수준이 지속적으로 높아지면서 화목경관은 점차 "수량"에서 "질"을 중시하게 되었고, 둘째 조원 기예가 점진적으로 성숙하면서 화목경관 처리방식 역시 더욱 기예화

『유금릉제원기』	화목경관
동원(東園)	두 측백나무의 다른 줄기의 가지를 합하여 아래로 나오고 들어갈 수 있어 백문이라 이르렀다.(兩柏异幹合杪下可出入曰柏門.)
서원(西園)	당의 뒤에 대나무를 수천 정 가꾸니 학이 와서 머물렀다.(堂之背修竹數千挺, 來鶴亭踞之.)
금반이원 (金盤李園)	좌우에 노송나무 여덟 그루 있는데, 큰 것은 한 아름만 하고 높고 곧기도 하고 휘돌아 있으니, 뜻이 일어나 모여서 다한다.(左右老栝八株, 大者合抱, 偃蹇婆娑, 生意過盡.)

도 5-22. 양주(揚州) 개원(个園).   도 5-23. 소주(蘇州) 환수산장(環秀山莊).

되었다고 할 수 있다.

(2) 산수경관

『낙양명원기』에서 산수경관에 대한 서술을 찾아보면, 산에 대한 기술은 드물고 물에 대한 기술은 상대적으로 많다. 그 중 특이한 점은 동씨동원(董氏東園)에는 인공폭포가 있었다는 점과 적어도 세 개의 원림에서 자연 수원을 끌어들여 원림의 수

『낙양명원기』	산수경관
부정공원 (富鄭公園)	좌우에 두개의 산이 있고 뒤로는 물길을 누르고 있다.(左右二山, 背壓通流.)
동씨동원 (董氏東園)	성주지(醒酒池) : 물이 네 방향에서 뿜어져 연못으로 흘러 들어갔다가 잠겨서 숨어 나오니, 때문에 하루 종일 비폭과 같으나 연못이 넘치지 않는다. 낙양성 사람 중에 거나하게 취한 자가 그 당에 오르면 바로 술이 깨니, 고로 속된 안목에 이르기를 "성주지"라 하였다. (水四向噴瀉池中, 沒而陰出之, 故朝夕如飛瀑, 而池不溢, 洛人盛辭者, 走登其堂, 輒醒, 故俗目日 "醒酒池".)
묘사원 (苗帥園)	큰 소나무 일곱이 있는데 물을 끌어와 소나무를 둘러서 연못을 만들었다. (有大松七, 今引水繞之有池.)
송도(松島)	큰 도랑을 파 원림 속에 물을 끌어오니 맑은 샘과 물이 가늘게 흐르고 시내가 통하지 않는 곳이 없더라.(大渠引水注園中, 清泉細流, 涓無不通處.)
동원(東園)	상부당과 약포 사이에 물과 돌을 늘어놓았다.(湘膚藥圃二堂間, 列水石.)

『오흥원림기』	산수경관
남심상서원 (南沈尚書園)	(청당 앞의 연못 안에) 작은 산이 있으니 봉래라 이르고, 연못 남쪽에는 세 개의 큰 태호석을 새워 놓는데, 각각 높이가 수 장에 이르고, 윤기가 빼어나고 솟은 모양이 기이하여 당시에 유명하였다.((堂前池)中有小山, 謂之蓬萊, 池南竪太湖三大石, 各高數丈, 秀潤奇峭, 有名于時.)
북심상서원 (北沈尚書園)	원림 가운데 다섯 개의 연못을 파 삼면을 모두 물로 하였으니 야외의 뜻이 지극하였다.(園中鑿五池, 三面皆水, 極有野意.)
장참정가림원 (章參政嘉林園)	물길이 가로질러 끊어 놓았다.(濠濮橫截.)
모단명원 (牟端明園)	산이 1무 이다.
조씨국파원 (趙氏菊坡園)	앞의 큰 시내는 둑을 만들어 막고, 물가의 화교(畫橋)와 연꽃과 버드나무가 물가를 끼고 있어, 수백그루 그림자가 물속에 비치니, 마치 비단을 깔아 놓은 듯하다. (前面大溪爲循堤, 畫橋蓉柳夾岸, 數百株照影水中, 如鋪錦綉.)
한씨원(韓氏園)	독서당과 만송관의 태호석 세 봉우리는 각각 높이가 수십 척이다. (讀書堂, 萬松關, 太湖三峰各高數十尺.)

경을 꾸몄다는 점이다.

『오흥원림기』에서 산수경관은 다수 원림에 보편적으로 등장하는데, 그 중 남심 상서원(南沈尚書園)에는 연못 가운데 봉래산을 만들고 연못가에는 태호석을 세워 산을 형상화하였다. 이상 두 원기에서 보면, 송대 택원(宅園)과 별서(別墅)에는 산과 물을 갖춘 산수원(山水園)의 형식이 많이 사용되었는데, 면적이 크지 않은 주택 부속원림 안에 연못을 파고 물을 끌어 들이고 높은 곳은 산으로 만들었다. 태호석과

『유금릉제원기』	산수경관
동원(東園)	대와 몇 봉우리는 오래된 나무가 덮고 있다. 청당의 뒤에는 작은 연못이 파여 있고 소봉산과 마주하고 있다. 산의 뿌리는 넘실거리며 연못 가운데 가라앉아 있다. 봉우리, 능선, 동굴, 계곡이 있고 정과 사를 지었다.(站臺數峰古樹冠之, 堂後枕小池, 與小蓬山對, 山址瀲灩沒于池中, 有峰巒洞壑, 亭榭之.)
서원(西園)	견수각이라 이르니 특히 가지런하고 아름답다. 각의 앞에는 한 그루 오래된 느릅나무가 있는데 크기가 한 아름이며 너무 높지는 않아서 드리워진 가지가 몸을 숙여 연꽃을 마시는 듯하다. 늪에는 잠긴 규룡과 목마른 사자의 모습이 있다.(日擎秀閣特爲整麗, 閣前一古楡, 其大合抱, 不甚高而垂枝下飮芙蕖, 沼有潛虯渴貌之狀.)
금의동원 (錦衣東園)	돌계단을 디뎌 위로 오르면 문득 굽어서 엎드리며 돌아가니, 은은히 고요하게 위로 오르면 마치 허공을 밟는 듯 하고 아래로 내려가면 연못에 잠길 듯하니 그 기미를 알 수 없다. 석동은 모두 세 번 도는데 조용하면서 깊게 가라앉았으니 엿보고 헤아릴 수 없다. 비록 한낮이라도 역시 두 모서리의 등이 이끄니 이에 무를 이룬다. 틈이 있는 곳에는 깜빡거리니 마치 밝은 별이 몇 점 찍힌 듯하다.(躡右級而上登, 頓委伏紆, 餘窈窕上若蹻空, 而下若沈淵者, 不知其幾 ; 石洞凡三轉, 窈冥沈深, 不可窺揣, 雖盛晝亦張兩角燈導之乃成武, 罅處煌煌僅若明星數點.)
서삼금의자동원 (徐三錦衣者東園)	정자는 남쪽에 연못을 두고 있고 북쪽으로 문을 열면 삼수(三垂)의 아름다운 경관을 한눈에 볼 수 있다.(亭枕池南, 而北向, 啓扉則三垂之勝可一攬.)
급반이원 (金盤李園)	당의 북쪽에는 돌을 쌓아 산을 만들었는데 높이는 일장이 안 되고 형체만 갖추었을 뿐이다. 그 뿌리에는 작은 물길을 팠는데 굽어져 휘돌아 흘러 술잔을 띄울 수 있으나 물이 어디서 나오는지 알 수는 없다. 산의 어귀에 정자를 만들고 정자의 아래에 동굴을 만들었는데, 동굴은 오륙 척이 되지 못하고 벽에 기대어 구멍을 내어 대나무 문으로 막아 두었다. 혹은 구름 같은 담장의 뒤에 다시 산이 있고 산의 가운데에는 연못이 있으니 마땅히 이는 술잔을 띄우는 물의 굽이이다.(堂之陰, 迭石爲山, 高不尋丈, 具體而已, 其址皆鑿小溝, 宛曲環繞, 可以流觴而不知水所從出處, 山之麓爲亭, 亭下爲洞, 洞不能五六尺, 倚墻而竇, 竹扉蔽之, 或雲墻後複有山, 山之中有池, 當是流觴之水之委也.)

관련해서는 "늘어놓다[列]"와 "포개 쌓다[疊]"라는 두 가지 동사가 쓰였다. 이에 대해 명대 왕세정은 "낙양에서 물이 있고, 대나무가 있고, 꽃이 있고, 전나무와 측백나무가 있지만 돌이 없었다. 문숙의 기록에는 돌을 쌓아 봉우리와 고개를 만든 것을 이르지 않은 것으로 추측할 수 있다(蓋洛中有水有竹有花有檜柏, 而無石, 文叔記中不稱有疊石爲峰嶺者可推已.)"[45]라고 평하였다.

『유금릉제원기』에 기록된 산수경관들은 매우 풍부하고 세밀하며, 산과 물 사이

---

[45] 欽定四庫全書, 集部, 別集類, 明洪武至崇禎, 弇州四部稿, 續稿卷六十四, 游金陵諸園記.

도 5-24. 양주(揚州) 편석산방(片石山房).　　　　　　　도 5-25. 항주(杭州) 호설암고거(胡雪巖故居).

에 식물, 건축, 오솔길 등이 정묘하게 배치되어 있다. 특히 첩석에 대한 묘사를 살펴보면 구성이 풍부하고 기예의 수준이 높은데, 이는 앞선 두 원기의 시대에 비해 첩석예술의 수준이 비약적으로 발전한 것으로 볼 수도 있다.

　이렇듯 가산은 명대에 이미 원림 경관을 구성하는 중요한 요소로 자리 잡았다. 원림에서 가산의 비중이 높아진 것은 예술적 심미취향이 점차 자연산림의 경색을 재현하는데 치우치기 시작했음을 보여준다. 원림 안에 재현된 산림에는 그 위에 정자나 누각을 만들어 조망하거나 아래의 전경을 굽어보고 다른 한편으로는 원림의 구역을 나누는 역할을 한다. 또한『유금릉제원기』에 기록된 명대원림의 모습을 살펴보면 가산 외에 경물의 배치방식, 경관의 깊이를 구성하는 방식, 물의 처리기법 등이 모두 모두 이전 시대에 비해 큰 진보가 있음을 알 수 있다.

(3) 건축경관

『낙양명원기』에서 정(亭), 헌(軒), 당(堂), 실(室) 등의 건축은 종종 아름다운 물이나 나무경관에 덧붙여서 설계되었으며 그 배치는 규칙적으로 모여 있지 않고 자유롭게 흩어져 있다. 한 가지 주의할 점은 이 시기에 이미 건축에 이름을 붙이거나 혹은 건축에서 바라다 보이는 경관의 주제, 즉 점제(點題)를 지었다는 점이다.

『오흥원림기』에 기재된 건축경관은 종종 넓은 면적의 수체와 결합되어 있다. 그 중 다수의 원림은 당 앞에 연못을 만들었으며, 일부는 시냇물 가까이에 건축을 위치시켰다. 예를 들어 "정씨서원은 연못 옆에 따를 이은 정자가 있다(丁氏西園臨沼有茅亭)", "왕씨원에는 시냇물 가까이에 삼각정이 있다(王氏園臨流有三角亭)" 등의 구절이 종종 등장한다.

도 5-26. 소주(蘇州) 예포(藝圃).

『유금릉제원기』에는 건축경관이 생생하게 묘사되어 있는데 몇 가지 특징을 보인다.

첫째, 건축군의 조합이 복잡하다. 예를 들어 위공서포(魏公西圃)에는 "다시 남쪽으로 문을 하나 들어서면 당이 처마를 펼쳐 있다. 또 다시 당이 있고 당의 뒤에는 문을 만드니 밭이 보인다"라 하였다. 또한 건축군의 조합에 있어서 마주보는 관계를 중시하였다. 동원(東園)에는 "심원당의 뒤에는 작은 연못이 있고 작은 산봉우리와 마주하고 있다", "다리가 끝나는 곳에는 정자가 처마를 펼치고 있는데 매우 정

『낙양명원기』	건축경관
부정공원 (富鄭公園)	유배정(流杯亭) : 남쪽으로는 통진교가 걸쳐 있고, 위에는 방류정을 두었으며 자균당이 바라다 보인다. (南渡通津橋, 上方流亭, 望紫筠堂.)
동씨서원 (董氏西園)	연못 남쪽에 당이 있다. (池南有堂.) 미루(迷樓) : 굽고 깊어서 유람하는 사람들이 여기에 이르러 종종 서로 잃어버린다. (屈曲深邃, 游者至此, 往往相失.)
동씨동원 (董氏東園)	유배정(流杯亭). 연못안에 위치한 청당(池中堂) : 서쪽에 큰 연못이 있는데 가운데 당을 만들어 함벽"이라 이름 붙였다. (西有大池, 中爲堂, 榜之日含碧.)
환계(環溪)	좌우로 냇물에 둘러싸인 정자(左右溪環亭) : 화정은 남쪽으로 연못에 임하여 처마를 좌우로 뻗는다. (華亭者, 南臨池左右翼.)
유씨원(劉氏園)	양당(凉堂)은 높이와 만듦이 적절하여 사람의 마음에 들게 한다. (凉堂高卑, 制度適愜, 可人意.)
묘사원 (苗帥園)	정자가 시냇물을 누르고 있음(亭壓溪) : 물이 있어 윤수로 갈라져 나오며 열 척의 석주를 띄울 수 있다. 오늘 정자를 만들어 그 시내물을 눌렀다. (有水, 自伊水派來, 可浮十石舟, 今創亭壓其溪.) 수헌(水軒)과 교정(橋亭) : 연꽃을 심기에 좋으니 오늘날 수헌을 만들어 물 위로 뻗어나가게 하였다. 수헌의 맞은편에는 교정이 있다.(宜蓮荇, 今創水軒, 駕出水上, 對軒有橋亭.)
이씨인풍원 (李氏仁豐園)	사병, 영취, 탁영, 관덕, 초연의 5채의 정자가 있다(有四井, 迎翠, 濯纓, 觀德, 超然五亭.)
송도(松島)	남쪽에 누대를 만들고 북쪽에 당을 만들었다. (南築台, 北構堂.) 연못 앞과 뒤에 정자를 만들어 굽어보게 했다. (池前後爲亭臨之.)
동원(東園)	연영과 전수의 두 당은 물 가운데 완연하다. (淵映瀍水二堂宛在水中.) 상부와 약포의 두 당 사이에는 수석을 늘어놓았다. (湘膚藥圃二堂間, 列水石.)
수북호씨원 (水北胡氏園)	물가의 동굴(臨水土室) : 물가에 두개의 동굴을 뚫으니 깊이가 백여 척이고, 견고함이 연식[46]과 같다. 높은 창을 그 앞에 열어 물 위에 임한다. (因岸穿二土室, 深百餘尺, 堅完如塊埴, 開軒窗其前, 以臨水上.) 완참대(玩站臺) : 임목이 무성하고 안개와 그림자 가리고 드러내는 가운데 높은 누각과 굽은 사가 때로는 숨었다가 때로는 드러나니 화공으로 하여금 지극히 생각하게 하여도 그릴 수가 없게 하니 이름 하기를 "완참대"라 하였다.(林木蓊蔚, 烟雲掩映, 高樓曲榭, 時隱時見, 使畫工極思不可圖, 而名之日玩站臺.) 학고암(學古庵) : 암자가 소나무, 전나무, 등나무, 칡 가운데 있다. 옆의 들창을 열면 곧 누대가 보이고 역시 앞에 모두 진열되어 있다. 소나무와 전나무를 피하고 등나무와 칡을 헤치면 틀림없이 다른 사람의 눈과 마주치니 학고암이라 하였다. (有庵在松檜藤葛之中, 辟牖牖則台之所見, 亦畢陳于前, 避松檜, 騫藤葛, 的然與人目相會, 而名之日學古庵).
독락원(獨樂園)	요화정(澆花亭) 농수종죽헌(弄水種竹軒)
호원(湖園)	호수 안에 당이 있으니 백화주라고 일컫는다. (湖中有堂, 日百花洲). 계당(桂堂) : 사방에 이르고 동서방향의 작은 길을 맞이한다.(四達而當東西之蹊者) 영휘정(迎輝亭) : 절연하게 호수에서 솟아 있다. (截然出于湖.) 매대(梅台)와 지지암(知止庵) : 횡지를 지나고 우거진 숲을 헤치면 굽은 길을 따라 뒤에 나타나는 것이다. (過橫地, 披林莽, 曲徑而後得者.)

결하고 물 가운데 한가로우니, 바로 일감당을 마주하고 있다." 한편 원림에는 흥미로

도 5-27. 피서산장(避暑山莊) 연우루(煙雨樓).

운 곡교(曲橋)가 등장하는데 "붉은 다리가 비스듬히 이어지니 무릇 대여섯 번 꺾어서 올라가면 모두 바르고 평평하니 간단하게 술을 마시기에 좋다(丹橋迤邐, 凡五六折上, 皆正平, 于小飲宜.)"라 하였다.

둘째, 당 앞에 산봉우리를 두는 것이 관행이었다. 7개의 원림에서 주 건축인 당(堂)이나 광(廣) 앞에 석봉을 늘어놓고 그 사이에 기타 경관을 배치하였다. 현대학자인 동요(童寯)는 이러한 경관배치를 종합하여 평가하기를 "기둥이 있는 높고 큰 청당이 중요한 위치를 차지하고 있어 원림구도의 악센트가 되며 또한 사방에 설치된 리가 가능한 창호를 아무렇게 열면 아름다운 경색이 눈을 즐겁게 한다. 이러한 청당은 종종 높이 솟아 있는 평대가 붙어 있거나 혹은 정면에 넓은 공터를 이웃하고

---

46 진흙으로 만든 도자기.

『유금릉제원기』	건축경관
동원(東園)	당 앞의 산봉우리(堂前峰) : 심원당 앞에 대를 만들었는데 몇 개의 봉우리를 오래된 나무로 덮었다.(心遠堂前爲站臺數峰古樹冠之.) 심원당 뒤에는 작은 연못이 있고 소봉산과 마주하고 있다.(心遠堂後枕小池與小蓬山對.) 일감당 앞에는 큰 연못을 이고 있다.(一鑒堂前枕大池.) 붉은 다리가 비스듬히 이어지니 무릇 대여섯 번 꺾어서 올라가면 모두 바르고 평평하니 간단하게 술을 마시기에 좋다.(丹橋迤邐, 凡五六折上, 皆正平, 于小飮宜.) 다리가 끝나는 곳에는 처마가 치솟은 정자가 있는데 매우 정결하여 물 가운데 완연하며 바로 일감당과 마주하고 있다.(橋盡有亭翼然, 甚整潔宛宛水中央, 正與一鑒堂面.)
서원(西園)	당 앞의 산봉우리(堂前峰) : 앞에 대를 만드니 기이한 산봉우리와 오래된 나무 따위가 있다.(前爲站臺, 有奇峰古樹之屬.)
위공남원 (魏公南園)	당 앞의 산봉우리(堂前峰) : 앞에 참대를 앉히니, 봉우리 모양의 돌과 여러 가지 풀 따위가 있다.(前爲坐站臺, 有峰石雜卉之屬.) 당 남쪽의 연못(堂南池) : 당의 남쪽에 공터를 만들고 앞에 하나의 연못을 모았다.(堂之陽爲廣除前彙一池.)
위공서포 (魏公西圃)	다시 남쪽으로 문을 하나 들어서면 당이 있어 처마를 뻗어 있다. 또 다시 당이 있고 당의 뒤에는 문을 만드니 밭이 드러난다. 오른쪽으로 꺾어 올라가면 구불구불 굽고 꺾어진다. 마디마디 이어진 돌계단과 가파른 산 능선에는 오래된 기이한 풀들이 있으니 사람으로 하여금 발에 힘이 없어지고 눈으로 하염없이 바라보게 한다. 아래에는 또 굽고 깊은 연못이 있는데 미미하여 물이 부족하니 고로 돌보다 아름다울 수 없다.(複得南向一門而入, 有堂翼然, 又複爲堂, 堂後複爲門而圃見, 右折而上, 逶迤曲折, 迭磴危巒古木奇卉, 使人足無餘力而目恒有餘觀, 下亦有曲池幽沼微以艱水, 故不能勝石耳.)
금의동원 (錦衣東園)	꺾어서 서쪽으로 문을 하나 지나면 넓은 마당이 있어 적막한데 앞에는 또 월사(月榭)가 있고 몇 개의 산봉우리를 두었다.(折而西得一門, 則廣庭廓落, 前亦有月榭, 以安數峰.)
만죽원(萬竹園)	원림 안에 당이 세 채가 있고, 앞에는 대를 만들었고, 대에는 또한 몇 개의 산봉우리를 심었다.(園有堂三楹, 前爲台, 台亦樹數峰.)
서삼금의자동원 (徐三錦衣者東園)	문을 열고 꺾어서 동쪽으로 가면 다섯 채의 건물이 처마를 뻗어 있는데, 마당 맞은편에는 월사(月榭)를 만들어 꽃과 돌을 이었다.(門啓, 折而東, 五楹翼然, 廣除稱是爲月榭, 以承花石.)

있다(有柱的和頗高大的廳堂踞于要衝, 作爲一種園林構圖的强音, 且適于隨意打開所有四面設置的可拆卸的窗戶, 以利騁目良好景色. 這種廳堂往往附有升高的平·臺或毗鄰正面的寬敞鋪地.)"라 하였다.[47]

이와 유사하게 명대 장대(張岱)는 『도암몽억(陶庵夢憶)』 8권 「양현복지(琅嬛福地)」

---

[47] 童寯, 『東南園墅序』, 北京 : 中國建築工業出版社. 1997.

도 5-28. 북경 공왕부(恭王府) 화원.

라는 글에서 다음과 같이 묘사하고 있는
데, 여기서 당시 사람들이 원림 주 건축
전후의 경관처리에 있어서 얼마나 심혈
을 기울였는지 알 수 있다.

내가 창(廠)을 만들고자 하니, 당을 동서향
으로 놓고 앞뒤에 창을 내고 뒤에는 석평(石
坪)을 쌓아 몇 그루 황산송을 심고 기이한
돌로 사이에 끼웠다. 당의 앞에는 두 그루
사라목을 심고 맑은 나무들을 배경으로 심었
다. 왼쪽에는 허실(虛室)을 붙이니 산기슭을
마주하여 앉아 있는데 높고 날카로워 갈라짐
이 마치 검을 시험하는 듯하니 "일구(一丘)"

도 5-29. 소주(蘇州) 유원(留園).

도 5-30. 소주(蘇州) 왕세마항(王洗馬巷)의 모택(某宅)(출처 : 《강남이경예술(江南理景藝術)》).

라고 편액을 달았다. 오른쪽에는 세 칸의 창각(廠閣)이 서 있는데 앞에는 큰 연못이 있어 가을
에는 물이 맑고 깊은 버드나무에서 책을 읽으니 "일학(一壑)"이라 편액하였다. 산을 따라 북쪽
에는 정사로 쓰이는 작은 집이 있는데 웅크리고 굽어 있다. 오래된 나무가 있고 층층의 절벽이
있으며 작은 계곡이 있고 깊은 대숲이 있으니 마디마디가 모두 아름답다.(余欲造廠, 堂東西向,
前後軒之, 後礌一石坪, 植黃山松數棵, 奇石峽之. 堂前樹婆羅二, 資其淸樾. 左附虛室, 坐
對山麓, 磁磁齒齒, 劃裂如試劍, 匾曰"一丘". 右踞廠閣三間, 前臨大沼, 秋水明瑟, 深柳讀書,
匾曰"一壑". 緣山以北, 精舍小房, 紬屈蜿蜒, 有古木, 有層崖, 有小澗, 有幽篁, 節節有致.)

'당 앞에 봉우리를 두는(堂前峰)' 수법과 유사한 수법으로, 『원야』 철산(掇山)편에
서는 '청 앞에 산을 두는(廳前山)' 수법을 소개하면서 환경을 고려하지 않고 맹목적
으로 이러한 수법을 사용하는 세태를 비판하고 몇 가지 대안을 건의하였다.

도 5-31. 소주(蘇州) 예포(藝圃).　　　　　　　　　　　　도 5-32. 소주(蘇州) 예포(藝圃).

사람들마다 청 앞에 산을 쌓으니 둘러싸서 막은 가운데 우뚝 솟은 높은 세 개의 봉우리가 앞에 늘어서 있으니 매우 우습다. 정자를 더해서 올라가도 아무것도 보이지 않으니 그것을 만든들 어떠한 이로움이 있는가? 또한 더욱 우스울 뿐이다. 내가 보기에 아름다운 나무를 심거나 약간의 영롱한 돌덩어리를 하나 두거나 아니면 담장에 벽암(壁岩)을 새겨 넣고 혹은 풀이나 덩굴을 올리면 아마도 깊은 경지가 있으리라.(人皆廳前掇山, 環堵中聳起高高三峰排列于前, 殊爲可笑. 加之以亭, 及登, 一無可望, 置之何益? 更亦可笑. 以予見. 或有嘉樹, 稍點玲瓏石塊. 不然, 墻中嵌理壁岩, 或頂植卉木垂蘿, 似有深境也.)

　이러한 비판에 대해 본 연구는 판단을 유보하겠지만 적어도 이상의 문헌자료로부터 이러한 수법이 명대에 유행하였음을 알 수 있다.

2. 경관지점의 위치선정

(1)원림입구 경관―조금씩 아름다운 풍경 속으로 들어서다(漸入佳境)

『낙양명원기』에서 묘사된 원림입구의 경관 처리방식은 비교적 간단한데 주 건축인 당(堂)을 세우거나 노송나무(栝) 한 그루를 심는다. 『오흥원림기』에서는 원림입구 경관을 강조하지 않았다.

『유금릉제원기』에서 원림입구 경관은 여전히 주로 당이지만 입구에서 당에 이르는 노정과 당 앞의 경관에 대한 설계의장이 구체적으로 강조되어 있다.

이상에서 보듯이, 적어도 송대부터 입구 바로 안쪽에 주 건축인 당을 설치하는

『낙양명원기』	입구경관
부정공원 (富鄭公園)	문을 들어서면 당이 있음(入門爲堂) : 유객이 그 저택에서 동쪽으로 나오면 탐춘정에 나와 사경당에 오른다.(游者自其第, 東出探春亭, 登四景堂.)
동씨서원 (董氏西園)	문을 들어서면 당이 있음(入門爲堂) : 남쪽에서 문을 들어서면 당이 있어 서로 바라본다.(自南門入, 有堂相望者.)
동씨동원 (董氏東園)	문을 들어서면 노송나무가 있음(入門有栝) : 문을 들어서면 열 구비 노송나무가 있다. 솔방울처럼 과실이 작지만 달고 향기로움이 그것을 넘는다. (入門, 有栝可十圍, 實小如松實, 而甘香過之.)

『유금릉제원기』	입구경관
동원(東園)	처음에 문을 들어서면 느릅나무와 버드나무가 어지럽게 심어져 있고 나머지는 모두 보리 두렁이니 무성하여 다듬지 않았다.(初入門, 雜植楡柳, 余皆麥壟, 蕪不治.)
서원(西園)	원림에 들어서면 꺾어서 작은 길을 따라 들어서게 되는데 뭇 세 개의 문을 들어서면 처음은 봉유당이다.(入園爲折, 徑以入, 凡三門, 始爲鳳游堂.)
위공남원 (魏公南園)	문을 들어서면 그 난간을 붉게 하여 여러 가지 풀로 가득 채웠다. (入門, 朱其欄楯, 以雜卉實之.)
금의동원 (錦衣東園)	문에 들어서면 꺾어서 동남방향으로 가면 당이 있는데 매우 아름답다. 앞에는 월사가 있고 당의 뒤에는 주렴을 드리운 실이 있고, 좌우의 작은 마당에는 이실(耳室)이 뻗어 있다. (入門, 折而東南向有堂, 甚麗, 前爲月榭, 堂後一室垂朱簾, 左右小庭耳室翼之.)
동춘원(同春園)	문에 들어서면 수레를 둘 수 있고, 돌아서 오른쪽으로 가면, 광이 열려 있는데 훤하다. 참대는 크고 반듯하며 산봉우리와 나무가 엄영하고 있는데, 가서당이 받들고 있다. (入門可方駕, 轉而右, 辟廣除豁然, 站臺宏飭, 峰樹拼掩映, 嘉瑞堂承之.)

도 5-33. 항주(杭州) 서냉인사(西泠印社).

것이 보편적인 전통으로 자리 잡았음을 알 수 있다. 이에 대해 청나라 사람 심원록 (沈元祿)은 다음과 같이 설명하였다.

하나의 원림의 몸과 기세를 정하는 것으로 당만 한 것이 없고, 하나의 원림의 형상과 경승을 기대는 것으로 산만 한 것이 없다. 위당(魏堂)은 이러한 당이다. 크고 넓으며 탁 트이지 않아서 자구(玆丘)의 걸작이라 하기에는 부족하나, 겹겹의 누각과 집들, 작은 헌과 긴 회랑, 돌길과 굽은 병풍, 교량과 정사 따위의 마침내 그것으로 인하여 이어진다. 그 땅의 좁은 것을 넓히고, 길의 곧은 것을 에돌게 하며, 건물의 성긴 것을 빽빽하게 하니, 이로써 그 당에 오르고 그 언덕에 오르면 원림이 넓게 비어 있음을 향하게 되니, (이러한 수법이) 능한 것은 이로써 깊어서 역시 부족함이 없더라.(奠一園之體勢者莫如堂, 踞一園之形勝者莫如山. 魏堂之爲此堂也, 以爲 非宏敞軒豁不足以稱玆丘之杰特, 而重樓複宇, 小軒長廊, 石徑曲屛, 橋梁亭榭之屬, 遂因 之而踵事焉. 且于其地之陝者拓之, 路之直者迂之, 居之疏者密之, 于是升其堂, 登其丘,

도 5-34. 소주(蘇州) 예포(藝圃).　　　　　　　도 5-35. 소주(蘇州) 예포(藝圃).

而園之向以曠, 擅長者至是而奧, 亦無不足焉.)**48**

　　또한 적어도 명대에 이르러서는 원림의 "입구에 들어서는(入門)" 순간부터 설계
자에 의해 의미 있게 계획된 경관이 펼쳐지기 시작한다. 때로는 길이 굽어서 에돌
기도 하고, 때로는 경관을 가렸다가 트이게 한다(欲揚先抑). 이렇게 조금씩 아름다운
풍경 속으로 다가서는(漸入佳境) 과정을 입구 부분에 안배해 놓는 것은 명청시기 원
림에서 전형화된 수법으로 자리 잡게 되어, 원림에 대한 첫 인상을 결정하는 중요
한 기준이 된다.

---

48 [淸] 沈元祿 『古猗園記』.

(2) 높은 곳에서 멀리 바라봄(憑高望遠)

설명의 편의를 위해 원림에서 높은 곳에 정자, 노대, 누각 등의 건축을 만들어 원림 내부의 전경을 내려다보거나 멀리 원림 밖의 경치를 조망하는 것을 "빙고망원(憑高望遠, 높은 곳에서 멀리 바라봄)"이라고 하겠다.

『낙양명원기』를 보면 여러 원림에 "빙고망원"할 수 있는 곳들이 있는데, 일부는 원림 내부의 경관을 내려다보고, 일부는 담장 너머 펼쳐진 자연경관을 감상하기도 한다.

『오흥원림기』에서는 북심상서원의 대호대와 조씨국파원의 극목정 외에 "빙고망원"할 수 있는 곳에 대한 기록이 없다.

『낙양명원기』	빙고망원(憑高望遠)
부정공원 (富鄭公園)	사경당에 오르면 원림 전경을 살필 수 있다.(登四景堂, 則一園之景勝可顧覽而得.)
동씨서원 (董氏西園)	작은 다리를 건너면 높은 노대가 하나 있다.(逾小橋有高臺一.)
환계(環溪)	다경루(多景樓) : 사의 남쪽에 다경루가 있으니 남쪽을 바라볼 수 있다. (榭南有多景樓, 以南望.) 풍참대(風站臺) : 북쪽에는 풍참대가 있어서 북쪽을 바라볼 수 있다.(北有風站臺, 以北望.)
총춘원(叢春園)	그 큰 정자로는 총춘정이 있다. 높은 정자로는 선춘정이 있다. 총춘정은 도미 술을 두는 틀 위에 있는데 북쪽으로 낙수를 바라볼 수 있다. (其大亭有叢春亭. 高亭有先春亭. 叢春亭出酴醾架上, 北可望洛水.)
수북호씨원 (水北胡氏園)	그 누대에서 사방을 바라보면 백여 리를 볼 수 있다.(如其台四望, 盡百餘裏.)
대자사원 (大字寺園, 당대 백낙천의 원림)	견산대(見山台)

『오흥원림기』	빙고망원(憑高望遠)
북심상서원 (北沈尚書園)	대호대에서는 태호의 뭇 산들이 모두 보인다.(對湖台, 盡見太湖諸山.)
조씨국파원 (趙氏菊坡園)	극목정은 경관을 관람하기에 가장 좋은 곳이다.(極目亭, 最得觀覽之勝.)

도 5-35. 소주(蘇州) 환수산장(環秀山莊).

도 5-37. 피서산장(避暑山莊) 문진각(文津閣) 앞 가산.

도 5-38. 자금성 건륭화원(乾隆花園).

『유금릉제원기』	빙고망원(憑高望遠)
위공남원 (魏公南園)	먼저 도착한 네다섯 사람이 오른쪽에서부터 십여 번 꺾어서 올라 정루(亭樓)에 이른다. 하나는 그 가운데서 가볍게 술을 한 잔 마시고 팔구는 이어서 간다. 손님이 모두 이르면 왼쪽으로 비스듬히 내려간다. (先至者四五人, 從右方十餘折而上得亭樓, 一小飲其中, 八九行, 而客俱至, 乃從左逶迤而下.)
위공서포 (魏公西圃)	뒤에 당이 하나 있는데 지극히 크고 화려하다. 앞에는 돌을 쌓아 산을 만들었는데 높아서 여러 고개들을 내려다볼 수 있다. 꼭대기에는 정자가 있으니 특히 아름답다. (後一堂, 極宏麗, 前迭石爲山, 高可以俯群嶺, 頂有亭尤麗.)
금의동원 (錦衣東園)	북쪽에 높은 누각이 있는데 그 터가 이미 삼 척에 달한다. 무릇 이십여 계단을 올라 앞을 보면 보은사탑이 보인다. 가운데에서 보아 올라가면 우뚝 솟은 상륜이 그 위의 장쯤을 차지하고 있다. 햇빛을 받으면 금빛이 눈부시다.(北有危樓其址已可三尺, 凡二十餘級而登, 前眺則報恩寺塔, 當眺而聳相輪複踞其上二丈許, 得日而金光漾目.)
금반이원 (金盤李園)	돌아오는 길의 약간 북동쪽에 비로소 물이 있으니 매우 아득하게 가득 차 있으니 집 뒤를 거친 연못인 것 같다. 정자의 서쪽은 높은 언덕이니, 정자가 그 위에 있어서 이르러 벽운심처라 하니 동쪽으로는 조천궁을 바라볼 수 있고 북쪽으로는 청량한 풍경을 바라볼 수 있다.(歸路稍東北始得水頗渺瀰, 疑即所過屋後池也, 亭西高卑, 亭其上日碧雲深處, 可以東眺朝天宮, 北望淸凉.)

『유금릉제원기』에는 "빙고망원"의 감상방식에 대해 비교적 자세하게 묘사하고 있으며 "빙고망원"할 수 있는 지점까지 이르는 노정을 설명한 것이 많다. 주로 굽고 꺾이면서 올라가기 위해서는 중간에 각종 형식의 경관과 어울려야 한다. 이들은 명대 원림에서 "빙고망원"수법이 발전하였음을 반영한다고 볼 수 있다.

3. 경관의상(意象)

표에서 보듯이 『낙양원림기』는 각 원림의 경관 의상[49]에 대한 총결적인 평가를 하고 있는 반면 남송 주밀의 『오흥원림기』은 총결적인 평가가 없고, 명대 왕세정의 『유금릉제원기』 역시 오직 서삼금의자동원(徐三錦衣者東園)에 대해서만 "기이하고 산봉우리와 험준한 산고개들이, 높은 벼랑에는 괴이한 나무와 오래된 덩굴이 휘어서 서로 가리고 두르고 있으며, 화려한 누각이 위로는 구름을 가리고 있고 아래로

---

49 이미지.

『낙양명원기』	경관의상에 대한 총결
부정공원 (富鄭公園)	건축과 식물 모두 눈과 마음으로 만들고 가꾼 것이니, 고로 구불거리며 이어짐과 가로지르고 서 있음, 상쾌함과 깊고 빽빽함, 모두 곡진하게 깊은 뜻이 있다. (亭台花木, 皆出其目營心匠, 故逶迤衡直, 闓爽深密, 皆曲有奧思.)
동씨서원 (董氏西園)	건축과 화목은 처음에 늘어선 구역을 만든 것이 아니라 아마도 경물에 따라서 세월이 가면서 점차 만들어진 것이리라.(亭台花木, 元不爲行列區處, 疑因景物歲增茸所成.)
유씨원 (劉氏園)	누각과 청당이 종횡으로 서 있고, 회랑이 돌아서 둘러 감고 있으며, 난간이 주위를 잇고, 나무와 꽃들이 가렸다가 들어나니 곱고 은은하지 않은 것이 없다. (樓橫堂列, 廊廡回繚, 闌楯周接, 木映花承, 無不妍穩.)
이씨인풍원 (李氏仁豐園)	낙양의 꽃 중에서 없는 것이 없다.(洛中花木無不有.)
송도(松島)	낙양은 다만 그 소나무로 유명하다.(洛陽獨以其松名.)
동원 (東園)	물이 아득하게 넓고 배를 타고 노는 사람들 넓게 퍼져 있으니 마치 강호에 있는 듯하다.(水渺彌甚, 廣泛舟游者, 如在江湖間也.)
수북호씨원 (水北胡氏園)	무릇 올라서 관람하고 돌아다니며 굽어보며, 초절함이 하늘과 땅이 베푼 듯하니 사람의 힘을 기다리지 않고 교묘한 것이다.(凡登覽徜徉俯瞰, 而峭絕天授地設, 不待人力而巧者.)
이자사원 (大字寺園)	5무의 주택에 10무의 원림이라. 연못이 하나 있고 대나무가 천 그루 있다. (五畝之宅, 十畝之園. 有水一池, 有竹千竿.)
독락원 (獨樂園)	온공이 직접 쓴 서와 여러 정자와 노대에 관한 시가 세간에 널리 퍼지니 사람에게 흠모받은 이유가 원림 때문만은 아니었던 것이다. (溫公自爲之序, 諸亭台詩, 頗行于世. 所以爲人欣慕者, 不在于園耳)
호원 (湖園)	낙양 사람들이 이르기를 원림의 경치가 겸비할 수 없는 여섯 가지가 있다. 큰 것 중에 그윽하고 깊은 것이 적고, 인력을 많이 쓴 것 중에 창고한 것이 적고, 샘이 많은 것 중에 멀리 조망할 수 있는 것이 적다. 이 여섯 가지를 겸비한 것은 오로지 호원이 유일하다. (洛人雲 "園圃之勝不能相兼者, 六務." 宏大者, 少幽邃. 人力勝者, 少蒼古. 多水泉者, 艱眺望. 兼此六者, 惟湖園而已.)

는 물결을 물고 있으니 진실로 사람으로 하여금 감응케 하여 한시도 쉬지 못하게 한다(奇峰峻嶺參差, 崒嵂怪木壽藤樛互映帶, 朱樓畫閣上割雲而下嚙波, 眞使人應接不暇.)"라고 총결적 평가를 하고 있다.

이상에서 볼 때, 『낙양명원기』의 저자는 원림에 대한 명확한 평가기준으로 각 원림의 핵심을 간결하고 명쾌하게 총결할 수 있는 풍부한 식견을 갖고 있음을 은연 중에 드러내고 있으며, 그 평가는 주로 원림경관의 각 요소를 어떻게 교묘하게 조 합하였는지에 집중되어 있다.

예를 들어 "경물이 가장 아름다운(景物最勝)" 부정공원(富鄭公園)은 주택의 동쪽에 있는데, 그 원림의 배치를 살펴보면 탐춘정(探春亭)에서부터 유람객을 인도하기 시작하여 동선을 따라 구역이 하나씩 열렸다 닫히면서 다양한 풍경이 하나하나 펼쳐진다. 이때 각 경관구역은 화목, 대숲, 시냇물, 동균(洞筠) 등을 이용하여 분할하니 "고로 배치와 구도가 넓고 상쾌하면서도 깊고 빽빽하니 모두 깊은 뜻이 있다.(故透迤衡直, 闔爽深密, 皆曲有奧思.)"

환계(環溪)는 전체 원림이 시냇물과 연못 등의 수경을 주제로 하고 있다. 남쪽에 연못이 하나 있고 북쪽에 또다시 큰 연못이 있으며, 두 줄기 시냇물이 좌우로 껴안 듯이 두르고 있고, 물가에는 정사나 누대를 설치하였다. 북쪽의 큰 연못 남쪽 물가에는 정자가 있고, 북쪽에는 양사(凉榭)가 있으며, 양사의 남쪽에는 다경루(多景樓)가 있고, 양사의 북쪽에는 풍월대(風月台)가 있다. 남쪽을 바라보면 숭산 소실봉과 용문의 대곡이 있고 북쪽을 바라보면 궁궐 누대가 있어 한눈에 들어오니, 이는 인차(因借)의 수법을 교묘하게 사용한 "목영(目營)"에 속한다. 또 원림의 숲에는 빈터를 두어서 꽃이 만발할 때 장막을 펴서 편안하게 꽃을 감상 할 수 있게 하니 이 역시 장인의 세심한 배려, 즉 "심장(心匠)"을 엿볼 수 있는 부분이다.

호원(湖園)은 넓은 호수를 주제로 한 원림이다. 호수 가운데는 주(洲)가 있고, 그 위에는 당이 있어 백화주(百花洲)라 부른다. 백화주는 연못 북쪽 물가의 사병당(四幷堂)과 서쪽 물가의 영휘정(迎輝亭)과 함께 삼각 구도를 형성한다. 호수를 가로지르면 점차 깊고 그윽하며 닫혀 있는 경관구역으로 들어서게 되는데, 이는 시각적으로 넓은 호수경관과 선명한 대비를 이룬다. 그 가운데에는 취월헌(翠樾軒)이 있는데 그 주위에는 찬연한 색채의 꽃들을 심어서 헌을 돋보이게 하였다. 꽃과 풀들은 연못에 반영을 드리워서 마치 연못 안에 새로운 경관이 있는 듯한 느낌을 준다. 이에 대해 이격비는 "낙양 사람들이 이르기를 원림의 경치가 겸비할 수 없는 여섯 가지가 있다. 큰 것 중에 그윽하고 깊은 것이 적고, 인력을 많이 쓴 것 중에 오래된 느낌의 것이 적고, 샘이 많은 것 중에 멀리 조망할 수 있는 것이 적다. 이 여섯 가지를 겸비한 것은 오로지 호원이 유일하다 하였는데, 내가 한 번 노닐어 보니 과연 그러했다(洛人云, 園圃之勝不能相兼者六, 務宏大者, 少幽邃. 人力勝者, 少蒼古. 多水泉者, 難眺望. 兼此六者, 惟'湖園'而已. 予賞游之, 信然.)"라고 총결적으로 평가하였다. 크고 탁 트인 가운데 동시에 깊고 그윽한 공간이 공존하며, 인공미와 고풍스러움이 어우러져 있고, 깊고 그윽한 곳에서나 볼 수 있는 샘물 경관 너머로 다시 광활한 원경을 조망을 할 수 있으니, 이는 극히 모순적인 경관에 대한 요구를 동시에 만족시키고 있는 것으로, 이를 간파한 당시 "낙양 사람들과" 이를 실현한 원림의 주인 모두 조원의장에 대해 상당한 수준의 견문을 갖고 있었음을 알 수 있다.

동씨서원(董氏西園)은 산림의 경관을 주제로 한 원림으로, 건축배치에 있어서 축선과 대칭을 사용하지 않고, 화목 역시 자유롭게 배치하였다. 남쪽에서 원림 입구로 들어서면 세 채의 당이 서로 바라보고 있으며, 작은 다리를 지나 높은 누대에 오르면 원림의 전경을 대략적으로 파악하여 어떻게 돌아볼 것인지 대략적인 감을 잡을 수 있게 한다. 대를 넘어서 서쪽으로 가면 대숲으로 둘러싸인 당이 나오고 그 깊숙한 곳에는 샘과 연못이 있다. 연못에는 돌로 조각한 연못이 있고, 물이 꽃들 사이에서 뿜어져 나온다. 다시 우거진 수목 사이로 들어서면 그 안에 당이 하나 있으니, "무더운 여름에도 뜨거운 햇살이 보이지 아니하고 맑은 바람이 문득 불면 머물러 떠나지 아니한다. 그윽한 새들이 조용히 울며 각기 득의를 자랑한다. 이러한 삼림의 경관을 낙양성 가운데서는 여기서 얻을 수 있다.(盛夏燠暑, 不見畏日, 淸風忽來, 留而不去, 幽禽靜鳴, 各誇得意. 此山林之景, 而洛陽城中, 遂得之于此.)" 다시 대숲 사이의 작은 길을 따라 걷다 보면 홀연히 넓게 탁 트이면서 바람에 따라 물결이 출렁이는 호수경관이 눈앞에 등장한다. 호수의 북쪽에는 높은 정자가 있고, 남쪽에는 당이 있어서 서로 호응하고 있다.

그 밖에 『낙양명원기』에서는 "유람하면서 또한 만물의 무상함을 볼 수 있다. 경관을 볼 수 있는 시기가 갑자기 찾아왔다가 홀연히 간다(游之亦可以觀萬物之無常, 覽時之倏來而忽逝也.)"[50]라 하여, 원림의 특정한 경관은 특정한 계절과 시기에만 볼 수 있다는 도리를 설명하고 있다.

이상의 세 원기를 비교해보면, 송대부터 명대까지 원림의 경관의상은 적지 않은 발전이 있었고, 각종 경관요소를 조합하여 경관을 만드는 수법은 송대에 이미 갖추어졌음을 알 수 있다. 예를 들어 성주지(醒酒池)로 유명한 동씨동원, 수석으로 조경한 총춘원(叢春園), 송죽으로 조경한 묘사원(苗帥園), 소나무와 샘으로 유명한 송도(松島)가 있었다. 즉 명대 원림의 진보된 경관의상은 송대에 확립된 경관조합의 기초위에서 더욱 심화되고 세분화된 결과이다.

二. 『장물지』의 원림 완상(玩賞)과 기예

『장물지』는 명대 문진형(文震亨, 1585~1645년)의 저작으로 총 12지(志)로 구성되어 있다. 제목인 "장물(長物)"은 "신외여물(身外餘物)"이라는 뜻으로 『세설(世說)』 왕공(王恭)의 고사에서 따온 것이다. 작가인 문진형은 명대 화가인 문징명(文徵明)의 증손으로서 서화에 뛰어나고 원림을 좋아하여, 여러 원림을 유람하면서 많은 시가와 회화작품을 남겼다. 또한 원림에 대한 식견이 뛰어나서 스스로 향초타(香草垞)라는 원림을 만들어 기거했을 뿐만 아니라 몇몇 원림의 영건에 참여했다고 전해진다. 명대 고령(顧苓)의 『탑영원집(塔影園集)』에 문진형에 관해 이르길 "향초타에 거하니 물과 나무가 푸르고 화려하며, 집이 그윽하고 정숙하니 성에서 명승지로 불렸다. 서쪽 교외에 벽랑원을 짓고, 남도에 수희당을 만들었는데 모두 위치가 청결하고 사람이 그림 속에 있는 듯하였다(所居香草垞, 水木清華, 房櫳窈窕, 閭閻中稱名勝地. 曾于西郊構碧浪園, 南都置水嬉堂, 皆位置清潔, 人在畫圖.)"라 하였다.

『장물지』의 12지 중에서 원림과 직접 관련 있는 것은 "실려(室廬)", "화목(花木)", "수석(水石)", "금어(禽魚)"의 4지이고, 그 밖의 8지, 즉 "서화(書畫)", "기탑(幾榻)", "기

---

50 欽定四庫全書, 史部, 地理類, 古迹之屬, 洛陽名園記.

구(器具)", "의식(衣飾)", "주거(舟車)", "위치(位置)", "소과(蔬果)", "향명(香茗)" 역시 원림생활과 간접적인 관계가 있다. 『장물지』는 『한정우기(閑情偶寄)』와 함께 원림 완상 방면에 중점을 두었는데, 이는 『원야』가 조원기술에 중점을 둔 것과 대비를 이룬다. 이 두 종류의 원림문헌은 상호 보충작용을 하여 고대 원림을 종합적·전면적으로 이해하게 해 준다. 『장물지』에서는 청아하고 자연스러운 심성을 강조하고 있는데 이는 전형적인 명대 문인 원림의 심미의식을 표현한 것이다.

1. 실려(室廬)─고아하고 깨끗하니 본성이 살아난다(雅潔本性生)

(1) 산수와 함께하는 주거

주거용 건축인 "실려"에 대해 작가는 『장물지·권일·실려·총론(長物志·卷一·室廬·總論)』에서 자연 속에서의 원림생활에 대한 갈망을 명확하게 표현하였다. "산수 간에 거처하는 사람이 으뜸이고, 촌락에 거처하는 사람이 그 다음이며, 교외에 거처하는 사람이 그 다음이다.(居山水間者爲上, 村居次之, 郊居又次之.)"[51] 즉 거주하는 곳으로 가장 적합한 곳은 산과 물로 둘러싸인 고요하고 그윽한 곳이다.

현실적인 이유로 진정한 산수 가운데서 거주하는 것이 불가능한 경우, 원림을 만들어 자연환경을 생활 속으로 가져 올 수 있다.

우리들이 설사 암곡(岩谷)에 거처하면서 기원(綺園)의 종적을 따르지 못하기는 하지만, 성시에 종적을 섞어서 거처할 때에는 반드시 문정(門庭)은 아결(雅潔)하고 실려(室廬)는 청정(淸靚)해서 정대(亭台)는 광사(曠士)의 회포를 갖추고 재각(齋閣)은 유인(幽人)의 정치(情致)를 가져야 한다. 또한 마땅히 가목(佳木)과 괴탁(怪籜)을 심고 금석(金石)과 도서(圖書)를 진열하여

---

51 欽定四庫全書, 子部, 雜家類, 雜品之屬, 長物志.

거처하는 사람으로 하여금 늙음을 잊게 하고, 우거하는 자로 하여금 돌아갈 것을 잊게 하며, 유람하는 자로 하여금 권태로움을 잊게 하여야 한다. 온융(蘊隆)하면 삽연(颯然)히 서늘하고 늠열(凜冽)하면 후연(煦然)히 따뜻하게 한다.(吾儕縱不能栖岩止谷, 追綺園之踪 ; 而混迹塵市, 要須門庭雅潔, 室

도 5-39. 명(明) 문징명(文徵明) 작품 속 여실원거(室廬園居)의 정경.

廬淸靚. 亭台具曠士之懷, 齋閣有幽人之致. 又當種佳木怪籜, 陳金石圖書. 令居之者忘老, 寓之者忘歸, 游之者忘倦. 蘊隆則颯然而寒, 凜冽則煦然而燠.)

여기서 작가는 이상적인 실려의 조건으로 야결, 정관, 광사의 회포, 유인의 정치, 여름에 시원함, 겨울에 따뜻함 등을 열거하였다. 반대로 "만약 쓸데없이 사치스럽게 토목을 하고 붉은 칠한 벽을 숭상하면 진실로 질곡이나 변함과 같을 뿐이다.(若徒侈土木, 尙丹堊, 眞同桎梏, 樊檻而已.)" 즉 주거에 사치스럽고 화려한 장식을 하는 것은 감옥처럼 삶을 구속하여 진실된 주거의 질을 저하한다고 지적하였다.

(2) 문아정치(文雅精致)한 생활

명나라 말기 강남 문인들은 풍부한 재력을 바탕으로 문아정치한 생활에 심취하여 실려의 세부까지 정성들여 다해 영조하였다. 명말 『장물지』와 청초 『한정우기』의 출현은 강남 문인계층을 중심으로 원림주거가 보편화되었음을 짐작케 하며 이 책들에 기록된 내용을 근거로 이들이 선호하였던 원림주거의 심미적 특징을 엿볼 수 있

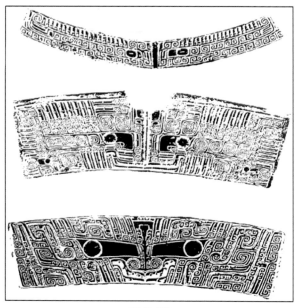

도 5-40. 문양.

다. 『장물지』본문의 처음은 "실려", 즉 원림건축으로서 그 내용을 구체적으로 살펴보면 다음과 같다.

문 : 나무를 써서 격자를 만드는데, 상비죽(湘妃竹)으로 사선으로 엇갈리게 하고 못을 박는다. 격자는 넷 혹은 둘로 하지만 여섯으로 하지 않는다. 양 옆에는 판으로 춘첩을 만드는데 반드시 뜻에 따라 당련 중에서 아름다운 것을 위에 새긴

다. 만약 돌로 문지방을 만든다면 반드시 반대쪽에 문짝을 달아야 한다. 돌은 네모이고 두터우며 모서리가 둥글고 질박한 것을 사용하여야 속되지 않는다. 문고리는 오래된 청록색의 호첩과 수면을 써야 한다. 천계(天鷄)와 도철(饕餮)[52] 따위를 위에 못 박아서 아름답게 한다. 그렇지 않다면 옛 양식으로 자동(紫銅)이나 정철(精鐵)을 부어 만들어도 된다. 황백동(黃白銅)은 일체 사용해서는 안 된다. 유칠은 오로지 주색, 자색, 흑색의 세 가지 색만 쓰고 나머지는 써서는 안 된다.(門 : 用木爲格, 以湘妃竹橫斜釘之, 或四或二, 不可用六. 兩傍用板, 爲春帖, 必隨意取唐聯佳者刻于上. 若用石梱, 必須板扉. 石用方厚渾樸, 庶不涉俗. 門環得古靑綠蝴蝶獸面, 或天鷄, 饕餮之屬釘于上爲佳. 不則用紫銅或精鐵如舊式鑄成亦可, 黃白銅俱不可用也. 漆惟朱, 紫, 黑三色, 餘不可用.)

---

52 전설상의 괴수. 용의 다섯 번째 아들.

계단 : 3칸에서 10칸까지로 만드는데, 높을수록 더욱 고풍스러우며, 반드시 무늬 돌을 다듬어서 만들어야 한다. 돈(墩)이나 풀꽃 몇 줄기를 안에 새겨 넣는데, 가지와 잎을 분분히 헤쳐서 계단을 바라보게 하여 옆에 쌓는다. 태호석을 쌓아서 만든 것을 삽랑(澀浪)이라 하는데 그 제도는 더욱 기이하나 쉽지 않다. 복실(複室)은 반드시 밖보다 안이 높아야 한다. 완석(頑石)은 얼룩이 있는 것을 취하여 깎아야 돌계단의 지극함이 있다.(階 : 自三級以至十級, 愈高愈古, 須以文石剝成. 種繡墩或草花數莖于內, 枝葉紛披, 映階傍砌. 以太湖石迭成者曰澀浪, 其制更奇, 然不易. 就複室須內高于外, 取頑石具苔班者嵌之, 方有岩阿之致.)

그 가운데 당련(唐聯), 호첩수면(蝴蝶獸面), 천계도철(天鷄饕餮), 문고리(門環) 등의 문장식과 기단은 모두 고복(古樸)하고 속(俗)되지 않음을 추구한다.

창문 : 나무로 두터운 격자를 만들고, 가운데에는 가는 막대를 설치하여 3개의 눈(眼)을 만든다. 눈(眼)은 네모로 한 변의 길이가 2촌으로 하며 지나치게 커서는 안 된다. 창문 아래에는 1척 정도로 판을 메워 넣는다. 불교사찰은 칸에 맥화(菱花) 및 상안(象眼)을 쓴다. 창문은 여섯 개를 쓰는 것을 금기로 하고 둘 혹은 셋 혹은 넷으로 편한 대로 쓴다. 집이 높으면 위에는 하나의 가로 창문을 쓰고 아래에는 저함(低檻)을 써서 받히며 모두 명와(明瓦)를 못으로 박는다. 종이를 붙이는데 봉소사(絳素紗) 및 매화조(梅花簟)는 쓸 수 없다. 겨울에 햇살을 받고자 하면 개구부가 큰 풍창(風窗)을 만드는데, 개구부가 1척 정도이고 가운데는 선으로 그 위를 가로 질러야 종이가 바람과 눈에 망가지지 않는다. 그 만듦이 역시 고아하나 오직 소재(小齋)나 장실(丈室)에만 쓸 수 있다. 칠은 금칠을 쓰거나 혹은 주색과 흑색의 두 가지 색을 쓴다. 조각화나 채색칠은 모두 써서는 안 된다.(窗 : 用木爲粗格, 中設細條三眼, 眼方二寸, 不可過大, 窗下塡板尺許. 佛樓禪室, 間用菱花及象眼者. 窗忌用六, 或二或三或四, 隨宜用之. 室高, 上可用橫窗一扇, 下用低檻承之, 俱釘明瓦, 或以紙糊, 不可用絳素紗及梅花簟. 冬月欲承日, 制大眼風窗, 眼竟尺許, 中以線經其上, 庶紙不爲風雪所破. 其制亦雅, 然僅可用之小齋丈室. 漆用金漆, 或朱, 黑二色, 雕花, 彩漆, 俱不可用.)

창문을 통해 생활 속의 여러 세세한 경험과 고아한(雅) 취향을 엿볼 수 있다.

난간 : 돌난간이 가장 고풍스러운데 다만 궁궐, 사찰 및 민가, 묘에 가깝다. 연못가에도 사용할 수도 있으나 석련주(石蓮柱)나 이목란(二木欄)을 사용하는 것만큼 고아하지는 못하다. 난간기둥은 지나치게 높아서는 안 되고 또한 새나 짐승의 형상을 조각해서도 안 된다. 정(亭), 사(榭), 랑(廊), 무(廡)은 주란(朱欄) 및 아경승좌(鵝頸承坐)를 쓸 수 있다. 당(堂)에는 반드시 큰 나무로 돌난간처럼 조각하나 그 가운데를 비우고 꼭대기에는 시정(柿頂)을 쓰고 붉게 칠하며 가운데에는 연잎 장식의 보병(寶甁)을 쓰고 녹색으로 칠한다. 만(卍)자 난간은 규합(閨合)에 적합한데 그다지 오래되고 고아하지는 않다. 그림 중에서 쓸 수 있는 것을 취하여 뜻에 따라 만드는 것은 가능하다. 세 개의 횡목이 가장 편하나 다만 지나치게 질박하니 많이 써서는 안 된다. 한 칸마다 반드시 1선의 난간을 더하여야 하며, 가운데 나무를 세워서 두셋으로 나누어서는 안 된다. 만약 재(齋)이면 난간은 감히 사용할 필요가 없다.(欄杆 : 石欄最古, 第近于琳宮, 梵宇及人家, 冢墓. 傍池或可用, 然不如用石蓮柱, 二木欄爲雅. 柱不可過高, 亦不可雕鳥獸形. 亭, 榭, 廊, 廡可用朱欄及鵝頸承坐. 堂中須以巨木, 雕如石欄, 而空其中. 頂用柿頂, 朱飾 ; 中用荷葉寶甁, 綠飾. 卍字者宜閨合中, 不甚古雅, 取畫圖中有可用者, 以意成之可也. 三橫木最便, 第太樸, 不可多用. 更須每楹一扇, 不可中竪一木, 分爲二三. 若齋中則竟不必用矣.)

작가는 주거생활의 세부에 관심을 기울이고 풍격에 있어서 "예스러움(古)"과 "고아함(雅)"을 일관되게 추구하는데, 이것이 건축의 장수(裝修)에 곳곳에 반영되어 있음을 발견할 수 있다.

조벽[53] : 두판 남목 따위와 같은 무늬목을 얻어서 만들면 화려하고도 고아하다. 그렇지 않다면 소박하게 칠하거나 혹은 금칠 역시 가능하다. 청자색 및 쇄금으로 그리는 것은 모두 가장 금기

시 하며 또한 여섯으로 할 수 없다. 당(堂)에는 하나 쓸 수 있고, 재(齋)에는 중영에만 쓴다. 협사창 혹은 세격으로 대신한 것은 모두 속품이라 부른다.(照壁 : 得文木如豆瓣楠之類爲之, 華而複雅. 不則竟用素染, 或金漆亦可. 靑紫及灑金描畫, 俱所最忌, 亦不可用六. 堂中可用一帶, 齋中則止中楹用之. 有以夾紗窗或細格代之者, 俱稱俗品.)

당 : 당의 제도는 넓고 정려해야 한다. 앞뒤에는 반드시 헌, 광, 정, 랑, 무를 층

도 5-41. 문석(文石).

층으로 하여 모두 한자리를 차지할 수 있다. 네 벽은 가는 벽돌을 써서 아름답게 한다. 그렇지 않으면 다투어 분벽으로 한다. 보에는 구문을 쓰고 높이와 너비가 서로 균형을 이루어야 한다. 층계는 모두 무늬돌로 만들며 작은 당에는 창함을 설치하지 않는다.(堂 : 堂之制宜宏敞精麗, 前後須層軒, 廣, 庭, 廊, 廡俱可容一席. 四壁用細磚砌者佳, 不則竟用粉壁. 梁用球門, 高廣相稱. 層階俱以文石爲之, 小堂可不設窗檻.)

문인사대부들은 생활 속에서 자주 접하는 건축 및 가구 재료로 "문목(文木)" 및 "문석(文石)" 등을 선호하였으니 이는 "고아함(雅)"을 숭상하고 "속됨(俗)"을 피하는 가치관이 재료에까지 영향을 준 것이다. 또한 자연의 소소한 모습에 깊게 주의를 기울이고 그 가운데 고풍스러움과 고아함을 모으니 소위 "각 형식의 건축은 모두

---

53 문을 통해 내부가 훤히 들여다보이는 것을 막기 위해 세운 벽.

만듦이 편안하고 고아하며 그윽함을 추구한다(各式屋宇皆尋造作逸趣, 古雅幽致.)"라 하였다.

산재 : 밝고 깨끗해야하며 지나치게 넓어서는 안 된다. 밝고 깨끗하면 심신을 상쾌하게 하고 지나치게 넓으면 눈을 힘들게 한다. 지붕 옆에 창함을 설치하거나 회랑으로 가게 하는데 모두 터에 따라서 마땅하게 한다. 가운데 마당 역시 반드시 약간 넓어야 화목을 심거나 분경을 늘어놓을 수 있다. 여름에는 북쪽 문짝을 제거하여 앞뒤를 동굴처럼 비운다. 마당의 가에는 반침(飯沈)으로 돋우면 빗방울에 이끼가 자라나니 녹요함이 사랑스럽다. 요체(繞砌)[54]는 취운초를 심어서 엮을 수 있는데 무성해지면 푸르르니 뜨려고 한다. 앞담장은 낮은 게 좋으니 벽려를 취하여 뿌리를 담장 아래에 심는다. 물고기의 비린 물을 담장 위에 뿌려서 덩굴을 자라게 하는 것도 비록 그윽하지만 분벽만큼 아름답지는 않다.(山齋 : 宜明淨, 不可太敞. 明淨可爽心神, 太敞則費目力. 或傍檐置窗檻, 或由廊以入, 俱隨地所宜. 中庭亦須稍廣, 可種花木, 列盆景. 夏日去北扉, 前後洞空. 庭際沃以飯沈, 雨漬苔生, 綠褥可愛. 繞砌可種翠芸草令遍, 茂則靑葱欲浮. 前垣宜矮, 有取薛荔根瘞墻下, 灑魚腥水于墻上以引蔓者, 雖有幽致, 然不如粉壁爲佳.)

장실 : 장실은 겨울의 찬 밤에 좋으니 북쪽 지방의 난방 제도를 대략 모방한 것이다. 가운데에는 와탑(臥榻) 및 선의(禪椅) 따위를 놓을 수 있다. 앞마당은 반드시 넓어야 햇살을 받을 수 있다. 서쪽에 창문을 남겨서 석양을 받되 북쪽에는 반드시 창을 설치할 필요는 없다.(丈室 : 丈室宜隆冬寒夜, 略仿北地暖房之制, 中可置臥榻及禪椅之屬. 前庭須廣, 以承日色. 留西窗以受斜陽, 不必開北牖也.)

---

54 꽃밭의 가장자리 흙돋움.

불당 : 기단은 오 척 높이로 쌓고 나머지는 계단을 늘어놓고 올라간다. 앞에는 작은 헌(軒)을 만들고 좌우에는 모두 환문(歡門)을 설치한다. 뒤로는 세 칸이 통하여 부처를 모신다. 마당 가운데에는 돌로 바닥을 쌓고 번당(旛幢) 따위를 늘어놓는다. 다시 문 하나를 짓고 뒤에는 작은 실을 만드니 와탑을 놓을 수 있다.(佛堂 : 築基高五尺, 餘列級而上, 前爲小軒及左右俱設歡門, 後通三楹供佛. 庭中以石子砌地, 列旛幢之屬. 另建一門, 後爲小室, 可置臥榻.)

다리 : 넓고 큰 연못은 반드시 무늬돌로 다리를 만든다. 구름을 조각함에 그 정밀한 공예를 지극히 하여 속되면 안 된다. 작은 시내와 굽은 계곡은 돌을 쌓아 만드는 것이 좋고 네 귀퉁이에는 수돈초(綉墩草)를 심으며, 판교는 반드시 세 번 꺾는데 한쪽에는 나무로 난간을 만들고 평판에 붉은 만(卍)자 난간을 만드는 것은 금기로 한다. 태호석으로 만드는 것은 역시 속하다. 석교 세 번 두르는 것을 금하고 판교는 사방이 경절[55]하는 것을 금기로 하며, 특히 다리 위에 정자를 두는 것을 금기로 한다.(橋 : 廣池巨浸, 須用文石爲橋. 雕鏤雲物, 極其精工, 不可入俗. 小溪曲澗, 用石子砌者佳, 四傍可種綉墩草, 板橋須三折, 一木爲欄, 忌平板作朱卍字欄. 有以太湖石爲之, 亦俗. 石橋忌三環, 板橋忌四方磬折, 尤忌橋上置亭子.)

차료 : 하나의 작은 실을 만들어 산재의 옆에 둔다. 안에는 차구를 설치하고 아이를 하나 가르쳐 전문적으로 차를 마련해 오게 한다. 낮에는 청담하게 있고 추운 밤에 홀로 앉으니 유인(幽人)이라면 우선 힘써야 하는 것으로 줄이거나 없앨 수 없는 것이다.(茶寮 : 構一斗室, 相傍山齋. 內設茶具, 教一童專主茶役以供. 長日淸談, 寒宵兀坐. 幽人首務, 不可少廢者.)

금실 : 옛사람들은 평평한 집안에 항아리를 하나 묻고, 항아리에는 동종을 걸어서 금 소리를 나게 하였다. 그러나 층루의 아래만 하지 못하니, 위에 판이 있어 소리가 흩어지지 않고 아래가

---

55 고대 경(磬)의 꺾인 각도. 대략 135도 정도를 의미한다.

넓고 비어 있으니 소리가 뚫고 나가지 않는다. 혹은 교송, 수죽, 암동, 석실의 아래에 땅이 깨끗하고 깊으면 더욱 고아하다(琴室 : 古人有于平屋中埋一缸, 缸懸銅鍾以揚琴聲者. 然不如層樓之下, 蓋上有板, 則聲不散 ; 下空曠, 則聲透徹. 或于喬松, 修竹, 岩洞, 石室之下, 地淸境絶, 更爲雅稱耳.)

욕실 : 앞뒤 두개의 실을 벽으로 나눈다. 앞에는 쇠 항아리를 쌓고 뒤에는 장작을 태워서 기다린다. 특히 실은 밀실하게 만들어야 찬바람이 들어오지 않는다. 벽에 가까운 곳에는 우물을 파고 녹로를 갖추고 구멍을 만들어 물을 끌어 들인다. 뒤에는 물길을 만들어 물을 끌어서 내보낸다.(浴室 : 前後二室, 以墻隔之. 前砌鐵鍋, 後燃薪以俟. 更須密室, 不爲風寒所侵. 近墻鑿井, 具轆轤, 爲竅引水以入 ; 後爲溝, 引水以出.)

가경정제 : 넓은 길과 넓은 마당은 무강석으로 덮은 것이 가장 화려하고 정치하다. 꽃밭의 가장자리는 돌을 쌓아 만들거나 기와조각을 기울여서 쌓아 만드니 비가 오고 오래되면 이끼가 자라니 자연스럽고 고풍스러운 색이 난다. 꼭 금전화로 길 가장자리를 만들어야만 아름다운 곳이라 부르겠는가.(街徑庭除 : 馳道廣庭, 以武康石皮砌者最華整. 花間岸側, 以石子砌成, 或以碎瓦片斜砌者, 雨久生苔, 自然古色. 寧必金錢作埒, 乃稱勝地哉.)

누각 : 누각에 방 문을 달 때에는 반드시 둘러서 가늘게 하여야 한다. 누각 중에서 올라가 조망할 수 있는 것은 반드시 넓게 터 있고 크고 아름다워야 한다. 누각 중에서 책과 그림을 보관하는 것은 반드시 통풍이 잘되고 높고 깊어야 하니, 이것이 그 대략이다. 누는 사면에 창문을 만든 것이니 앞에는 창문을 쓰고 뒤와 양 옆에는 판으로 막는다. 각은 정방형의 것으로 네 입면이 모두 같다. 누의 앞에는 누대나 권붕을 쓰는 것을 금기시 하고, 누판은 벽돌을 까는 것을 금기로 한다. 고로 누각이라 하는 것은 반드시 정해진 형식이 있으니 만약 (일층 바닥에 이어서 이층 바닥에도) 또 벽돌을 깐다면 평옥과 무엇이 다르겠는가. 높은 각은 3층으로 만드는 것이 가장 속되고, 누 아래에 주는 조금 높고 위에는 평정(平頂)을 설치할 수 있다.(樓閣 : 樓閣作

房闥者, 須回環窈窕;供登眺者, 須軒敞弘
麗;藏書畫者, 須爽塏高深, 此其大略也. 樓
作四面窗者, 前楹用窗, 後及兩傍用板;閣作
方樣者, 四面一式. 樓前忌有露臺, 卷蓬, 樓
板忌用磚鋪. 蓋旣名樓閣, 必有定式, 若複鋪
磚, 與平屋何异. 高閣作三層者最俗, 樓下柱
稍高, 上可設平頂.)

대 : 대를 쌓는 것은 육각형을 금기로 하고, 땅
의 크기에 따라 만든다. 만약 흙 언덕에 쌓는다
면 네 주위에 굵은 나무를 이용하고 붉은 난간
을 만드는 것도 역시 고아하다.(台 : 築台忌六
角, 隨地大小爲之. 若築于土岡之上, 四周用
粗木, 作朱闌亦雅.)

(3) 소박정결한 생활
『장물지·권일·실려·해론(長物志·卷
一·室廬·海論)』에는 고아한 주거환경을 구
현하기 위해 필요한 다양한 주거상식을 논
하고 있다.

승진(承塵)을 쓰는 것을 금기로 하니 속칭 천
화판(天花板)이라 하는 것이 이것으로 이는 관
아에나 쓰는 것이다. 병풍은 사이에 쓸 수 있고
난실(暖室)은 삿자리를 더할 수 없다. 혹은 양

도 5-42. 명(明) 문징명(文徵明)의 《팽다도(烹茶圖)》.

탄자를 써서 바닥에 입히는 것도 역시 가능하나 모두 가는 벽돌로 까는 것만큼 고아하지는 못하다. 남쪽 지방은 낮고 습하니 바닥에 공간을 두고 까는 것이 가장 적합하나 조금 비용이 많이 들 뿐이다.(忌用承塵, 俗所稱天花板是也. 此僅可用之廨宇中. 地屛則間可用之, 暖室不可加簟. 或用氈毹爲地衣亦可, 然總不如細磚之雅. 南方卑濕, 空鋪最宜, 略多費耳.)

실은 기둥을 다섯 개로 하는 것을 금기로 하고, 두 채의 상방을 금기로 한다. 전당과 후당을 서로 이어서 "공(工)"자 모양으로 만드는 것을 금기로 하니 이는 역시 관아에 가까운 것이다. 정자는 위가 뾰족하고 아래가 좁은 것을 금기로 하고, 작은 육각형을 금기로 하고, 호로지붕을 쓰는 것을 금기로 하고, 띠로 덮는 것을 금기로 하고, 종루·고루·성루 형식과 같게 하는 것을 금기로 한다. 계단은 반드시 뒤 영벽에서 올라가야 하고 양옆에 두는 것을 금기로 하며, 벽돌로 여러 차려 굽게 만들면 더욱 고아하다. 물가의 정사(亭榭)는 푸른 비단을 써서 만(幔)을 만들어 햇살을 막고, 자색 비단으로 장(帳)을 만들어 바람과 눈을 막을 수 있다. 밖은 이것 외에는 모두 써서는 안 되니 특히 포(布)를 쓰는 것을 금기로 하는데 이는 술파는 배나 약집에서 설치한 장과 같은 것이다. 작은 실은 가운데를 막는 것을 금기로 하고 만약 북쪽에 창문이 있다면 두개의 실로 나눈다. 종이를 바른 것을 금기로 하고, 설동(雪洞)을 만드는 것을 금기로 하니, 이는 당과 다름이 없어서 속된 사람이나 좋아하니 모두 이해할 수 없다. 만(卍)자 창문을 만들어 옆에 판을 막는 것을 금기로 하고, 벽 모서리에 매화나 화조를 그리는 것을 금기로 한다. 옛사람들은 제벽(題壁)을 가장 중요시 하였으니, 오늘날 비록 고와 육으로 하여금 점염하게 하고 종과 왕으로 하여금 붓을 적시게 한다고 할지라도 모두 소벽(素壁)만큼 아름답지 못하다. 긴 회랑을 하나의 형식으로 하는 것을 금기로 하니, 더욱 그 만듦새를 고르지 않게 하면 평범하나 속하지 않게 된다. 죽목병(竹木屛)이나 죽리(竹籬) 따위를 금기로 한다. 황백동으로 굴수(屈戌)를 만드는 것을 금리로 한다.(室忌五柱, 忌有兩廂. 前後堂相承, 忌工字體, 亦以近官廨也. 退居則間可用. 忌傍無避弄, 庭較屋東偏稍廣, 則西日不逼. 忌長而狹, 忌矮而寬. 亭忌上銳下狹, 忌小六角, 忌用葫蘆頂, 忌以茆蓋, 忌如鐘鼓及城樓式. 樓梯須從後影壁上, 忌置兩傍, 磚者作數曲更雅. 臨水亭榭, 可用藍絹爲幔, 以蔽日色 ; 紫絹爲帳, 以蔽風雪. 外此

俱不可用. 尤忌用布, 以類酒船及市藥設帳也. 小室忌中隔, 若有北窗者, 則分爲二室. 忌紙糊, 忌作雪洞, 此與混堂無异, 而俗子絶好之, 俱不可解. 忌爲卍字窗傍塡板, 忌墻角畫梅及花鳥. 古人最重題壁, 今卽使顧, 陸點染, 鍾, 王濡筆, 俱不如素壁爲佳. 忌長廊一式, 或更互其制, 庶不入俗. 忌竹木屛及竹籬之屬. 忌黃白銅爲屈戌.)

마당가에는 세방전(細方磚)을 써서는 안 되고 승로대(承露臺)를 만들면 된다. 두 칸인데 가운데 하나의 보를 놓고 위에 예수파(乂手笆)를 놓는 것을 금기로 하니 이는 모두 원나라 때의 제도로 그다지 고아하지 않다. 판을 써서 나누는 것을 금기로 하며 반드시 벽돌로 나누어야 한다. 보와 도리의 단청에는 나문(羅紋)이나 금방승(金方勝)을 그리는 것을 금기로 하지만, 집이 세월이 오래되면 단청장식을 하지 않을 수 없으니 반드시 고수가 하여야 한다. 무릇 문을 들어서는 곳은 반드시 작고 낮으며 굽게 만들어야 하고 지나치게 곧게 만드는 것은 금기로 한다. 재(齋)는 반드시 세 칸이어야 하고 옆에는 다시 실을 하나 만들어서 와탑(臥榻)을 놓는다. 북쪽에 면하는 작은 마당은 지나치게 넓어서 북풍이 너무 심하게 해서는 안 된다. 중심 칸에는 난간을 설치하는 것을 금하니 오늘날 발보상(拔步床)[56]형식과 같다. 벽에 구멍을 뚫어서 궤를 만드는 것을 금하고, 기와로 벽을 만드는 것을 금한다. 벽에 금전매화 양식을 만드는 것이 있는데 이것을 갖춘 벽은 마땅히 한 대 때려야 한다. 또한 치미는 바라보기 좋고 그 이름은 가장 오래되었는데, 오늘날 치미를 쓰는 것을 보면 마땅히 무엇을 옛 형식대로 만들어야 할지 모르거나, 그렇지 않으면 역시 그림 속 건축제도를 베낀 것이다. 지붕의 기와는 분을 써서 바를 수 없으며 큰 종려나무를 쪼개서 배수로[承溜]를 만드는 것이 가장 고아하다. 그렇지 않으면 대나무를 사용하고 나무나 주석은 쓸 수 없다. 권붕(卷棚)[57]지붕을 쓰는 것을 금하니 이는 관부에서 청당의 양쪽에 설치하여 만드는 것으로 민가에서 왜 사용하는지 모르겠다. 매화편을 사용하는 것

---

56 지붕이 있는 중국 전통 침대.
57 중국 전통 지붕 형식의 하나. 앞뒤 지붕면이 만나는 곳에 용마루가 없고 둥글게 넘어감.

을 금한다. 당(堂)의 주렴은 오직 온주(溫州)의 상죽(湘竹)이 좋으며 가운데 꽃, 수산(壽山), 복해(福海) 따위의 글자를 수놓은 것을 금한다.(庭際不可鋪細方磚, 爲承露臺則可. 忌兩楹而中置一梁, 上設乂手笆, 此皆元制而不甚雅. 忌用板隔, 隔必以磚. 忌梁椽畫羅紋及金方勝. 如古屋歲久, 木色已舊, 未免繪飾, 必須高手爲之. 凡入門處, 必小委曲, 忌太直. 齋必三楹, 傍更作一室, 可置臥榻. 面北小庭, 不可太廣, 以北風甚厲也. 忌中楹設欄楯, 如今拔步床式. 忌穴壁爲櫥, 忌以瓦爲墻. 有作金錢梅花式者, 此俱當付之一擊. 又鴟吻好望, 其名最古. 今所用者, 不知何物須如古式爲之, 不則亦仿畫中室宇之制. 檐瓦不可用粉刷, 得巨枡欄蘗爲承溜最雅, 否則用竹, 不可用木及錫. 忌有卷棚, 此官府設以聽兩造者, 于人家不知何用. 忌用梅花簟. 堂簾惟溫州湘竹者佳, 忌中有花如綉補, 忌有字如壽山, 福海之類.)

실려 설계의 기본원칙은 "곳에 따라 경물을 놓으니 각기 마땅함이 있다. 차라리 고풍스럽게 하며 유행에 따르지 않고, 차라리 박속하게 하고 교묘하게 하지 않게 하고, 차라리 검소하게 하며 속되지 않게 한다.(隨方置象, 各有所宜, 寧古無時, 寧樸無巧, 寧儉無俗.)" 이렇게 만들어진 건축 환경에서 생활을 하다 보면 "조용하고 성기며 맑고 깨끗하니 또한 본성이 살아난다. 일을 억지로 풀지 아니하는 자는 경쾌한 뜻을 얻는다.(至於蕭疏雅潔, 又本性生, 非强作解事者所得輕議矣.)"

2. 화목(花木)—꽃의 성정을 배운다(得花之性情)

『장물지』 2권에는 화목(花木)의 완상에 대해 다음과 같이 언급하고 있다. "꽃을 한 해 동안 가꾸어도 열흘만 꽃을 볼 수 있으니, 고로 휘장과 발을 덮고 방울 달린 밧줄을 쳐서 보호하고 지키며 헛되이 부귀한 모습을 하지 않는다. 번잡한 꽃과 나무들을 차례로 하고 마땅히 무(畝) 단위로 센다. 마당의 난간을 두른 두둑에는 반드시 줄기가 교룡처럼 꼬인 나무와 오래된 나무와 기이한 품종을 (단독으로 심어서) 가지와 잎이 성글게 기대어 있게 한다. 위치와 배치는 돌 옆과 제방 경사면에 하거나,

혹은 시야 가득하게 숲을 이루거나, 혹은 단독으로 심어 홀로 돋보이게 한다. 초목은 번잡해서는 안 되고, 장소의 특징에 맞게 심으며, 사계절 동안 끊임없게 취하면 모두 그림처럼 아

도 5-43. 명(明) 문징명(文徵明)의 《난죽석도(蘭竹石圖)》.

름답다. 또한 복숭아나무와 배나무는 마당에 심지 않는 것이 좋으니 (이러한 나무는) 멀리서 바라보기에 좋은 듯하다. 붉은 매화와 진홍 복숭아는 모두 빌려서 숲 가운데를 점철(點綴)하니 많이 심는 것이 좋지 않다. 매화가 자라는 산 속에 이끼가 있으면 약란을 옮겨 심는 것이 가장 고풍스럽다. 살구꽃은 남달리 오래가지 못하니 꽃이 필 때 비바람이 많으면 오직 잠시만 완상할 수 있다. 납매(蠟梅)는 겨울에 없어서는 안 된다. 그 밖에 콩 밭과 채소밭은 산촌의 풍미가 있고 스스로 굳게 하여 악하지 아니하니, 그러면 반드시 몇 경(頃)의 자투리땅을 열어서 별도로 하나의 구역을 만들어 준다. 마당에 심으면 풍취가 있는 일이 아니고, 주춧돌과 나무기둥이 깨끗하고 가지런히 엮여 있다면 더욱 나쁜 길에 들어선 것이다.(弄花一歲看花十日, 故幃箔映蔽鈴索護持, 非徒富貴容也. 第繁花雜木, 宜以畝計, 乃若庭除檻畔, 必以虯枝古幹, 異種奇名, 枝葉扶疏, 位置疎密, 或水邊石際, 橫偃斜披, 或一望成林, 或孤枝獨秀. 草木不可繁雜, 隨處植之, 取其四時不斷, 皆入圖畫. 又如桃李不可植于庭除, 似宜遠望, 紅梅絳桃俱藉以點綴林中, 不宜多植, 梅生山中有苔蘚者, 移置藥欄最古. 杏花差不耐久, 開時多値風雨, 僅可作片時玩. 蠟梅冬月最不可少. 他如豆棚菜圃, 山家風味, 固自不惡, 然必辟隙地數頃, 別爲一區. 若于庭除種植, 便非韻事, 更有石礎木柱, 架縛精整者, 愈入惡道.)"

여기서 문진형은 화목의 감상에 대해 언급하고 있는데, 화목을 심을 때는 각종

자태의 특징에 따라 적절한 지점을 선정하여야 한다. 이때 기본적으로 꽃의 시각효과를 고려하여야 하는데, "그 사계절이 끊이지 않도록 취하여 모두 그림처럼 아름답게(取其四時不斷皆入圖畫)"하고 "멀리서 바라보기에 좋은 듯하다(似宜遠望)" 등의 구절은 모두 시각효과를 고려한 것이다. 하지만 단순한 시각적 즐거움을 넘어, 즉 "헛되이 부귀한 모습을 하지 않게(非徒富貴容也)"하여 꽃과 사람 간의 교감을 추구해야 한다.

꽃과의 교감에 대해 문진형은 국화를 예로 설명하였다. "오(吳)에 국화가 만발할 때에 호사가들은 반드시 수백 그루를 취하여 오색을 섞고 높낮이를 차례대로 하여 완상하니 이로써 부귀한 모습을 자랑할 수 있다. 만약 진실로 꽃을 감상할 줄 아는 사람이라면 특이한 품종을 찾아서 고풍스런 화분에 한두 그루 심으니 줄기는 뻗어 아름답고 잎은 모여서 넉넉하니 꽃이 필 때에는 의자와 침상 사이에 두고 앉거나 누워서 가지고 노니 이로써 꽃의 성정을 배운다.(吳中菊盛時, 好事家必取數百本, 五色相間, 高下次列, 以供賞玩, 此以誇富貴容則可. 若眞能賞花者, 必覓异種, 用古盆盎植一枝兩枝, 莖挺而秀, 葉密而肥, 至花發時, 置幾榻間, 坐臥把玩, 乃爲

도 5-44. 명(明) 문징명(文徵明)의 《고백도(古柏圖)》.

得花之性情.)" 여기서 문진형은 진정 꽃을 감상할 줄 모르는 "호사가(好事家)"들을 비평하면서 "진정 꽃을 감상할 줄 아는 사람(眞能賞花者)"은 꽃의 시각적 자극에 현혹되지 않고 꽃을 생활 속에서 늘 가까이 하며 교감하고 꽃의 성정을 체득한다고 보았다. 꽃에 성정(性情)이 있다는 말은 꽃이 인격적 특징을 가진 객관적 실체라는 의미이며 이러한 관점은 화목을 벗처럼 대하는 옛 문인들의 자세를 설명해 준다. 이렇게 꽃을 벗처럼 아끼었기에 옛 문인들은 품종에 맞는 재배법을 공부하고 아랫사람들에게 가르쳤다 "난초와 국화를 심는 일은 고래로 각각의 방법이 있으니 때에 맞게 원정과 직사를 가르치고 시험하는 것 역시 유인(幽人)의 직무이다.(至于秋蘭栽菊, 古各有方, 時取以課園丁, 考職事亦幽人之務也.)"

3. 수석(水石)—돌과 물로 명승을 만든다(峰勻爲名勝)

도 5-45. 명(明) 문징명(文徵明)의 《임계유상도(臨溪幽賞圖)》.

원림은 자연산수의 축소이자 조원가의 자연과 생명에 대한 느낌과 이해를 표현한 것으로, 돌의 양강하고 항구함과 물의 음유하고 심원함은 원림의 경관구성과 상징의미에 있어서 없어서는 안 될 부분이다. 문진형은 『장물지』 3권 수석편 글머리에서 말하기를 "돌은 사람으로 하여금 예스럽게 하고, 물은 사람으로 하여금 멀게 한다. 원림에서 물과 돌은 가장 없어서는

도 5-46. 명(明) 문진형(文震亨)의 《추산수사도(秋山水榭圖)》.

안 된다. 둘러서 돌아오고 가파르게 솟아야 하며
배치가 적절해야 한다. 하나의 석봉은 천 순 높이
의 태화산이요, 하나의 작은 연못은 만 리의 강호
이다. 또한 좋은 대나무, 오래된 나무, 괴이한 등
나무, 추한 나무가 엇갈리게 덮어서 모서리를 세
우고, 푸른 언덕과 계곡이 있고, 샘이 솟아 넘쳐
흘러 깊은 암석절벽과 계곡 안에 들어선 듯해야
명승지라 할 수 있다(石令人古, 水令人遠. 園林水石
最不可無. 要須回環峭拔, 安插得宜, 一峰則太華千尋,
一勺則江湖萬里. 又須修竹老木, 怪藤醜樹交覆角立, 蒼
崖碧澗, 奔泉汛流, 如入深岩絶壑中, 乃爲名勝地.)"라
하였고, 이어서 원림에서 쓰이는 각종 물과 돌의
형태와 물을 다스리고 돌을 포개어 쌓는 심미적
정취에 대해 서술하였다. 또한 옛사람들이 자연산
수에 대한 강한 갈망을 효과적으로 표현하면서 특
별히 수체(水體), 즉 물이 원림에서 얼마나 중요한
위치를 차지하고 있는지에 대해 설명하면서 각종
수체의 설계원칙을 소개하였다.

"넓은 연못 : 연못을 파는 면적은 무(畝)에서 경
(頃)에 이르는데 넓을수록 좋다. 가장 넓은 것은
대(台)와 사(榭) 따위를 두고 혹은 긴 제방으로 나
누어 부들과 갈대를 가운데 섞어 심는다. 일망무
제하니 거침(巨浸)이라 부른다. 만약 무늬돌로 물
가를 꾸며 정돈하고 붉은 난간으로 둘러야 한다면
속칭 전어돈(戰魚墩) 혹은 의금집(擬金集) 따위라

하는 가운데 흙을 남기는 것을 금한다. 연못의 옆에는 버드나무를 심고 복숭아나무와 살구나무를 사이에 심는 것을 금한다. 안에는 오리와 기러기를 기르는데 반드시 십여 마리로 하여 무리를 이루게 하여야 생동감이 있다. 가장 넓은 곳에는 수각(水閣)을 놓을 수 있는데 반드시 그림 속의 수각 모양으로 하는 것이 좋다. 물가에 뗏목집(簰舍)을 두는 것은 금한다. 연꽃을 심을 때에는 대나무를 잘라서 난간을 만들어 전체에 퍼지지 않게 하니 연잎이 연못을 가득 채워서 물이 보이지 않는 것을 금하기 위함이다(廣池：鑿池自畝以及頃, 愈廣愈勝, 最廣者中可置台榭之屬, 或長堤橫隔, 汀蒲岸葦, 雜植其中, 一望無際, 乃稱巨浸. 若須華整以文石爲岸, 朱欄回繞, 忌中留土如俗名戰魚墩或擬金焦之類. 池傍植垂柳, 忌桃杏間種, 中畜鳧雁須十數爲群, 方有

도 5-47. 명(明) 문징명(文徵明)의 《유오씨동장도(游吳氏東莊圖)》.

生意. 最廣處可置水閣, 必如圖畫中者佳, 忌置簰舍于岸側, 植藕花削竹爲闌, 勿令蔓衍, 忌荷葉滿池不見水色)"라 하니, 즉 "넓은 연못(廣池)"은 이상적인 경관배치의 터가 된다. 대, 사, 제방, 부들과 갈대, 무늬돌, 버드나무, 오리와 기러기, 수각(水閣) 등 각종 경관요소를 넓은 연못을 중심으로 배치할 수 있다.

"작은 연못：계단 앞 돌 옆에 작은 연못을 하나 파는 경우 반드시 호석(湖石)으로

도 5-48. 명(明) 문징명(文徵明)의 《운학관천도(云壑觀泉圖)》.

둘레를 두른다. 샘이 맑아서 바닥이 보이고 가운데에는 붉은 물고기와 푸른 마름을 기르니 헤엄을 치는 것이 재미있다. 둘레에는 야생 등나무와 가는 대나무를 심고 조금 깊게 파서 샘을 끌어 들일 수 있다면 더욱 좋다. 정사각형, 원형, 팔각형 등의 못 형식은 금한다(小池：階前石畔, 鑿一小池, 必須湖石四圍, 泉淸可見底, 中畜朱魚翠藻, 游泳可玩, 四周樹野藤細竹, 能掘地稍深引泉胍者更佳, 忌方圓八角諸式)"라 하니, 작은 연못은 청결함과 자연스러움을 추구해야 함을 강조하였다.

"폭포 : 산거(山居)에는 샘을 끌어 들여 높은 곳에서 아래로 떨어지게 하니 폭포를 만드는 것이 조금 쉽다. 원림 안에 이를 만들려 하면 모름지기 대나무를 여러 길이로 잘라서 지붕배수로의 숨은 배수구 돌 틈에 잇고, 돌을 도끼로 쪼개서 높은 곳에서 아래로 번갈아 내려오게 하고, 작은 연못을 파서 물을 받는다. 돌을 두어 그 아래에 숲처럼 세우면 비가 올 때에는 샘물이 날듯이 얇게 뿜어지니 졸졸 흐르는 물소리가 들리니 또 하나의 기이함이다. 대나무 사이와 소나무 아래라면 특히 좋으니 푸르름이 가리면서 드러내니 더

욱 스스로 볼 만하다. 또한 산꼭대기에 물
을 가두어 두었다가 손님이 오면 갑문을
열어 물이 공중에서 곧바로 쏟아지게 하는
것은 비가 올 때 물을 받는 데 비해 고아
하지 못하니 모두 인위적인 것에 속한데
이것은 오히려 자연에 가깝다(瀑布 : 山居引
泉, 從高而下, 爲瀑布稍易. 園林中欲作此, 須截
竹長短不一, 盡承檐溜暗接藏石罅中, 以斧劈石
迭高下, 鑿小池承水. 置石林立其下, 雨中能令
飛泉潰薄, 潺湲有聲, 亦一奇也. 尤宜竹間松下,
靑葱掩映, 更自可觀. 亦有蓄水于山頂, 客至去
聞, 水從空直注者, 終不如雨中承溜爲雅, 蓋總
屬人爲, 此尤近自然耳)"라 하니, 폭포경관은
마땅히 "자연에 가깝고(近自然)", "고아함
(雅)"을 추구해야 하고 인공적인 느낌을 최
대한 배제해야 한다.

"우물 : 우물 물은 맛이 탁하여 삶을 수
없지만 꽃에 물을 주고, 대나무를 씻고, 벼
루를 닦고, 의자를 씻는데 모두 모자랄 수
없다. 우물은 모름지기 대나무와 나무 아
래에 두고, 샘의 맥을 깊게 파고, 위에는
도르래를 설치하여 물을 길어 올리고 그렇
지 않으면 작은 정자를 만들어 덮는다. 돌
난간은 옛 이름으로 '은상(銀床)'이라 하는
데 옛 제도를 취하여 가장 크면서 고풍스

도 5-49. 명(明) 문징명(文徵明)의 《고목한천도(古木寒泉圖)》.

럽고 검박한 것을 그 위에 둔다. 우물에는 신이 있으니 우물 옆에 완석을 두고 작은 신감을 파서 세시에 맑은 물 한잔을 바치니 또한 스스로 멋이 있다(鑿井 : 井水味濁, 不可供烹煮 ; 然澆花洗竹, 滌硯拭幾, 俱不可缺. 鑿井須于竹樹下, 深見泉脉, 上置轆轤引汲, 不則蓋一小亭覆之. 石欄古號'銀床', 取舊制最大而有古樸者置其上. 井有神, 井旁可置頑石, 鑿一小龕, 遇歲時奠以淸泉一杯, 亦自有致)"라 하니, 우물은 주로 청소나 식물을 물을 줄 때 사용하며, 그 조형은 가급적 고풍스럽고 검박하게 만든다. 재미있는 점은 우물신을 모시는 작은 돌 신감을 우물 옆에 두는 풍습이 옛 문인들의 눈에 나름대로 특이한 정취로 느껴지고 있음이다.

4. 금어(禽魚)—유인의 마음을 끈다(幽人會心)

도 5-50. 항주(杭州) 곽장(郭莊).

『장물지』 4권 금어편에는 원림에 각종 새와 물고기 등의 동물을 끌어들여 원림 경관에 생동감을 불어넣는 방법에 대해 설명하고 있다. "지저귀는 새가 누각을 떨쳐서 낮게 날고, 수영하는 물고기가 마름 사이를 배회하면서 가로지르니 유인(幽人)의 마음에 들어 문득 하루 종일 피곤을 잊게 한다. 소리와 색깔과 마시고 쪼아대는 모습을 살펴보면 멀리 조거혈처(巢居穴處)에는 모래에서 잠들거나 수면에서 헤엄치고 넓은 수면을 노닐며 수면에 떠 있다가 깊이 잠수하고, 가까이로는 건축들 속에서 새해와 아침을 알리고 봄에 울고 저녁에 시끄럽게 하기도 하니, 품종을 다 기록할 수 없다. 붉은 숲과 녹색 물에 어찌 뭇 범속한 품종이 안으로 난입하게 하겠는가. 고로 반드시 그 정결함을 닦아야 깨끗함을 좋아하는 몇 종을 기를 수 있으니, 동자로 하여금 보살피고 먹이를 주어 그 성정을 얻는다. 아마도 새와 공작을 기르고 오리와 물고기 익숙하게 함 역시 산림경제이리라.(語鳥拂閣以低飛, 游魚排荇而徑度, 幽人會心, 輒令竟日忘倦. 顧聲音顏色, 飮啄態度, 遠而巢居穴處, 眠沙泳浦, 戲廣浮深, 近而穿屋賀廈, 知歲司晨, 啼春噪晚者, 品類不可勝紀. 丹林綠水, 豈令凡俗之品, 闌入其中. 故必疏其雅潔, 可供淸玩者數種, 令童子愛養, 餌飼得其性情. 庶幾馴鳥雀, 狎麀魚, 亦山林之經濟也.)"원림 속의 새와 물고기는 범속한 품종을 피하고 깨끗하고 고아한 품종을 선별하며 정성을 다해 보살핀다. 재미있는 점은 원림에서 새와 물고기를 기르는 것을 사치로 보는 것을 피하기 위해 "산림경제(山林經濟)"의 핑계를 대고 있다는 점이다.

三. 『원야』의 조원사상의 정수(精髓)

　　명대 말기 조원가 계성이 쓴 『원야』는 현존하는 가장 중요한 고대 중국 조원 기예·이론 전문서적으로, 명나라 숭정(崇禎) 4년(1631년)에 탈고되어 숭정 7년에 간행되었다. 이 책은 총 3권으로 나뉘어 있고, 235폭의 그림을 첨부하여 논리정연하게 조원이론을 해설하고 각종 구체적인 조원기예를 소개하고 있다.

　　작가인 계성은 강소성 오강현(吳江縣) 출신으로 자는 무비(無否)라 하며, 호는 비도인(否道人)이라 하였다. 계성은 이 책에서 역대 조원과정에서 축적된 경험을 총결하고 있을 뿐만 아니라 원림예술에 대한 자신만의 독창적인 견해를 논술하여 원림창작을 전문적인 예술이론의 수준으로 승화시켜 원림예술 이론의 틀과 기초를 마련하였다.

　　『원야』는 본문에 앞서 완대성(阮大鋮)이 쓴 「야서(冶叙)」, 정원훈(鄭元勳)이 쓴 「제사(題詞)」, 계성이 쓴 「자서(自序)」가 실려 있다. 이어지는 본문을 현대학자인 진식

(陳植)의 글을 인용하여 간단히 소개하자면 "그 가운데 흥조론 및 원설은 조원의의를 서술하고 있다. 방옥(屋宇), 장절(裝折), 난간(欄杆), 문창(門窗),[58] 장원(墙垣)의 다섯 편은 비록 건축예술에 속하지만 그 형식은 철저히 조원에 있어서의 필요에 부합하고 그윽한 아름다움을 추구하니 모두 조원건축예술로서 일반적인 형식에는 비교할 수 없다. 또한 상지(相地), 입기(立基), 포지(鋪地), 찰산(掇山), 선석(選石), 차경(借景)의 여섯 편은 모두 조원예술에 속하는데 역시 이 책의 정화가 스며 있는 부분이다"[59]라 할 수 있다. 이 책에서 설파하고 있는 조원사상의 정수는 "비록 사람이 만들었으나 완연히 하늘이 연 듯하다(雖由人作, 宛自天開.)"와 "교묘함은 인차에 있고, 정밀함은 체의에 있다(巧于因借, 精在體宜.)"라는 두 구절로 압축된다. 본문의 구체적인 내용을 각 편별로 살펴보면 다음과 같다.

1. 흥조론(興造論)과 원설(園說)—인재를 얻어서 정교하게 만들고, 원림은 터의 경관을 엮는다(得人精巧, 園結地景)

본문은 「흥조론(興造論)」과 「원설(園說)」이라는 두 편의 글로 조원의 기본사상과 원칙을 압축하여 소개하고 있다. 「흥조론」은 집필목적을 소개한 글로서 원림설계는 원림주가 주체가 되어야 함을 강조하면서 원림설계의 기본원칙인 "인(因), 차(借), 체(體), 의(宜)"의 원칙을 강조하고 있다. 「원설」은 전체 서적의 총론으로서 원림의 대지선정, 경물설계, 심미정취에 관해 간단한 예를 들어 원림예술이 궁극적으로 도달하고자 하는 예술적 의경을 묘사하였고, 동시에 "비록 사람이 만들었으나 완연히 하늘이 연 듯하다(雖由人作, 宛自天開.)"라는 원칙을 천명하였다. 이 두 문장은 비록 길지 않지만 간략한 문장 속에 심오한 의미를 함축하고 있어 후대 원림 설계이론을

---

58 『園冶』 卷二.
59 陳植, 『園冶注釋』.

대표하는 요강이 되었다. 그 전문은 다음과 같다.

　　홍조론 : 세인들은 공사를 할 때에 장인에게 주관하게 하는데, "장인 3푼, 주인 7푼"이라는 속담
도 들어보지 못했다는 말인가? 주인(主人)이란 소유주가 아니라 주관할 수 있는 사람이다. 옛
날 공수(公輸)[60]가 기교가 뛰어나고 육운(陸雲)[61]이 기예가 정밀하다고 한들 그 사람이 어찌
도끼를 들겠는가? 만약 장인이 오직 조각에 기교가 뛰어나고 집 짓는 데 정밀하여, 대들보 하
나 기둥 하나 정해진 대로 하여야 하고 옮기지 못한다고 하면 속칭 "꽉 막힌 사람"이라고 부르
는 것이 확실하다. 고로 무릇 공사에는 반드시 먼저 터를 살피고(相地) 터를 닦고(立基), 다음
으로 그 건물의 너비와 폭을 정하고 그 넓이를 재어서 굽으면 굽은 대로 바르면 바른 대로 하
니 이는 주인에게 달린 것으로 득체합의(得體合宜)에 오묘할 수 있으면 형식이 구속하지 못한
다. 가령 터가 치우쳐 어그러져 이웃집이 파 들어와 있다면 어찌 반드시 가지런하고자 할 필요
가 있으며 그 건축이 어찌 반드시 세 칸이나 다섯 칸이고, 폭은 몇 칸이어야 한다고 구속될 필
요가 있겠는가? 반 칸짜리 광(廣)이라도 자연스럽고 고아하며 균형 있다면 소위 "주인은 7푼"이
라 하는 것과 같다. 저택에 원림을 만들 때 주인이 오히려 모름지기 열에 아홉이고 장인은 열
에 하나여야 하니 왜인가? 원림의 교묘함은 "인(因)"과 "차(借)"에 있고 정밀함은 "체(體)"과 "의
(宜)"에 있으니, 장인이 만들 수 있지 않고 주인 역시 능히 스스로 주관할 수 없다면 모름지기
능한 사람을 찾고 이 원칙을 요절로 써야 한다. "인(因)"이란 지세의 높낮이와 체형의 단정함에
따르고, 나무줄기와 가지, 샘과 돌이 서로 도움을 빌리는 것이다. 정자에 적합하면 정자를 만들
고 사(榭)에 적합하면 사를 만들고 치우친 길을 꺼리지 않고 문득 두고 돌아가니 이른바 "정이
합의(精而合宜)"라는 것과 같다. "차(借)"라는 것은 원림이 비록 안과 밖을 나누나 경치를 얻을
때에는 거리에 구속되지 않으니, 맑은 산이 아름답게 우뚝 솟은 가운데 연보라 색 건물이 허공

<hr>

60 춘추시대 전설적 장인인 노반.
61 삼국시대 오나라 장수인 육손의 손자. 문예에 능함.

을 달리고 있어 끝까지 시야에 들어오면 속된 것은 가리고 아름다운 것은 담아 들이는데, 밭두렁과 채소밭이라고 가리지 않고 모두 아련한 경관으로 삼으니 "교이득체(巧而得體)"라는 것과 같다. 득·의·인·차는 그 사람을 얻지 못하고 더불어 비용을 아끼면 곧 공사의 앞을 모두 버리는 셈이니 뒤에 공수나 육운을 쓴다고 할지라도 어찌 세상에 전해지리요? 나는 역시 그 원칙을 잊고 뒤에 단청칠로 꾸미는 것을 떠드는 것이 호사가들이 모두 하는 바이니 걱정이다.(興造論: 世之興造, 專主鳩匠, 獨不聞"三分匠, 七分主人"之諺乎? 非主人也, 能主之人也. 古公輸巧, 陸雲精藝, 其人豈執斧斤者哉? 若匠惟雕鏤是巧, 排架是精, 一梁一柱, 定不可移, 俗以"無竅之人"呼之, 其確也. 故凡造作, 必先相地立基, 然後定其間進, 量其廣狹, 隨曲合方, 是在主者, 能妙于得體合宜, 未可拘率. 假如基地偏缺, 鄰嵌何必欲求其齊, 其屋架何必拘三, 五間, 爲進多少? 半間一廣, 自然雅稱, 斯所謂"主人之七分"也. 第園築之主, 猶須什九, 而用匠什一, 何也? 園林巧于"因", "借", 精在"體", "宜", 愈非匠作可爲, 亦非主人所能自主者, 須求得人, 當要節用. "因"者隨基勢之高下, 體形之端正, 礙木删椏, 泉流石注, 互相借資. 宜亭斯亭, 宜榭斯榭, 不妨偏徑, 頓置婉轉, 斯謂"精而合宜"者也. "借"者園雖別內外, 得景則無拘遠近, 晴巒聳秀, 紺宇淩空, 極目所至, 俗則屏之, 嘉則收之, 不分町疃, 盡爲烟景, 斯所謂"巧而得體"者也. 體, 宜, 因, 借, 匪得其人, 兼之惜費, 則前工幷弃, 旣有後起之輸, 雲, 何傳于世? 予亦恐浸失其源, 聊繪式于後, 爲好事者公焉.)

여기서 "장인은 3푼, 주인은 7푼(三分匠, 七分主人)"이라 함은 원림은 예술의 일종이기 때문에 일정한 형식에 집착하는 장인에게 일임하여서는 안 되고, 원림 주인이 주관하여야 한다는 뜻이다. 특히 원림주인은 원림의 전체 영건 과정을 "능히 주관할 수 있는 사람(能主之人)"이어야 하고, 만약 주인이 이러한 능력이 없다면 "인·차·체·의(因借體宜)"의 정밀함(精)과 교묘함(巧)을 아는 "사람을 얻어서(得人)" 원림의 영건을 맡겨야 한다. 원림의 영건에 있어서 능력 있는 사람을 선별하여 맡기는 것은 핵심적인 "공사의 앞 단계(前工)"로서 "후에 본격적인 시공을 시작하기(後起)"에 앞서 반드시 만족시켜야 하는 중요한 선결조건이다.

원설 : 무릇 원림을 만드는 곳은 촌락과 성곽을 구분하지 않는다. 터는 편벽할수록 좋으며, 숲을 베고 쑥풀을 골라 잘라낸다. 경관은 상황에 따라 맞게 한다. 시내에는 난초와 어수리를 함께 심는다. 길은 매화·대나무·돌의 삼익(三益)과 엮으면 일이 천추에 비길 것이고, 담장은 덩굴 사이에 숨어서 얽혀 있고, 집들은 나무가치 끝에서 구비 돈다. 산루(山樓)는 원경이 좋은 곳에 만드니 사방으로 멀리 바라볼 수 있다. 대나무 숲은 그윽함을 추구하니 마음을 취하게 하는 것이 바로 이것이다. 헌(軒)은 대들보가 높고 상쾌하며 빈 창호가 이어져 있어서 천경 너비의 바다를 들이고 사계절의 찬란함 만연함을 받아들인다. 오동나무 그늘로 땅의 주위를 두르고 회화나무 그늘로 마당을 담당하게 하고 둑을 따라 버드나무를 심고 건물 둘레에 매화를 가꾼다. 대나무 숲 안에 띠집을 엮고 한 줄기 긴 물길을 판다. 수려한 산으로 병풍처럼 둘러막고 천순 높이의 푸른 산을 늘어놓으니, 비록 사람이 만들었으나 완연히 하늘이 스스로 연 듯하다 (雖由人作, 宛自天開). 사찰의 숨은 둥근 창문에 드리우는 풍경은 이소도의 그림을 방불케 하고, 가산의 벽석이 어긋하게 쌓인 모습은 황공망의 그림과 같다. 고즈넉한 사찰을 선택하여 이웃하게 하면 범음이 들리고, 멀리 산봉우리가 치우쳐 있으면 마땅히 차경하니 아름다운 빛깔이 매우 좋다. 자색의 상서로운 기와 푸른 노을 가운데 학의 울음소리가 베갯머리로 전해져 오고, 흰 개구리밥과 붉은 여뀌에는 갈매기가 무리를 이루어 물가의 돌 옆에서 모여 있다. 산 위에 푸른 수레를 보며 물에서 노를 젓는다. 성벽은 기울어 나는 듯하고 긴 무지개다리가 가로질러 건너니, 왕유의 망천별서를 부러워하지 않는데 어찌 이론의 금곡을 치겠는가? 하나의 물굽이는 오로지 소하(消夏)에만 있고 백무(百畝)는 어찌 봄을 숨기는가? 사슴을 기르면 노닐 수 있고 물고기를 기르면 잡을 수 있다. 양정(凉亭)에서는 술을 마시니, 얼음을 섞으면 대나무에 바람이 생긴다. 난각(暖閣)은 붉음을 가까이 하니, 눈을 화로 솥에 팔팔 끓인 다음 한모금 마시면 조금 후에 번뇌가 문득 사라진다. 밤비에 젖은 파초는 교인(鮫人)의 눈물이 섞인 듯 하고, 새벽 바람의 버드나무는 만녀(蠻女)의 가는 허리를 넘는 듯하다. 바람을 옮겨 창을 삼고, 배나무를 나누어 마당을 삼는다. 달빛은 그윽하고 바람 소리는 청명하다. 조용히 걸상의 거문고와 책을 움직이니 움직임이 반 바퀴의 가을 물을 머금고 있고 깨끗한 기운은 문득 의자 자리에 오니,

모든 티끌이 문득 가슴에서 멀어진다. 창문에는 구속이 없으니 마땅함에 따라 조합하여 쓸 수 있다. 난간은 옛 그림을 따르는데 경계를 따라 만든다. 만드는 형식은 새롭게 하고 옛 형식은 없앤다. 큰 경관이 부족하면 작게 쌓는 것이 마땅하다.(園說:凡結林園, 無分村郭, 地偏爲勝, 開林擇剪蓬蒿；景到隨機, 在澗共修蘭芷. 徑緣三益, 業擬千秋, 圍墻隱約於蘿間, 架屋蜿蜒于木末. 山樓憑遠, 縱目皆然；竹塢尋幽, 醉心旣是. 軒楹高爽, 窗戶虛鄰；納千頃之汪洋, 收四時之爛漫. 梧陰匝地, 槐蔭當庭；插柳沿提, 栽梅繞屋；結茅竹裏, 浚一派之長源；障錦山屛, 列千尋之聳翠, 雖由人作, 宛自天開. 刹宇隱環窗, 仿佛片圖小李[62]；岩巒堆劈石, 參差半壁大痴[63]. 蕭寺可以卜鄰, 梵音到耳；遠峰偏宜借景, 秀色堪餐. 紫氣靑霞, 鶴聲送來枕上；白蘋紅蓼, 鷗盟同結磯邊. 看山上個籃輿, 問水拖條櫪杖；斜飛堞雉, 橫跨長虹；不羨摩詰[64]輞川[65], 何數季倫金穀. 一灣僅於消夏, 百畝豈爲藏春；養鹿堪游, 種魚可捕. 凉亭浮白[66], 冰調竹樹風生；暖閣偎紅, 雪煮爐鐺濤沸, 渴吻消盡, 煩頓開除. 夜雨芭蕉, 似雜鮫人之泣泪；曉風楊柳, 若翻蠻女之纖腰. 移風當窗, 分梨爲院；溶溶月色, 瑟瑟風聲；靜擾一榻琴書, 動涵半輪秋水, 淸氣覺來幾席, 凡塵頓遠襟懷；窗牖無拘, 隨宜合用；欄杆信畫, 因境而成. 制式新番, 裁除舊套；大觀不足, 小築允宜.)

「원설」은 『원야』의 총론으로서 이상적인 원림의 이미지를 회화적으로 묘사하고 있다. 원림에서 생활하면서 발견하게 되는 작지만 인상 깊은 한 컷 한 컷의 이미지들을 통상적인 원기(園記)과 유사한 방식으로 표현하고 있는데, 단 그 문장의 내용을 분석해보면 건축, 식물, 물, 산 등 원림을 구성하는 물리적 구성요소를 모두 포

---

62 당나라 화가인 이소도(李昭道). 이소도의 부친이 이소도가 어렸을 적 불렀던 호칭.
63 원나라 화가인 황공망(黃公望)의 호.
64 당대 시인이자 화가인 왕유(王維).
65 망천별서. 당대 시인이자 화가인 왕유의 별장 가운데 하나.
66 부(浮) : 벌주. 백(白) : 벌주용 큰 잔. 부백(浮白) : 술을 마심.

함하고 있으며, 원림설계의 핵심인 선지와 차경기법을 개략적으로 언급하였고 마지막으로 세부적인 건축장수(裝修)의 원칙을 소개하고 있는데, 본문에서 언급될 거의 모든 소주제들을 언급하고 있는 셈이다.

한 가지 주목할 만한 점은, 우리들은 흔히 『원야』에서 중국원림의 핵심원칙으로 "비록 사람이 만들었으나 완연히 하늘이 스스로 연듯하게 한다(雖由人作, 宛自天開)"를 천명하였다고 알고 있는데, 사실 이 구절은 오직 가산에 국한된 것이지, 원림설계를 총괄하는 원칙으로서 제시한 것은 아니다.

2. 상지(相地)—지형에 따라 경관을 취하고, 마땅함에 합하고 형체가 적절해야 한다(得景隨形, 合宜得體)

제1편은 "상지"로서 산림(山林), 성시(城市), 촌장(村莊), 교야(郊野), 택방(宅旁, 주택의 옆), 강호(江湖) 등 서로 다른 자연 및 인문 환경에서 원림 선지(選址)의 특징과 그에 따른 경관설계 요구사항에 대해 설명하고 있다. 상지편의 첫 문장은 "원림의 터는 방향에 구애받지 않고 지세는 스스로 높고 낮음이 있다(園基不拘方向, 地勢自有高低)"인데, 이는 주택선지와는 구별되는 원림선지의 핵심원칙이다. 원림은 "문을 들어서면서부터 재미가 시작되고 경치를 얻을 때에는 지형에 따라 하니(涉門成趣, 得景隨形)", 산림, 하소(河沼), 촌장, 성시 등 위치에 상관없이 그리고 지형의 방원(方圓), 편곡(偏曲), 고저에 상관없이 그 특징을 활용할 수 있음을 항상 명심하고 터를 살펴야 한다.

원림의 터를 살피는 것은 터에 잠재된 가능성을 발견하는 것이다. 터의 특징을 살펴서 이 터에 장차 어떤 원림이 올 수 있을 것인가 상상하는 것이 바로 상지이다. 이를 위해서 상지하는 사람은 구체적인 원림의장 처리수법을 알아야 한다. 즉 물은 어디서 어느 방향으로 끌어들일 것인지, 건축은 어느 쪽에 배치하는 것이 적합한지, 식물은 원림의 안과 밖의 특징을 고려하여 어떻게 배식할 것인지, 주변의 경관을 어떻게 활용할 것인지를 눈앞에 펼쳐진 지형에 끊임없이 대입하여 상상하여야 한다. 이렇게 "터를 살필 때 터의 마땅한 특징에 부합하도록 하게 하여 원림을 만든다면 이상적인 형체를 얻을 수 있다.(相地合宜, 構園得體.)"

원림 선지 유형별로 그 내용을 간략하게 살펴보자. (1) 산림지(山林地)는 작가가 가장 이상적으로 생각하는 원림터로서, "원림의 터는 오로지 산림이 가장 좋다. 높기도 하고 움푹 꺼지기도 하며, 굽기도 하고 깊기도 하며, 우뚝 서서 걸려 있는 곳도 있고, 평탄한 곳도 있어 스스로 자연스러운 멋을 이루니 사람을 번거롭게 인공적 공사가 필요 없다.(園地惟山林最勝, 有高有凹, 有曲有深, 有峻而懸, 有平而坦, 自成天然之趣, 不煩人事之工.)" 즉 지세를 잘 이용하면 아름다운 원림을 만들 수 있다. (2) 성시지(城市地)는 원림을 만들기에 적합한 장소는 아니기 때문에 원칙적으로 "시정에는 원림을 만들어서는 안 된다.(市井不可園也.)" 그러나 "만약 원림을 만든다고 한다면 반드시 깊고 치우친 곳을 향해 지어야 하고(市井不可園也, 如園之, 必向幽偏可築)" 문을 닫아걸면 거리와 이웃의 시끄러움으로 부터 완벽히 격리되어 "족히 성시 가운데 은거한다는 경지를 실현할 수 있으니 오히려 산속에 거하는 것보다 경지가 높으며 능히 시끄러운 곳에서 그윽함을 찾을 수 있다.(足征市隱, 猶勝巢居, 能爲鬧處尋幽.)" 이렇게 성시에서 원림터를 선택할 때에는 "한가함을 얻는 게 곧 요지이며(得閑卽詣)" 이러한 조건을 만족시킬 수 있다면 "흥미가 일면 몸을 이끌고 노닐 수 있을(隨興携游)" 정도로 감상에 편리하다. 단 성시지는 자연적인 요소가 부족하기 때문에 각종 경물의 인공적인 처리에 각별히 신경을 써야 한다. (3) 촌장지(村莊地)는 시골마을에 위치한 원림터를 가리킨다. 한가한 향촌의 모습을 배경으로 독특한 목가적인 경관을 연출할 수 있다. 특히 수원에 가깝고 흙을 파내기 쉬운 곳이 좋으며, "약 10무의 터에는 반드시 연못을 3푼 파야 한다. 굽고 꺾임에 정서가 있고 수원은 바르고 옳다. 나머지 7푼의 땅에는 흙을 쌓는 것이 4푼이니 높낮이에 상관없이 대나무를 심는 것이 합당하다.(約十畝之基, 須開池者三, 曲折有情, 疏源正可 ; 餘七分之地, 爲壘土者四, 高卑無論, 栽竹相宜.)" 즉 전체 평면구성은 물30%, 산40%, 기타 30%가 이상적이고 대나무를 심어서 적절히 밖에서부터의 시선을 가린다. (4) 교야지(郊野地)는 "성에서 몇 리 되지 않아 왕래를 마음대로 할 수 있는(去城不數裏, 而往來可以

任意)" 인적이 없는 곳으로 동시에 "교야에 터를 택할 때에는 평평한 언덕이나 굽게 들어간 오(塢)에 의존한다. 두둑을 따라 교목을 심고, 물길을 파서 수원과 통하게 하며, 다리로 물을 가로질러서(郊野擇地, 依乎平岡曲塢, 迭隴喬林, 水浚通源, 橋橫跨水)" 터를 조성한다. (5) 방택지(傍宅地)란 저택의 바로 옆이나 뒤의 공지를 가리킨다. 방 택지는 현실적으로 토지의 제약을 심하게 받지만 "5무라 할지라도 어찌 구애되겠는 가(五畝何拘)"라 하니, 비록 작더라도 알차게 저택에 이웃하여 원림을 조성하면 바쁜 생활 속에서 틈을 내어 자연풍광을 즐기기에도 편하다. 또한 동시에 도적이나 외부 의 침습을 막는 완충공간으로 되어 "저택을 보호하는 아름다운 경관이라 일컫기도 (斯謂護宅之佳境也)" 한다. (6) 강호지(江湖地)는 글자 그대로 강이나 호숫가를 가리 킨다. 이러한 곳은 통상 광활한 수경을 원림의 안으로 끌어들일 수 있으며 자연적 으로 조성된 갈대나 수초를 수목으로 활용할 수 있으니 "대략 작게 건축하여도 족 히 큰 경관을 얻을 수 있다(略成小築, 足微大觀也)" 강호지는 중국원림에서 추구하는 이상적인 수경 "아득한 안개 낀 물, 맑은 구름이 낀 산, 유유히 떠 있는 어선, 한가 한 갈매기(悠悠烟水, 淡淡雲山 ; 泛泛魚舟, 閑閑鷗鳥)"를 얻을 수 있고, 밖에서 보면 수 풀 사이로 "드러나는 층에는 누각이 숨어(漏層陰而藏閣)" 있으며, 원림 내부에서는 "달을 맞이하여 누대에 오르니(迎先月以登臺)" 달의 그림자가 드리운 환상적인 자연 수경을 감상할 수 있다.

3. 입기(立基)―우선은 경관을 얻는 데 있고, 격식은 마땅함에 따른다(先乎取景, 格式隨宜)

제2편은 "입기"로서 "기(基)"란 건물의 기초를 가리킨다. 본 편에서는 원림의 평 면배치의 원칙을 제시하고 각 유형의 건축과가산의 배치에 대해 구체적으로 설명하 고 있다. 원림의 평면배치의 원칙은 우선적으로 "담을 모름지기 넓게 쌓아서 빈 땅 을 많이 남긴다.(築垣須廣, 空地多存)" 이렇게 확보된 공터에는 건축, 가산, 연못, 숲 등의 위치와 면적을 결정하는데, 이때 명확한 우선순위가 있다. 즉 "뭇 원림의 터를 세움에 있어서 청당을 정하는 것을 주로 하고(凡園圃立基, 定廳堂爲主)", 그 다음으로

"관사를 골라서 이루고, 나머지로 정과 대를 만든다.(擇成館舍, 餘構亭台.)" 이때 "방향을 선택하는 데 있어서 풍수에 구애받지 않으나 대문은 반드시 청당 방향에 맞게 설치하여야 한다.(選向非拘宅相, 安門須合廳方.)"

주택에서 주로 주 건축을 남향으로 배치하고 부속 건축들을 동서에 가운데 마당을 서로 바라보게 배치하는 것과 달리, 원림에서 건축의 방향을 정할 때에는 "우선은 경관을 취하는 데 있고, 교묘함은 남향에 있다.(先乎取景, 妙在朝南.)" 즉 우선적으로 좋은 경관이 보이는 쪽으로 건축의 방향을 결정하고 그 다음으로 채광 등에 유리한 남향을 고려한다. 각 건축의 위치, 방향, 규모를 결정하였으면 다음으로 "흙을 깎아 산을 쌓고(開土堆山)", "연못을 따라 뒤섞인 호안을 만들고(沿池駁岸)", "울타리를 엮어 국화를 심고(編籬種菊)", "호미로 둔덕을 만들어 매화를 가꾸고(鋤嶺栽梅)", "그윽한 곳을 찾아 대나무를 옮겨 심고(尋幽移竹)", "맞은편 경치에는 계절 꽃을 심는(對景蒔花)" 등 각종 경물을 건물들 사이에 배치한다. 이때 지형은 "높은 언덕은 북돋을 수 있고, 낮은 곳은 파는 게 좋다(高阜可培, 低方宜挖)"라 하니, 이는 상지편의 "높은 곳에는 정자나 누대를 만들고자 하며 낮게 움푹 파인 곳에는 연못을 팔 수 있다(高方欲就亭台, 低凹可開池沼)"는 구절과 호응한다.

다음으로 각 유형의 건축을 배치하는 방법에 대해 구체적으로 설명하고 있는데, 이때 반드시 터의 특징과 경관의 특징을 활용하여 한다. 구체적으로 살펴보면, (1) 청당기(廳堂基)의 경우 일반주택에서는 "예부터 5칸이나 3칸으로 한도를 삼았으나(古以五間三間爲率)", 원림에서는 정해진 규칙 없이 "모름지기 땅의 넓고 좁음을 재어서" 청당의 평면규모를 정하였고, 이때 정면칸수는 홀수가 아닌 짝수여도 되고 심지어 "반 칸(半間)"을 단위로 가감할 수도 있다. (2) 누각기(樓閣基)는 청당기를 결정한 다음 결정하며 "산과 물 사이에 반반씩(半山半水之間)" 걸치게 세울 수도 있다. 누각의 층수는 "2층과 3층의 설이 있다(有二層三層之說)" (3) 문루기(門基樓)는 청당의 방향과 일치하게 결정한다. (4) 서방기(書房基)에서 서방은 상황이 허락한다면 원림의 내부가 아니라 바깥에 설치할 수도 있는데, 가급적 "편벽한 곳을 골라서(擇

偏僻處)" 여행객들의 방해를 받지 않게 배려한다. 서방의 건축형식은 터에 따라 다양한 변화를 줄 수 있다. (5) 정사기(亭榭基)는 전통적으로 "꽃 사이에는 사를 숨기고, 물가에는 정자를 놓는다(花間隱榭, 水際安亭)"라는 말이 전해지나 "정자를 설치하는 데에는 형식이 있으나 터를 잡는 데에는 근거가 없다(亭安有式, 基立無憑)"라는 말처럼 반드시 이에 구속받는 것은 아니고, 주로 아름다운 경관이 바라다 보이는 곳에 선정한다. 특히 중국원림에서는 특정한 주제로 경관을 꾸미는 것을 좋아하는데, 이때 그 경관을 바라보기에 가장 적합한 곳에 건물이 없다면 간편하게 정자나 사를 설치하여 경관점으로 삼는다. 즉 "통천죽리(通泉竹裏)", "안경산두(按景山頭)", "호복관어(濠濮觀魚)", "창랑약족(滄浪濯足)" 등의 주제경관의 안 혹은 맞은편에 정자와 사 등이 종종 오고 그 안에는 해당 경관주제에 관한 대련이 걸려 있다. (6) 낭방기(廊房基)에서 회랑은 "원림에서 없어서는 안 되는 일단의 경계(園林中不可少斯一斷境界)"로서 "랑의 터를 정하지 않은 상황에서 땅을 먼저 남겨 두었다가(廊基未立, 地局先留)" 모든 건물들의 배치가 결정되고 나면 "혹은 다른 건물들의 앞뒤에 점차 숲으로 통하고 산허리를 밟고 수면에 떨어졌다가 높낮이와 굽고 꺾임을 임의로 자연히 끊어지고 이어져서 완연하게(或餘屋之前後, 漸通林許. 蹋山腰, 落水面, 任高低曲折, 自然斷續蜿蜒)" 회랑을 배치한다.

이 외에 가산기(假山基)도 언급하고 있는데, "가운데를 차지하는 것을 가장 금기로 하며 더욱 마땅히 산만 해야 한다.(最忌居中, 更宜散漫.)" 가산의 크기를 결정할 때에는 "먼저 정상의 높이와 크기를 측정해야 터의 얕음과 깊음을 정할 수 있다. 돌을 포개 쌓는 경우는 모름지기 공간을 이용할 줄 알아야 하고 흙을 두르는 경우는 필연적으로 지형을 이용하여야 한다.(先量頂之高大, 才定基之淺深. 掇石須知占天, 圍土必然占地.)"

4. 방옥(屋宇)—시절을 따르고 고아하고 소박하며, 옛 형식을 따르고 단정해야 한다(時遵雅朴, 古摘端方)

제3편인 "방옥"은 원림건축에 대해 논하고 있다. 서문에서 원림건축의 일반적

원칙을 소개하고 그 다음으로 각 건축유형별로 특징을 나열하였다. 그 밖에 건축구조와 시공에 무지한 문인들을 위해 건축의 가구구조와 도면을 삽도를 곁들여 설명하였다.

구체적으로 살펴보면, 머리글에서는 먼저 일반 주택건축과 원림건축과의 차이에 대해 설명하였다. 일반주택의 건축은 "순서를 따라서 만들고(循次第而造)", 방향은 "필수적인 이론이 있다(必論)." 반면 원림건축은 "때에 따라 변화하는 경관에 맞추는 것이 정수이고(按時景爲精)", 방향은 오직 "원인에 따른다(惟因)."

다음으로, 각 유형별 원림건축의 핵심적 특징에 대해 설명하였다. 예를 들어 청당에 관해서 언급하면서 "비록 청당은 일반적인 특징을 갖추나 누대와 사에 가까운 남다른 멋을 갖는다(雖廳堂俱一般, 近台榭有別致)"라 하였다. 또한 청당의 평면조합에 관해 "청당 지붕은 앞에 두 상방이 오는 것을 가장 꺼리니 마당이 좁게 될까 두렵다.(當檐最礙兩廂, 庭除恐窄.)" 또한 청당에는 "둘레에 낙보(落步)를 두르되 겹으로 무(廡)를 더하면 기단이 더욱 깊어진다(落步但加重廡, 階砌猶深.)"[67]라 하였다. 소품건축에 대해서는 "긴 회랑을 한줄 두르는 것은 기둥을 세우기 시작하는 처음에 정하는 것이니 오묘함은 변환에 있다. 소옥은 서까래 몇 개가 굽어 있으니 적당한 문의 안배를 궁구함에 이치가 정미해야 한다(長廊一帶回旋, 在竪柱之初, 妙于變幻. 小屋數椽委曲, 究安門之當, 理及精微.)"라 하니 회랑의 배치는 기둥을 세우기 전, 즉 배치계획에서

---

67 일부 학자는 "낙보(落步)"를 기단으로 보고 "중무(重廡)"를 겹지붕으로 보아 "기단을 설치하고 겹지붕을 더하면 계단이 더욱 깊어 보인다"라고 해석한다. 그러나 소박함을 추구하는 강남 사가원림에서 겹지붕을 쓴다는 것은 모순이 아닐 수 없다. 방옥편의 랑(廊)에 관한 설명을 보면 "랑이라는 것은 무를 일보 밖으로 낸 것이다(廊者廡出一步也)"라는 구절이 있다. 또한 방옥편의 가구구조 삽도를 보면 건물의 앞뒤에 통로를 한 칸씩 만드는데, 이때 기둥을 "전보주(前步柱)"와 "후보주(後步柱)"라고 하였다. 한편 『설문(說文)』에는 "무란 당 아래 두른 건물이다(廡, 堂下周屋)"이라고 하였다. 이들을 종합적으로 고려해 볼 때 "낙보(落步)"란 청당의 앞과 뒤에 첨가한 통로를 의미하고 "중무(重廡)"란 앞과 뒤의 통로에 가구구조를 설치한 무(廡)를 가리킨다고 보는 것이 합당하다. 즉 청당의 앞과 뒤에 통로를 설치하되 지붕을 씌운다면 기단이 더욱 깊어 보인다는 뜻이다.

정하는 것으로 변환을 추구하고 작은 건축들을 문의 위치와 디테일에 중점을 둔다.

원림건축의 풍격은 "시절을 따르고 고아하고 소박하며 옛 양식을 따고 단정해야 한다.(時遵雅朴, 古摘端方.)" 여기서 "시절(時)"을 일부 학자는 "유행"으로 해석하고, 일부 학자는 "계절"로 해석한다. "유행"이라 보는 이유는 "時遵"과 "古摘"을 대응관계로 본 것으로 특히 이 책의 문창편에는 "옛 제도(舊制)"와 새 양식을 나누어 열거하고 있어서 이 주장에 힘을 더한다. 한편 "계절"로 보는 학자들은 원림이 유행을 따라야 한다는 말은 문인원림이 보편적으로 추구하는 가치에 부합하지 않다고 보며, 이 책에서 "계절에 따라 변화하는 경관(時景)"을 강조한 것으로 볼 때 "時遵"이란 건축이 계절적 특징을 반영하여야 한다는 것이다. 이렇게 만들어진 원림건축은 그 자태가 풍부하니 "무궁한 자태를 숨기듯 드러내어 끝없는 봄을 부른다.(隱現無窮之態, 招搖不盡之春.)"

서문의 뒤에는 문루(門樓), 당(堂), 재(齋), 실(室), 방(房), 관(舘), 루(樓), 대(台), 각(閣), 정(亭), 사(榭) 등의 독립된 건축과 권(卷), 광(廣), 랑(廊) 등의 부속건축을 유형별로 나열하였다. 또한 목구조 건축의 보편적 가구구조인 "오가량(五架梁)", "칠가량(七架梁)", "구가량(九架梁)", "초가(草架)", "겹처마(重椽)"를 나열하고 각각에 대해 기본적 특징과 용도를 간략하게 설명하였다. 또한 건물평면을 다변형이나 원형으로 분할하는 "모서리 따기(磨角)", 건축 평면도인 "지도(地圖)", 건축 종단면도인 "옥우도식(屋宇圖式)"을 삽도를 더하여 설명하였다.

5. 장절(裝折)과 문창(門窗)—굽고 꺾인 가운데 규칙이 있어 아름다운 경치를 받아들이는 데 좋다(曲折有條, 佳境宜收)

제4편은 "장절"로서 원림건축의 장수(裝修) 원칙과 기법에 대해 논하고 있다. 장수란 구조시공이 끝난 다음 문, 창, 천장, 난간 등의 꾸밈부재를 끼워 넣는 것을 가리키는데, 세부적인 조각을 가리키는 장식(裝飾)과는 다른 개념이다.

무릇 공사는 장수가 어렵다. 오직 원림건축의 장수만이 주택과 다른데, 굽고 꺾어져 있으면서도 규칙이 있고, 단정하고 방정하면서도 정해진 형식이 없다. 예를 들어 단정하고 방정한 가운데 굽고 꺾임을 추구해야 하고, 또 굽고 꺾인 곳에 이르러서는 단정하고 방정함을 정하여야 하니 서로 섞임이 적절하고 교차함이 오묘하다. 벽을 꾸밀 때에는 마땅히 이어서 배열하여야 하고, 문을 설치할 때에는 나가고 들어오는 곳을 구분한다. 만약 전체 건축이 여러 칸이면 안을 칸막이로 나누는 것이 가능하다. 건물 뒤의 일보가(一步架)[68]를 정하여 남기는데 밖에 무엇을 더하여 설치하는가? 지름길로 다른 거처에 연결되어 다시 별관이 된다. 벽돌벽을 사이에 끼워서 끊이지 않고 회랑으로 통할 수 있다. 나무벽은 통상 창문을 만들어 비게 하여 별호천지(別壺天地)[69]의 풍경을 담는다. 정자와 누대의 그림자가 틈을 두고 이어 있고, 누각들의 창문들이 이어져 있다. 끊어진 곳이 오히려 열려 있고 낮은 곳에서 갑자기 올라간다. 나무계단은 오직 실의 옆에 두고, 기단의 계단은 가산을 빌려 만든다. 문선(門扇)은 어찌 특이함을 찾겠는가? 창살은 계절에 맞는 각 형식을 따르고, 닫으면 마땅히 모서리가 맞물려야 구멍을 내어도 엿볼 수 있는 틈이 없다. 건물의 낙보(落步)에는 난간을 설치하여 장랑(長廊)과 이으면 오히려 좋고, 아래 반쯤 벽을 쌓고 위에 창문을 다는 것은 모든 실이 같다. 옛날에는 능화(菱花) 창살을 교묘하게 만들었으나 오늘날에는 버드나무 잎 모양으로 기이하게 만들고, 여기에 명와(明瓦)[70]를 세우고 밖에 풍창(風窗)으로 밀봉한다. 반루반옥(半樓半屋)[71]은 체목(替木)[72]에 붙여서 한 종류의 천화(天花)[73]를 설치하는 것도 무방하다. 장방(藏房)과 장각(藏閣)은 허첨(虛檐)[74]에 반

---

68 목구조 건축의 측단면에서 도리와 도리 사이의 한 칸을 가리킴.
69 주전자 속에 숨어 있다는 신선세계.
70 조개껍질을 갈아 만든 얇고 투명한 작은 판으로 고대에는 건축 창살 사이에 끼웠다.
71 비교적 높은 목구조 건축 내부에서 투박한 상부 목구조가 드러나는 상황을 가리키는 것으로 추측된다.
72 대들보 아래를 받치는 짧은 가로방향 목부재 혹은 대들보.
73 천장판. 원림건축은 통상 규모가 작고 구조가 간단해서 천화를 설치하지 않고 가급적 대들보를 곡선 형태로 가공하고 장식을 더하여 자체로 장식으로 삼는 것을 덕목으로 삼는다. 하지만 규모가 커서 양가가 복잡해지면 안에서 보았을 때 번잡하기 때문에 천화판으로 가리기도 한다.
74 바싹 붙어 있는 두 건물 지붕 사이의 틈.

쯤 휘어진 월용(月牖)⁷⁵을 설치해도 된다. 가구를 빌어 처마를 높게 한 경우는 모름지기 하권(下卷)⁷⁶을 설치한다. 건물의 막(幀)⁷⁷을 나섰는데 만약 별원으로 나뉘고 담장을 이으면 더욱 깊은 재(齋)의 느낌이 날 것이다. 구조는 시절에 부합하여야 하고 형식은 깔끔한 감상을 추구해야 한다.(凡造作難于裝修, 惟園屋异乎家宅, 曲折有條, 端方非額, 如端方中須尋曲折, 到曲折處環定端方, 相間得宜, 錯綜爲妙. 裝壁應爲排比, 安門分出來由. 假如全房數間, 內中隔開可矣. 定存後步一架, 餘外添設何哉? 便徑他居, 複成別館. 磚墻留夾, 可通不斷之房廊; 板壁常空, 隱出別壺之天地. 亭台影罅, 樓閣虛鄰. 絶處猶開, 低方忽上. 樓梯僅乎室側, 台級藉矣山阿. 門扇豈异尋常, 窗櫺遵時各式. 掩宜合線, 嵌不窺絲. 落步欄杆, 長廊猶勝, 半墻戶槅, 是室皆然. 古以菱花爲巧, 今之柳葉生奇. 加之明瓦斯堅, 外護風窗覺密. 半樓半屋, 依替木不妨一色天花; 藏房藏閣, 靠虛檐無礙半彎月牖. 借架高檐, 須知下卷. 出幀若分別院, 連墻擬越深齋. 構合時宜, 式征淸賞.)

원림건축에서 "구조는 시절의 마땅함에 부합하여야 하고, 형식은 깔끔한 감상을 취하여야 한다.(構合時宜, 式征淸賞)" 즉 건축의 구조가 각 계절별로 변화하는 채광, 온도, 통풍, 대경(對景)의 상황을 고려해 결정하는 것이라면, 장수의 형식은 순수하게 시각적인 감상을 고려하여 결정한다. 즉 장수는 사람이 눈으로 그 세부를 살피는 대상으로 간주된다. 계성은 원림건축의 장수에 대한 일반적인 원칙으로서 "곡절(曲折)"과 "단방(端方)"을 제시하였다. "곡절"이란 굽고 꺾여 있다는 뜻으로 장수부재의 조형이 곡선적 변화를 추구해야 함을 의미한다. "단방"이란 단정하다는 뜻으로 장식부재의 조형이 단정해야 함을 의미한다. 계성은 여기서 한걸음 더 나아가 원림건축의 장수는 "곡절"과 "단방"을 겸비하여야 한다고 주장한다. 예를 들어 창문에서

---

75 벽이나 담에 뚫은 달 모양 문구멍.
76 목조건축 양가구조가 복잡한 경우 아래에 둥근 지붕(卷)을 달아서 상부 구조를 가린다.
77 건물에서 문이 없이 막을 친 통로.

창틀은 단방하면서 창살은 곡절하면 단방과 곡절이 조화를 이루는 것이다.

제5편은 "문창"으로서 담장에 개구부를 내는 방법에 대해 논하고 있다. 여기서 "문창"이란 건물에 달린 나무로 된 문과 창을 가리키는 것이 아니라 담장에 구멍을 뚫은 것을 가리킨다. 이 개구부는 통행을 위한 "문"으로 쓰이기도 하고 그 틀 안에 한 폭의 그림과 같은 경관을 담는 "창"으로 쓰이기도 한다. 문창은 원림설계자의 창의성과 예술적 심미 수준이 두드러지게 반영되는 부분이기 때문에 재능 있는 사람을 기용하는 것(得人)이 중요하다.

> 문창을 갈아서 구멍 낼 때 만드는 양식은 유행을 따른다. 건물만 새롭게 꾸미는 것이 아니니 이를 일러 원림이 고아함을 좇는다 한다. 비록 공예의 정밀함은 오직 (문창 둘레의 벽을 쌓는) 와작(瓦作) 장인에 의해 결정되지만 격조는 오히려 얻은 사람(得人)에 달려 있다. 대하는 경치가 생기롭고 기이하며 품은 정취가 크게 정채로우니, 가벼운 비단이 푸른 옥을 두르고 가녀린 버들이 푸르름을 엿보며 큰 돌이 사람을 맞이하니 주전자속에 따로 천지가 있음이다. 대나무 숲이 그림자를 드리우면 마치 물 건너에 생황(笙簧) 소리가 들려오는 듯하다. 아름다운 경관은 마땅히 받아들이니 속된 티끌이 어찌 여기에 이르겠는가. 철저히 기억해야 하는 것은 문창의 구멍을 깎을 때에는 마땅히 창 아래 벽을 갈고 쪼아야 한다. 곳곳이 이어져 비어 있으면 곳곳이 경관을 곁으로 한다. 실전됨을 걱정하여 고로 양식을 남긴다.(門窗磨空, 制式時裁, 不惟屋宇翻新, 斯謂林園遵雅. 工精雖專瓦作, 調度猶在得人. 觸景生奇, 含情多致, 輕紗環碧, 弱柳窺靑, 偉石迎人, 別有一壺天地 ; 修篁弄影, 疑來隔水笙簧. 佳境宜收, 俗塵安到. 切記雕鏤門空, 應當磨琢窗垣, 處處鄰虛, 方方側景. 非傳恐失, 故式存餘.)

여기서 문창의 "광경(框景)"효과에 대해 설명하고 있다. "광경"이란 문창의 틀(框) 안에 설계자의 의도에 의해 구성된 경관을 의미한다. 동적인 감상을 중시하는 중국 원림에서 문창은 이동 중인 유람자에게 다음 공간에 대한 힌트를 주어 자연스럽게 유도하는 역할을 하며 때로는 그 자체가 한 폭의 산수화처럼 작용하기도 한다. 문창의 틀은 사각형, 원형, 화병모양, 꽃모양 등 다양하며, 구멍은 비워 두거나 혹은 무늬창살을 설치하기도 한다. 문창은 틀의 설계도 중요하지만 적절한 위치에 배치하여 유람자를 자연스럽게 유도하는 것이 더욱 중요하다. 광경의 설계는 구멍을 통해 눈에 들어오는 경관이 절묘할 수 있게 그 위치와 크기를 결정하는 것이 가장 어렵기 때문에 이러한 안목과 능력을 지닌 사람을 얻는 것이 문창의 "격조(調度)"를 좌우하는 핵심요건이 된다.

6. 장원(墻垣)―고아함과 시절에 따르며 건물을 단정하게 보이게 한다(從雅遵時, 就屋端正)

제6편은 "장원"으로 원림의 담장을 논하고 있다. 원림에서 담장의 종류는 재료에 따라 나뉘는데 "뭇 원림의 담장은 대부분 흙을 다져 쌓고 혹은 석축으로 하거나 나뭇가지로 울타리를 엮기도 한다.(凡園之圍墻, 多于版築, 或于石砌, 或編籬棘.)" 이때 "돌도 좋고 벽돌도 좋고, 구멍을 뚫어도 좋고 다듬어서 쌓는 것도 좋으니 각각 만드는 법이 있다(或宜石宜磚, 宜漏宜磨, 各有所制.)"라 하며, 특히 "무릇 울타리는 아름다운 꽃 병풍과 같으니 야생의 아름다움이 많아서 산림 속에 있는 듯한 멋을 깊게 얻을 수 있는(夫編籬斯勝花屛, 似多野致, 深得山林趣味.)" 장점이 있다.

담장은 원림의 바깥 경계를 확정지을 뿐만 아니라 "예를 들어 안으로 꽃밭의 끝, 물의 옆, 오솔길을 옆, 산 둘레의 담(如內花端, 水次, 夾徑, 環山之垣.)"처럼 원림 내부에서 공간을 분할하는 역할을 하기도 한다.

원림에서 담장은 중요한 조형요소이다. 그 풍격은 "고아함을 좋고 시절을 따라서 사람으로 하여금 감상하게 하니 원림의 아름다운 경관이다.(從雅遵時, 令人欣賞, 園林之佳境也)" 화려한 조각장식은 지양해야 하는데 "역대로 담장은 장인에게 맡겨 화조와 선수를 조각하는 것을 정교한 제작으로 여기는데 원림에 아름답지 못할 뿐만 아니라 청당 앞에 두다니 어찌 합당한가?(歷來墻垣, 憑匠作雕琢花鳥仙獸, 以爲巧制, 不第林園之不佳, 而宅堂前之何可也)" 이는 "시정이나 범속한 마을의 미련한 자나 하는 바이니 고명한 자는 삼가라.(市俗村愚之所爲也, 高明而愼之)"

담장의 관리에 있어서 애로사항은 새둥지이다. "참새 둥지는 참으로 얄미우니 풀을 쌓음이 쑥과 같아서 치워도 끊이지 아니하고 떼어 내야 비로소 없어지니 어쩔 수 없는 것이다.(雀巢可憎, 積草如蘿, 祛之不盡, 扣之則廢, 無可奈何者)"

담장 설계를 통해 원림건축을 보다 단정하게 보이게 만들 수가 있다. "세인들이 원림을 흥조할 때에 터의 치우친 측면에 마음대로 만드는데, 어찌 담장으로 넓게도 하고 좁게도 하여 집의 단정함을 얻어내지 못하는가. 이는 주관하는 장인은 알지 못한다.(世人興造, 因基之偏側, 任而造之. 何不以墻取頭闊頭狹就屋之端正, 斯匠主之莫知也)"

7. 포지(鋪地)—각 형식은 네모나고 둥그니 마땅함에 따라 깔고 쌓는다(各式方圓, 隨宜鋪砌)

제7편은 "포지"로서 원림 야외의 바닥 포장에 대해 논하고 있다. 바닥 포장의 재료에는 크게 벽돌, 자갈, 기와조각 등이 있으며, 이들을 조합하여 바닥에 다양한 무늬를 만들어 넣기도 한다. 원칙적으로 원림의 포장은 "각 형식의 모양에 따라 적절하게 깐다.(各式方圓, 隨宜鋪砌.)" 단 "꽃밭을 둘러싼 좁은 길가에는 돌이 좋고, 청당 앞의 큰 마당에는 모름지기 벽돌을 쓴다.(花環窄路偏宜石, 堂逈空庭須用磚.)" 특히 "오직 청당과 광하의 가운데 포장은 일률적으로 다듬은 벽돌을 깔아서(惟廳堂廣廈中鋪, 一槪磨磚.)" 단정하고 깨끗하게 만든다. 또한 "길은 평범함을 추구하고(路徑尋常.)", "계단과 공터는 탈속하게 만든다.(階除脫俗.)"

8. 철산(掇山)—깊은 뜻으로 그림을 그리고 여정으로 언덕과 계곡을 쌓는다(深意畫圖, 餘情丘壑)

제8편은 "철산"으로 인공적인 가산(假山)에 대해 논하고 있다. 서문에서는 가산의 시공법, 조형, 심미적 정취를 설명하였으며, 이어서 가산을 위치와 형태에 따라 분류하고, 몇 가지 가산을 이용한 소품경관을 소개하였다.

구체적으로 살펴보면, 서문에서 가산은 물과 함께 원림 안에 자연산수 경관을 구성하는 필수적인 구성요소이며 가산의 심미적 정취는 "(자연)산림의 의미를 깊게 구하는(山林意味深求.)"것이 핵심이다.

가산의 조형설계는 풍부한 경험과 깊은 예술적 안목이 필요하다. "원림 안에 철산은 사대부 중에 호사가가 아니면 만들지 않으니 만드는 사람은 특히 견식이 있어야 한다.(園中掇山, 非士大夫好事者不爲也, 爲者殊有識鑒.)" 가산은 평지에서 갑자기 우뚝 솟아오르는 것이 아니라 물과 어우러져 물가를 따라 돌면서 자연스럽게 융기하여야 하고 이때 "(가산에서) 대가 적합하면 대를 만들고 사가 적합하면 사를 만들어 달을 맞이하고 구름을 부르며, 큰 길이 되기도 하고 작은 길이 되기도 하여, 꽃을 찾고 버드나무를 묻는다(宜台宜榭, 邀月招雲 ; 成徑成蹊, 尋花問柳.)"라 하듯이 가산은 건축, 길, 식물 등의 요소들과 자연스럽게 융화하여야 한다.

가산조형의 금기는 지나친 인공미이다. 예를 들어 "노촉화병이나 도산검수처럼 늘어놓거나, 봉우리를 오로봉 모양으로 만들고 연못을 사각형으로 파거나, 아래에는 동굴을 만들고 위에는 누대를 만들거나, 동쪽에는 정자를 만들고 서쪽에는 사를 만드는(排如爐燭花瓶, 列似刀山劍樹. 峰虛五老, 池鑿四方. 下洞上臺, 東亭西榭.)" 것처럼 가산을 관습적이고 기계적으로 만들어서는 안 되며, 가산에 구멍을 지나치게 많이 뚫으면 천박하니 "틈이 너무 많아서 관 안에 표범이 엿보인다(罅堪窺管中之豹.)"라고 조롱받는다. 또한 가산 안에 길을 지나치게 길고 복잡하면 "길은 아이가 고양이를 희롱하는 것을 닮았다(路類張孩戲之猫)"라고 조롱받는다.

9. 선석(選石)—견고하고 고졸한 것을 찾아서 편리에 따라 물에서 건져낸다(求堅古拙, 便宜出水)

제9편은 "선석"으로 가산에 사용되는 돌을 선별하는 방법에 대해 논하고 있다. 각종 돌의 산지, 색깔, 무늬, 질감, 쓰임새, 형태를 설명하고 있는데, 이중 특히 무늬를 중요시 하여 하나하나 설명하고 있다. 적합한 돌을 찾기 위해서는 "발품을 팔아서 산을 찾고 험한 곳에 길을 파서 물로 나오기 쉽게 한다(跋躋搜嶺, 崎嶇挖路, 便宜出水.)"라 하니 각 산지에 따른 돌의 특징을 잘 이해하고 인력을 들여서 길을 닦아 물길로 내린 다음에 수운으로 운반한다.

돌을 고를 때에는 "모름지기 먼저 바탕에 무늬가 없는 것을 선택하고, 기다린 다음에 주름에 따라 합하고 쌓는다.(須先選質無紋, 俟後依皴合掇.)"또한 돌을 고를 때 단독으로 놓거나(單點), 수직으로 세우거나(求堅), 층층이 쌓아 올리는(層堆) 등의 시공법을 감안하야 한다.

돌의 선별에도 마찬가지로 "인재를 찾는 일"이 중요한데, 계성은 "무릇 원림에 가산을 만들려 하는데 곳곳에 호사가와 돌이 널려 있지만, 그 인재를 구할 수 없다(夫葺園圃假山, 處處有好事, 處處有石塊, 但不得其人.)"라 하였다.

10. 차경(借景)―원림의 핵심이니, 뜻은 붓에 앞선다(林園最要, 意在筆先)

제10편은 "차경"으로서 원림 밖의 경관을 빌려서(借) 원림 안으로 끌어들이는 수법에 대해 논하고 있다.

"원림을 구성에는 격식이 없으나 차경에는 원인이 있다. 사계절을 절실히 원하면서 어찌 팔방을 집으로 막는가?(構園無格, 借景有因. 切要四時, 何關八宅.)" 즉 차경이란 계절에 따라 변화는 외부의 다양한 자연경관을 원림 안으로 끌어들이는 것으로, 이를 위해서는 차경이 발생하는 원인(因)이 있는 쪽을 향해 적절히 터 주어야 한다.

원림은 단순한 자연에 대한 모방이 아니라 설계자가 자연적이면서도 자연을 초월하는 경관을 한정된 공간 안에 창조하는 것이다. 원림의 각 구성요소들은 원근, 고저, 크기에 있어서 서로 상호작용하면서 유기적인 통일에 이르러야 하는데, 이때 반드시 원림 밖 원경의 도움이 필수적이다.

원림 안에서 사람이 경험하는 경관은 그 사람으로 하여금 자연 속에 있는 듯한 생생한 경험을 제공하여야 하는데, 이때 경관이 모두 근경만으로 구성되어 있으면 경관을 눈으로 좇으면서 진행되는 연상작용이 부자연스러워 제약을 받기 쉽다. 이때 적절한 곳에 원경이 존재하면 연상작용은 멈추지 않고 무한하게 뻗어나가게 된다. 즉 사람이 원림 내부경관에 외부의 원경이 자연스럽게 배합된 경관구도를 감상하면 "문득 티끌 밖의 생각이 드니 그림 속에 들어와 거니는 것 같다.(頓開塵外想, 擬入畫中

行.)" 이렇게 차경은 원림 내부에서의 경험을 최종적으로 완성시키는 핵심적인 수법으로서 "무릇 차경은 원림에서 가장 중요한 것이다.(夫借景, 林園之最要者也.)"

차경 수법의 종류에는 "예를 들어 원차, 인차, 앙차, 부차, 응시이차가 있다.(如遠借, 鄰借, 仰借, 俯借, 應時而借)" 원차(遠借)는 원경을 빌려오는 것이고, 인차(鄰借)는 이웃의 경물을 빌려오는 것이고, 앙차(仰借)는 아래에서 위를 보았을 때 안의 경관과 밖의 경관이 어울리는 것이고, 부차(俯借)는 위에서 아래를 보았을 때 안의 경관과 밖의 경관이 어울리는 것이며, 응시이차(應時而借)는 계절에 따라 경관을 빌리는 것이다. 이렇게 밖의 경관을 빌려 원림내부의 경관에 배합시키면 "그런데 경물은 마음이 머무는 바이니, 눈을 신기하게 하고 마음을 기대하게 하는 것이 마치 (서예나 회화에서) 뜻이 붓에 앞서는 이치와 같고 거의 묘사의 다함이라.(然物情所逗, 目寄心期, 似意在筆先, 庶幾描寫之盡哉.)"

四. 『한정우기 · 거실부』의 일상적 원림관

『한정우기』는 청나라 강희(康熙) 10년(1671년)에 출간되었다. 작가인 이어(李漁)는 호가 입옹(笠翁)으로, 명나라 말기에 벼슬을 하다가 청 왕조가 들어서자 관직에서 물러나 여러 글을 남겼다. 『한정우기』는 그 중의 하나로 주제가 상당히 다양하여 "사곡(詞曲)", "연습(演習)", "성용(聲容)", "거실(居室)", "기완(器玩)", "음찬(飮饌)", "종식(種植)", "이양(頤養)"의 총 8부(部)로 구성되어 있다. 이어는 건축영조와 원림예술에도 상당한 견문과 지식을 갖추었는데 만년에 남경에 머물면서 "개자원(芥子園)"이라는 원림을 스스로 만들었고, 『한정우기』 "거실부(居室部)"를 통해 자신만의 논리를 전개하기도 하였다. 『한정우기』는 후에 『입옹일가언전집(笠翁一家言全集)』에 포함되었기 때문에 일부 판본에서는 특별히 "일가언(一家言)"의 거실부라 표기하기도 한다.

이어는 『한정우기』의 범례에서 말하기를 자신이 이 책을 쓸 때 "네 가지를 기대하고 세 가지를 금하였다(四期三戒)”라고 하였는데, 네 가지 기대는 “태평함을 점철하고(點綴太平)”, “검박함을 숭상하며(崇尙儉樸)”, “풍속을 바로잡고(規正風俗)”, “사람의 마음에 경계함(警惕人心)”이다. 이 중에서 “태평함을 점철함”과 “사람의 마음에 경계함”은 특별한 의미 없는 관습적인 구절이지만, 나머지 “검박함을 숭상함”과 “풍속을 바로잡음”은 주목할 만하다. 특히 “검박함을 숭상함”이 중요한데 이어는 “무릇 내가 말하는 바는 모두 귀한 사람과 천한 사람에게 함께 이로운 일이다. 섬세하게 비단문을 만들지 않고 간략하게 막대를 가로질러 문으로 삼을 수 있으며 또한 집을 가난하게 만들지 않으면서 부유한 집을 남길 수 있다(凡予所言, 皆貴賤鹹宜之事, 旣不詳綉戶而略衡門, 亦不私貧家而遺富室.)”,[78] “무릇 내가 말하는 바는 모두 가격이 저렴하고 공임을 아끼는 일에 속하니 약간의 비용이 들지라도 역시 조각하고 분칠하고 조정을 만드는 것의 백 분의 일에도 미치지 않는다.(凡予所言, 皆屬價廉工省之事, 卽有所費, 亦不及雕鏤粉藻之百一.)”[79] 즉 이어가 본문에서 언급한 내용은 경제적으로 풍족하지 못한 가운데 생활의 아름다움과 즐거움을 향유하는 비결로서 『한정우기·거실부』의 역시 일상적인 원림생활의 모습을 다루고 있다. 현대학자인 감탁(闞鐸)은 이 책에 대해 “큰 장인은 능히 사람들과 규거를 논할 수 있으나 사람들과 기교를 논할 수는 없다. 이명중과 계무부은 아니니 사람들과 규거를 논하는 사람들이다. 입옹은 규거를 논하고자 하는 것 외에 사람들과 기교를 논하였으니 그것은 원야와 더불어 지극히 숭상되어야 한다. 대개 규거에 익숙하지 못하고 정통하지 못한 자들이 기교에 대해 말하는 게 부족하다(大匠能與人規矩, 不能與人巧, 李明仲計無否, 與人規矩者也, 笠翁欲于規矩之外, 更與人巧, 其與園冶, 推崇備至, 蓋非熟精規矩, 不足語于巧.)”[80]라고 평하면서, 이 글을 송대 이명중의 『영조법식』과 명말 계성의 『원야』에 비견하였다.

78 [淸] 李漁, 『閑情偶寄·聲容部·修容第二·衣衫』.
79 [淸] 李漁, 『閑情偶寄·居室部·房舍第一』.
80 闞鐸, 『一家言居室部器玩部』 識語.

『한정우기·거실부』는 방사(房舍), 창란(窓欄), 장벽(牆壁), 연편(聯匾), 산석(山石)의 다섯 부분으로 구성되어 있다. 여기서 "거실"은 보통 주택의 거주용 방이라기보다는 정(亭), 사(榭), 누(樓), 산석(山石), 연못(池), 화목(花木)을 갖춘 작은 원림을 가리키는데, 이 글은 거실을 중심으로 이루어지는 일상적 생활의 모습과 경험을 중심으로 원림을 어떻게 만드는 것이 좋은지에 대해 논하고 있다.

1. 방사(房舍)—터에 따라 알맞게 만들고, 고아함과 평범함이 모두 이롭다(因地制宜, 雅俗俱利)

제1편은 "방사"로서 여기에서 "방사"는 원림건축을 가리킨다. 『한정우기·거실부』에서 이어는 원림건축에 적절한 규모와 설계의 창의성이라는 두 가지 덕목을 요구하고 있다.

원림에서 건축은 규모가 적절하여야 한다. "사람은 집이 없을 수 없다. 마치 몸이 옷이 없을 수 없는 것과 같다. 옷의 귀함은 여름에는 시원하고 겨울에는 따뜻함을 귀하게 여기니 집 역시 그러하다.(人之不能無屋, 猶體之不能無衣 ; 衣貴夏涼冬燠, 房舍亦然)" 즉 건축은 그 실용적 기능이 중요하다. 때문에 건축은 우선적으로 적절한 규모를 갖추어야 한다. 건축이 지나치게 크면, 즉 "청당의 높이가 수 장이나 되고 처마 깊이가 수 척이나 되면 장관은 장관인데 여름에나 좋지 겨울에는 좋지 않다.(堂高數仞, 榱題數尺, 壯則壯矣, 然宜於夏而不宜於冬.)" 반대로 "어깨가 벽에 닿고 무릎을 겨우 담는 집은 검박하긴 검박하되 주인에게나 적합하지 손님에게는 적합하지 않다.(及肩之墻, 容膝之屋, 儉則儉矣, 然适於主而不适於賓.)" 건축의 크기는 사람의 인체 척도와 거주방식에 부합하여야 한다. "무릇 방사와 사람은 서로 균형을 이루고자 한다.(夫房舍與人, 欲其相稱.)" 거주공간으로서의 건축은 지나치게 높거나 넓으면, 즉 "청당이 높을수록 사람은 더욱 작게 느껴지고, 땅이 넓을수록 몸은 더욱 수척해 보인다.(堂愈高而人愈覺其矮, 地愈寬而體愈形其瘠.)" 건축이 완성된 이후에는 그 높이와 넓이를 다시 늘릴 수는 없지만 실내를 건조하고 깨끗하고 상쾌하게 유지하면 "낮은 것을 높게 좁은 것을 넓게(卑者高而隘者廣.)" 느껴지게 만들 수 있다.

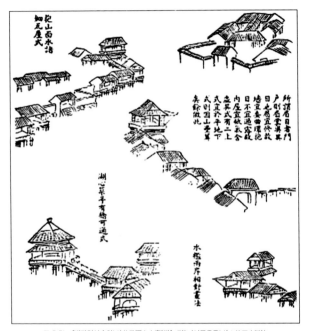

도 5-51. 《개자원산수화보(芥子園山水畵譜)》 권3 〈인물옥우보(人物屋宇譜)〉.

또한 원림건축은 사치스러운 장식을 멀리하고 설계의 창의성을 추구해야 한다. "토목의 일은 사치를 가장 금기로 하니(土木之事, 最忌奢靡)" 세인들은 건축의 "부유하고 화려함(富麗)"만을 추구하고 정작 기존의 형식을 모방하고 답습하는데 "원림흥조에 대해서는 반드시 다른 집의 당을 베껴서 당을 만들고 다른 집의 문을 엿봐서 문을 만들어 조금만 다르니 득의해 하지 말고 반대로 부끄러워해야 한다.(乃至興造一事, 則必背人之堂以堂, 窺人之戶以立戶, 稍有不合, 不以爲得, 而反以爲耻.)" 원림건축은 "다름을 창조하고 새로움을 드러내야(創异標新)" 하며 이러한 창조는 "땅에 따라 마땅함을 만들고 기존의 관념에 구애받지 않는(因地制宜, 不拘成見)" 자세에서 비롯된다.

이어서 작가는 원림건축의 몇 가지 세부사항에 대해 자신의 견해를 언급하였다.

(1) 향배(向背) : 건축의 좌향 및 방향에 따른 개구부 처리방식에 대해 언급하였다.

(2) 도경(途徑) : 원림은 일상거주 공간이면서 동시에 유람공간이기 때문에 그 안의 길은 이 두 가지 기능을 만족시킬 수 있어야 한다. 전자를 위해서는 지름길(捷徑)을 만들고 후자를 위해서는 돌아가는 길(迂途)을 만드는데, 이들을 따로 설치하는 것이 아니라 길에 문을 설치하여 열고 닫아서 때로는 지름길로 쓰고 때로는 돌아가는 길로 쓴다.

(3) 고하(高下) : 원림뿐만 아니라 일반주택 필연적으로 "높고 낮은 기세(高下之

勢)"가 있으니 "땅에 따라 마땅함을 만드는(因地制宜)" 것이 중요하다. 높낮이를 고르게 하는 방법에는 두 가지 접근방식이 있다. 첫째는 "높은 곳에는 방을 만들고 낮은 곳에는 누각을 만드는(高者造屋, 卑者建樓.)", 즉 건축의 높이로서 고르게 하는 것이다. 둘째는 "낮은 곳에는 돌을 쌓아 산을 만들고 높은 곳에는 물을 파서 연못을 만든다.(卑處迭石爲山, 高處浚水爲池.)" 즉 굴착과 메우기를 통해서 평행문제를 해결한다. 또한 지세의 특징을 강조하여 "높은 곳에는 더욱 높게(因其高而愈高.)", "그 낮은 곳에는 더욱 낮게(因其卑而愈卑.)" 할 수도 있으니, 즉 "언제나 일정한 방법이 없다.(總無一定之法.)"

(4) 처마의 깊이(出檐深淺) : "깊은 처마는 비바람을 막고(深檐以障風雨.)", 얕은 처마는 채광에 유리하다. "그 두 가지 어려움을 고치려면(劑其兩難.)" 쳤다가 거둘 수 있는 지붕, 즉 "활첨을 더하여 설치하면 된다.(添置活檐.)" 이 활첨은 "올려서 받칠 수도 있고 내릴 수도 있다. 맑은 날에는 거꾸로 받치는데 정면을 아래로 향하게 하여 처마의 바깥 천장으로 삼고, 비가 오면 바로 받치는데 정면을 위로 향하게 하여 처마의 배수로를 받친다.(可撐可下. 晴則反撐, 使正面向下, 以當檐外頂格 ; 雨則正撐, 使正面向上, 以承檐溜.)"

(5) 천정의 설치(置頂格) : "정격(頂格)"이란 격자로 구성된 지붕, 즉 천정을 가리킨다. 중국에서는 "천화(天花)"나 "조정(吊頂)"이라고 부른다. 통상 투박한 양가구조를 가리기 위해 천정을 설치하는데, 이어는 일률적으로 하나의 평면으로 만드는 것도 좋지 않고 단순히 가운데는 높고 앞뒤가 낮은 것도 만족스럽지 못하다고 보고 "삿갓 모양(斗笠之形)", 즉 가운데가 높고 전후좌우로 낮아지는 형식을 제안하였다.

(6) 바닥(地) : 실내 바닥 마감재료로 검박함을 숭상하여 흙이나 나무판을 쓰는 경우가 있는데, 흙은 쉽게 젖고 먼지가 발생하고 나무판은 소리가 나는 치명적 단점이 있다. 검박하면서도 실용적인 바닥재료에는 삼화토(三和土)가 있는데, 약간의 소금을 섞어주면 갈라지지 않게 오래 쓸 수 있다. 하지만 이보다 벽돌이 더 이상적인데 그 이유는 내구성이 훨씬 뛰어나기 때문이다. 벽돌은 각자의 경제사정에 따라

다듬을 벽돌을 쓸 수도 있고 거친 벽돌을 쓸 수도 있다.

(7) 물 뿌리고 쓺(灑掃) : "쇄소(灑掃)"란 "떠다니는 먼지를 없애고자 먼저 물을 써서 뿌리는 것(欲去浮塵, 先用水灑.)"이다. 이에 대해 작가는 자세하게 "열심히 쓰는 것은 열심히 물 뿌리는 것만 못하다(勤掃不如勤灑.)", "자주 물 뿌리는 것은 가볍게 쓰는 것만 못하다(多灑不如輕掃)", "문을 닫고 바닥을 쓴다(閉門掃地.)" 등의 자세한 요령을 언급하였다.

(8) 지저분한 것들을 수납함(藏垢納汚) : 방의 정리정돈을 위해서 반드시 "지저분한 것들을 담을 곳을 설치하여야 한다.(先設藏垢納汚之地)" 구체적으로 "정사의 좌우에 따로 작은 방 한 칸을 설치(精舍左右, 另設小屋一間)"하고, 잡다한 물건들을 "그 가운데 잠깐 넣어 둔다.(姑置其間)" 이는 반드시 필요하니 "만약 가난하여 이것을 만들 수 없다면 상자로 대체한다.(如貧家不能辦此, 則以箱籠代之.)"

2. 창란(窗欄)─몸체를 만듦은 마땅히 견고해야 하고, 경관을 얻는 비결은 빌리는 데 있다
(制體宜堅, 取景在借)

제2편은 "창란"으로서 창문과 난간 제작의 원칙과 형식 그리고 차경에 대해 언급하고 있다. 이어가 보기에 원림건축에서 오직 창문과 난간의 양식만이 변화하였으니 "내가 보기에 오늘날 사람들이 능히 옛 법을 오늘의 제도로 변화시킬 수 있었던 것은 오직 창문과 난간 두 가지뿐이니 창문과 난간의 제작은 세월이 지나면서 기존의 법칙에서 변화해 나갔다(吾觀今世之人, 能變古法爲今制者, 其惟窗欄二事乎. 窗欄之制, 日新月異, 皆從成法中變出.)"라 하였다.

창문과 난간의 가장 중요한 원칙은 "몸체를 만듦은 마땅히 견고해야(制體宜堅.)" 하는 것이다. "창살은 맑게 뚫림을 우선으로 하고 난간은 영롱함을 위주로 하나 이것은 모두 두 번째 의의일 뿐이고(窗櫺以明透爲先, 欄杆以玲瓏爲主, 然此皆屬第二義.)" 견고함이야말로 가장 우선시 되어야 하니, "견고하고 나서 다음으로 교묘함과 옹졸함을 논한다.(堅而後論工拙.)" 이를 기초로 글에서는 창문과 난간의 격식을 종횡(縱

橫), 기사(欹斜), 굴절(屈曲)의 세 가지 대분류로 나누고 뒤에 그림을 덧붙였다.

다음으로 이어는 원림에서 "경관을 얻음은 빌리는 데 있다(取景在借)"라는 요결을 설명하였다. "창문을 여는 것은 차경보다 오묘하지 않으니(開窓莫妙于借景)", 즉 창문을 견고하고 아름답게 제작하는 것은 쉬운 일이고 창문을 통해 바깥의 아름다운 경치를 실내로 끌어들이는 것이야 말로 어려운 일이다. 창문을 통해 바라다 보이는 경관효과에 대해, 이어는 선박의 창문인 "편면(便面)"을 유심히 관찰하였다. 배가 움직임에 따라 각종 경관이 "모두 편면 속으로 들어오니 나만의 천연의 그림을 만든다. 더욱이 시시로 변환하니 일정한 형이 아니다.(盡入便面之中, 作我天然圖畫. 且又時時變幻, 不爲一定之形.)" 이어는 이렇게 깨달은 차경의 방법을 원림에 이식하였으니 "나는 또 관상허용을 시험 삼아 만들어 '척폭창'이라 이름 하고 또 '무심화'라 이름 하였다. ……앉아서 보니 창문이면서 창문이 아니고 그림이며, 산은 집 뒤의 산이 아니라 그림 속의 산이다.(予又嘗作觀山虛牖, 名尺幅窓, 又名無心畫, ……坐而觀之, 則窓非窓也, 畫也. 山非屋後之山, 卽畫上之山也.)" 이는 창을 통해 보이는 경관을 일종의 회화로 취급하는 것이다.

3. 장벽(墻壁)―안과 밖을 나누니 거실에서 공통된 방법이 있는 것이다(內外攸分, 居室公道)

제3편은 "장벽"으로 담장과 건물벽체에 대해 논하고 있다. 담장은 계장(界墻)과 여장(女墻)으로 나누고, 건물 벽체는 청벽(廳壁)과 서방벽(書房壁)으로 나누어 설명하였다.

계장은 "집의 외곽(家之外廓)"을 두르는 담장으로 난석(亂石),[81] 작은 돌(石子), 벽돌, 진흙 등으로 쌓는데 재료에 따라 만드는 법이 다르다. 특히 돌로 쌓은 담장은 견고하면서 무늬가 자연스러워 이상적이다.

---

81 물에 의해 풍화된 비교적 큰 자연석.

여장은 성벽 위의 듬성듬성 튀어나온 벽인 "비예(睥睨)"를 본뜬 것으로, "사람 눈이 보는(人眼所瞩)" 높이에 "구멍은 이삼 척으로 뚫고 기교한 꽃무늬로 만들면(空二三尺, 使作奇巧花紋.)" 비용을 줄이면서 아름답게 꾸밀 수 있으니 "이는 풍검득의하여 이익이 있고 해로움이 없는 방법이다.(此豐儉得宜, 有利無害之法也.)"

청벽은 청당의 실내벽을 가리킨다. 청벽은 그림을 주로 걸기 때문에 그림과 바탕이 되는 벽체가 조화를 이루어야 한다. 그림은 두루마리 형식보다는 고정된 것이 좋고 고정된 것보다는 벽에 직접 그리는 것이 좋은데, 이어는 이에 착안하여 청당의 실내 벽면에 숲을 그리고 부분적으로 새가 앉을 수 있는 가지를 꽂아서 사육된 새를 풀어 놓아 그림 속 풍경과 실제의 새가 어울리게 하였다.

서방벽은 서재의 실내벽을 가리킨다. 서방벽은 유칠을 하지 않으며 석회나 벽지를 바른다. 또한 청벽과 마찬가지로 그림을 걸 수 있으나 지나치게 많으면 속된 느낌이 난다.

4. 연편(聯匾)—각자 새로움을 내고 기존의 규칙은 없다(各出新裁, 非有成規)

제4편은 "연편"이다. "연편"이란 대련(對聯)과 편액(匾額)을 가리킨다. 여기에 써진 글귀는 건축이나 건축주변 경관의 주제와 관련되어 있어서 이를 보는 사람에게 경관감상의 힌트를 주어 설계자의 의도를 이해하고 공감할 수 있게 한다. "중국 옛 사람들에게 있어서 대해 원림은 단순한 형식미의 산물이 아니라 산, 수, 화목, 편련 등 물질요소와 정신요소로 구성된 이중의 거주지이다. 특히 후자는 원림의경 창조를 완성하는 화룡점정의 한 획이다."[82] 이어 역시 이러한 관점에서 연편을 원림구성의 중요한 구성요소로 본 것이 아닐까 한다.

---

82 王其亨, 莊岳, 吳葱, 『處處書堂選字名 無非道古淑今情—清代皇家園林景名用典的審美意義』, 中國紫禁城學會論文集(第三輯) : 287.

이때 유의할 점은 "당과 재의 연편에는 기존의 규칙이 없으니(堂聯齋匾, 非有成規.)" 기존의 것과는 다른 참신함을 드러내는 데 노력해야 한다. 단 이때 "무릇 내가 만드는 것은 쓸데없이 기이함을 취하고 새로움을 드러내는 것이 아니라 요컨대 의에서 취하는 바가 있는 것이다.(凡予所爲者, 不徒取异標新, 要皆有所取義.)"

이어서 각종 연편의 양식을 소개하였는데, 초엽련(蕉葉聯), 차군련(此君聯), 비문액(碑文額), 수권액(手卷額), 책혈편(冊頁匾), 여백편(廬白匾), 석광편(石光匾), 추엽편(秋葉匾) 등을 나열하고 그림을 덧붙였다.

5. 산석(山石)—하나의 지혜와 기교이니 경물을 만들어 기이함을 보인다(一番智巧, 造物示奇)

제5편은 "산석"으로 돌로 가산을 쌓는 법에 대해 언급하고 있다. 원림이나 주택에 돌로 가산을 꾸미는 것은 자연의 느낌을 재현하기 위함으로 "몸을 산 아래에 둘 수 없고 나무와 돌과 더불어 거하니 고로 일 권의 돌로 산을 대신하고 일작의 물로 호수를 대신하니 이른바 어쩔 수 없이 지극히 생각함이다.(不能致身岩下, 與木石居, 故以一卷代山, 一勺代水, 所謂無聊之極思也.)" 가산을 쌓는 것은 전문적인 영역이다. "또 돌을 쌓아 산을 이루는 것은 달리 한 종류의 학문이며 별도로 하나의 지식과 기교이니(且磊石成山, 另是一種學問, 別是一番智巧.)", 돌을 쌓고 산을 쌓는 것은 결코 "작은 재주로써 그것을 볼 수 없다.(不得以小技目之.)" 비록 산수로 그림을 그리거나 시를 짓는 것은 그 이론이 가까운 곳에 있으나 실질적으로 행하는 것은 완전히 다른 차원의 일이다. 작가는 심지어 "때문에 여태껏 질산(迭山)[83]의 명수는 모두가 시에 능하고 그림을 잘 그리는 사람이 아니었다. 그 하나의 돌을 들어 거꾸로 놓을 때 마다 보면 고색창연하게 문장을 이루어 구불구불 감돌고 마치 그림 속에 들어가 있는 듯하지 않은 것이 없으니 이는 바로 조물주가 기이함을 보여줌에 잘 하는 것

---

83 감숙성에 위치한 산 이름.

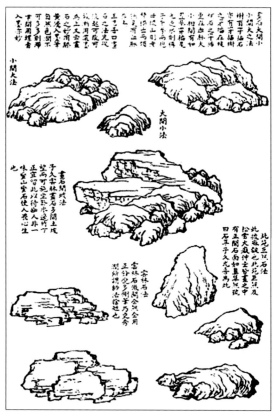

도 5-52. 《개자원산수화보(芥子園山水畵譜)》권2 〈산석보(山石譜)〉.

이다(故從來迭山名手, 俱非能詩善繪之人. 見其隨擧一石, 顚倒置之, 無不蒼古成文, 紆回入畵, 此正造物之巧于示奇也.)"라고 생각했다.

가산 제작에 있어서 이어 역시 "주인(主人)"의 중요성을 강조하고 있다. 이 "주인"은 『원야』에서 말하는 "능히 주관할 수 있는 사람(能主之人)"과 같은 뜻이다. "그러나 조물주와 귀신의 기예 또한 공교(工巧)로움과 졸렬함, 전아(典雅)함과 범속함의 분별이 있으니 주인의 취사(取捨)를 가지고 취사한다.(然造物鬼神之技, 亦有工拙雅俗之分, 以主人之去取爲去取.)" 즉 최종결과가 고아한지 아니면 속된지를 결정하는 것은 전적으로 이 "주인"에게 달려 있다.

이어서 이어는 가산의 종류를 크기를 기준으로 나누어 설명하였다.

(1) 대산(大山) : 이어는 가산이 크다고 해서 좋은 것은 아니라고 보니 "산 중에서 작은 것은 잘 만들기가 쉽고 큰 것은 좋게 만들기가 어렵다(山之小者易工, 大者難好.)"라 하였다. 큰 산이 어려운 이유는 "전체를 구성하는 일은 어렵고 하나하나 단락으로 늘어놓는 것은 쉽기(結構全體難, 敷陳零段易.)" 때문이다. 난이도가 높기 때문에 "돌을 포개어 산을 만드는 법에 이르러서는 태반이 모두 다 이루어진 국면이 없으니, 비유하자면 문(文)으로 문(文)을 만듦에 단락을 좇아서 일으키는 것과 같을 뿐이다.(至于累石成山之法, 大半皆無成局, 猶之以文作文, 逐段滋生者耳.)" 이는 다시 말하자면 소

소한 취미로 삼는다면 쉽지만 뛰어난 장인이 아니라면 제대로 된 기백을 만들어내기 힘드니 뛰어난 장인은 찾기 힘드니 이를 해결하기 위해 "하나의 큰 산을 나누어 수십 개의 작은 산으로 만들고 흙을 가지고 돌을 대신하거나(分一座大山爲數十座小山.)" 혹은 "흙으로 돌을 대신하기도(以土代石.)" 하여 졸렬함을 숨길 수 있다.

(2) 소산(小山) : 소산은 "돌을 위주로 하고 거기에 흙을 덧붙여(以石作主, 而土附之.)" 만드는데, 대다수의 원림가산이 바로 이 소산에 속한다. 소산 정도의 크기에서는 돌 자체가 세세하게 관찰되기 때문에 "산석(山石)의 아름다움"에 관계되어 그 좋고 나쁨은 "모두 뚫림(透), 샘(漏), 수척함(瘦)의 세 글자에 달려 있다." 산의 모양은 "정수리는 넓고 기슭은 좁다(頂寬麓窄.)"거나 "돌의 구멍은 둥근 것을 꺼린다(石眼忌圓.)"라 하며 모서리가 살아 있어야 한다. 돌의 무늬와 색깔은 통상 "각기 같은 부류로써 모으고(各以類聚.)" 또한 "취할 수 있으면 취하고 얻을 수 있으면 얻는(隨取隨得.)" 방식으로 모아 나간다. 또한 "돌의 성격(石性)"에 주의하여야 하는데 나중에 이들을 쌓아 올릴 때 "비스듬히 놓고, 바로 놓고, 세로로 놓고, 가로로 놓는 이치의 길이 바로 이것이기(斜正縱橫之理路是也.)" 때문이다.

(3) 석벽(石壁) : 석벽은 "그 형세가 담장을 쌓은 것 같은(其勢有若累墻.)" 것을 가리킨다. 원림의 가산과도 특히 잘 어울리는데 "그 형세가 서로 의지하고 또 나란히 가도 어그러지지 않을 수 있는 것(其勢相因, 又可幷行而不悖者.)"이다. 석벽을 설치할 때 유의하여 할 사항은 "석벽 뒤에는 평원을 만드는 것을 금하니 사람으로 하여금 한 번 보아 다하게 하는 것이다. 모름지기 한 물건을 여기에 두어 가려야 한다.(壁後忌作平原, 令人一覽而盡. 須有一物焉蔽之.)" 이때 가리기 위해 설치하는 것은 "정자가 아니면 곧 집이다.(非亭卽屋.)"

(4) 석동(石洞) : 석동의 크기는 "깔개로 사람을 앉게 할 수(藉以坐人.)" 있을 정도로 만들며 "집과 동굴을 뒤섞어 하나로 만들게 하기도(使屋與洞混而爲一.)" 한다. 동굴을 만들 때 몇 가지 작은 기교가 있는데 예를 들어 "일부러 물이 새는 틈을 만들어 물방울소리가 위에서 아래로 들리게 하기도(故作漏隙, 使涓滴之聲從上而下.)" 한다.

(5) 낱개의 작은 돌(零星小石) : 경제사정상 가산을 만들 수 없는 경우 낱개의 작은 돌로 가산에 대한 열망을 삭일 수도 있다. "때때로 그 곁에 앉거나 누우면 곧 천석고황(泉石膏肓)의 고질병을 달랠 수 있다.(時時坐臥其旁, 卽可慰泉石膏肓之癖)" 이러한 작은 돌들은 단순한 감상품으로서가 아니라 여러 가지 실용적 기능의 가구로서 쓰일 수도 있다. "평평하여 앉을 수 있고(平而可坐.)", "비스듬하여 기댈 수 있으며(斜而可倚.)", "향로와 다기를 둘 수 있고(可置香爐茗具.)", "의자와 책상을 대신할 수 있다.(可代幾案.)" 그리하여 "이름은 비록 돌이지만 실제는 곧 기물이다.(名雖石也, 而實則器矣.)"

제4절 어제시(禦制詩) 속의 조원사상

어제시란 황제가 지은 시문으로서, 본 절에서는 원림관련 송대부터 청대에 이르기까지 황가원림과 관련된 어제시를 분석하여 그에 반영된 원림주제와 원림의상을 분석하려고 한다. 역대로 원림관련 어제시는 넓게 보급되어 사회적으로 적지 않은 영향력을 끼쳤으며, 그 내용은 신뢰성이 높고 황가의 정통적이고 주류에 속하는 사상과 관념을 대표한다.

一. 송·명대 원림 어제시

송·명대는 중국역사의 정통을 잇는 중요한 단계이며 중화문화의 전승과정에서 중요한 문화 창조시기이기도 하다. 따라서 15세기 이후 중국황가원림을 연구함에 있어서 그 원류는 적어도 송·명대까지 거슬러 올라가야 한다.

그 중 송대는 멀게는 한나라와 당나라를 계승하였고, 가깝게는 명·청의 변혁과 전환의 시대를 열기도 하였다. 송대 사회의 정치, 경제, 사상, 문화는 모두 그 이전

사회와 다른 모습을 보였다. 특히 송대에는 사회환경의 변화에 따라 문인사대부 계층이 급속하게 부각 되었으며 이들로 인해 사람들의 생활형태와 사고방식에 급격한 변화가 발생하였다. 일부 역사학자들은 송대를 사대부를 예우한 시대로 보는데, 송 태조는 개국 초기에 "천하의 사인을 등용하여서 무신으로서 일을 담당한 자와 바꾼다(用天下之士人, 以易武臣之任事者.)"라 하였으며, "사대부는 죽이지 않는다(不殺士大夫.)"라는 서약을 하기도 하였다. 특히 "우문(右文)" 정책을 적극 추진하면서 대량의 지식인들이 중앙에서 지방의 각급 행정기구로

도 5-53. 송(宋) 곽충서(郭忠恕) 《명황벽서궁도(明皇避暑宮圖)》.

진입하여 국가 관료체계의 골간을 구성하였고, 궁극적으로 황제가 "사대부와 함께 천하를 다스리는(與士大夫共治天下)" 정치구조를 형성하였다.[84]

이러한 배경 하에 송대 황제들의 사상관념은 당시 문인사대부 계층의 영향을 깊게 받을 수밖에 없었으며, 자연스럽게 송대 황가원림의 문화예술적 기저에는 문인사대부 문화의 향기가 짙게 배어 있으리라 추측할 수 있다.

송대 어제시 중에서 현재까지 전해져 내려오는 것은 수량이 많지 않다. 원림과 관련된 것은 더욱 적어서 일부 시문에서 단편적으로 언급되거나 혹은 궁중생활 모습에 대한 묘사를 통해 간접적으로 추측할 수 있는 정도이다. 편린적이지만 이러한

---

84 郭學信, 『時代遷易與宋代士大夫的觀念轉變』, 文史哲, 2000(03) : 66.

구절들을 분석해 보면 우리는 송대 황제들이 원림에 대해 어떻게 이해하고 있었는지를 엿볼 수 있고 나아가 송대 황가원림이 어떠한 주제를 갖고 조성되었는지 규명할 수도 있다. 또한 계승과 원류관계에서 볼 때, 후대 황제들의 원림에 대한 관념과 조원사상에 송대 어제시가 일정 부분 반영되었을 가능성도 있기에 이들을 실질적으로 인증해 볼 필요가 있다.

1. 송 인종(仁宗)과 송 휘종(徽宗)의 원림 어제시

서기 1023년부터 1063년까지 재위했던 송 인종(仁宗) 조정(趙禎)은 성정이 관후하고 사치를 멀리하며 자신을 잘 다스려서 고대 사학가들과 정치가들의 칭송을 받았다. 인종은 "인(仁)"으로 나라를 다스린 인주(仁主)로서 매일 정사를 돌보는 것 외에 특별히 별다른 취미를 갖고 있지는 않았다고 전해지는데, 마침 인종이 남긴 『상화조어(賞花釣魚)』라는 시에서 이 어진 황제가 즐겼던 황가원림을 엿볼 수 있다.

> 태양빛 빛나고 빛나니 제왕의 동산 열리고, 성하고 온화하게 엉긴 꽃 기운, 좋은 바람 불어온다. 아지랑이와 버들개지는 행장(行仗)을 둘러싸고, 떨어지는 꽃술 흩날리는 향기, 술잔에 들어오네. 물고기 물결에서 뛰어오르매 때로 발랄하고, 꾀꼬리 깊은 나무에 머물며 오랫동안 배회하네. 푸른 봄 조야에 아무 일 없기에, 짐짓 노닐며 관람함에 가까이 모시는 신하들이 따른다네.(晴旭輝輝苑籞開, 氤氳花氣好風來. 游絲胃絮縈行仗, 墮蕊飄香入酒杯. 魚躍文波時撥刺, 鶯留深樹久徘徊. 青春朝野方無事, 故許游觀近侍陪.)

이 시에는 꽃, 바람, 술, 물고기, 꾀꼬리 등의 소재가 등장하는데, 그 내용의 소박함이 우리로 하여금 송 인종에 대한 평가와 어울리는 결코 사치스럽지 않은 황가원림의 모습을 짐작하게 한다.

서기 1100년부터 1125년까지 재위했던 송 휘종(徽宗) 조길(趙佶)은 당시 문인들과 아주 밀접하게 관계를 맺으면서 극도로 사치스러운 생활을 추구하였다. 그는 손

도 5-54. 송(宋) 조길(趙佶)의 《서학도(瑞鶴圖)》.

수 적지 않은 황가원림의 조영과정에 참여하기도 하였는데 대표적인 예가 바로 간악(艮岳)이다. 휘종은 서화를 광적으로 좋아하여 전국 방방곡곡에서 기이한 꽃과 돌들을 수집하여 배로 개봉까지 운송해 오곤 했는데, 이 운수체계를 속칭 "화석강(花石綱)"이라고 불렀다. 이러한 이유로 휘종이 남긴 어제시에는 원림과 관련된 것이 적지 않은데 이들을 살펴보면 휘종의 남다른 예술적 안목을 엿볼 수 있다. 예를 들어 『소중산(小重山)』에서 이르기를,

아름다운 비단과 향기를 내뿜는 아리따운 봄. 금빛 연꽃은 구릉과 바다 같은 연못에 피어 도성을 곱게 만드네. 보배로운 가마는 돌아와 푸른 취봉(翠峰)을 바라본다네. 동풍이 움직여 허공의 별을 불어 내린다네. 모든 가호가 태평성세를 축하하는구나. 꽃 가득한 길에서 거닐며 노래 부르니 달은 사람을 따른다네. 용루에는 한 점의 옥등잔이 빛나고 있다네. 순 임금의 '소호' 소리가 멀리까지 펴지고 높은 연회는 봉래산과 영주산에 있다네.(羅綺生香嬌上春. 金蓮開陵海,

艷都城. 寶輿回望翠峰靑. 東風鼓, 吹下半天星. 萬井賀升平. 行歌花滿路, 月隨人. 龍樓一
點玉燈明. 簫韶遠, 高宴在蓬瀛.)

여기에서 취봉(翠峰), 별, 꽃, 달, 누(樓), 등잔, 봉래산, 영주산 등 궁성경관의 요
소와 주제가 등장한다.

또한 『염노교(念奴嬌)』에는 이르기를,

평소의 마음과 본래 태도는 한가로움을 향하고 하늘과 바람은 기풍스럽다. 초록빛에 잠긴 창
앞에 소상으로 엮은 자리 펼치니, 종일토록 바람 맑고 사람 없어 고요하네. 바둑알 소리 맑고
무늬 있는 바둑판 빛깔 깨끗하여 바둑알들은 줄줄이 다시 곧게 되네. 아홉 달을 넘겨 바둑을
두니, 셈은 응당 바둑판 위에서 닳아 없어졌겠지. 완전히 포구에 떨어지는 사양 빛 같아, 차가
운 갈까마귀와 노니는 백로가 어지러이 모래 물가를 차지하네.(雅懷素態, 向閑中, 天與風流
標格. 綠鎖窓前湘簟展, 終日風淸人寂. 玉子聲幹, 紋楸色淨, 星點連還直. 跳九日月, 算應
局上銷得. 全似落浦斜輝, 寒鴉游鷺, 亂點沙汀磧.)

묘한 셈과 신기한 기틀은 모름지기 도에 통해야 하니, 국수(國手)에게는 모두 강한 상대가 없
네. 대모자리에는 기쁨이 넉넉하고, 운당은 향긋하고 따뜻하여 이겨 취함에 좋은 저녁을 오로
지 하였네. 도원으로 돌아가는 길 흐드러지게 꽃핀 가지는 응당 속객을 보고 웃겠지.(妙算神
機, 須通道, 國手都無劲敵. 玳席歡餘, 芸堂香暖, 贏取專良夕. 桃源歸路, 爛柯應笑凡客.)

이 사(詞)에는 창문, 소상으로 엮은 자리, 바둑판 등의 소재가 등장하는데 이들
은 원림의 은일하고 청아한 주제를 부각시킨다.

또 『금련요봉루(金蓮繞鳳樓)』에 이르기를,

진홍색 촛불 붉은 등롱 서로 따라 비추네. 비단으로 장식한 수레 치달리니 먼지 맑아지고 향기가 나네. 일만 금의 빛이 용헌에서 나와 영롱하구나. 단문을 에워싸니 상서로운 우레 가볍게 진동하네. 대보름날 밤이 성스러움을 열었네. 그림자 빛은 엄연히 펼쳐져 앉고 등불을 보니 경사를 내린다. 제왕가의 귀족들은 봄의 흥취를 탄다. 주렴을 걷어 올리고 요 임금을 그리워하고 순 임금을 우러러 본다네.(絳燭朱籠相隨映. 馳綉轂, 塵淸香襯. 萬金光射龍軒瑩. 繞端門, 瑞雷輕振. 元宵爲開聖. 景嚴敷坐, 觀燈錫慶. 帝家華英乘春興. 搴珠簾, 望堯瞻舜.)

여기에는 등롱, 수레, 헌, 문, 주렴 등의 소재는 황가원림의 상서로운 주제를 부각 시킨다.

또한 『성성만(聲聲慢)』을 보면 매화, 버들, 궐문(闕門), 봉래산, 꽃, 균대(鈞台), 주렴, 장막, 달, 종소리 등의 소재로 "만중낙승평(萬衆樂升平)"의 정경을 노래하고 있다.

궁의 매화 분가루처럼 담박하고, 언덕의 버들 금색 빛 이루고, 황주(皇州, 帝都 京城)의 잠깐 경사스런 봄 아득하구나. 봉궐과 단문, 봉산(棚山, 시렁으로 만든 인공산)은 채색하여 봉래산을 세웠다. 깊고 깊은 동천(洞天)에서 보배들로 치장한 수레가 꽃 가득한 균대(鈞臺)로 돌아온다. 가벼운 안개 속, 헤아려 보건대 누가 금련(金蓮)을 가지고 육지에서 가지런하게 꽃을 틔우게 하였는가? 가는 곳마다 생황불고 노래 불러서 활달하며, 향긋한 언치[85] 뒤따르니, 아로새긴 수레바퀴 어슴푸레 가벼운 우레 소리 내네. 일만 가호의 주렴과 장막, 일천 보(步)의 수놓은 비단이 서로 밀치네. 은색 두꺼비 산다는 밝은 달 때문에 낮과 같고, 함께 기쁨을 타니 어찌 차마 돌아오랴? 성긴 종소리 끊겼으나, 노래를 들음은 여전히 경성의 가도에 있네.(宮梅粉淡, 岸柳金勻, 皇州乍慶春逈. 鳳闕端門, 棚山彩建蓬萊. 沉沉洞天向, 冕寶輿, 還花滿鈞台. 輕烟

---

85 안장 밑에 깔아 등을 덮어 주는 방석.

裏, 算誰將金蓮, 陸地齊開. 觸處笙歌鼎沸, 香轓趁, 雕輪隱隱輕雷. 萬家簾幕, 千步錦繡相挨. 銀蟾皓月如晝, 共乘歡, 爭忍歸來. 疏鍾斷, 聽行歌, 猶在禁街.)

그 밖에 궁원원림 생활에는 기완이 빠질 수 없으니 『궁사(宮詞)』에 이르기를,

백단목으로 만든 장기판이 평평하고, 상아로 만든 장기알 금빛 글자는 더욱 선명하네. 고요한 밤 창에 기대니 빛은 온화하게 내려오고, 옥 같은 자태로 서로 마주하니 희미하게 소리가 옮겨 가네.(白檀象戲小盤平, 牙子金書字更明. 夜靜倚窗輝降藹, 玉容相對曖移聲.)

추상적이고 함축적인 사(詞)와 달리, 휘종은 기(記)의 형식을 빌려 원림에 대한 자세하고 구체적인 내용들을 전하기도 하였으니 바로 휘종의 유작인 『어제간악기(禦制艮岳記)』가 바로 그것이다. 이 글에서 휘종은 수도인 변경(汴京)에 황가원림인 간악을 만드는 과정을 상세하게 설명하고 있는데, 여기서 발견되는 경관의 풍부함과 설계의 통일성은 읽는 사람들을 경탄하게 만든다.

그리하여 도면에 따라 땅을 재고 인부들을 모으고 장인들을 부려서 흙과 돌을 쌓아 동정·호구·사계·구지의 깊은 물과 회빈·임려·영벽·부용의 뭇 산들을 만들고 괴기하고 특이한 요곤석을 취하였다. ……그런데 (식물들이) 돌을 뚫고 틈으로 나왔다. 고개가 이어지고 언덕이 이어지니, 동서가 서로 마주보고, 앞뒤가 서로 이어진다. 왼쪽에는 산이 있고 오른쪽에는 물이 있으며, 계류를 따라 옆으로는 언덕이 있고, 비단 같은 물이 가득하여 산과 계곡을 품고 있다. 그 동쪽에는 높은 봉우리가 우뚝 서 있고 그 아래에는 수만 그루의 매화를 심었는데 녹악(綠萼)[86] 이 이어져 달리면서 향기가 진하게 나니 산 아래에 집을 짓고 "녹악화당"이라 이름 하였다. 또

---

86 녹악매(綠萼梅). 매화의 일종.

도 5-55. 송(宋) 조길(趙佶)의 《유압로안도(柳鴨蘆雁圖)》.

옆에는 "승람정"과 "곤운정"을 두었고, 안은 네모났고 밖은 둥글기가 반월과 같은 건물이 있는데 이를 이르러 "화관"이라 하였다. 또한 "팔선관"이 있는데 건물은 규(規)처럼 둥글다. 또한 "자석"이 하는 암석이 있고 "기진"이라 하는 등돌이 있으며, "남수헌"과 "용음당"이 있다. 그 남측에는 "수산"이 불쑥 솟아 있는데, 두개의 큰 봉우리가 마주하고 서 있고 작은 봉우리들이 병풍처럼 늘어서 있다. 폭포는 떨어져서 "안지"로 들어가는데, 연못물은 맑고 잔물결이 이니 오리와 기러기들이 수면에서 헤엄치고 돌 사이에 쉬고 있는데 그 수를 헤아릴 수 없다. 그 위에는 "옹옹정"이 있고 북쪽에는 "강소루"가 서있으며, 산들이 특이하게 솟아서 천 겹 만 겹 쌓여 있으니 몇 십 리인지 알 수 없으나 폭과 너비가 모두 수십 리 이다.(乃按圖度地, 庀徒僝工, 累土積石, 設洞庭, 湖口, 絲溪, 仇池之深淵, 與泗濱, 林慮, 靈壁, 芙蓉之諸山, 取瓌奇特异瑤琨之石. ……而穿石出罅. 岡連阜屬, 東西相望, 前後相續. 左山而右水, 沿溪而旁隴, 連帛而彌滿, 吞山懷谷. 其東則高峰峙立, 其下植梅以萬數, 綠萼承趺, 芬芳馥鬱, 結構山根, 號綠萼華堂. 又旁有承嵐, 昆雲之亭, 有屋內方外圓如半月, 是名書館. 又有八仙館, 屋圓如規. 又有紫石之岩, 祈眞之磴, 攬秀之軒, 龍吟之堂, 其南則壽山嵯峨, 兩峰并峙, 列嶂如屏. 瀑布下入雁池, 池水淸泚漣漪, 鳧雁浮泳水面, 栖息石間, 不可勝計. 其上亭曰噰噰, 北直絳霄樓, 峰巒特起, 千疊萬複, 不知其幾十裏, 而方廣兼數十裏.)

글 가운데 "도면에 따라 땅을 재었다(按圖度地)"라는 구절은 당시 이미 일정한 설계안을 갖고 원림을 조성한다는 뜻으로, 이는 바로 설계에 있어서 전체와 부분 간에 통일성이 있었음을 의미한다. 또한 원림을 구성하는 산, 돌, 물, 식물 등의 경물들은 하나한 모두 세심하게 고려되어 선별되고 시공되었다.

농가와 같은 집을 짓고 이름 하여 "서장"이라 하였다. 위에는 "소운정"이 있는데 봉우리 위로 높게 솟아 있어서 아래로 뭇 산들을 내려다보고 있어 손바닥에 있는 듯하다. 남쪽에서 북쪽으로 언덕의 능선이 두 산봉우리 사이에 늘어진 것이 수 리(裏)를 이어 있다. 동쪽 산 맞은편에는 물이 산의 구멍에서 나오는데 뿜어져 나와 얇게 날아서 쏟아지니 마치 짐승의 얼굴과 같다. 이름 하기를 "백룡연", "탁룡협", "반수", "연광", "과운정", "나한암"이라 하였다. 다시 서쪽의 반쯤 산 사이에는 "의취루"가 있는데 빽빽하게 덮인 푸른 소나무 숲이 앞뒤에 있어서 "만송령"이라 이름 하였다. 위와 아래에는 두 개의 관문을 설치하였는데 관문을 나서 아래로 평지에 이르면 큰 네모난 늪이 있고 가운데 두 개의 주(洲)가 있는데 동쪽에는 "노저"를 만들고 정자를 일러 "부양"이라 하며, 서쪽에는 "해저"를 만들고 정자를 일러 "설랑"이라 하였다. 늪의 물은 서쪽으로 흘러나와 "봉지"가 되고 동쪽으로 흘러나와 "연지"가 된다. 가운데에는 두 개의 관(館)을 나누었는데, 동쪽의 것을 "유벽관"이라 부르고 서쪽의 것을 "환산관"이라 불렀다. ……또 오르는 길을 따라 구불구불 돌면서 돌들을 헤치고 위로 올라서면 곧 산과 길이 끊어지는데 암석에 기대에 공중에 나무로 만든 잔도를 늘어놓아 산 둘레를 두르니 촉도(蜀道)처럼 험난하다. 기어올라 "개정"에 이르는데, 이곳은 뭇 산들보다 가장 높고 앞에 거석을 늘어놓았는데 모두 삼장 여나 되니 "배오"라 이름 하였다. 교묘하고 괴이한 가파른 암석에 덩굴 식물들이 덮여있는 모습이 마치 용이나 봉황 같으니 그 끝을 알 수 없다. "녹운"과 "반산"은 오른쪽을 차지하고 있고, "극목"과 "소삼"은 왼쪽을 차지하고 있다. 북쪽에는 "용강"을 굽어보는데 긴 물결과 먼 물가가 십여 리에 가득하다. 그 상류는 계곡으로 들어가 서쪽으로 잔잔하게 흘러서 "수옥헌"에 이른다. 또 산 사이를 지나면 "연단정", "응진관", "강산정"이 나온다. 아래로 물가를 바라보면 "고양주사"와 "청시각"이 보인다. 북쪽 물가에는 만 그루의 대나무가 있는데 푸르고 울창하여 올려 봐도 하늘이 보이지 않으며, "승균암", "섭운대", "소한관", "비잠정"이 있고, 잡다한 꽃과 다른 나무가 없이 사면이 모두 대나무이다. 다시 지류를 따라가면 "산장"이 나오고 "회계"가 나온다. 산 계곡의 암반 틈으로 폭포 한 줄기가 평지로 떨어지는데, 가운데 서서 사방을 바라보면 골짜기와 동굴, 정각과 누관, 높은 나무들과 무성한 풀 들이고, 혹은 높은 곳에 혹은 아래에 혹은 멀리 혹은 가깝게 하나가 나오면 하나가 들어가고 하나가 번성하면 하나가 시들며 네 방향을 둘러싸고 있으니 배회하여 우러러 보면 마치 깊은 산과 계곡의 바닥에 있는 듯하니 경읍의 넓은 평지임을 알 수 없고 또 성곽과 고을들이 분분이 모여 있음을 알 수 없다. 진정 천지가 만들고 귀신이 조화를 부린 듯하니 인력으로 할 수 있는 것이 아니다. 여기에 언급한 것은 그 대략적인 것에 지나지 않는다.(築室若農家, 故曰西莊. 上有亭曰巢雲, 高出峰岫, 下視群嶺, 若在掌. 自南徂北, 行岡脊兩石間, 綿亘數裏. 與東山相望, 水出石口, 噴薄飛注如獸面, 名之曰白龍淵, 濯龍峽, 蟠秀, 練光, 跨雲亭, 羅漢岩. 又西半山間, 樓曰倚翠, 靑松蔽密, 布于前後, 號萬松嶺. 上下設兩關, 出關下平地, 有大方沼, 中有兩洲, 東爲蘆渚, 亭曰浮陽, 西爲梅渚, 亭曰雪浪. 沼水西流爲鳳池, 東出爲研池, 中分二館, 東曰流碧, 西曰環山. ……複由磴道, 盤行縈曲, 捫石而上. 旣而山絶路隔, 繼之以木棧, 倚石排空, 周環曲折, 如蜀道之難. 躋攀至介亭, 此最高於諸山, 前列巨石, 凡三丈許, 號排衙. 巧怪巉岩, 藤蘿蔓衍, 若龍若鳳, 不可殫窮. 麗雲, 半山居右, 極目, 蕭森居右. 北俯景龍江, 長波遠岸, 彌十餘裏. 其上流注山澗, 西行潺湲, 爲漱玉軒. 又行石間, 爲煉丹亭, 凝眞觀, 圖山亭. 下視水際, 見高陽酒肆, 淸澌閣. 北岸萬竹, 蒼翠翁鬱, 仰不見天, 有勝筠庵, 躡雲台, 消閑館, 飛岑亭, 無雜花异木, 四面皆竹也. 又支流爲山莊, 爲回溪. 自山溪石罅, 寨條下平陸, 中立四顧, 則岩峽洞穴, 亭閣樓觀, 喬木茂草, 或高或下, 或遠或近, 一出一入, 一榮一凋, 四向周匝, 徘徊而仰顧, 若在重山大壑, 深谷幽崖之底, 不知京邑空曠坦蕩而平夷也. 又不知郛郭寶會紛萃而塡委也. 眞天造地設, 神謀鬼化, 非人力所能爲者, 此擧其梗槪焉.)

여기에서 휘종은 원림의 한 곳을 농장으로 꾸몄는데, 이러한 전원정경은 후세 많은 황가원림들에서 모방하였다. 그 밖에 평평하고 넓은 성시에 대형원림을 조성하였는데 그 인력과 비용 그리고 경관의 방대한 스케일은 황가원림만이 특징을 보여주고 있다.

또한 이 시기의 황가궁원의 창작은 이미 "일지삼산(一池三山)"과 같은 관습적인 주제를 벗어나서 멋진 자연산수와 개성 있는 건축 등의 소재들을 모아서 한 폭의 산수화와 같은 풍경을 재현하여 자연주의적 취향의 황가원림을 구성하였다. 이후 원, 명, 청의 원유와 원림들은 모두 이러한 풍격을 기초로 발전한 것이다.

결론적으로, 송 인종의 검박한 원림과 송 휘종의 화려한 원림은 모두 송대 황제들이 보편적으로 원림주거를 열망하였음을 보여준다. 또한 송대 어제시에서 보이는 황가원림의 주제사상은 아마도 당시 문인계층의 영향을 받았으리라 추측되고, 반대로 어제시들이 세상으로 흘러나가 이후 문인계층들의 원림사상에 일정 부분 영향을 끼쳤을 것으로 보인다.

2. 명 선종(宣宗)의 원림 어제시

명 선종 주첨기(朱瞻基, 1426~1435년 재위)는 명대의 현군으로서 연호를 선덕(宣德)이라 하였다. 문학적 소양이 높아서 수준이 높은 시문들을 남겼는데 그 가운데 반영된 원림의 모습들은 읽은 사람들로 하여금 경탄을 금치 못하게 한다. 비록 오늘날까지 전해져 내려오는 작품은 많지 않지만 그 시문에 반영된 일련의 원림에 대한 생각은 후세까지 문인들의 경모를 받았고 이들의 문화를 공유하였던 후세의 황제들 역시 어느 정도 명 선종의 시문에 의해 자극을 받았으리라 여겨진다.

먼저 그 중 대표적인 『화조시(花朝詩)』를 살펴보면,

오색구름 맑게 갠 봉래섬, 상서로운 풀 어지럽고 아름다운 풀 움직이네. 높은 데에 의지하여 온 세상을 한 번 보니, 삼라만상 맑고 밝아 봄 뜻이 좋구나. 무성한 아름다운 기운 산하에 성하니, 대지는 티끌 없고 바다는 파도치지 않네. 솔과 대나무, 전나무와 측백나무 비취 빛 호탕하고, 보랏빛 살구 붉은 복숭아 비단처럼 무성하구나. 제비 소리 꾀꼬리 울음 신선한 소리 가득하고, 물고기 뛰고 솔개 나니 모두가 천성이네. 경쾌한 수레와 준마는 아름다운 봄 경치를 쫓아다니고, 곳곳에서 호리병 물을 마시고 즐겁게 노닐며 시를 읊는다. 이때에 삼농(三農)[87] 모두 발꿈

도 5-56. 명(明) 왕불(王紱) 《북경팔경도(北京八景圖)》 중의 〈태액청파(太液晴波)〉.

치 들고 동쪽과 남쪽의 밭두둑 닭 울자 일어난다. 정남(丁男)은 쟁기를 쥐고 부녀는 들밥을 내어가, 힘을 한결같이 합함을 가르치고자 하니 전준(田畯)이 기뻐하네. 더구나 새해의 비바람이 순조로운 때를 당하니, 온갖 곡식 풍성하게 익음을 참으로 기약할 만하네. 변방이 편안하고 고요하니 백성과 만물이 이루어지고, 아름다움은 신하 백성들과 더불어 함께 기뻐하네. 비취빛 전각과 붉은 빛 대에 대낮은 길고, 꽃이 두른 용지(龍池)에 봄물 향긋하다. ……성왕이 예악을 제작하심에 시령(時令)을 숭상하셨으니, 예로부터 현명한 군주와 어진 신하 협심하여 공경하였네. 양춘의 덕택 빛이 나니, 아름다운 계책으로 인도하여 어진 정사를 보필하네.(五雲晴護蓬萊島, 瑞草紛紛動瑤草. 憑高一覽六合間, 萬象澄明春意好. 葱葱佳氣靄山河, 大地無塵海不波. 松篁檜柏翠浩蕩, 紫杏丹桃繁綺羅. 燕語鶯啼滿新聽, 魚躍鳶飛總天性. 輕車駿馬趁年芳, 處處壺漿樂游咏. 斯時三農皆擧趾, 東阡南陌鷄鳴起. 丁男把耒婦女饁, 齊力欲敎田畯喜. 況値新年風雨時, 百谷豐穰眞可期. 邊陲寧謐民物遂, 嘉與臣庶同歡嬉. 翠殿彤台白晝長, 花繞龍池春水香. ……聖王制禮崇時令, 自昔明良協恭敬. 陽春德澤生光輝, 延佇嘉猷輔仁政.)

---

87 원대 『사림광기(事林廣紀)』에 의하면 삼농(三農)이란 산농(山農), 택농(澤農), 평지농(平地農)으로, 즉 각각 수렵, 어로, 농경을 가리킨다.

서원 경화도나 그 근처에서 쓰인 것으로 추측되는 이 시는 전반부에서 황가원림을 신선이 사는 봉래도에 비유하고, 천지산하를 품은 흉의(胸臆)를 직접적으로 풀면서 동시에 가까운 곳의 나무, 새, 물고기의 모습을 묘사였다. 후반부에서는 농업에 대한 진실한 관심과 현군의 마음에 품은 치국안방의 큰 지혜를 "성왕이 예악을 제작하심에 시령을 숭상하셨다(聖王制禮崇時令.)"라는 비유로 표현하였다.

아래의 『중양가(重陽歌)』역시 경화도에서 경물을 살피고 느낀 바를 노래하고 있다.

서쪽으로 아름다운 섬에 올라 한번 길게 바라보니, 흉금과 우주가 함께 높고 밝구나. 세상에 전하기를 술잔의 국화 사람을 장수하게 한다 하니, 태액(太液)을 응당 술로 빚으리라. 물에 가득 뜬 황화를 금 술잔 삼아, 위로는 성모(聖母) 받들기를 하늘과 같이 만만년토록 하고, 아래로는 신민에게 먹여 함께 유구하리.(西登瓊島一長眺, 胸襟宇宙同高明. 世傳觴菊令人壽, 太液應當釀爲酒. 滿泛黃花作金酬, 上奉聖母齊天萬萬年, 下飮臣民共悠久.)

여기에서 높은 곳에 올라 멀리 조망하면서 천하만민을 품는 마음가짐은 후세 어제원림시들이 즐겨 쓰는 소재가 된다.

한편, 『상림춘색(上林春色)』과 『성루춘(城樓春)』에서는 원림경물이 사람에게 불러일으키는 무궁한 연상작용을 보여준다.

산 사이 구름이 펼쳐져 새벽빛을 내고, 수풀 사이에 새들은 봄 소리를 지저귀네. 만물의 뜻 모두 봄 뜻을 머금고, 하늘의 마음 진실로 내 마음에 합하네.(山際雲開曉色, 林間鳥啼春音. 物意皆含春意, 天心允合吾心.)

바람과 구름을 바라보니 맑은 춘삼월, 누각은 들쑥날쑥, 비 내리다 잠깐 개네. 물을 사이에 두고 날리는 꽃잎 춤추는 나비를 따르고, 둑을 낀 버드나무 날아다니는 꾀꼬리를 둘렀네. 우연히 한가함을 통해 천취를 기뻐하니 모두 무르녹아 만물의 정을 통창하네. 우주는 무궁하고 생의는 자재하고 산과 시내 눈에 가득 맑게 사람을 비춘다.(望風和雲淡春三月, 樓閣參差雨午晴. 隔水飛花隨舞蝶, 夾堤楊柳帶流鶯. 偶因閑暇怡天趣, 總爲融和暢物情. 宇宙無窮生意在, 山川滿目照人淸.)

아래의 『사경(四景)』은 천지가 한가로운 가운데 작가의 마음이 경물들과 감응하고 있다.

물에 비친 그림자 한 거울 속에 담기고, 맑게 갠 빛 요동치고 붉은 구름 흐릿하네. 작은 복숭아 꽃 무거운데 처음으로 비를 맞았고, 약한 버들가지 부드러워 자주 바람에 춤을 춘다. 더운 비 막 지나가니 상쾌한 기운 맑고, 옥빛 물결 출렁이는데 그림 그려진 다리 평평하네. 주렴을 뚫고 들어온 작은 제비 쌍쌍이 좋고, 물에 뜬 한가한 갈매기 하나하나 가볍네. 초가을 서늘한 이슬이 꽃떨기를 적시고, 끊어지지 않은 맑은 향기가 새벽바람을 따라온다. 눈에 가득 무성한 꽃에 봄 뜻이 있고, 맑은 비단 같은 저물녘 노을 연꽃을 비추네. 못가는 여섯 군데로 나서 꽃은 두루 날리고, 못 물은 물결 없어 꽁꽁 언 듯 평평하네. 한번 바라보니 유리 같은 맑은 물 300경(頃), 마침 산은 서쪽 북쪽에서 옥이 병풍이 되었구나.(水影虛涵一鏡中, 晴光搖蕩暖雲紅. 小桃花重初經雨, 弱柳絲柔屢舞風. 暑雨初過爽氣淸, 玉波蕩漾畵橋平. 穿簾小燕雙雙好, 泛水閑鷗個個輕. 新秋凉露濕花叢, 不斷淸香逐曉風. 滿目穠華春意在, 晩霞澄錦照芙蓉. 池頭六出花飛遍, 池水無波凍欲平. 一望玻璃三百頃, 好山西北玉爲屛.)

아래의 『원중조춘시(苑中早春詩)』는 궁원에서 맞이하는 이른 봄의 정경을 노래하고 있는데, 광활한 황가원림의 전경을 묘사하는 것이 아니라 작가를 중심으로 감관이 이르는 주변공간을 세심하게 묘사하고 있는 것이 특징이다.

맑고 깨끗한 동풍에 약한 비 내리니, 궁원의 정자와 관사의 먼지를 씻어내네. 버들 아래로 하여금 누런 산개를 받들게 하지 않고, 스스로 섬돌 앞 보랏빛 이끼를 밟는다네. 한 쌍의 제비 주렴 가까이에서 교태롭게 지저귀고, 온갖 꽃 물에 임하여 다투어 먼저 피려 하네. 또한 하늘의 뜻이 봄보다 빨리 돌아온 것이 아니, 문득 당년에 재촉하는 갈고 소리가 우습구나.(淡泄東風微雨來, 苑中亭館淨塵埃. 不敎柳下將黃傘, 自受階前步紫苔. 雙燕近簾嬌共語, 百花臨水競先開. 也知天意回春早, 却笑當年羯鼓催.)

다음으로 『만수산단계추방가(萬歲山丹桂秋芳歌)』를 살펴보면,

가을 머금은 태액지(太液池) 유리처럼 푸르고, 거꾸러진 그림자와 공명(空明) 가을과 한 색이네. 오동과 버들은 서리를 맞이하고, 붉게 거둔 연꽃 담박하고 향기 나지 않네. 만세토록 산 앞에 일만 그루 계수나무, 홀로 솟아 허공을 가로 질러 안개를 벗어났네. 구불거리며 하늘에서 교태를 부리는 것은 규룡이 오름이오, 비취 빛 산개 푸른 장막에 분잡하게 펴져 알현하네. 꽃이 핀 8월은 황금 같고, 쌀을 잇고 구슬을 모음은 새벽이슬 떠 있음이네. 구름 사라진 천지는 맑아 끝없어, 다만 하늘의 바람이 천지에 가득함을 깨닫네. ……북신(北辰)은 가까이 봉래섬을 에워싸고 은하수의 빛과 기운은 경소(瓊沼)에 통하네.(秋涵太液玻璃碧, 倒影空明秋一色. 梧桐楊柳欲迎霜, 紅斂芙蓉淡不芳. 萬歲山前萬桂樹, 聳特凌虛出烟霧. 連卷天嬌騰虯龍, 翠蓋蒼帷謁紛布. 開花八月如黃金, 綴粟攢珠泛晨露. 雲消六合澄無際, 但覺天風滿天地. ……北辰近繞蓬萊島, 銀河光氣通瓊沼.)

명 선종의 시문에 나오는 원림묘사는 통상적인 원림시에서 보편적으로 다루는 일상 속에서의 소소한 아름다움이라는 주제의 한계를 벗어났다. 똑같이 원림 안에 생활하지만, 천하를 통치하는 제왕으로서 천지의 거대한 산과 광활한 물을 갈망하고 그 것을 자신이 머무는 원림의 경관 가운데 담고자하는 거대한 스케일의 사고방식을 읽을 수 있다. 『녹죽인(綠竹引)』이라는 글을 보면,

계문(薊門)은 8월에 서리가 짙으니 언제 대나무 심어 무성함을 이룰 수 있을까? 봉성(鳳城)의 남쪽 금원(禁苑)의 동쪽, 옥 같은 일만 그루 나무가 창공을 능가하네. 빛 흔들리는 태액지 물결 가운데에 달 비치고, 높이 나온 삼산(三山)의 꼭대기에 소나무 있구나. 상서로운 바람 하늘에서 펄펄 불어와, 금과 옥을 울리니 소리가 영롱하네. 봉래 궁중의 하루는 한 해와 같고, 높은 가지 조밀한 잎에 구름과 안개 피어오르네. 봄볕은 온갖 꽃 표면에 빼어나고, 가을 달은 선계(仙桂)의 주변에 빛을 더한다. 구하(九夏)의 무성한 그늘 영유(靈囿)를 덮어주고, 상서로운 기린과 학 서로 주선(周旋)하네. 육화(六花)가 차가움을 이겨내고 여러 화초들은 시드는데, 청표(淸標)에 도리어 고운 빛 생겨남을 깨닫네. 황제 헌원씨가 옛날 처음으로 율(律)을 제정했을 적에 절통(截筒)은 곤륜산 골짜기로부터 왔지. 강 중심의 돌에 북숭아, 대나무 지팡이, 뿌리 베고 가죽 깎으니 보랏빛 옥을 자랑한다. 어찌하여 봉래 궁중의 대나무는, 비와 이슬을 많이 맞아 생의(生意)가 넉넉한가? 천만 년 서린 뿌리와 굳은 마디, 푸른 대나무 아름다운 기수(淇水) 물가보다 훨씬 뛰어나네. 상림(上林)의 꽃과 나무 푸른 봄빛 빛나고, 영지와 서초는 다투어 향기를 뿜네. 이 푸르고 푸른 태고의 빛을 사랑하여, 대나무 가에 몇 번이나 멈춰 노니누나. 세상에서 봉황은 대나무 열매를 먹는다 하고, 또 봉황은 대 가지에 깃든다하네. 봉생(鳳笙)이 태평곡을 아홉 번 연주하니, 봉새여! 봉새여! 지금 날아와 위의 있게 춤을 추어라. 내 장차 눈을 비비고서 보리라.(薊門八月霜華濃, 何時種竹能成叢? 鳳城之陽禁苑東, 琅玕萬樹凌靑空. 光搖太液波心月, 高出三山頂上松. 祥飆拂拂來天上, 鳴金戛玉聲玲瓏. 蓬萊宮中日如年, 高柯密葉霏雲烟. 春陽挺秀百花表, 秋月增輝仙桂邊. 九夏繁陰覆靈囿, 祥麟瑞鶴相周旋. 六花淩寒群卉老, 淸標轉覺生光姸. 軒皇昔日初制律, 截筒來自昆侖穀. 江心蟠石桃竹杖, 斬根削皮誇紫玉. 何如蓬萊宮中竹, 雨露偏多生意足. 盤根固節千萬年, 遠勝猗猗淇水澳. 上林花木熙靑春, 靈芝瑞草爭芳芬. 愛此蒼蒼太古色, 竹邊幾度停游輪. 世云鳳凰食竹實, 又雲鳳凰栖竹枝. 鳳笙九奏太平曲, 鳳兮鳳兮今來儀, 予將拭目而觀之.)

여기에서 시인은 단순히 미시적 원림경관에 대한 묘사를 벗어나 원림 내부경관

도 5-57. 명(明) 왕불(王紱) 《북경팔경도(北京八景圖)》 중의 〈서산제설도(西山霽雪圖)〉.

과 원림 외부경관을 한눈에 담으면서 뜻을 원림 밖의 진산진수로 확장하고 있다. 이는 구중궁궐의 심처를 벗어나 진정한 자연산수에 거하고자 하는 제왕의 갈망을 은연중에 드러낸 것으로, 후세의 명청 황제들이 황가원림을 영조함에 있어서 그 규모를 대폭 확장하였던 이유를 짐작하게 한다.

아래의 『서산정설사(西山晴雪詞)』은 황가원림에서만 볼 수 있는 거대하고 화려한 풍경을 멋진 문장으로 묘사해내고 있다.

내 뜻에 기뻐하며 봉궐(鳳闕)에 올라 서산(西山)을 바라보니 다만 여러 산봉우리들이 일천 리로 한 색임을 볼 뿐이었다. 이로 인하여 사(詞)를 지어 기쁨을 기록한다. 정궁(正宮)은 탈포삼(脫布衫)으로 소량주(小梁州)를 부대(附帶)한다. 이 산이 구름과 가지런함을 기쁘게 보고, 이 눈 위의 맑게 갠 때를 기쁘게 보고, 이 천화(天花)가 문채(文彩) 남을 기쁘게 보고, 이 옥룡(玉龍)이 상서로움을 바침을 기쁘게 본다. 눈 내린 뒤 희미한 구름 사방으로 흩어져 날고, 봉성(鳳城) 밖 전부가 옥 병풍으로 에둘러 있음을 기뻐하네. 옥 병풍으로 에둘러 쌈, 멀리 태항산 서쪽에 접하여 번쩍번쩍 밝아 끝이 없네. 다만 저 울울한 소나무의 솟아오른 아름다운 가지가 봉래산의 낭원(閬苑)과 함께 광제(光霽)하고 용루(龍樓)와 봉각(鳳閣)과 더불어 빛을 이음을 볼 뿐이네. 보배로운 거울 같은 서호 속에 담기고, 태액(太液)과 빙호(氷壺) 속에 잠기네. 시선을 가득 채움이 요대(瑤臺)와 옥루(玉壘) 같은 것들이니, 이 경계가 중화와 오랑캐 땅 중에서 으뜸이네.

(予情忻悅, 登鳳闕, 望西山, 但見群玉千里一色, 因制詞以識喜云. 脫布衫帶小梁州, 喜看這 山與雲齊, 喜看這雪上晴時, 喜看這天花絢彩, 喜看這玉龍獻瑞. 喜雪後微雲四散飛, 鳳城外 總是玉屛園. 玉屛園遙接太行西, 明晃晃無邊際. 但見那松鬱鬱聳瓊枝, 與蓬萊閬苑同光霽, 與龍樓鳳閣聯輝. 湛西湖寶鑒中, 浸太液冰壺裏. 滿望似瑤台玉壘, 這境界冠華夷.)

二. 청대 강희 · 용정 · 건륭 황제의 원림 어제시

청대의 대규모 황가원림의 영조는 강희황제 때부터 시작되었다. "명말 이후의
대규모 동란 후에 출현한 안정된 국면은 경제의 발전과 정부재정의 안정을 가져 왔
다. 그리하여 강희황제는 풍경이 아름다운 북경의 서쪽 교외지역과 새외에 새로운
궁원을 영건하게 되었다."[88] 그 중에는 향산행궁(香山行宮)의 어원인 정명원(靜明園),
이궁어원인 창춘원(暢春園), 피서산장 등이 포함된다. 옹정(雍正)황제 때에는 왕자
시절 머물던 사원(賜園)을 기반으로 원명원을 열었는데, 이 원림은 이후 청 황실의
가장 핵심 원림으로 성장해 나가게 된다. 건륭(乾隆)황제 시기에 이르러서는 청 황
실의 원림은 절정에 이르렀다. 그는 기존의 황가원림들을 지속적으로 확장하였고
별도로 대규모의 신축활동을 벌여서, 북경 서쪽 교외 삼산오원(三山五園)의 방대한
황가원림 군락을 최종적으로 완성하였다. 현대 원림학자인 주위권(周維權)은 이를
두고 "조원활동의 광범위함 조원기예의 정심함은 가히 송대와 명대 이후 최고의 수
준에 이르렀다고 할 수 있다"[89]라고 평가하였다.

대량의 원림영조을 지휘하고 풍부한 원림생활을 경험하면서, 이들 세 명의 황제
는 자연스럽게 원림에 대한 상당한 수준의 안목과 지식을 갖추게 되었다. 특히 강

88 周維權, 『中國古典園林史』, 北京 : 淸華大學出版社, 1990 : 127.
89 同上, 184.

희와 건륭 두 황제는 재위기간 중에 강남지방을 직접 순시하면서 다수의 강남 사가원림을 직접 유람하였다고 전해지는데, 이들은 역대 중국 원림예술의 정수가 담긴 강남원림들을 직접 접하면서 궁중 안에 한정되었던 견문의 한계를 헐어버리고 강남 사가원림의 특징을 황가원림에 이식하였고, 이로 인해 청대의 황가원림들은 이전 왕조들의 것과는 뚜렷이 구별되는 완성도를 갖추게 되었다.

강희·용정·건륭 세 황제가 대량의 황가원림의 영조를 통해 역대 황가원림과 사가원림의 정수를 종합적으로 계승·발전시켰다는 점에서, 그들이 남긴 원림 어제시는 연구해 볼 만한 가치가 있다. 문제는 이 세 황제가 남긴 어제시의 수량이 상상을 초월할 정도로 방대하다는 점인데, 불완전한 통계에 의하면 원림관련 주제만 추려도 만여 수에 이른다. 여기에서는 지면의 제약으로 인해 그 중 원림관념을 명확하게 표현하였고 중요한 작품들만을 추려 분석해보자 한다.

1. 원림은 질박하게 만든다(質樸造園)—그 화려함을 숭상하지 않고 질박함을 숭상하며, 그 부귀함을 칭찬하지 않고 그 그윽함을 칭찬한다(不尙其華尙其樸, 不稱其富稱其幽)

강희의 『열하삼십육경시(熱河三十六景詩)』[90]를 보면 무려 세 곳에서 원림을 꾸밈에 있어서 질박함을 원칙으로 함을 명시하였다. 첫 번째는 『지경운제(芝徑雲堤)』의 시에 있는데 "풀과 나무는 무성하고 모기와 나무 좀 끊어졌으며, 샘물은 좋고 사람은 질병이 적다. ……자연히 하늘과 땅이 성취한 형세이니, 인력이 거짓과 허구로 설치할 필요 없다네. 노닐고 즐기면서 항상 백성들의 힘듦을 애달프게 여길 것을 생각하고, 또 토목 공사에 치우쳐 힘쓸까 봐 두렵구나. 장인에게 명하여 먼저 지경제를 열게 하니, 산을 따르고 물에 의지하여 유폭(揉輻)[91]처럼 가지런하네.("草木茂,

---

90 欽定四庫全書, 集部, 別集類, 淸代, 聖祖仁皇帝禦制文集, 第三集卷五十.
91 나무를 불에 그을려 곧게 만들어 바퀴살을 만듦.

도5-58. 《피서산장삼십육경(避暑山莊三十六景)》중의 〈연훈산관(延熏山館)〉.

絶蚊蝎, 泉水佳, 人少疾. ……自然天成地就勢, 不待人力假虛設. ……游豫常思傷民力, 又恐偏勞土木工. 命匠先開芝徑堤, 隨山依水揉輻齊.)"두 번째는 『연훈산관(延熏山館)』의 서(序)에 있는데 "기둥과 집은 소박함을 지켜 진사칠 안 하고 조각하지 않아 산거의 고아한 운치를 얻었다. 북쪽 지게문을 열어 맑은 바람을 끌어들였다.(楹宇守樸, 不護不雕, 得山居雅致. 啓北戶, 引淸風.)"세 번째는 『수방암수(水芳岩秀)』서에 있는데 "물이 맑으면 향긋하고 산이 고요하면 빼어나다. 이 땅은 샘은 달고 물은 맑기에 그마땅한 바를 가려 골랐다. 깊은 집 수십 칸, 여기에서 글을 외고 읽으니 거의 고요하게 조양(調養)할 겨를이 있어 번거로움을 씻을 수 있고 본성을 기쁘게 할 수가 있어서 이 스스로 시종(始終)을 경계한 뜻을 짓는다. 시는 다음과 같다. 땅을 가려 골라 언방(偃房)을 세우니 뿌리와 기틀이 장구하네. 절제하고 펼침은 여기에서 구하니, 부지런하고 검소함을 미루지 말라. 아침 창가로 일천 개 바위가 보이고, 깎아지

른 듯한 절벽은 하늘이 가른 것 같네.(水淸則芳, 山靜則秀. 此地泉甘水淸, 故擇其所宜.

邃宇數十間, 于焉誦讀, 幾暇靜養, 可以滌煩, 可以悅性, 作此自戒始終之意云. 詩曰擇地立偃

房, 根基度長久. 節宣在玆求, 勤儉勿落後. 朝窗千岩裏, 峭壁似天剖.)"

　　또한 『창춘원기(暢春園記)』에서는 황가원림을 영조함에 있어서 어떻게 검박함을

실현하는 가를 명확하게 설명하고 있다. "높은 데를 의지하여 언덕을 만들고 낮은

곳에 나아가 못을 이루어, 형체, 형세의 자연스러움을 살펴보고, 본래 있었던 돌과

벽돌을 취하여, 공용(功庸)을 헤아려 바르게 부여하여 한 인부도 부리지 않아, 궁궐

관사와 제왕의 궁관과 어원이 족히 정신과 본성을 편안하게 할 바가 된다.(依高爲

阜, 卽卑成池, 相體勢之自然, 取石甓夫固有, 計庸畀直不役一夫, 宮館苑簫足爲寧神怡性之

所.)"**92** 즉 자연지형을 최대한 이용하여 인력을 줄이고, 기존에 확보해둔 건축자재를

최대한 활용하여 비용을 줄이며, 정신과 본성을 편안하게 할 수 있도록 화려함을

멀리하고 검박하게 짓는 것이다.

옹정(雍正)은 『원명원기(圓明園記)』에서 기존의 산세를 최대한 이용함으로써 공역을 절약하고자 하는 의도를 표현하였다.

수풀과 언덕은 맑고, 못과 호수 물은 많고 깊다. 높은 데를 통해 깊은 데로 나아가고, 산을 따르고 물을 의지하여 땅에서 마땅한 바를 살펴보고 헤아려 정자를 얽으니, 천연의 의취를 취하여 공역의 번거로움을 줄였다. 난간의 꽃과 둑의 나무는 물을 대지 않아도 불어나 자라서 꽃을 틔우고, 나무둥지의 새와 못의 물고기는 즐거이 날고 잠겨 절로 깃드니, 이는 그 땅의 형상이 탁 트이고 높아 토양이 비옥하고 아름다워서일 것이다. ……번거롭고 시끄러움을 막음이 적고, 바람과 토양이 맑고 아름다우니, 오직 정원의 거처가 뛰어나다.(林皐淸淑陂澱淳泓, 因高就深, 傍山依水, 相度地宜, 構結亭榭, 取天然之趣, 省工役之煩, 檻花堤樹, 不灌漑而滋榮, 巢鳥池魚, 樂飛潛而自集, 蓋以其地形爽塏, 土壤豐嘉. ……少屛煩喧而風土淸佳惟園居爲勝.)[93]

건륭은 『원명원사십경시(圓明園四十景詩)』에서 적어도 두 차례에 걸쳐 위와 유사한 관념을 표현하였다. 첫 번째로 『정대광명(正大光明)』의 서에서 "아로새기지 않고 그리지 않아, 솔 처마와 띠풀로 얽은 궁전의 뜻을 얻었다(不雕不繪, 得松軒茅殿意.)"라 하였고, 이어지는 시에서 "풀이 푸르니 검소함을 보일 것을 생각하고, 산이 고요하니 인(仁)을 잡아 지킴을 체득하였네. 그저 괜찮은 것은 바로 구실(衢室)[94]이니, 어찌 반드시 옥진(玉津)을 말하랴?(草靑思示儉, 山靜體依仁. 只可方衢室, 何須道玉津.)"[95]라 하였다. 두 번째 『구주청연(九州淸宴)』의 시에서 "저 도랑과 골짜기를 생각하니

92 欽定四庫全書, 集部, 別集類, 淸代, 聖祖仁皇帝禦制文集, 第二集卷三十三, 暢春園記.
93 欽定四庫全書, 集部, 別集類, 淸代, 世宗憲皇帝禦制文集, 卷五, 圓明園記.
94 요 임금이 백성의 뜻을 찾아 물었던 곳. 정치를 하는 곳.
95 欽定四庫全書, 集部, 別集類, 淸代, 禦制詩集, 初集卷二十二.

도 5-60. 《원명원사십경도영(圓明園四十景圖詠)》 중의 〈정대광명(正大光明)〉.

어찌 그것을 실컷 취하랴? 물가의 정자와 산의 누정은 천연의 그림이네. 저 띠지붕을 바라보니 백성들의 고통과 아픔이 피부에 사무치네.(念彼溝壑,   曷其飽諸? 水榭山亭,   天然畫圖. 瞻彼茅檐,   痌瘝切膚.)"[96] 라 하였다.

건륭은 또한 『원명원후기(圓明園後記)』에서 다시 한 번 "그 화려함을 숭상하지 않고 그 소박함을 숭상하며 그 부유함을 칭하지 않고 그 그윽함을 칭한다(不尙其華尙其樸, 不稱其富稱其幽.)"[97]라고 강조하는데, 이는 원림을 만들 때 질박함을 숭상하고 화려함을 멀리하며 원림의 규모가 아니라 원림의 예술적 완성도에 주의한다는 원칙을 천명한 것으로 건륭 본인이 원림영조에 있어서 이미 전문가적인 안목과 확고한 심미적 원칙을 갖고 있었음을 보여준다.

건륭은 토목을 자주 일으켜 원림을 만들었는데, 이것이 사회지도계층과 일반백성에게 반감을 일으킬까 항상 조심하여 시문 중에서 자주 이러한 마음을 표현하였는데, 대표적인 예는 아래와 같다.

---

96 欽定四庫全書, 集部, 別集類, 淸代, 禦制詩集, 初集卷二十二.
97 欽定四庫全書, 集部, 別集類, 淸代, 禦制文集, 初集卷四.

나의 뜻은 천 리 밖 호수 빛 산 색깔이 눈앞에 응접함에 있지 않고, 양절(兩浙) 사이에서 아전이 다스려지고 백성이 의지하여서 가슴 속으로 내왕함에 있다.(吾之意不在千裏外之湖光山色應接目前, 而在兩浙間之吏治民依來往胸中矣.)[98]

하늘빛 구름 그림자 시의 재료가 되어주고, 새의 울음과 꽃의 향기 도의 싹을 키워주는구나. 어찌 조용하고 한가함을 즐기고 부지런히 힘쓰고 두려워함을 해이하게 하리오? 근심하는 마음, 때로 온 백성의 가호에 절절하네.(天光雲影供詩料, 鳥語花香長道芽. 詎樂蕭閑弛幹惕, 憂心時切萬民家.)[99]

그런데 토목의 공이 지극하면 국계와 민생에 무익하니 식자는 이를 비천하게 여긴다. 하나의 일을 행함에 천심에 합하여야 하고 하나의 원림을 만드는 데 백성의 마음에 흡족하여야 한다. (而極土木之功無益于國計民生, 識者鄙之, 行一事, 而合于天心, 建一園, 而洽于民情.)[100]

2. 원림을 느끼고 깨닫는다(感悟園林)—밝은 달과 맑은 바람이 계우요, 높은 산과 흐르는 물이 지음이다(皓月淸風爲契友, 高山流水是知音)

강희는 『피서산장기(避暑山莊記)』에서 피서산장의 특징을 지경이 넓고 풀이 잘 자라 밭의 여막을 훼상하는 해가 없고, 바람 맑고 여름 상쾌하니 사람의 조양(調養)하는 공에 알맞다(境廣草肥, 無傷田廬之害 ; 風淸夏爽, 宜人調養之功.)"라고 요약하였다. 즉 원림터를 이곳으로 고른 가장 중요한 이유는 이곳의 자연조건이 훌륭하여 휴양하기에 적합하기 때문이라는 것이다. 피서산장의 핵심 설계원칙은 "높낮이와 원근

---

98 欽定四庫全書, 集部, 別集類, 淸代, 禦制文集, 初集卷七, 小有天園記.
99 欽定四庫全書, 集部, 別集類, 淸代, 禦制詩集, 初集卷九, 夏日禦園閑咏.
100 欽定四庫全書, 集部, 別集類, 淸代, 禦制樂善堂全集定本, 卷八, 豐澤園記.

의 차이를 재어서 자연스러운 산의 형세를 열었다.(因而度高平遠近之差, 開自然峰嵐之勢.)" 즉 자연지세에 순응하는 것으로서, 이에 따라 "꽃핀 들판을 빌려 도움으로 삼으니 두공을 깎고 대들보를 단청칠 하는 비용이 없다. 샘물과 숲이 소박함을 좋아하여 조용히 만물을 관조하고 구부려 여러 무리를 살핀다(芳甸而爲助. 無刻桷丹楹之費, 喜泉林抱素之懷, 靜觀萬物, 俯察庶類.)"라 하니 가급적 터가 갖는 자연적 아름다움을 그대로 경관요소로 삼아 쓸모없는 비용의 낭비를 없앴다. 이렇게 만들어진 피서산장은 "한 번 노닐고 한 번 즐김에 농사의 기쁨과 슬픔 아님이 없고, 혹 새벽에 일찍 일어나 옷을 입고 혹 밤늦게 밥을 먹음에 경전과 사서에서의 안위와 치란을 잊지 않는다. 남쪽 밭이랑에서 밭갈이를 권면하매 풍성한 익은 곡식이 대광주리에 가득 차기를 바라고, 가을걷이 무성하매 시절이 순조로워 비와 햇볕이 적절한 경사를 즐거워하니, 이것이 피서산장에 거처하는 까닭이다(一游一豫, 罔非稼穡之休戚 ; 或旰或宵, 不忘經史之安危, 勸耕南畝, 望豐稔筐筥之盈 ; 茂止西成, 樂時若雨暘之慶, 此居避暑山莊之槪也.)"라 하였다.

이상이 원림을 경영하는 논리라면, 원림을 이용하는 논리는 무엇인가? 우선은 원림을 즐기는 것이다. 강희에게 원림을 즐긴다 함은 감각적 만족에 머무는 것이 아니라 원림 안에 펼쳐진 자연만물을 하나하나 느끼면서 그 안에 숨은 우주의 원리와 인격수양의 도리를 깨달아 가는 것을 즐거움으로 삼는 군자의 즐김이다. 예를 들어 "지초와 난초를 완상함에 이르러서는 덕행을 사랑하고, 솔과 대를 보면 정조를 생각하고, 맑은 물에 임해서는 청렴하고 개결함을 귀하게 여기고, 덩굴진 풀을 보면 탐욕의 추접함을 천하게 여기니, 이 역시 옛 사람이 외물을 통해서 견주고 흥기한 것이니, 몰라서는 안 된다(至于玩芝蘭則愛德行, 睹松竹則思貞操, 臨淸流則貴廉潔, 覽蔓草則賤貪穢, 此亦古人因物而比興, 不可不知.)"[101]라 하였으니, 어진 군주는 원림에

---

101 欽定四庫全書, 集部, 別集類, 淸代, 聖祖仁皇帝禦制文集, 第三集卷二十二, 避暑山莊記.

무성한 식물을 보면서 마음속으로는 덕행, 정조, 청렴, 개결함 등을 떠올리며 스스로를 닦아 나간다.

옹정 역시 원림 안의 자연 물상에 대해 "하얀 달 맑은 바람 의기투합한 벗이 되고, 높은 산 흐르는 물 바로 지음(知音)이네(皓月淸風爲契友, 高山流水是知音.)"[102]라는 태도로 가까이 하면서 자신을 수양하였다. 그가 쓴 『원명원기』에 의하면 "우러러보고 굽어 살펴보매 푹 침잠하여 유영하기가 알맞고 마땅하다. 만상이 다 드러나 마음과 정신이 편안하고 탁 트였다(仰觀俯察, 游泳適宜. 萬象畢呈, 心神怡曠.)"[103]라 하였고 "돌샘으로 둘러싸인 섬돌에서 울리는 거문고 소리 듣고, 꽃과 대나무 닿은 난간에서 먼 회포를 펼친다. 반드시 고요히 보아야지만 자득하는 것은 아니니, 여태껏 물건마다 하늘의 마음을 보여주었지(石泉繞砌聽鳴琴, 花竹當軒暢遠襟. 不必靜觀方自得, 由來物物見天心.)"[104]라 하였는데, 이 두 구절에서 보듯이 옹정은 "만상이 다 드러나 마음과 정신이 편안하고 탁 트였고" 또한 "여태껏 물건마다 하늘의 마음을 보여주었다"라 하여 원림의 자연물상을 통해 하늘의 마음을 살피고 자신의 신심을 닦았다.

하지만 건륭은 조부인 강희와 부친인 옹정과는 사뭇 달랐다. 건륭은 부친이 남긴 원명원을 지극히 좋아하였으니 늦은 봄 원명원을 바라보며 "참으로 신선의 지경이라, 아득하게 외물과 나를 잊었네(信矣神仙境, 悠然物我忘.)"[105]라고 감탄하였다. 건륭은 원명원에 대해 대규모의 중개축을 단행하고 『원명원사십경시』[106]라는 시를 남겼는데, 그 중 『담박녕정(淡泊寧靜)』의 시에는 "지경에 마음에 들어맞음이 있어 모

---

102 欽定四庫全書, 集部, 別集類, 淸代, 世宗憲皇帝禦制文集, 卷三十, 偶題.
103 欽定四庫全書, 集部, 別集類, 淸代, 世宗憲皇帝禦制文集, 卷五, 圓明園記.
104 欽定四庫全書, 集部, 別集類, 淸代, 禦制詩集, 初集卷二, 暮春圓明園卽景雜賦五首.
105 欽定四庫全書, 集部, 別集類, 淸代, 禦制詩集, 初集卷二, 暮春圓明園卽景雜賦五首.
106 欽定四庫全書, 集部, 別集類, 淸代, 禦制詩集, 初集卷二十二, 圓明園四十景詩.

도 5-61. 《원명원사십경도영(圓明園四十景圖咏)》 중의 〈서봉수색(西峰秀色)〉.

두 즐거울 만하다(境有會心皆可樂.)"라 하였고, 『서봉수색(西峰秀色)』의 시에는 "집을 얽어 만듦이 이미 오래되어 푸른 이끼는 늙었고, 꽃 시렁 약초밭은 서로 휘감겨 껴안았네. 난간에 기대어 눈 가는 대로 보니 모두 아름답고, 평상에 올라가 앉아 뜻을 편안하게 하니 진실로 다시 좋구나(結構旣久蒼苔老, 花棚藥畦時相縈抱. 憑欄送目無不佳, 趺榻怡情良複好.)"라 하였다. 이상에서 보듯이 건륭이 원명원을 사용하는 마음가짐은 부친인 옹정과는 사뭇 차이가 있다. 옹정이 원명원을 수양의 장소로 여긴데 반해 건륭은 원명원을 "아득하게 외물과 나를 잊고", "즐거울 만하고", "뜻을 편안하게 하는" 장소, 즉 휴식을 취하고 자연을 즐기는 장소로서 보고 있다.

건륭의 이러한 사용방식은 강희나 옹정에 비해 보다 세속적이라고 비난받을 여지가 있으나, 어찌 보면 강희·옹정과 원림 사이에는 거리감이 건륭의 글에서는 전혀 보이지 않는다. 건륭의 원림 어제시들을 읽어 보면 건륭에게 있어서 원림은 진정한 생활의 일부이고 건륭이야 말로 지독한 원림예술 애호가임을 알 수 있다. 예를 들어 "평소 산수에 대한 마음, 경치가 뛰어난 곳에서 번번이 시를 읊어 남기네(平生山水心, 勝地輒留咏.)"[107]라 하니 원림생활은 이미 그에게 있어서 습관이자 일상이다. 또한 "길이 시종여일 힘쓸 것을 생각함을 이 서재에서 하고, 흉금을 열어 기상이 일천 개나 가득 참은 이 누에 오름이다. 저 아무 언덕 아무 골짜기는 지경이 족히 마음에 감상할 만하고, 난간과 정자는 그 승경을 눈에 붙일 만하다(思永勵始終如一, 式是齋乎 ; 開襟而氣象盈千, 登斯樓也 ; 他若某丘某壑, 境足賞心, 有榭有亭, 勝堪寓目.)"[108]라 하니 질박한 원림생활에 자족했던 강희와 옹정과는 달리, 건륭은 원림에 각종 요소들을 두루 갖추고자 하는 부유한 원림 애호가의 모습을 보였다.

3. 원림을 통해 농사를 체험한다(園驗農桑)―원림에 거함이 어찌 노닐고 구경하기 위함인가, 아침저녁의 농사를 난간에 기대어 살핀다(園居豈爲事游觀, 早晩農功倚檻看)

청대 황가원림의 내부 혹은 외부에는 종종 논밭, 과수원, 초가집 등 농촌을 상징하는 경관요소들이 삽입되었다. 황제는 원림 안의 농업시설에서 손수 농사를 지으면서 백성들의 수고로움을 몸소 체험해 보기도 하고 혹은 원림 밖의 농가들의 모습을 보면서 농절기와 작황을 직접 살피면서 국정을 운영하는 참고지표로 삼았다.

예를 들어 강희는 『열하삼십육경시』[109]에서 두 번 농업에 대해 언급하였다. 첫 번째는 『연파치상(烟波致爽)』의 서에서 "살아가는 이치는 농사와 누에치는 일, 백성을 모아 일만 가호에까지 이르렀네(生理農桑事, 聚民至萬家.)"라 하였고, 두 번째는 『포전총월(甫田叢樾)』의 시에서 "전원 사이에서 머물러 쉬는 즐거움, 마음껏 둘러보고 여염을 긍휼이 여긴다. 수풀은 기뻐하며 감상할 곳, 여러 곳을 두루 돌아다님은 풍년을 예견하는 점이네(留憩田間樂, 曠觀恤閭閻. 叢林欣賞處, 遍地豫豐占.)"라 하였다.

옹정은 『원명원기』에서 좀 더 자세하게 원림에 농촌의 모습을 꾸미는 이유에 대해 설명하였다. "정원의 가운데에 혹 오두막을 열고 혹 채소밭을 꾸리니 고른 언덕 비옥하고 좋은 이삭 넉넉하여 우연히 한 번 훑어보면 멀리 구하를 생각하고 두루 추

107 欽定四庫全書, 集部, 別集類, 淸代, 禦制詩集, 初集卷二十四, 再題翠雲山房.
108 欽定四庫全書, 集部, 別集類, 淸代, 禦制詩集, 三集卷九十二, 長春園題句.
109 欽定四庫全書, 集部, 別集類, 淸代, 聖祖仁皇帝禦制文集, 第三集卷五十, 熱河三十六景詩.

도 5-62. 《원명원사십경도영(圓明園四十景圖詠)》 중의 〈포전총월(甫田叢樾)〉.

수함이 있기를 기원한다. 난간에 기대어 농사를 보고 두둑에 임하여 구름을 점쳐, 좋은 비가 제때를 알아 내리기를 바라고, 좋은 싹이 절후에 응하기를 바라는 것과 같음에 이르러서는, 농부는 몹시 수고로워하고 농사는 어려우니, 그 경상(景象)이 또 황홀하게 원유(苑囿)의 사이에 있다.(園之中或辟田廬, 或營蔬圃, 平原膴膴, 嘉穎穰穰, 偶一眺覽, 則遐思區夏, 普祝有秋, 至若憑欄觀稼, 臨陌占雲, 望好雨之知時, 冀良苗之應候, 則農夫勤瘁稼事艱難, 其景象又恍然在苑囿間也.)"[110] 또 "도경십이영(園景十二咏)"의 "경직헌(耕織軒)"에서도 이러한 경관을 묘사하였는데 그 내용은 다음과 같다. "헌(軒)과 정자 사방으로

---

110 欽定四庫全書, 集部, 別集類, 淸代, 世宗憲皇帝禦制文集, 卷五.

열렸고, 높은 언덕 낮고 습한 땅, 마주하여 평탄하게 정제(整齊)하네. 벼는 창을 맞이하여 초록빛이고, 뽕과 삼은 새로막 땅에서 나오네. 처마의 별은 직녀와 대화성(大火星)을 엿보고, 도랑의 물은 밭의 두둑 경계 짓네. 고달픈 농사와 누에치는 일, 노래와 시는 빈풍을 이을 만하네.(軒亭開面面, 原隰對畇畇.

도 5-63. 《원명원사십경도영(圓明園四十景圖詠)》 중의 〈행화춘관(杏花春館)〉.

禾稼迎窗綠, 桑麻窣地新. 檐星窺織火, 渠水界田畇. 辛苦農蠶事, 歌詩可系豳.)"[111]

동일한 원명원에 대해, 건륭은 『원명원사십경시』[112]에서 다섯 번에 걸쳐 황가원림에 농촌경관을 설치하는 중요성을 강조하였는데, 구체적인 내용은 아래와 같다.

행화춘관(杏花春館)의 서 : 앞구석에는 작은 채마밭을 개간하여, 푸성귀와 열매를 섞어서 모종하니, 들밭 촌락의 경상(景象)을 알겠다. 시는 다음과 같다. 꽃 빛이 예원(藝苑)에 전함을 가장 사랑하여, 매양 월령(月令)을 타서 농경을 징험한다. ……한밤중 한 쟁기에 봄비가 풍족하니, 아침 동안 읊조리며 다니다가 나무 가에 멈추었네.(前辟小圃, 雜蒔蔬蓏, 識野田村落景象. 詩曰

---

111 欽定四庫全書, 集部, 別集類, 淸代, 世宗憲皇帝御製文集, 卷二十六, 耕織軒.
112 欽定四庫全書, 集部, 別集類, 淸代, 御制詩集, 初集卷二十二.

最愛花光傳藝苑, 每乘月令驗農經. ……夜半一犁春雨足, 朝來吟屐樹邊停.)

영수난향(映水蘭香)의 서 : 앞에 종횡하는 녹음 밖으로 논 몇 릉(稜)이 있다. 때마침 서늘한 바람이 잠깐 불어와 벼 향을 천천히 이끈다. 시는 다음과 같다. 전원에 거처함이 어찌 노닐며 관람하는 것을 일삼기 위해서인가? 이른 아침부터 늦

도 5-64. 《원명원사십경도영(圓明園四十景圖詠)》 중의 〈영수난향(映水蘭香)〉.

은 저녁까지 농사를 난간에 기대어 본다네. 수 이랑의 노란 구름, 기장 비 적셔주고, 천개 밭두둑의 초록 빛 물, 벼 바람은 차갑구나. 마음 밭의 기쁜 빛 진실로 옥보다 뛰어나고, 코끝 시선의 참 향기 난에 뒤지지 않네. 하루하루가 시경 빈풍을 묘사한 그림 속에 있으니, 감히 주송에서 전관(田官)에게 명한 것을 잊겠는가?(前有水田數稜, 縱橫綠蔭之外. 適涼風乍來, 稻香徐引. 詩曰: "園居豈爲事游觀, 早晚農功倚檻看. 數頃黃雲黍雨潤, 千畦綠水稻風寒. 心田喜色良勝玉, 鼻觀眞香不數蘭. 日在豳風圖畫裏, 敢忘周頌命田官.)

다가여운(多稼如雲)의 서 : 비탈에는 복숭아가 있고, 못에는 연꽃이 있어, 달빛 비추는 땅에 꽃피어 있는 하늘이고, 무지개 들보에 구름 동량으로, 높고 큼이 신선의 거처 같았다. 담장을 사이에 둔 한 곳은 빽빽한 밭두둑이 들쑥날쑥하고, 들 바람이 가볍고 보드랍게 잇달아 불어 허술한 비웃도롱이와 삿갓으로 왕래하니, 또 전가의 풍미이다. 옛적에 농전(弄田)을 두어 이로써 농사에서의 기후를 알았던 것이다. 시는 다음과 같다. 농사의 어려움 오히려 잘 아니, 기장의 높음과 벼의 낮

음, 주자(疇咨, 訪問訪求)에 들어오네. 농전(弄田)은 항상 '창상(倉箱, 양식을 담는 도구로 풍성한 수확을 비유한다)의 경사가 있고, 사해(四海)는 이 생각함이 항상 여기에 있는 듯하네.(坡有桃, 沼有蓮, 月地花天, 虹梁雲棟, 巍若仙居矣. 隔垣一方, 鱗塍參差, 野風習習, 襏襫蓑笠往來, 又田家

도 5-65. 《원명원사십경도영(圓明園四十景圖詠)》 중의 〈다가여운(多稼如雲)〉.

風味也. 蓋古有弄田, 用知稼穡之候雲. 詩曰: "稼穡艱難尙克知, 黍高稻下入疇咨. 弄田常有倉箱慶, 四海如玆念在玆.)

북원산촌(北遠山村)의 서 : 동산의 담장을 따라 북쪽 관문을 지나니, 촌락이 고기비늘처럼 촘촘히 차례로 배열되어 있는데, 대나무 울타리와 띠풀 집 있고, 골목과 밭두둑 길이 서로 통한다. 평평한 밭두둑으로 먼 데서 바람 불어오니, 목동의 피리소리, 고기잡이 노래 소리와 방아 찧는 소리의 응답이 있다.(循苑墻, 度北關, 村落鱗次, 竹籬茅舍, 巷陌交通, 平疇遠風, 有牧笛漁歌與春杵應答.)

북원산촌(北遠山村)의 시 : 낮은 집은 몇 기둥의 고기잡이 집, 엉성한 울타리가 농가를 한 띠처럼 두르고 있네. 홀로 밭두둑 가의 앙마(秧馬)[113]를 초치하고, 다시 언덕 가의 수차(水車)를 번갈아 돌린다.(矮屋幾楹漁舍, 疏籬一帶農家. 獨速畦邊秧馬, 更番岸上水車.)

서봉수색(西峰秀色)의 시 : 서재 밖 논은 모두 몇 이랑, 맑게 갬을 비교하고 비를 헤아려 농부에게 물어 본다네.(齋外水田凡數頃, 較晴量雨諮農夫.)

도 5-66. 《원명원사십경도영(圓明園四十景圖詠)》 중의 〈북원산촌(北遠山村)〉.

이상에서 보면, 강희나 옹정이 원림 안에 농촌시설을 만든 이유는 진지하게 농민의 수고로움을 살피기 위함인데 반해, 건륭은 이들을 목가적 전원풍경으로 취급하고 있다. 물론 건륭도 손수 농사를 지어보고 절기를 살피어 "전관(田官)"에게 정책을 하달하기도 하면서 "띠풀 맺어 집을 만드니 농가의 고통을 알고자 해서네(結茅爲屋宇, 欲識農家苦.)"[114]라 강변하였지만, 본질적으로 전원경관으로서 이들을 활용하였다고 보아야 한다. 심지어 건륭은 "호수와 산이 어찌 아름답지 않으리오만 가장 기쁜 것은 바로 이 전가라네(湖山豈不美, 最喜是田家.)"[115]라 하며 원림의 경관을 크게 청담한 기상의 자연산수경관과 목가적 분위기의 전원경관의 두 가지로 나누는 논리를 펴기도 하였다.

그 목적의 진실성 여부를 떠나서, 건륭이 다른 역대 황제들에 비해 황가원림에

---

113 이앙 시 사용하는 농기구.
114 欽定四庫全書, 集部, 別集類, 淸代, 禦制詩集, 初集卷二, 暮春圓明園卽景雜賦五首
115 欽定四庫全書, 集部, 別集類, 淸代, 禦制詩集, 二集卷二十四, 田家春興.

서 농촌 풍경을 중시한 것만은 부정할 수 없는 사실이다. 그가 남긴 다른 시들을 보면 농촌의 정경이 자주 등장하는데, 몇 가지 대표적인 시문을 추가로 아래에 모아 보았다.

손에 말아 쥔 그림 속, 별장을 여니, 수차 소리 속에 앞 시내를 지나간다. 시를 퇴고함은 농사에 부지런한 뜻 많이 있어서이고, 꽃과 버들을 찾는 배가 아니라네.(手卷畫中開別業, 水車聲裏過前川. 敲詩饒有重農意, 不是尋花問柳船.)[116]

대(臺) 위에 성근 헌(軒), 난간을 설치하지 않으니, 농사를 보고 농경을 징험하기에 편하네. 여전히 호미를 일으킬 시절이 아직 아님을 알겠으나, 한결같은 뜻 사철 동안 어찌 멈춤이 있으랴?(臺上疏軒不設檻, 便于觀稼驗農經, 興鋤時節知猶未, 一意四時那有停.)[117]

소박한 집은 몇 기둥, 사면의 형세 텅 비고 트여 있네. 동쪽 창문 논에 임해 있고 좌석에서 간혹 농사짓는 부로(父老)와 더불어 맑게 갬을 헤아리고 비를 측량하고서, 액면에 '다가(多稼)'라고 하였다.(樸室數楹, 面勢序豁, 東牖臨水田, 座席間與農父老較晴量雨, 顏曰: 多稼)[118]

농사와 뽕나무를 징험하면 오두막과 채소밭, 비를 헤아림과 맑게 갠 날을 헤아림이 있다. 솔바람과 물에 비친 달이 가슴속에 들어와 오묘한 도가 절로 생겨난다(驗農桑則有田廬蔬圃, 量雨較晴也, 松風水月入襟懷, 而妙道自生也.)[119]

116 欽定四庫全書, 集部, 別集類, 淸代, 禦制詩集, 初集卷十三, 春日泛舟過北遠山村.
117 欽定四庫全書, 集部, 別集類, 淸代, 禦制詩集, 五集卷六十二, 觀稼軒.
118 欽定四庫全書, 集部, 別集類, 淸代, 禦制詩集, 二集卷八十七, 多稼軒.
119 欽定四庫全書, 集部, 別集類, 淸代, 禦制文集, 初集卷四, 圓明園後記.

한 봉우리 빼어난데 정자가 그 위에 있어, 매양 정원 밖을 마음껏 바라볼 때마다 벼 심겨 있는 밭두둑 일천 이랑이 모두 눈 속에 있어, 곧 농부(農父), 전부(田父)와 더불어 함께 비와 맑게 갠 날을 비교하여 헤아린다.(一峰秀拔, 亭據其上, 每當縱望園外, 稻塍千頃皆在目中, 直與農夫田父共較雨量晴矣.)[120]

그러나 제왕은 온 세상을 집으로 삼으니, 온 천하가 내 집과 똑같다. ……내가 '안란(安瀾)'으로 이 정원을 이름 지은 것은 진실로 천석(泉石)에 정을 노닐기 위함이 아니요, 실로 뽕과 삼을 멀리 바라보려는 계획이니, 위하는 바가 여기에 있지 저기에 있지는 않다.(然帝王家天下, 薄海之內均予戶庭也. ……予之以安瀾名是園者, 固非游情泉石之爲, 而實蒿目桑麻之計, 所爲在此不在彼也.)[121]

쉬는 즐거움이 있고 왕래하는 수고로움을 덜어 아랫사람을 긍휼이 여긴다. 산의 거처에서 먼 마을의 평평한 밭두둑을 바라보니 밭갈이 하는 자, 김매는 자, 들 밥 내가는 자, 수확하는 자, 거두는 자가 낱낱이 눈에 있어, 살구꽃과 창포 잎이 족히 시령(時令)을 징험하여 농경에 대비할 만하다.(有憩息之樂, 省往來之勞, 以恤下人也. 山居望遠村平疇, 耕者, 耘者, 饁者, 獲者, 斂者, 歷歷在目, 杏花菖葉, 足以驗時令而備農經也.)[122]

4. 원림 기예에 대한 이해

청나라 강희·옹정·건륭 세 황제는 원림영조 경험과 원림거주 경험이 풍부하여 원림기예에 대해서도 상당 수준의 지식과 안목을 갖추고 있었다. 예를 들어 건륭황제는 "한 헌(軒), 한 실(室)의 향배(向背)가 같지 않아 경개(景槪)가 갑자기 달라

---

120 欽定四庫全書, 集部, 別集類, 淸代, 禦制詩集, 三集卷三十九, 飛睇亭.
121 欽定四庫全書, 集部, 別集類, 淸代, 禦制文集, 二集卷十, 安瀾園記.
122 欽定四庫全書, 集部, 別集類, 淸代, 禦制文集, 初集卷四, 靜宜園記.

지고 홍취가 이를 따라 또한 달라지니, 고로 원림 내부 한 구역의 택지에 이름이 수십 개인 경우는 이 도리를 따른 것이다. 대저 어찌 '세워 둠이 많은 것'을 가지고 뛰어남을 자랑하겠는가?(蓋一軒一室向背不同, 景槪頓异, 而興趣因之亦殊, 故園內每有一區宅而名十數者, 率是道也. 夫豈以建置之多爲誇勝哉)"[123]라는 말을 남겼는데, 이는 건축물을 적게 세워도 건축의 방향과 위치를 적절히 조절하면 한 곳에 "수십 개"의 경관을 만들어낼 수 있는 있다는 논리로서, 건륭의 원림건축에 대한 기예와 수양이 웬만한 조원 전문가 못지않음을 보여준다.

강희·옹정·건륭 세 황제가 남긴 원림 어제시문을 보면 대부분의 주제가 군주이자 선비로서 심신의 수양에 관한 것이지만 곳곳에서 원림기예에 대한 그들만의 견식과 이해가 발견되기도 한다. 예를 들어 건륭의 『원명원후기』에서는 "그러나 '규모의 크고 넓음', '언덕과 골짜기의 그윽하고 깊음,' '풍토와 초목의 맑고 아름다움', '높은 누각과 깊은 실(室)의 잘 갖춰짐' 역시 관지(觀止)[124]라고 일컬을 만하다(然規模之宏敞, 丘壑之幽深, 風土草木之淸佳, 高樓邃室之具備, 亦可稱觀止.)"[125]라 하면서 원림경관을 평가하는 네 가지 기준을 제시하기도 하였다. 아래에서는 세 황제의 시문에서 비교적 명확하게 드러나는 세 가지 원림기예에 대해 설명해 보고자 한다.

(1) 무난하게 돌고 높았다 낮아진다(宛轉高下)—산은 굽고 꺾임이 없으면 신령하지 않고, 집은 높고 낮음이 없으면 정취가 없다(山無曲折不致靈, 室無高下不致情)

건륭은 피서산장에 대한 한수의 시에서 "성시의 산림은 군자가 거처하는 집이오, 산림의 성시는 제왕이 거처하는 곳이다. ……천지의 사이와 옛날과 지금에 오직 한번 휘파람 불어, 유유자적하니 그 누가 이와 같겠는가?(城市山林君子宅, 山林城

---

123 欽定四庫全書, 集部, 別集類, 淸代, 禦制詩集, 三集卷六十五, 賦得禦蘭芬.
124 더 이상 볼 필요가 없다는 뜻으로, 더할 나위 없이 아름답고 착함을 이르는 말.
125 欽定四庫全書, 集部, 別集類, 淸代, 禦制文集, 初集卷四, 圓明園後記.

市帝王居. ……天地古今惟一嘯, 悠然自得有誰如.)"¹²⁶라고 하였다. 즉 백성들은 도시 속에 자연을 꾸미지만 황제인 자신은 자연 속에 도시를 꾸민다는 뜻으로, 황가 이궁(離宮)원림의 특징을 간략하지만 명확하게 설명하고 있다. 이궁원림은 자연경관이 수려한 곳을 택하여 대규모의 인공요소들을 가미하는 것으로, 이때 구도와 배치에 있어서 변화를 중시한다.

옹정은 "아득하게 층층 봉우리는 닿아있고, 빙빙 도는 굽은 오솔길은 겹쳐 있네(飄渺層巒接, 盤回曲徑重.)"¹²⁷라 하여 경관의 변화에 대해 깊은 관심을 기울였으며 심지어 하나의 회랑에 대해서조차 "굽은 행랑 기울고 빙 돌아 긴 대나무와 닿아 있고, 앉아서 층층 바위에 기대니 뜻과 흥취가 길게 가네(曲廊斜轉接修篁, 坐倚層岩意興長.)"¹²⁸라 하여 조형과 조합에 있어서 풍부한 변화를 추구하였다.

건륭 역시 원림경관에서 곡절(曲折)한 변화를 중시하였으니 어제시를 살펴보면 다음과 같은 구절들이 있다.

굽어 감도는 돌길을 배회하여, 옮겨와 송헌(松軒)에 길이 기대네.(徘徊石徑紆, 徙倚松軒永.)¹²⁹

먼지와 나쁜 기운으로부터 멀리 떨어지기 위해, 응당 굽은 오솔길이 긴 것을 어여삐 여겨야 하지. 굽이쳐 감도는 산의 형세 감싸주고, 비스듬히 이어진 대나무 담장 감추네.(爲隔塵氛遠, 應憐曲徑長. 紆回山勢抱, 邐迤竹垣藏.)¹³⁰

---

126 欽定四庫全書, 集部, 別集類, 淸代, 世宗憲皇帝禦制文集, 卷二十四, 熱河閑咏七首其七.
127 欽定四庫全書, 集部, 別集類, 淸代, 世宗憲皇帝禦制文集, 卷二十四, 熱河閑咏七首.
128 欽定四庫全書, 集部, 別集類, 淸代, 世宗憲皇帝禦制文集, 卷二十一, 前廊.
129 欽定四庫全書, 集部, 別集類, 淸代, 禦制樂善堂全集定本, 卷二十一, 過覺生禪房.
130 欽定四庫全書, 集部, 別集類, 淸代, 禦制樂善堂全集定本, 卷二十七, 小園閑咏十五首之曲徑通幽.

봄이 오매 두루두루 좋
은 경치, 꽃 핀 시내 굽
은 곳은 깊구나. 밝은 노
을 천 그루 나무에 번갈
아 바뀌고 물 곁에는 하
나의 나뭇가지 임하였네.
어찌 군이 무릉(武陵)으
로 가는 길이 필요하랴,
인연을 따르매 물외(物
外, 구체적인 현실 세계
의 바깥세상)의 마음인

도 5-69. 청(淸) 장약징(張若澄) 《연산팔경(燕山八景)》 중의 〈경도춘음(瓊島春蔭)〉.

것을.(好景春來遍, 芳溪曲處深. 明霞千樹迭, 傍水一枝臨. 何必武陵路, 隨緣物外心.)[131]

건륭은 또한 북경 서원 경화도(瓊華島)에 대해 기록한 『백탑산총기(白塔山總記)』
에서 "산의 네 면이 모두 경치가 있다. ……그 방우(方隅)[132]의 곡절이 다하지 않음
과, '높고 낮음과 깊고 그윽함의 극치'가 사람으로 하여금 한 번 봄에 마치 몸이 그
땅을 걷고 그 대략의 모습을 눈으로 보는 것 같게 하니, 이는 아마도 땅이 이미 넓
고 경계가 이미 그윽하기 때문이리라(山四面皆有景. ……其方隅曲折未能盡, 高下窈窕之
致, 使人一覽若身步其地, 而目其概, 蓋地旣博而境旣幽.)"[133]라고 하였는데, 여기서 "끝나
지 않는 곡절(曲折)"과 "깊고 그윽한 높고 낮음(高下)"이 언급되어 있다.

131 欽定四庫全書, 集部, 別集類, 淸代, 禦制樂善堂全集定本, 卷二十七, 小園閑咏十五首之桃溪
步屧.
132 전체 면적 중 한 모퉁이 또는 경계선.
133 欽定四庫全書, 集部, 別集類, 淸代, 禦制文集, 二集卷十二, 白塔山總記.

또 『탑산서면기(塔山西面記)』에서는 "집에 높고 낮음이 있는 것은 산이 곡절이 있음과 물이 물결이 있는 것과 같다. 때문에 물이 물결이 없으면 맑음을 이루지 못하고, 산은 굽고 꺾임이 없으면 신령하지 않고, 집은 높고 낮음이 없으면 정취가 없다. 그러나 집은 스스로 높고 낮음을 만들지 못한다. 때문에 산의 형세를 따라서 집을 구성한 것이, 그 취향이 항상 아름다운 것이다(室之有高下, 猶山之有曲折, 水之有波瀾, 故水無波瀾不致淸, 山無曲折不致靈, 室無高下不致情, 然室不能自爲高下, 故因山以構室者, 其趣恒佳.)"[134]라 하였으니, 여기서 "산은 굽고 꺾임이 없으면 신령하지 않고, 집은 높고 낮음이 없으면 정취가 없다(山無曲折不致靈, 室無高下不致情.)"라고 강조하였다. 『탑산북면기』에서는 이어서 "모두 그 완전(宛轉)[135]하고 높았다 낮아지는 재미를 따라 ……남쪽으로 솔도(窣堵)[136]를 쳐다보고, 북쪽으로 창파(滄波)를 조망하니 자못 금산(金山) 강천(江天)의 경개를 갖추었다(皆隨其宛轉高下之趣 ……南瞻窣堵, 北眺滄波, 頗具金山江天之槪.)"[137]라 하였는데, 여기서 "완전(宛轉)"은 수평적으로 자연스럽게 돌아가는 것을 가리키며 "고하(高下)"는 높낮이의 변화를 가리킨다.

(2) 창문을 내어 경치를 빌린다(開窗借景)—서쪽 창문은 서산을 향하여 열고, 멀리 높은 봉우리를 접하니 지척 같다(西窗正對西山啓, 遙接嶢峰等尺咫)

창문을 열어 외부의 경치를 건물 안으로 끌어들이는 것을 고대 중국인들은 "차경", 즉 경치를 빌리는 것이라고 하였다. 차경은 물리적으로 한정된 시각공간을 일련의 경관처리를 통해 외부까지 확장하는 수법으로 청대 황가원림에서도 중요하게 쓰였다. 건륭의 시를 보면 "가슴속에 항상 만 리의 뜻 있고, 한 시내 한 골짜기 역시

---

134 欽定四庫全書, 集部, 別集類, 淸代, 禦制文集, 二集卷十二, 塔山西面記.
135 군색한 데가 없이 순탄하고 원활하게 돎.
136 스투파. 불탑.
137 欽定四庫全書, 集部, 別集類, 淸代, 禦制文集, 二集卷十二, 塔山北面記.

다함 없네. ……입정(笠
亭)[138]의 네 기둥 좁지
않아, 저물녘 아지랑이
와 아침의 남기가 각 방
면으로 통하네(胸中常有
萬里意, 一溪一壑亦無窮.
……笠亭四柱不爲窄, 暮靄
朝嵐面面通.)"[139]라 하며,
저녁 아지랑이와 아침
의 남기를 정자 안으로
끌어들이고 있다.

도 5-68. 《피서산장삼십육경(避暑山莊三十六景)》 중의 〈서령신하(西嶺晨霞)〉.

외부의 경관을 안으로 끌어들일 때는 창문의 틀이 중요하다. 중국 원림기예에서
창문의 틀 안에 구성되어 있는 경관은 원림설계자의 의도가 반영된 일종의 산수화
작품으로 여겨진다. 이러한 광경의 수법은 워낙 보편적이어서 강희·옹정·건륭 세
황제도 익숙하였을 것이다.

강희는 『열하삼십육경시』[140]에서 피서산장에 세 개의 경관이 광경수법을 위주로
만들어졌음을 드러냈다. 첫 번째로는 『서령신하(西嶺晨霞)』의 서에서 "뛰어난 누각
이 물결을 능가하고, 헌창(軒窻)이 사방으로 나, 아침노을이 막 밝아지매 수풀의 그
림자가 착수(錯繡)[141]하니, 서산(西山)의 고운 풍경이 책상 사이에 들어온다(杰閣淩波,
軒窻四出, 朝霞初煥, 林影錯繡, 西山麗景入几案間.)"라 하였고, 두 번째로는 『청풍녹서

138 삿갓 모양의 지붕을 올린 정자.
139 欽定四庫全書, 集部, 別集類, 淸代, 禦制詩集, 初集卷四十一, 題李世倬疏林亭子.
140 欽定四庫全書, 集部, 別集類, 淸代, 聖祖仁皇帝禦制文集, 第三集卷五十.
141 무늬가 교착된 자수.

도 5-69. 《피서산장삼십육경(避暑山莊三十六景)》 중의 〈청풍녹서(靑楓綠嶼)〉.

도 5-69. 《피서산장삼십육경(避暑山莊三十六景)》 중의 〈운범월방(云帆月舫)〉

(靑楓綠嶼)』의 서에서 "엉성한 창이 빛을 가리니 텅 비고 서늘함이 절로 생겨나고, 여라와 겨우살이의 교차된 가지가 절벽 가에 드리워 걸려 있다. 물은 푸른 비단 띠 같고 산은 푸른 옥으로 만든 비녀 같으니, 기이한 지경이 문호와 창의 사이에 있다(疏窗掩映虛凉自生, 蘿蔦交枝垂挂崖畔, 水似靑羅帶, 山如碧玉簪, 奇境在戶牖間矣.)"라 하고 이어지는 시에서 "초록 빛 섬은 창문에 다가오고, 갠 날 구름은 비단 같은 노을을 따른다. 할 말을 잊으니 뜻이 청정하고, 자주 바라보매 여러 생명이 아름답네(綠嶼臨窗牖, 晴雲趁綺霞. 忘言淸靜意, 頻望群生嘉.)"라 하였으며, 세 번째로는 『운범월방(雲帆月舫)』의 서에서 "엉성한 창문이 빛을 가리니, 완연히 가벼운 구름에 멍에를 메고 밝은 달을 띄어 놓은 것 같다(疏窗掩映, 宛如駕輕雲浮明月.)"라고 하였다.

건륭은 『원명원사십경시』에서 세 곳의 경관이 명확하게 먼 산의 경관을 빌려서 만들어졌음을 드러냈다.

천연도화(天然圖畫) 서 : 멀고 가까운 뛰어난 경관은 하나씩 분주히 돌아다니는 것이지 대개

618 중국의 정원

사립문 안의 필묵(筆墨)만으로는 능히 도달할 수 있는 것이 아니다(遠近勝槪, 歷歷奔赴, 殆非荊關筆墨能到)

시 : 내 들으니 대지에 문장이 있다고 하니, 어찌 반드시 천연에만 도화(圖畵)가 없으랴? 죽소(竹素)[142]에 침잠한 지 일찍부터 오랜 시간이 있었고, 높은 집과 화려하게 조각된 담장은

도 5-71. 《원명원사십경도영(圓明園四十景圖詠)》 중의 〈천연도화(天然圖畵)〉.

옛적 경계한 바라네. 어찌 뛰어난 감상에 도움이 되는 즐거운 곳이 없겠는가? 호수와 산이 더구나 산뜻하고 상쾌함에 이바지 할 수 있음에랴. 우뚝 솟은 서쪽 봉우리 병풍을 진열하여 막은 것 같아, 어찌하여 바라보며 읊어 나아감을 힘들게 하는가? ……시험 삼아 한 번 지공(支公)에게 산을 사는 가격을 물어 보면, 곧 수미산을 포함한 겨자씨를 깨달을 수 있네.(我聞大塊有文章, 豈必天然無圖畵. ……優游竹素夙有年, 峻宇雕墻古所戒. 詎無樂地資勝賞, 湖山矧可供淸快. 巋然西峰列屛障, 眺吟底用勞行邁. ……試問支公買山價, 可曾悟得須彌芥.)

서봉수색(西峰秀色) 시 : 아로새기지 않고 베지 않음은 태고의 뜻이니, 어찌 아름다우며 마땅할 뿐이겠는가? 서쪽의 창이 바로 서산을 마주하여 열려 있어, 멀리 높은 봉우리를 접하매 지

142 독서.

척 사이에 가까이 있는 것 같네.(不雕不斫太古意, 詎惟其麗惟其宜. 西窗正對西山啓, 遙接嶢峰等尺咫.)

접수산방(接秀山房) 시 : 문은 빼어난 서산과 접하고, 창은 북쪽 물가의 맑은 물에 임해 있네.(戶接西山秀, 窗臨北渚澄.)

도 5-72. 《원명원사십경도영(圓明園四十景圖詠)》 중의 〈접수산방(接秀山房)〉

건륭제는 또한 『정의원이십팔경시(靜宜園二十八景詩)』[143]에서 내청헌(來靑軒)·옥화수(玉華岫) 두 경관이 창을 통해 먼 경치를 빌려와 정묘함을 얻었다고 지적하였다.

내청헌(來靑軒) : 연용(煙容)은 허공 밖에 합하고, 짙푸른 산 그림자(黛影)는 창 사이에 통하네. 공경히 우러러 제(題)를 남긴 뜻, 천지가 한 치의 마음 가운데에 있네.(烟容空外合, 黛影牖間通. 敬仰留題意, 乾坤方寸中.)

옥화수(玉華岫) : 먼 데 산맥의 주름 장차 짙푸름에 가까워져, 차례로 성근 깁에 들어오네.(遠皺將近黛, 次第入紗疏.)

---

143 欽定四庫全書, 集部, 別集類, 淸代, 禦制詩集, 初集卷三十, 來靑軒.

이 외에도 원림에서 창문을 열어 풍경을 끌어들이는 기예에 관한 묘사는 건륭제의 기타 시구 가운데에서도 곳곳에 산재해 있으니, 아래에 몇 가지 구절을 모아 보았다.

서실(書室)은 수풀에 의지하여 푸른 여울에 구부려 있고, 무늬 있는 창문은 깁이 초록빛이니 멀리 쳐다보는 데에 걸맞구나.(書室依林俯碧瀾, 文窗紗綠稱遐觀.)[144]

멀리 바라보매 정사(精舍)는 물가 섬과 잇닿고, 의연하게 서대(書帶)는 창문 앞에서 푸르구나.(精舍遙看渚嶼連, 依然書帶綠窗前.)[145]

호천(壺天)의 아름다운 경치 창문의 깁에 들어오고, 비취빛 휘장 일천 층은 채색 노을에 가깝네. 수풀 골짜기 그림은 백호(伯虎)인가 의심이 들고, 연못의 북소리 피리소리는 관와(官蛙)[146]가 연주하네.(壺天佳景入窗紗, 翠幄千層襯彩霞. 林壑畫圖疑伯虎, 池塘鼓吹奏官蛙.)[147]

(3) 거울 같은 수면에 그림자가 드리운다(鏡水倒影)—**거울이 비갠 그림자를 머금고 비스듬한 햇살이 떠 있고, 물결은 차가운 빛을 비추어 이른 가을을 알린다**(鏡涵霽影浮斜日, 波映寒光報早秋)

"경수도영(鏡水倒影)"이란 거울 같은 수면에 주변 경물의 그림자가 드리우는 것을 가리킨다. 중국 고전원림에서는 맑은 날 물결이 잦아든 연못이 마치 거울처럼 하늘의 구름과 연못 주변의 건물, 나무, 가산을 비추고 또한 이러한 허영(虛影)들 사

---

144 欽定四庫全書, 集部, 別集類, 淸代, 禦制詩集, 初集卷七, 題瀛台隨安室.
145 欽定四庫全書, 集部, 別集類, 淸代, 禦制詩集, 初集卷十五, 題瀛台舊書舍.
146 관아의 두꺼비. 『진서·혜제기(晉書·惠帝紀)』의 고사에 등장하는 두꺼비.
147 欽定四庫全書, 集部, 別集類, 淸代, 禦制詩集, 初集卷九, 夏日禦園閑咏.

이로 연꽃과 물새 등의 실체가 유유히 떠있는 모습을 신비하고 귀하게 여겼다.

앞에서 소개한 바 있는 명나라 선종의 어제시 중에도 북경 대내 어원의 넓은 호수 속에 비친 그림자 풍경에 대한 묘사가 있었다. 명대 양용(楊榮)은 『태액

도 5-73. 청(淸) 장약징(張若澄) 《연산팔경(燕山八景)》 중의 〈태액추풍(太液秋風)〉.

청파(太液晴波)』라는 시에서 명 선종의 시에 덧붙여 "태액(太液)이 맑게 개고 잠잠하여 한 거울 열렸으니, 질펀하게 흐르고 출렁이어 하늘로부터 왔네(太液晴涵一鏡開, 溶溶漾漾自天來)"라 표현하여 태액지를 거대한 거울로 비유하고 물을 하늘에 비유하였다. 경수도영 기법을 통해 형성된 경관은 신비롭고 깊은 감동을 주기 때문에 많은 원림에서 연못을 꾸밀 때 그림자 효과를 무척 중요시 여겨 연못을 중심으로 한 경물의 배치와 수중 식물의 배치 등에 있어서 세부적인 관련 기예가 발달하였다.

특히 청대 황가원림은 전체면적이 광활하고 그 가운데 수면 역시 거대하여 이러한 "거울에 맑게 갠 그림자 잠기고 저무는 햇볕 떠 있고, 파도에 차가운 빛 비치니 이른 가을을 알리네(鏡涵霽影浮斜日, 波映寒光報早秋.)"[148]와 같은 경수도영의 효과를 특히 중요시 여겼다.

강희는 『열하삼십육경시』[149]의 "등파질취(澄波迭翠)"에서 "작은 정자가 호수에 임하

---

148 欽定四庫全書, 集部, 別集類, 淸代, 世宗憲皇帝禦制文集, 卷二十一, 臨流.

였는데, 호수의 맑은 잔물결은 바닥까지 보인다(小亭臨湖湖水淸漣徹底.)"라 하였고, 이어서 시에 이르기를 "거울 열리매 거꾸러진 그림자 나열되고, 반조(返照)[150]는 함께 뒤엉키네(鑒開倒影列, 返照共氤氳.)"라 하였다. 그는 심지어 "수경(水鏡)"과 "심경(心鏡)"의 호응을 표현하기도

도 5-74. 피서산장삼십육경(避暑山莊三十六景)》 중의 〈징파질취(澄波迭翠)〉

했는데 "맑은 못 밑바닥까지 통하니 심경이 열리고, 버들개지 가벼이 날아 옥루(玉樓)에 근접하네(澄潭徹底開心鏡, 柳絮輕飛近玉樓.)"[151]라 하였다. 이 밖에 강희의 다른 원림 어제 시에도 경수도영의 정경이 자주 등장하니 그 중 일부를 아래에 모아 보았다.

물가에 누대를 일으키니 호수 면은 거울처럼 평평하네. 봄바람 버드나무 가지에 부니, 멀리 산 빛과 비치는구나.(水上起樓臺, 湖面平如鏡. 春風吹柳條, 遠與山光映.)[152]

화아(畫舸)[153]는 물결을 가르며 발을 내렸고, 수추화(水秋花)는 거울 속에 그림자를 드리우네.(畫舸分流簾下, 水秋花倒影鏡中.)[154]

---

149 欽定四庫全書, 集部, 別集類, 淸代, 聖祖仁皇帝禦制文集, 第三集卷五十.
150 동쪽으로 비치는 저녁 햇빛.
151 欽定四庫全書, 集部, 別集類, 淸代, 聖祖仁皇帝禦制文集, 卷三十四, 初夏登樓臨水.
152 欽定四庫全書, 集部, 別集類, 淸代, 聖祖仁皇帝禦制文集, 第二集卷四十三, 湖心亭.
153 화려하게 장식한 물놀이용 배.
154 欽定四庫全書, 集部, 別集類, 淸代, 聖祖仁皇帝禦制文集, 卷三十五, 瀛台.

옹정 역시 경수도영의 경관에 감응하여 많은 시문을 남겼으니 아래에 그 구절들을 모아 보았다.

관사와 집 맑고 그윽하여 새벽 기운 서늘하니, 다시 의당 맑고 넓게 안개 빛을 마주해야지. 호수 면이 고르매 물빛이 하늘빛을 담그고, 바람 지나가매 연꽃 향기 잎 향기를 지니고 오네.(館宇淸幽曉氣凉, 更宜淡蕩對烟光. 湖平水色涵天色, 風過荷香帶葉香.)**155**

그윽한 정자는 옥소(玉沼)에 임하고, 향긋한 풀은 금당(金塘)을 띠처럼 둘렀네. ……난간에 기대어 넉넉하고 맑게 바라보니, 하늘의 모양이 물빛에 광대하네.(幽亭臨玉沼, 芳草帶金塘. ……倚檻紆瀏覽, 天容蕩水光.)**156**

옥계(玉溪)는 완전(宛轉)하여 구름이 거울에 흐르고, 비취빛 산봉우리는 들쑥날쑥하여 짙푸른 산 빛이 병풍을 비로 쓰네. ……무엇보다도 밤의 처음에 모든 소리가 고요하니, 난간에 다가가 그대로 한 호수의 별을 껴안네.(玉溪宛轉雲流鏡, 翠巘參差黛掃屛. ……最是夜初群籟寂, 臨軒坐擁一湖星.)**157**

누각 높아 구름 그림자 빗기고, 난간 텅 비어 물빛이 출렁이네.(閣峻橫雲影, 欄虛漾水光.)**158**

먼 데 물에 저녁 햇빛 밝고, 남은 노을은 있는 듯 없는 듯. 이내 빛은 나뭇가지 끝에 떠 있고, 다리 그림자는 못의 귀퉁이에 비치네. ……천연 그대로 시 속의 그림이니, 망천도(輞川圖) 그리

155 欽定四庫全書, 集部, 別集類, 淸代, 世宗憲皇帝禦制文集, 卷二十五, 湖亭觀荷.
156 欽定四庫全書, 集部, 別集類, 淸代, 世宗憲皇帝禦制文集, 卷二十五, 亭上.
157 欽定四庫全書, 集部, 別集類, 淸代, 世宗憲皇帝禦制文集, 卷二十五, 雨後園亭卽景.
158 欽定四庫全書, 集部, 別集類, 淸代, 世宗憲皇帝禦制文集, 卷二十六, 園景十二咏之澗閣.

기에 게을러지네(.遠水
明斜照,   殘霞有似無.
嵐光浮樹杪, 橋影射池
隅.   ……天然詩裏畫,
懶繪輞川圖.)[159]

건륭 역시 시문을
통해 경수도영의 경관
에 대한 칭송을 많이
하였다. 예를 들어 『원
명원사십경시』[160] 중에
서 명확하게 경수도영
의 경관인 곳이 무려 8

도 5-75. 《원명원사십경도영(圓明園四十景圖詠)》 중의 〈상하천광(上下天光)〉.

곳이며, 심지어 경관의 이름 자체를 "산수천광(上下天光)"이나 "방호승경(方壺勝境)"
이라고 붙이기도 하였다. 그 구절들을 모아 보면 아래와 같다.

상하천광(上下天光) 서 : 곡문(穀紋)[161]이 그림자가 거꾸러져, 문미와 난간 사이에 휘영청 하
다. 허공을 능가하여 아래로 구부려 내려다보니, 다 같이 푸른색으로 일만 경(頃)이니, 가슴으
로 운몽택(雲夢澤)을 삼킨 것일 뿐만이 아니다.(穀紋倒影, 滉瀁楣檻間. 淩空俯瞰, 一碧萬
頃, 不啻胸呑雲.夢)

시 : 위 아래 하늘과 물이 한 빛, 물과 하늘이 위 아래로 서로 이어졌네.(上下天水一色, 水天

159 欽定四庫全書, 集部, 別集類, 淸代, 世宗憲皇帝禦制文集, 卷三十, 新晴遣興.
160 欽定四庫全書, 集部, 別集類, 淸代, 禦制詩集, 初集卷二十二.
161 옥기(玉器) 위의 문식으로 e를 거꾸로 써 놓은 것 같은 형상이다.

도 5-76. 《원명원사십경도영(圓明園四十景圖詠)》 중의 〈염계락처(濂溪樂處)〉.

上下相連.)

염계락처(濂溪樂處) 시 : 물가의 헌(軒)은 맑은 못에 구부리고 하늘빛은 몇 이랑에 담겼네. 꽃이 흐드러지게 핀 유월의 봄, 흔들흔들거리는 유리 그림자.(水軒俯澄泓, 天光涵數頃. 爛漫六月春, 搖曳玻璃影.)

방호승경(方壺勝境) 시 : 높이 솟은 누대에서 구름을 도모하고 경수(鏡水)는 차가운데 허공을 잡은 소나무와 측백나무는 하늘 높이 치솟아 있구나.(飛觀圖雲鏡水寒, 拿空松柏與天參.)

조신욕덕(澡身浴德) 시 : 복령 향기 석수(石髓)를 머금고 가을 물은 긴 하늘빛이네. ……내가 와서 공명(空明)[162]에 구부리니, 거울은 이미 묵묵히 서로 아네.(苓香含石髓, 秋水長天色. ……我來俯空明, 鏡已默相識.)

평호추월(平湖秋月) 서 : 출렁이는 물결 빛 하늘에 접하여 끝이 없네.(瀲灩波光, 接天無際.) 시 : 하늘빛과 물빛을 분별하지 못하니, 결린(結璘)[163]의 지관(池館)에 경소(慶霄)[164]는 서늘하

---

162 달빛 아래 맑은 물결.

네.(不辨天光與水光,
結璘池館慶霄涼.)

봉래요대(蓬萊瑤台)
서 : 능히 이것이 바로
삼호(三壺, 삼신산) 방장
(方丈)임을 알 수 있다
면, 곧 반 되들이 솥 안
에서 강산을 끓일 수 있
다.(能知此是三壺方丈,
便可半升鐺內煮江山.)
시 : 하늘의 그림, 해와
달이 걸려 있고, 물속의

도 5-77. 《원명원사십경도영(圓明園四十景圖詠)》 중의 〈조신욕덕(澡身浴德)〉.

누각, 유리를 담그네.(天上畫圖懸日月, 水中樓閣浸琉璃.)

협경명금(夾鏡鳴琴) 서 : 구부려 맑은 못을 내려보니 그림 그려진 난간 그림자가 거꾸러졌네.
(俯瞰澄泓, 畫欄倒影.)
시 : 못에 임하여 뜻이 없으니 고기 잡는 사람이 부러워하고, 공명은 물과 하늘이네.(臨淵無意
漁人羨, 空明水與天.)

함허낭감(涵虛朗鑒) 서 : 면전의 거침(巨浸)[165]이 텅 비고 맑아 한 못 전체가 깨끗하고 푸르다

---

163 달의 신.
164 오색구름이 밝게 빛나는 하늘.
165 큰물.

(面前巨浸空澄, 一泓淨碧)

시 : 하늘과 물 서로 잊어버린 곳, 공명(空明)이 나와 함께하여 셋이구나.(天水相忘處, 空明共我三.)

기타 건륭의 시문들을 살펴보면 다양한 경수도영의 수법을 통해 사람, 물, 하늘, 해, 달, 산, 건축, 숲 등의 원림을 구성하는 모든 요소들을 하나로 융합하려

도 5-78. 《원명원사십경도영(圓明園四十景圖詠)》중의 〈평호추월(平湖秋月)〉

고 하였음을 알 수 있다. 관련 구절은 아래와 같다.

나게(螺髻)[166] 같은 아득히 먼 봉우리는 비취빛이고, 새로 불어난 물, 거울 같은 수면은 고르구나.(遠峰螺髻翠, 新漲鏡面平.)[167]

짙푸른 빛이 수풀 서쪽 몇 개의 봉우리를 물들이니, 분명하게 옥부용(玉芙蓉)이 거꾸러져 잠기었네.(黛染林西數朵峰, 分明倒浸玉芙蓉.)[168]

---

[166] 소라 조개의 모양으로 틀어 짠 상투.
[167] 欽定四庫全書, 集部, 別集類, 淸代, 禦制詩集, 初集卷二, 暮春圓明園卽景雜賦五首.
[168] 欽定四庫全書, 集部, 別集類, 淸代, 禦制詩集, 初集卷十五, 泛舟太液池作.

섬돌의 꽃 점점이 이어져 별을 대하여 자줏빛이고, 경포(鏡浦)는 고리처럼 빙 둘러 밝고 깨끗하구나.(砌葩點綴丁星紫, 鏡浦周環淡洍淸.)[169]

문양 돌계단에 푸르고 무성한 방초 사인(莎茵)처럼 부드럽고, 거울 같은 물과 병풍 같은 산은 전부 다 속세를 멀리했네. ……그림 속의 호수와 산, 부질없이 분칠하고 먹칠하였는데, 거울 같은 물속 누각, 유리를 찍어놓은 듯하네.(文墀綠縟軟莎茵, 鏡水屛山盡遠塵. ……畫裏湖山空粉墨, 鏡中樓閣印玻璃.)[170]

물이 은하수를 담으니 달은 거울이 되고, 이끼가 옥섬돌에 점을 찍으니 돌이 바둑판이 되었네.(水涵銀海月爲鏡, 苔點瑤階石作枰.)[171]

서산은 짙음이 마치 물들인 것 같아, 거꾸러진 그림자는 맑게 출렁이는 잔물결에 들어 있네.(西山濃似染, 倒影入淸漣.)[172]

저물녘에 난간에 기대어 한가하게 죽 둘러보니 붉은 노을이 여전히 몇 개의 뾰족한 봉우리를 두르고 있네. 경포에 가볍게 신선한 바람 부니 잔잔한 푸른 물결 출렁이고, 못의 정자에 갠 날의 광경이 정히 맑고 선명하네. ……머물러 읊조리지 않음은 왜 그렇겠는가? 마음이 원래 외물과 한 가지라서네.(晚憑欄幹閑極目, 紅霞猶繞數峰尖. 鏡浦輕颭漾碧漣, 池亭霽景正澄鮮. ……不住吟哦緣底事, 會心原與物偕同.)[173]

---

169 欽定四庫全書, 集部, 別集類, 淸代, 御製詩集, 初集卷十五, 新秋瀛台卽景.
170 欽定四庫全書, 集部, 別集類, 淸代, 御製詩集, 初集卷十五, 夏日瀛台.
171 欽定四庫全書, 集部, 別集類, 淸代, 御製詩集, 初集卷八, 夏日題瀛台.
172 欽定四庫全書, 集部, 別集類, 淸代, 御製詩集, 初集卷九, 西海泛舟.
173 欽定四庫全書, 集部, 別集類, 淸代, 御製樂善堂全集定本, 卷三十, 夏日園居卽事.

해 저문 못가를 다시 이리저리 오가니, 한 갈고리 모양의 새로운 달 거울 같은 물속에 담겨 있네.(日暮池邊還徙倚, 一鉤新月鏡中涵.)[174]

짙푸른 눈썹을 그린 듯한 산은 병풍을 배열해 놓은 듯하고, 쪽빛을 이끄니 물이 불어 못에 가득 차네. 누대는 점점이 이어짐에 내맡기고 꽃과 나무는 향기가 뒤섞이네.(掃黛山排障, 拖藍漲滿塘. 樓臺憑點綴, 花木雜芬芳.)[175]

5. 건륭황제의 원림관―지상거(池上居) 어제시를 중심으로

지상거는 건륭황제가 반산(盤山)에 건설한 행궁인 정기산장(靜寄山莊) 안에 있던 소형원림으로, 오늘날에는 이미 파괴되어 부분적인 기초만 남아 있다. 지상거의 배치는 연못을 중심으로 북방(北房), 서배전, 연못 동쪽의 함벽정(涵碧亭)으로 삼면이 둘러싸여 있으며, 북쪽에서 남쪽으로 고·중·저의 세 연못이 계단처럼 나 있었다. 가장 북쪽의 연못은 원형으로 제일 높고, 나머지 두 연못은 반월형이며 순서대로 조금씩 내려오게 배치되었다. 연못의 물가는 모두 돌을 쌓아 구성하였으며, 북방의 뒤 동쪽에 치우친 높은 비탈 위에는 금협정(琴峽亭)이라는 정자가 있어 지상거의 전경을 내려다볼 수 있었다.

지상거는 원림 속의 작은 원림으로 규모가 크지 않았으니 "반무의 네모난 못 위에 다섯 칸 탁 트인 사(榭) 서늘하네. 한 철을 애오라지 이와 같이 하여, 더위를 피하는 것으로 일상을 삼는다네(半畝方塘上, 五間敞榭凉. 一時聊複爾, 消夏以爲常.)"[176]라 하였다. 그러나 구상과 설계에 많은 공을 들이고 남다른 특색이 있어서 건륭황제의

---

174 欽定四庫全書, 集部, 別集類, 淸代, 禦制詩集, 初集卷九, 夏日禦園閑咏.
175 欽定四庫全書, 集部, 別集類, 淸代, 禦制詩集, 初集卷二, 暮春圓明園卽景雜賦五首.
176 欽定四庫全書, 集部, 別集類, 淸代, 禦制詩集, 三集卷五十一, 池上居作.

도 5-79. 반상행궁(盤山行宮) 지상거(池上居).

사랑을 받았으니, 건륭은 "창문에 기대매 가까이 맑은 물결에 구부릴 수 있으니, 지상거의 아름다움 다른 것보다 매우 뛰어나구나(憑窗近可俯澄波, 池上居佳絶勝他.)"[177] 라고 평가하고, 심지어 매년 한 차례씩 잊지 않고 찾아서 많은 시문을 남기니 "해마다 못가에 새로운 시 있으니 항상 일곱 글자를 통해 세시(歲時)를 기록하네(年年池上有新詩, 七字恒因紀歲時.)"[178]라 하였다. 건륭이 이곳에서 "지상거"라는 제목으로 지은 시문을 그 어제시문집에 찾아서 모아보면 근 백여 편이 되는데, 백여 편에 가까운 시문들이 다양한 각도에서 크지 않은 원림을 묘사하고 있어서 원림을 연구하는 데 훌륭한 일수(一手) 문헌자료가 된다. 이들 자료는 그 내용이 무척 풍부하고 여러 각

---

177 欽定四庫全書, 集部, 別集類, 淸代, 禦制詩集, 四集卷九十七, 初夏池上居.
178 欽定四庫全書, 集部, 別集類, 淸代, 禦制詩集, 五集卷九, 雨後池上居.

도에서 원림경관을 논하고 있기 때문에 이러한 편린들을 짜 맞추다 보면 건륭황제의 원림관을 대략적으로 더듬어 볼 수 있다.

지상거의 건조과정에 대해, 건륭은 한 『지상거』라는 시의 서에서 다음과 같이 자세하게 소개하고 있다. "전반(田盤)[179]의 일천 개 시내, 일만 개 산골 물, 세어 헤아릴 수가 없다. 그러나 돌 틈과 모래물가의 사이에서 솟아나 혹 땅으로 들어가 숨어서 흐르기 때문에 모아서 못을 만들 수가 없다. 이에 산장 내에서 땅 중에 적당한 곳을 살펴 계획하여 돌을 갈마들어 분포(盆浦)로 삼고 재로 다져 엄연히 반 이랑의 못을 이루었다. 그 위에 집을 세우고 곧 이 시를 이루었다(田盤千溪萬澗不可數計, 然潰涌石罅沙渚間, 或入地而伏流, 故不能彙而爲池, 玆于山莊內相地之宜, 設法迭石爲盆浦, 以灰築之, 儼成半畝之塘矣, 建屋其上, 輒成是詩.)", 또한 이어지는 시에서 이르기를 "공명(空明)을 사랑함이 본성과 더불어 편하기에, 못을 넓히고 이랑 채우기를 네모나거나 둥글거나 그대로 내맡겼네. 반월의 쌓임은 맑은 가을 달에 나아가고, 한 조각 그림은 벽공의 푸른 하늘을 가지고 하네. 나의 무심함에 맡기니 맑고 맑음을 보고, 아침이 끝나도록 귀에 가득하니 졸졸 흐르는 물소리 듣네. 모름지기 용종(龍種)을 길러 이루고자 한다면 행조(荇藻) 빛 가운데에 혹 뛰거나 못에 있어야지. 서옥이 흐르는 물에 임하여 앉고 눕기에 좋으니, 하나의 못은 둥근 월창(月窓)을 마주한 것 같네. 주부자의 '위유원두활수래(爲有源頭活水來)' 시구를 읊으니, 〈지상거(池上居)〉는 백낙천과 같구나. 화본(畵本)은 별도로 대장(大匠)을 본뜨게 하고, 시통(詩筒)이 자주 갈리매 중연(中涓)[180]이 분주하네. 일은 사람 하기에 달려있을 뿐임을 알 만하니, 천공의 구름 끝에 절로 못이 있네(爲愛空明與性便, 廓池盈畝任方圓, 半輪貯就淸秋月, 一片圖將碧落天, 屬我無心看淡淡, 終朝盈耳聽涓涓, 會須育取成龍種, 荇藻光中躍在淵. 書屋臨流坐臥便, 一泓恰對

---

179 田園. 盤은 臺의 의미.
180 환관.

月窗圓, 源頭句咏朱夫子, 池上居
同白樂天, 畫本別敎摹大匠, 詩筒
頻遞走中涓, 可知事在人爲耳, 天
半雲標自有淵.)"[181]라 하였다.

지상거 원림의 총체적인
환경과 의경은, 건륭황제가 남
긴 많은 시문과 주석에서 어
느 정도 이해할 수 있다. 관련
시문으로는 아래와 같은 것들
이 있다.

삼반(三盤)의 아름다운 구조물
청아함을 마음껏 드러내기가
좋고, 물가의 정자 새로 완성되
고 낚시터는 둥글다. 누인 비단

도 5-80. 《흠정반산지(欽定盤山志)》삽화 속 반상행궁(盤山行宮) 지상거(池上居).

처럼 희고 깨끗한 물결 빛, 하얀 달은 맑게 비치고, 그림자 잠겨 있는 가을날의 상쾌한 기운 같
은 물에 아득한 하늘 맑게 비치네. 창에 다가가니 맑고 깨끗한 기운 비취빛이 날아오고, 섬돌을
에두른 공명(空明), 졸졸 흐르는 물소리 울리네. 황상께서 틀림없이 고요하게 합함이 많음을
아셨으니, 이 가운데 참된 뜻, 맑은 시내와 연못이네. 못가의 정자와 누대 그윽하고도 편하니,
아주 작은 티끌조차 이르지 않고 달의 상(象)은 거의 둥그렇게 되었네. 한 못의 푸른 마름, 한
가한 가운데 흥취이고, 일만 축의 아첨(牙籤),[182] 고요한 속 하늘이네. 물가의 난간 절반쯤 열

---

181 欽定四庫全書, 史部, 地理類, 山水之屬, 欽定盤山志, 卷首四, 池上居.
182 상아로 만든 서적표찰.

리니 먼데 소리 울리고, 미동하는 풍렴(風簾)은 맑은 시내에 비치네.(三盤佳構擅淸便, 水榭 新成釣渚圓, 練淨波光澄皓月, 影涵秋爽澈遙天, 臨窓瀟灑來飛翠, 繞砌空明響瘦涓, 睿照 定知多靜契, 此中眞意淡溪淵. 池上亭台幽且便, 纖塵不到象幾圓, 一泓碧藻閑中趣, 萬軸 牙籤靜裏天, 水檻半開鳴遠籟, 風簾微動映淸涓.)[183]

고요히 종용(從容)함을 부치니 고요함을 즐기기가 좋고, 산의 못 출렁이니 수면의 무늬 둥그렇구나. 선원(仙源)은 잠깐 병속의 지경을 열었고, 비취 빛 주름비단 같은 수면의 무늬, 골짝 속 하늘 맑게 비치네. 파란(波瀾)이 만경으로 흘러감을 멋대로 생각해보니, 모름지기 강과 바다가 작은 시내로부터 시작함을 알아야 하네. 천명과 본성이 공명(空明)의 상임을 깨달으니, 솔개는 높은 하늘에 있고 물고기는 연못에 있네.(靜寄從容樂靜便, 山池漱灩水紋圓. 仙源乍辟壺中地, 翠 縠長澄洞裏天. 漫憶波瀾流萬頃, 須知江海始微涓. 性天悟澈空明象, 鳶在雲霄魚在淵.)[184]

인자(仁者)와 지자(智者)는 산과 물에 정을 주기가 좋으니, 산에서 물을 끌어와 둥근 못에 들였구나. 마음을 보니, 텅 빈 골짜기에는 원래 아무것도 없었고, 눈에 비춰지니, 분명하게 별도로 천지가 있구나. 호량(濠梁)의 노닒과 복수(濮水)에서의 낚시는 원래 장주(莊周)에 비유되는데, 소상부(瀟湘賦)는 하연(何涓)에 견주지 못하네. 세 기둥 집을 엮어 흐르는 물에 임하여 앉으니, 이를 마주하매 황상을 위한 충정은 더욱 도타워지고 깊어지네.(仁智情于山水便, 自山 引水入池圓. 觀心空洞原無物, 照眼分明別有天. 濠濮游元喩莊叟, 瀟湘賦不擬何涓. 三楹 結宇臨流坐, 對此皇衷益塞淵.)[185]

언덕과 골짜기가 천연 그대로인가 의심하니, 소착(疏鑿, 개천이나 우물 같은 것을 쳐서 물이 흘

183 欽定四庫全書, 史部, 地理類, 山水之屬, 欽定盤山志, 卷十, 恭和御製池上居元韻, 臣史貽直.
184 欽定四庫全書, 史部, 地理類, 山水之屬, 欽定盤山志, 卷十, 恭和御製池上居元韻, 臣介福.
185 欽定四庫全書, 史部, 地理類, 山水之屬, 欽定盤山志, 卷十, 恭和御製池上居元韻, 臣嵩壽.

러내리게 함)이 어찌 사람의 지혜이랴. 그윽하고 다시 텅 비었으며, 물과 나무가 서로 이루어주었네. 한 필의 누인 명주 같은 시내가 높은 봉우리에서 내려와, 둥근 거울 같은 호수가 평지에 모였네. 한가한 정취는 갈매기와 약속할 만하고, 그윽한 일은 어계(魚計)를 겸하였네. 하늘 빛 거꾸러진 그림자 들어오고, 구름 낀 골짜기 어지러이 갖춰졌네. 비취새는 사람을 피하지 않고, 흩뿌리는 비 갑자기 이르네. 곧 영대(靈臺)시를 읊으니, 어찌 호복(濠濮)의 뜻뿐이랴?(丘壑疑天成, 疏鑿豈人智. 奧如複曠如, 水木似相濟. 匹練下危峰, 圓鏡彙平地. 閑情堪鷗盟, 幽事兼魚計. 天光倒影入, 雲穀雜然備. 翠鳥不避人, 揚雨倏而至. 載咏靈沼詩, 豈徒濠濮意.)**[186]**

(1) 개념이 정밀해야 한다(立意宜精)

지상거를 만드는 과정에서 건륭황제가 보여준 첫 번째 원림관은 본격적인 설계에 앞서서 먼저 다양한 개념을 적용하여 원림이 추구하는 의경을 개략적으로 정하여야 한다는 것이다. 옛 사람들은 개념구상을 "입의(立意)", 즉 뜻을 세운다고 하였는데, 시문을 통해 지상거의 "입의"의 단계를 분석해 보면 다음 세 가지 특징을 발견할 수 있다.

첫째, 서재를 연못가에 위치시킨 이유는 "호복간상(濠濮間想)"의 개념에 착안한 것이다. "호복상간"이란 『장자(莊子)』에 기록된 장자가 혜자(惠子)와 함께 호량(濠梁)을 유람한 일과 장자가 복수(濮水)에서 낚시한 일을 가리키며 이후 소요한거(逍遙閒居)와 청담무위(清淡無爲)의 상징이 되었다. 연못 위에 거처를 만드는 기법은 건륭이 창안한 것이 아니며, 『원야』 철산편 "서방산"을 보면 "서방(書房) 가운데에 가장 마땅한 것은, 다시 산의 돌을 가지고 못을 만드는 것이니, 창 아래에 굽어보면, 마치 '호복상간'을 얻은 것 같다(書房中最宜者, 更以山石爲池, 俯于窗下, 似得濠濮間想.)"라는

---

186 欽定四庫全書, 史部, 地理類, 山水之屬, 欽定盤山志, 卷十一, 恭和禦制池上居元韻, 臣沈德潛.

구절이 있어 명말에 이미 연못 위에 주거를 정하는 것이 호복상간의 주제와 관련 있다고 보편적으로 받아들여졌음을 알 수 있다. 건륭은 지상거의 입의 단계에서 서재의 위치를 결정하기 위해 "어디가 한가한 거처에 마땅한가? 무늬 있는 난간 푸른 못에 임해 있네(何處暇居宜, 文軒臨碧池.)"[187]라고 자문하였고, "연못가는 각별히 여름날 거처하기에 좋으니, 물시계 긴 한낮에 높은 누각이 얼마나 편하겠는가? ……숨은 책상은 어찌 나비를 꿈꾸게 하는가? 창에 기대면 곧 헤엄치는 물고기를 셀 수 있지(池上偏宜夏日居, 漏長高閣適幾餘. ……隱几那敎夢栩蝶, 憑窗便可數游魚.)"[188]라고 자답하였다.

『원야』에도 이와 유사한 구절이 있으니 "못가에 산을 만드니 원림 가운데 제일의 승경이다. 큰 것과 작은 것이 다시 묘한 경지가 있다. 물에 나아가 그 디딤돌로 점찍고, 산꼭대기를 따라 비량석을 시렁으로 놓으니, 동혈(洞穴)은 잠겨 감춰지고 바위를 뚫고 물길을 낸다. 풍만(風巒)은 아득하고 누월(漏月)은 구름을 손짓하여 부른다. 세상에 신선이 없다고 말하지 말라, 이것이 곧 세상에 머물고 있는 영주산(瀛洲山)이다(池上理山, 園中第一勝也. 若大若小, 更有妙境. 就水點其步石, 從巓架以飛梁. 洞穴潛藏, 穿岩徑水. 風巒飄渺, 漏月招雲 ; 莫言世上無仙, 斯佳世之瀛壺也.)"라 하였다. 따라서 우리는 연못 위에 거처를 마련하는 형식이 명청시기에 비교적 보편적으로 받아들여졌고 일종의 선거(仙居)와 같은 이미지를 지녔음을 알 수 있다.

둘째, 항주 서호의 삼담인월, 주자의 시, 백거이의 시에서 영감을 얻었다. 건륭의 『지상거』 중 한 수의 시와 주석을 함께 보자. "돌 시내 세 겹 각각 원을 이루고, 맑은 물 끌어 모아 담장 밖의 샘이 되었네. 생생한 수면에 찍힌 것은 성호(聖湖)의 달(원주 : 三潭印月은 항주 서호십경 중 하나이다), 원두(源頭)에서 깨달은 것은 자양(紫陽)

---

187 欽定四庫全書, 集部, 別集類, 淸代, 禦製詩集, 三集卷十四, 池上居.
188 欽定四庫全書, 集部, 別集類, 淸代, 禦製詩集, 三集卷九十一, 夏日池上居.

의 하늘이네.(원주 : 天光雲影共徘徊 및 爲有源頭活水來는 주자의 시구이다.) 초록빛은 절로 창포와 구리 때가 있어, 활발하니 어찌 물고기와 솔개가 없으랴? 장편의 시를 지어 지상을 읊조리고 싶지만, 이미 백가[189]께서 시를 지었다네.(石溪三疊各成圓, 引貯淸泠墻外泉. 生面印來聖湖月(原注 : 三潭印月爲西湖十景之一), 源頭悟得紫陽天(原注 : 天光雲影共徘徊, 及爲有源頭活水來, 朱子句也). 菁蔥自有蒲和芷, 活潑那無魚與鳶. 欲擬長篇咏池上, 白家先著祖家鞭.)"[190]

이 시문과 주석을 한 구절씩 분석해 보면 총 3개의 전고(典故)가 발견된다. 하나, "세 개의 연못에 성호의 달이 찍힌다(印來聖湖月.)"라는 구절로서 항주 서호의 명승인 "삼담인월(三潭印月)"을 가리킨다. "성호"는 서호의 옛 이름이다. 둘, "원두의 깨달음(源頭悟)"은 주자가 독서를 끊이지 않는 샘물의 원두(源頭)에 비유한 시를 가리킨다. 이 시의 전문은 "반무 넓이의 네모난 연못이 거울처럼 열리니, 하늘 빛 구름 그림자 함께 배회하누나. 저에게 어떻게 이처럼 맑게 됐느냐 물었더니, 원두에서 활수가 오기 때문이라네(半畝方塘一鑒開, 天光雲影共徘徊. 問渠那得淸如許, 爲有源頭活水來.)"로서, 여기서 원두의 활수는 독서를 통한 끊임없는 신지식 습득을 비유하니 실로 서재에 어울리는 전고라 할 수 있다. 셋, "지상(池上)"이라는 명칭과 "백가의 유명한 선조(白家先著祖)"로서 이는 당대 백거이가 지은 『지상』[191]이라는 시를 가리

---

189 당대 시인 백거이를 가리킨다. 『지상(池上)』은 백거이가 남긴 유명한 시를 남겼다.

190 欽定四庫全書, 集部, 別集類, 淸代, 禦制詩集, 四集卷二十, 池上居.

191 10무 되는 집에 5무의 원림이 있고, 연못이 하나 있고 수천 그루의 대밭이 있네. 땅이 좁다고 탓하지 말고 궁벽한 시골이라 말하지 말라. 충분히 무릎을 용납할 만하고 편히 쉬기에도 족하네. 당이 있고 정자 있으며 다리가 있고 배도 있고, 책이 있고 술이 있고 노래가 있으며 음악이 있도다. 그 가운데 흰 머리 날리는 한 늙은이 있어, 분수를 알고 족한 줄을 알아 밖으로 구할 없네. 마치 새가 나무를 골라 우선 그 둥지의 편안함에 힘쓰는 것 같고, 마치 개구리가 구덩이에 거처하여 바다의 넓음을 알지 못한 것 같네. 영묘한 학과 괴이한 돌, 자색의 마름과 흰 연꽃. 모두 내가 좋아하는바 전부 내 앞에 있구나. 때로 한잔 술을 마시고 혹은 한편의 글을 읊는다. 처와 자식들은 화목하고 개와 닭들도 한가로이 노네. 넉넉하게 노닐며 나는 그 속에서 여생을 보내리라.(十畝之宅, 五畝之園. 有水一池, 有竹千竿. 勿謂土狹, 勿謂地偏. 足以容膝, 足以息肩. 有堂有亭, 有橋有船, 有書有

킨다.

셋째, "창랑(滄浪)"의 옛 뜻과 관련 있다. 건륭의 『지상거』 시 가운데 여러 편에서 "창랑의(滄浪意)"라는 단어가 언급되는데, "창랑의"란 "창랑의 물 맑으면 내 갓끈 씻고, 창랑의 물 흐리면 내 발이나 씻으리(滄浪之水淸兮, 可以濯我纓;滄浪之水濁兮, 可以濯我足.)"라는 유명한 시구에서 비롯된 것으로, 이는 소주의 유명 사가원림 창랑정(滄浪亭)의 이름에 사용된 것으로 유명하다. 건륭의 『지상거』 시 중에 "창랑의"에 관한 구절은 다음과 같은 것들이 있다

대와 측백은 정신과 마음이 묘한 바이고, 산과 물은 인자와 지자가 좋아하는 바이지. 전반(田盤)의 울창한 산 빼어나 물을 가지고 서로 이루어줌이 합당하네. 날아 흐르는 물 몇 갈래 있어 모이고 합쳐져 평지에 들어오네. 법도를 펼침은 돌이 갈마드는 언덕이요, 못을 만듦은 '반 이랑의 계획'이네. 수초 줄기 쉽게 불어나고, 잉어 연어 등의 부류가 자못 갖춰졌네. 그 위에 운방(雲房, 승려 혹은 은자의 집)을 얽고, 돌을 밟음에 물결의 중심에 이르네. 맑은 못 고요히 바라보기에 흡족하니, 하늘 가운데에 '창랑의'네.(竹柏妙神心、 山水樂仁智. 田盤蔚山秀, 合以水相濟. 飛流有數派, 匯合入平地. 設法迭石岸, 爲池半畝計. 荇藻莖易滋, 鯉鱮族頗備. 其上構雲房, 屧石波心至. 澄泓協靜觀, 天半滄浪意.)[192]

숭초(崇椒)[193]가 차츰 고르게 되니 한 연못의 물 맑구나. 앉아서 '창랑의'를 받아들여 멀리 세속의 정을 떨어 없앤다. 안개와 이내 아침저녁으로 나오고 수초는 짧고 길게 가로로 빗겨 있네.

酒, 有歌有弦. 有叟在中, 白須飄然, 識分知足, 外無求焉. 如鳥擇木, 姑務巢安, 如蛙居坎, 不知海寬. 靈鶴怪石, 紫菱白蓮, 皆吾所好, 僅在吾前. 時飮一杯, 或吟一篇. 妻孥熙熙, 鷄犬閑閑. 優哉游哉, 吾將終老乎其間.)
192 欽定四庫全書, 史部, 地理類, 山水之屬, 欽定盤山志, 卷首四, 池上居.
193 산꼭대기.

물 마시러 오는 학은 나부끼며 오고 가니 헤엄치는 물고기와 벗을 맺네.(崇椒得稍平, 有水一池淸. 坐領滄浪意, 遠祛塵俗情. 烟嵐朝暮出, 荇藻短長橫. 飮鶴翩來去, 游魚結友生.)[194]

돌을 갈마드니 굽은 물가와 언덕이 되고 물을 모으니 한 못의 물 흘러나오네. 그대로 못을 이루니 못가에 운방을 두었네. 봄바람에 갈매기와 물오리 내려오고 가을 달에 연꽃과 세발마름 나오네. 이제까지 초겨울이 되면 괸 물이 다 말라 마른 땅이 들어났네. 진실로 연파(烟波)의 자태 부족하나 어찌 '창랑의'에 장애가 되랴?(迭石爲碕岸, 貯水一泓泌. 居然成池塘, 池上雲房置. 春風下鷗鳬, 秋月出荷芰. 今來値冬孟, 潦盡露幹地. 信乏烟波態, 奚礙滄浪意.)[195]

(2) 구상이 교묘해야 한다(構思宜巧)

원림의 대략적인 개념이 정립되면 구상 설계에 들어간다. 건륭의 『지상거』 시들에 여러 가지 설계구상에 관한 구절들이 포함되어 있다.

먼저 건륭은 지상거의 전체 경관구조를 연못을 중심으로 명확하게 구성하였다. "흐르는 물을 끌어 높은 물의 바탕으로 삼으니 굽고 꺾어져 석거(石渠)를 이루었고 못에 물을 대어 반 이랑이 되었다. 이에 용수(龍首)를 뚫어 물길을 트니 못가에 있는 바가 무엇인가? 무늬 난간에 푸른 깁의 주(櫥)이네. 못 가에는 있는 바가 무엇인가? 아홉 그루 소나무 비취 빛 울창하게 붙들고 서 있네. 보랑(步廊)이 삼면으로 에두르고 그 바깥에 바로 뒤 호수이네. 호수가 또한 어찌 크겠으며, 못이 또한 어찌 작겠는가?(引流藉高水, 曲折成石渠, 注池得半畝. 爰鑿龍首疏, 池上何所有, 文軒碧紗櫥. 池畔何所有, 九松翠鬱扶. 步廊三面圍, 其外乃後湖. 湖亦豈大哉, 池亦豈小乎.)"[196] 즉 먼저 수원으로부터 어떻게 물을 끌어들이고 물이 모이는 연못은 어느 정도의 크기로 할 것

---

194 欽定四庫全書, 史部, 地理類, 山水之屬, 欽定盤山志, 卷首四, 池上居.
195 欽定四庫全書, 集部, 別集類, 淸代, 禦制詩集, 二集卷八十二, 池上居.
196 欽定四庫全書, 集部, 別集類, 淸代, 禦制詩集, 二集卷七十三, 池上居.

인지를 정하고, 연못의 주변에 어떤 경물을 어떻게 배치시킬 것인지에 대해 자문자답하고 있는데, 사고가 매우 명확하고 경쾌하다. 그 다음으로 산의 높이 차이를 이용해서 연속된 세 층의 연못을 구상하였다. "돌을 겹쳐 못을 만들고 산의 물을 쌓아 모으고, 낮은 곳에 나아가 먼 곳을 인하여 세 층이 갈마들었네. 전부 다 쏟아내어 남음이 없도록 함을 면해야, 이에 고르게 펴져 푸르고 맑은 물이 있게 되네. 몇 시렁 시냇가의 방 그림자가 물에 거꾸러져 출렁이고, 하나의 수레바퀴같이 둥근 바위의 달, 넓은 허공에 의지하네. 전반(田盤)에 높고 낮은 폭포 적지 않은데, 이 같은 네모난 못은 참으로 절승이네.(砌石爲池貯山水, 就卑因迥迭三層. 免敎盡瀉無餘剩, 乃得平鋪有碧澄. 幾架溪房影倒漾, 一輪岩月魄虛憑. 田盤不少高低瀑, 似此方塘信絶勝.)"[197] 지상거는 비록 규모가 작지만 설계의 구상의 수준이 반산행궁 내의 다른 소형 원림들을 뛰어넘었다.

다음으로 건륭은 주제경관인 연못을 구상함에 있어서 시적인 섬세함과 우아함을 부여하였다. 『지상거』 시 가운데 이르기를 "돌을 갈마들어 못을 만들고, 거처를 만듦이 소박하고 사치스럽지 않네. 화장상자를 열면 보이는 거울과 같고, 날개를 펼친 듯 비스듬히 행랑 있네(迭石爲池沼, 構居樸不奢. 開奩如鏡上, 展翼有廊斜.)"[198]라 하니, 여기서 연못의 주변은 돌을 포개어 둘렀고 연못가에 위치한 서재는 소박하게 장식하여 연못의 청명한 아름다움을 가리지 않게 주의하고 경쾌한 처마의 회랑을 연못가에 둘러 감싸 안으니, 전반적으로 여성의 화장갑처럼 섬세하고 물은 거울처럼 맑고 깨끗하다.

이렇게 교묘한 구상은 종종 건륭의 시흥을 자극하니 "또한 산중의 정치를 거의 다 섭렵했으나, 이 지상거를 잊을 수가 없구나. 자못 '삼담인월랑' 같으니(원주: 위에

---

197 欽定四庫全書, 集部, 別集類, 淸代, 禦制詩集, 四集卷四, 池上居.
198 欽定四庫全書, 集部, 別集類, 淸代, 禦制詩集, 三集卷六十, 池上居.

서 아래로 세 연못을 만들었는데, 물이 모이는 것은 대개 산세가 험준해서이니 평평한 곳을 취하였다면 한 번 쏟아내어 남음이 없을 것이다), 여전히 일렬로 넉넉한 바람을 맞이한다. 주름 비단 무늬처럼 출렁이는 곳에 문장이 있고, 화장갑의 그림자가 열리니 마치 그림 같다(亦頻得悉山中趣, 未可忘斯池上居. 頗似三潭印月朗(原注 : 高下爲三池, 貯水蓋山勢陡峻, 取平則一瀉無餘矣), 依然一例受風舒. 縠紋漾處文章在, 奩影開來圖畫如.)"[199]라며 종종 감탄하였다. 후에 유윤(劉綸)이라는 사람이 이 연못을 보고 "층층이 쌓인 돌 시내 따라 자리 정하기가 좋으니, 형세는 옥의 꺾인 모양과 옥의 둥근 모양을 겸하고 있다(甃石緣溪位置便, 勢兼玉折與璇圓.)"[200]라고 평하기도 하였다.

건륭은 지상거 연못을 세 개의 층으로 구성하여 "삼담인월"의 뜻을 명확하게 드러내고자 했다. "하나의 달 세 못에 비치니, 못 셋에 달 또한 셋이네(원주 : 살펴보건대, 서호의 세 못에 달이 비치는 것은 다만 세 탑이 정치(鼎峙)해 있고 그대로 한 호수일 뿐이니, 이곳이 땅의 높낮이를 따라 세 못이 되어 각각 모두 달을 얻었으니, 삼담이 명실상부함을 크게 깨닫게 된다.)(一月三潭印, 潭三月亦三(原注 : 按西湖三潭印月祇三塔鼎峙仍一湖耳, 此處因地高低爲三池, 各皆得月, 殊覺三潭名實相副云.))"[201] 따라서 건륭은 지상거의 "삼담인월"의 경관이 항주 서호의 "삼담인월" 경관보다 더욱 구상이 교묘하다고 보았다. "물을 모으기는 어려우나 쏟아내기는 쉽고, 폭포 이루기는 쉬우나 연못 만들기는 어렵네. 층층이 돌을 갈마들어 그 꼬리 부분에 보를 막으니, 한 번일 뿐만이 아니라 또한 세 번 하였네. 난간에 구부리니 참으로 청아한 기쁨을 펼쳐내고, 물고기 뛰고 솔개 날아 위아래가 모구 갖추어졌네. 의당 이는 바로 동쪽 봉우리의 외로운 달이 비침이니, 삼담은 서호를 마주한 것과 다르지 않네.(難爲渟乃易爲瀉, 易得瀑成難得池, 迭石層層堰其尾, 不惟一也且三之, 俯欄眞是暢淸娛, 魚躍鳶飛上下俱, 宜是東峰孤月印, 三潭不异對

199 欽定四庫全書, 集部, 別集類, 淸代, 禦制詩集, 三集卷八十, 池上居.
200 欽定四庫全書, 史部, 地理類, 山水之屬, 欽定盤山志, 卷十, 恭和禦制池上居元韻, 臣劉綸.
201 欽定四庫全書, 集部, 別集類, 淸代, 禦制詩集, 三集卷八十八, 池上居口號.

西湖.)"[202] 지상거의 삼담인월 경관에 대해 건륭은 무척 자랑스러워하여 종종 그 구상의 교묘함을 이런저런 글로 상세하게 설명하기를 좋아했으니 "아래로 내려감은 물의 성질, 산의 형세가 모두 이와 같다네. 그러나 일이 사람에게 있어 원래 임시로 공교로움을 부릴 수가 있다네. 돌을 겹쳐 쌓아 세 번 번갈아 들게 만드니 넉넉하게 세 개의 못이 되었네. 그윽한 거처 그 위에 얽고서 난간에 기대어 출렁이는 잔물결을 보며 이를 통해 밝은 성군을 생각하네. 삼담의 경광, 드리워진 지 오래되었으나 본래는 하나의 호수. 이름과 실상이 달리 베풀어진 것 같으나, 이 세 개의 못 가운데 있는 것이네. 실로 세 달이 비침을 보면 어찌 세 개가 곧 하나일 뿐이겠는가? 천 개의 강에 똑같이 비치네.(원주 : 삼담에 비친 달은 서호 10경중의 하나이다.)(就下水之性, 山勢率若斯. 然而事在人, 原可權巧爲, 砌石作三迭, 袞然得三池, 幽居構其上, 倚檻觀漣漪, 因之憶明聖. 三潭景久垂, 然而本一湖. 名實似异施, 而茲三池中. 實見三月披, 詎惟三郎一, 千江槩印之.(原注 : 三潭印月, 西湖十景之一))"[203]라는 건륭의 해석도 참고해 볼 만하다.

이러한 교묘한 구상은 보는 이로 하여금 철학적 사유로 젖어들게 하는데 건륭은 물이 모였다가 흘러내리는 모습을 보고 "모으면 있다가 흘리면 가 버리니, 마치 마음이 존양함을 귀하게 여기고 내버려 둠이 마땅함이 아닌 것과 같다네. 시냇가 서재의 잠깐 기대어 바라보는 곳에서 또한 매번 이치를 생각하지(蓄則存焉流則去, 如心貴養放非宜. 溪齋片刻憑觀處, 亦每常于理致思.)"[204]라 하며 마음의 수양에 대해 생각하였다. 또한 "작고 작은 네모난 못 맑고 맑은 시내, 일찍이 반 이랑 초록빛 유리 없었네. 강과 호수에 비친 달, 여기에 또한 비치니, 『남화경』의 제물론에 주를 달만 하네(小小方塘淡淡溪, 曾無半畝綠玻瓈. 江湖印月此亦印, 可注南華論物齊.)"[205]라고 하여

---

202 欽定四庫全書, 集部, 別集類, 淸代, 禦制詩集, 五集卷四十六, 池上居.
203 欽定四庫全書, 集部, 別集類, 淸代, 禦制詩集, 五集卷十四, 池上居.
204 欽定四庫全書, 集部, 別集類, 淸代, 禦制詩集, 五集卷六十四, 池上居三首之二.
205 欽定四庫全書, 集部, 別集類, 淸代, 禦制詩集, 三集卷六十七, 池上居四咏之池.

『남화론』상의 "물제(物齊)"의 도리를 생각하였다. 또한 "물을 모아 못을 만들고 위에 거처가 있으니, 봄이 오매 새로운 물거울 빛처럼 텅 비었네. 높은 서재 절로 항상 이와 같으니, 아주 좋은 날 우연히 서로 가까이 하기에 아무 문제없네. 초록 버들 푸른 창포 위아래로 흔들리니, 밝은 정자 어둑한 물구멍 쉬지 않고 세월을 지냈구나. 편안함을 찾고 볼 것을 취함에 어찌 멀리 있는 것이어야 하겠는가? 눈에 와 닿고 흉금을 열매 충분히 나를 일깨워 주지(蓄水爲池上有居, 春來新水鏡光虛. 高齋自是恒如此, 勝日無妨偶相拎. 綠柳青蒲搖上下, 明亭暗竇閣居諸. 求安取監寧湏遠. 觸目開襟足起予.)"[206]라 하여 자족의 이치를 생각하였다.

(3) 만사가 사람에 의하여 이루어진다(萬事人爲)

구상·설계가 끝나면 시공에 들어가는데, 건륭은 세 층으로 구성된 인공연못을 자연스럽게 보이도록 하기 위해서 시공 과정에서 곳곳에 적지 않은 인공을 가미하였다.

건륭이 이르기를 "반(盤) 가운데에 물을 모은 것이 한 곳이 아니다. 길이와 넓이가 이곳처럼 넓은 곳이 없다.(원주 : 반(盤)에는 산이 물보다 많고, 심경재·천향정·저청서옥·천척설 따위의 곳이 비록 또한 물을 모아 못이 있으나, 땅의 형세에 한계 지어져 모두 몹시 크지는 않다. 오직 이 사이에 돌을 중첩하여 세 개가 이루어져 있고, 그 다음 모인 물로 못을 만들었으니, 반 이랑 정도 되는데 이것이 가장 넓다.) 번갈아 세 층으로 만들어 물을 넘기고 통과시키고 머물게 하니, 공자가 말한 영과(盈科)의 뜻을 역시 보게 된다(盤中蓄水不一處, 袤廣無如此處寬(原注 : 盤山富于水, 而心鏡齋, 泉香亭, 貯淸書屋, 千尺雪等處, 雖亦蓄有水池, 以限于地勢俱不甚大, 惟此間疊石三成, 以次渟蓄爲池, 可半畝許, 斯爲最廣.)迭作三成遞津逮, 盈科之義亦因觀)"라 하였고, "한가할 때 산의 경관을 둘러보니 무척 기이하니,

---

206 欽定四庫全書, 集部, 別集類, 淸代, 禦制詩集, 三集卷二十九, 池上居.

물의 모양 때문에 어찌 이곳을 버리겠는가? 아래로 천 반(盤)의 원래 계곡물을 취하여, 반무를 엮어 올려서 연못을 만들었네. 달을 받아들여 맑게 비추는 데에 무슨 문제가 있으랴? 또한 절로 바람을 따라 맑고 잔잔한 물결을 이루네(乘閑山景攬多奇, 水態寧當更舍斯. 就下千盤原藉潤, 架高半畝竟成池. 何妨延月爲澄照, 亦自隨風作淨漪.)"[207]라 하였는데, 높은 곳에서 아래로 한 층씩 흘러내리는 연못의 구조가 놀랍게도 인공으로 "엮어 올린 것(架高)"이다.

특히 연못 둘레의 토질은 모래성분이 많아 물이 모여 있지 않고 투과되어 유실되기 때문에 수원에서 끌어들인 물을 잡아두는 일이 현실적으로 불가능했는데, 이에 대해 건륭은 "모래 여울 흐르는 물 흘러가 남음 없어, 돌을 갈마들어 막으니 완연히 못이 되었네. 화장상자 열매 맑고 맑게 거울에 비친 그림자 퍼지니, 원래 모든 일 사람 하기에 달려 있지.(沙灘流水去無遺, 迭石壅之宛作池. 澄泚開奩鋪鏡影, 由來萬事在人爲)"[208] 즉 물의 유실을 막기 예방하기 위해 놀랍게도 반무나 되는 연못의 둘레를 모두 돌로 촘촘히 쌓아 봉하였다. 이렇게 불가능해 보이는 일은 가능하게 하기 위해 추측컨대 막대한 비용이 소요되었을 것이다. 어려움을 극복하고 연못이 완성되자 건륭은 무척 기뻐하였고, 감회가 깊어 "만사는 사람하기 나름(萬事在人爲)"이라고 평하였다.

이러한 감회는 시문의 곳곳에서 "사람이 자연을 극복한다(人定勝天)"라는 자신감으로 드러난다. "세 층 겹친 돌 세 못을 이루니, 못 가의 땅 평평하여 집짓기에 좋구나. 어느 누가 시내의 흐름 모으기 힘들다고 말하는가? 원래 모든 일 사람 하기에 달려 있는데. 사람이 하는 일이 어찌 아름다운 경치를 더함에 있겠냐만, 정사에 임하고 백성에게 임함이 이것과 같을 수 있네. 설사 쓸데없는 부분에 마음을 쓴다

207 欽定四庫全書, 集部, 別集類, 淸代, 禦制詩集, 三集卷五十五, 池上居得句.
208 欽定四庫全書, 集部, 別集類, 淸代, 禦制詩集, 五集卷六十四, 池上居三首之三.

면, 능히 나 한 사람 속마음에 부끄러움이 없을 수 있겠는가?(三層疊石作三池, 池上畝平作室宜. 誰謂溪流艱致貯, 由來萬事在人爲. 人爲詎在增佳景, 苟政臨民可此同. 設用心于無用處, 能無衾影愧于衷.)",[209] "매양 반중(盤中)을 사랑하여 흐르는 물 막으니, 세 개로 이루어진 못 가는 오래도록 거처하기에 알맞네.(원주 : 위로부터 아래로 갈마들어 돌방죽을 쌓아 흐르는 물을 막아 세 개를 만들고, 각각 물을 모아 못을 만드니 서실을 그 위의 평탄한 곳에 얽었다.) 물이 못이 됨은 또한 '막아 쌓음'이 '아낌'이 됨이니, 백성들에게 혈구(絜矩)[210]해 보매 문득 나를 경계시키네.(每愛盤中蓄流水, 三成池上久稱居(原注 : 自上而下迭石堰蓄流爲三成, 各貯水爲池, 書室構其上平坦處). 水爲澤也蓄爲靳, 絜矩于民却戒予.)"[211]

(4) 경지를 빌려 흥위를 이루다(借景成趣)

한 편의 『지상거』 시에서 건륭은 다음과 같이 묘사하였다. "여름나기는 각별히 지상거가 좋으니, 은빛 못 푸른 못 텅 빈 창에 들어온다. 서늘한 대나무 소리 갈마듦은 바람을 맞이할 때이고, 맑은 연꽃 향기 맑음은 비가 지난 뒤라네. 짝을 쫓아 나부끼며 오는 새로운 감색 나비들, 무리를 이뤘다가 나뉘는 작은 치어 무리. 천기가 눈에 들어와 음양의 도리를 통달하고, 조금씩 배워가는 것은 내 책을 읽는 것만 한 것이 없네.(消夏偏宜池上居, 銀塘碧浸入窗虛. 竹凉響遞迎風際, 荷淨香聞過雨餘. 逐伴飄來新紺蝶, 成群分出小秧魚. 天機觸目通幽顯, 點識無如讀我書.)"[212] 여기서 원림경관은 창문을 통해 들어오는 연못 속 반영, 대나무, 연꽃, 나비, 물고기 등의 요소가 공통으로 경관의 핵심을 지적하고 있다. 또한 "집을 지어 은빛 못을 굽어보니, 물소리 거문고소리 길이 들려온다. 푸른 구름 높은 나무와 만나고, 맑은 이슬 일찍 핀 난초

---

209 欽定四庫全書, 集部, 別集類, 淸代, 禦制詩集, 五集卷三十, 池上居有會.
210 곱자를 가지고 잰다. 자기의 처지를 미루어 남의 처지를 앎.
211 欽定四庫全書, 集部, 別集類, 淸代, 禦制詩集, 五集卷六十四, 池上居三首之一.
212 欽定四庫全書, 集部, 別集類, 淸代, 禦制詩集, 二集卷三十五, 池上居.

에 향긋하네. 경치를 물어봄은 참으로 여름이 좋고, 바람을 맞이함은 서늘한 기운을 들일 때가 좋다네(構宇俯銀塘, 淙琴入聽長. 綠雲高樹合, 淸露早蘭芳. 問景眞宜夏, 迎風好納凉)"²¹³라 하니, 흐르는 물과 맑은 바람이 함께 경관의 분위기를 한층 고양시키고 있다.

지상거는 비록 규모가 작지만 창을 통해 보이는 다양한 경관효과는 끊임없는 흥취를 이끌어낸다. 예를 들어 물속에 비친 하늘이 창문을 통해 보이니 "물과 하늘 아름다운 정취 진실로 완상할 만하니, 모두 텅 빈 창에 속하지 나에게 속하지는 않는다.(水天佳趣誠堪賞, 都屬虛窓不屬予.)"²¹⁴ 또한 뜨거운 태양을 피해 유유자적하게 창 밖의 연못을 바라보면 "여름에는 각별히 지상거에 가 좋고, 유리창가의 물에는 물고기가 헤엄치고 있다.(永日偏宜池上居, 玻璃窓水泳游魚.)"²¹⁵ 창가에 기대어 앉아서 경관을 바라보면 맑은 바람이 불어오고 학 울음소리가 들려오고 물고기들이 헤엄치니 "여름날에는 못가의 거처에 있기를 좋아하니, 물바람 상쾌함을 머금고 성근 깁을 지나온다. 그림을 펼치니 마치 경광이 맑은 시후(時候)를 마주한 듯하고, 시구를 얻음은 정신이 영정(寧靜)한 뒤보다 많다. 원(院)을 사이에 두고 한가하게 늘 학 울음소리 듣고, 난간에 기대 앉아 헤엄치는 물고기를 셀 수가 있네.(夏日愛居池上居, 水風含爽度紗疏. 展圖恰對景淸候, 得句多于神謐餘. 隔院閑常聞唳鶴, 憑欄坐可數游魚.)"²¹⁶

지상거의 경관은 많지 않지만 시시각각 변하는 수면의 반영, 원림 밖의 산들, 연못의 새와 물고기 등을 차경하면 무한한 흥취를 느낄 수 있으니, 건륭은 "한 못 푸르름 머금으니 거울 빛 열리고, 거울 같은 수면의 신선의 거처 돌을 가로놓아 만들었네. 물을 좋아하여 마침 이로 인하여 봄물에 구부리니, 이 못이 참으로 천지(天池)

---

213 欽定四庫全書, 集部, 別集類, 淸代, 禦制詩集, 二集卷十, 池上居.
214 欽定四庫全書, 集部, 別集類, 淸代, 禦制詩集, 三集卷八十三, 池上居.
215 欽定四庫全書, 集部, 別集類, 淸代, 禦制詩集, 三集卷六十五, 池上居二首.
216 欽定四庫全書, 集部, 別集類, 淸代, 禦制詩集, 三集卷七十五, 池上居.

라고 부를 만하네. 들학 손짓하여 오게 하나 원래 무관하고, 나는 오리 풀어 놓아 가는 바대로 맡겨 둔다.(원주 : 당시에 살아 있는 오리를 바친 자가 있어 못 가운데에 풀어 놓아 날아가는 대로 맡겨 두었다.) 아침저녁 안개노을에 걸친 반달과 보름달, 그 고상한 정과 그윽한 경개는 모두 마땅하네(一泓含碧鏡光披, 鏡面仙居架石爲. 樂水適因俯春水, 此池眞可號天池. 招來野鶴原無系, 放去飛鳧任所之(原注 : 時有進活鳧者, 放之池中, 任其飛去也). 朝暮烟霞弦望月, 崇情幽槪總相宜.)"[217]라 하였다.

제5절 시사(詩詞)와 원림

고전원림을 깊게 이해하려면 먼저 그 근본이 되는 조원사상을 알아야 한다. 그런데 옛 사람들이 조원사상을 전문적으로 서술한 사례는 드물기 때문에 간접적인 자료에 방영된 그들의 원림에 대한 이해와 생각을 분석하는 방식으로 접근해야 한다. 대표적 간접자료의 하나가 바로 시사(詩詞)이다. 중국 고대 시사의 문자 표현능력은 매우 탁월하여 그 중 원림에 관련된 작품들은 짧지만 강렬하게 원림의 창작과 사용상황을 반영하고 있다. 심지어 명대 유사용(劉士龍)은 『오유원기(烏有園記)』에서 이르기를 "실제의 창작은 곧 베풀어 펼침에 한계가 있으나, 허구(虛構)는 곧 결구(結構) 무궁무진하다(實創則張設有限, 虛構則結構無窮)"라 하여, 실제의 원림이 허구의 원림, 즉 시사에 표현된 경관에 비해 표현에 있어서 제한된다고 지적하기도 하였다. 시사작품이 독자에게 제공하는 무궁한 상상의 공간은 유형의 원림이 범접할 수 없는 것으로, 한 장의 종이 위에 실제의 원림보다 더욱 풍부한 경관의상을 풀어내는 옛 시인들의 표현력의 이면에는 원림에 대한 일련의 풍부한 사상과 경험이 자리 잡

---

217 欽定四庫全書, 集部, 別集類, 淸代, 禦制詩集, 二集卷五十五, 池上居.

고 있다. 따라서 이러한 원림관련 고대 시사에 대한 분석은 우리에게 고대 조원사상을 이해하는 데 도움을 줄 것이다.

송대 곽희(郭熙)는 "시는 형태가 없는 그림이요, 그림은 형태가 있는 시이다(詩是無形畫, 畫是有形詩.)"[218]라 하여 중국 고전예술에서 시와 그림이 본질적으로 유사함을 지적하였다. 시와 그림의 유사성이란 "그림과 시는 모두 선비가 성정(性情)을 발산하는 일이기 때문에 무릇 시에 들어갈 수 있는 자는 모두 그림에 들어갈 수 있다(畫與詩皆士人陶寫性情之事, 故凡可入詩者, 皆可入畫.)"[219]라는 말처럼 시와 그림이 똑같이 문인의 성정을 발산하는 일이라는 것이다. 중국 고대 시사예술과 회화예술의 일맥상통한 특징에 대해 현대학자인 곽호(郭湖)는 "정(情)과 경관이 서로 융합하고 외물과 내가 하나가 되어야 하니, 정이라는 측면에서의 깨달음이 없으면 경관에 대해서 또한 이해하기가 어렵다. 경관에 정을 붙이고 경관을 만나면 정이 생기니, 경관을 그려낸 중국의 시, 그림이 곧 이러한 과정의 응집물이고, 중국의 원림예술 역시 이러하다. 그것들은 같은 뿌리에서 나와서, 피차간에 같은 류(類)를 미루어 곁으로 두루 통하여 다른 유사한 것을 미루어 알게 된다"[220]라고 설명하였다.

그런데 시와 그림 중에서 시사작품이 더욱 자주 사람들 사이에 회자되는 이유는 문자가 그림에 비해 전파에 유리하고 시사작품이 그림에 비해 고대 중국인들의 보편적이고 대중적인 관념을 더욱 효과적으로 표현하였기 때문이다. 원림 관련 시사의 "언어성"은 원림 관련 회화나 실제 원림의 "상징성"에 비해 영향력의 깊이와 폭이 모두 우월하다. 구전을 통해 전파되고 전승되는 중국 고대시사의 독특한 특징으로 말미암아 중국 지식계층들 뿐만 아니라 일반 대중들까지 동일한 심미적 경관개념을 공유할 수 있었으며, 전대의 심미적 경관개념이 후대로 효과적으로 전승되어

---

218 欽定四庫全書, 子部, 藝術類, 書畫之屬, 小山畫譜, 卷下.
219 『芥舟學畫編』, 卷二, 山水之避俗.
220 載童寯, 『東南園墅序』, 北京 : 中國建築工業出版社. 1997.

원림예술이 시대를 초월하는 일관성을 유지하는 데 도움이 되었다.

원림 시사는 보다 직접적인 기록인 원기(園記)나 원림 전문서에 비해서 보편성과 대중성이 뛰어나다. 직접적으로 원림 영조와 감상을 기록한 원기류의 문헌은 문자에 비해 원림의 실제 모습을 표현한다는 점에서 우월하지만 그 내용이 특정 원림에 한정되어 있기 때문에 보편성이 부족하다. 또한 원림 기예와 이론을 직접 논하고 있는 산문적 성격의 원림서들은 협소한 독자층을 대상으로 하기 때문에 시대를 대표하는 특징이 없고 영향력 역시 지극히 제한적이

도 5-81. 원(元) 왕몽(王蒙)의 《구구임옥도(具區林屋圖)》.

다. 따라서 본문에서는 시사 문학작품을 중심으로 기타 장르의 문학작품을 보충하여 원림과 문학과의 관계를 살펴보고자 한다.

원림 문학은 실제 원림의 역사와 줄곧 함께 해왔다. 일찍이 『시경(詩經)』에서 원유(苑囿)의 신비로운 경관을 아름다운 시로 표현한 이래, 탁월한 원림과 경관은 종종 시사라는 형식으로 기록되어 후대에 전해졌다. 예를 들어 초기 중국고전원림에는 "강북에는 금곡, 강남에는 난정(北金谷, 南蘭亭)"이라는 설이 있다. "금곡"은 서진(西

晋)시기 석숭(石崇)이 낙양의 교외에 만들었다는 금곡원(金穀園)을 가리킨다. 비록 이들 초기 원림의 흔적은 오늘날 찾기 어렵지만, 석숭의 『금곡시서(金穀詩序)』 및 『사귀인서(思歸引序)』 등을 통해 그 모습을 어느 정도 짐작해 볼 수 있다. 『금곡시서』에 의하면 "맑은 샘과 무성한 수풀, 많은 과일과 대나무와 잣나무, 약초 따위가 있다. 금전(金田) 10경, 양 200마리, 닭, 돼지, 거위, 오리 따위가 다 갖춰지지 않음이 없다. 또 물방아, 물고기 있는 연못, 토굴이 있어 눈을 즐겁게 하고 마음을 기쁘게 하는 물건이 갖추어졌다. ……낮으로 밤으로 노닐고 연회를 펼치매 그 앉은 자리를 여러 번 옮긴다. 혹 높은 데에 올라 아래에 임하고 혹 물가에 벌려 앉는다. 때로 금슬(琴瑟)과 생황(笙簧)과 축(築)을 모아 수레 가운데에 싣고 길을 아울러 간다. 머무르면 북과 피리와 더불어 번갈아 연주하게 한다. 마침내 각각 시를 지어 읊어서 마음속에 품은 바를 펼쳐낸다(有清泉茂林, 衆果竹柏, 藥草之屬. 金田十頃, 羊二百口, 鷄豬鵝鴨之類, 莫不畢備. 又有水碓, 魚池, 土窟, 其爲娛目歡心之物備矣. ……晝夜游宴, 屢遷其坐. 或登高臨下, 或列坐水濱. 時琴瑟笙築, 合載車中, 道路幷作. 及住, 令與鼓吹遞奏. 遂各賦詩, 以叙中懷.)"라 하였고, 『사귀인서』에는 "문득 긴 제방에 막혀 앞으로 맑은 도랑에 임하니, 잣나무는 거의 만 그루이고 흐르는 물은 집 아래에서 그 주위를 에둘렀다. 관각의 못에는 물고기와 새를 많이 기른다(却阻長堤, 前臨清渠, 柏木幾于萬株, 流水周于捨下, 有觀閣池沼, 多養魚鳥.)"라 하여 금곡원의 경관특징과 사용상황을 간단한 산문으로 표현하였다. 흥미로운 것은 "마침내 각각 시를 지어 읊어서 마음속에 품은 바를 펼쳐낸다"라는 구절로 석숭이 원림에 대한 자신의 감흥을 표현하기 위한 수단으로 시라는 형식을 선택하였다는 점이다. 석숭의 이 두 글은 초기 원림문학의 대표작으로서 후세에 명성이 높았는데, 예를 들어 동진(東晋)의 왕희(王羲)는 누가 자신의 작품인 『난정서(蘭亭序)』를 석숭의 『금곡시서』에 비유하자 크게 감동하기도 하였다. 원림에 관한 시사작품이 세간에 전파되어 널리 추앙을 받았던 현상에서 우리는 시사문학에 대한 이해가 고대 원림을 이해하는 하나의 방법이 될 수 있다는 가능성을 다시 한 번 확인해 볼 수 있다.

도 5-82. 명(明) 문징명(文徵明)의 《난정수설도(蘭亭修禊圖)》.

한편 서진의 장화(張華)가 쓴 『초은시(招隱詩)』에는 "은사는 산림에 의탁하여 세상에서 달아나 '참'을 보전한다(隱士托山林, 遁世以保眞.)"라 하였는데, 여기서 "산림에 의탁하는 참됨을 보존하는" 삶의 모습, 즉 자연은거 사상은 후대 문인계층이 추종하는 삶의 지표가 되었고, 산림과 주거가 결합된 원림이 선비의 은거 공간으로 적합하다는 인식이 지식계층 사이에 광범위하게 퍼지게 되었다.

그러면 선비의 은거공간인 원림은 어떤 모습이어야 하는가? 명대 진계유(陳繼儒)는 『소창유기·권육집경(小窗幽記·卷六集景)』에서 읽기 편하고 기억하기 쉬운 한편의 시로 이에 대한 답을 하였다.

문 안에 길이 있는데 길은 굽어지려고 한다. 길이 전환함에 병(屛)이 있는데 병은 작아지려 한다. 병(屛)은 나아감에 섬돌이 있는데 섬돌은 평평해지려 한다. 섬돌 가에 꽃이 있는데 꽃은 선명해지려 한다. 꽃 밖에 담이 있는데 담은 낮아지려 한다. 담 안에 솔이 있는데, 솔은 오래되려 한다. 솔 밑에 돌이 있는데 돌은 기괴하고자 한다. 돌 앞에 정자가 있는데 정자는 소박하려 한다. 정자 뒤에 대가 있는데 대는 성글고자 한다. 대가 다함에 집이 있는데 집은 그윽하고자 한다. 집 곁에 길이 있는데 길은 나뉘고자 한다. 길이 합함에 다리가 있는데 다리는 위태롭고자 한다. 다리 가에 나무가 있는데 나무는 높고자 한다. 나무 그늘에 풀이 있는데 풀은 푸르고자 한다. 풀 가에 도랑이 있는데 도랑은 가늘고자 한다. 도랑이 끌어와 샘이 있는데 샘은 폭포가 되어 쏟아지고자 한다. 샘이 흘러감에 산이 있는데 산은 깊어지고자 한다. 산 아래에 집이 있는데 집은 네모지고자 한다. 집 모퉁이에 채마밭이 있는데 밭은 넓고자 한다. 밭 가운데에 학이 있는데 학은 춤추려 한다. 학이 알려 줌에 손이 있는데 손은 속되지 않다. 손이 이름에 술이 있는데 술은 물리치지 않고자 한다. 술을 마심에 취하니 취함에 돌아가지 않고자 한다.(門內有 徑, 徑欲曲；徑轉有屛：屛欲小；屛進有階, 階欲平；階畔有花, 花欲鮮；花外有墻, 墻欲 低；墻內有松, 松欲古：松底有石, 石欲怪；石面有亭, 亭欲樸；亭後有竹, 竹欲疏；竹盡 有室, 室欲幽；室旁有路, 路欲分；路合有橋, 橋欲危；橋邊有樹, 樹欲高；樹陰有草, 草欲 靑；草上有渠, 渠欲細；渠引有泉, 泉欲瀑；泉去有山, 山欲深：山下有屋, 屋欲方；屋角 有圃, 圃欲寬；圃中有鶴, 鶴欲舞；鶴報有客, 客不俗；客至有酒, 酒欲不却；酒行有醉, 醉 欲不歸.)

이 원문을 보면 원림을 구성하는 요소들을 하나씩 차례로 나열하면서 각 요소가 어떠해야 하는지를 끝말잇기 식으로 이어나갔는데, 이러한 문학적 형식은 구전에 극히 유리하여 원림문화를 동시대 및 후대 사람들에게 전파하는 데 큰 역할을 하였다.

一. 시사(詩詞)와 원림을 비교할 수 있는가?

1. 외재자연에서 내재체험으로의 전한

근대학자인 황주이(況周頤)의 『의풍사화(意風詞話)』에는 다음과 같은 구절이 있다. "사람은 없어 고요한데 발은 드리워져 있고, 등불은 어둑하고 향내음은 곧장 오는데, 창 밖에 연꽃은 거칠어지고 잎은 헤져 남아 있다. 쐐쐐 부는 바람, 가을 소리 되어 섬돌의 벌레와 서로 화답한다. 오동을 의거하여 그윽하게 앉아 마음에 품은 것을 맑게 하여 기심(機心)을 그치고 매양 한 생각 일어날 때마다, 번번이 이상(理想)을 베풀어 물리쳐 보낸다. 이에 곧 일만 인연이 함께 고요함에 이르면, 내 마음이 갑자기 밝게 탁 트여 환함이 보름달 같아 피부와 골격이 맑고 서늘하여 이 세상이 어떠한 세상인지 알지 못하겠다. 이때는 무단(無端)한 슬픔과 원망이 만부득이함에 떨치고 닿음이 있는 것 같아, 나아가 살핌에 모든 의경과 의상(意象)이 상실되어, 오직 작은 창의 텅 빈 휘장과 필상(筆床)과 연갑(硯匣)이 일일이 내 눈앞에 있으니, 이는 '사(詞)의 의경'이다.(人靜簾垂, 燈昏香直, 窗外蕉蓉殘葉. 颯颯作秋聲, 與砌蟲相和答. 據梧冥坐, 湛懷息機, 每一念起, 輒設理想排遣之. 乃至萬緣俱寂, 吾心忽瑩然開朗如滿月, 肌骨淸涼, 不知斯世何世也, 斯時若有無端哀怨振觸于萬不得已; 卽而察之, 一切境象失, 唯有小窗虛幌, 筆床硯匣, 一一在吾目前, 此詞境也.)" 이는 "사경(詞境)"의 감상이 원림과 밀접한 관련이 있음을 의미한다. 그 이유는 시사와 원림의 의경이 모두 인간의 감정적 체험에서 비롯되기 때문이다. 따라서 시사를 연구는 옛사람들의 원림에 대한 관념과 원림에서의 생활모습을 이해하는 중요한 방법이 될 수 있다.

현대학자인 왕국위(王國維)는 『인간사화(人間詞話)』에서 시사문학의 경지를 "내가 있는 경지(有我之境)"와 "내가 없는 경지(無我之境)"의 두 가지로 나누었다. "'내가 있는 경지'는 나로서 외물을 보는 것이기 때문에 외물이 모두 나의 색채를 드러낸다. '내가 없는 경지'는 외물로써 외물을 보기 때문에 어느 것이 내가 되고 어느 것이 외물이 되는지를 알지 못한다. 옛사람이 사(詞)를 지음에 '내가 있는 경지'를 써낸 경우가 많고 여태껏 '내가 없는 경지'를 써 내지 않은 적이 없었으니 이는 '호걸스러운 선비'가 능히 스스로 수립할 수 있느냐에 달려있을 뿐이다." 이를 해석하면 작가 개인의 정감과 관점이 시사에서 직접적으로 표현되면 "내가 있는 경지"이고 반대로 작가의 감정과 관점을 직접 드러내지 않고 그 주제 가운데 은근히 숨겨 포함시켜 놓으면 "내가 없는 경지"로서, 후자가 전자에 비해 더 높은 경지인 셈이다. 또 이어서 말하기를 "'내가 없는 경지'는 사람이 오직 고요한 가운데에 얻게 된다. '내가 있는 경지'는 움직임을 말미암아 고요함으로 움직일 때에 얻게 된다. 때문에 우아하고 아름답기도 하며 웅장하기도 하다"라 하니 이 두 경지를 "움직임(動)"과 "멈춤(靜)"에 비유하였다.

비슷하게 근대 진비석(陳匪石) 역시 『성집(聲執)』에서 시사의 경지를 논하였다. "'몸 밖의 경지'가 있으니 바람 비 산 시내 꽃 새 모두가 서로 전부 이것이다. '몸 안의 경지'가 있으니 바람 비 산 시내 꽃 새 때문에 안에서 발하여 스스로 깨닫지 못하는 한 생각이다. 몸 안 몸 밖이 무르녹아 하나가 되는 것이 곧 '사(詞)의 의경' 이다. 구술암이 '사의 의경은 어떻게 해야 아름다울 수가 있습니까?'라고 물으니 나는 '높은 곳에 서고, 넓은 곳을 간다'라는 여섯 글자로 대답했다. 높고 넓을 수 있다면 모든 것을 포괄하고 전체를 포용하여 속박 받지 않는다. '천연의 인상'을 낳고 '분명한 체득'을 하게 된다. 다시 그 근본을 찾는다면 넓음은 가슴에 있고 높음은 몸에 있다.(有身外之境, 風雨山川花鳥之一切相皆是. 有身內之境, 爲因乎風雨山川花鳥發于中而不自覺之一念. 身內身外, 融合爲一, 卽詞境也. 仇述庵問詞境如何能佳. 愚答以'高處立, 寬處行'六字. 能高能寬, 則涵蓋一切, 包容一切, 不受束縛. 生天然之觀感, 得眞切之體會. 再求其本, 則寬在胸襟, 高在身分.)" 이 글의 논리를 원림에 적용하면 "몸 밖의 경지(身外之境)"는 외재자연(外在自然)으로서 "내가 있는 경지(有我之境)"와 상통하며, "몸 안의 경지(身內之境)"는 내재체험(內在體驗)으로서 "내가 없는 경지(有無我之境)"와 상통한다. 또한 "높은 곳에 서고, 넓은 곳을 간다(高處立, 寬處行.)"라는 여섯 글자는 조원기법을 포괄하는 지고한 경지를 의미한다.

중국 고전원림의 발전과정을 살펴보면, 경관 자체, 즉 "외재자연"에 대한 관찰에서 작가의 "내재체험"으로서의 경관의경을 중시하는 방향으로 변환하는 과정을 밟고 있다.

(1) 외재자연으로서의 경관

원림예술은 사람들의 자연의식과 밀접한 관련이 있다. 일부 학자들은 3세기 초에서 6세기 말에 이르는 육조(六朝)시기 중국인들은 풍경의 각도에서 자연을 의식하였다고 본다.[221] 예를 들어 서진의 양호(羊祜)는 풍경을 좋아하여 스스로 말하기를 "성기고 넓은 풍경은 나의 스승이니, 나는 산과 물을 좋아하여 매양 풍경에는 반드시 나아간다. 현산에서 술자리를 마련하고 이야기를 나누며 시와 노래를 읊조려 종일토록 지루해 하지 않았다(疏廣是吾師也, 祐樂山水, 每風景必造, 峴山置酒言咏, 終日不倦.)"[222]라 하였다. 이 시기 중국인들은 이러한 외재경관의 아름다움을 적극적으로 탐색하기 시작하였는데, "풍경이 밝고 조화롭다(風景明和.)",[223] "풍경이 깨끗하고 조화롭다(風景淸和.)",[224] "풍경이 특히 아름답다(風景殊美.)",[225] "풍경이 밝고 맑다(風景明淨.)",[226] "풍경이 조화롭고 유창하다(風景和暢.)"[227] 등 "풍경(風景)"에 관한 미학명제가 문학·회화·원림 등의 예술 매개를 통해 자세히 묘사되고 표현되기 시작하였다. 이러한 과정 가운데 점차 객관자연에 대한 묘사와 시인의 주관태도가 융합되기 시작하였으니, 남조(南朝) 양(梁)의 유협(劉勰)은 『문심조룡·물색제사십육(文心雕龍·物色第四十六)』에서 "얼마 전부터 문장에 있어서 형상의 유사함을 귀하게 여기니, 풍경 위로 정을 엿보고 초목 가운데서 모습을 꿴다. 시가 발하면 뜻은 오직 깊고 멀어져서 외물을 체득함이 오묘해지니, 교묘함은 (외물에 대한 시문표현이 뜻에) 밀접하게 부합하는지에 달려 있다(自近代以來, 文貴形似, 窺情風景之上, 鑽貌草木之中. 吟咏所發, 志惟深遠, 體物爲妙, 巧在密附.)"라 하였으니, 이는 경관 표현이 시인의 뜻에 부합하는 것이 아니라 외형의 묘사에 치중되고 있는 세태를 비판한 것으로, 당시 시문들이 보편적으로 외재자연으로서의 경관 묘사에 치중하는 수준에 머물렀음을 알 수 있다.

동진(東晉)의 사령운(謝靈運)은 산수경관에 관한 시들을 위주로 쓰면서 본격적으

---

221 [德] 顧彬, 『中國文人的自然觀』, 上海 : 上海人民出版社. 1990 : 引言.
222 欽定四庫全書, 史部, 正史類, 晋書, 卷三十四.
223 欽定四庫全書, 史部, 正史類, 梁書, 卷五十四.
224 欽定四庫全書, 史部, 正史類, 陳書, 卷三.
225 欽定四庫全書, 史部, 正史類, 南史, 卷四十三.
226 欽定四庫全書, 史部, 正史類, 南史, 卷七十八.
227 欽定四庫全書, 史部, 正史類, 舊五代史, 卷三十一.

로 자연의 아름다움을 표현하는 데 집중하기 시작하였다. 그는 『여남산왕북산경호중첨조(于南山往北山經湖中瞻眺)』에서 "아침에 밝은 언덕을 출발하여 석양에 그늘진 봉우리에서 쉬네. 배에서 내려 소용돌이치는 물가를 바라보며 지팡이 멈추고 무성한 소나무에 기대네. 옆길은 이미 조용하고 둥근 강섬도 영롱하네. 교목의 끝을 굽어보고, 큰 골짜기의 물소리를 우러러 듣네. 바위 가로놓여 물이 갈래져 흐르고 숲의 나무 조밀하여 길에는 발자취 끊기었네(朝旦發陽崖. 景落憩陰峰. 舍舟眺逈渚, 停策倚茂松. 側徑旣窈窕, 環洲亦玲瓏. 俯視喬木杪, 仰聆大壑㶁. 石橫水分流, 林密蹊絕踪.)"[228]라 하여 산수경관을 그대로 서술하는 것이 아니라 미적인 관점에서 재구성하기 시작했다. 『등석문최고정(登石門最高頂)』에서는 "새벽에 지팡이 짚고 절벽을 찾고, 저녁에 쉼은 산의 보금자리에 있네. 성근 산봉우리, 높은 관사(館舍)가 맞서고, 마주한 산고개, 휘도는 시내 돌아가네. 긴 수풀, 문과 뜰에 벌려 있고, 쌓인 돌, 섬돌과 초석을 에워싸네. 이어진 바위에 길이 막힘을 깨닫고 빽빽한 대나무 숲, 섬돌에서 혼미하게 하는구나. 오는 사람 새 나무를 잊고, 떠나간 그대 옛 오솔길에 미혹하네(晨策尋絕壁, 夕息在山栖. 疏峰抗高館, 對嶺歸回溪. 長林羅戶庭, 積石擁階基. 連岩覺路塞, 密竹使階迷. 來人忘新木, 去子惑故蹊.)"[229]라 하여 기존의 하늘에서 산수를 굽어보며 묘사하는 듯한 방식을 탈피하고 사람의 눈높이와 시각에서 경물을 묘사하기 시작하였다. 또 『전남수원격류식원(田南樹園激流植援)』에서는 "나무꾼과 은자 함께 산에 있는데 여태까지 그 일이 같지 않네. 같지 않음이 한 가지 일만이 아니요, 병을 요양함 또한 정원 가운데에서 하네. 정원 가운데에서 잡란한 기운 막으니, 맑고 텅 비어 멀리 불어오는 바람을 부른다네. 집터를 가려 선택함은 북쪽 언덕에 의지하고, 사립문 엷은 남쪽 강을 마주하네. 부딪혀 흐르는 산골 물, 우물에서 물 긷는 것을 대

228 欽定四庫全書, 集部, 總集類, 古詩紀, 卷五十八.
229 欽定四庫全書, 集部, 總集類, 古詩紀, 卷五十八.

신하고, 꽂혀 있는 무궁화, 벌려 있는 담장과 맞닿아 있네. 여러 나무, 이미 문에 벌려 있고, 모든 산 역시 창을 마주하였네. 구불구불 죽 이어져 아래 밭으로 향하여 가고, 아득하게 높은 봉우리를 멀리 바라본다(樵隱俱在山, 由來事不同. 不同非一事, 養疴亦園中. 中園屛氛雜, 淸曠招遠風. 葡室倚北皇, 啓扉面南江. 激澗代汲井, 揷槿當列墉. 群木旣羅戶, 衆山亦對窗. 靡迤趨下田, 迢遞瞰高峰.)"[230]라 하여 자연경관과 거주공간의 조화를 표현하기 시작했다.

하지만 유협이나 사령운 등이 내재체험으로서의 의경을 표현하기 위해 여러 가지 탐색을 하는 과정에서도 외재자연으로서의 경관을 서술하는 표현기법은 여전히 보편적으로 사용되었다. 예를 들어 동진 말기 전원시인 도연명(陶淵明)의 『귀원전거(歸園田居)』를 보면 "네모난 택지 십여 이랑, 초가집 팔구 칸. 느릅나무와 버드나무는 뒤편 치마에 그늘을 지우고, 복숭아와 오얏나무 대청 앞에 늘어섰네. 먼 곳 마을은 어렴풋이 보이고, 마을에선 연기가 가늘게 피어오른다. 깊숙한 골목에서 개가 짖고, 뽕나무 끝에서 닭이 우네. 집에는 더럽고 잡된 일 하나 없고, 빈 방에는 남은 한가로움이 있네(方宅十餘畝, 草屋八九間. 楡柳蔭後檐, 桃李羅堂前. 曖曖遠人村, 依依墟裏烟. 狗吠深巷中, 鷄鳴桑樹顚. 戶庭無塵雜, 虛室有餘閑.)"[231]라 하였는데, 여기서 외재자연 경관에 대한 서술은 여전히 산수 원림시의 중요한 표현방식으로 사용되었다.

일반적으로, 중국 산수화 역시 위진남북조(魏晉南北朝)시기에 발생하였다고 여겨지는데, 이 시기에는 남조 송(宋)의 종병(宗炳)이 『화산수서(畫山水序)』라는 중국 최초의 산수화 이론 저술을 선보이면서 다음과 같이 언급하였다. "성인은 도를 체득하여 사물을 밝혀 주고 현자는 마음을 깨끗이 하여 (성인이 밝혀준) 사물의 형상을 감상한다. 산수로 말하자면 유를 바탕으로 삼으면서도 신령스럽다. 따라서 황제, 요,

---

230 欽定四庫全書, 集部, 總集類, 古詩紀, 卷五十八.
231 欽定四庫全書, 集部, 總集類, 古詩紀, 卷一百五十五.

공자, 광성자, 허유, 고죽 같은 이들이 상동, 구차, 모고, 기, 수, 태몽 같은 명산에서 노닐었으니 또한 인자요산, 지자요수라고 일컬을 만하다. 성인이 정신적으로 도를 법도로 삼으면 현자는 여기에 통하고 산수가 형상으로 도를 아름답게 꾸미면 인자에 즐거워하니 또한 서로 비슷하지 않은가!(聖人含道映物, 賢者澄懷味像. 至于山水, 質有而靈趣, 是以軒轅, 堯, 孔, 廣成, 大隗, 許由, 孤竹之流, 必有崆峒, 具茨, 藐姑, 箕, 首, 大蒙之游焉. 又稱仁智之樂焉. 夫聖人以神法道, 而賢者通 ; 山水以形媚道, 而仁者樂. 不亦幾乎?)"

외재세계에 대한 탐구는 자아에 대한 최초의 인지과정이다. 따라서 자연에 가까이 다가가는 인류의 노력은 사실 자아인식이라는 철학적 명제와 닿아 있으니 "사람은 땅을, 땅을 하늘을, 하늘은 도를, 도는 자연을 법칙으로 삼는다(人法地, 地法天, 天法道, 道法自然.)"[232]라 하였다. 이와 관련하여 『화산수결』에 이르기를 "이에 한거하면서 기를 다스리고 깨끗이 씻은 술잔을 기울이고 거문고를 울리며 산수화폭을 펼쳐 놓고 그윽이 마주하면, 가만히 앉은 채로 우주의 끝까지를 궁구할 수 있고, 하늘의 위엄을 위배하지 않고서도 홀로 무위자연의 이상세계에서 노닐 수가 있다. 바위로 이루어진 구멍 뚫린 산봉우리는 높이 솟아 있고, 구름 걸린 산림은 아득하게 펼쳐져 있다. 그 옛날 성현의 도가 아득하게 뒤인 오늘날에 발휘되어 갖가지 풍취를 지닌 삼라만상의 영묘한 정신과 하나로 융화되어 주객이 합일된다. 내가 다시 무엇을 하겠는가. 세속의 속박에서 온전히 벗어나 창신할 뿐이다. 신의 창달함을 만끽하고 있으니 그 무엇이 이보다 낫겠는가?(于是閑居理氣, 拂觴鳴琴, 披圖幽對, 坐究四荒, 不違天勵之藂, 獨應無人之野. 峰岫嶢嶷, 雲林森眇.)"라 하였으니, 여기에서 보듯이 초기 예술에서 산수경관을 다루는 중점은 외재자연 묘사에 두는 것이 상리였다.

---

232 『老子道德經』, 卷二十五.

(2) 내재체험으로서의 의경(義境)

왕국위는 『인간사화』에서 "사가(詞家)는 대부분 경치를 정에 붙인다(詞家多以景寓情.)"라 하였다. 마찬가지로 조원가 역시 경관에 정감을 부여한다. 즉 자연경관에 대한 인식의 수준이 높아지면서 원림예술도 외재자연 경관을 모방하는 단계에서 벗어나 그 안에 "정(情)"을 부여하여 "의경"을 구성하기 시작하였다.

"의경"이란 심미주체인 사람과 심미객채인 원림이 서로 반응하는 경관이며, 이러한 원림의경의 창조는 "인정(人情)"과 "물리(物理)"를 반응시키는 과정이다. 심(心)과 물(物), 신(神)과 형(形), 정(情)과 이(理)에 대한 부단한 탐구과정에서 원림경관에 대한 일종의 묵약이 형성되었다. 청대 방사서(方士庶)는 『천용암수필(天慵庵隨筆)』에서 이르기를 "산, 시내, 풀, 나무는 조화의 자연이니 이는 실경(實境)이다. 마음을 통해 지경을 만듦은 손으로 마음을 움직임이니 이는 허경(虛境)이다(山川草木, 造化自然, 此實境也. 因心造境, 以手運心, 此虛境也.)"라 하였는데, 이 경관원리를 원림에 적용하면 이(理), 즉 실경을 만들고 그 안에 정(情), 즉 허경(虛境)을 모아서 얽어 넣는 것이 중요하다. 이러한 추상원리는 원림 이론과 기예의 진보에 발맞춰 점차 물리적으로 실현되어 갔다.

청대 장조(張潮)의 『유몽영(幽夢影)』에 이르기를 "매화는 사람을 고아하게 만들고, 난은 사람을 그윽하게 만들고, 국화는 사람을 소박하게 만들고, 연은 사람을 담박하게 만들고, 봄 해당화는 사람을 곱게 만들고, 모란은 사람을 호방하게 만들고, 파초와 대는 사람을 운치 있게 만들고, 가을 해당화는 사람을 아름답게 만들고, 소나무는 사람을 초일하게 만들고, 오동나무는 사람을 맑게 만들고, 버드나무는 사람을 느끼게 만든다(梅令人高, 蘭令人幽, 菊令人野, 蓮令人淡, 春海棠令人艶, 牡丹令人豪, 蕉與竹令人韻, 秋海棠令人媚, 松令人逸, 桐令人淸, 柳令人感.)"라 하였듯이, 화목 등의 원림경관은 그것을 가까이 하는 사람에게 정서상의 감응을 불러일으킨다. 이러한 경물과 사람의 감응에 대해서, 소주 창랑정의 연(聯)에 이르기를 "푸른 솔 비취 빛 대나무 진짜 아름다운 손이요, 밝은 달 맑은 바람 바로 옛 친구네(蒼松翠竹眞佳客 ; 明

月淸風是故人.)", "게으른 운선(雲仙) 봉래산 깊은 곳에서 제 멋대로 높이 잠들고 ……수풀과 샘이 나를 사랑하고, 내가 수풀과 샘을 사랑하네(懶雲仙, 蓬萊深處恣高眠 ……林泉愛我, 我愛林泉.)"라 하였다. 또 육유(陸游)의 『한거자술(閑居自述)』에 이르기를 "산옹이 참으로 게으르다는 것 스스로 인정하니, 분분한 외물이 어찌 몸에 관계되랴? 꽃은 말을 이해하는 것 같아 도리어 일이 많고, 돌은 말하지 못하니 가장 사람에게 좋구나(自許山翁懶是眞, 紛紛外物豈關身. 花如解語還多事, 石不能言最可人.)"라 하였다.

이러한 정서상의 감응은 원림 안에서 내재체험을 형성하고 나아가서 독특한 의경을 형성한다. 문징명의 『졸정원약서당(拙政園若墅堂)』이라는 시에서 이르기를 "마음에 딱 드는 곳이 어찌 반드시 교외에 있으랴? 가까운 채마밭에서 분명히 먼 곳의 정을 보네. 흐르는 물, 끊어진 다리에 봄 풀빛이오, 무궁화 울타리, 띠풀 집에 낮닭이 우는구나. 인경(人境)에 수레와 말 없음이 몹시 좋으니 참으로 산림이 성시 안에 있도다. 옛 현인의 고상한 은둔의 땅을 저버리지 않았으니 손에는 책 들고 아이에게 밭 갈게 하네(會心何必在郊坰, 近圃分明見遠情. 流水斷橋春草色, 槿籬茆屋午鷄聲. 絶憐人境無車馬, 信有山林在市城. 不負昔賢高隱地, 手携書卷課童耕.)"라 하니, 여기에서 작가는 은거한 현자의 삶을 추구하면서도 인적 없는 산림이 아닌 성시안의 한적한 모서리를 택하여 은거의 장소로 삼았는데, 이는 그 경관이 작가가 추구하는 은거한 현자로서의 생활모습의 이미지, 즉 의경에 부합하기 때문에 가능한 것이다.

훌륭한 원림의경은 그 안에 거하는 사람들에게 큰 만족감을 주어 굳이 의도적으로 외재자연의 아름다움을 추구하려 할 필요를 못 느끼게 한다. 당대 유우석(劉禹錫)의 『제수안감당관이수(題壽安甘棠館二首)』[233]라는 시는 이러한 인공창조 경관 중에서 얻는 내재체험의 만족에 대해 "공관은 신신의 집 같아, 못 맑고 대나무 오솔길

---

233 欽定四庫全書, 集部, 總集類, 古詩鏡＿唐詩鏡, 卷三十六.

도 5-83. 졸정원(拙政園) 원향당(遠香堂), 옛 약서당(若墅堂) 터에 세워짐

비스듬하네. 산새 홀연 놀라 일어나니, 허공에 떨어지는 것, 절반이 바위꽃(公館似仙家, 池淸竹徑斜. 山禽忽驚起, 沖落半岩花)", "문 앞의 낙양 길, 문 안의 복사꽃길. 티끌흙과 안개와 노을, 그 사이는 열 걸음 남짓(門前洛陽道, 門裏桃花路. 塵土與烟霞, 其間十余步.)"이라고 표현하였다.

번잡한 성시에 위치한 원림이라 할지라고 적절한 분격수법으로 혼잡함의 침습을 막으면 풍부한 의경을 형성할 수 있다. 명대 진계유의 『소창유기·권육집경』에 이르기를 "산굽이의 작은 집, 사람의 정원은 깊고 고요하게 그윽한 오솔길 있고, 초록빛 옥은 일 만 간(竽)이다. 가운데에 산골 물을 모아 굽은 못을 만들고, 못 주변에는 대나무와 운석이 있으며, 그 뒤에는 평평한 언덕이 비스듬하다. 옛 소나무는 물고기의 비늘 같은데 소나무 아래에 모두 키 작은 나무와 잡목으로, 담쟁이와 댕댕이 넌출이 나란히 짜여 있고, 정자는 날아갈 듯 서 있다. 한밤중에 학 울음소리 맑게 멀리 퍼지면, 황홀함이 마치 화단에서 자는 듯하다. 그 사이로 애달픈 원숭이의 휘파람소리를 들으면 맑고도 처량하여 서리에 놀라, 애초 성시인지 산림인지 분별하지 못한다(山曲小房, 人園窈窕幽徑, 綠玉萬竿. 中彙澗水爲曲池, 環池竹樹雲石, 其後平岡透迤, 古松鱗鬣, 松下皆灌叢雜木, 蔦蘿騈織, 亭榭翼然. 夜半鶴唳淸遠, 恍如宿花塢 ; 間聞哀猿啼嘯, 嘹唳驚霜, 初不辨其爲城市爲山林也.)"라 하였으니, 이 성시원림은 교묘한 경관처리를 통해 "산림"으로 체험되는 의경을 만드는 데 성공하였다.

비록 후대에 이르러 원림에서 내재체험으로서의 의경이 중시되었다 할지라도, 사람들은 여전히 원림에서 외재자연으로서의 경관에 집중하였다. 예를 들어 청대 웅조이(熊祖詒)는 『중수성황묘곡수원병착방생지기(重修城隍廟曲水園幷鑿放生池記)』에서 언급하기를 "상등급의 지혜를 지닌 선비는 마음에 천유(天游)가 있어 비록 날로 협소하고 막히며, 시끄럽고 티끌이 분분한 지경과 접하더라도 가슴속은 편안하고 확 트여 있다. 몸의 여섯 개의 구멍이 물러나 그 다음을 들어, 신명이 이를 이겨내지 못하면, 반드시 높은 산 큰 수풀과 그윽하고 깊은 구역을 빌려 그 귀와 눈을 씻어내고 그 성정을 무젖게 한다. 때문에 한 언덕, 한 골짜기라도 군자는 매번 도를 즐긴다(上智之士, 心有天游, 雖日與浙隘囂塵之境接, 而胸中怡然廓然. 六鑿退聽其次, 神明不勝, 則必借崇山大林, 幽區邃宇, 以洗濯其耳目, 涵泳其性情. 故一丘一壑, 君子每樂道焉.)"라 하였다.

그 밖에 많은 시사들이 이러한 원림체험을 반영하고 있으니 다음과 같다.

시끌벅적 성 서쪽의 저자와 떨어져 끊어지니, 그윽한 보금자리는 야인의 집 같구나.(隔斷城西市語嘩, 幽栖絶似野人家.)一청 왕완(汪琬) 『재제강씨예포(再題蔣氏藝圃)』

거사의 높은 자취 어디에서 찾을까. 그대로 성시에 산림이 있네.(居士高踪何處尋, 居然城市有山林.)一청 왕갱언(王賡言) 『유사자림(游獅子林)』

한 오솔길 그윽한 산에 안겨 있는데, 그대로 성과 저자의 사이라네. 높은 난간 굽은 물 마주하고 긴 대나무 근심스러운 들판을 달래주네. 자취는 승냥이와 이리와 멀고, 마음은 물고기와 새를 따라 한가롭다. 나는 이 지경에서 늙는 것을 달게 여기니, 기관을 일삼을 겨를이 없다네. (一徑抱幽山, 居然城市間. 高軒面曲水, 修竹慰愁野. 迹與豺狼遠, 心隨魚鳥閑. 吾甘老此境, 無暇事機關.)—송 소순흠(蘇舜欽) 『창랑정(滄浪亭)』

집의 서쪽 동쪽에서 새 울고 꽃 떨어지고, 푸른 안개 같은 잣, 붉은 불꽃같은 토란이네. 사람들은 내가 성시 안에 거처한다고 말하지만 나는 이 몸이 일

도 5-84. 무석(無錫) 기창원(寄暢園).

만 산 가운데에 있다고 생각한다네.(鳥啼花落屋西東, 柏子烟靑芋火紅. 人道我居城市裏, 我疑身在萬山中.)—원 유칙(惟則) 『사자림즉경십사수(獅子林卽景十四首)』

2. 경관에 대한 수사(修辭)—과편(過片)과 간약(簡約)

시사와 원림은 경관묘사에 있어서 과편과 간약 같은 공통된 수사 수법을 사용하기도 한다. 과편이란 상편과 하편으로 구성된 한 수의 사에서 하편의 첫 번째 구절이 상편의 내용을 이어지면서 동시에 다른 주제로 자연스럽게 전환시키는 것을 가리킨다. 또한 간약이란 간결하고 군더더기가 전혀 없는 단어만을 극도로 절제된 문

체를 가리킨다.

먼저 과편의 예로 당대 맹호연(孟浩然)의 『제의공선방(題義公禪房)』이라는 시를 살펴보자.

의공이 선정을 닦기 위하여, 빈숲을 의지해 초막을 지었네.

지게문 밖으로 한 봉우리 빼어나고 섬돌 앞에 못 골짜기 깊다.

저녁 햇빛 빗발에 연해 비치고 있고. 푸른 기운은 뜰의 나무 그늘이 되어 떨어져 있다.

연꽃의 깨끗함 보고서, 비로소 물들지 아니한 마음 알겠다.

義公習禪寂, 結宇依空林.

戶外一峰秀, 階前衆壑深.

夕陽連雨足, 空翠落庭陰.

看取蓮花淨, 方知不染心.

이 시에서 나오는 선정(禪淨)한 원림환경은 작가의 순결함에 대한 희구를 반영하고 있는데, 흥미롭게도, 억지로 어울리지 않는 경관내용을 함께 병치하였음에도 불구하고 작가의 심리적 상황과 교묘하게 결합하여 독특한 멋을 지닌 경관이 구성되었다.

다음으로 간약의 예로 원대 마치원(馬致遠)의 『천정사·추사(天淨沙·秋思)』를 살펴보자.

비쩍 마른 등나무, 늙은 나무, 저물녘 갈까마귀.

작은 다리, 흐르는 물, 인가.

옛길, 서쪽에서 불어오는 바람, 파리한 말.

저녁 햇볕 서쪽으로 내려가니.

애끊어지는 사람 하늘 끝에 있네.

枯藤老樹昏鴉.

小橋流水人家.

古道西風瘦馬.

夕陽西下.

斷腸人在天涯.

이 시에 대해 현대학자 종백화(宗白華)는 『중국예술의경의 탄생(中國藝術意境之誕生)』에서 다음과 같이 평가하였다. "앞의 네 구는 모두 경(景)을 묘사한 것이고 마지막 한구의 절의 정(情)으로 마무리하였으니, 전체의 시는 여러 개의 조각들이 모여서 하나의 애수적막(哀愁寂寞), 우주황한(宇宙荒寒), 정촉무변(根觸無邊)의 시경을 구성하였다. 정과 경이 서로 융합하고 침투하면서 가장 깊은 정을 자아낸다. 한 층 한 층 더욱 깊어지는 정은 동시에 사람을 꿰뚫어 가장 깊은 경관을 마무리하니, 한 층 한 층 투명해지는 경관이다. 경관에는 모두가 정(情)이니, 정은 상(象)을 갖추고 경(景)을 갖춘다. 따라서 하나의 독특한 우주를 펼치니, 참신한 경상이다. 일류를 위해 풍부함을 증가시켰고 세계를 위해 신경을 열었다. 운남전이 말한 '모두가 영상(靈想)의 홀로 열어젖힌 바이고, 모두 인간세상에 있는 바가 아니다(皆靈想之所獨辟, 總非人間所有.)'는 바로 나의 의경이기도 하다."

다시 당대 온정균(溫庭筠)의 『상산조행(商山早行)』을 살펴보자.

새벽에 일어나 수레방울 흔드니, 나그네 길에 고향생각 슬퍼하네.

닭 우는 소리 띠풀 객점의 달빛에 있고, 사람의 자취는 판자다리의 서리에 있네.

떡갈나무 이파리 산길에 떨어지고, 탱자 꽃은 역의 담장에 밝구나.

두릉을 그리며 꿈꾸는데, 오리 기러기들 도는 못물에 가득하네.

晨起動征鐸, 客行悲故鄉.

鷄聲茅店月, 人迹板橋霜.

槲葉落山路, 枳花明驛牆.

因思杜陵夢, 鳧雁滿回塘.

또 송대 신기질(辛弃疾)의 『서강월·야행황사도중(西江月·夜行黃沙道中)』을 보자.

밝은 달, 나뉜 가지에 까치를 놀라게 하고, 맑은 바람, 한밤중에 매미를 울게 하네.

벼꽃 향기 속에 풍년을 말하고, 한 조각 개구리소리를 듣는다.

7, 8개 별은 하늘 밖에 빛나고, 두세 점의 비는 산 앞에 나리네.

옛적 띠풀 객점 사림(社林)의 주변, 길을 꺾어 도니 시내의 다리 홀연 보이네.

明月 別枝 驚鵲, 清風半夜鳴蟬.

稻花香裏說豐年, 聽取蛙聲一片.

七八個星天外, 兩三點雨山前.

舊時茅店社林邊, 路轉溪橋忽見.

　　원림도 시사의 과편·간약과 유사한 수사수법을 사용한다. 비록 원림주제의 표현에는 다양한 방식이 있지만 성숙한 원림경관은 매우 풍부하기 때문에 그 안의 많은 요소들을 간단한 원림언어만으로는 논리적으로 조합하기 힘들며, 때에 따라 고도의 병치수법을 통해서만 제대로 표현될 수 있다. 이에 대해 현대학자 진종주(陳從周)는 "사(詞)를 지을 때에는 과편이 있다. 즉 상반결과 하반결 사이에 사(詞)와 의(意)가 반드시 이어진 듯하면서도 떨어진 듯해야 하니, 그 어려움이 여기에 있다. 조원 역시 반드시 과편을 주의해야 하며 자연스럽게 운용할 수 있다면 대형 원림이라 할지라도 역시 기세가 완정하고 균질한 맛이 있고 의미심장할 수 있다. 굽은 물이 가볍게 흐르고 산봉우리와 능선이 중첩하며 누각은 서로 가리고 드러내고 나무는 우러러보고 꽃은 이음은 모두 고립되어 있지 않다. 그 사이에는 높고 낮음의 기복이 있고, 열려 펼쳐져 있고 구불구불 이어져 있는 곳곳에 모두 과편이 있다. 이

과도의 붓은 각종 수법의 적당한 운용에 달려 있다. 즉 누각이 회랑으로 과도를 삼고 계류가 다리로 삼듯이 말이다. 색깔과 광택이 현란하나 다시 평담해지고, 중간의 색이 조화를 이루지 않는 것이 없으며, 그림 속에서 보필(補筆)을 사용하여 접기(接氣)하는 것도 모두 과도의 방법이다. 과도가 없으면 기가 통하지 않고 원림이 공령(空靈)할 수 없다. 허실의 도리는 과도가 법을 얻느냐에 달려 있다. 만약 그렇다면 경관은 끝나지 않고 어울림이 끝이 없다. 실한 곳에서는 허를 구하고, 바르고 굽음은 여음을 구하며, 비파 마지막 소리를 듣는 것은 능히 덜 중요한 것을 살피고, 가장 중요한 것에 중점을 둔다. 조연이 어떨 때는 주연을 초과할 수 있다, "강은 천지의 바깥에 흐르고 산 빛은 있는 듯 없는 듯하네(江流天地外, 山色有無中)"라 하니, 귀함은 없음이 있음을 이기는 데 있다"[234]라 하였다.

한편 청나라 장조의 『유몽영』을 살펴보자.

눈 때문에 고사를 생각하고,
꽃 때문에 미인을 생각하며,
술 때문에 협객을 생각하고,
달 때문에 좋은 벗을 생각하며,
산수 때문에 뜻에 딱 들어맞는 시문을 생각한다.
因雪想高士
因花想美人
因酒想俠客
因月想好友

---

234 陳從周, 『說園(五)』.

因山水想得意詩文

이 시사처럼 원림도 먼저 도약식 사유방식으로 수많은 경관요소를 원림에서 나열·병치시키고, 다음으로 사람의 정서와 다각도의 관계를 형성하여 정감을 불러일으킨다. 원림에서 이러한 수사수법은 종종 사용된다.

많은 사람들이 원림의 경명(景名), 편액(匾額), 영련(楹聯) 등을 주요 경관요소로 꼽는데, 이들은 확실히 중요하기는 하지만 이들에 적힌 한두 구절의 짧은 어구만으로는 해당하는 원림 의경의 진정한 멋과 아름다움을 충분히 체험할 수 없다. 이들은 종종 주제를 구성하는 한 조각이거나 "과편"과

도 5-85. 청(淸) 왕혜(王惠)의 《추수혼아도(秋樹昏鴉圖)》.

유사한 수사의 집합체일 뿐이다. 만약 이들에서 경관전체를 드러내고자 한다면 반드시 우선적으로 해당 경관구역의 모든 경관요소를 빠짐없이 드러내야 할 것이다.

예를 들어 송대 주돈유(朱敦儒)의 『감황은(感皇恩)』이라는 사에 이르기를 "한 작은 정원은 두세 이랑의 땅이다. 꽃과 대나무가 마땅함을 따라 곧 꾸미고 점점이 이어진다. 무궁화 울타리 띠풀 집에는 곧 산가의 풍미가 있다. 한가롭게 못가에서 술마시고 수풀 사이에서 취하니 모두 스스로를 위하여 가슴속에는 아무 일 없다. 풍경이 다투어 와 유희를 따른다. 마음에 걸맞고 뜻과 같으니 남은 삶 인간 세상에서 몇 해인가? 동천을 누가 티끌세상의 밖에 있다고 말하는가?(一個小園兒, 兩三畝地. 花竹隨宜旋裝綴. 槿籬茅舍, 便有山家風味. 等閑池上飮, 林間醉. 都爲自家, 胸中無事. 風景爭

來趁游戱. 稱心如意, 剩活人間幾歳. 洞天誰道在, 塵寰外.)"라 하였는데, 이 중의 경관은 간단해 보이지만 고도의 제련과 개괄을 거친 것으로, 보기에는 단순하지만 사실 복잡한 사이다. 이러한 원림 시사는 무척 많은데 그 중 몇 가지 실례를 아래에 모아 보았다.

들판의 객점에는 늦겨울이고, 초록 빛 술은 봄에 짙다. 지금을 생각해 보니 이 뜻에 누가 같겠는가? 시내 빛 다하지 않고, 산의 비취 빛 무궁하네. 몇 가지의 매화, 몇 간의 대나무, 몇 그루의 소나무 있네. 남여(藍輿)는 홍을 타고, 땅거미는 성글게 모인다. 외딴 마을 바라보니 기우는 해 급히 지네. 밤 창가에는 '눈의 진(陣)' 있고, 새벽 베개에는 구름 낀 산봉우리 있네.(野店殘冬. 綠酒春濃. 念如今, 此意誰同? 溪光不盡, 山翠無窮. 有幾枝梅, 幾竿竹, 幾株松. 藍輿乘興, 薄暮疏鍾. 望孤村, 斜日匆匆. 夜窗雪陣, 曉枕雲峰.)—송 왕신(汪莘)『행향자(行香子)』

평평한 언덕 작은 다리, 일천 봉우리에 안겨 있고, 부드러운 쪽빛 한 물줄기, 풀과 꽃을 굽어 도네.(平岸小橋千嶂抱, 柔藍一水縈花草.)—송 왕안석(王安石)『어가오(漁家傲)』

이 시사들은 내용 가운데 개념화된 원림공간을 형성하고 논리가 거의 없이 비약적으로 요소들을 선별하여 배치하였는데, 이러한 수법은 실제 원림의 설계에도 영향을 끼쳤다.

二. 시사의 경관표현과 원림

1. 높은 곳에 오름(登高)

(1) 높은 곳에 오르면 뜻이 일어난다(登高有意)
한대 왕찬(王粲)은 『등루부(登樓賦)』에서 "이 누각에 올라 사방을 바라보며 한가

도 5-86. 원(元) 주덕윤(朱德潤)의 《송하명금도(松下鳴琴圖)》.

한 날을 즐김으로써 근심을 녹인다. 이 집이 놓인 곳을 살피면 실로 드러나서 탁 트여 있으니 비할 것이 적다(登玆樓以四望兮, 聊暇日以銷憂, 覽斯宇之所處兮, 實顯敞而寡仇.)"라고 하여 높은 누각에 올라 느끼는 상쾌함을 표현하였다. 또한 이어서 "마음은 그리워하여 돌아가고 싶어 하니 누가 그리움을 이길 수 있겠는가? 난간에 기대어 멀리 바라보는데 북쪽을 향한 바람이 옷깃을 헤치네. 평원은 멀어서 끝이 보이지 않는데 형산의 높은 봉우리가 가리고 있고. 길이 구불구불 이어지니 멀리까지 닦여 있는 것이요, 내는 출렁이고 매우 깊구나. 옛 고향이 산으로 가려 있고 내로 떨어져 있음을 슬퍼하니 눈물이 가로질러 떨어지는 것을 금할 수 없다(情眷眷而懷歸兮, 孰憂思之可任?憑軒檻以遙望兮, 向北風而開襟. 平原遠而極目兮, 蔽荊山之高岑. 路逶迤以修迥兮, 川旣漾而濟深. 悲舊鄕之壅隔兮, 涕橫墜而弗禁.)"라 하여 난간에 기대어 경관을 자세히 살필수록 가슴이 탁 트이는 첫 인상은 사라지고 고향에 대한 그리움만이 사무침을 표현하였다. 이 시에서 나오는 높은 곳에 올라 경치를 조망하는 '등고(登高)'과 난간에 기대어 경치를 내려다보는 '빙란(憑欄)'은 고대 중국인들에게 신선하고 깊은 감명을 주었다.

이후 위나라 조식(曹植)이 "높은 누대에는 슬픈 바람이 많다(高臺多悲風.)"[235]라고 하여 높은 곳에 오르면 쉽게 사람의 감정이 자극받음을 지적하였고, 이후 경관 감상에 관련된 시사작품들이 이를 하나의 정형화된 형식으로 받아들이기 시작했다. 남조 양나라의 유협은 "원래 대저 높이 오르는 뜻은 대개 경물을 바라보면서 마음이 일어나는 것이다. 마음이 경물로써 일어나니 고로 뜻은 반드시 맑고 깨끗하며, 경물은 마음으로써 바라보니 고로 시는 반드시 교묘하고 아름답다(原夫登高之旨, 蓋睹物興情. 情以物興, 故義必明雅 ; 物以情觀, 故詞必巧麗.)"[236]라고 그 상관관계를 설명하였다.

사실 높은 곳에 올라 경치를 조망하는 것은 경관유람의 가장 기본적인 감상방식이다. 특히 위진시대 이후 청담과 귀은사상이 하나의 보편적 정서로 굳어지면서 높은 곳에 올라 모든 장애를 극복하고 멀리 자신의 정식적 안식처를 바라보는 행위로서 "등고" 역시 일종의 공식이 되었다. 더 나아가 청나라

도 5-87. 명(明) 소미(邵彌)의 《고송원간도(高松遠澗圖)》.

235 欽定四庫全書, 集部, 別集類, 漢至五代, 曹子建集, 卷五, 雜詩六首.
236 [南朝梁] 劉勰, 『文心雕龍 · 詮賦』.

방포(方苞)는 "대개 이곳에 이르면 만 가지 감정이 끊어지고 백 가지 걱정이 사라지니, 나의 본심은 천지의 정신과 더불어 하나로 서로 접하는구나(蓋至此, 則萬感絶百慮冥, 而吾之本心乃與天地之精神一相接焉.)"[237]라 하여, 높은 곳에 올라 경관을 바라보면 모든 잡념이 사라지고 위대한 우주의 섭리에 합하게 된다는 철학적 경지를 표현하기도 하였다.

이들 외에 역대의 시사작품 가운데에서 "등고"를 주제로 한 작품은 무수히 많은데 그 중 대표적인 구절들을 대략적으로 아래에 모아 보았다.

대에 임하여 높은 데를 가니 헌(軒)으로써 높고, 아래에는 맑고도 차가운 물이 있네.(臨台行高高以軒, 下有水淸且寒.)—삼국 위·조비(曹丕) 『임고대(臨高臺)』

높은 대에서 볼 수 없으니, 멀리 바라보매 사람을 근심스럽게 해서이지.(高臺不可望, 望遠使人愁.)—남조 송·심약(沈約) 『임고대(臨高臺)』

천리를 다 보고자 하여 다시 누각 한 층을 오른다네.(欲窮千里目, 更上一層樓.)—당·왕지환(王之渙) 『등관작루(登鸛雀樓)』

천리 떨어져 항상 돌아갈 것을 생각하여, 대에 올라 기익(綺翼)에 임하네.(千里常思歸, 登臺臨綺翼.)—남조 제·사조(謝朓) 『임고대(臨高臺)』

높은 곳에 오르니, 오고가는 기러기에 애달프게도 나그네 마음 아프구나.(登高去來雁, 惆悵客心傷.)—『낙부시집·자야사시가·추가(樂府詩集·子夜四時歌·秋歌)』

---

237 [淸] 方苞, 『游雁蕩記』.

옛 동산 남은 터 있어, 높은 데에 올라 아래에 임하여 옛 노닒을 생각하네.(故園遺墟在, 登臨想舊游.)—당·융욱(戎昱) 『운몽고성추망(雲夢故城秋望)』

높은 데에 올라 장쾌하게 천지 사이를 바라본다.(登高壯觀天地間.)—당·이백(李白) 『여산요기노시어허주(廬山謠寄盧侍禦虛舟)』

인간사에는 신구교대가 있고, 교유에는 옛날과 지금 사귐이 있네. 강산에 훌륭한 족적을 남겨도, 우리들은 다시 산에 오르고 물가에 임하리.(人事有代謝, 往來成古今. 江山留勝迹, 我輩複登臨.)—당·맹호연 『어제자등현산(與諸子登峴山)』

오악의 신선을 찾아 먼 길을 마다 않고, 명산에 들어가 놀기 일생 동안 좋아했다.(五岳尋仙不辭遠, 一生好入名山游.)—당·이백 『여산요기노시어허주』

위태로운 누각의 높이가 백 척이나 되어, 손으로 별을 딸 만하구나. 감히 큰소리로 말할 수 없네, 하늘 사람 놀랄까봐.(危樓高百尺, 手可摘星辰. 不敢高聲語, 恐驚天上人.)—당·이백 『야숙산사(夜宿山寺)』

앞으로는 옛사람이 보이지 않고, 뒤로는 올 사람이 보이지 않는다. 천지의 끝없는 영원함을 생각하니, 홀로 슬픔에 젖어 눈물이 흐른다.(前不見古人, 後不見來者. 念天地之悠悠, 獨愴然而涕下.)—당·진자앙(陳子昂) 『등유주대가(登幽州台歌)』

구름에 가려 보이지 않아도 두렵지 않은 것은 지금 내가 가장 높은 곳에 서 있기 때문이지.(不畏浮雲遮望眼, 只緣身在最高層.)—송·왕안석 『등비래봉(登飛來峰)』

높은 데에 올라서 바라보아 기이한 경계를 얻었다.(升高而望, 得异境焉.)─송·소식『방학정기(放鶴亭記)』

높은 데에 올라 강과 산의 멀고 가까움을 바라보고, 물에 즐거워하여 물고기와 새의 뜨고 잠김을 좇는 것과 같은 것은, 그 물상(物象)과 의취(意趣)와 높은 곳에 올라 아래로 임하는 즐거움을 보는 사람이 각각 스스로 얻는다.(若乃升于高以望江山之遠近, 嬉于水而逐魚鳥之浮沉, 其物象意趣, 登臨之樂, 覽者各自得焉.)─송·구양수(歐陽修)『진주동각기(眞州東閣記)』

높은 곳에 올라 아래로 임하여 더듬어 찾으면 외물을 만나 감회를 일으키고 가슴 속이 탁 트여 절로 언덕과 골짜기를 이룬다.(登臨探索, 遇物興懷, 胸中磊落, 自成丘壑.)─송·동유(董逌)『광주화발·권오(廣川畫跋·卷五.)』

다만 누에 기대어 죽 쳐다보매 때로 깃든 갈까마귀를 보니 돌아가고픈 마음 어찌할 수 없어 남몰래 흐르는 물 따라 하늘 끝에 이른다.(但倚樓極目, 時見栖鴉, 無奈歸心, 暗隨流水到天涯.)─송·진관(秦觀)『망해조(望海潮)』

높은 곳에 올라 아래로 임하여 옛 정원을 바라보니, 누가 서울의 게으른 길손임을 알겠는가? 장정(長亭)의 길을 해마다 오고가니, 응당 부드러운 가지 꺾은 것 일천 척 넘었을 테지.(登臨望故園, 誰識京華倦客?長亭路, 年去歲來, 應折柔條過千尺.)─송·주방언(周邦彦)『난릉왕·유음직(蘭陵王·柳陰直)』

바라보니 강 하늘에 저녁비가 부슬부슬, 한바탕 맑은 가을 씻어내누나. 점차 서릿바람 세차게 불어, 산하는 쓸쓸한데, 석양이 누각에 비쳐든다. 이곳에 꽃 지고 잎 떨어져, 아름다운 경치 빛을 잃는구나. 강의 물결만이 말없이 동쪽으로 흐르네. 참지 못해 높은 곳 올라 시선을 멀리 하니, 고향이 아스라이 바라보여 돌아가고픈 마음 거둘 길이 없어라. 지금까지의 종적을 돌이켜 생각해보니, 무슨 일로 타지에서 고생했던가?(對瀟瀟暮雨灑江天, 一番洗淸秋. 漸霜風凄緊, 關河冷落, 殘照當樓. 是處紅衰翠減, 苒苒物華休. 惟有長江水, 無語東流. 不忍登高臨遠, 望故鄕渺邈, 歸思難收. 嘆年來踪迹, 何事苦淹留?)—송·유용(柳永)『팔성감주(八聲甘州)』

높고 낮은 누각 창공을 걸터타고, 빽빽한 여러 수목 산바람에 버금가네. 창강은 동쪽으로 가 하늘 밖으로 흐르고, 진수는 서쪽으로 와 한중을 에두른다. 들은 텅 비어 자연히 멀리 바라보는 시선을 슬프게 하고 하늘은 높아 애오라지 다시 날아가는 기러기 보내네. 높은 곳에 올라 아래에 임하매 하산(河山)에 대한 생각 일으키지 않으니, 오늘날 중원에 사공(謝公, 사령운)이 있네.(樓閣高低跨碧空, 鱗鱗群樹亞山風. 滄江東去流天外, 秦岫西來繞漢中. 野曠自然傷遠目, 天高聊複送飛鴻. 登臨不起河山念, 今日中原有謝公.)—송·장얼(張嵲)『종유대제유중양산사(從劉待制游中梁山寺)』

여러 재 수풀 우거져 서로 돌고 섞이고, 고찰은 높은 수풀에 감춰졌네. 평평한 시냇물 한눈에 다 보이고, 나열된 산굴 천 겹으로 깊구나. 옛 사람 몇 번이나 지나갔을까, 우리들 다시 올라 아래에 임하네. 산과 시내 진실로 바뀌지 않아, 다만 옛날을 그리워하는 마음을 슬프게만 하네.(衆嶺莽回互, 古刹藏喬林. 平川一目盡, 列岫千重深. 昔人幾經歷, 我輩複登臨. 山川諒不改, 徒傷懷古心.)—송·장얼『정동유제공(呈同游諸公)』

삼 년 동안 중양절 국화 필 때에 나는 집에 있지 못했네. 어찌 오늘의 술을 기약하리오. 갑자기 옛 동산의 꽃을 마주하네. 들은 텅 비어 구름이 나무에 이어졌고, 하늘은 추워 기러기는 모래벌에 모여드네. 높은 곳에 올라 아래에 임하매 뜻은 끝이 없으니 어느 곳에서 서울을 바라볼까.(三載重陽菊, 開時不在家. 何期今日酒, 忽對故園花. 野曠雲連樹, 天寒雁聚沙. 登臨無限意, 何處望京華.)—명·문삼(文森)『구일(九日)』

높은 곳에 올라서 멀리 바라보고 물에 임하여 돌아감을 전송한다.(登高而望遠, 臨水以送歸.)

도 5-88. 명(明) 심주(沈周)의 《낙화시의도(落花詩意圖)》.

—청·달중광(笪重光) 『화전(畫筌)』

이상의 시사들에서 등장하는 "맑은 경치 속에서 느끼는 고독(淸景孤獨)", "천공에 가까이 다가섬(接近天空)", "둥근 우주를 한눈에 담음(總攬環宇)", "노닐다 고향을 생각함(游子思鄕)", "고향과 사람에 대한 그리움(思婦懷人)", "장사의 비가(壯士悲歌)", "인생의 짧음(人生短暫)", "자연의 영원함(造化長久)" 등은 보편적인 "등고" 관련 주제들이다.

이러한 특징은 원림에서도 적극적으로 사용되기 시작하였는데, 소위 "유람은 뜻에 적합하고, 바라봄은 정에 붙인다. 뜻이 노닒에 적합하고 정이 바라봄에 붙는다면, 뜻이 통창하고 정이 나오니 그 근본을 잊은 것이다(游以適意也, 望以寓情也. 意適于游, 情寓于望, 則意暢情出而忘其本矣.)"[238]라는 지적처럼 원림의 동적유람은 유람객의 호기심, 즉 이성을 자극하도록 구성되며, 원림의 정적감상은 유람객의 감성을 불러일으키도록 구성한다. 원림에서는 보편적으로 "등고"하는 곳은 높은 곳에 세워진 정자나 누대 그리고 누각 등이 있다.

(2) 높이 올라 정자에 들어서다(登高入亭)

시사 작품에서 "등고"하여 경관을 바라볼 때 주로 정자를 건축적 배경으로 삼는다. 예를 들어 당대 두보(杜甫)는 『제정현정자(題鄭縣亭子)』에서 "계곡 시냇가의 정

---

238 [宋] 蘇軾, 『東坡志林·雪堂記』.

현(鄭縣) 정자(亭子), 호유(戶牖)[239]를 통해 높은 데에 기대어 새롭게 흥취를 발한다(鄭縣亭子澗之濱, 戶牖憑高發興新)"라 하였고, 소동파(蘇東坡)는 『함허정(涵虛亭)』에서 "물 흐르는 헌(軒)과 꽃 피어 있는 정자, 둘이서 아름다움을 다투니, 가을 달과 봄바람

도 5-89. 송(宋) 미불(米芾)의 《춘산서송도(春山瑞松圖)》.

은 각각 절로 한쪽으로 치우치네. 오직 이 정자 있을 뿐 한 물건도 없으니, 앉아서 온갖 경광을 바라보매 천연의 온전함을 얻었도다(水軒花樹兩爭妍, 秋月春風各自偏. 惟有此亭無一物, 坐觀萬景得天全.)"라 하였다. 또 송대 장얼은 『회람정삼수(會覽亭三首)』의 시에서 "야생의 언덕과 평원의 숲이 군성을 마주하고 있으니 올라서 굽어보는 핵심은 이 정자에 있다(野岸平林對郡城, 登臨領要在斯亭.)"라 하였다.

특히 송대 한원길(韓元吉)의 『우미인(虞美人)』에서는 높은 곳에 올라 정자에 들어서는(登高入亭) 행위를 자세하게 설명하고 있다. "높이 올라 굽어보는 것은 예로부터 사람을 설레게 하는 일이니 하늘 끝에서 몸이 떨리는 의미이다. 금화봉 정상에 중량정을 만드니 월지와 천순풍 안에 만지향이 가득하다. 당신과 함께 손님을 데리고 서로 응하여 기록하고 몇 곳에서 마땅히 심하게 취한다. 한 쌍의 개울과 밝은 달과 흐트러진 산은 푸르르다. 나는 꿈이 때때로 있는 듯하니 가장 높은 정자이

---

[239] 문과 창.

도 5-90. 명(明) 구영(仇英)의 《도촌초당도(桃村草堂圖)》.

다.(登臨自古騷人事. 慘慄天涯意. 金華峰頂
做重陽. 月地千尋風裏, 萬枝香. 相君携客相
應記. 幾處容狂醉, 雙溪明月亂山靑. 飛夢時
時猶在, 最高亭.)" 또한 송대 진관의 『팔
육자(八六子)』에 이르기를 "위태로운 정
자에 기대니 한이 방초처럼 우거져 잘
라 내어도 다시 생긴다. 버드나무 밖에
서 청총마와 헤어진 후와 물가에서 붉
은 소매를 나눈 때를 생각하니 슬퍼서
남몰래 한탄한다(倚危亭, 恨如芳草, 萋萋
鏟盡還生. 念柳外靑驄別後, 水邊紅袂分時,
愴然暗驚.)"라 하였다. 이들은 보다 복잡
한 정서를 포함하고 있는데 첫 번째가
한(恨)이고, 두 번째가 사념(思念) 즉
그리움이며, 세 번째가 창연(愴然) 즉 슬
픔이다.

이상에서 보듯이 당·송시기 시사에
서 등고의 정감은 정자라는 공간적 매
개가 더해지면서 변화하였다. 즉 정자
라는 건축공간은 사람으로 하여금 여유
롭고 홀가분하게 생각을 정리해 볼 수
있게 하여서, 기존의 "높이 올라 경탄
한 번 하고(登高一嘯)" 총망히 다시 내려
가던 등고 행위의 내용을 "정자에 임하
여 경치를 노래하는(臨亭賦境)" 것으로

전환시켰다.

그 밖에 많은 문학작품들이 등고입정의 내용을 다루었다. 그 중 일부를 아래에 모아 보았다.

도 5-91. 청(淸) 주탑(朱耷)의 《산수도(山水圖)》.

작은 원림은 내가 좋아하는 바이니 식물을 가꾸며 수고스런 모습을 잊는다. 늦은 과일은 가을을 거쳐 붉어지고 겨울 채소는 사직 제사에 가까워지면 푸르러진다. 대나무와 쑥은 흉년에도 덩굴이 자라고, 흙우물은 얕아도 부평초가 자라니, 더욱 사람을 따라 권면하여 높은 곳에 초정(草亭)을 두었다. (小園吾所好, 栽植忘勞形. 晩果經秋赤, 寒蔬近社靑. 竹蘿荒引蔓, 土井淺生萍. 更欲從人勸, 憑高置草亭.)―당 · 이건훈(李建勛) 『소원(小園)』

바람과 안개를 거두고 푸르른 티끌이 채우고, 흐트러진 산이 다하는 곳에 암자를 엮는다.(收拾風烟鎖翠微, 亂山窮處結岩扉.)―남송 · 범성대(范成大) 『천정(泉亭)』

구공은 정정한 나이에 파만에 거하여 고독한 정자가 은은한 가운데 있음을 뽐내었다. 항상 난간에 기대에 물을 탐하여 바라보고 네 벽이 산을 가릴까 불안해하였다.(寇公壯歲落巴蠻, 得意孤亭縹緲間. 常倚曲闌貪看水, 不安四壁怕遮山.)―남송 · 육유(陸游) 『파동령해백운정(巴東令廨白雲亭)』

도 5-92. 청(淸) 대본효(戴本孝)의 《화산모녀동도(華山毛女洞圖)》.

왼쪽과 오른쪽에 모두 수풀의 나무가 서로 가리고 있고 앞에는 대나무 뒤에는 물이 있으며, 물의 북쪽에는 또 대나무가 끝이 없어, 맑은 시내와 비취 빛 줄기가 빛과 그림자가 창과 문 사이에서 모여 합하니, 더욱더 바람·달과 함께 서로 마땅함이 되었다.(左右都有林木相遮蔽, 前竹後水, 水之陽又竹無窮極, 澄川翠幹, 光影會合于軒戶之間, 尤與風月爲相宜.)ㅡ송·소순흠『창랑정기(滄浪亭記)』

현대학자인 종백화는『중국예술의경의 탄생』에서 "중국인들은 산수 중에 텅 빈 정자를 한 채 설치하는 것을 좋아한다. 대순사(戴醇士)는 '무리를 이룬 산들이 울창하고, 무리를 이룬 나무들이 무성하며, 비어 있는 정자는 날 듯하고, 영기를 뱉고 들이쉰다(群山鬱蒼, 群木薈蔚, 空亭翼然, 吐納雲氣)'라 하였으니 여기서 하나의 빈 정자가 놀랍게도 산천의 영기가 동탕하고 토납되는 교차점이자 산천의 정신이 집약된 장소가 되었다. 예운림(倪雲林)은 산수를 그릴 때마다 비어 있는 정자를 두었는데, 그는 '정자 아래에는 사람을 만나지 않고 석양은 가을 그림자를 맑게 한다(亭下不逢人, 夕陽淡秋影.)'라는 유명한 말을 남겼다. 장선(張宣)이 예운이 그린『계정산색도(溪亭山色圖)』를 평하는 시에서 이르기를 '돌이 미끄러우니 바위 앞에 비가 오는구나. 향초와 나뭇가지에는 바람이 일고, 강산은 경치가 무한

한데 모두 하나의 정자
가운데 모였구나(石滑岩
前雨, 泉香樹秒風, 江山無
限景, 都聚一亭中.)'라 하
였다"라고 정자의 의경
을 설명하였다.

도 5-93. 송(宋) 곽희(郭熙)의 《수색평원도(樹色平遠圖)》.

누각 역시 높은 곳
에 올라 조망하기 위한
건축에 속하니, 문헌에
는 "오늘날 대저 기대어 멀리 바라보는 즐거움은 오직 누(樓)가 제일이니, 이른바
'높은 곳에 오르면 멀리 바라볼 수 있음'이다. 그 마주친 바에 기뻐하니 산천과 풍
광이 아침저녁으로 변환하니 지취(志趣)가 넓어져 가슴이 절로 환하게 텅 비니, 누
에 거처함이 사랑할 만함은 그 뜻이 여기에 있도다. ……진실로 높은 곳에 오르면
뜻이 절로 원대해지고, 모든 눈이 미치는 바에 마음도 능히 통하니, 지척에 곧 천리
의 형세가 있다. 이에 경계가 막혀 다한 곳은 눈으로 한계 지을 수 있으나 마음으
로 나를 한계 짓지는 못하니, 이 누에 올라 아득하게 정신이 회통(會通)할 수 있음
을 알았다. 또 누 앞에는 높은 것으로는 산 같은 것이 있고, 평평한 것으로는 난간
같은 것이 있고, 기이한 꽃과 아름다운 나무를 두니, 드리워진 꽃봉오리 아름다움을
다툰다(今夫憑眺之樂, 惟樓爲最, 謂登高可以望遠. 當其欣于所遇, 山川雲物, 朝夕變幻, 志趣
廣而襟期自曠, 樓居之可愛, 意在斯耶. ……誠以登于高, 則意自遠, 凡目力所可及, 心思所能
通, 咫尺卽有千里之勢. 乃知境之所窘, 能限以目, 不能限我以心, 登斯樓也, 可以悠然神會矣!
又況樓之前, 崇者如岳, 平者如欄, 奇卉嘉木, 垂英竟秀.)"라 하였다.[240]

240 [淸] 劉恕, 『含靑樓記』, 載邵忠, 李瑾選 『蘇州歷代名園記 · 蘇州園林重修記』, 北京 : 中國林業

도 5-94. 송(宋) 범관(范寬)의 《설경한림도(雪景寒林圖)》.

원림건축은 원림경관을 감상하는 가장 중요한 위치에 놓이며 동시에 자신이 만들어내는 실내공간과 실외경관과 함께 원림의 경관을 구성한다. 그것들은 원림의 관찰대상이자 동시에 경관 관찰지점으로서 고대인들의 원림생활공간을 풍요롭게 한다. 그 중 정자는 시각적으로 가장 경쾌한 건축경관이다. 진(晉)나라 왕희지(王羲之)가 난정(蘭亭)에서 곡수유상연(曲水流觴宴)을 열었음은 주지의 사실이며, 남조 양나라의 소명태자(昭明太子) 숙통(蕭統)은 "천성이 산수를 좋아하여 현포(玄圃)[241]에 도랑을 뚫고 흙을 다져 식물을 심고 다시 연못에 정자를 세워 관료 및 이름난 현자들과 더불어 그 가운데에서 노닐며 즐거워하였다(性好山水, 于玄圃穿渠築植, 更立池亭, 與朝士名賢游樂其中.)"[242]라 하였다.

현대 원림학자인 진종주(陳從周)는 『속설원(續說園)』에서 "대체로 원림은 건축물이 주가 되고 나무와 돌로 보조한다. 나무와 돌은 건축물과의 상관관계에서 배치가

出版社, 2004.
241 위로 천계(天界)와 통한다고 일컬어지는 곤륜산(崑崙山)의 정상에 있다는 신선의 거처. 그 위에는 금대(金臺), 옥루(玉樓)가 있고 기화요초(琪花瑤草)가 만발해 있다고 한다. 보통 선경(仙境)의 뜻으로 쓰인다. 현포(懸圃) 혹은 현포(縣圃)라고도 한다.
242 欽定四庫全書, 史部, 別史類, 建康實錄, 卷十八

결정되는 경물이다. 오늘날에는 그렇지
않아 왕왕 먼저 못을 파고 길을 깔고
주체인 건축이 도리어 뒤로 밀리니, 하
나의 원림이 미처 완성되기 전에 이미
만금을 썼으나 유람자가 여전히 몸을
쉴 만한 곳이 없으니, 주객이 뒤바뀌어
결국에는 텅 비어 있는 원림이 된다(蓋
園以建築爲主, 樹石爲輔, 樹石爲建築之聯
綴物也. 今則不然, 往往先鑿池鋪路, 主體建
築反落其後, 一園未成, 輒動萬金, 而游人尙
無栖身之處, 主次倒置, 遂成空園.)"라 하
여, 원림에서는 건축이 우선시 되어야
비로소 경관이 의미를 갖게 됨을 강조
하였다.

　　"정자가 높은 산봉우리에 놓여 있으
니, 조도(鳥道)를 따라 오르네(亭置危巒,

도 5-95. 송(宋)《명강천루각도(名江天樓閣圖)》.

升從鳥道.)"**243**라는 글처럼, 높은 곳에 정자를 설치하는 것은 기이하고 험한 것을 추
구하는 원림의 가장 보편적인 창작수법이기도 하다.

　　명대 장대는 『도암몽억』 1권 "균지정(筠芝亭)"에서 다음과 같이 썼다. "균지정은
한 채의 소박한 정자일 뿐이다. 그러나 정자의 홀로 우뚝 솟아 있던 상황이 훼손되
자, 균지정이 놓였던 산 또한 의미를 잃었다. 내 집에는 이 정자 뒤에 정자를 지었으
나 균지정에 미치지 못했고, 이 정자 뒤에 지은 누(樓), 각(閣), 재(齋) 역시 균지정에

---

243 [明] 劉士龍, 『烏有園記』. 鳥道 : 새도 오르기 힘들 정도로 험하고 높은 길.

도 5-96. 명(明) 심주(沈周)의 《양강명승도(兩江名勝圖)》.

도 5-97. 청(淸) 원강(袁江)의 《관조도(觀潮圖)》.

미치지 못하였다. 한마디로 누각이 하나 늘어나면 정자에서 바라볼 때 한 누각만큼의 장애가 늘어난 것이고, 담장이 하나 늘어나면 정자에서 바라볼 때 한 담장만큼의 장애가 늘어난 것이다. 태복공(太僕公)께서 이 정자를 만드시고 정자의 밖에 다시 하나의 서까래 하나의 기와도 더하지 않으셨으며, 정자의 안에 또한 하나의 난간 하나의 문을 설치하지 않으셨으니, 이는 그 뜻한 바가 있는 것이다. 정자 앞과 뒤에 태복공이 손수 심으신 나무가 모두 한 아름 되어 맑은 나무그늘이 지고 가볍게 산바람이 불어와 용솟음치는 듯하고 구름이 덮어 어두워지면 마치 가을물에 있는 것 같다. 정자 앞의 석대(石臺)는 정자 주변의 경물들보다 앞서 만든 것으로, 높이 올라 멀리 바라보면 시야가 밝아지니 경정산 등의 뭇 산들이 기슭 아래에 다리 펴고 앉아 있다

(筠芝亭, 渾樸一亭耳. 然而亭之
事盡, 筠芝亭一山之事亦盡. 吾家
後此亭而亭者, 不及筠芝亭. 後此
亭而樓者, 閣者, 齋者, 亦不及.
總之, 多一樓, 亭中多一樓之礙.
多一墻, 亭中多一墻之礙. 太仆公
造此亭成, 亭之外更不增一椽一
瓦, 亭之內亦不設一檻一扉, 此其
意有在也. 亭前後, 太仆公手植樹
皆合抱, 淸樾輕嵐, 瀲瀲翳翳, 如
在秋水. 亭前石台, 躍取亭中之景
物而先得之, 升高眺遠, 眼界光
明. 敬亭諸山, 箕踞麓下.)"라 하
니, 여기서 보듯이 정자가 등
림하여 조망하는 곳에 놓이는
경우 제일 높은 곳을 차지하
여 주변경관에 대한 통제력을
극대화하여야 한다. 또한 원림에서 정자 건축은 단순할수록 좋다.

도 5-98. 소주(蘇州) 창랑정(滄浪亭).

2. 비단 창(綺窗)

당·송시기부터 성시를 중심으로 사람들의 생활이 풍부해지면서 시사문화가 일
상생활 속으로 깊숙이 파고들기 시작하였다. 특히 거주의 질이 향상되어 사람들은
감각적 측면과 정신적 측면에서 모두 만족스러운 생활공간을 갖게 되었고, 그들의
관심도 자연경관에서 거주공간으로 급속하게 전환되었으니, 예술에 있어서도 "발걸
음은 외부세계를 보기 위해 높은 곳에 오르는 것에서 자신의 주변 세계를 배회하는

도 5-99 무석(無錫) 기창원(奇暢園).

것으로 돌려졌고, 시선은 먼 곳을 바라보는 것에서 근처를 세심하게 관찰하는 것으로 조정되었다."[244] 거주환경의 지속적인 향상으로 인해 사람들은 자신이 창조한 생활공간과 그 경관에 대해 더욱 주의를 기울이게 되었으니, 예를 들어 백거이(白居易)의 『태호석기(太湖石記)』에는 첩석에 대해 "그렇다면 곧 삼산오악과 일백 동굴, 일천 골짜기가 아주 상세하고 빽빽하게 전부 그 가운데에 있어 일백 길을 한주먹에, 일천 리를 한순간에 앉아서 얻을 수가 있으니, 이는 바로 지금 승상 기장공(奇章公)의 뜻을 만족시켜주는 쓰임이다(則三山五岳, 百洞千壑, 覼縷簇縮, 盡在其中. 百仞一拳, 千里一瞬, 坐而得之, 此所以爲公適意之用也.)"라 하였다. 또한 원림경관도 명산대천에 대한 직접적인 모방에서 개념을 다듬어 정밀한 의경을 만들어내는 방향으로 전환하였다.

244 吳小英, 『唐宋詞抒情美探幽』, 杭州: 浙江大學出版社. 2005: 92.

도 5-100. 송(宋) 마린(馬麟)의 《정청송풍도(靜聽松風圖)》.

도 5-101. 송(宋) 《옥루춘(玉樓春)》.

"아미산은 지척 간에도 가는 사람 없어,
문득 승방의 창을 향해 가산을 보네(峨
眉咫尺無人去,　　却向僧窗看假山.)"[245]라는

구절은 사람들이 관심을 갖는 경관이 천연자연에서 거주공간으로 전환하였음을 보여준다.

이러한 경관에 대한 관심의 전환과 더불어 전체적인 시사의 풍격 역시 변화하였으며 원림시사는 누대(樓臺)·관각(館閣)·정원(庭院)시사 등 다양한 장르로 분화하여 성행하게 되었다. 또한 원림시사의 내용도 "밝은 달이 소나무 사이로 비추는(明月松間照)" 광경에서 "달이 서쪽 누각에 가득한(月滿西樓)" 광경으로 전환되었다. 즉 원림시사가 관심을 갖는 경관이 자연산수에서 원림 안의 누대·창호·난간 등에서의 내적체험으로 전환되었다. 예를 들어 "한 겹 주렴 밖이 곧 하늘가(一重簾外卽天涯)"에서 "누각 높으니 위태로운 난간에 가까이 기대지 말라(樓高莫近危闌倚)"를 거

---

245 [唐] 鄭谷, 『七祖院小山』.

도 5-102. 명(明) 항성모(項聖謨)의 《산수도(山水圖)》.

도 5-103. 명(明) 진탁(陳鐸)의 《수각독서도(水閣讀書圖)》.

처, 다시 "열두 조각창문과 여섯 굽은 병풍(十二雕窗六曲屛)"으로 전환하였으니, 이로써 자연관조에서 생활공간 체험으로의 전환이 완성되었다.

　　이러한 전환이 발생하던 시기, 사람들은 이미 정원 공간에 깊이와 층차가 존재하며 사람의 감각이 이러한 깊이와 층차에 따라 변화함을 초보적으로 인식하기 시작하였다. 예를 들어 오대(五代) 풍연사(馮延巳)는 『작답기(鵲踏枝)』라는 사에서 이르기를 "뜰은 깊고 깊으니 얼마나 깊은가? 버들 숲에는 안개도 짙은데 주렴과 휘장은 몇 겹이나 되는지 셀 수 없네(庭院深深深幾許, 楊柳堆烟, 簾幕無重數.)", 또한 송대 이청소(李淸照)는 『임간선(臨江仙)』이라는 사에서 이르기를 "뜰은 깊고 깊으니 얼마나

깊은가? 구름 낀 창과 안개 낀 누각은
항상 빗장 걸려 있는데, 버드나무 가지
끝과 매화의 꽃받침은 점점 분명해지네
(庭院深深深幾許?雲窗霧閣常局, 柳梢梅萼
漸分明.)"라 하였다. 여기서 보듯이 하나
의 정원경관을 구성하는 여러 경관 층
차 중에서 담장 너머로 비치는 자연경
관은 정원 내부의 각종 경물에 비해 섬
세한 정감세계와는 어느 정도 거리가
있다.

건축에서 창문과 주렴은 사람들의
생활공간과 외부자연을 서로 연결해 준
다. 진대(晋代) 도연명은 일찍이 이를 간
파하였으니 "여름철 한가로이 북창가에
잠들어 누웠다가 삽상한 바람이 불어 와
잠을 깨고 나면 문득 태곳적의 사람인
것처럼 느껴지곤 한다(夏月虛閑, 高臥北
窗之下, 淸風颯至, 自謂羲皇上人.)"²⁴⁶라는
시구를 남겼다. 또한 당대 시인 맹호연
은 『하일남정회신대(夏日南亭懷辛大)』에
서 큰 창문을 활짝 열고 여름 저녁의 한
가로운 경관을 즐기는 모습을 묘사하였

도 5-104 명(明) 구영(仇英)의 《옥동선연도(玉洞仙緣圖)》.

246 『晋書·隱逸傳·陶潛』.

도 5-105. 원(元) 조원(趙原)의 《합계초당도(合溪草堂圖)》.

다. "산 빛 홀연 서쪽으로 지고, 못의 달 점차 동쪽으로 올라가네. 머리 풀어헤치고 저녁의 서늘함을 타고 문을 열고 창문 열고 한가롭게 고요한 곳에 누웠네.(山光忽西落, 池月漸東上. 散發乘夕涼, 開軒臥閑敞.)" 이 두 구절에서 창문은 실내와 외부자연을 연결해주는 매개로서 창문을 여는 행위에 특별한 서정적 의미를 부여하였다.

창문과 난간주렴의 서정적 의미는 시인들에 의해 점차 견고하게 굳어졌다. "휘장을 말아 걷으니 은하수 들어오고 창을 여니 달빛 어린 이슬 은미하구나. 작은 못에 남은 더위 물러가고 높은 나무에 때 이른 서늘함 돌아왔네(卷幔天河入, 開窗月露微. 小池殘暑退, 高樹早涼歸)",[247] "산의 달은 창에 가깝게 다가오고 은하수는 문에 낮게 들어오네(山月臨窗近, 天河入戶低.)",[248] "한가하게 거처하매 시절이 따뜻함에 권태로워, 문을 열고 숲을 구부려 본다.(閑居倦時燠, 開軒俯平林.)"[249] 이렇게 창문과 주렴을 통한 자연과의 교류에서 발생하는 다양한 감응은 생

---

247 [唐] 沈佺期, 『酬蘇員外味道夏晚寓直省中見贈』.
248 [唐] 沈佺期, 『夜宿七盤嶺唐』.
249 [唐] 戴叔倫, 『喜雨』.

활체험으로서의 원림경관을 구체화하고 강화하였다.

한편, 당시(唐詩)와 송사(宋詞)를 나누어 살펴보면 창문과 난간에 대한 선호 정도에 차이가 보이는데, 현대 학자인 종백화는 "중국 시인(詩人)은 주로 창호와 섬돌을 좋아하고, 사인(詞人)은 주렴, 병풍, 난간, 거울에 비친 세성의 경물을 좋아한다"[250]라고 평하였다.

(1) 보름달에 서쪽 누각에서 오랫동안 난간에 기대 있다(月滿西樓憑欄久)—누각에 기댐(倚樓)과 난간에 기댐(倚欄)

앞에서 설명하였듯이 생활경관에 대한 관심이 고조되면서, 자연산의 높은 곳에 오르는 행위는 원림 안에 정자나 누각을 두어 오르는 행위로 대체 되었고, 사람들은 건축을 매개로 외부 자연환경과 소통하기 시작하였다. 이러한 변화는 아래와 같이 시사문학에 적극적으로 반영되기 시작했다.

도 5-106. 명(明) 왕불(王紱)의 《산정문회도(山亭文會圖)》.

---

250 宗白華, 『美學散步』, 上海 : 上海人民出版社. 2005 : 176.

저물녘 볕에 서쪽 누각에 홀로 기대니 먼 산은 흡사 주렴의 걸쇠를 마주한 듯하네. 사람 얼굴은 어느 곳에 있는지 모르겠는데 푸른 파도는 예전 그대로 동쪽으로 흘러가네.(斜陽獨倚西樓, 遙山恰對簾鉤. 人面不知何處, 綠波依舊東流.)[251]

눈물을 머금은 눈으로 누각에 기대어 자주 혼잣말하네. 한 쌍의 제비 올 때에 길에서 서로 만날까?(眼倚樓頻獨語. 雙燕來時, 陌上相逢否.)[252]

다만 누각에 기대어 죽 둘러보면 때로 깃들어있는 갈까마귀를 볼 뿐이네. 돌아가려는 마음 어찌할 수 없어 아무도 모르게 흐르는 물 따라 하늘 끝에 이르네.(但倚樓極目, 時見栖鴉. 無奈歸心, 暗隨流水到天涯.)[253]

이별하는 포구의 높은 누각에 일찍이 마음껏 기대어 강남 쪽 일천 리를 마주하였지. 누각 아래 나뉘어 흐르는 물소리 가운데에 당일 높은 곳에 의지하여 흘린 눈물 있네.(別浦高樓曾漫倚, 對江南千里. 樓下分流水聲中, 有當日, 憑高泪.)[254]

밝은 달 누각이 높은 데에 홀로 기대지 말라, 술이 근심하는 창자로 들어가 변화하여 서로 그리워하는 눈물이 되니.(明月樓高休獨倚, 酒入愁腸, 化作相思泪.)[255]

또한 송대부터는 원림 시사작품에서 "비단 창과 조각 대들보(綺戶雕楹)", "조각

---

251 欽定四庫全書, 集部, 詞曲類, 詞集之屬, 珠玉詞, 珠玉詞, 淸平樂, 晏殊.
252 欽定四庫全書, 集部, 詞曲類, 詞集之屬, 六一詞, 六一詞, 蝶戀花, 歐陽修.
253 欽定四庫全書, 集部, 詞曲類, 詞集之屬, 淮海詞, 淮海詞, 望海潮, 秦觀.
254 欽定四庫全書, 集部, 詞曲類, 詞選之屬, 禦選歷代詩餘, 卷二十二, 留春令, 晏幾道.
255 欽定四庫全書, 集部, 別集類, 北宋建隆至靖康, 範文正集, 補編卷一, 蘇幕遮, 懷舊.

난간과 옥 기단(雕欄玉砌)", "옥 창과 비단 문(瑤窗綉戶)" 등의 구절이 등장하면서 이전에는 단순히 경관을 바라보는 틀에 불과했던 창문과 난간에 아름다움을 부여하고자 하기 시작했고, 이에 따라 창문과 난간을 제작하는 소목작(小木作) 장절에 대한 관심이 지극히 정밀하게 발전하였다.

송대부터는 건축요소들의 장절뿐만 아니라 이들에 대한 주관적 묘사도 더욱 세밀하게 변하였다. 예를 들어 시사에서 "누각에 기댐(倚樓)"이 점차 "난간에 기댐(倚欄)"으로 전환되어 갔으며, 난간은 건축부품에서 일종의 서정적 상징으로 변모하였다. 또한 "가늘고 가늘게 불어오는 가을바람에 떨어지는 잎마다 오동이네. 푸른 술 처음 맛보니 사람은 쉽게 취하여 작은 창가에 한 번 베개를 베고 깊은 잠에 빠져드는구나. 보랏빛 고비와 붉은 무궁화 꽃은 시들었는데, 저물녘 햇빛은 문득 난간을 비춘다. 한 쌍의 제비 돌아가고자 하는 시절, 은색 병풍은 어젯밤에 약간 추웠었지 (金風細細, 葉葉梧桐墜. 綠酒初嘗人易醉, 一枕小窗濃睡. 紫薇朱槿花殘, 斜陽却照欄杆. 雙燕欲歸時節, 銀屛昨夜微寒.)"[256]라는 구절에서 보듯이 기존에는 밖을 바라보기 위한 수단으로 주로 취급되었던 난간이 그 자체로 관찰과 감상의 대상이 되었다. 이 밖에 수많은 시사들에서 난간 자체에 점차 관심을 두었는데, 그 중 몇 구절을 아래에 모아보았다.

여섯 굽이 난간 푸른 나무에 기대니, 버들에 바람 거푸 불어, 황금 실오라기를 다 펼쳐내네.(六曲欄杆偎碧樹, 楊柳風輕, 展盡黃金縷.)[257]

아름다운 대(臺)는 차갑고 난간은 따뜻하기 때문에 더디게 내려가고자 하네.(瑤台冷, 欄杆憑

---

256 [宋] 晏殊, 『淸平樂』.
257 欽定四庫全書, 集部, 詞曲類, 詞選之屬, 詞綜, 卷三, 蝶戀花, 晏殊.

도 5-107. 명(明) 주단(朱端)의 《연강원조도(煙江遠眺圖)》.

暖, 欲下遲遲.)[258]

누각 위의 난간은 가로로 자루를 다투고, 이슬은 차갑고 사람은 먼데 닭은 서로 호응하네. (樓上欄杆橫鬥柄, 露寒人遠鷄相應.)[259]

누각 그늘 이지러지고, 난간 그림자는 동쪽 행랑의 달에 눕는구나.(樓陰缺, 欄杆影臥東廂月.)[260]

지금 어디에 있는가? 오직 난간이 남아 있어 잠깐 사람과 짝할 뿐.(如今安在?惟有欄杆, 伴人一霎.)[261]

사람은 점점 늙어가고 바람과 달은 모두 차가운데 이끼 긴 뜰의 벽돌담 벌레가 그물 친 난간에서의 밀회의 즐거움을 생각하네.(人漸老, 風月俱寒, 想幽歡土花庭甃, 蟲網欄杆.)[262]

절반은 우수수 떨어지고 뜰에는 황혼이 깃들고 달빛은 난간에 차갑구나.(半飄零, 庭上黃昏, 月冷欄杆.)[263]

258 欽定四庫全書, 集部, 詞曲類, 詞選之屬, 御選歷代詩餘, 卷九十九, 晁端禮.
259 欽定四庫全書, 集部, 詞曲類, 詞選之屬, 花庵詞選, 卷七, 蝶戀花, 周邦彥.
260 欽定四庫全書, 集部, 詞曲類, 詞選之屬, 絕妙好詞箋, 卷一, 憶秦娥, 范成大.
261 欽定四庫全書, 集部, 詞曲類, 詞集之屬, 白石道人歌曲, 卷三, 慶宮春, 薑夔.
262 欽定四庫全書, 集部, 詞曲類, 詞集之屬, 夢窗稿, 乙稿卷二, 玉蝴蝶, 秋恨, 史達祖.
263 欽定四庫全書, 集部, 詞曲類, 詞集之屬, 夢窗稿, 乙稿卷二, 高陽臺, 吳文英.

(2) 발을 내려 창깁을 가린다(更垂簾幕護窗紗)—발(捲簾)과 비단 창(綺窗)

경관적 측면에서 창문은 실내와 실외의 경계로서 닫으면 경관을 막고, 열면 경관을 끌어들이는 기능을 한다.

문안에 깊은 산의 암벽을 펼치고 창 앞에 거울처럼 맑은 물결을 벌린다.(羅曾崖于戶裏, 列鏡瀾于窗前.)[264]

창을 열어 고장산(高掌山)을 대하고 편히 앉아 하량(河梁)을 바라본다.(開窗對高掌, 平坐望河梁.)[265]

창을 열어 탁 트인 경치를 기대하고 주렴을 걷어 풍경을 기다린다.(辟牖期淸曠, 捲簾候風景.)[266]

창 속에 먼 상봉우리 늘어서 있고 정원 안에서 큰 숲을 굽어본다.(窗中列遠岫, 庭際俯喬林.)[267]

정서적 측면에 창문은 다양하고 복잡한 감정들을 떠오르게 하는 촉

도 5-108. 송(宋) 유송년(劉松年)의 《추창독서도(秋窻讀書圖)》.

---

264 [南朝宋] 謝靈運, 『山居賦』.
265 [北周] 庚信, 『登州中新閣』.
266 [南朝齊] 謝脁, 『新治北窗和何從事詩』.
267 [南朝齊] 謝脁, 『郡內齋閑坐答呂法曹』.

도 5-109. 송(宋) 하규(夏圭)의 《설당객화도(雪堂客話圖)》.

매 역할을 한다. 예를 들어 "가도 가도 천리에 이르지 못해, 산천은 아직도 그 사이에 있네. 집 떠난 지 수 세월, 고인은 여기에 있지 않나. 청풍이 주렴을 흔드는 밤, 외로운 달이 창을 비치는 이때. 어찌 함께 손을 마주잡고 술 주고 받으며 새 시를 지을 수 있으리(行行未千里, 山川已間之. 離居方歲月, 故人不在玆. 清風動簾夜, 孤月照窗時. 安得同携手, 酌酒賦新詩.)"[268]에서 창문은 이별의 사념을 촉발하고 있으며, "밝은 달은 창에 한 가득 서리는 주렴에 한가득, 새벽 등불에 냉랭한 이불 뒤치락대며 잠을 못자네(滿窗明月滿簾霜, 披冷燈殘拂臥床.)"[269]에서는 처연하고 슬픔 감정을 불러일으키고 있다. 또한 "사창에 해 지니 점차 황혼에 물들고 금옥에 인적 없어 눈물 자욱 보인다. 적막하고 텅 빈 곳에 봄이 밝아오고, 배꽃이 가득 한 땅에 문은 닫혀 있네(紗窗日落漸黃昏, 金屋無人見泪痕. 寂寞空寂春欲曉, 梨花滿地不開門.)"[270]에서는 규방 심처의 적막함을 표현하고 있다. 이러한 시구들에서 보듯이 적어도 당대부터는 실외경관과 실내에 있는 사람의 감정을 창문을 매개로 연결하는 표현이 전형화되었음을 알 수 있다.

주의할 점은 창문을 묘사한 초기 시사작품 가운데 창문 자체의 형상을 묘사한 경우는 거의 없다는 것이다. 예를 들어 당대 백거이의 시들에서 창에 대한 표현을

268 [南朝齊] 謝眺, 『懷故人詩』.
269 [唐] 白居易, 『燕子樓三首』.
270 [唐] 劉方平, 『春怨』.

살펴보면 창의 자세한 형태 묘사는 거의 찾아볼 수 없다.

평대는 몇 척을 올리고, 대 위는 띠풀을 엮었다. 동서에 두 창을 트고 남북에 두 사립문을 열었다. 갈대발을 앞뒤에 걸고, 대자리를 당 안에 펼쳤다. 차가운 백석 베개를 두고, 서늘한 황갈옷을 입는다. 옷깃 열고 바람 부는 쪽으로 앉으니 여름이 마치 가을날 같구나. 한껏 휘파람 부니 자못 정취가 있고 창밖을 내다보니 병을 알지 못하겠다. 동창은 화산(華山)을 대하니 푸른 세 봉우리가 들쑥날쑥 하구나.(平臺高數尺, 臺上結茅茨. 東西疏二牖, 南北開兩扉. 蘆簾前後卷, 竹簟當中施. 淸冷白石枕, 疏凉黃葛衣. 開衿向風坐, 夏日如秋時. 嘯傲頗有趣, 窺臨不知疲. 東窗對華山, 三峰碧參差.)²⁷¹

하늘이 맑아 가을산은 더욱 좋고, 창을 여니 푸른 하늘이 선명하구나. 멀리 그윽한 산봉우리가 보이고, 가까이엔 대나무가 무성하구나. 만 점이 빈 방을 채우고, 천 겹으로 멀리 허공에 쌓여 있구나.(天靜秋山好, 窗開曉翠通. 遙憐峰窈窕, 不隔竹朦朧. 萬點當虛室, 千重疊遠空. 列簷攢秀氣, 緣隙助淸風. 碧愛新晴後, 明宜反照中. 宣城郡齋在, 望與古時同.)²⁷²

빈 창문으로 두 무리의 대밭이 보이고, 고요한 방에는 향로 하나가 놓여 있네. 문 밖엔 홍진이 뒤섞여 있고, 성 중엔 날마다 겨를이 없네. 번거롭게 도사를 찾지 말고, 신선의 도법을 배울 필요도 없네. 절로 수명을 연장하는 술법이 있으니, 마음이 한가로우면 세월이 길어진다네.(虛窗兩叢竹, 靜室一爐香. 門外紅塵合, 城中白日忙. 無煩尋道士, 不要學仙方. 自有延年術, 心閑歲月長.)²⁷³

---

271 [唐] 白居易, 『新構亭台示諸弟姪』.
272 [唐] 白居易, 『窗中列遠岫』.
273 [唐] 白居易, 『北窗閑坐』.

도 5-110. 송(宋) 마원(馬遠) 《화등시연도(華燈侍宴圖)》.

하지만 송대에 이르러 사람들은 실내 장수(裝修)의 디테일과 층차감에 섬세한 관심을 기울이기 시작하는데 특히 창에 발(簾)을 덧붙이는 표현이 점차 증가한다.

그림 속 다리 밑으로 물이 흐르고, 비가 내려 떨어진 꽃잎이 더 이상 날지를 못하네. 월파는 황혼녘이고, 발 속의 남은 향기가 마상으로 넘어오네.(畵橋流水, 雨濕落紅飛不起. 月破黃昏, 簾裏余香馬上聞.)[274]

미소 지으며 꽃을 집어 들고 동호로 돌아오니, 또 주렴이 쳐져 창을 감싸고 있네.(笑拈粉香歸洞戶, 更垂簾幕護窓紗.)[275]

비취색 풀들이 들쑥날쑥 대나무 길이 나 있고, 소나기를 맞으니 자잘한 물방울이 떨어지네. 굽은 난간이 작은 연못 정자를 휘감고 있네.

(翠葆參差竹徑成, 新荷跳雨碎珠傾. 曲闌斜轉小池亭.)[276]

---

274 [宋] 王安國, 『減字木蘭花』.
275 [宋] 賀鑄, 『浣溪沙』.
276 [宋] 周邦彦, 『浣溪沙』.

무성한 풀들이 푸른 이끼가 긴 담장을 두르고, 정원엔 햇빛이 담박하고 파초가 덩그렇게 있네. 나비는 계단 위로 날아오르고, 바람에 발이 절로 내려오네.(綠蕪墻繞靑苔院, 中庭日淡芭蕉卷. 蝴蝶上階飛, 風簾自在垂.)[277]

깨끗하고 밝은 창이 하얀 종이로 덮여 있고, 한적하게 무성한 대밭을 바라보며 두건을 벗는다네.(淨掃明窓憑素幾, 閑穿密竹岸烏巾.)[278]

정원은 깊고 깊으니 그 깊이가 얼마인가? 버들이 연기에 가려져 있고, 주렴은 헤아릴 수 없네.(庭院深深深幾許. 楊柳堆烟, 簾幕無重數.)[279]

작은 길엔 꽃이 성기고, 방교엔 녹음이 한창이네. 높은 누대의 나무 빛깔이 침침하게 보이네. ……푸른 수풀엔 꾀꼬리가 서려 있고, 주렴엔 제비가 숨어 있네. ……비스듬하게 햇빛이 깊고 깊은 집을 비추네.(小徑紅稀, 芳郊綠遍. 高臺樹色陰陰見. ……翠葉藏鶯, 珠簾隔燕. ……斜陽却照深深院.)[280]

이상에서 보듯이 송대에 이르러 창문은 이미 자체로 감상의 대상이 되었다. 감상대상으로서의 창을 표현한 대표적 예는 송대 소식의 『수조가두(水調歌頭)』 "붉은 누각을 돌아 비단 창 아래에 비추니 잠들 수 없다(轉朱閣, 低綺戶, 照無眠.)"에 등장하는 "비단 창(綺戶)"이 유명하다. 사실 소식 이전 당나라 때 왕발(王勃)이라는 사람이 『임고대(臨高臺)』라는 시에서 "비단 호와 무늬 창과 아로새기고 비단을 두른 창살

---

277 [宋] 陳克, 『菩薩蠻』.
278 [南宋] 陸游, 『閑居自述』.
279 [宋] 歐陽修, 『蝶戀花』.
280 [宋] 晏殊, 『踏莎行』.

도 5-111. 명(明) 변문유(卞文瑜)의 《산루수불도(山樓繡佛圖)》.

(繡戶文窗雕綺櫳)"이라고 창 자체의 모습을 묘사한 사례가 있으나, 당대에는 극히 적고 송대에 이르러서 비로소 보편화되었다.

하늘가 눈에 닿아 이별을 슬퍼하고, 높이 올라 조망하여 더욱이 가을빛이 적막함에랴. 손으로 황화를 꺾어 들고서, 누구에게 나누어 주리. 옹옹 우는 기러기가 갈대 포구에 내려앉고, 높이 기대어 눈으로 도계 길을 가르고, 병산의 누대 밖엔 녹음이 무성하고, 닫힌 창문과 주호는 지금처럼 모두 혼을 녹여내는 곳이라네.(天涯觸目傷離緒, 登臨況值秋光莫, 手拈黃花, 憑誰分付, 雝雝雁落蒹葭浦, 憑高目斷桃溪路, 屏山樓外靑無數, 綠水紅橋, 鎖窗朱戶, 如今總是銷魂處.)²⁸¹

들쑥날쑥한 길이 점점 분명해지니 서쪽 못가 수풀로 이어지고, 주각이 문에 기울어져 있네. 푸른 이끼 돋은 깊은 길에는 인적이 드물어, 이끼 위에 남겨진 발자국이 거의 없다네.(參差漸辨西池樹, 朱閣斜欹戶, 綠苔深徑少人行, 苔上屐痕無數.)²⁸²

---

281 欽定四庫全書, 集部, 詞曲類, 詞集之屬, 友古詞, 友古詞, 七娘子, 蔡伸.

인가의 주호에는 북루가 한적하게 솟아 있
고 성긴 주렴이 높이 말아져 있네. 다만 남
쪽 거리의 나무가 보이고, 난간은 다 기울
어져 게으르니, 몇 번의 황혼의 비를 맞았
던가. 늦봄에 말을 타고 푸른 이끼를 밟고,
주변 녹음에서 머무르네. 낙화가 여전히 향
병에 있으니, 공연히 인면을 가리면 어디인
지를 어떻게 알겠는가?(人家朱戶, 北樓閑
上, 疏簾高卷, 直見街南樹, 欄幹倚盡猶
慵去, 幾度黃昏雨, 晚春盤馬踏靑苔, 曾
傍綠陰深駐, 落花猶在香屏, 空掩人面知
何處.)[283]

도 5-112. 명(明) 왕문(王問)의 《산수도(山水圖)》.

위와 같이 북송시기 시사에서 감상
대상으로서의 창문에 대한 묘사는 화려
함을 표현하는 수준에 머물렀지만, 남
송 시기에 이르러서는 창문의 미관에
품격을 부여하기 시작하였다. 예를 들어 남송 주희(朱熹)의 『곡지헌(曲池軒)』에 이르
기를 "작년에 심어 놓은 대나무가 대숲을 이루고, 금년에 도랑을 뚫어 들의 둑을 지
나가게 하였다. 스스로 헌의 창문이 속된 정취가 없음을 좋아하고, 또한 초목에 진

282 欽定四庫全書, 集部, 詞曲類, 詞集之屬, 六一詞, 六一詞, 禦街行, 歐陽修.
283 欽定四庫全書, 集部, 詞曲類, 詞集之屬, 小山詞, 小山詞, 禦街行, 晏幾道.

짜 향기가 있음을 안다. 수풀에 소나기 지나자 그리움이 생겨나고, 수면에 잔바람이 불어오는 서늘한 저녁, 단정히 앉고 무사함이 싫증나고 힘들어서, 난간에 기대어 한적함 속에서 낚싯줄을 길게 드리운다(去年種竹長新篁, 今歲穿渠過野塘. 自喜軒窓無俗韻, 亦知草木有眞香. 林閑急雨生愁思, 水面微風度晚涼, 却厭端居苦無事, 憑欄閑理釣絲長.)"[284]라 하였는데, 여기서 "스스로 헌의 창문이 속된 정취가 없음을 좋아한다(自喜軒窓無俗韻.)"라는 표현은 창문에 대한 감상이 심미적으로 한 차원 높은 경지에 이르렀음을 보여준다.

한편 창은 몇 가지 정서를 상징한다. 첫째는 이별의 정서이다. 특히 당대에는 주로 창에 의탁하여 이별의 정서를 표현하였다. 예를 들어 당대 이운(李鄆)은 『위처작생일기의(爲妻作生日寄意)』라는 시에서 "응당 객의 여정에 되돌아올 수 없음을 한스러워할 것이니, 초록빛 창에 붉은 눈물 흘리고 찬 시냇물 흐른다(應恨客程歸未得, 綠窓紅泪冷涓涓.)"라 하였는데, 여기서 작가는 창문이 갖는 격리의 의미를 사람과 사람 사이의 이별로 확대하였다. 둘째는 한가로운 정서로서, 이에 관해서는 남송 이청소의 "한가로운 창이 낮을 녹인다(閑窓銷晝.)"는 구절이 유명하다. 셋째는 집(家)에 대한 향수이다. 당대 장효표(章孝標)는 『귀해상구거(歸海上舊居)』이라는 시에서 "초록빛 창가로 되돌아와 노을을 향해 생각에 사무친다(還歸綠窓裏, 凝思向徐霞.)"라 하였는데, 여기서 창문은 돌아가고 싶은 집을 의미한다. 그 밖에 창과 관련된 시사의 구절을 아래에 모아 보았다.

6월에 더운 줄 모르고 호수에 부는 바람이 저녁 수풀에 불어온다. 난간에 기대어 옛 꿈을 생각하고, 역사를 달리며 새로 읊조림을 부친다. ……감정에 취해 게으를 겨를이 없고, 창 그림자에 달빛 침범하네.(窓影午蟾侵. 六月不知暑, 湖風漲晚林. 憑欄追舊夢, 馳驛寄新吟. ……感餘

---

284 欽定四庫全書, 子部, 儒家類, 禦纂朱子全書, 卷六十六.

不暇懶, 窗影午蟾侵.)²⁸⁵

창 아래에서 베개 베고, 지당에서 노니는 꿈을 꾼다. ……만년에 이르러 생각을 읊조리는 것이 권태롭고, 달빛에 짝하여 난간에 기대네.(一枕紗窗下, 池塘草夢安. ……晩來吟思倦, 和月憑欄杆.)²⁸⁶

한가로워 자리 옮겨 난간에 임하니, 맑은 창 대하고 앉아 흥취가 일어나네. 때때로 난간에 기대어 시를 짓고자 하나, 그윽한 향기 복욱하여 시정을 준다네.(閑來移植臨軒楹, 晴窗對坐逸興生, 有時憑欄詩欲成, 幽香馥馥供吟情.)²⁸⁷

맑은 새벽에 발을 걷고 앉은 이, 쓸쓸하게 있는 규중의 아낙네. 난간에 기대어 암중에 눈물을 흘리며, 꽃을 대해도 만질 생각 없다네.(淸晨捲簾坐, 惆悵閨中婦. 憑欄暗垂淚, 對花懶抬手.)²⁸⁸

정을 머금고 난간에 우두커니 기대어, 멀리 아득한 봉우리를 누대에 올라 바라보네. 푸른 창은 그윽하고 은색 병풍은 차며, 금장을 돌아 비취빛이 소매 속으로 들어오네.(含情佇立憑欄杆, 遠峰漠漠登樓看. 碧窗窈窕銀屏冷, 金帳低回翠袖單.)²⁸⁹

푸른 나무 짙은 그림자 여름 해는 길고, 누대의 그림자가 지당 속에 들어있네. 물은 정채롭고 잔바람에 발이 움직이고, 장미가 가득하여 집안 온통 향기가 나네.(樹陰濃夏日長, 樓臺倒影

---

285 欽定四庫全書, 集部, 別集類, 南宋建炎至德佑, 鶴山集, 卷十, 次韻李參政見遺生日.
286 欽定四庫全書, 集部, 別集類, 金至元, 月屋漫稿, 月屋漫稿, 晩窗卽事.
287 欽定四庫全書, 集部, 別集類, 明洪武至崇禎, 靑溪漫稿, 卷二, 謝惠菊.
288 欽定四庫全書, 集部, 總集類, 禦選宋金元明四朝詩__禦選元詩, 卷十, 晩春詞, 張昱.
289 欽定四庫全書, 集部, 總集類, 禦選宋金元明四朝詩__禦選明詩, 卷四十四, 閣試春陰詩, 王韋.

入池塘. 水精簾動微風起, 滿架薔薇一院香.)[290]

발은 비고 햇빛은 담박한데 화죽이 고요하며, 때때로 새끼 비둘기들이 서로 울어대네.(簾虛日薄花竹靜, 時有乳鳩相對鳴)[291]

백헌엔 6, 7명의 승려들이, 좌망하여 홀연히 괴이하게 향진을 그치네. 발을 올리니 햇빛은 불처럼 따뜻하고, 처마의 포화가 열리고 눈이 시렁에 가득이네.(指柏軒中六七僧, 坐忘忽怪异香塵. 推窗日色暖如火, 檐葡花開雪一棚.)[292]

산정과 수사엔 바야흐로 가을이 절반 지났고, 봉황새 휘장엔 적막하여 짝이 없네. 수심이 한 번 일어나, 두 눈썹 그저 예전처럼 찡그리네. 일어나 수놓은 문에 임하니, 때때로 성긴 반딧불만 지나가네.(山亭水榭秋方半, 鳳帷寂寞無人伴. 愁悶一番新, 雙蛾只舊顰. 起來臨綉戶, 時有疏螢度.)[293]

3. 난간에 기댐(憑欄)

시사작품을 훑어보면 늦어도 송대부터 "난간에 기댐"이라는 표현이 정형화되어 사용됨을 발견할 수 있다. 난간은 원래 사람으로 하여금 기대어 안정적인 상태에서 경관을 조망하게 도와주는 구조물이지만 옛 시인들은 이것을 정서를 기탁하거나 발현시키는 매개로 보았다. 예를 들어 남송 이청소의 『점강순(點絳脣)』이라는 사에는 "적막하고 깊은 규방엔, 여린 마음에 수심이 천 가닥이네. 봄날이 가버린 것을 슬퍼

---

290 [唐] 高騈, 『山亭夏日』.
291 [宋] 蘇舜欽, 『初晴游滄浪亭』.
292 [元] 惟則, 『獅子林卽景十四首』.
293 欽定四庫全書, 集部, 詞曲類, 詞集之屬, 斷腸詞, 斷腸詞, 菩薩蠻, 朱淑眞.

하고, 몇 점들이 꽃에 비 내리길 재촉하네. 난간에 오롯이 기대니, 그저 무정한 실마리라네! 사람이 어디에 있는가? 하늘 닿은 쇠잔한 풀들, 아득히 돌아가는 길을 가르네(寂寞深閨, 柔腸一寸愁千縷. 惜春春去, 幾點催花雨. 倚遍欄杆, 只是無情緒. 人何處. 連天衰草, 望斷歸來路.)"라 하여 난간에 기대어 적막한 심정을 노래하였다.

도 5-113. 송(宋) 하규(夏圭)의 《오죽계당도(梧竹溪堂圖)》.

난간이 원림시사 가운데 본격적으로 등장하게 된 계기는 송대에 이르러 사람들이 남방지역에 거주하고부터이다. 남방은 기온이 온화하고 땅이 넉넉하여, 사람들의 생활모습이 종종 난간 옆에서 발생하였는데, 이는 춥고 바람이 강한 북방에서 주로 창문 아래에서 생활해야 했던 제약을 벗어난 것이다. 온화한 기후는 원림건축의 형식에 근본적인 변화를 가져왔다. 송대 석개(石介) 『촌거(村居)』의 "일 무의 계롱을 베개 삼고, 섬돌 아래엔 삼나무와 소나무, 얽힌 등나무가 있네. 항상 원림이 깊어 은근함을 아끼니, 문호가 승령처럼 싸늘함을 싫어하지 않네(幽居一畝枕溪楞, 階下杉松纏古藤. 常愛園林深似隱, 不嫌門戶冷如僧.)"와 남송 이청소 『춘정(春情)』의 "누대엔 몇 날이 봄날 추위 남아 있고, 발은 사면으로 내려와 있으며, 옥 같은 난간에 기대네(樓上幾日春寒, 簾垂四面, 玉欄杆慵倚.)"라는 구절에서 보듯이, 남방지방은 봄과 겨울이 전환하는 계절이라 할지라도 그다지 춥지 않았기에 때문에 원림건축은 좀 더 개방적으로 설계되었다.

개방적 건축의 경계에 위치한 난간은 실내공간을 확장하는 기능을 한다. 여기서

도 5-114. 명(明) 당인(唐寅)의 《사명도(事茗圖)》.

설명의 편의를 위해 창호 밖과 난간 사이의 공간을 "빙란공간(憑欄空間)"이라 부르 겠다. 빙란공간은 통상 건물 밖에 붙어 있는 좁고 긴 공간이지만, 경우에 따라 정자 나 누대의 형태를 하고 있기도 하다. 이때 건축의 창호를 개방하면 실내공간이 이 들 빙란공간까지 확장되게 된다. 남부지방은 온화한 기후로 통풍을 위해 주로 창호 를 개방하고 난간에 주렴을 쳐서 차양을 하였는데 이 과정에서 빙란공간은 일상생 활공간으로 적극적으로 활용되게 되었다.

(1) 분격교류(分隔交流)

북송시기 유명한 사인(詞人)인 신기질(辛弃疾)의 두 편의 사에서 등장하는 난간에 기대는 장면을 비교해 보자. 먼저 『수용녕(水龍吟)』에는 "남쪽 하늘 천 리에 맑은 가을 펼쳐지고, 물은 하늘을 따라 흘러가고 가을빛은 끝이 없네. 멀리 봉우리가 눈 에 들어오고, 시름과 한이 일어나고, 산세는 옥잠과 상투 같네. 해는 누가 꼭대기로 떨어지고, 기러기 울음소리 속으로 끊어지네, 강남의 유자들 오구를 잡고서 바라보 네, 난간을 어루만지나, 사람들 모이지 않고, 높이 올라 조망할 뜻만 있네(楚天千里 淸秋, 水隨天去秋無際. 遙岑遠目, 獻愁供恨, 玉簪螺髻. 落日樓頭, 斷鴻聲裏, 江南游子. 把吳 鉤看了, 欄杆拍遍, 無人會, 登臨意.)"라 하여 높은 곳에 올라 바라보는 모습을 표현하 였는데, 여기서 난간은 부속적인 동작의 대상일 뿐으로 어떤 특정한 정서와는 연결되어 있지 않다. 반면 『수용음·등건강상심정(水龍吟·登建康賞心亭)』에서는 "난간이 있는 곳에 기대니 바로 한가한 근심이 일어난다(倚欄杆處, 正恁閑愁.)"라 하여 난간이 사람의 정서와 분명하게 연결되어 있다.

위 두 사에서 보듯이 북송시기에는 아직 난간에 기대는 행동을 특별한 정서와 긴밀하게 연결하지 못하였는데, 이는 추측컨대 당시 아직 빙란공간이 시사 속으로 파고드는 과정에 있기 때문인 것으로 보인다.

시사작품에서 난간에 기대는 동작에 어떤 특정한 정서를 부여하고자 하는 경우 통상 난간의 기능이나 공간적 특징에서 유사성을 찾는데, 시사 속에 반영된 난간은 주로 분격(分隔), 즉 나누어 떨어져 있는 모습에 착안하고 있다. 분격의 모습을 보다 구체적으로 분석해 보면 다음과 같다.

첫째, 난간의 공간을 나누는 모습에 착안하여 외로움의 정서를 이끌어 냈다. "추운 밤에 홀로 난간에 기대어, 배회하면서 밝은 달을 바라보네, 얼마만큼의 지척 사이에, 고인은 서로 떨어져 있네(寒夜獨憑欄, 徘徊看明月, 如何咫尺間, 故人相隔絶.)"[294]라는 시사를 보면 작가는 난간 안쪽에 몸을 기대고 있는데 여기서 난간은 나를 다른 존재들로부터 철저하게 격리시키는 역할을 하고 있다. 또 "남루에 기대고 또 학루에도 기대어, 소정은 깨끗하니 가을에 매우 걸맞네. 하늘 닿은 안개물결이 삼협에서 오고, 누대를 벗어나면 또 한 주라네. 호걸은 나오지 않고 세상일 사라지고, 고금에 끝없이 큰 강이 흐르네. 저녁에 난간에 기대어 고향을 생각하니, 최호 시 중의 지난 날 근심이라네(倚偏南樓更鶴樓, 小亭瀟灑最宜秋. 接天烟浪來三峽, 隔岸樓臺又一州. 豪杰不生機事息, 古今無盡大江流. 憑欄日暮懷鄉國, 崔顥詩中舊日愁.)"[295]라는 시사에서는 난간에 안에 고립되어 망향의 한에 잠기고 있다.

---

294 欽定四庫全書, 集部, 總集類, 石倉歷代詩選, 卷三百九十四, 偶成.
295 欽定四庫全書, 集部, 總集類, 禦選宋金元明四朝詩_禦選宋詩, 卷五十四, 鄂渚烟波亭.

도 5-115. 명(明) 왕악(王諤)의 《강각원조도(江閣遠眺圖)》.

둘째, 난간의 높이 떠 있는 모습에 착안하여 세속에서 멀리 떨어져 있는 정서를 이끌어 냈다. "해가 서남쪽 몇 개의 봉우리로 지는데, 노을이 천 리에 퍼져 잔홍을 바르네. 위로는 웅걸한 누각이 있어 난간에 기대어, 남은 빛을 다하고자하나 늦은 바람을 겁낸다네(日落西南第幾峰, 斷霞千里抹殘紅. 上方杰閣憑欄處, 欲盡餘輝怯晩風.)"와 "높이 솟은 누대로 낙엽 길 나 있고, 난간에 기대니 춘풍이 일어남을 더욱 더 알겠네(危樓高度貝葉經, 憑欄倍覺香風起(危樓高度貝葉經, 憑欄倍覺香風起))"[296]라는 구절에서 난간은 누각의 높은 곳에 위치하여 있는데 이때 이곳에 바라보는 경관은 세상의 혼잡함에서 떨어져 있는 듯한 느낌을 준다. 난간이 위치한 곳이 더욱 높다면 마치 허공을 밟고 있는 듯한 신비한 느낌을 주기도 하니, 한 시사에서는 "층층의 봉우리 정상은 매우 푸르고, 난간에 기대니 황홀하여 신선의 영험함을 만난 듯. 창을 여니 아래로 서호의 물빛을 끌어 오고, 높은 처마엔 북두성이 높이 걸려 있네(檐甍高懸北斗星(層構峰頭切太靑, 憑欄恍若遇仙靈, 窗開俯挹西湖水, 檐甍高懸北斗星.))"[297]라고 묘사하기도 하였다.

셋째, 난간의 공간을 나누는 모습에 착안하여 시간이 떨어져 있는 정서를 이끌

---

296 欽定四庫全書, 集部, 總集類, 禦選宋金元明四朝詩__禦選明詩, 卷四十七, 鄒元標, 平原庵僧索詩.

297 欽定四庫全書, 集部, 總集類, 吳都文粹續集, 卷三十二, 涵空閣, 陳毓.

어 냈다. 예로 "경치를 조망함은 아침저녁이 없고, 난간에 기댐에 고금이 있네(閱景無旦夕, 憑欄有今古.)"[298]라는 구절이 있다. 또한 공간적으로 떨어져 있으면서 동시에 시간적으로 떨어져 있는 정서의 표현도 가능하니 "영험한 바위산엔 나무들이 빽빽하고, 산승의 암자가 꼭대기에 있네. 푸른 솔바람 안에서 용울음을 짓고, 창문 앞 흰 구름은 유수와 같다네. 난간에 기대니 비로소 인세가 다그침을 슬퍼하고, 눈을 들어 다시 강산의 가을을 느껴보네. 천 년의 패업이 진적을 갖추고, 지는 해 찬 연기에 객수가 생겨나네(靈岩之山山木稠, 山僧結庵居上頭. 蒼松風裏作龍吼, 白雲窓前如水流. 憑欄始悲人世迫, 擧目更感江山秋. 千年霸業俱陳迹, 落日寒烟生客愁.)"[299]라는 구절이 그 예이다.

도 5-116. 명(明) 거절(居節)의 《만송소축도(萬松小筑圖)》.

반면에 난간은 교류(交流)의 기능을 하기도 한다. 난간은 공간을 외부와 내부로 나누기도 하지만 스스로 매개공간이 되어 내부와 외부를 교류하게 하기도 한다. 난간을 통한 외부세계와의 교류는 무궁한 즐거움을 주니 "높이 올라 술을 마시며 임하

298 欽定四庫全書, 集部, 總集類, 禦定全唐詩, 卷五百二十, 題宣州開元寺.
299 欽定四庫全書, 集部, 總集類, 禦選宋金元明四朝詩__禦選明詩, 卷七十, 陳汝言, 題靈岩寺.

니 깨끗한 바람이 불어오고, 온종일 난간에 기대니 흥이 끝이 없네(登臨酒面灑淸風, 竟日憑欄興未窮.)"[300]라고 하였다. 사람이 높은 곳에 올라 난간에 기대면 시야의 한계를 극복하니 "난간이 기대니 천 리의 하늘이 눈에 들어오네.(憑欄展空千里眼.)"[301] 즉 난간에 기대어 시야의 한계를 극복하고 외부의 전경과 한꺼번에 교류할 수 있다. 또한 난간이 높은 곳에 있는 경우 위에서 아래의 경물들과 교류할 수 있으니 "바람 부니 못의 부평초 열리고, 하늘은 텅 비고 물은 거울과 같다네. 은자는 때때로 난간에 기대어, 아래로 운행하는 구름 그림자를 본다네(風吹池萍開, 天空水如鏡, 幽人時憑欄, 下看行雲影.)"[302]라 하였다. 한편 교류는 외부에서 내부로의 일방적으로 진행되는 것이 아니라 내부에서 외부의 방향으로도 진행되니 "한 정자가 옛날처럼 그대로고 매화 가에는 달이 떠 있으며, 두 갈래 길이 새로 나고 대숲 밖으로 바람이 부네. 산색은 있는 듯 없는 듯 연기가 모양을 변화시키고, 호수 빛 농담하니 비가 내려서이네. 난간에 기대니 바로 돌아갈 것을 재촉하고, 갈대밭 속에서 피리 몇 곡조를 불러대네(一亭舊占梅邊月, 兩徑新添竹外風. 山色有無烟變態, 湖光濃淡雨收功. 憑欄正好催歸去, 橫笛數聲蘆葦中.)"[303]라 하였다.

난간의 교류의 속성에 착안하여 만들어진 원림의 경관효과에는 독특한 특색이 있는데 그 전형적인 사례는 다음과 같은 것들이 있다.

첫째, 평상시에는 볼 수 없는 경관을 볼 수 있다. "만 개의 봉우리는 빼놓은 홀과 같고, 중앙에는 평탄함이 보이네, 밝은 백석이 빛나고, 호호한 개울물이 흐르네, 홀로 오롯이 솟은 초정은, 우뚝하여 높은 언덕보다 위에 있고, 여러 산들의 푸르른 산색을, 여기에 이르러 난간에 기대어 바라보네.(萬峰如挺笏, 中央見平疇, 齒齒白石槃,

---

300 欽定四庫全書, 集部, 總集類, 中州集, 卷一, 晚登遼海亭.
301 欽定四庫全書, 集部, 總集類, 禦定歷代題畫詩類, 卷一百十四, 天開畫樓圖, 白玉蟾, 宋.
302 欽定四庫全書, 集部, 別集類, 明洪武至崇禎, 空同集, 卷三十四, 水鑒樓.
303 欽定四庫全書, 集部, 總集類, 兩宋名賢小集, 卷三百二十, 烟雨樓.

浩浩洪溪流, 突兀孤茅亭, 杰出當高丘, 群山蒼秀色, 到此憑欄收.)"[304] 난간에 기대어 한 번 사방을 둘러보면 아름다운 경관들이 한눈에 들어오는 모습이 이 밖의 많은 시들에서 언급되고 있다.

멀리 무사한 나날임을 알아서, 고요하게 오봉의 가을을 대하네. 차가운 연기 너머로 새소리 들려오고, 샘물은 노을과 조화롭게 흘러가네. 난간에 기대니 성긴 경쇠소리 다하고, 살을 살짝 감아서 먼 곳의 구름을 바라보네.(遙知無事日, 靜對五峰秋, 鳥隔寒烟語, 泉和夕照流, 憑欄疎磬盡, 瞑目遠雲收.)[305]

소매를 부여잡고 높이 올라 서 있으니, 난간에 기대어 조망함에 끝이 없네.(攬袂登高立, 憑欄望莫窮.)[306]

위험한 돌비탈길을 천천히 올라가, 난간에 기대어 묘봉을 얻었네.(步履行危磴, 憑欄得妙峰.)[307]

둘째, 난간을 통해 쉽게 차경 효과를 실현할 수 있다. 예를 들어 『원야』의 차경 편에 이르기를 "산엔 아지랑이 가득하고, 가는 구름이 떨어져 난간에 기대어 있네(山容靄靄, 行雲故落憑欄.)"라 하였다. 이렇게 되면 경관은 이미 안팎의 구분이 모호해지니 "구름 끝과 첩첩의 봉우리가 창 속으로 들어오고, 나무들과 차가운 강이 성곽을 둘러 있네. 함께 맑은 하늘을 즐거워하며 형악을 바라보매, 난간에 기댄 이 몸

304 欽定四庫全書, 集部, 別集類, 淸代, 文端集, 卷十二, 環翠山房.
305 欽定四庫全書, 集部, 總集類, 石倉歷代詩選, 卷九十一, 寄楚瓊上人.
306 欽定四庫全書, 集部, 總集類, 禦選宋金元明四朝詩＿禦選明詩, 卷六十三, 月下步朱龍橋, 蔡懋德.
307 欽定四庫全書, 集部, 總集類, 宋元詩會, 卷七十一, 雪後同子俊游何山

은 남쪽 하늘가에 있다네(雲端疊嶺當窗畫, 樹杪寒江繞郭斜. 共說晴空見衡岳, 憑欄身在楚天涯.)"[308]라 하게 된다. 또한 나아가 내부와 외부가 하나로 조화된 전체적인 경관 구도를 구성하게 되니 "깨끗한 대나무 자태를 뽐내고, 수양버들에 말을 멈추네. 난간에 기대어 거칠게나마 그림을 그려 보니, 산색은 누가 그릴런가? 누대 앞으로 기러기가 비스듬히 그려 내고 있네(修竹凝妝, 垂楊駐馬, 憑欄淺畫成圖. 山色誰題. 樓前有雁斜書.)"[309]라 할 수 있다.

셋째, 난간을 통해 바람이나 향기를 느낄 수 있다. 송대 구양수는 『채상자(采桑子)』에서 말하길 "여러 꽃무더기를 지나면 서호가 나오고, 잔홍에 자리 깔고, 날리는 버들개지 가랑비 같고, 버드나무 드리운 난간엔 종일토록 바람이 부네(群芳過後西湖好, 狼藉殘紅, 飛絮濛濛, 垂柳欄杆盡日風.)"[310]라 하였으니, 난간이 비록 공간을 나누고 있지만 바람과 경관이 그 안으로 들어와 사람의 감관과 정서와 교류를 하게 된다. 또 송대 황정견(黃庭堅)은 『악주남루서사(鄂州南樓書事)』에서 "사면으로 산빛과 물빛을 접하고, 난간에 기대니 십 리 밖의 꽃향기가 들어오네(四顧山光接水光, 憑欄十裏芰荷香.)"라 하였으니 이는 난간에 기대어 화초의 향기를 즐기는 모습을 묘사한 것이다. 북송 이치(李廌)의 『우미인(虞美人)』에서는 "옥난간 밖으로 맑은 강포가 있고, 아득한 하늘가에 비가 내리네. 좋은 바람은 부채와 같고 비는 주렴과 같네(玉欄杆外清江浦, 渺渺天涯雨. 好風如扇雨如簾.)"[311]라 하여 난간에 기대어 불어오는 바람을 즐기는 모습을 묘사했다.

넷째, 난간을 통해 실외 동식물 경관과 교류할 수 있다.

308 欽定四庫全書, 集部, 別集類, 清代, 學余堂文集_詩集, 卷三十六, 宜春台(袁州).
309 欽定四庫全書, 集部, 詞曲類, 詞集之屬, 夢窗稿, 乙稿卷二, 高陽臺, 吳文英.
310 欽定四庫全書, 集部, 詞曲類, 詞選之屬, 詞綜, 卷四.
311 欽定四庫全書, 集部, 詞曲類, 詞選之屬, 詞綜, 卷六.

호당에 객손이 흩어져 주렴이 내려와 있고, 난간에 기대어 비취색 아름다움을 거둘 때를 상상하네.(華堂客散簾垂地, 想憑欄杆斂翠蛾.)[312]

그대 홀로 난간에 기대어 풍물을 감상하니, 유수에 임하면 백구가 제일 먼저 알아볼 것이네.(獨爾憑欄感風物, 臨流先被白鷗知.)[313]

난간에 기대어 수풀을 바라보네.(憑欄接林杪.)[314]

포화를 따라 구석구석 돌아다니고, 난간에 기대어 두건을 벗는다네.(循圃花粘履, 憑欄柳拂巾.)[315]

다섯째, 난간을 통해 청각적 교류를 할 수 있다. 건축에서 난간은 물이나 숲과 아주 가까운 거리에 위치하기 때문에 "계곡의 향기와 노을 그림자가 높은 누대를 감싸고, 발을 말아 난간에 기대니 이목이 열린다네(澗香霞影繞樓臺, 卷箔憑欄耳目開.)"[316]라 하여 그 안에 있으면 각종 자연의 소리를 듣게 된다.

난간에 기대어 온종일 산색을 감상하니, 노래 소리 밤까지 들려오고 물소리도 들린다네.(憑欄盡日看山色, 歌枕連宵聽水聲.)[317]

312 欽定四庫全書, 集部, 別集類, 漢至五代, 溫飛卿詩集箋注, 卷九, 牡丹.
313 欽定四庫全書, 集部, 別集類, 金至元, 範德機詩集, 卷七, 獨立.
314 欽定四庫全書, 集部, 別集類, 淸代, 文端集, 卷十二, 黃柏山房.
315 欽定四庫全書, 集部, 別集類, 金至元, 楊仲弘集, 卷四, 春晚喜晴.
316 欽定四庫全書, 集部, 別集類, 漢至五代, 禪月集, 卷二十四, 迎仙閣.
317 欽定四庫全書, 集部, 總集類, 禦選宋金元明四朝詩__禦選宋詩, 卷六十七, 重題公純池亭.

난간에 기대어 웃으면서 조어에 놀라고, 발길 따라 노닐며 관현은 내버려 두네.(憑欄笑語驚魚鳥, 信步游行廢管弦.)[318]

높은 누각의 난간에 기대어 앉아, 산천이 한눈에 구별되고, 정원의 꽃엔 화창한 햇빛이 비치고, 수풀 위로는 구름이 떠 있고, 산색이 창 안으로 침범하고, 비둘기 울음소리 대숲 너머에서 들린다네.(高閣憑欄坐, 川原一望分, 庭花晴媚日, 林木上幹雲, 山色侵窗入, 鳩聲隔竹聞.)[319]

빙란공간을 오랜 기간 체험하고 사용하는 과정에서 사람들은 지속적으로 이 흥미 있는 공간에 대한 다양한 경험을 축적 하였는데, 이로 인해 빙란공간이 더욱 세밀하게 만들어지게 되었고 동시에 빙란공간에 응집된 정서가 점차 깊어지게 하였고 심지어 "난간에 기대"는 행위를 모식화하고 개념화하기도 하였으며, 빙란공간은 건조의 결과에서 건조의 목적으로 점차 바뀌게 되었고 원림경관에서 빠질 수 없는 요소로 자리 잡게 되었다. 이어서 몇 개의 전형적 빙란정서를 빙란공간의 특징과 연계하여 살펴보자.

(2) 한적일취(閑適逸趣)

난간은 통상 격식을 따지지 않는 건축에서 아름다운 경관을 향해 열려 있는 곳에 설치된다. 사람들은 이 난간에 기대어 경관이 가져다주는 한적하고 편안한 멋(閑適逸趣)에 흠뻑 젖으며 "낮은 곳에서 난간에 기대어 아득함을 생각한다.(底處憑欄思渺然.)"[320] 난간이 주는 한적하고 편안한 멋에는 크게 세 종류가 있다.

---

318 欽定四庫全書, 集部, 總集類, 江湖小集, 卷四十一, 水天一色亭上卽事.
319 欽定四庫全書, 集部, 別集類, 明洪武至崇禎, 鯤溟詩集, 卷四, 與客同登吳氏園樓.
320 欽定四庫全書, 集部, 總集類, 禦定佩文齋咏物詩選, 卷二百三十二, 孤山寺端上人房寫望, 林逋, 宋.

첫째는 한가로움 자체를 즐기는 것이다

공무의 휴일에 짧은 한가로움을 얻어, 높은 곳을 찾아가 난간에 기대어 보네.(休日文書得少閑, 試尋高處憑欄杆.)[321]

홀로 난간에 기대어 하나의 일도 없는데, 수풍이 시원한 곳에서 책을 읽네.(獨自憑欄無一事, 水風涼處讀文書.)[322]

술을 조금 마시니 맑은 흥취가 일어나고, 난간에 기대어 달이 움직이는 것을 바라보네.(小酌酣清興, 憑欄看月移.)[323]

한가롭게 난간에 기대어 은하수를 세어보고, 오히려 처마 덮개가 누선에 있는 것 같네.(閑憑欄杆指星漢, 尙疑軒蓋在樓船.)[324]

둘째는 한가한 가운데 경관을 바라보는 것이다.

정사는 텅 비어 시계가 넉넉하고, 한가로움을 얻어서 홀로 난간에 기대네.(亭榭凌空眼界寬, 得閑來處獨憑欄.)[325]

그저 우리들을 옮겨 이내와 노을에 짝하고, 항상 난간에 기대어 자지가를 부른다네.(只輸我輩

---

321 欽定四庫全書, 集部, 別集類, 南宋建炎至德佑, 北山集, 卷二十三, 寒食日.
322 欽定四庫全書, 集部, 總集類, 三家宮詞, 卷中.
323 欽定四庫全書, 集部, 別集類, 金至元, 月屋漫稿, 月屋漫稿, 夏夜小酌.
324 欽定四庫全書, 集部, 總集類, 石倉歷代詩選, 卷六十八, 宿揚州館.
325 欽定四庫全書, 集部, 別集類, 金至元, 山村遺集, 山村遺集, 新安郡圃.

烟霞侶, 恒得憑欄歌紫芝.)[326]

성곽 뒤쪽의 그윽한 거처는 그림 속에 있는 것 같고, 수풀과 춘수가 빙 돌아 감싸네. ……십 년 동안 분주하게 풍진 속에 있으니, 난간에 기대어 하루의 한가로움을 얻기를 즐긴다네.(背郭 幽居如畫裏, 斷林春水綠回環. ……十年奔走風塵裏, 肯借憑欄一日閑.)[327]

누대가 오롯이 버들 그림자 속에 있고, 누대 밖의 청산의 그림과 매 한 가지라네. 이곳의 정경 이 어디인지를 모르고, 난간에 기대어 나는 서늘한 바람을 맞이하고자 하네.(樓臺突兀柳陰中, 樓外靑山圖畫同. 此景不知何處是, 憑欄我欲納涼風.)[328]

반평생 무사하고 주위엔 연기와 노을이 있고, 채찍질하고 지팡이에 기대어 은자의 집을 찾아가 네. 온갖 새소리가 산의 원근에서 들려오고, 몇 마디 사람들 소리가 길 위로 비껴가네. 무성한 수풀이 아름답고 봄날에 새벽은 길어, 잔득 낀 구름은 비단처럼 아름답네. 온종일 난간에 기대 어 하늘가를 바라보니, 수광과 산색이 선선의 경계를 탐하는구나.(半生無事傍烟霞, 策杖來追 隱者家. 百舌鳥鳴山遠近, 數聲人語路橫斜. 鬱葱佳氣春長曉, 靉靆禎雲錦又華. 盡日憑欄 天外看, 水光山色蒦仙劃.)[329]

온종일 난간에 기대어 오랫동안 술을 마시고 읊조리니, 꽃향기가 술동이에 가득 차네.(盡日憑 欄酣咏久, 香浮綠蕚酒盈缸.)[330]

---

326 欽定四庫全書, 子部, 藝術類, 書畫之屬, 趙氏鐵網珊瑚, 卷十五.
327 欽定四庫全書, 子部, 藝術類, 書畫之屬, 珊瑚木難, 卷一.
328 欽定四庫全書, 子部, 藝術類, 書畫之屬, 式古堂書畫彙考, 卷三十五, 元, 艮齋.
329 欽定四庫全書, 子部, 藝術類, 書畫之屬, 式古堂書畫彙考, 卷三十五, 元, 豫章巢雲子.
330 欽定四庫全書, 集部, 別集類, 金至元, 性情集, 卷五, 水驛梅.

등불 들고 난간에 기대어 읊조리니, 깊은 꽃들
은 잠들지 말게나.(秉燭憑欄吟賞, 莫敎夜深花
睡.)[331]

셋째는 난간에 기대어 동물을 보는 것이다.

난간에 기대어 낮에 고요히 사슴 울음소리를 듣
는데, 샘물의 향기가 물고기를 어여삐 기른다
네.(憑欄晝靜聽呦鹿, 鑿沼泉香愛畜魚.)[332]

온종일 난간에 기대어 갈매기를 대하니, 원림의
긴 여름날이 깊은 가을날과 같다네. 홰나무는 용
처럼 세밀하게 깨끗하고 거위는 황색과 흰색이
어우러져 있으며, 서늘한 바람이 소소하게 불어
와 누대를 가득 채우네.(終日憑欄對水鷗, 園林
長夏似深秋. 槐龍細灑鵝黃雪, 凉意蕭蕭風滿
樓.)[333]

홀로 난간에 기대어 긴 낮을 즐기니, 분분하게
나비들이 다투어 날아다니네. 하늘에 온통 버들

도 5-117. 명(明) 송각(宋珏)의 《오동추월도(梧桐秋月圖)》.

331 欽定四庫全書, 集部, 詞曲類, 詞譜詞韻之屬, 禦定詞譜, 卷二十一, 踏青游, 陳濟翁.
332 欽定四庫全書, 子部, 藝術類, 書畫之屬, 珊瑚木難, 卷一, 董遠
333 欽定四庫全書, 子部, 雜家類, 雜考之屬, 丹鉛餘錄總錄, 卷十八.

개지가 심한 동풍에 흩날리고, 길 가득한 도화가 있고 춘수는 향기롭네. 이때에는 뜻이 한창이라네. 무성한 방초가 있고 곁에 지당이 있다네. 천 종의 무리와 함께 봄에 취하고자 하니, 다행히 도미와 해당이 있다네.(獨倚欄杆晝日長, 紛紛蜂蝶鬥輕狂. 一天飛絮東風惡, 滿路桃花春水香. 當此際, 意偏長, 萋萋芳草傍池塘. 千鍾尙欲偕春醉, 幸有荼蘼與海棠.)[334]

뒤로는 제비 한 쌍이 날아올라 차가운 구름에 닿고, 홀로 작은 누대의 동반을 향해 가서, 난간에 기대어 본다네.(背飛雙燕貼雲寒, 獨向小樓東畔, 倚闌看.)[335]

못가에 홍의 입고 난간에 기대니, 까마귀가 항상 노을을 끼고 돌아오네.(池上紅衣伴倚闌, 栖鴉常帶夕陽還.)[336]

난간에 기대어 한가롭게 백구가 노니는 것을 바라보고, 산색과 물빛인 사면을 에워싸네.(憑欄閑看白鷗飛, 山色溪光繞四圍.)[337]

온종일 사람 하나 이르지 않고, 난간에 기대어 백구의 숫자를 헤아리네.(鎭日無人到, 憑欄數白鷗.)[338]

(3) 고적낙막(孤寂落寞)

난간은 독립된 공간으로 사람들에게 때로는 고적낙막한 느낌을 준다.

---

334 欽定四庫全書, 集部, 詞曲類, 詞選之屬, 花草粹編, 卷十.
335 欽定四庫全書, 集部, 詞曲類, 詞選之屬, 樂府雅詞, 卷中, 虞美人, 舒亶.
336 欽定四庫全書, 集部, 詞曲類, 詞集之屬, 夢窗稿, 丁稿卷四, 鷓鴣天, 吳文英.
337 欽定四庫全書, 子部, 藝術類, 書畫之屬, 珊瑚網, 卷四十一, 陸安道.
338 欽定四庫全書, 集部, 總集類, 禦選宋金元明四朝詩禦選明詩, 卷六十二, 水閣, 範鳳翼.

못가에 난간에 기대어서 짝이 없음을 근심하네.(池上憑欄愁無侶)[339]

난간에 기대어 쓸쓸하게 누가 모일까 걱정하니, 나도 모르게 눈물이 주룩 흐르네.(憑欄惆悵人誰會, 不覺潸然泪眼低)[340]

광풍 2월에 홀로 난간에 기대니, 청해가 아득히 이내 사이에 있네.(狂風二月獨憑欄, 青海微茫烟霧間.)[341]

발 밖으로 비가 내리고, 봄놀이 홍취가 점점 없어지네. 이불은 오경의 추위를 이겨내지 못하고, 꿈속에선 내가 객인줄 모른다네. 정오에 즐거움을 찾고자 홀로 적막하게 난간에 기대니 무한한 산이 펼쳐져 있네. 이별의 때 쉽지 않고 때를 기다림도 어려우며, 유수와 낙화에 봄이 지나감은 천상과 인간세라네.(簾外雨潺潺, 春意闌珊. 羅衾不耐五更寒, 夢裏不知身是客, 一晌貪歡. 獨自莫憑欄, 無限關山. 別時容易見時難, 流水落花春去也, 天上人間.)[342]

만층의 비취빛 봉우리는 옥처럼 높이 솟아 있고, 홀로 난간에 기대어 날을 보낸다네.(萬層翠巘玉崔嵬, 獨自憑欄日幾回.)[343]

수풀엔 점점이 비가 내리고, 높은 누대에 홀로 난간에 기대네.(萬木雕零苦, 樓高獨憑欄.)[344]

---

339 欽定四庫全書, 集部, 詞曲類, 詞譜詞韻之屬, 禦定詞譜, 卷六, 甘草子, 柳永.
340 欽定四庫全書, 集部, 總集類, 禦定全唐詩, 卷八.
341 欽定四庫全書, 子部, 藝術類, 書畫之屬, 書畫題跋記, 卷六, 題曰 : 延陵倪瓚壬子春.
342 欽定四庫全書, 集部, 詞曲類, 詞譜詞韻之屬, 禦定詞譜, 卷十.
343 欽定四庫全書, 集部, 別集類, 北宋建隆至靖康, 石門文字禪, 卷十五, 次韻空印遊山九首.
344 欽定四庫全書, 集部, 總集類, 禦選宋金元明四朝詩禦選宋詩, 卷六十三, 初冬有寄

높은 누대의 가을 기운 시원하고, 술을 파하고 난간에 기대어 홀로 읊조리네.(高樓秋氣正蕭森, 罷酒憑欄且獨吟.)[345]

옥 같은 누대가 자줏빛 구름 위로 솟아 있고, 술기운에 추풍을 몰아 홀로 난간에 기대네.(瑤台直上紫雲端, 醉禦秋風獨倚闌.)[346]

홀로 돌아와, 난간에 기대어 그리워하네.(獨自歸來, 憑欄情緖.)[347]

난간의 고독한 모습이 슬픈 경관과 결합하면 그 효과가 더욱 극대화된다.

멀리 비가 구름을 거두고, 난간에 기대어 근심하며, 눈으로 추광을 전송하네. 저녁 경치는 소소하니, 송옥의 슬픔을 견딜 만하네.(望處雨收雲斷, 憑欄悄悄, 目送秋光. 晩景蕭疏, 堪動宋玉悲凉.)[348]

난간에 기대어 눈물을 흘리니 꽃에 이슬이 젖고, 근심이 이르자 푸른 산봉우리가 한 데 모이는데, 여기서 공평하게 나누어 취할 것을 한스러워하여 말없이 공연히 서로 바라보기만 하네.(泪濕欄杆花著露, 愁到眉峰碧聚, 此恨平分取, 更無言語空相覰.)[349]

지난번의 기쁨을 추억하여, 이화를 잡고서 적막하게 난간에서 눈물을 흘리네.(憶前歡, 曾把梨

345 欽定四庫全書, 集部, 總集類, 禦選宋金元明四朝詩禦選明詩, 卷八十七, 憑欄.
346 欽定四庫全書, 集部, 總集類, 禦選宋金元明四朝詩禦選明詩, 卷一百十, 憑欄.
347 欽定四庫全書, 集部, 詞曲類, 詞譜詞韻之屬, 禦定詞譜, 卷八, 應天長, 康與之.
348 欽定四庫全書, 集部, 詞曲類, 詞選之屬, 花庵詞選, 卷五.
349 欽定四庫全書, 集部, 詞曲類, 詞集之屬, 東堂詞, 東堂詞.

花, 寂寞泪欄杆.)³⁵⁰

한가로운 근심 너무 괴롭고, 쉴 때 높은 난
간에 기대니 석양이 바로 여기에 있고, 안
개 낀 버들이 바로 근심처라네.(閑愁最苦,
休去倚危闌, 斜陽正在, 烟柳斷腸處.)³⁵¹

난간의 고적낙막함이 깊은 밤과 결
합하여 더욱 깊어진다.

하얀 달 아름답고 주야는 차가우니, 술 취
해 여기에 와서 난간에 기대네.(霜月娟娟
午夜寒, 酒酣來此憑欄杆.)³⁵²

도 5-118. 명(明) 당인(唐寅)의 《낙하고목도(落霞孤鶩圖)》.

깊은 밤 일어나 난간에 기대어 서 있으면,
귀엔 물소리가 가득 차고 얼굴엔 차가움이 가득 차네.(夜深起憑欄杆立, 滿耳潺湲滿面凉.)³⁵³

시내 아래 물소리 유장하고, 가지는 월향에 조화롭네. 사람들은 꽃이 예전 같음을 좋아하지만,
꽃은 사람이 메마름을 모른다네. 홀로 난간에 기대니, 깊은 밤 꽃은 차가워지네.(溪下水聲長,
一枝和月香. 人憐花依舊, 花不知人瘦. 獨自倚欄杆, 夜深花正寒.)³⁵⁴

350 欽定四庫全書, 集部, 詞曲類, 詞選之屬, 禦選歷代詩餘, 卷四十六.
351 欽定四庫全書, 集部, 詞曲類, 詞譜詞韻之屬, 禦定詞譜, 卷三十六.
352 欽定四庫全書, 集部, 別集類, 南宋建炎至德佑, 富山遺稿, 卷十, 紅梅.
353 欽定四庫全書, 集部, 別集類, 漢至五代, 白氏長慶集, 卷三十三, 香山避暑二絶.
354 欽定四庫全書, 集部, 詞曲類, 詞集之屬, 斷腸詞, 斷腸詞.

고요한 밤에 오랫동안 난간에 기대어 있으면 근심 때문에 잠을 청할 수 없네.(人靜夜, 久憑欄, 愁不歸眠.)[355]

(4) 수사원우(愁思遠憂)

난간에서 느끼는 고독낙막한 감정은 개인의 처연한 사정과 결합하여 더욱 깊어져서 근심스러운 생각(愁思)이나 고향에 대한 근심(遠憂) 등으로 발전하게 된다. 난간과 관련한 시사에서 이러한 수사원우의 정서를 노래하는 경우는 크게 네 가지가 있다.

첫째는 떠난 이를 걱정함이다.

서쪽 누대의 난간에 오랫동안 기대어 있으니, 눈 가득히 이별의 슬픔이 일어난다.(西樓憑欄久, 滿眼動離愁.)[356]

난간에 기대어 가을날 생각하고, 한가롭게 지난날 상봉을 추억하네.(憑欄秋思, 閑記舊相逢.)[357]

두 갈래 이별 슬픔 일어나 향기로운 술잔을 기울이니 처량해져 높은 난간에 기대어 보네. 오랫동안 머물며 서풍에 기대어 한 줄기 눈물을 흘리네.(兩地離愁, 一尊芳酒凄涼, 危欄倚遍. 盡遲留, 憑仗西風, 吹幹泪眼.)[358]

---

355 欽定四庫全書, 集部, 詞曲類, 詞譜詞韻之屬, 禦定詞譜, 卷三十五, 選冠子, 周邦彥.
356 欽定四庫全書, 集部, 詞曲類, 詞選之屬, 禦選歷代詩餘, 卷三十五, 小重山, 黃機.
357 欽定四庫全書, 集部, 詞曲類, 詞選之屬, 花庵詞選, 卷三, 滿庭芳, 晏幾道.
358 欽定四庫全書, 集部, 詞曲類, 詞選之屬, 禦選歷代詩餘, 卷八十七.

도 5-119. 무석(無錫) 기창원(寄暢園).

병 때문에 관직을 버리는 것은 쉽고, 늙어서 친구와 이별함은 어렵다네. 구월에 전혀 열기가 없고 서풍 또한 아직 차갑지 않네. 구름이 누대에 북면하고, 반나절 난간에 기대어 보네.(病抛官職易, 老別友朋難. 九月全無熱, 西風亦未寒. 齊雲樓北面, 半日憑欄杆.)[359]

그대 그리워하나 볼 수 없어 종일토록 난간에 기대어 있네.(望君殊不見, 終日憑欄杆.)[360]

누가 닫힌 주루를 떠난 사람을 그리워하는가, 온종일 난간에 기대어 근심만 생겨나네.(誰憐人去鎖朱樓, 終日憑欄只帶愁.)[361]

---

359 欽定四庫全書, 集部, 別集類, 漢至五代, 白香山詩集, 卷二十七, 齊雲樓晚. 望偶題十韻兼呈馮侍禦周殷二協律(樓在蘇州).
360 欽定四庫全書, 集部, 別集類, 北宋建隆至靖康, 騎省集, 卷四, 晚憩白鶴廟寄句容張少府.

인적 고요해 까마귀와 솔개는 절로 즐겁고, 작은 다리 밖으로 산뜻한 초록빛 물이 졸졸 흐르네. 난간에 오랫동안 기대어 있으니, 누런 갈대와 마른 대나무가 구강을 떠다니는 배와 같아 보이네.(人靜烏鳶自樂, 小橋外, 新綠濺濺. 憑欄久, 黃蘆苦竹, 疑泛九江船.)[362]

기러기 다 지나가니 만천 가지 심사를 부치기 어렵네. 누대엔 며칠 동안 봄날의 차가움이 있고, 발은 사면으로 내려와 있고, 옥난간에 그저 의지한다네.(征鴻過盡, 萬千心事難寄. 樓上幾日春寒, 簾垂四面, 玉欄杆慵倚.)[363]

한가로워 장막을 걷고 강연에 통하게 하고, 취한 후엔 난간에 기대어 들의 갈매기를 바라보네. 또한 높은 누대에 올라 아래를 바라보니, 서산과 남포의 생각이 유유하네.(閑來卷幔通江燕, 醉後憑欄看野鷗. 亦有高樓臨會府, 西山南浦思悠悠.)[364]

눈물이 추위에 얼어 흐르지 않고, 매번 높은 데를 지날 때면 고개를 돌린다네. 멀리 이별 후의 서루 위를 생각해 보니, 응당 난간에 기대어 홀로 근심이 일어나고 있겠지.(泪眼淩寒凍不流, 每經高處卽回頭. 遙知別後西樓上, 應憑欄杆獨自愁.)[365]

강가의 새로 지은 누대 이름은 서망인데, 동서남북으로 물이 아득하네. 그대의 손을 이끌어 함께 할 수 없어서 난간에 기대어 고향을 바라보네.(江上新樓名四望, 東西南北水茫茫. 無由得與君携手, 同憑欄杆一望鄉.)[366]

---

361 欽定四庫全書, 集部, 總集類, 兩宋名賢小集, 卷三百七, 閨怨.
362 欽定四庫全書, 集部, 詞曲類, 詞集之屬, 片玉詞, 卷上, 滿庭芳, 周邦彦.
363 欽定四庫全書, 集部, 詞曲類, 詞集之屬, 漱玉詞, 漱玉詞, 壺中天慢, 李淸照.
364 欽定四庫全書, 子部, 雜家類, 雜說之屬, 蟬精雋, 卷十四, 環淸樓.
365 欽定四庫全書, 集部, 別集類, 漢至五代, 白氏長慶集, 卷十三, 寄湘靈.

시냇가 나뭇가지들이 난간에 기대어 있고, 옥 같은 이슬이 날린 후에 물결은 차갑다네.(溪木蕭條一憑欄, 玉霜飛後浪花寒.)[367]

텅 빈 강가에 몇 번 가서 그대를 생각하며 홀로 난간에 기대네.(幾度空江上, 思君獨憑欄.)[368]

그림 같은 누대의 난간에 기대어 서서, 눈으로 남쪽 하늘을 바라보매 날이 저물고 구름이 떠 있네.(畫樓幾憑欄杆立, 目斷天南日暮雲.)[369]

홰나무 꽃은 비와 같고 가을날 낙엽은 금과 같은데, 자다가 일어나 난간에 기대어 생각하니 그치지 않고, 못 가득한 녹음이 나의 게으름을 받아 주고, 한 편의 시를 누굴 향해 읊조리나.(槐花如雨落秋金, 睡起憑欄思不禁, 滿地綠陰容我懶, 一篇長句向誰吟.)[370]

남루에 하얀 달 떠 있는 사람을 그리워하는 곳에서, 밤만 되면 난간에 기대어 멀리 허공을 바라보네.(南樓素月懷人處, 夜夜憑欄向遠空.)[371]

밤마다 그리움에 눈물을 흘리고, 상심한 채 밝은 달 아래 난간에 기대네.(夜夜相思更漏殘, 傷心明月憑欄杆.)[372]

---

366 欽定四庫全書, 集部, 別集類, 漢至五代, 白香山詩集, 卷十八, 寄題楊萬州四望樓.
367 欽定四庫全書, 集部, 別集類, 漢至五代, 禪月集, 卷二十五, 溪寺水閣閑眺因寄宋使君.
368 欽定四庫全書, 集部, 別集類, 金至元, 白雲集, 卷一, 寄蘭壑宗長.
369 欽定四庫全書, 集部, 別集類, 明洪武至崇禎, 小鳴稿, 卷五, 寄戴松崖都憲.
370 欽定四庫全書, 集部, 別集類, 明洪武至崇禎, 東江家藏集, 卷二, 庚子秋日書感.
371 欽定四庫全書, 集部, 別集類, 明洪武至崇禎, 華泉集, 卷六, 贈別羅子文同年-次韻.
372 欽定四庫全書, 集部, 總集類, 禦定全唐詩, 卷八百九十二, 浣溪沙.

해지는 남쪽 하늘 끝이 없고, 난간에 기대어 눈으로 돌아가는 기러기 전송하네.(落日楚天無際, 憑欄目送歸鴻.)[373]

밤에 서풍이 나무에 차갑게 불어오니, 난간에 기대어 조망하며, 아득히 멀리 나 있는 길을 바라보네.(夜來西風雕寒樹, 憑欄望, 迢遙長路.)[374]

둘째는 피치 못한 사정으로 떠난 고향에 간절히 돌아가고 싶은 마음이다.

굽은 난간 밖에는 하늘이 물과 같고, 어젯밤에 돌아와 기대었네. 처음엔 명월에서 아름다운 만남을 견주었고, 길이 둥근 달을 향해 때를 기다리고 돌아올 사람 바라보네.(曲欄杆外天如水, 昨夜還曾倚. 初將明月比佳期, 長向月圓時候, 望人歸.)[375]

강남의 옛 일 그만두고 거듭 살펴, 하늘가 찾아봐도 아무런 소식이 없고, 외기러기는 청하기 어렵네. 달빛 가득한 서루의 난간에 오랫동안 기대어, 옛날처럼 돌아가길 기약하지 못하네.(江南舊事休重省, 遍天涯尋消問息, 斷鴻難倩. 月滿西樓憑欄久, 依舊歸期未定.)[376]

가인을 생각하니 아름다운 누각에서 조망하고 있지, 몇 번을 실수하여 하늘가 돌아올 배를 알런가? 다투어 나를 알아서 난간에 기대니 바로 시름이 엉기네.(想佳人, 妝樓凝望, 誤幾回, 天際識歸舟? 爭知我, 倚欄杆處, 正恁凝愁.)[377]

---

373 欽定四庫全書, 集部, 詞曲類, 詞集之屬, 散花庵詞, 散花庵詞, 木蘭花慢.
374 欽定四庫全書, 集部, 詞曲類, 詞譜詞韻之屬, 欽定詞譜, 卷十, 端正好, 杜安世.
375 欽定四庫全書, 集部, 詞曲類, 詞集之屬, 小山詞, 小山詞.
376 欽定四庫全書, 集部, 詞曲類, 詞選之屬, 欽選歷代詩餘, 卷九十四, 賀新郎, 李玉的.
377 欽定四庫全書, 集部, 詞曲類, 詞選之屬, 花草粹編, 卷十八.

남쪽 거리의 나뭇가지들이 북쪽 거리까지 이어지고, 그대는 돌아왔지만 아직 짝의 한가로움 얻지 못하네. 마을 누대에 홀로 높은 곳에 올라가, 종일토록 난간에 기대는 것은 산수를 즐기려는 것이 아니라네.(南巷蕭條北巷連, 君歸未得伴君閑. 郡樓獨上最高處, 盡日憑欄不爲山.)[378]

역 길에는 꽃이 곧 피려 하고, 이별의 정자엔 버드나무 어지럽게 드리웠네. 난간에 기대어 일없이 날마다 돌아갈 날을 헤아리네.(驛路花將發, 離亭柳漫垂. 憑欄無一事, 日日數歸期.)[379]

셋째는 멀리 여행 와서 고향을 그리워함이다.

북쪽 그림자에서 기러기 울음소리 어지럽게 들려오고, 청남의 나그네길 어렵네. 훗날 은거할 것을 생각하니, 어느 곳에서 난간에 기댈런가.(影北鴻聲亂, 靑南客道難. 他年思隱遁, 何處憑欄杆.)[380]

월계화 위로 비가 내리고, 봄이 돌아와 난간에 기대네. 동서남북의 나그네, 다시 얼마 동안 바라볼지.(月桂花上雨, 春歸一憑欄. 東西南北客, 更得幾時看.)[381]

이러한 수사원우의 감정은 종종 "회고(回頭)"의 동작과 연결된다.

구름이 용용히 움직이고 물은 유유히 흐르는데, 천 리 밖 고향을 부질없이 고개 돌려 바라보네.

---

378 欽定四庫全書, 子部, 雜家類, 雜說之屬, 東原錄, 東原錄, 李文定.
379 欽定四庫全書, 集部, 總集類, 明詩綜, 卷八十四.
380 欽定四庫全書, 集部, 別集類, 漢至五代, 白蓮集, 卷六, 回雁峰.
381 欽定四庫全書, 集部, 別集類, 南宋建炎至德佑, 簡齋集, 卷三雨中觀秉仲家月桂.

삼경에 오히려 달 아래 난간에 기대어, 관산의 외딴 역루에 눈물을 흘리네.(流雲溶溶水悠悠, 故鄕千里空回頭. 三更猶憑欄杆月, 泪滿關山孤驛樓.)[382]

난간에 기대어 고개 한 번 돌리려 하니, 저녁 바람 뿔피리 소리에 근심을 이길 수 없네.(欲去憑欄一回首, 晚風吹角不勝愁.)[383]

또 봄이 되어 두약주가 피니, 난간에 기대어 고개를 돌리면 온갖 근심에 사무치네.(又是春生杜若洲, 憑欄回首總關愁.)[384]

넷째는 송별의 아쉬움이다.

여러 공들이 여기 와서 난간에 기대고자 하니, 헐벗은 나무에 나무가 붙어 축축하여 가지가 나질 않네.(諸公來此欲憑欄, 禿樹粘雲濕不幹.)[385]

닻줄을 풀어 사람이 멀리 떠난 것을 몰라, 석양 아래 누대의 난간에 기대어 보네.(解纜不知人去遠, 憑欄猶倚夕陽樓.)[386]

그대를 남포를 전송하니, 난간에 기대어 눈물을 참지 못하겠네.(送君過南浦, 忍泪憑欄杆.)[387]

382 欽定四庫全書, 集部, 別集類, 漢至五代, 韓內翰別集, 韓內翰別集, 驛樓.
383 欽定四庫全書, 集部, 總集類, 禦選宋金元明四朝詩__禦選宋詩, 卷五十, 永州法華寺西亭.
384 欽定四庫全書, 集部, 總集類, 禦選宋金元明四朝詩__禦選宋詩, 卷五十五, 初春感舊.
385 欽定四庫全書, 集部, 別集類, 南宋建炎至德佑, 湖山類稿, 卷一, 浙江亭別客.
386 欽定四庫全書, 集部, 總集類, 禦選宋金元明四朝詩__禦選明詩, 卷一百十六, 送人.
387 欽定四庫全書, 集部, 總集類, 禦選宋金元明四朝詩__禦選金詩, 卷十八, 一字題示商君祥之別, 李俊民.

밤에 누각에 올라 난간에 기대는 뜻은, 훗날 그대와 머물면서 옛 유람을 말하기 위함이라네. (*凌霄閣上憑欄意, 留與他年說舊游.*)[388]

(5) 세월감회(歲月感懷)

난간은 공간을 안과 밖으로 나눌 뿐만 아니라 오늘과 과거의 시간을 나누는 경계로 인식되기도 하는데, 이때 세월(歲月)에 대한 감회(感懷)가 표현된다.

첫째는 회고(懷古), 즉 과거의 일이나 사람을 그리워하고 추종하는 것이다.

이제 얼마나 지났나? 난간에 기대어 옛날을 생각하니, 남은 버드나무가 들쑥날쑥 춤을 추네.(*今何許. 憑欄懷古, 殘柳參差舞.*)[389]

빈 못가로 달려가니 물은 차갑고, 노니는 사람들 여기에 와서 난간에 기대네. 오는 해 이런 유람은 이미 다해버려, 다만 청산이 있어 고요히 보는 것이 좋다네.(*劍去池空一水寒, 游人到此憑欄杆. 年來是事消磨盡, 只有靑山好靜看.*)[390]

난간에 기대어 생각하니 끝이 없고, 옛날을 생각하며 슬픈 노래를 읊조리네.(*憑欄思無極, 懷古謾悲歌.*)[391]

---

388 欽定四庫全書, 集部, 總集類, 禦選宋金元明四朝詩__禦選元詩, 卷七十九, 贈弟仁遠入京, 惟則.

389 欽定四庫全書, 集部, 詞曲類, 詞集之屬, 白石道人歌曲, 卷二.

390 欽定四庫全書, 子部, 雜家類, 雜考之屬, 野客叢書, 卷十四, 徐忻.

391 欽定四庫全書, 集部, 別集類, 南宋建炎至德佑, 西岩集, 西岩集, 卽事.

금릉의 왕기는 이미 없어져, 얼마나 난간에 기대어 수심으로 가슴을 채웠던가, 지난 일은 겨우 남사와 북사에 있고, 상심하여 부질없이 장단편을 읊조리네. 용이 서려있는 고국의 산하는 장엄하고, 봉새가 떠난 황량한 누대엔 초목만 깊다네. 옛 사물 중엔 나와 오탑만이 있을 뿐, 석양이 그림자 움직이고 강 가운데를 비추네.(金陵王氣已銷沈, 幾度憑欄愁滿襟, 往事僅存南北史, 傷情空費短長吟. 龍蟠故國山河壯, 鳳去荒台草木深. 舊物尙余吳塔在, 夕陽移影照江心.)[392]

둘째는 세월이 덧없이 흘러감에 대한 감탄이나 안타까움이다.

난간에 기댈까 두렵고, 누각 아래로 개울이 소리내며 흐르고 누각 밖엔 산이 있다. 오직 옛날에는 산과 물이 함께 하여 의연하게 저녁 비와 아침 구름은 가서 돌아오지 않네.(生怕倚欄杆, 閣下溪聲閣外山. 惟有舊時山共水, 依然, 暮雨朝雲去不還.)[393]

분분히 여기서부터 꽃이 시듦을 보니, 이미 길게 해가 이어지기 어렵고, 누대 위에는 봄을 아쉬워하는 근심이 사라지지 않고, 작은 복숭아나무에 풍우가 몰아치고 난간에 기대어 있네.(紛紛從此見花殘, 已覺長繩系日難, 樓上有愁春不殘, 小桃風雨憑欄杆.)[394]

홀로 높은 누대에 올라 작은 난간에 기대니, 황량한 성터 적막하고 물에 떠 있는 구름은 여유롭네. 하늘에 닿은 방초들은 비를 맞았다고 개이고, 못 가득한 낙화들 보니 봄이 또 다했구나. 백발은 더 이상 나지 않고 늙어가니, 청산에 일없이 바라만 볼 뿐이네.(獨上高臺小憑欄, 荒城寂曆水雲寬. 連天芳草雨初霽, 滿地落花春又殘. 白髮不生還亦老, 靑山無事且須看.)[395]

392 欽定四庫全書, 集部, 別集類, 南宋建炎至德佑, 古梅遺稿, 卷三, 登長幹寺塔.
393 欽定四庫全書, 集部, 詞曲類, 詞選之屬, 禦選歷代詩餘, 卷三十三.
394 欽定四庫全書, 子部, 藝術類, 書畫之屬, 寶眞齋法書贊, 卷十, 春晩.

성난 머리카락이 관을 찌르고, 난간에 기대니, 소소한 비가 그치고, 눈을 돌려 하늘을 우러르니, 길게 휘파람 불어 장대하게 격렬함을 품는다. 30 공명은 먼지와 흙이 되었고, 팔천 리 길에 구름과 달은 더없이 한가롭고, 발가벗은 소년의 머리에 부질없이 슬픔이 절절하다.(怒髮衝冠, 憑欄處, 瀟瀟雨歇, 抬望眼仰天, 長嘯壯懷激烈, 三十功名塵與土, 八千里路雲和月, 莫等閑, 白了少年頭, 空悲切.)[396]

셋째는 과거에 대한 회상이다.

불어난 물이 가을이 되자 거울처럼 평평하고, 난간에 기대니 거꾸로 비친 그림자 매우 선명하네. 응당 환로로 남북을 수없이 다니느라, 서리를 더 얻어서 귀밑털이 생기네.(積水秋來一鏡平, 憑欄倒影太分明. 秖應宦轍多南北, 添得霜華兩鬢生.)[397]

굽은 강가 언덕의 북쪽에 있는 난간에 기대어, 수면에 어둠이 깔려 햇살이 없어지네. 인생사 고초를 겪어 푸른 핫옷에 옛일을 품고, 바람 부는 정자에 서니 흰 수염이 차네.(曲江岸北憑欄杆, 水面陰生日脚殘. 塵路行多綠袍故, 風亭立久白須寒.)[398]

세상 속 환로를 오랫동안 이별하여, 선가의 풍취를 누가 찾아가는가. 나이가 많다고 감정이 더욱 못하겠는가, 거듭 난간에 기대어 홀로 읊조리네.(宦路塵埃成久別, 仙家風景有誰尋. 那知年長多情後, 重憑欄杆一獨吟.)[399]

---

395 欽定四庫全書, 集部, 別集類, 金至元, 穀響集, 卷二, 春杪登蘇台.
396 欽定四庫全書, 集部, 詞曲類, 詞選之屬, 花草粹編, 卷十七.
397 欽定四庫全書, 子部, 藝術類, 書畫之屬, 式古堂書畫彙考, 卷五十九, 水鑒樓.
398 欽定四庫全書, 集部, 別集類, 漢至五代, 白香山詩集, 卷十九, 曲江亭晚望.
399 欽定四庫全書, 集部, 別集類, 北宋建隆至靖康, 騎省集, 卷一, 重游木蘭亭.

(6) 탈속용회(脫俗咏懷)

시사에서 난간이 갖는 분리되어 있고 독립되어 있는 모습과 한적일취, 고적낙막, 수사원우, 세월감회 등의 감정을 연결시키는 반면 정신적으로는 속세의 속박과 혼탁함을 떨쳐 버리고 이상적인 세계에 이르고자 하는 탈속용회의 주제와 연결시킨다. 이러한 탈속용회의 표현에는 크게 네 가지가 있다.

첫째는 난간에 기대어 정회(情懷)를 노래함이다.

가을하늘 높고 풍기는 맑으며, 텅 빈 멀리 구멍에서 성긴 수풀을 흔드네. 난간에 기대어 천 리를 굽어보고, 맑은 술잔 들고서 때때로 시 한 수를 읊조리네. 담박하게 멀리 봉우리를 비추고 달은 떨어지니, 피로하여 장곡에 기대어 되돌아가는 새들을 생각하네. 남쪽으로 가는 어여쁜 쌍쌍의 새들, 탈골소요하여 평소 마음을 어기네.(天朗秋高風氣淸, 虛疑遠籟動疏林. 憑欄極目俯千里, 把酒澄懷時一吟. 淡映遠峰宜落月, 倦依長穀想歸禽. 圖南正好搏雙翼, 脫骨逍遙違素心.)[400]

낙일에 다시 난간에 기대어, 밑으로 새가 뒤로 날아가는 것을 바라보네.(落日更憑欄, 下看飛鳥背.)[401]

난간에 기대니 무한히 현의를 생각하고, 눈으로 외로운 기러기가 멀리 섬으로 가는 것을 전송하네.(憑欄無限懷賢意, 目送孤鴻度遠洲.)[402]

언덕 너머의 인가에 초가가 깊고, 난간에 기대어 호연히 휘파람을 불며 찌든 가슴을 풀어보네.

---

400 欽定四庫全書, 子部, 藝術類, 書畫之屬, 珊瑚網, 卷四十一, 疏林峰谷圖, 陸治.
401 欽定四庫全書, 集部, 總集類, 禦選宋金元明四朝詩__禦選宋詩, 卷十三, 曹亭獨登.
402 欽定四庫全書, 集部, 總集類, 文氏五家集, 卷九, 岳陽樓.

(隔岸人家草屋深, 憑欄浩嘯舒塵襟.)[403]

관음각 아래 강수는 깊고, 관음각 위로 붉은 절벽 높이 얼마인가, 어찌 새처럼 위로 날아오르리오, 홀로 난간에 기대어 때때로 읊조리네.(觀音閣下江水深, 閣上丹崖知幾尋, 安能羽翼一飛上, 獨憑欄杆時放吟.)[404]

도 5-120. 청(淸) 왕시민(王時敏)의 《두보시의도(杜甫詩意圖)》.

둘째는 세상의 혼탁함에서 벗어나고자 함이다.

30년 전 산 위로 올라가, 철의가 다 해지고 승의를 입고서, 천진 다리 위에는 물어볼 사람 없고, 홀로 높은 난간에 기대어 노을을 바라보네(三十年前山上飛, 鐵衣著盡著僧衣, 天津橋上無人問, 獨倚危闌看落輝)[405]

은자는 좋은 누대에 거처하여, 일찍이 속세를 벗어났네. 맑은 강을 내려다보고, 운막이 거두어지는 것을 올려다보네. 잠시라도 홀로 난간에 기대면, 삼라만상이 펼쳐지네. 먼저 바다에 달이

403 欽定四庫全書, 集部, 別集類, 明洪武至崇禎, 少室山房集, 卷二十四, 題宣和帝禦制楚江秋晚圖.
404 欽定四庫全書, 集部, 別集類, 明洪武至崇禎, 容春堂集, 續集卷三, 觀音山.
405 欽定四庫全書, 子部, 雜家類, 雜纂之屬, 說郛, 卷十四下, 陶穀載, 黃巢遁免後, 祝髮爲浮屠, 有詩雲.

떠, 날린 빛이 창으로 들어오네.(幽人好樓居, 曾梯離塵垢. 俯瞰江練澄, 仰瞰雲幕收. 須臾 獨憑欄, 萬象森列宿. 先得海底月, 飛光入窗牖.)[406]

난간에 기대어 손을 휘두르며 세속을 묻노니, 누가 섬여궁에 이르렀나.(憑欄揮手問世俗, 何人 得到蟾蜍宮.)[407]

들물은 만만히 흘러 백운에 닿고, 난간에 기대어 흥을 돋아줄 사람 생각하네. 시내의 방초들은 푸르름이 끝이 없고, 수점의 아득한 봉우리들 담담하여 가짜 같구나. 연기 낀 나무에 석양 들어 화축을 여니, 바람에 돛이 흔들리는 물가 새가 짝을 부르네. 개중 한가로운 전원이 모두 있으 니, 하필 도원을 찾을 것이며 나루터를 묻겠는가.(野水漫漫接白雲, 憑欄轉覺興撩人. 一川芳 草靑無際, 數點遙峰淡不眞, 烟樹夕陽開畫軸, 風帆沙鳥伴吟身. 個中盡有閑田地, 何必桃 源更問津.)[408]

굽은 난간 옥색 틈에서, 시를 읊조림은 본디 한가로움을 없애기 위함이라네. 무단히 또 일어나 하늘가 감정에 젖어, 담묵으로 수점의 산을 그리네(曲曲欄杆縹緲間, 哦詩本欲破除閑, 無端 又起天涯感, 淡墨生綃數點山.)[409]

하늘을 가로질러 새로이 누각이 서 있고, 높은 곳이라 열기가 없다네. 들에서 멀리 바람이 돌아 오니, 가을하늘 서늘한 기운이 나뉘네. 난간에 기대어 초일한 생각이 일어나니, 자취를 던져 세 속과 멀어졌으면.(橫空敞新閣, 高處絶炎氛. 野迥長風入, 天秋凉氣分. 憑欄生逸想, 投迹遠

---

406 欽定四庫全書, 子部, 藝術類, 書畫之屬, 六藝之一錄, 卷三百八十四, 錢思複幽人詩帖.
407 欽定四庫全書, 集部, 別集類, 北宋建隆至靖康, 蘇學士集, 卷八, 和彦猷晚宴明月樓二首.
408 欽定四庫全書, 集部, 別集類, 金至元, 玉井樵唱, 卷中)平遠亭(松陽竹溪), 尹廷高, 元.
409 欽定四庫全書, 集部, 別集類, 南宋建炎至德佑, 劍南詩槁, 卷六十一, 倚樓.

人群.)[410]

난간에 기대어 뭇 산들이 작다고 한 번 웃으며, 멀리 운기가 가리키며 제주를 바라보네.(憑欄
一笑衆山小, 遙指雲氣看齊州.)[411]

누가 난간에 기대어 풍월을 감상하여, 그대로 하여금 마음을 여기 백성에게 두게 하겠는가.(誰
憑欄杆賞風月, 使君留意在斯民.)[412]

셋째는 이상적인 경관에 가까워지고자 함이다.

난간에 기대니 하늘은 높고, 술잔을 드니 산이 가까워지네.(憑欄天爲高, 擧酒山欲近.)[413]

백 층의 위태한 사다리로 창공을 거슬러 올라가, 난간에 기대어 호호하게 장풍을 들이네. 금은
궁은 천상에 있고, 아름다운 산천은 하나의 기운 안에 있네.(百級危梯溯碧空, 憑欄浩浩納長
風. 金銀宮闕諸天上, 錦繡山川一氣中.)[414]

강가 청산에는 누대가 있으니, 난간에 기대어 큰 강의 흐름을 굽어보네. 해문엔 안개 낀 나무들
은 언뜻언뜻 보이고, 구름은 삼산과 십주에 걸쳐 있네.(江上靑山山上樓, 憑欄俯瞰大江流. 海
門烟樹熹微見, 雲是三山與十洲.)[415]

---

410 欽定四庫全書, 集部, 總集類, 御定佩文齋咏物詩選, 卷一百二十, 登閣, 朱子.
411 欽定四庫全書, 集部, 總集類, 御選宋金元明四朝詩__御選元詩, 卷三十, 東山.
412 欽定四庫全書, 集部, 別集類, 北宋建隆至靖康, 蘇詩補注, 卷四十六, 黃樓致語口號.
413 欽定四庫全書, 集部, 總集類, 御選宋金元明四朝詩__御選宋詩, 卷十八.
414 欽定四庫全書, 集部, 總集類, 元音, 卷九, 二月朔日登憫忠寺閣.
415 欽定四庫全書, 集部, 別集類, 明洪武至崇禎, 震澤集, 卷八, 孟子河孫氏樓.

높은 누대에서 서로 바라보니, 난간에 기대어 달이 뜨는 것을 바라보네.(高樓望相共, 憑欄看
月生.)[416]

난간에 기대어 구름 생기는 곳을 찾아보고, 번화한 거리 앞에 옛 고향이 있다네.(憑欄究取雲
生處, 瓔珞街前認舊鄕.)[417]

옥 같은 누대가 꼭대기에 있으니, 달 아래에서 한 번 올라가 보네. 하악은 기댄 난간 밖에 있
고, 성신은 추켜세운 옷깃 사이에 있네. 몸은 가벼워 구름과 같고, 마음은 멀리 학과 함께 한가
롭네. 얼마나 신선을 부르려 하는가, 천풍에 패옥소리 들려오네.(瑤台當絶頂, 乘月一躋攀. 河
岳憑欄外, 星辰拂袖間. 身輕雲自度, 心遠鶴俱閑. 幾欲招仙子, 天風聽佩環.)[418]

나복 쌓인 성의 동쪽은 누구의 짝인가, 팔 창이 모두 맑고 그윽하네. 꽃들과 유수가 석양에 뒤
섞이고, 산굴에서 나오는 한가로운 구름은 시원한 기운이네. 바위에 앉아 취하여 하늘 밖 학을
부르고, 난간에 기대어 한가롭게 갈매기를 대하네.(蔔築城東孰與儔, 八窓面面擅淸幽. 穿花
流水夕陽亂, 出岫閑雲爽氣浮. 坐石醉呼天外鶴, 憑欄閑對渡頭鷗.)[419]

난간에 기대니 안개 낀 물이 아득하여 끝이 없고, 진원을 눈으로 가르고, 푸른 구름이 저녁에
합치되어, 신선의 거처를 알기 어렵다.(憑欄烟水渺無涯, 秦源目斷, 碧雲暮合, 難認仙家.)[420]

---

416 欽定四庫全書, 集部, 總集類, 禦定全唐詩, 卷八百九十八, 抛球樂.
417 欽定四庫全書, 集部, 別集類, 淸代, 蓮洋詩鈔, 卷四, 登樓次木厈韻卽簡话雪.
418 欽定四庫全書, 集部, 別集類, 明洪武至崇禎, 四溟集, 卷三, 夜登瑤台.
419 欽定四庫全書, 集部, 別集類, 金至元, 貞素齋集, 附錄卷二, 題溪山環秀手卷爲黃友仁賦.
420 欽定四庫全書, 集部, 詞曲類, 詞譜詞韻之屬, 禦定詞譜, 卷二十二, 采桑子慢, 蔡伸.

난간에 기대니 감히 가볍게 호흡할 수 없고, 천제의 거처가 어둑어둑하여 거의 통할 것 같네.(憑欄不敢輕呼吸, 帝座溟蒙近可通.)[421]

양 갈래 물줄기와 고성이 손바닥에서 나뉘고, 난간에 기대니 천제의 말이 들릴 듯하네.(兩水孤城掌上分, 憑欄帝座語堪聞.)[422]

대숲을 끼고 무성한 수풀엔 녹색 이끼가 덮여 있고, 날아갈 듯한 누대가 백 척 위에 솟아 있네. 산은 곧 화악에 꽃들이 열릴 것이고, 산봉우리는 회남처럼 계수나무가 열리네. 앉은 데 삼천 너머에 천제의 궁전 있으니, 난간에 기대니 칠요가 신선의 누대를 움직이네.(夾筱千林蔽綠苔, 飛樓百尺上崔嵬, 山將華岳蓮花幷, 嶺學淮南桂樹開, 隔坐三天懸帝闕, 憑欄七曜動仙台.)[423]

석등이 하늘의 은하수에 닿아있고, 난간에 기대어 하늘가를 흘겨보네.(石磴盤空逼漢槎, 憑欄睇眄渺天涯.)[424]

가파른 산을 올려다보니 하늘은 넉넉하고, 은자는 반쯤 취해 난간에 기대어 있네. 삼삼은 아득하고 난학이 멀리 있으며, 칠책은 망망하고 도롱이는 차갑네.(飛觀崢嶸天宇寬, 幽人半醉憑欄杆. 三山渺渺鸞鶴遠, 七澤茫茫蓑笠寒.)[425]

421 欽定四庫全書, 集部, 別集類, 明洪武至崇禎, 幔亭集, 卷八, 登芝山善見塔.
422 欽定四庫全書, 集部, 別集類, 淸代, 學余堂文集_詩集, 卷四十九, 額珠樓.
423 欽定四庫全書, 集部, 別集類, 明洪武至崇禎, 少室山房集, 卷五十二, 同社諸子招游顯應觀閣得台字.
424 欽定四庫全書, 集部, 總集類, 禦選宋金元明四朝詩_禦選宋詩, 卷四十八, 登飛泉寺.
425 欽定四庫全書, 集部, 別集類, 南宋建炎至德佑, 劍南詩槀, 卷十三, 夜登山亭.

넷째는 아름다운 경관 속으로 융화되어 들어감이다. 난간은 정결한 원림경관과 밀착되어 있어서 종종 난간에 기댄 사람으로 하여금 한없이 즐거워 돌아가는 것을 잊게 만든다.

새 지저귀다가 산은 다시 고요해지고, 솔바람 소리 절로 차갑네. 운기가 습한 것을 싫어하지 않아, 여기에 와서 난간에 기대네.(鳥語山更靜, 松聲風自寒, 不嫌雲氣濕, 來此憑欄杆.)[426]

작은 정자는 아득함을 열고, 거꾸로 비치는 그림자 텅 빈 하늘에 잠기네. 읊조림을 파하고 한번 난간에 기대니, 완연한 호복의 풍류라네.(小亭開浩渺, 倒影浸寥廓. 吟罷一憑欄, 宛然濠濮樂.)[427]

강은 고요하고 구름은 편안하며 시계는 텅 비었으니, 우뚝 솟은 정자는 높이 동쪽을 베고 있네. 바람 불고 비 온 뒤에는 난간에 기대니, 산이 인간세상사 왕휘지가 홀로 턱을 괴는 데에 있다네.(江靜雲恬眼界空, 危亭高枕麗譙東. 風來雨後憑欄處, 山在人間拄笏中.)[428]

(7) 빙란(憑欄)의 경관과 뜻

이상에서 보았듯이 고대 시사문학에서 난간과 빙란공간이 실체의 공간에서 특정한 정서가 부여된 공간 이미지로 변환되었음을 살펴보았다.

한편 우리들은 이러한 빙란의 의미가 시대 흐름에 따라 조금씩 변화하였음에 주목할 필요가 있다. 예를 들어 송대 주숙진(朱淑眞)은 『알금문·춘반(謁金門·春半)』에서 "눈에 닿아 이 정감은 무한하여, 12난간에 한가롭게 기대네. 근심은 하늘이 주

---

426 欽定四庫全書, 集部, 別集類, 金至元, 澄水集, 卷六, 參雲亭.
427 欽定四庫全書, 集部, 總集類, 皇清文穎, 卷五十九, 觀魚樂, 果毅親王允禮.
428 欽定四庫全書, 集部, 別集類, 南宋建炎至德佑, 太倉稊米集, 卷十九, 題周掾西山亭.

관하지 않는다네. 좋은 바람 따뜻한 햇빛에 조화롭고, 꾀꼬리, 제비들과 함께 가네. 정원에는 낙화가 가득하고 발은 걷지 않았으니, 마음은 애절하고 방초가 멀리 있네(觸目此情無限. 十二欄杆閑倚遍, 愁來天不管. 好是風和日暖, 輸與鴛鴦燕燕. 滿院落花簾不卷, 斷腸芳草遠.)"[429]라고 하였는데, 여기서 "12난간에 한가롭게 기대네(十二欄杆閑倚遍)"는 앞에서 설명한 바 있는 "수사원우(愁思遠憂)"의 정서를 표현하고 있다.

도 5-121. 명(明) 당인(唐寅)의 《고산기수도(高山奇樹圖)》.

하지만 똑같은 "12난간에 한가롭게 기대네(十二欄杆閑倚遍)"라는 구절이 명대 육심(陸深)의 『산거팔수(山居八首)』에서는 "한창인 매화는 한낮에도 침침하고, 말린 주렴과 상균은 한 길 깊이 있네. 12난간에 기대어, 늦게야 다소 물과 구름 마음이 일어나네(熟梅天氣晝陰陰, 簾卷湘筠一徑深, 十二欄杆閑倚遍, 晚來多少水雲心.)"[430]라 하여 경관의 경계를 표현하고 있다. 여기서 난간은 시정과 깊은 연관을 맺고 있지 않고 "매(梅)", "염권(簾卷)", "상균(湘筠)" 등의 경관요소와 세트를 이루는 하나의 경관소품처럼 취급되고 있으며, 심지어는 이미 그 경관소품으로서 어느 정

---

429 欽定四庫全書, 集部, 詞曲類, 詞選之屬, 詞綜, 卷二十五.

430 欽定四庫全書, 集部, 別集類, 明洪武至崇禎, 儼山集, 卷十七.

도 모식화되었음이 느껴지기도 한다.

시인이 빙란의 주제를 노래하는 것이 일종의 시의(詩意)의 발현이라면, 빙란을 주제로 경관을 만드는 것은 이러한 시적 아름다움에 대한 실천적 추구라고 할 수 있다. 예를 들어 송대 안수(晏殊)의 『답사행(踏莎行)』에는 "세초에 근심이 자욱하고, 유화는 서리를 겁내는데, 난간에 기대는 곳은 모두 혼을 녹이는 곳이라네(細草愁烟, 幽花怯露, 憑欄總是銷魂處.)"[431]라 하였는데, 여기서 빙란은 "넋을 옭아매는 곳(銷魂處)"으로서 표현되었다. 이러한 이미지는 명청시기에 이르러서 이미 상식이 되었는데, 예를 들어 명대 송렴(宋濂)은 『열강루기(閱江樓記)』의 맺음부에서 "난간에 기대어 멀리 바라보매, 반드시 유연히 멀리

도 5-122. 명(明) 전곡(錢谷)의 《죽정대기도(竹亭對棋圖)》.

생각이 미칠 것이네(憑欄遙矚, 必悠然而動遐思.)"[432]라 하여 열강루에 빙란을 주제로 한 경관이 만들어져 있음을 알 수 있는데, 이는 빙란의 시적 이미지를 실제 경관건축에 재현한 사례이다.

즉 처음에는 원림건축에 난간이 있어서 사람들이 난간에 기대어 경관을 바라보

---

431 欽定四庫全書, 集部, 詞曲類, 詞集之屬, 珠玉詞, 珠玉詞.
432 欽定四庫全書, 集部, 總集類, 文章辨體彙選, 卷六百二.

거나 혹은 난간에 기대어 여러 가지 감
정에 휩싸였는데, 이것이 점차 관습화되
어 원림이라면 의례히 하나쯤 있어야 하
는 일종의 경관장치로 변질되었으니, 이
름 하여 "거빙란(去憑欄)"이라 하였다.

명청대에 이르러 원림에서 난간이 관
습화되어 남발된 것처럼, 명청시기 시사
에서도 "빙란"이라는 두 글자를 쓰는 것
이 관습화되어 특별한 시정이나 문맥 없
이 형식적으로 사용되었다. 이러한 형식
화되고 관습화된 "빙란"의 앞뒤 문맥을
살펴보면, 유람객이 빙란 경관에 참여하
지도 않고, 특별한 정서를 자극하지도 않
고, 심지어는 난간에 기대는 동작조차도
생략되는 경우도 있다.

도 5-123. 명(明) 문징명(文徵明)의 《춘심고수도(春深高樹圖)》.

높은 누각에 구름이 넘실넘실, 난간에 기대
니 뜻이 절로 유장해지네.(高閣淩雲表, 憑
欄意自長.)[433]

난간에 기대니 뜻은 무한하여, 풍월은 공연히 절로 아름답네.(憑欄意無限, 風月空自美.)[434]

433 欽定四庫全書, 集部, 別集類, 明洪武至崇禎, 儼山集, 卷七, 游昭慶寺.
434 欽定四庫全書, 集部, 總集類, 禦選宋金元明四朝詩＿禦選元詩, 卷二十, 題太白酒樓.

도 5-126. 명(明) 대진(戴進)의 《계당시사도(溪堂詩思圖)》.

유연히 멀리 생각이 미쳐, 난간에 기대어 긴 노래를 불러보네.(悠然動遐想, 憑欄發長謠.)⁴³⁵

난간에 기대어 멀리 바라보며 흥을 읊조리니, 한 폭의 늙은이 그림이 아득하네.(憑欄眺望增吟興, 一幅顚翁畫渺茫.)⁴³⁶

못가 새로 지은 정자는 좋고, 난간에 기대어 흥취를 길게 이끄네.(池上新亭好, 憑欄引興長.)⁴³⁷

아, 나는 글을 쓰는 여가에 난간에 기대어 잠을 청하니, 홀연히 흉중에 멀리 정취가 생기는 것을 깨닫네.(蹇予書暇憑欄睡, 忽覺胸中遠趣生.)⁴³⁸

"어찌 난간에 기대는 뜻을 한정하리오, 가슴을 열면 이미 상쾌하거늘(何限憑欄意, 披襟已颯然)"⁴³⁹라 하니, 이때에 이르러서는 심지어 "빙란의(憑欄意)"라는 세 글자만

---

435 欽定四庫全書, 集部, 別集類, 明洪武至崇禎, 西村集, 卷二, 十八日登含虛閣.
436 欽定四庫全書, 集部, 別集類, 淸代, 禦制詩集, 初集卷二, 秋雨.
437 欽定四庫全書, 集部, 總集類, 玉山名勝集, 卷五, 雁門文質.
438 欽定四庫全書, 集部, 總集類, 石倉歷代詩選, 卷四百四十, 雨後觀山.

언급해도 자동적으로 자신이 그 경관 속에 들어와 있음을 느끼는 경지에 이르게 되었다. 새로운 시구를 만들어 빙란하여 흥을 발하기 위해, 빙란공간으로 하여금 더욱 목적성 있는 경관장치가 되게 하였으며, 또한 점차 공식화된 특징이 생겼다. 심지어는 빙란과 관련된 어휘가 시사의 원운(元韻)의 운각(韻脚)으로 사용되기도 하였다.

아이들아 난간에 오랫동안 기대는 것을 괴이하게 여기지 마라, 구절을 얻어 등불을 돌고 돌아오는 것이 뭐가 꺼릴 게 있는가. (兒曹莫怪憑欄久, 得句何妨秉燭回.)[440]

난간에 기대어 시를 읊조리는 흥취를 다하지 못하여, 도리어 한가로움을 틈타 다시 한번 오르네.(憑欄未盡吟詩興, 却擬乘閑更一登.)[441]

도 5-125. 명(明) 변문유(卞文瑜)의 《일오헌옥도(一梧軒屋圖)》.

난간에 기대어 새로이 구절을 얻으니, 써서 특별히 산군에게 건네노라.(憑欄新得句, 書贈特山

439 欽定四庫全書, 集部, 別集類, 淸代, 樊榭山房集, 續集卷六, 秋日嶰穀半槎餞予平山堂分韻.
440 欽定四庫全書, 集部, 別集類, 南宋建炎至德佑, 劍南詩稿, 卷十九, 晚登千峰榭.
441 欽定四庫全書, 集部, 詩文評類, 宋詩紀事, 卷七, 巾子山翠微閣.

君.)[442]

작은 누각 성긴 발에는 해그림자 옮겨가고, 난간에 기대어 대부분 홀로 읊조리네. 석양은 나무에 걸려 고저가 그림 같고, 잔설과 강매를 원근에서 시로 읊조리네.(小閣疏簾畫影移, 憑欄多是獨吟時, 夕陽關樹高低畫, 殘雪江梅遠近詩.)[443]

귀부가 쌍으로 일성에 매달려 있고, 독서를 파하고 난간에 기대니 마음이 호연해지네. 휘감긴 봉우리들이 들색을 떠다니고, 누각이 들쑥날쑥 개인 안개 속에 솟아 있네. 호수 빛은 산간의 사찰을 깨끗하게 비추고, 강의 물결은 멀리 바다 밖 하늘까지 닿아 있네. 어찌하면 한림의 풍월 솜씨를 얻어서, 일시에 쏟아내어 시편에 넣을까.(龜趺雙跱日星懸, 讀罷憑欄心浩然, 繚繞峰巒浮野色, 參差樓閣起晴烟, 湖光淨照山間寺, 江浪遙連海外天, 安得翰林風月手, 一時摩寫入詩篇.)[444]

도 5-126. 명(明) 사시신(謝時臣)의 《방황학산초산수도(仿黃鶴山樵山水圖)》.

특히 빙란은 탈속용회(脫俗咏懷)의 경지를 내포하고 있어서 이와 유사한 다른 경

442 欽定四庫全書, 集部, 別集類, 南宋建炎至德佑, 閬風集, 卷五, 秋日書事貽潘少白.
443 欽定四庫全書, 集部, 別集類, 金至元, 師山集, 附錄, 吳克敏.
444 欽定四庫全書, 集部, 總集類, 兩宋名賢小集, 卷三十七, 獨登有美堂.

지들에게도 참조가 된다. 또한 "경에 따라 쓴다(因景而用.)"라는 말처럼 난간과 경관을 감상하는 행위는 상식적인 관계, 즉 "경(景)이 있으면 반드시 기댈 수 있는 난간이 있어야" 하는 연상작용을 촉발한다. 이때 원림경관의 종류와 촉발되는 감정이 무엇이던지 "온통 눈에는 단지 천지가 통창함을 알 뿐, 난간에 기대어 고금의 근심을 관여치 않게(擧目但知天地闊, 憑欄不管古今愁)"[445] 된다. 이런 시사로는 다음과 같은 것들이 있다.

승려가 재계를 마치고 오랫동안 난간에 기대어 있으니, 천 리의 추호까지도 시야에 들어오네. (野僧齋罷憑欄久, 千里秋毫入望中.)[446]

북산의 아름다운 경치는 남산보다 월등하고, 홍취가 일어 높이 올라 바라보매 시계가 넉넉하네. 초부들은 구름을 베고 춘곡은 어둡고, 어부들이 달을 두드리니 밤의 시내는 차갑네. 한쪽엔 못이 있고 임천이 훌륭하며, 사면의 하늘이 열려 그림처럼 보이네. 대나무집 몇 칸에는 속세의 먼지가 이르지 않아, 주인은 날마다 난간에 기대네.(北山佳景勝南山, 乘興登臨眼界寬. 樵斧伐雲春穀暗, 漁榔敲月夜溪寒. 一區池占林泉勝, 四面天開圖畫看. 竹屋數間塵不到, 主人日日憑欄杆.)[447]

난간에 기대어 눈을 돌리니 경치는 무한하고, 아름다운 기운 자욱하여 때가 아직 늦질 않았네. (憑欄游目景無限, 佳氣蘢葱時未晩.)[448]

---

445 欽定四庫全書, 集部, 總集類, 禦選宋金元明四朝詩__禦選元詩, 卷八十一, 何理問 · 題宜春台集古.
446 欽定四庫全書, 集部, 別集類, 南宋建炎至德佑, 渭南文集__放翁逸稿, 卷下, 中閣.
447 欽定四庫全書, 集部, 別集類, 金至元, 月屋漫稿, 月屋漫稿, 題吳實齋北山別業.
448 欽定四庫全書, 集部, 別集類, 明洪武至崇禎, 易齋集, 卷上, 多景憑欄.

난간에 기대어 높이 올라 조망하는 흥취를 다하지 못하여, 날마다 장강이 만 리를 흐르는 것을 다하네.(憑欄不盡登臨興, 目盡長江萬里流.)[449]

결론을 맺자면, 당송시기의 시인들은 원림의 빙란공간에서 사람의 여러 가지 감정들이 쉽게 촉발됨을 발견하고 이를 세분화하여 시사에 응용하였고, 이에 따라 빙란 자체가 하나의 경관활동 형식이 되었고 하나의 경관주제가 되었다. 이렇게 시사를 통해 형성된 빙란공간의 아름다운 이미지는 거꾸로 실제의 원림에 구현되게 되었다.

하지만 오랜 시간이 지나 명청시기에 이르러서, 빙란은 누구나 들으면 아는 상식이 되어 버렸고 원림에서는 하나의 세트의 경관을 구성하는 관습적인 장치가 되었고, 시사에서는 운각(韻脚)이 되어 버렸다.

즉 명청시기에 이르러 "빙란"은 원림경관을 구성하는 하나의 중요한 물질내용이 되었고, 동사에서 명사로 변했으며, 정서를 자아내는 행위에서 특수한 의미를 지닌 이미지로 변화하였다.

제6절 고대 화론(畵論)과 조원이론

"화론"은 회화이론(繪畫理論)의 약칭으로 무수한 회화예술가들과 이론가들이 장기간의 예술실천 중에 지속적으로 총결・전승해온 경험체계이다. 화론의 주제에는 심미이론, 작품비평, 회화기법이론 등의 내용을 포함하며, 각 시대별 회화예술의 심

---

449 欽定四庫全書, 集部, 別集類, 明洪武至崇禎, 靑溪漫稿, 卷五.

미특징과 표현수단의 인식수준을 가늠하는 표지가 된다.

중국 초기의 화론은 선진(先秦)시기 제자(諸子)의 이론에서 그 흔적을 찾아볼 수 있다. 이들은 종종 그림을 논하면서 일종의 철학문제를 설명하였는데 비록 후대에 회화이론 대한 영향력이 막대하지만 엄밀하게 말하면 자체적으로 논리적인 체계를 형성하지는 못하였다. 그러던 것이 동진의 고개지(顧愷之)가 전문적인 회화이론을 저술하고부터 전문 화론이 등장하여 이후 천여 년의 발전을 거쳐 중국 고대 화론체계를 형성하였다. 화론의 형성 과정 중에 많은 작가들이 참여하면서, 그 형

도 5-127. 청(淸) 《세조도(歲朝圖)》(출처:《청대궁정회화(淸代宮廷繪畫)》).

식은 이 화론·화평·회화사·저록(著錄)·제화(題畫) 등으로 분화되고, 내용은 산수화 이론·인물화 이론·화조화 이론 등의 분야별로 전문화되었으며, 문장이 정치되고 내용이 심화되어 갔다.

특히, 화론의 제 분야 중에서 산수화 이론은 조원이론에 막대한 영향을 끼쳤다. 산수화 이론은 자연경관을 재현하고 창조하는 이론으로 경관과 경물의 경영원리가 그 핵심으로 한다. 그 구성요소와 경영원리는 원림과 유사하여 실제로 고대 조원이

도 5-128. 소주(蘇州) 유원(留園).

론에 막대한 영향을 끼쳤음이 고대인들이 남긴 문헌 곳곳에서 증명되고 있다.

一. 자연이 그린 그림(天然圖畵)

1. 깊은 뜻이 그림 안에 있다(深意畵圖)

청대 장조는 『유몽영』에서 "산수를 제대로 즐기는 자는 산수가 아니어도 즐기노니, 서사(書史)도 산수이고 시주(詩酒)도 산수이며 화월(花月)도 산수이다(善游山水者, 無之而非山水, 書史亦山水也, 詩酒亦山水也, 花月亦山水也.)"라 하였다. 그 뜻은 자연산수의 실물을 직접 보지 않더라고 자연산수의 이치를 깨닫고 그 깨달음을 기반으로 문학작품이나 원림소경 등을 보면 그 안에 숨어 있는 자연의 흥취를 발견할 수 있다는 것이다. 즉 원림예술과 기타 예술분야들은 공통적으로 자연산수에 원천을 두고 있으며, 이러한 특징은 기타 예술분야의 이론, 즉 화론이나 시론 등을 통해 간접적으로 조원이론을 가늠해 볼 수 있는 가능성을 보여준다.

　　고대 문인들은 회화는 원림과 비교했을 때 표현방식과 결과형식에서 차이가 날 뿐, 그 창작사상과 경관경영은 근본적으로 같다고 보았다. 예를 들어 명대 문인이 자 화가인 이유방(李流芳)은 『제사제편(題詞諸篇)』에서 신안강(新安江)의 산수풍경에 대해 "한 줄기 시내에 산의 붉은 꽃나무가 가려지고, 굽어서 탁 트이기도 하고, 숨 기도 하니 모두 그림 속과 같다(一路溪山紅樹, 掩映曲折, 或曠或奧, 皆在畫中行.)"[450]라 고 평하였는데, 여기서 작가는 "엄영곡절(掩映曲折)"과 "광오(曠奧)"의 경관경영 원리 를 원림과 그림에 공통으로 적용하고 있다. 또한 서진 육기(陸機) 『문부(文賦)』의 "모양 안에 천지를 포괄하고 붓 끝에 만물을 묶어 둔다(籠天地于形內, 挫萬物于筆端.)" 라는 유명한 구절은 회화이론에 속하지만 후대의 원림관련 문헌에서도 자주 인용되 었으니, 이로써 고대문인들에게 회화이론과 조원이론은 별개가 아니었음을 짐작할 수 있다.

　　일본학자인 오카 오우지(岡大路) 역시 고대로부터 전승되어 내려오는 화론과 회 화작품은 원림사 연구의 중요한 한 분야로서 중시해야 하며, 특히 산수화와 그 이 론을 중요하다고 보았다.[451] 또한 중국의 현대학자인 팽일강(彭一剛)은 "중국원림은 산수화 및 전원시와 더불어 태어나고 자랐으며 함께 발전했다. 이들은 시작부터 신 사(神思)와 운미(韻味)를 중시하였으니 ……시와 그림에 대한 태도는 이러하고 조원 에 대한 태도 역시 이러하니, 처음부터 시와 그림의 창작원칙에 의해 행하였고 의 도적으로 시정(詩情)과 화의(畫意)의 일반적인 예술 경지를 추구하였다고 말할 수 있 다"[452]라고 하였다.

　　회화와 원림은 시작단계에서 입의(立意)를 중시한다. 즉 객관사물에 대한 반복된

---

450 欽定四庫全書, 集部, 別集類, 明洪武至崇禎, 檀園集, 卷十一.
451 [日] 岡大路著, 瀛生譯, 『中國宮苑園林史考』, 北京 : 學苑出版社. 2008 : 245.
452 彭一剛, 『中國古典園林分析』, 北京 : 中國建築工業出版社. 1986 : 11.

관찰을 통해 풍부한 주제사상을 얻으니, "고인이 그림을 그림에는 모두 깊은 뜻이 있었으니 생각을 움직이고 붓질을 함에 각기 주제가 있었다(古人作畫, 皆有深意, 運思 落筆, 莫不各有所主.)"[453]라 하였다. 당대 장언원(張彦遠)은 『역대명화기(歷代名畵記)』에서 이르기를 "무릇 사물을 본뜸은 반드시 형사(形似)에 있고, 형사는 그 기골(骨 氣)을 온전히 해야만 한다. 기골과 형사는 모두 입의에 근본한다(夫象物必在于形似, 形似須全其骨氣, 骨氣形似, 皆本于立意.)"[454]라 하고, 또 "뜻이 붓 끝에 있으니 그림이 완성되면 뜻이 드러난다(意存筆先, 畵盡意在.)"[455]라 하여 회화 표현이 궁극적으로 뜻 (意)을 드러내는 것으로 붓을 움직이기 이전에 입의의 과정이 필요하다는 것이다.

입의에는 높음과 낮음, 깊음과 얕음의 구분이 있다. 청대 방훈(方熏)은 『산정거 화론(山靜居畵論)』에서 "그림은 반드시 입의를 우선해야 한다. 입의가 높으면 그림 도 높고, 입의가 원대하면 그림도 원대하며, 입의가 깊으면 그림도 깊다(作畵必先立 意, ……意高則高, 意遠則遠, 意深則深.)"라 하여, 입의의 수준과 깊이가 최종 회화작품 의 수준과 깊이를 결정함을 지적하였다. 마찬가지로 조원에 있어서도 먼저 경관을 통해 추구하려는 화의(畵意)·시의(詩意)·철의(哲意)를 명확하게 정립하거나 혹은 "어진 이는 산을 좋아하고, 지혜로운 이는 물을 좋아한다(仁者樂山, 智者樂水.)"와 같 이 은유적으로 뜻을 설정하여야 한다. 이때 입의의 수준과 깊이는 원림의 성패를 좌우한다.

화론과 조원이론의 핵심은 자연을 모방하는 것이다. 명대 왕세정(王世貞)은 이르 기를 "하문언이 그림의 세 가지 품격을 논하였다. 기운(氣韻)의 생동함이 천성(天成) 에서 비롯되어 사람이 그 교묘함을 엿볼 수 없는 것을 신품이라고 한다. 필묵이 절 묘하고 색깔이 마땅하며 의취에 여유가 있으면 묘품이라고 한다. 그 형사(形似)를

---

453 [元] 湯垕, 『畵論』.
454 欽定四庫全書, 子部, 藝術類, 書畵之屬, 歷代名畵記, 卷一.
455 欽定四庫全書, 子部, 藝術類, 書畵之屬, 歷代名畵記, 卷二.

얻어 규칙을 잃지 않는 것을 능품이라고 한다. 그러므로 신품은 곧 자연인 것이다
(夏文彦之論畵三品, 日氣韻生動, 出于天成, 人莫窺其巧者, 謂之神品, 筆墨超絶, 傳染得宜,
意趣有餘者, 謂之妙品, 得其形似, 而不失規矩者, 謂之能品, 然則神品卽自然矣.)"456라 하여
자연경관의 오묘함을 최고의 경지로 보았다. 한편 이러한 경지에 이르기 위해 화가
와 조원가들은 형상을 주의 깊게 관찰하고 자연의 기에 자신을 합치하고자 노력하
였으니, 그 구체적 방법은 다음과 같았다.

경계는 땅으로부터 모습을 이루어 움직이며 그림자를 바꾸어 수많은 기이한 형상을 보이니 갖
추어 말하기 어렵다. ……예를 들어 산에는 봉만(峰巒)과 도서(島嶼), 미대(眉黛)와 요잠(遙
岑)이 있으며 물에는 거랑(巨浪)과 홍도(洪濤), 평계(平溪)와 천뢰(淺瀨)가 있으며, 나무에는
무수(茂樹)와 농음(濃陰), 소림(疏林)과 담영(淡影)이 있으며, 집에는 연촌(烟村)과 시정(市
井), 야사(野舍)와 빈가(貧家)가 있다. ……위의 정경(情景)을 능히 관찰하는 자로 하여금 눈
과 정신을 집중하여 그림으로 바꾸게 하는 것은, 모두 정경이 입묘하여 붓과 경치가 모두 사라
지고 느껴서 통하기 때문이다.(境界因地成形, 移步換影, 千奇萬狀, 難以備述. ……如山則
有峰巒島嶼, 有眉黛遙岑 ; 如水則有巨浪洪濤, 有平溪淺瀨 : 如木則有茂樹濃陰, 有疏林淡
影. 如屋宇則有烟村市井, 有野舍貧家. ……以上情景, 能令觀者目注神馳, 爲畵轉移者, 蓋
因情景入妙, 筆, 境兼奪, 有感而通也.)

무릇 경계 곡절은 장심(匠心)으로 할 수 있고 필묵으로 취할 수 있지만, 정경이 정묘한 경지에
들어서는 것은 반드시 천기(天機)가 도달하는 것을 기다린 뒤에야 취할 수 있는 것이다. 다만
천기는 속에서 나오지 밖에서는 오는 것이 아니니 모름지기 마음이 기쁘고 정신이 충만할 때를
기다려 방에 들어가 책상다리를 하고 앉으면 능히 천기를 취할 수 있다. 겸저(縑楮)를 벽에 걸

---

456 欽定四庫全書, 集部, 別集類, 明洪武至崇禎, 弇州四部稿, 卷一百五十五.

고 정신을 모으고 고요히 생각하며 생각하고 또 생각하여 귀신이 그것과 통하면, 산봉우리가 돌아들고 구름그림자가 비동하니 이것이 곧 천기가 이른 것이다.(夫境界曲折, 匠心可能, 筆墨可取, 然情景入妙, 必俟天機所到, 方能取之. 但天機由中而出, 非外來者, 須待心懷怡悅, 神氣沖融, 入室盤礴, 方能取之. 懸縑楮于壁上, 神會之, 默思之, 思之思之, 鬼神通之, 峰巒旋轉, 雲影飛動, 斯天機到也.)[457]

좋은 산수화의 경계가 보는 이의 마음과 정신을 움직이는 이유는 산수화가 "밖으로는 조화로움을 만들고 안으로는 마음의 근원을 얻는다(外師造化, 中得心源.)"라 하기 때문이다. 이 여덟 글자는 당대 장언원의 『역대명화기』에 기록된 구절로서 회화창작의 전 과정, 즉 피사체의 "객관현상"에 화가의 "예술의상"을 결합하여 최종적으로 "예술형상"을 만들어내는 일련의 과정을 포괄하고 있다. 이 구절의 내용을 설명하면, 예술은 반드시 현실미에서 비롯되어야 하고, 현실미를 원천으로 삼아야 하는데, 이러한 현실미가 예술미로 변하는 과정에서 반드시 예술가의 주관적 정서의 용주(熔鑄)를 거쳐야만 하여야 함을 의미한다. 다음은 화론에서 산이라는 객관현상을 어떻게 예술형상으로 변화시키는지에 대해 논한 글인데 원림의 가산설계 이론으로서도 큰 무리가 없어 보인다.

대개 전경을 그리는 일에는, 산은 중첩하여 엎드려 있어 지척에 있으면서도 거듭 깊으니 가까운 것으로 먼 것을 잇고, 또 산은 아래로부터 늘어나서 분포하면서도 서로 보완하니 낮은 것으로 높은 것을 이으니, 이처럼 순서가 있는 것이다. 또 크게 채울 수 없는 것은 곧 남기와 안개가 막고 숲과 나무가 가려 모습을 드러낼 수 없으니 마치 사람이 옷을 입지 않은 듯하니 곧 궁산이다. 산은 숲과 나무로 옷을 삼고, 풀로 터럭을 삼으며 안개로 신채(神采)를 삼고 경물로 장

457 [淸] 布顏圖, 『畫學心法問』.

식을 삼으며 물로 혈맥을 삼고 남기와 안개로 기상을 삼는다.(凡畫全景者, 山重迭覆壓, 咫尺重深, 以近次遠, 或由下增迭, 分布相輔, 以卑次尊, 各有順序. 又不可大實, 仍要嵐霧鎖映, 林木遮藏, 不可露體, 如人無依, 乃窮山也. 且山以林木爲衣, 以草爲毛髮, 以烟霞爲神采, 以景物爲妝飾, 以水爲血脉, 以嵐霧爲氣象.)[458]

근대 지식인 감탁(闞鐸)은 『원야식어(園冶識語)』에서 『원야』 철산편에 대해 "철산(掇山)은 그림에서 비롯된 것으로 대개 화가는 필묵을 구학으로 삼고 철산은 토석을 준찰(皴擦)로 삼으니 허실은 비록 다르지만 이치는 한 가지다(其掇山由繪事而來, 蓋畫家以筆墨爲丘壑, 掇山以土石爲皴擦, 虛實雖殊, 理致則一.)"[459]라 하여, 가산과 산수화 속의 산이 표현매개만 다를 뿐 근본원리는 같다고 지적하였다. 또한 이어서 가산의 "깊은 뜻은 그림에 있고 여정은 언덕과 계곡에 있다(深意畫圖, 餘情丘壑.)"라고 하였는데, 이는 가산을 설계할 때 산수화 안에서 산을 어떻게 구성하였는지를 보고 따라 한다는 뜻이다. 또 청대 장조는 『유몽영』에서 "성시 안에 살지만 화폭을 산수로 삼고 분경을 원유로 삼는다(居城市中, 當以畫幅當山水, 以盆景當苑囿.)"라 하여 원림과 회화의 이치가 하나이며 동일하게 진산진수(眞山眞水)의 경계를 추구함을 지적하였다.

중국원림의 기본 미학사상은 위진시기에 형성되었다. 위진시기 문인사대부들은 자연미를 탐구하고 시사와 회화에서 그윽하고 공허한 의경을 지닌 이상적 산수경관을 추구하였다. 하지만 이러한 의경은 비록 세속을 초탈하는 순결한 아름다움이 있지만 그 수준은 모호한 인상 수준에 머물렀으며 현실성이 결여된 주관적 도취에 불과하였다.

---

458 [宋] 韓拙, 『山水純全集』.
459 『園冶』 識語.

이후 당·송시기 이르러 성시가 발달하고 본격적으로 주택 안에 원림경관을 꾸미기 시작하면서 의도적으로 시정(詩情)과 화의(畫意)를 좇아 원림 안에 시화환경(詩畫環境)을 재현하게 되었다. 이러한 시사환경은 위진시대의 시사나 회화에서 등장하는 피상적 경관 이미지와는 현격하게 달리 일련의 형식미와 관련 법칙이 존재하였고, 그 안에 시와 그림에서 빌려온 감성이 충만하였다. 당·송시기 산수별업(山水別業), 사가원림(私家園林), 황가어원(皇家御苑), 읍교승지(邑郊勝地) 등의 원림들은 글이나 그림으로 기록되어 후대 명·청시기 원림창작의 참고가 되었으며, 특히 이들 원림이 내포하고 있는 시사와 회화의 주제와 구도형식은 명·청시기 원림 미학사상의 원천이 되었다.[460]

화론과 조원이론을 이어주는 매개는 바로 글이었다. 서화동원(書畫同源), 즉 글과 그림의 근원이 같다는 논리를 기반으로 송대부터 회화의 원리를 글로써 풀어나가려는 시도가 지속적으로 이어왔다. 특히 송대에는 문인화가 발달하고 그림 속에 글을 첨가하기 시작하면서 회화와 글을 하나의 원리로 보게 되었다. 이후 명청시기에 이르러서 제 예술분야의 이론 즉 화론, 서론, 시론, 조원이론 등에 관한 다량의 저작이 선보이게 되었는데, 계성과 같은 조원이론가들은 종종 화론서적에 소개된 문구를 인용하여 조원이론을 설명하곤 하였다.

명청시기 화론과 조원이론의 흥성은 경관에 관한 풍부한 이론과 수준 높은 심미의식을 토양으로 하고 있다. 풍부한 이론은 수많은 실천에서 얻어진 성과이고 수준 높은 심미의식은 풍부한 문화적 소양을 요구한다. 현대학자 왕세인(王世仁)은 명청시기 원림과 회화의 고조는 "주로 세속생활에 대한 긍정이자, 전통을 계승함과 동시에 창작에 노력한 것이다. 그것은 전통문화에 깊게 뿌리 내리고 있고, 실천·이성·지해(知解)의 정신과 얽혀 있다"[461]라고 설명하였다.

---

460 王世仁『明淸之際的中國園林審美觀』. 文藝硏究. 1985(03) : 60

마지막으로, 회화와 원림은 창작기예의 핵심이 같다. 예를 들어 청대 성대사(盛大士)의 『계산와유록(溪山臥游錄)』에 이르기를 "그림에는 네 가지 어려움이 있다. 필묵을 적게 하고 그림을 많게 하는 것이 첫 번째 어려움이요, 경(境)을 밖으로 드러나고 의(意)는 안으로 깊숙이 하는 것이 두 번째 어려움이요, 험하게 그리되 괴이함에 들지 않으며 평범하게 그리되 약하지 않게 하는 것이 세 번째 어려움이요, 경영(經營)은 참담(慘淡)하게 하고 결구(結構)는 자연스럽게 하는 것이 네 번째 어려움이다(畫有四難. 筆少畫多, 一難也. 境顯意深, 二難也. 險不入怪, 平不類弱, 三難也. 經營慘淡, 結構自然, 四難也.)"라 하였는데, 이 중 "필묵을 적게 하고, 그림을 많게 한다"는 창작수법을 가리키며, "경을 밖으로 드러내고, 의는 안으로 깊숙이 한다"는 창작의경을 가리킨다. 또 "험함", "괴이함", "평평함", "약함"은 창작관념과 관련 있고, "경영(經營)" 및 "결구(結構)"는 경관구도를 가리킨다. 고대 화가들이 봉착한 이러한 난제들은 원림에도 동일하게 적용된다.

2. 그림 속을 거닌다(畫中行)

중국 고전원림의 경관은 종종 한 폭의 산수화를 그대로 옮겨 놓은 듯한 느낌을 준다. 원림학자 주위권(周維權)은 "무릇 풍경식 원림에 속한 것들은 모두 혹은 많게 혹은 적게 화의(畫意)를 갖고 있으며, 모두 어느 정도 회화의 원칙을 체현한다. ……그러나 회화예술은 조원에 대한 영향력은 매우 넓고 깊어서, 양자간 관계의 밀접함은 중국 고전원림을 넘지 못한다. ……중국원림은 대자연의 개괄과 승화로서의 산수화를 다시 3차원 공간의 형식으로 사람들의 현실생활 가운데 재현한다"[462]라 하였고, 건축학자 동준(童寯)은 과감하게 중국원림을 "3차원의 중국화(中國畫)"[463]라

461 同上, 63.
462 周維權, 『中國古典園林史』, 北京 : 淸華大學出版社, 1990 : 14.
463 見童寯, 『東南園墅序』, 北京 : 中國建築工業出版社. 1997 : 39.

도 5-129. 원(元) 황공망(黃公望)의 《부춘대령도(富春大嶺圖)》.

고 정의하였다.

고대 회화작품들은 조원사상에 지대한 영향을 미쳤고 유명한 화가의 화법은 조원가들의 흠모하는 바였다. 실제로 대표적 원림저서인 『원야』의 작가 계성은 「자서」에 "나는 어려서 그림으로 명성을 얻었는데 성격이 기이함을 찾는 것을 좋아해 관동(關同)과 형호(荊浩)의 필의(筆意)를 가장 좋아하여 매양 그들을 좇았다(不佞少以繪名, 性好搜奇, 最喜關同, 荊浩筆意, 每宗之.)"라고 하였는데, 형호와 관동은 오대의 유명한 화가들로서 중국 산수화의 대가로 평가받는다. 이 구절에서 계성의 조원이론에 화의(畫意)가 깊게 자리 잡고 있으리라는 사실을 짐작할 수 있다. 또한 철산편에서는 "때때로 그림 그리는 일을 좇았으니 사람이 아니면 어찌 황산을 알겠는가? 작게는 운림(雲林)을 따르고 크게는 자구(子久)를 추종하였다(時遵圖畫, 匪人焉識黃山. 小仿雲林, 大宗子久.)"라 하였는데, 여기서 운림은 원대 화가 예찬(倪瓚)의 호이고, 자구는 역시 원대 화가 황공망(黃公望)의 자로서 원림 가산의 조형원리가 이들 두 화가의 화법에 영향을 받았음을 알 수 있다.

화론과 화법은 원림 감상 및 비평 이론이 되었다. 『원야』를 예로 보면, 「원설」에서 계성은 조원과 회화를 연결하여 이해하면서 "사찰의 숨은 둥근 창문에 드리우는 풍경은 소이(小李)의 그림을 방불케 하고, 가산의 벽석이 어긋하게 쌓인 모습은 대치(大痴)의 그림과 같다(刹宇隱環窗, 仿佛片圖小李. 岩巒堆劈石, 參差半壁大痴.)"라 하였는데, 여기서 소이는 당대 종실화가인 이소도(李昭道)를 가리키며 대치는 원대 화가인 황공망(黃公望)을 가리킨다. 『원야』에서는 여러 차례에 걸쳐 원림을 만드는 것을 그림을 그리는 일에 비유하였다. 예를 들어 「옥우(屋宇)」편에는 "경(境)이 영호(瀛壺)을 본떠 천연스럽게 그림을 그리니, 뜻은 산수의 벽(癖)을 다하고 즐거움은 뜨란 사이에서 넉넉하다(境仿瀛壺, 天然圖畫, 意盡林泉之癖, 樂餘園圃之間.)"라는 구절이 있으며, 「상지(相地)」편에는 "복사꽃 오얏꽃이 지름길을 만들고 누대가 그림 같다(桃李成蹊, 樓臺入畫.)"라는 구절이 있다.

명·청시기에 이르러 원림경관의 설계와 감상에 화의(畫意)가 본격적으로 운용되기 시작하였다. 『원야』의 「자서」에는 계성은 실제로 원림을 설계한 경험을 말하면서 "이 제도는 마땅히 돌을 쌓아 높게 만드는 것이 아니라 흙을 골라 낮게 만드는 것이 오히려 마땅하다. 높은 나무로 하여금 산허리에 얽히게 하고 뿌리가 돌을 깎아 들어가게 하면 화의(畫意)를 방불케 한다. 물에 기대어 올라가면서 정자와 누대를 만들어 연못 수면에 엇갈리게 두고, 계곡을 새기고 회랑을 날아갈 듯 만드니 생각이 뜻밖으로 나온다(此制不第宜掇石而高, 且宜搜土而下, 令喬木參差山腰, 蟠根嵌石, 宛若畫意. 依水而上, 構亭台錯落池面, 篆壑飛廊, 想出意外.)"[464]라 하여, 설계에 화의를 사용했음을 밝혔다. 또한 청대 장조는 『유몽영』에서 "사람은 시 속으로 들어가려 해야 하고, 사물은 그림 속으로 들어가려 해야 한다(人須求可入詩, 物須求可入畫.)"라고 하여 경물을 감상하는 데 화의를 적용할 수 있음을 밝혔다.

명·청시기 원림에서 경관배치에 화의를 운용하는 것은 이론에 그치지 않고 실제 원림영조에 적극적으로 적용했던 것으로 보인다. 예를 들어 『장물지』에서는 "풀

---

[464] 『園冶·自序』.

도 5-130. 원(元) 조지백(曹知白)의 《계산범정도(溪山泛艇圖)》.

과 나무는 번잡해서는 안 되고 장소에 따라 심어서 사계절이 내내 끊어지지 않도록 하면 모두 화도에 들어간다(草木不可繁雜, 隨處植之, 取其四時不斷, 皆入畫圖.)"라 하였고, 명말 양주(揚州)의 문인 모원의(茅元儀)는 정원훈(鄭元勛)이 신축한 "영원(影園)"을 보고 자신이 많은 그림을 소장하고 있지만 원림만큼 그림 같은 것이 없음을 느껴서 『영원기(影園記)』에서 "원림이라는 것은 그림에서 본 것을 모두 행한 것이라 하는데 ……내가 정원운의 영원을 보고 그 말을 더욱 믿게 되었다. ……바람·비·안개·노을은 하늘만의 것이다. 강·호수·언덕·계곡은 땅만의 것이다. 편안한 뜻으로 모습을 꾸미는 것은 사람만의 것이다. 배·수레·서까래·풀·나무·곤충·물고기 따위는 물(物)만의 것이다(園者, 畫之見諸行事也. ……我于鄭子之影園而益信其說. ……風雨烟霞, 天私其有. 江湖丘整, 地私其有. 逸志冶容, 人私其有. 以至舟車榱劅桷, 草木蟲魚之屬, 靡不物私其所有.)"라 하였다. 또 명대 주세형(周世衡)은 한 편의 시에서 "곽유거를 뒤로하니 그림 속과 같다, 숲을 끊어 봄의 물이 푸르게 돌아온다. ……십년을 바람과 먼지 속에서 분주하였으니 난간에 기대어 하루 한가하게 보냄이 참으로 아쉽다(背郭幽居如畫裏, 斷林春水綠回環. ……十年奔走風塵裏, 肯借憑欄一日閑.)"[465]라

---

465 欽定四庫全書, 子部, 藝術類, 書畫之屬, 珊瑚木難, 卷一.

도 5-131. 이화원(頤和園) 화중유(畫中游) 조감도(출처 : 《이화원(頤和園)》).

하였다.

    이렇게 원림경관 안에 화의를 적용하는 것이 보편화 되자 문학에서는 원림 속에 들어가 경관을 감상하는 행위를 가리켜 "화중행(畫中行)"이라 표현하기 시작했다. "화중행"의 개념은 송대 곽희의 『임천고치(林泉高致)』에서 처음으로 자세하게 언급 되었다.

    세상의 충실한 논의들은 산수에는 갈 수 있는 곳, 바라볼 수 있는 곳, 노닐 수 있는 곳, 거처할 수 있는 곳이 있다고 한다. 그림이 이러한 경지에 이르면 모두 묘품(妙品)으로 들어간다. 다만 갈 수 있고 바라볼 수 있는 것은 거처할 수 있고 노닐 수 있는 곳을 얻는 것만 못하니 어째서 인가? 지금 산천을 보면 땅이 수백 리나 되지만 노닐 수 있고 거처할 수 있는 곳은 열에 서넛 도 되지 않으니 반드시 거처하고 노닐 수 있는 품격을 찾아야한다. 군자가 임천을 간절히 바란 것은 바로 이러한 아름다운 곳을 말한 것이다. 그러므로 화가는 마땅히 이러한 의도로 그림을 그리고 감상하는 자도 마땅히 이러한 뜻으로 그림을 궁구해야하니 이렇게 해야 그 본의를 잃지 않았다고 할 수 있다.(世之篤論, 謂山水有可行者, 有可望者, 有可游者, 有可居者. 畫凡至此, 皆入妙品. 但可行可望不如可居可游之爲得, 何者?觀今山川, 地占數百里, 可游可居之處十無三四, 而必取可居可游之品. 君子之所以渴慕林泉者, 正謂此佳處故也. 故畫者當以此意造, 而鑒者又當以此意窮之, 此之謂不失其本意.)

여기서 원림경관을 체험하는 행위의 형태로 지남(行), 바라봄(望), 노님(游), 거함(居)이 있다고 하였고, 산수화를 그릴 때 경관의 형태만을 그리는데 그치지 말고 그림 속 경관이 체험될 수 있게 만들어야 한다고 말하였다. 이후 『원야』의 「차경」편에서 "세속 밖의 생각을 문득 열어젖히니, 그림 속을 가는 듯하네(頓開塵外想, 擬入畫中行)"라고 하여 원림 안의 경관이 마치 "그림 속을 가는 듯하다(畫中行)"라고 표현하였다. 그 밖에 여러 시사에서 "화중행"은 점차 경관을 품평하는 표현으로 보편적으로 사용되기 시작했는데, 그 예는 다음과 같다.

이 땅은 원나라 부진(符鎭)[466]이 붓을 휘둘러 시를 지었던 곳. 집 몇 채가 굽은 물결에 임해 있고 나무 몇 그루는 평평한 구름에 드러나 있다. 대나무는 멋지게 들쑥날쑥 자라 있고 산의 숲은 맑게 담탕(淡宕)하다. 아침에 올라 바라보나니 몸이 그림 속을 가는 것 같네.(此地倪元鎭, 揮毫舊有聲, 數家臨水曲, 幾樹著雲平, 竹木參差秀, 林巒淡宕淸, 今朝登眺處, 身在畫中行.)[467]

5월 강남 비 내리다 잠시 개니, 산을 바라보매 그림 속을 가는 것 같네. 계곡 가린 염막에 비로소 제비가 날아들고, 관목 심은 연못에서 홀로 앵무새 소리를 듣는다.(五月江南雨乍晴, 看山

---

466 원나라 화가 예찬(倪瓚)의 자.
467 欽定四庫全書, 集部, 別集類, 淸代, 松桂堂全集, 卷八.

如在畫中行, 隔溪簾幕初飛燕, 灌木池塘獨聽鸎.)[468]

대는 멀리 바람 부는 정자와 통하고 창은 허허로이 수성과 가깝다. 주렴 말아 올리니 잔서가 물러가고 손을 맞잡으니 늦은 저물녘 서늘함이 생겨난다. 푸른 나무는 어두운 구름을 감추고 은하수는 밝은 달을 건넌다. 취함은 시름과 비슷하니 다만 그림 속을 가는 듯하다.(台迥通風樹, 窗虛近水城. 捲簾殘暑去, 携手晩凉生. 碧樹藏雲暗, 銀河度月明. 醉來愁仿佛, 只作畫中行.)[469]

"화중행"의 구절은 청대 건륭황제의 어제시에도 등장한다. "비 개니 엄림관에 경물이 깨끗하다. 가벼운 수레가 구불구불 이어 나가니 그림 속을 지나는 듯하다(霽罷林關景物淸, 輕輿迤邐畫中行)"[470]라는 구절에서 보듯 경관묘사에 "화중행"을 사용하였을 뿐만 아니라, 황가원림 내부의 경관도 "화중행"이라는 표현을 써서 감상을 표현하였다.

묻노니 경관이 고아하여 시 밖의 흥취에 마땅하다. 둘러서 막으니 모두 그림 안에서 지나는 듯하다.(問景雅宜詩外趣, 合圍總在畫中行.)[471]

강남 춘월에 드물게 맑은 날을 만나니, 올해 연산의 날씨가 자못 좋아졌네. 안개 속에 배 저어 북쪽 물가로 가는 것을 가장 좋아하나니, 마치 명성의 그림 속을 가는 것 같네.(江南春月鮮逢晴, 今歲燕山候頗更, 最愛烟航淩北渚, 適如明聖畫中行.)[472]

---

468 欽定四庫全書, 集部, 總集類, 元詩選, 三集卷五, 題馬遠虛亭漁籖圖.
469 欽定四庫全書, 集部, 總集類, 禦定佩文齋咏物詩選, 卷一百十七, 臺上, 明, 薛蕙.
470 欽定四庫全書, 集部, 別集類, 淸代, 禦制詩集, 初集卷二十二, 雨後過靑龍橋二首.
471 欽定四庫全書, 集部, 別集類, 淸代, 禦制詩集, 二集卷八十一.
472 欽定四庫全書, 集部, 別集類, 淸代, 禦制詩集, 二集卷三十三, 雨後禦園卽景.

원림에 눈 내려 경치가 더욱 좋으니, 경여(輕輿)를 타고가 구경해 보네. 온 나무가 한 가지 빛 깔 꽃을 피우고 산은 온통 옥빛 눈썹을 펼쳤네. 해가 뜨니 양달 기와에 빗물이 방울져 떨어지 고, 바람 부니 응달 기슭에 물이 얼음을 녹이네. 작은 추위 무릅쓰고 이처럼 즐겁게 구경하니, 그림 속을 다녀온 듯 시 짓기를 재촉하네.(園林雪後景尤宜, 緩命輕輿試攬之, 無樹不開花一 色, 有山都展玉雙眉, 日暄陽瓦雨垂溜, 風簸陰崖水散澌, 冒小涼欣觀大略, 畫中行處促成 詩.)[473]

二. 경영위치(經營位置)―회화구도와 원림배치

산수화의 고도로 정련된 구도 이론은 원림의 경관배치에 심대한 영향을 미쳤다. 동진의 고개지가 "치진포세(置陳布勢)"라 불렀던 회화의 화면구도는 후대에 화론이 정립되면서, 점차 "장법(章法)" 혹은 "포국(布局)"이라 부르게 되었다. 장법에 대한 논의는 남조(南朝) 회화이론가 사혁(謝赫)이 회화의 여섯 가지 핵심요소를 설명하면 서 그 중에 "경영위치"라는 단어로 회화구도를 언급하면서 비롯되었다.

무릇 화품이라는 것은 대개 여러 그림들의 우열을 말한다. 그림이란 권계를 밝히고 승침을 드 러내지 아니함이 없지만 천 년 동안 적막하였다. 그러나 그림을 펼쳐보면 권계의 승침의 모든 것을 알 수 있다. 비록 그림에 6법이 있으나 모두 갖춘 이는 드물었다. 예전부터 지금까지 각각 그 한 가지를 잘했던 것이다. 6법이란 무엇인가. 첫째 기운생동(氣韻生動)이다. 둘째, 골법용 필(骨法用筆)이다. 셋째, 응물상형(應物象形)이다. 넷째, 수류부채(隨類賦彩)이다. 다섯째 경 영위치(經營位置)이다. 여섯째 전이모사(傳移模寫)이다.(夫畫品者, 蓋衆畫之優劣也. 圖繪

---

473 欽定四庫全書, 集部, 別集類, 淸代, 禦制詩集, 四集卷二十七, 雪後禦園攬景.

者, 莫不明勸戒, 著升沉, 千載寂寥, 披圖
可鑒. 雖畫有六法, 罕能盡該. 而自古及
今, 各善一節. 六法者何?一, 氣韻生動是
也. 二, 骨法用筆是也. 三, 應物象形是
也. 四, 隨類賦彩是也. 五, 經營位置是
也. 六, 傳移模寫是也.)[474]

도 5-132. 송(宋) 곽희(郭熙)의 《조춘도(早春圖)》.

이후 당대 장언원 역시 『역대명화기』
에서 "경영위치야말로 그림의 총체적인
요점이다(至于經營位置, 則畫之總要.)"[475]라
하여 회화에서 경영위치, 즉 구도의 중요
성을 강조하였다. 화론의 구체적인 구도
이론은 대략 다음과 같다.

장법이란 한 폭의 대세를 가지고 말하는 것이다. 폭에는 크고 작음이 있으니 반드시 객과 주인
을 나눈다. 허와 실, 드물고 빽빽함, 들쑥날쑥함이 곧 음양, 주야, 소식의 이치이다. 포치의 법
은 기세가 구고(勾股)와 같아서 위는 하늘을 비우고 아래로는 땅에 머물러야한다. 혹 왼쪽은
하나 오른쪽은 둘, 위로는 홀수 아래로는 짝수로 하니 대략 셋으로 나타낸다. 형상을 짓는 것은
어지럽게 모이고 흩어지는 것을 싫어하니 대추씨나 새우의 수염처럼 양쪽을 서로 뭉뚝하게 한
다. 포치의 득법은 대부분 가득 참을 싫어하고 드문 것을 약간 싫어한다. 대세는 이미 정해져
있는 것으로 한 송이 꽃과 한 장의 나뭇잎에도 역시 장법이 있는 것이다. 둥글게 늘어진 꽃송

474 [南朝] 謝赫, 『古畫品錄』.
475 欽定四庫全書, 子部, 藝術類, 書畫之屬, 歷代名畫記, 卷一.

도 5-133. 명(明) 동기창(董其昌)의 《남용천색도(嵐容川色圖)》.

이는 텅 빈 곳에 없지 않고, 빽빽한 나뭇잎은 반드시 성긴 가지에 있다. 바람 없는데 나부끼는 잎은 많지 않아야 하고, 해를 등진 꽃은 마땅히 뒤에 있어야 한다. 서로 향하는 것은 곧장 맞대지 않아야 하고, 가지를 구부릴 때는 뱀의 형상을 반드시 피해야 한다. 돌 가에 꽃을 그릴 때는 마땅히 한 쪽 면을 비워야 하고 꽃 사이에 새를 기를 때는 반드시 빈 가지가 있어야 한다. 마음껏 그리되 법도에서 벗어나지 않아야 한다. (章法者, 以一幅之大勢而言. 幅無大小, 必分賓主. 一虛一實, 一疏一密, 一參一差, 卽陰陽晝夜消息之理也. 布置之法, 勢如勾股, 上宜空天, 下宜留地. 或左一右二, 或上奇下偶. 約以三出. 爲形忌漫團散碎, 兩互平頭, 棗核蝦須. 布置得法, 多不嫌滿, 少不嫌稀. 大勢旣定, 一花一葉, 亦有章法. 圓朵非無缺處, 密葉必間疏枝. 無風翻葉不須多, 向日背花宜在後. 相向不宜面湊, 轉枝切忌蛇形. 石畔栽花, 宜空一面 ; 花間集鳥, 必在空枝. 縱有化裁, 不離規矩.)[476]

　　회화에서 구도를 잡는 과정은 크게 3단계가 있다. 1단계는 "대세(大勢)"를 강조하는 것으로, 구도의 전체 틀을 잡는다. 2단계는 구체적 경관요소를 하나하나 "포치(布置)"하는 것으로, 이때 요소들 사이의 상대

---

476 [淸] 鄒一桂, 『小山畫譜』.

적 위치관계를 조절한다. 3단계는 경관요소들의 형상에 "규거(規矩)"를 부여하는 것으로, 즉 형상이 서로 유기적으로 연결되도록 하는 것이다.

다음으로 원림의 경관배치 이론을 살펴보자. 『장물지』에서는 "위치의 법은 복잡하고 간단함이 다르며, 겨울과 여름이 서로 다르고, 높은 담과 넓은 사, 굽은 방과 깊은 실에 각각 마땅함이 있다(位置之法, 繁簡不同, 寒暑各异, 高堂廣榭, 曲房奧室, 各有所宜.)"라 하여 원림 경관의 규모, 장소, 시간에 따라 다양한 배치방법이 있다고 하였으나 아쉽게도 자세한 설명을 덧붙이지 않았다. 원림의 경관배치는 정적 관조와 동적 체험을 동시에 고려하여야 할 것이다. 마침 명대 이일화(李日華)가 『자도헌잡철(紫桃軒雜綴)』에서 쓴 산수화의 구도원리가 이러한 원림의 경관배치 특성과 유사한 면이 있다.

도 5-134. 청(淸) 심종건(沈宗騫)의 《죽림청천도(竹林聽泉圖)》.

대개 그림에는 세 가지 단계가 있다. 첫째는 몸이 받아들이는 것이다. 대개 몸을 둔 곳이 깊숙하고 고요한 곳이 아니며 넓고 맑은 것으로 물가와 숲속처럼 대부분 경치가 모이는 곳이다. 둘째는 눈으로 보는 것이다. 기이하고 멋지기도 하며 아득하고 미묘하기도 한 것으로 샘물이 떨어지고 구름이 생겨 배가 흘러가고 새가 날아가는 것이다. 셋째는 뜻이 노니는 것이다. 눈이 힘써 비록 다한다 하더라고 정맥이 끊어지지 않는 곳이 바로 이것이다.(凡畫有三次第. 一曰身之所容. 凡置身處, 非邃密, 卽曠朗, 水邊林

도 5-135. 청(淸) 추철(鄒喆)의 《송림승화도(松林僧話圖)》.

下, 多景所湊處是也. 二曰目之所矚. 或奇
勝, 或渺迷, 泉落雲生, 帆移鳥去是也. 三曰
意之所游. 目力雖窮, 而情脉不斷處是也.)

대개 포경(布景)은 시작하는 곳은 평담해야 하
고, 중폭에 이르러 국면을 열며, 말폭은 기를
접함이 유양하고 여운을 담박하게 받아들여야
한다. 이는 절로 천연의 위치가 있어 얇고 엷
음, 급박함과 박힘의 걱정이 없는 것과 같다.
그러므로 나는 늘 그림 그릴 때의 포경은 글을
지을 때의 입국(立局)과 같다고 한다. 시작할
때는 얇고 담박하게 시작하여 변죽을 울렸다가
중간 부분에서 크게 논의를 일으키고 끝부분에
는 그 제후의 뜻을 충족하기만 하고 부연하여
여러 말을 짓지 않아야 하는 것이다. 그림의 요
점이 글과 통하는 까닭에 서권의 기가 없으면
장인의 반열에 들 수 없다는 것은 곧 이를 말
하는 것이다.(凡布景起處宜平淡, 至中幅乃開局面, 末幅則接氣悠揚, 淡收餘韻, 如此自有
天然位置, 而無淺薄逼塞之患矣. 故予常謂作畫布景, 猶作文立局, 開講從淺淡起, 挈股虛
提, 中段乃大發議論, 末筆不過足其題後之意耳, 不必敷衍多辭也. 所以畫要通文, 有書卷
氣, 方不入匠派, 卽此之謂也.)[477]

477 [淸] 鄭績, 『夢幻居畫學簡明·論景』.

1. 가슴속에 산과 계곡을 품다(胸中丘壑)—경관구도의 구상

청대 장조은 『유몽영』에서 "원림의 오묘함은 언덕과 계곡의 배치에 있지 조각과 단청의 자잘함에 있지 않다. 종종 다른 사람 집의 원림을 보면 지붕마루나 담장머리에 장식 벽돌과 기와를 올리는 데 공교함을 다하지 아니함이 없다. 하지만 얼마 안 되어 곧 망가지니, 망가지면 매우 수리하고 힘드니, 이것이 박속함을 아름답다 하는 이유이다(園亭之妙, 在丘壑布置, 不在雕繪瑣屑. 往往見人家園子屋脊墻頭, 雕磚鏤瓦, 非不窮極工巧, 然未久卽壞, 壞後極難修葺, 是何如樸素之爲佳乎.)"라고 하여, 원림에 있어서 "언덕과 계곡의 배치(丘壑布置)", 즉 경관배치가 세세한 장식문제보다 훨씬 중요함을 강조하였다.

회화와 원림에서 경관구도를 구상한 다음에 본격적으로 경물을 배치한다. 이는 화론에서 특히 강조하는 바인데, "산수화의 장법은 작문의 개합(開合)을 만드는 것과 같으니 우선 큰 곳에 따라 정국(定局)하고 개합을 분명히 하며, 중간의 세밀하고 자잘한 곳들은 점철하면 그만인 것이다. 만역 자잘한 곳들로부터 큰 산을 쌓아올리려고 한다면 반드시 기세를 잃게 된다. 포치와 장법은 흉중에 담식(膽識)을 간직하는 것을 위주로 한다. 서법을 논함에 "뜻이 붓 앞에 있다"라는 말이 있으니 화법도 역시 그러하다(山水章法作作文之開合, 先從大處定局, 開合分明, 中間細碎處, 點綴而已. 若從碎處積成大山, 必至失勢. 布置章法, 胸中以有膽識爲主. 書法論有雲"意在筆先", 作畫亦然.)"[478]라 한다.

여기서 언급된 "뜻이 붓 앞에 있다(意在筆先.)"라는 화법은 오대 형호가 남겼다고 전해지는 『화산수부(畫山水賦)』의 요결로서, 이후 여러 화론에서 점차 구체화되었다. 예를 들어 청대 심종건(沈宗騫)은 "무릇 하나의 원림을 만들 때에, 만약 먼저 주견(主見)을 세우지 않고, 한가득 메우고 보충하며 동쪽에 덧붙이고 서쪽에 모아 놓

---

478 [淸] 蔣驥, 『讀畫紀聞 · 章法』.

아 하나의 구도 안에 있는 물색들이 서로 고려하게 하지 않는 것이 가장 큰 병이다. 먼저 성김과 밀함 허와 실의 대략적인 뜻을 먼저 정한다. 이어서 묵을 내리니 피차가 상생하면서 상응하고, 농담이 상간하면서 상성하게 한다. 갈라놓으면 사물마다 정취가 있고 합해 놓으면 몸을 통해 연결된다. 머리부터 발꿈치까지 그 안개·바람·구름·나무, 마을·평원이 굽어 꺾어지면서 통하니 반드시 하나의 기로 관통하는 세력이 있다. 빽빽하되 꽉 막힘을 꺼리지 않고 성기되 텅 빔을 꺼리지 않는다. 더하면 얻을 수 없고 줄이면 할 수 없으니 하늘이 이룬 듯하고 쇠를 부어 만든 듯하니 고인의 배치의 법도에 일치한다(凡作一圖, 若不先立主見, 漫爲塡補, 東添西湊, 使一局物色, 各不相顧, 最是大病. 先要將疏密虛實, 大意早定. 灑然落墨, 彼此相生而相應, 濃淡相間而相成. 拆開則逐物有致, 合攏則通體聯絡. 自頂及踵, 其烟嵐雲樹, 村落平原, 曲折可通, 總有一氣貫注之勢. 密不嫌迫塞, 疏不嫌空松, 增之不得, 減之不能, 如天成, 如鑄就, 方合古人布局之法.)"**479**라 하였는데, 여기서 "먼저 주견(主見)을 세운다"라는 구절은 먼저 구도와 배치를 결정한다는 의미이다.

또한 청대 왕욱(王昱)은 『동장논화(東莊論畫)』에서 "그림을 그릴 때는 먼저 위치를 정한 다음에 필묵을 꾀해야 한다. 무엇을 위치라고 하는가? 음양과 향배(向背), 종횡과 기복, 개합(開合)과 쇄결(鎖結), 형포(逈抱)와 구탁(鉤托), 과접(過接)과 영대(映帶)가 모름지기 질탕(跌宕)하고 의측(欹側)하여서, 펴지고 감기는 것이 자약한 것이다. 위치는 모름지기 시혜(時蹊)에 들어가지 않고 속투(俗套)에 떨어지지 않아 흉중이 텅 비어 한 점의 띠끌도 없어 구학이 성령에 따라 나와 혹은 혼목(渾穆)하고 혹은 유리(流利)하며 혹은 초발(峭拔)하고 혹은 소산(疏散)하니, 산림을 꿰뚫어 보고 진면목이 붓끝에서 나오니 사람의 머리를 뛰어넘지 않겠는가?(作畫先定位置, 次講筆墨. 何謂位置?陰陽向背, 縱橫起伏, 開合鎖結, 逈抱鉤托, 過接映帶, 須跌宕欹側, 舒卷自如. 位置須不入時蹊, 不

---

479 [淸] 沈宗騫, 『芥舟學畫編卷一之布置』.

落俗套, 胸中空空洞洞, 無一點塵埃, 丘壑從性靈出, 或渾穆, 或流利, 或峭拔, 或疏散, 貫想山林, 眞面目流露筆端, 那得不出人頭地"라 하여, 경관의 배치원리를 설명하였다.

비록 심종건과 왕욱이 개념적으로 회화의 구도와 경물배치의 원리에 대해 서술하였지만, 여러 가지 상반된 추상적 개념의 나열일 뿐, 논리와 체계가 부족하다. 회화의 구도와 경물배치의 원리를 논리적이고 체계적으로 설명하는 것은 불가능할까? 이에 대해 명대 동기창(董其昌)은 『화지(畵旨)』에서 "화가의 6법 가운

도 5-136. 소주(蘇州) 환수산장(環秀山莊).

데 첫 번째가 기운생동인데 기운은 배울 수 없는 것으로 이는 태어나면서 알고 자연히 하늘이 주는 것이다. 그러나 역시 배워서 깨우칠 수 있는 곳이 있으니 만권의 책을 읽고 만 리의 길을 가며 흉중에서 더러운 찌꺼기를 비리면 자연히 구학이 마음속에 경영되어, 뿌리를 세워 손을 따라 나오는 것이 모두 산수의 전신이 된다(畵家六法, 一曰氣韻生動, 氣韻不可學, 此生而知之, 自然天授, 然亦有學得處, 讀萬卷書, 行萬里路, 胸中脫去塵濁, 自然丘壑內營成, 立鄙鄂隨手寫出皆爲山水傳神)"[480]라 하여 독서와 여행을 통해서 견식을 꾸준히 쌓으면 저절로 구도와 배치의 요령을 깨닫게 된다고 하였다. 마찬가지로 청대 포안도(布顔圖) 역시 『화학심법문(畵學心法問)』에서 "붓 잡

기를 심산(深山)에 있는 듯이 하고 거처하기를 야학(野壑)과 같이 하면 솔바람이 귀에 있고 나무 그림자가 창에 미치니 팔을 펼쳐 찾으면 곧 그 핵심을 얻는다(操筆如在深山, 居處如同野壑, 松風在耳, 林影彌窗, 舒腕探取, 方得其神.)"라 하여 자연과의 오랜 기간 동안의 감응을 통해서만 그림의 요령을 깨달을 수 있다고 하였는데, 여기에 당연히 구도와 배치의 요령도 포함될 것이다.

주요 화론을 꼼꼼히 살펴보면 경관배치와 화면구도의 요결로 크게 네 가지가 있음을 발견할 수 있다. 첫째 요결은 풍부한 견식과 오랜 기간의 수련을 쌓으라는 것이다.

대개 그림 그리는 것을 경영함은 천지와 반드시 합해야 한다. 무엇을 천지라고 하는가? 일척 반폭의 위에서 위는 하늘의 자리에 머무르고 아래는 땅의 자리에 머무르며 중간은 입의(立意)하고 정경(定景)하는 것이다. 세상의 초학자들을 보건대 책상에 기대어 붓을 잡고 그려 나감에 성급히 입의하고 감정에 촉발되는 대로 그려서 화폭을 가득 채워 그것을 보면 사람의 눈을 막아 사람의 마음을 불쾌하게 하니 어찌 소쇄(瀟灑)함에서 상을 취하겠으며 고대(高大)함에서 정을 보이겠는가?(凡經營下筆, 必合天地. 何謂天地?謂如一尺半幅之上, 上留天之位, 下留地之位, 中間方立意定景. 見世之初學, 據案把筆下去, 率爾立意, 觸情塗抹, 滿幅看之, 塡塞人目, 已令人意不快, 那得取賞于瀟灑, 見情于高大哉.)[481]

둘째 요결은 경관구도에서 완정성을 유지하여야 한다는 것이다.

의(意)가 붓 끝에 있으니 그림 속의 요결이다. 고하를 보고 좌우를 살피며 그림의 안과 밖 그리

480 欽定四庫全書, 子部, 藝術類, 書畫之屬, 禦定佩文齋書畫譜, 卷十六.
481 [宋] 郭熙, 『林泉高致 · 畫訣』.

고 오가는 길에서 흉중에 그림을 미리 구상한다. 그런 뒤 붓을 적시고 먹을 빨아 먼저 기세를 정하고 다음으로 간가(間架)를 나누고 다음으로 소밀(疏密)을 배피하고 다음으로 농담(濃淡)을 나누고, 전환하고 고격(敲擊)하면 동서에서 호응하여, 자연히 물이 이르러 도랑이 생기고 자연히 모여드니 그 힘이 넘쳐 다함은 의심할 바가 없다. 만약 붓에 정견(定見)이 없으면 명리에 마음이 급급하여 오직 남을 기쁘게 하려고 한다. 나무와 돌을 널리 세우고 흙덩이를 찾아 섬돌을 세우며 날조하여 화폭을 가득 채우니 의미가 삭연하니 곧 속필(俗筆)이 된다.(意在筆先, 爲畫中要訣. ……看高下, 審左右, 幅內幅外, 來路去路, 胸有成竹 ; 然後濡毫吮墨, 先定氣勢, 次分間架, 次布疏密, 次別濃淡, 轉換敲擊, 東呼西應, 自然水到渠成, 天然湊拍, 其爲淋漓盡致無疑矣. 若毫無定見, 利名心急, 惟取悅人. 布立樹石, 逐塊堆砌, 扭捏滿幅, 意味索然, 便爲俗筆.)[482]

기세를 얻은즉 뜻에 따라 경영해도 그림 한쪽이 모두 옳고, 기세를 읽은즉 온 마음을 수습해도 온 그림이 모두 그르다. 기세의 추만(推挽)은 기미(幾微)에 있으며 기세의 응취(凝聚)는 상도(相度)에서 말미암는다.(得勢則隨意經營, 一隅皆是 ; 失勢則盡心收拾, 滿幅都非. 勢之推挽, 在于幾微 ; 勢之凝聚, 由于相度.)[483]

포국은 겸저(縑楮)에 나타나고 명의(命意)는 규정에 깃는다. 한결같이 계통을 잡아 얽어서 만들어 어지럽지 않으니 그것이 개합하는 것을 보면 법도가 있다.(布局觀乎縑楮, 命意寓于規程. 統于一而締構不棼, 審所之而開闔有准.)[484]

권의 위와 아래에 은밀히 산봉우리의 벼랑을 그려두고 폭의 좌우에 암벽의 나무를 표현하였다.

---

482 [淸] 王原祁, 『雨窗漫筆 · 論畫十則』.
483 [淸] 笪重光撰, 『王翬 · 惲格評 · 畫筌』.
484 同上.

한 번 세로, 한 번 가로로 가로지르니 산의 모습과 나무의 그림자를 알 수 있고 맺기도 하고 흩뜨리기도 하니 경계가 물러나고 정신이 열림을 응당 알 수 있다.(원주 : 화법은 종횡취산 네 글자에서 벗어나지 않으니 이른바 일음일양을 도라고 하는 것이다.) 교묘함이 선류(善留)에 있으니 온전한 각을 갖추더라도 주합(湊合)을 꺼리며 원만함이 용섬(用閃)으로 인하니 바른 기세를 펼치더라도 그 기신(機神)을 잃는다. 눈 속에 산이 있어야 비로소 나무를 그릴 수 있고 마음속에 말이 있어서 바야흐로 산을 그릴 수 있다.(원평 : 눈 속에 산이 있다는 내용은, 즉 이른바 마음속에 대나무가 이미 그려져 있다는 것이다. 요즘 사람들은 그림을 그릴 때 마음속에 주연이 없이 붓을 믿고 그려대니 비록 그림을 이루더라도 신기가 삭연하다. 이를 참구하면 화법을 깨달을 수 있다.)(卷之上下, 隱截巒垠 ; 幅之左右, 吐吞岩樹. 一縱一橫, 會取山形樹影 ; 有結有散, 應知境辟神開(原注 : 畫法不離縱橫聚散四字, 所謂一陰一陽之謂道). 巧在善留, 全角具而妨于湊合 ; 圓因用閃, 正勢列而失其機神. ……目中有山, 始可作樹 ; 意中有水, 方許作山(原評 : 目中有山四句, 卽所謂胸有成竹也. 今人作畫, 胸中了無主見, 信筆塡砌, 縱令成圖, 神氣素然. 參此方悟畫法.).)[485]

한 그루 나무, 돌 하나에서 첩첩한 우거진 숲까지 비록 정해진 법식은 없지만 절로 적확한 위치가 있어 옮길 수 없는 것이 있다. 만일 포국의 법도를 알지 못하면 여기인가 저기인가 유예하는 병폐가 반드시 생겨나고, 옳은가 그른가 위축되는 마음을 금할 수 없다.(一樹一石, 以至叢林迭障, 雖無定式, 自有的確位置, 而不可移者. 苟不能識布局之法, 則于彼于此, 猶豫之弊必生 ; 疑是疑非, 畏縮之情難禁.)[486]

천암만학은 아무리 보아도 다 볼 수 없다. 그러나 그림을 그릴 때는 다만 하나의 큰 개합을 따

---

485 同上.
486 [淸] 沈宗騫, 『芥舟學畫編卷一之布置』.

라야 하니 글을 지을 때 기결(起結)이 있는 것과 같다. 그 중간의 허실처(虛實處), 승접처(承接處), 발휘처(發揮處), 탈략처(脫略處), 은닉처(隱匿處) 하나하나가 법도에 합치한다. 소동파의 장문과 같아서 수많은 말들이 있지만 독자는 오히려 쉽게 끝날까 걱정하니 곧 이 법이다. 이에 대해 깨달으면 한 길의 큰 그림도 그릴 수 있다.(千岩萬壑, 幾令瀏覽不盡. 然作時只須一大開合, 如行文之有起結也. 至其中間虛實處, 承接處, 發揮處, 脫略處, 隱匿處, 一一合法. 如東坡長文, 累萬余言, 讀者猶恐易盡, 乃是此法. 于此會得, 方可作尋丈大幅.)[487]

셋째 요결은 각종 경관요소간의 변환을 명확하게 하여야 한다는 것이다.

포국에 법도가 있고 행필에 근본이 있으니 변화가 지극하나 법칙에서 일탈하지 않는 것이 전아함이다.(布局有法, 行筆有本, 變化之至, 而不離乎矩矱者, 典雅也.)[488]

대개 산과 강의 기상(氣象)은 흐림을 근본으로 삼고 숲과 산봉우리의 교할(交割)은 맑음을 법도로 삼는다.(夫山川氣象, 以渾爲宗, 林巒交割, 以淸爲法.)[489]

한 폭의 산에서 가운데 있으면서 가장 높은 것을 주산으로 삼으며, 이하의 산석은 많고 적고 들쑥날쑥함이 한결같지 않으나 반드시 기맥이 관통해야 하니 초사(草蛇), 회선(草蛇)의 뜻이 있는 것이다. 한 폭의 나무 가운데서 가까이 있으며 큰 것을 당가수(當家樹)라고 하며, 이하의 나무들이 성김과 빽빽함과 늙고 어림이 한결같지 않지만 반드시 점차 멀어지고 작아져야 하니 이리(迤邐)와 층질(層迭)의 기세가 있는 것이다. 포국을 할 때는 힘써 변환해야 하며 교접(交接)하는 곳에서는 힘써 명현(明顯)해야 한다. 변환이 있으면 중복의 병폐가 없고 명현이 있으

---

487 同上.
488 [淸] 沈宗騫, 『芥舟學畵編·卷二山水之避俗』.
489 [淸] 笪重光, 『畵筌』.

면 날조의 병폐가 없다. 또한 나날이 변환을 구하여 심사(心思)가 이르는 곳은 생발(生髮)이 무궁하며, 나날이 명현을 구하여 이로(理路)가 열리는 곳은 상랑(爽朗)하여 기뻐할 만하다. 매번 한 그림을 그릴 때 반드시 이와 같이 입의하고 오래도록 순숙(純熟)하면 자연히 소쇄유리(瀟灑流利)의 사이에 규식에 맞는 묘를 잃지 않을 것이다.(一幅之山, 居中而最高者爲主山, 以下山石, 多寡參差不一, 必要氣脉聯貫, 有草蛇灰線之意. 一幅之樹, 在近而大者謂之當家樹, 以上林木, 疏密老稚不一, 必要漸遠漸小, 有逶邐層迭之勢. 布局之際, 務須變換. 交接之處, 務須明顯. 有變換, 無重複之弊. 能明顯, 無扭捏之弊. 且日求變換, 則心思所至, 生髮無窮. 日求明顯, 則理路所開, 爽朗可喜. 每作一圖, 必立意如此, 久之純熟, 自然瀟灑流利之中, 不失中規中矩之妙.)[490]

그림을 그릴 때 오직 구학을 그리기 가장 어려우니 너무 용렬해서도 너무 기이해서도 안 된다. 고인이 그림을 그릴 때 통폭(通幅)의 굴신(屈伸)과 변환(變換), 천삽(穿插)과 영대(映帶), 완연(蜿蜒)과 곡절(曲折)은 모두 괴롭게 고민한 후에 그린 것인 까닭에 문심(文心)이 단정하지만 평탄하지 않고 이경(理境)이 그윽하지만 어둡지 않다.(作畫惟丘壑爲難, 過庸不可, 過奇不可. 古人作畫, 于通幅之屈伸變換, 穿插映帶, 蜿蜒曲折, 皆慘淡經營, 然後落筆, 故文心儌詭而不平, 理境幽深而不晦. 使人觀之, 如入山陰道上, 應接不暇, 而又一氣婉轉, 非堆砌成篇, 乃得山川眞正靈秀之氣.)[491]

넷째 요결은 구도의 평형을 중시하는 것이다. 화면의 평형을 잡는 방법에는 대칭평행과 비대칭 평행이 있다. 그 중 대칭평행은 주차(主次)관계를 명확하게 나누고, 비대칭평행은 경관배치의 동태적 조화를 통해 조절한다.

[清] 沈宗騫, 『芥舟學畫編・卷一之布置』.
491 [清] 華琳, 『南宗抉秘』.

중국의 정원

천하의 만물에는 본래 치우치고 바름이 없지만, 사람이 그것을 봄에 그 곁으로부터 보면 치우쳤다 여기고, 그 정면에서 보면 바르다고 여기는 것이다. 그러므로 그림을 그림에는 편국(偏局)과 정국(正局)의 분변이 있다. 정국이란, 주산은 임금이 조당에 단좌한 것과 같고 나머지 산들이 삼공구경과 같이 고개를 빼고 두 손을 맞잡고 있는 것이다. 그 하폭의 나무와 돌, 집들은 백관과 지방관들이 모두 가지런하고 엄숙하여 의사를 잃지 않는 것과 같다. 또 마치 단인(端人), 정사(正士)로서 씩씩하고 공경스러움이 날로 굳세져 사람들로 하여금 엄연히 공경스러움을 생기게 하는 것과 같아 이 정국이 가장 어렵다. 편국이란 선녀의 기울어진 허리, 신선이 휘파람부는 숲과 같고, 날던 솔개가 물 아래로 내려가니 놀란 짐승들이 벌판을 내달리는 것 같다. 혹 바람과 비처럼 빠르고 구름과 안내처럼 변한다. 그 황홀환화(恍惚幻化)와 기횡종사(奇橫縱肆)의 의취가 미루어 살펴볼 수 없는 데 있다. 그러나 그림을 그리는 사이에 또 화아온자(和雅蘊藉)함이 풍인(風人)의 지취를 잃지 않으니 이 격 또한 쉽지 않은 것이다. ……그러나 편과 정 또한 서로 구제함이 있으니 다만 정에 능하고 편에 불능하면 체(滯)하기 쉽다. 그러므로 응접(應接)하고 영조(映照)하는 곳에서 편측함을 약간 띠는 것을 꺼리지 않아 그 판을 깨뜨리며 흘러나가도록 두어서 그 기를 움직인다. 다만 편에만 능하고 정에 능하지 않으면 활(滑)하기 쉽다. 그러므로 근절(筋節)하고 현로(顯露)하는 사이에 힘써 늘 정골(正骨)을 세워 경개(梗槪)를 세우려하고 때로 근본을 돌아보아 유질(流軼)을 박는다. 만약 공부가 매우 익으면 손쉽게 변통하고 마음으로 조화를 부릴 수 있게 된다. 치우치되 기울지 않고 바르되 집착하지 않으며 편정의 견해를 잊고 움직임에 규식에 얽매이지 않으면 바야흐로 이루었다고 할 수 있다.(天下之物, 本無偏正, 而自人觀之, 從其旁者爲偏, 從其面者爲正. 故作畫有偏局正局之分焉. 正局者, 主山如人主端座朝堂, 餘山如三公九卿, 鵠立拱向. 其下幅樹石屋宇, 則如百官承流宣化, 皆要整齊嚴肅之中, 不失聯屬意思. 又如端人正士, 莊敬日强, 令人望之儼然而生敬者, 此局爲最難. 偏局者, 如舞女欹腰, 仙人嘯樹, 又如飛鳶下水, 駭獸奔原, 或疾如風雨, 或變若雲霞, 其恍惚幻化, 奇橫縱肆之趣, 有不可擬議究詰者. 而于行筆落墨之際, 又複和雅蘊藉, 不失風人之旨, 則此格亦非易易. ……然偏與正又有互相爲濟者, 但能正而不能偏,

易失于滯. 故于接應映照之處, 不妨少帶偏側, 以破其板, 略存流利, 以動其機. 但能偏而不能正者, 易失于滑. 故于筋節顯露之際, 務欲常植正骨以存梗概, 時顧本根以防流軼. 若工夫極熟, 而能變通在手, 造化因心. 偏而不陂, 正而不執, 忘乎偏正之見, 而動不逾矩焉, 方可謂之有成.)**492**

원림에서 대칭과 비대칭은 종종 동시에 사용되거나 혹은 조합되어 사용된다.

대개 숲의 나무를 그릴 때 뭇 나무들은 모두 줄기가 우뚝하니 반드시 옆으로 기운 것을 꽂아 넣는다. 뭇 뿌리들은 대부분 비스듬하니 반드시 위로 곧은 것을 넣는다. 이렇게 하면 맥락이 이어질 뿐만 아니라 기운도 심원해진다. 대대 산의 돌을 그릴 때는 형세가 이미 평직하면 그 준파(皴破)는 마땅히 편사류일(偏斜流逸)의 필법을 써서 장엄하되 막히지 않게 하고, 형상이 기괴하면 그 구륵(勾勒)은 마땅히 평정온중(平正穩重)의 필법을 써서 기이하되 법도가 있도록 한다. 이것이 바르되 치우침을 폐하지 않고, 치우치되 바름을 잃지 않는 것이다.(凡作林木, 衆木俱幹霄, 則必以橫斜者穿插之 ; 衆本多槎枒, 則必以直上者透領之. 不但脉絡聯貫, 亦且氣韻深遠. 凡作山石, 形勢旣已平直, 其皴破當用偏斜流逸之筆, 使其莊而不滯 ; 形狀若涉詭异, 其勾勒當以平正穩重之筆, 使其奇而有法. 此謂正不廢偏, 偏不失正.)**493**

구도의 평행을 유지하는 전제하에 가끔 곳에 따라 편법을 쓸 수도 있다.

위에는 첩첩의 산봉우리가 겹겹이 가려져 있고, 아래에는 **빽빽한** 나무들과 대숲이 있으며, 가운데는 운기기 길을 적시며, 오고가고 숨고 드러나니 이것은 후중박새(厚重迫塞)의 국이다. 진실

---

492 [清] 沈宗騫, 『芥舟學畫編 · 卷一之布置』.
493 同上.

로 마땅히 체세(體勢)가 두루 바르지만 한번 판실(板實)을 넘으니 기미가 삭연하다. ……기이한 봉우리는 깎은 듯하고 나는 듯한 폭포가 공중에 걸려 있으며 오래된 나무는 구름을 받히고 덩굴은 잇달아 이어져 있다. 산석은 삼연히 뭉칠 듯한 기세이고 임목은 하늘을 붙잡아 서로 움켜잡을 형상이니 모두 편측하니 기세를 얻은 것이다. ……온갖 암석과 골짜기가 반드시 정국일 필요는 없다. 산봉우리의 높고 낮은 안개와 구름의 삼켜지고 뱉어짐은 기이한 생각들이 드러나 끝이 없고 온갖 형상들이 변화하여 다함이 없는 것으로 모두 편법을 행한 것으로 곧 그 전환의 방법을 다할 수 있었던 것이다. 한 그루 나무와 하나의 돌이 반드시 편법일 필요는 없다. 곧은 가지가 하늘에 치솟고 기이한 봉우리가 땅에 꽂혀 있으며, 외로운 소나무가 구름 속에서 홀로 빼어나고, 가파른 암석이 하늘에 닿아 홀로 서 있는 것은 모두 마땅히 정법을 운용한 것으로 곧 그 정발(挺拔)의 틀을 충분히 드러낸 것이다. 만약 이를 알지 못하면 번국(繁局)은 반드시 너무 중복되고 간국(簡局)은 반드시 단순해진다. 고인의 명적을 세밀히 살펴보고 그 편정을 구하는 방법은 마땅히 여기에서 벗어나지 않는다.(上有重巒複幛, 下有密樹箐林, 中有雲氣澗道, 往來隱現, 此是厚重迫塞之局. 固應體勢周正, 然一涉板實, 氣味索然. ……奇峰如削, 飛瀑懸空, 老樹撑雲, 藤蘿綠走, 山石有森然欲搏之勢, 林木有拏空相攪之形, 全要偏側, 乃能得勢. ……千岩萬壑, 不必定爲正局. 峰巒高下, 烟雲呑吐, 奇情幻想, 出而不窮, 千態萬狀, 變而無盡, 皆須行以偏法, 乃可極其轉換之方. 一樹一石, 不必定爲偏局. 直幹淩霄, 奇峰插土, 孤松獨秀于雲中, 峭石當空而特立, 皆宜運以正法, 乃足顯其挺拔之槪. 若不解此, 則繁局必至重複, 簡局必至單薄. 細看古人名迹, 求其所以偏正之故, 當不外是矣.)[494]

2. 기맥과 원류를 드러낸다(氣脉原流)—경관구도의 원칙

경관구도가 어느 수준을 넘어 규칙을 벗어나 자유로워지면 전체 경관의 품위와 층차가 고조된다. 이에 명대 화가 동기창은 "산수임천이 맑고 한가로우며 그윽하고

---

494 [淸] 沈宗騫, 『芥舟學畫編·卷一之布置』.

도 5-137. 송(宋) 곽희(郭熙)의 《과석평원도(窠石平遠圖)》.

넓다. 오두막집 깊디깊으니 다리를 건너 왕래한다. 산 밑으로 물을 들이고 수원을 밝게 비추니 내력이 분명히 밝다. 이러한 여러 단이 있지만 이름을 알지 못해야 곧 고수이다(山水林泉, 淸閑幽曠. 屋廬深邃, 橋渡往來. 山脚入水, 澄明水源, 來歷分曉. 有此數端, 卽不知名, 定是高手.)"[495]라 하였다.

하지만 반대로 경관구도에 법도가 없다면 경물의 배치가 불합리해진다. 원대 요자연(饒自然)은 관련 내용을 『회종십이기(繪宗十二忌)』에 모았는데 그 중 산과 물에 대한 내용을 보도록 하자.

산에 기맥이 없다. 한 폭의 그림에 산을 그릴 때 먼저 하나의 산을 위주로 그리고, 주산을 따라서 기복을 분포시키면 나머지 산은 모두 기맥이 연접하고 형세가 서로 비친다. 산 정상이 중첩되면 아래에는 반드시 여러 개의 다리가 있어서 산이 성대하게 서 있을 수 있다. 대개 산 정상은 많은 데 다리가 없는 것은 큰 잘못이다. 이는 전경의 대의이다. 투각(透角)이라면 이러한 한계에 있지 않다.(曰山無氣脉. 畫山于一幅之中, 先作一山爲主, 却從主山分布起伏, 餘山皆氣脉連接, 形勢映帶. 如山頂層疊, 下必有數重脚, 方盛得住. 凡多山頂而無脚者, 大謬也. 此全景之大義也. 若夫透角, 不在此限.)

---

495 [明] 董其昌, 『畫禪室筆記·卷二·畫訣』.

물에 원류가 없다. 샘물은 반드
시 골짜기에서 흘러나오니 정산
에 산이 여러 겹 있다면 그 원류
가 높고 먼 것이다. 평탄하고 작
은 계곡물은 반드시 수구를 나타
내고, 막히고 얕은 여울물은 반
드시 물이 돌에 부딪쳐 튀어 오
른 것을 나타내니 이것도 곧 활
수(活水)이다. 때때로 한 굽이
산을 그리고 곧 한 갈래 물을 그
리는데, 이것은 시렁 위에 수건
을 건 것과 같으니 웃을 만한 것
이다.(曰水無源流. 泉必于山峽
中流出, 頂上有山數重, 則其源
高遠. 平溪小澗, 必見水口. 寒
灘淺瀨, 必見跳波, 乃活水也.
間有畫一折山, 便畫一派泉, 如
架上懸巾, 絶爲可笑.)

도 5-138. 송(宋) 이성(李成)의 《교송평원도(喬松平遠圖)》.

후대의 화론에서는 12가지 중에 산의 "기맥"과 물의 "원류"에 특별히 관심을 기
울이고 이 들에 대한 논리를 심화시켜 나갔다. 예를 들어 청대 달중광은 『화전』에
서 산수에 대한 이러한 정체구도법도는 마땅히 매우 명료해야 한다고 말하였다.
"산을 만들 때에는 먼저 들어가는 길을 찾는데, 나오는 물은 미리 근원을 정한다.
물을 선택해서 다리로 통하게 하고 경계를 취하여 길을 놓는다. 오행을 나누어 몸

도 5-139. 원(元) 조맹부(趙孟頫)의 《작화추색도(鵲華秋色圖)》.

을 분별해야 하니, 산세가 같은 모양이면 지리에 어둡고, 여러 종류의 모습은 특수한 모습으로 닮으니 경색이 일치하면 그 사물의 정에 어둡다(作山先求入路, 出水預定來源. 擇水通橋, 取境設路. 分五行而辨體, 峰勢同形, 諳于地理 ; 象庶類以殊容, 景色一致, 昧其物情.)"라 하였으며, 청대 장화(蔣和)는 『학화잡론(學畫雜論)』에서 "산봉은 높고 낮음이 있고, 산맥은 파임과 이어짐이 있으며, 수목에는 나란함과 엇갈림이 있고, 물에는 멈과 가까움이 있으며 집과 누관의 배치는 각각 있어야 할 바를 얻으니 곧 좋은 장법이다. ……대저 실처의 오묘함은 모두 허처로 인해 생기므로 십 분의 삼은 천지위치가 마땅히 얻어야 하고, 십 분의 칠은 구름과 안개의 잡다한 것들에 있다(山峰有高下, 山脉有勾連, 樹木有參差, 水口有遠近, 及屋宇樓觀, 布置各得其所, 卽是好章法. ……大抵實處之妙, 皆因虛處而生, 故十分之三天地位置得宜, 十分之七在雲烟鎖斷.)"라 하였다.

명청시기 조원에서 자주 사용하는 첩산경관에 있어서 산세를 특히 중요시했는데 이를 풍수이론의 "용맥(龍脉)"에 비유하여 전체 형태의 기본골격을 구성하는 원리를 다음과 같이 설명하기도 하였다.

그림 속에 용맥(龍脉)이 개합하고 기복하는 것은 고법에 비록 갖추어져 미경(未經)이 표출하고 석곡(石穀)이 천명하여 후학이 긍식(矜式)으로 알고 있지만, 나는 체용(體用) 두 글자를 살펴보지 않아 배우는 이들이 끝내 묘처에 들어가지 못한다고 생각한다. 용맥은 그림 속의 기세로 원두(源頭)에는 사정(斜正), 혼쇄(渾碎), 단속(斷續), 은현(隱現)이 있으니 이를 체라고 한다. 개합은 높은 곳에서 아래로 이르러 빈주가 역력하니 때로 결취(結聚)하고 때로 담탕(淡蕩)해서 봉우리와 길이 돌고 굽으며 구림과 물이 합쳐졌다 나눠지는 것 모두 여기서 나온다. 기복은 가까운 데서 먼 데로 이르러 행배가 분명하니 때로는 높이 우뚝하고 때로는 평탄하고 기울어서 산의 위, 중간,

도 5-140. 원(元) 예찬(倪瓚)의 《육군자도(六君子圖)》.

아래에 조응하니 이것들을 모두 용이라고 한다. 만약 용맥이 있음을 알지만 개합과 기복을 분변하지 않으면 반드시 얽매여 기세를 잃게 된다. 개합과 기복이 있음을 알더라도 용맥에 근본하지 않으며 이는 아들을 돌아보느라 어미를 잃는 것이라 할 수 있다. 그러므로 억지로 용맥을 얽어매면 병통이 생기고, 개합이 드러나는 것을 막으면 병통이 생기며, 기복이 새어나는 것을 억누르면 병통이 생긴다. 통폭(通幅)에 개합이 있으면 분고(分股) 안에도 개합이 있고, 통폭에 기복이 있으면 분고 안에도 개합이 있다. 더욱 신묘함은 서로 만나고 비추는 사이에서 그 남음을 억제하고 그 부족함을 보완한다. 용의 정사와 혼쇄, 은현과 단속으로 하여금 그 속에 활발발지(活潑潑地)하게 하면 곧 진화(眞畫)가 된다. 만일 능히 이를 따라 참투하면 작은 흙덩이가 큰 흙무더기가 되니 어지 묘경에 이르지 못

하는 자가 있겠는가?(畫中龍脉開合起伏, 古法雖備, 未經標出, 石穀闡明, 後學知所矜式,
然愚意以爲不參體用二字, 學者終無入手處. 龍脉爲畫中氣勢, 源頭有斜有正, 有渾有碎,
有斷有續, 有隱有現, 謂之體也. 開合從高至下, 賓主曆然, 有時結聚, 有時淡蕩, 峰迴路轉,
雲合水分, 俱從此出. 起伏由近及遠, 向背分明, 有時高聳, 有時平修欹側, 照應山頭山腹
山足, 銖兩悉稱者, 謂之用也. 若知有龍脉而不辨開合起伏, 必至拘牽失勢. 知有開合起伏
而不本龍脉, 是謂顧子失母. 故强扭龍脉則生病, 開合逼塞淺露則生病, 起伏呆重漏缺則生
病. 且通幅有開合, 分股中亦有開合；通幅有起伏, 分股中亦有起伏. 尤妙在過接映帶間,
制其有餘, 補其不足. 使龍之正斜渾碎, 隱現斷續, 活潑潑地于其中, 方爲眞畫. 如能從此
參透, 則小塊積成大塊, 焉有不臻妙境者呼.)[496]

반면 물줄기를 구성하는 기법은 중간중간에 맥(派)을 적당히 끊어주어 변화를
가하지만 궁극적으로는 수원에서 비롯되어 전체적으로 이어지는 흐름, 즉 원류(源
流)를 청명하게 드러내야 한다.

멀리서 물이 돌아서 오니 구름과 안개로써 그 갈래를 끊는다. 괴이하고 가파른 암석이 서 있으
니 흙과 언덕으로 그 뿌리를 북돋는다. 암석은 원혼(圓混)하면서도 날카로워서 팔면이 모나면

---

496 [淸] 王原祁, 『雨窗漫筆 · 論畫十則』.

서도 층을 짓고 있고 나무는 서로 엇갈리며
줄기를 굽혀 사시에 마르고 또 무성하다.
(遠水縈紆而來, 還用雲烟以斷其派；怪
石嶵岩而立, 仍須土阜以培其根. 石頭圓
混鋒芒, 八面棱層；木要交叉挺幹, 四時
枯茂.)⁴⁹⁷

물은 높은 샘물에서 나와 위에서 아래로 모
두 갈래를 끊을 수 없으니, 요컨대 활류(活
流)를 취한 것이다.(水出高源, 自上而下,
切不可斷派, 要取活流.)⁴⁹⁸

청대 정적(鄭績) 역시 『몽환거화학간
명 · 논기(夢幻居畫學簡明 · 論忌)』라는 글
에서 "산에 기맥이 없음(山無氣脉)"과
"물에 원류가 없음(水無源流)"을 경관구
도의 큰 금기로 분류하였다.

산에 기맥이 없는 것을 이른바 쇄쇄난질(瑣
碎亂迭)이라고 한다. 대개 산은 모두 기맥
이 있어 서로를 관통해서 층층이 나온 것으

도 5-142. 오대(五代) 관동(關仝)의 《추산만취도(秋山晩翠圖)》.

---

497 [唐] 王維, 『山水訣』.
498 [元] 黃公望, 『畫訣』.

로 높고 낮으며 왼쪽이 번득이고 오른쪽이 열린 것 모두 여기(餘氣)가 있어 잇달아 조응하는 것으로, 진산(眞山)을 많이 보지 않으면 그 뜻을 깨달을 수 없다. 만약 기맥이 없는 산을 그린다면 단지 산이 되지 않을 뿐만 아니라 진실로 어지럽게 섬돌이 쌓인 것처럼 되어 통폭(通幅)과 장법(章法) 역시 어지럽게 펼쳐질 뿐이다. 맥이 없는 것은 마땅히 화학(畫學)의 첫 번째 병폐이다.(山無氣脉者, 所謂瑣碎亂迭也. 凡山皆有氣脉相貫, 層層而出, 卽聳高跌低, 閃左擺右, 皆有餘氣, 連絡照應, 非多覽眞山, 不能會其意也. 若寫無氣脉之山, 不獨此山, 固爲亂砌, 卽通幅章法, 亦是亂布爾. 無氣脉當爲畫學第一病.)

물에 원류가 없는 것은 원두(源頭)의 출처가 없는 것이다. 무릇 돌 아래 밑 부분에 맑은 물이 몹시 빠르게 흐르는 여울이 있으면 그 위에 장천(長泉)이 있어 흘러 내려와 원류의 물이 되는 것이니 이 이치는 알기 쉽다. 그러나 두 산 사이에 끼어서 흐르고 날리듯 떨어지면 위는 높은 산에 출처가 있는 것이니, 이 이치는 사람들이 대부분 보지 못한다. 대개 반드시 높은 산이 있어야 그 아래에 적윤(積潤)함이 있는 것이니, 물은 곧 산의 적윤함으로 이루어지는 것이다. 하물며 본산이 우뚝하면 샘물은 마땅히 아래에서 나와야 하는데 만약 샘물이 높은 산의 정상에서 오고 정상의 위에 또 다시 높은 산이 없다면 물이 흘러오는 것이 어찌 하늘로부터 내려오는 것이 아니겠는가? 외로운 봉우리에 폭포가 걸린 것을 비유하여 시렁 위에 수건을 건 것이라고 하니 이를 말하는 것이다.(水無源流者, 無源頭出處也. 夫石底坡脚, 有淸流激湍, 其上要有長泉涓涓而下, 方爲有源之水, 此理易知. 然兩山之間, 夾流飛瀑, 上須高山, 乃有出處, 此理人多失察. 蓋必有高山, 其下方有積潤, 水乃山之積潤而成也. 況本山特聳, 泉宜脚出, 若泉向高山之頂而來, 頂之上又無再高之山, 則水之來也, 豈非從天而下耶! 孤峰挂瀑, 譬諸架上懸巾者, 此之謂也.)

송대 곽희는 『임천고치 · 산수훈(林泉高致 · 山水訓)』에서 산과 물의 구도법에 대해 다음과 같이 설명하였다. "산은 높고자 하나 그 높음을 다 드러내면 높지 않다. 안개로 그 허리를 가리면 높아진다. 물은 멀고자 하나 그 멂을 다 드러내면 멀지 않다. 그늘로 그 갈래를 끊으면 멀어진다.(山欲高, 盡出之則不高, 烟霞鎖其腰則高矣. 水欲遠, 盡出之則不遠, 掩映斷其派則遠矣.)"

기맥과 원류의 작용 외에 그는 특별히 서로 다른 경관의 층차성을 강조하였다.

산수는 대물이다. 사람이 산수를 볼 때는 멀리서 보아야 하니, 그러면 일장(一障) 산천의 형세와 기상을 볼 수 있다.(山水, 大物也. 人之看者, 須遠而觀之, 方見得一障山川之形勢氣象.)[499]

산에는 삼원(三遠)이 있다. 산 아래로부터 산의 정상을 보는 것을 고원(高遠)이라고 하며, 산의 앞에서 산의 뒤를 엿보는 것을 심원(深遠)이라고 하며, 가까운 산으로부터 먼 산을 바라보는 것을 평원(平遠)이라고 한다. 고원의 색은 맑고 밝으며 심원색은 무겁고 어두우며 평원의 색은 밝기도 하고 어둡기도 하다. 평원의 기세는 돌올(突兀)하고 심원의 의(意)는 중첩(重疊)하며 평원의 의는 충융(沖融)하고도 표표묘묘(縹縹緲緲)하다.(山有三遠：自山下而仰山巔, 謂之高遠. 自山前而窺山後, 謂之深遠. 自近山而望遠山, 謂之平遠. 高遠之色淸明, 深遠之色重晦. 平遠之色有明有晦. 高遠之勢突兀, 深遠之意重疊, 平遠之意沖融而縹縹緲緲.)[500]

정면의 계산(溪山)과 임목(林木)은 구불구불해서 그 경치를 포설하며 내려오되 그 자세함을 싫어하지 않으니 그런 까닭으로 사람의 눈이 가까이 살피는 것을 족하게 한다. 방변의 평원(平遠)과 교령(嶠嶺)은 중첩(重疊)하고 이어져 있어 아득히 가되 그 멀리함을 싫어하지 않으니 사람의 눈이 널리 바라보는 것을 다하게 한다.(正面溪山林木盤折, 委曲鋪設, 其景而來不厭其詳, 所以足人目之近尋也. 傍邊平遠, 嶠嶺重疊, 鉤連縹緲而去, 不厭其遠, 所以極人目之曠望也.)[501]

---

499 [宋] 郭熙, 『林泉高致・山水訓』.
500 同上.
501 同上.

그 밖에 산과 물에 생동함을 덧붙여는 경관구도 기법도 있다. "산기슭에 집을 두고 물에 작은 배를 띄우니 이로부터 생기가 생긴다.(山坡中置屋舍, 水中置小艇, 從此有生氣.)"[502] 이때 주의할 점은 경관 결구관계가 분명하고 층차가 명확해야 한다는 점이다. "그림에는 횡(橫)과 수(竪)가 있다. 횡은 수로 부서지고, 수는 횡으로 부서진다. 또 기가 실하면 혹 길을 그리고 샘물을 그리는데 실과 허가 모두 공허하다.(畫有一橫一竪：橫者以竪者破之, 竪者以橫者破之, 變無以順之弊病. 又, 氣實或置路, 或置泉, 實處皆空虛.)"[503] 마지막으로 전체 구도에서 상대적 독립되어 있는 일반 경관요소들은 횡견(橫竪), 순파(順破), 허실(虛實)의 변화에 유의해야 한다. 즉 자신의 내재구도의 균형성이 더욱 중요하다.

---

502 [元] 黃公望, 『畫訣』 載[明] 唐寅 『六如居士畫譜』 卷二.
503 [淸] 華翼綸, 『畫說』.

● 동북아시아 정원 [3]

중국의 정원

—14세기부터 19세기까지의 조경구조물을 중심으로—

2010년 9월 10일 초판 1쇄 인쇄
2010년 9월 15일 초판 1쇄 발행

책임저자 | 박경자
펴낸이 | 권혁재

펴낸곳 | 학연문화사
출판등록 | 1998년 2월 26일 제2-501호
주소 | 서울특별시 금천구 가산동 371-28 우림라이온스밸리 B동 712호
전화 | 02-2026-0541~4
팩스 | 02-2026-0547
이메일 | hak7891@chol.com
홈페이지 | www.hakyoun.co.kr

ISBN   978-89-5508-215-9   94610
        978-89-5508-212-8   (전3권)